旅游与游憩规划

吴必虎　黄珊蕙　王梦婷　谢冶凤　等 ◎ 编著

TOURISM AND RECREATION PLANNING

北京大学出版社
PEKING UNIVERSITY PRESS

图书在版编目(CIP)数据

旅游与游憩规划/吴必虎等编著. —北京：北京大学出版社，2022.10
ISBN 978-7-301-33444-7

Ⅰ.①旅… Ⅱ.①吴… Ⅲ.①旅游规划 – 高等学校 – 教材 Ⅳ.①F590.1

中国版本图书馆 CIP 数据核字（2022）第 185741 号

书　　名	旅游与游憩规划
	LÜYOU YU YOUQI GUIHUA
著作责任者	吴必虎　等编著
责任编辑	王树通　赵旻枫　刘　洋
标准书号	ISBN 978-7-301-33444-7
出版发行	北京大学出版社
地　　址	北京市海淀区成府路 205 号　100871
网　　址	http://www.pup.cn　新浪微博：@北京大学出版社
电子信箱	zpup@ pup.cn
电　　话	邮购部 010-62752015　发行部 010-62750672　编辑部 010-62764976
印刷者	北京市科星印刷有限责任公司
经销者	新华书店
	787 毫米 × 980 毫米　16 开本　26.75 印张　632 千字
	2022 年 10 月第 1 版　2022 年 10 月第 1 次印刷
定　　价	79.00 元

未经许可，不得以任何方式复制或抄袭本书之部分或全部内容。
版权所有，侵权必究

举报电话：010-62752024　电子信箱：fd@pup.pku.edu.cn
图书如有印装质量问题，请与出版部联系，电话：010-62756370

前　　言

　　本书是在北京大学城市与环境学院人文地理学（先后使用过资源环境与城乡规划管理、人文地理与城乡规划等名称）和城乡规划两个专业本科生课程"城市游憩与旅游规划""城乡旅游与游憩规划""旅游与游憩规划"（先后使用过不同的课程名称）课程教案基础上，通过讲课录音整理，并适当补充、调整文献综述和相关案例之后形成的。在此之前，也曾在华东师范大学旅游系开设过旅游地理学和旅游规划结合的课程。

　　为了与我开设的研究生课程"区域旅游规划原理"区别，本科生的"旅游与游憩规划"教材侧重旅游目的地和旅游景区分类规划方面。从1997年至今，在北大开设这门本科生课程超过20年。开始的几年主要利用Manuel Baud-Bovy（鲍德-博拉）和Fred Lawson（劳森）编写的《旅游与游憩规划设计手册》（*Tourism and Recreation Handbook of Planning and Design*）作为讲义的基础，逐步融入中国的国情和实际案例，因为20多年前中国学术界和大学教育体系中关于旅游区规划设计的理论、经验、参数等的内容都还很少见。本书的字里行间仍然能够不时看到鲍氏著作的影子，特别是提到相关规划设计参数的时候。鲍氏这本工具书其实并非作为教材而编写，但在很长时间里一直得到国际旅游规划界和行业部门的认同，世界旅游组织秘书长曾经专门为它作序予以推荐。2004年，我和当时的研究生唐子颖、蒋依依、李咪咪、宋治清、张骁鸣（当时印刷时误为张骁明）、贾佳、高向平、苏平、朱虹特地将该书翻译出版。

　　20多年过去，此间我们积累了越来越丰富的实际案例，可以提供理论支持的学术成果也越来越多。特别是中国经济持续增长和社会发展带来人民生活质量的不断提高，在人均GDP超过1万美元的基础上休闲度假旅游蓬勃发展的时候已经到来，原来"基于资源、意在观光、盯着门票"的旅游发展模式发生了根本的变化，作为公共产品的自然游憩需求越来越高，形成美好生活的度假旅游的供给越来越多。"旅游与游憩规划"课程内容必然也会随之发生很大的改变，学生和社会对各类旅游和游憩产品的知识、技能、价值期待也向教材、教学提出了新的要求。正是基于这些显著的变化，教材结构越来越符合中国的国家发展要求，内容越来越充实和接近中国市场的需要，理论支持和价值取向也越来越呼应中国文化的范式。

　　就像我早些年写作《区域旅游规划原理》那本书一样，本次教材编写也同样强调对参考文献的尊重。因此本书收录的参考文献数量达到640条。一些转引的文献除了极少数情况特别需要加以保留，在找不到原著的情况下只能忍痛割爱。期刊论文还好办，碰到大部头的书籍，为了便于读者查对原文，我们花在查找原著、核对页码上的时间估计和整理录音、补充文献综述差不多了。这样做的目的，一是为读者方便着想，二是为了扭转文献引用中普遍存在的照抄、抄错的不良学风。

　　虽然本书内容是基于本人的教学讲义以及讲课录音，但读者目前能够读到的内容其实是集体劳动的成果。20 位访问学者、研究生先后参与了教材的录音整理、文献查对、文字润色和图表制作。本书各章末尾已经将各位访问学者及研究生的贡献一一标明,但这里还是需要专门提出本人的由衷感谢。先后参与录音整理、文献查对、文字润色的研究生包括黄珊蕙、王梦婷、谢冶凤、纪凤仪、薛涛、方琰、文彦博、王芳、王婷、黄嘉成、范志佳、陈映臻、王珺、李庆、马菲亚、林庭葳、赵鹏飞、宋尚周、张胜男、张静等,其中黄珊蕙担任了编写组的学术协调人,做了更多的组织领导工作。在规划案例的提供方面,也要感谢一些咨询公司的大力支持和无私帮助,让我们能够无偿获得知识产权的使用和引用。当然我也相信,能够纳入教科书的案例,一定会以特殊的形式让这些咨询公司再次获得服务社会的机会。

吴必虎

2022 年 4 月 12 日

于北京风林绿洲斗室

目 录

第 1 章 游历发展与旅游(游憩)规划 (1)
    1.1 游历发展：从探索到体验的转变 (1)
    1.2 游历的知识溢出与旅游研究的出现 (10)
    1.3 旅游活动与旅游产业 (16)
    1.4 旅游发展与旅游(游憩)规划 (19)
    【复习题】 (25)

第 2 章 公共游憩产品与通用旅游产品 (26)
    2.1 旅游产品的一般定义 (26)
    2.2 公共游憩产品及其双重供给 (28)
    2.3 通用旅游产品及其分类 (34)
    2.4 旅游产品生命周期与季节性 (38)
    2.5 目的地内容供给、产品政策与新产品开发 (41)
    【复习题】 (47)

第 3 章 旅游(游憩)需求：市场分析与规划响应 (48)
    3.1 旅游(游憩)需求 (48)
    3.2 旅游(游憩)市场细分与规划响应 (60)
    3.3 旅游(游憩)行为分析与规划响应 (63)
    【复习题】 (72)

第 4 章 旅游(游憩)供给：资源评价与发展政策 (73)
    4.1 旅游(游憩)资源供给 (73)
    4.2 旅游(游憩)资源定义与分类 (74)
    4.3 旅游(游憩)资源调查与评价 (76)
    4.4 政策供给与制度创新 (89)
    【复习题】 (97)

第 5 章 区域旅游(游憩)发展总体规划 (99)
    5.1 区域总体规划引论 (99)
    5.2 区域旅游发展总体规划 (105)
    5.3 区域游憩发展总体规划 (110)
    5.4 区域旅游发展总体规划内容 (116)

5.5　区域总体规划基本框架与变通性 ………………………………………………（121）
　　【复习题】…………………………………………………………………………………（125）
第 6 章　旅游地(旅游景区)体系规划 …………………………………………………（127）
　　6.1　旅游景区、旅游地与旅游目的地 ……………………………………………（127）
　　6.2　旅游景区价值评价与运营管理 ………………………………………………（134）
　　6.3　基于资源的旅游地 ……………………………………………………………（138）
　　6.4　基于资本的旅游地 ……………………………………………………………（150）
　　6.5　乡村旅游地与后乡土生活方式 ………………………………………………（159）
　　6.6　旅游景区规划控制框架 ………………………………………………………（161）
　　【复习题】…………………………………………………………………………………（165）
第 7 章　自然保护地游憩(旅游)规划 …………………………………………………（166）
　　7.1　自然保护地体系 ………………………………………………………………（166）
　　7.2　自然保护地游憩与旅游发展 …………………………………………………（173）
　　7.3　自然保护地游憩(旅游)规划导则 ……………………………………………（182）
　　【复习题】…………………………………………………………………………………（189）
第 8 章　文化遗产地旅游活化规划 ……………………………………………………（190）
　　8.1　文化遗产与非物质文化遗产 …………………………………………………（190）
　　8.2　文化遗产地形成机制 …………………………………………………………（193）
　　8.3　文化遗产活化与旅游发展 ……………………………………………………（198）
　　8.4　文化遗产旅游活化规划导则 …………………………………………………（201）
　　【复习题】…………………………………………………………………………………（210）
第 9 章　乡村振兴、传统村落保护与乡村旅游发展 …………………………………（211）
　　9.1　乡村振兴国策下的休闲农业与乡村旅游 ……………………………………（211）
　　9.2　乡村旅游发展促进传统村落保护 ……………………………………………（225）
　　9.3　乡村旅游产品开发与空间模式 ………………………………………………（234）
　　【复习题】…………………………………………………………………………………（241）
第 10 章　环城市旅游与游憩规划 ………………………………………………………（242）
　　10.1　环城市旅游与游憩发展 ………………………………………………………（242）
　　10.2　环城游憩带(ReBAC)理论 ……………………………………………………（244）
　　10.3　城郊旅游综合体发展规划 ……………………………………………………（253）
　　10.4　第二住宅与居住旅游发展规划 ………………………………………………（258）
　　【复习题】…………………………………………………………………………………（264）
第 11 章　城市游憩空间与节事会展规划 ………………………………………………（265）
　　11.1　城市游憩空间及供给压力 ……………………………………………………（265）

11.2　城市游憩空间规划导则 …………………………………………………… (269)
　　11.3　城市节事与会展发展规划 ………………………………………………… (280)
　　【复习题】……………………………………………………………………………… (283)
第12章　休闲度假地(体系)规划 ……………………………………………………… (285)
　　12.1　休闲度假资源与度假旅游目的地 ………………………………………… (285)
　　12.2　山地旅游与山地度假区发展规划 ………………………………………… (294)
　　12.3　海滨旅游与海滨度假区发展规划 ………………………………………… (297)
　　12.4　健康旅游与养生旅游度假区发展规划 …………………………………… (302)
　　12.5　主题公园与旅游演艺策划 ………………………………………………… (308)
　　12.6　邮轮旅游体系规划 ………………………………………………………… (310)
　　【复习题】……………………………………………………………………………… (316)
第13章　目的地旅游与游憩设施规划 ………………………………………………… (317)
　　13.1　旅游(游憩)设施支撑异地生活方式 ……………………………………… (317)
　　13.2　旅游发展基础设施规划 …………………………………………………… (321)
　　13.3　旅游接待设施规划 ………………………………………………………… (330)
　　13.4　度假区运动设施规划 ……………………………………………………… (337)
　　13.5　目的地文化、社交设施规划与活动组织 ………………………………… (341)
　　13.6　智慧旅游规划与大数据利用 ……………………………………………… (345)
　　【复习题】……………………………………………………………………………… (352)
第14章　旅游(游憩)规划：哲学思考与理论方法 …………………………………… (353)
　　14.1　旅游思想史及其对旅游(游憩)发展的影响 ……………………………… (353)
　　14.2　地方性、地方感与恋地情结及其应用 …………………………………… (363)
　　14.3　恋地主义原真性与原址价值呈现 ………………………………………… (368)
　　14.4　旅游(游憩)规划支持理论 ………………………………………………… (374)
　　【复习题】……………………………………………………………………………… (380)
附录1　旅游资源分类表 ………………………………………………………………… (381)
附录2　旅游资源评价体系及评价赋分标准 …………………………………………… (386)
附录3　风景旅游道路技术参数 ………………………………………………………… (388)
附录4　旅游厕所技术参数 ……………………………………………………………… (390)
附录5　旅游设施相关标准目录 ………………………………………………………… (392)
全书参考文献 …………………………………………………………………………… (395)

第 1 章　游历发展与旅游(游憩)规划

【学习目标】
- 了解游历发展载体-动机的五生型式
- 了解探索性游历对知识溢出的重要贡献
- 理解体验性游历何以成为旅游研究的逻辑起点
- 理解旅游研究的多学科性
- 了解旅游产业发展的主要特征
- 了解旅游(游憩)规划内容的基本构成

旅游规划是游历活动发展到一定阶段的必然产物。本章阐述了游历的基本含义,并以游历的发展为线索,揭示了从古代游历活动的诞生到现代旅游业体系的形成的演进过程,其中 18 世纪末开始的工业革命将游历发展由探索性游历转向体验性游历,标志着近现代旅游业的产生。到了 1945 年第二次世界大战结束之后,现代大众旅游时代到来,旅游产业发展需要政府和行业进行旅游供给的政策研究和规划编制。在现代旅游发展的基础上,旅游(游憩)规划的概念与内容、现有旅游(游憩)规划体系的理论与技术,也进入了大学教育的体系。

1.1　游历发展:从探索到体验的转变

关于旅游史的研究,已经吸引了为数不少的研究者的关注,英国出版商 Routledge 及国际旅行与旅游史委员会(International Commission for the History of Travel and Tourism)合作,于 2009 年创办了一个专门的学术期刊《旅游史学刊》(*Journal of Tourism History*),截至 2020 年年底已经出版了 367 篇论文。Hargett(2018)在其专著《玉山与朱砂池:中华帝国旅行文学史》一书中,集中研究了六朝时期到明代(222—1644)中国的旅行文学史。20 世纪 30 年代以来,国内关于中国古代旅游研究的成果陆续出现。综述研究发现,国内外的旅游史研究大体包括旅游史学理论研究、区域旅游史研究、专题旅游史研究和历史时期旅游业研究等几个方面的内容(章杰宽、张萍,2015)。

任唤麟(2014)对早期中国古代旅游研究做了概要梳理后发现,1997 年以后中国古代旅游研究有所发展,其研究重点分别为中国古代尤其是明清和唐宋旅游、长江中下游地区旅游、旅游史、旅游文化与旅游文学。尽管现代有多个学科对旅游现象进行研究,但想要发掘现代旅游诞生演化的来龙去脉,必定需要从历史的角度来观察其演变的过程。游历是揭示历史进程重要的概念,从古代游历活动的诞生到现代旅游业体系的形成,游历作为具有连续性的人类活动,在不同时期对人类社会产生了非常重要的影响和作用。

1.1.1 游历的词素、语义与记录

中国的文化和学术话语体系中很早就出现了游历的概念。被联合国教科文组织(UNESCO)世界记忆工程国际咨询委员会列入《世界记忆名录》的甲骨文是人类共同的文化遗产,在甲骨文产生的时代,游历的词素就产生了。"游""遊"本字皆为"斿"。"斿"甲骨文为 ,金文为 ,篆文为 ,皆意为飘扬的旗帜引领一队人。持旗帜而行的原始意义,与氏族迁徙游居、国家宗教祭祀等活动有很强的联系。"游"还表达了中国古代的户外教育旅行、修学旅游的行为:过河越境访学为"游";陆上行走求学为"遊"。

"历"本字有二:一为"歷",二为"曆"。"歷"的甲骨文为 ,上半部分的 是两个木,代表丛林,下半部分的 原意为人类脚趾的趾,表示行进,合并起来表示穿越丛林。金文和篆文在甲骨文基础上加上 (石崖),意为翻山越岭、穿行远途。古代汉语中歷、曆通用。曆是厤和日的合成,厤是歷的略写形式,表示穿越、经过;日,时光、岁月;曆,更强化了时光流逝、光阴变化、经过一段时间和历史,可指代时间上的穿越阅历。汉字简化后,将"歷"和"曆"合二为一,皆用"历"的字形。可以发现历原多指空间上的移动经历,但后来逐渐扩展表意为时间上的跨越,所以历可解读为穿越时空的双重内涵。再后来,历又引申为经历,既可以代表时间上的发展,也可以代表心理上的体验。

游和历组合在一起使用,在中国古代文献中屡见不鲜。从三国魏李康《运命论》"其所游历诸侯,莫不结驷而造门",到唐白居易《游石门涧》"自从东晋后,无复人游历";从北宋王安石《忆金陵三首》"想见旧时游历处,烟云渺渺水茫茫",到南宋史达祖《喜迁莺·月波疑滴》"旧情拘未定,犹自学、当年游历",延续到今天并仍在经常使用。这些历史资料中所使用的游历一词,其基本含义一直没有多大变化,都是围绕着人类在旅途与目的地的地理探索与地方体验而展开的一系列活动。游历活动不仅历史绵长而且至今活力四射。而今,我们将游历定义为在旅途与目的地的探索与体验。其英文 experoutination 为"exploration and experience in route and at destination"的缩写。

游历活动有大量游记文体作品,积累了丰富的记录,为我们开展游历研究奠定了数据基础。但是游历记录并不等于游记,除了散文文本的记录形式,还有山水诗词、山水画以及岩画石刻等形式。例如,丁庆勇(2014)在对唐代游记文学进行系统研究时,就将"山川铭文"这类文体也纳入游记文学范畴来考察。到了近现代照相术发明之后,照片以及电影胶片、视频材料,也可以视为特殊的游历记录。由于游记本身的亲历性与现场感,旅行者能够在异文化的体验与碰撞中形成更为直观的印象(胡天舒,2013),利用游记等游历记录文本的研究,还原游记文学中的旅行活动与异文化体验,是一个重要的研究路径。

1.1.2 游历发展的载体与动机：五生型式

有史以来，人类为探索、体验的目的，暂时离开惯常居住、生活的地方，在旅途或目的地开展的一系列旅行活动，称为游历行为。在讨论游历发展史或旅游史的时候，有必要注意明确旅游史的研究对象到底是什么，正如邱扶东(2007)指出的那样，在一些中国旅游史研究中，常常把历史上的迁徙、经商、传教、朝圣、求学、探险、旅行，甚至神话故事中人物的行踪，等等，与旅游混为一谈。邱扶东所指，估计就是指王淑良(1998:2)所持"人类行迹的开始就是中国旅游史的开端"一说。王淑良把元谋猿人的发现视为我国历史的序幕，同时也是中国旅游史的序幕。而方百寿(2000)则明确提出，不认为史前时期就出现了旅游，因为当时绝没有旅游的动机和目的。如果对基本概念没有一致的认识，不同研究者的成果就难以进行比较，也就无法达成基本的共识。

王晓云(2001)认为要采取综合、动态的方法考察旅游起源，即不仅要从旅游定义和性质出发，也要结合旅游目的分析以及旅游词源发生学等诸多方面综合考察旅游发展历史，同时应该注意到旅游起源不是一个静止的点，而是一个包括旅行活动诞生、发展，旅游活动萌芽、成熟的动态过程。综合考虑可以这样认为：中国旅行活动诞生在原始社会末期，伴随着旅行活动的发展；中国旅游活动在春秋战国时期萌芽，成熟于魏晋南北朝时期。章必功(1987)也认为，中国旅游虽然源头深远，可以追溯到原始社会，但真正自觉的、初具规模的旅游历史则开始于东周一代。虽然古代与现代游历及旅游活动存在较大不同，但它们具有继承性，旅游这个词在中国古代大量存在、中西古代旅游史上均存在着与近代旅游特点相符合的旅游活动，工业革命之前既有旅行也有旅游(彭顺生，2017:3-13)。陈晖莉(2009)认为，中国古代旅游没有单一的动机，具有"泛旅游"特征，作为一种社会文化现象，始终存在于人类社会实践活动之中，成为一种与政治、经济、军事、文化、外交等活动相互联系、相互交叉的边缘性社会活动。鉴于这种交叉和边缘特征，与其将某些行为称为旅游或游历，不如把它们看成是旅游或游历活动的载体。

为了解决邱扶东提出的定义不一致问题，以及那些难以回避的常常与游历或旅游活动紧密相关的活动类型，我们特地提出了一个中介式的概念——游历的载体(carrier of experoutination)。下面所提游历的若干型式，就是基于这一载体的假设。

在不同的历史时期，人类游历的基本动机、赖以发生的主要载体以及产生的主要社会效应，都会表现为不同的特征。有的游历型式发生很早，如出于安全、生存的目的而进行的探险与拓殖；有的发生得较晚，如出于提高生活品质和愉悦的目的而进行的娱乐、休闲和度假行为。总体上，我们把所有游历活动发生的载体与动机归纳为五类，它们基本上呈先后顺序出现，但后来者并不会代替前者或以前者的消失为前提，许多型式是同时存在的。这些不同阶段、不同载体、不同目的、不同效应的游历活动，都围绕人类的生存、生产、生活开展，分别表现为生拓、生易、生思、生业、生悦五种情况，统称为游历的五生型式(five patterns of experoutination)(吴必虎，2019)。

1. 生拓

生拓(colonial experoutination)是指人类为了生存空间的拓展而开展的对陌生地域的探险、探索、征服或殖民行动,这类出行活动起源最早,也是最初的游历的载体,并且一直延续至今。从基因选择理论来看,那些具有更多好奇心和勇气前往新的地带探索以不断获得新的生存资料的人群会获得更多的生存和发展机会。现代演化心理学研究结果表明,早期的人类冒险探索就是迁徙的第一步,为了生存进行拓展是生物进化的基因选择,而基因本身就是早期人类生拓的"游记"。公元1世纪至5世纪的古罗马时代的作家留下来的旅行记录表明,好奇心和欲望(curiosity and desire)就是人类迁移的催化剂(Foubert,2018)。

有学者提出人类旅游始于原始社会末期、人类文明初期,具体时间是距今5000多年的古埃及第三任法老时代:埃及阿拜多斯曾出土一块刻有古埃及第一王朝第二任或者第三任法老Djer名字的象牙板,其上隐约记载了Djer巡游三角洲地区布托和舍易斯的情景(邹本涛、曲玉镜,2015)。

但当我们不仅考虑单纯的旅游行为,而且也顾及游历发生的其他载体时,人类游历的历史显然远远早于古埃及王朝,早期军事远征事件也就可以视为大量游历行为发生的承载体。公元前336—前323年,亚历山大大帝东征印度,进而建立地跨地中海、希腊、小亚细亚、埃及、两河流域直至印度的亚历山大帝国,这一远征活动大大扩展了欧洲人关于西亚、中亚和南亚的地理知识;同样,公元13世纪成吉思汗及其黄金家族横跨亚欧大陆的西征,不仅扩展了东亚地区对中亚、东欧、阿拉伯半岛的了解,而且在数百年的时间内保障了连接亚欧各国的丝绸之路的通行无阻。

15世纪初中国明朝航海家郑和率领的船队七下西洋和15世纪末哥伦布代表西班牙国王远航新大陆的航行,则是另一种带有强烈政治目的的旅行,只不过中国人的航行更多是软实力的宣化而西班牙人的航行更多体现为硬力量的军事征服和殖民占领。到了19世纪和20世纪,人类的地理拓探转向了对南北两极和高海拔地域(青藏高原)的进军。生拓作为一种发生很早,通常以军事、政治、外交等手段,以国家(早期为部落或族群)组织实施的旅行、征服和殖民方式,直至今天仍然在以特定的新的表现方法继续其功能,如人类对海底世界和太空世界的探索仍然方兴未艾。太空旅游(space tourism)将会是未来大受欢迎的新旅游产品。

2. 生易

生易(trade experoutination)是指人类为了生存(如对盐的需要)、生产(如原料)和生活(如奢侈品)的需要而开展的远距离贸易旅行,并且也是与生拓一样长期作为游历的载体而持续存在和发展的人类活动。针对一些学者否认古代贸易旅行是旅游活动的一种特殊类型,陈愉秉(2000)明确表示不同意以原始人类迁徙具有被迫性和求生性来否定其为旅行或旅游,认为西方古代经济史提供的基本事实表明,近代以前与谋生相关的旅行,特别是商业旅行,大都曾程度不等地带有被迫和求生的色彩,因而从逻辑和历史的角度,被迫性和求生性都不宜作为区分原始迁徙和古代旅行的标尺。在古希腊,以经商为目的的旅行活动打开了人类的旅行通道(冉群超,2014)。据《尚书·酒诰》记载,从约公元前1600年,殷遗民就有"农功既毕""肇始牛车远服贾"的活动。阿拉伯地理学家伊本·胡尔达兹比赫(Ibn Khurradadhbih)所撰《道里邦国志》记录了从波斯湾巴士拉远航到中国的贸易航线。

古语有言"熙熙攘攘,利来利往",长期的区域间贸易形成了各类古代交通、贸易、旅行网络。其中久负盛名的路线包括丝绸之路、茶叶之路、万里茶道、茶马古道、陶瓷之路、香料之路、琥珀之路、川黔盐道等。随着国家疆域的明晰,贸易成为地区间交流的最友善、最普遍的民间流动。生易促进了财富积累的分化,对地区间的利益配置分工与流动产生了巨大的影响。

游历发展较为兴盛的时期,大抵都是商业经济较为繁荣、社会文化较为宽松的时代,如汉、唐时期。多位旅华旅行家的游记也重现了商贸之旅的繁盛景象。1877年,德国地理学家李希霍芬在其《中国》一书中,记载了中国汉代与中亚、印度以丝绸贸易为媒介的商贸道路,也就是所谓丝绸之路(The Silk Road)。粟特人在丝路之上长途行旅,长期从事多文明之间的转贩贸易。阿拉伯商人苏莱曼(Sulaiman)所述《苏莱曼东游记》(约成书于公元851年)刻画了中东商旅以广州作为波斯、大食商旅的主要门户的生易活动,记录了唐代设置市舶司,波斯蕃贾大批商船往来流通、自由贸易的情形。摩洛哥旅行家伊本·白图泰的贸易旅行,可谓前无古人、后无来者,他的旅行横跨非洲、欧洲、亚洲,1333年到1356年,在到访印度、中国等国家后,伊本·白图泰写下了《伊本·白图泰游记》。

3. 生思

生思(idealistic experoutination)是指人们沿途和在目的地进行的上层建筑和精神活动,包括社交娱乐、宗教信仰传布、山水审美创作、科学考察研究等活动。生思既可以独立作为游历的动机,也可以是游历活动得以产生的载体。考古资料证明,人类出于聚会与宴飨目的而开展的旅行由来已久(王德刚,2015)。

基于宗教传布、取经、朝觐等目的的旅行并形成经典游记的事迹更是屡见不鲜,宗教旅行既是一种游历的载体,其本身也可能是一种游历方式。中国古代有东晋法显写成的《佛国记》、唐代高僧玄奘所著的《大唐西域记》,还有日本来华留学僧圆仁(円仁)所著的《入唐求法巡礼行记》。当古罗马衰落后,西欧在宗教神权的统治下,掀起了朝觐的热潮(冉群超,2014)。基督教世界的宗教旅行和传教记录更是不胜枚举,如元朝时由罗马教廷派至中国的柏朗嘉宾和鲁布鲁克所著的《柏朗嘉宾蒙古行纪 鲁布鲁克东行纪》,明朝时来到中国传教和传播现代科技的利玛窦所著的《中国札记》。

生思也可视为一种美学活动,从游历作为人类活动,到旅游作为人类特殊审美活动的发展过程中,在剥离活动的内在动力与本质的基础上,在与其他相关活动的比对中,现代美学发现了旅游(游历)活动的美学本质,且这也是旅游美学不同于其他活动、其他美学类型的特殊本质(陈耀辉,2013)。在山水审美方面,中国魏晋南北朝时期以来的山水诗词、宋代以来的山水画、欧洲文艺复兴以来的风景画,都是以文学艺术和视觉艺术形式描述、呈现的游历记录。

我国历史名胜文学大量涌现的重要契机,一是魏晋南北朝时期的士大夫林泉山水之游,二是隋唐时期创立的科举制度,使文人学士的旅游热情与创作名胜文学作品的冲动持续高涨(俞明,2003)。关健(2014)对明代吴门画派纪游图画家创作纪游图的原因、纪游图的受众及其在社会中的功用进行了深入探讨,他的研究发现,纪游图的创作在吴门画派画家笔下达到了一个高峰,这不仅仅是因为当时画家的主观选择,更是由于这一时期社会政治、经济、文化与社会风尚以及吴中地区文人社交网络的形成等多方面因素共同影响下而产生的结果。

山水美学与佛教旅行二者融合的情形在晚明时期出现一个高潮。陈晖莉(2009)将晚明文人佛寺旅游活动归纳为如下四个特点:山水景观欣赏的科学化与佛化转向,高雅之兴及与民同乐的雅俗共赏之势,情欲释放下的奢侈享乐与佛教禅净双修的平淡回归,以及旅游业发展的批判与肯定。文人佛寺旅游的多元化特点,折射出晚明社会特有的商品经济发展新趋势,市民社会兴起、文人生活世俗化和士僧互动社会新风,反映了阳明心学、禅净双修和实学思潮多元文化风潮,具有时代发展的进步性。

从柏拉图(Plato)哲学之旅到欧洲文艺复兴寻书之旅,流浪是西方哲学家的选择,不是为了娱乐,而是为了启发和思考,是探索过去与自我的方式。于东方之士人,游历是寄情山水、寻求道德陶冶、精神升华的途径;宗教的传播、教育的实现,更是生思之旅的重要社会影响。通过游历探索人与自然界的融合,建立文明间的交流。

发展至现代,研学旅行纳入学生培养实践课程,现代教育生思之旅的理论体系构建亟待旅游学的完善;从异地寻找精神之乌托邦,圣地亚哥朝圣之路(Camino de Santiago)成为现代人逃避现实的朝圣之旅。日新月异的现代环境发展下,生思游历对于自我认知和探索的旅程从未结束。

4. 生业

生业(industrial experoutination)是指 1841 年英国人托马斯·库克(Thomas Cook,1808—1892)开设世界上第一个旅行社之后在全球逐步出现和形成的专门为人类愉悦和商务旅行提供系统服务的产业体系的发展过程,它本身成为人类实现体验性游历的重要载体。虽然古代服务于旅行者的驿站、餐馆久已有之,但是专门为旅行者提供系统出行服务的独立部门,旅游业形成影响一个城市、一个地区乃至一个国家的经济发展的重要行业,只是在大众旅游出现以后才有可能。实际上,文艺复兴之后盛行于欧洲的大旅行(grand tour)促进了欧洲旅游产业的形成和臻于成熟。Towner(1985)从 4 个方面探讨了大旅行的主要特征:旅游者、空间结构、时间特点、旅游产业的逐步发展。旅游者社会阶层明显变化,大旅行本身的特点也随之变化,这一变化最明显的时期出现在 19 世纪 20 年代至 19 世纪 30 年代,这一时期的重要特征就是规范化的旅游产业(formalized tourist industry)的形成。

19 世纪中期工业革命完成后,英国的旅游和旅游业取得了突破性的进展,由于中产阶级的崛起,外出旅游人数增加,休闲消遣旅游人数首次超过了传统占主导地位的商务旅游(冉群超,2014)。Barton 和 Brodie(2014)主编过一套四卷本的《1700 年至 1914 年的英国旅行与旅游》文集,对英国旅行交通方式、目的地建设、娱乐产品演化等做了系统的结集和呈现。在晚清及民国时期,中国的近代旅游业也在萌发,其中西式饭店对中国近代旅馆业产生了较大的影响(龚敏,2011)。

第二次世界大战结束以后,全球建立了新的治理格局。20 世纪 60 年代时值战后复兴,西方社会进入经济恢复发展时期，喷气式飞机的出现使越洋旅游的交通费用大幅度下降，西方发达国家之间闲暇和商务目的旅行催生了大规模的客流，标志着大众旅游（mass tourism）市场的形成。福特经济模式（Fordist model of economics）下标准化生产、大批量采购、集约化经营、网络化销售的大众旅游产品符合当时人们的旅行需求，从而形成规模经营优势，达到降低成本、薄利多销的目标。为人们提供更安全、更快捷、更舒适、更愉悦的游历体验的完整服务体系纷纷建立和完善起来。可以这样说，只有当游历发展进入生业阶段之后，旅游学作为一门应用理论学科才真正得以创建并得到持续发展，同时为了研究相应的市场和产业体系供给，大学人才教育也相继出现了旅游与酒店管理（hospitality and tourism management，HTM）学科及其寄托的专门院系。

5. 生悦

生悦（pleasure experoutination）对应的是游历发展的最高阶段和最终目标，它是指人类为了单纯的愉悦目的或生活品质追求的动机，在工业化和城市化发展进入较高水平之后，前往具有专供设施和专业服务的休闲度假目的地进行的游历活动。生悦不再依赖其他活动载体，而独立存在于出游动机之中。在若干旅游学的核心概念中，体验（experience）是其中较为流行的本体论术语，它强调现代旅游活动作为游历方式之一，或者说是游历发展过程中最近两个世纪才形成主流的游历形态，其核心价值在于为旅游者提供愉悦性体验（pleasure experience）（谢彦君，2005）。周博（2019）对 1927—1936 年《旅行杂志》刊载的国内游记中作者所记录的出行原因与主观动机进行的分析和归纳说明，在 20 世纪二三十年代，中国知识界的出行原因最主要的就已经是休闲游览（愉悦旅行）了，此类游记篇数最多，其次是公务考察、返乡探亲的途中兼事游览。

生悦需求的满足需要建立在经济充分发展、物质条件比较充裕的基础之上。特别是当社会发展和区域发展进入过剩经济时，生悦型式的游历更会得到迅猛的发展。1899 年美国经济学巨匠、制度经济学鼻祖凡勃伦（Thorstein Veblen，1857—1929）出版了《有闲阶级论》一书（凡勃伦，1964）。中国改革开放 40 多年以来，经济取得历史性辉煌成绩，财富积累和中产阶层的形成让休闲旅游也成为中国的一种新的时尚潮流。

赫拉利（Harari，2014：106）曾在《人类简史》中提到，19 世纪的浪漫主义与 20 世纪的消费主义正式为旅游产业"黄袍加身"：消费主义通过消费贵重物品证明天赋人权而拥有自由意志，浪漫主义以积累多元和奢侈的人生体验实现自身价值，生悦旅行恰好满足二者的结合。现代带薪度假制度的实行和丰富完善的旅游产品供给，使得旅行成为大众取悦自我的重要方式。后福特经济模式（post Fordist economic model）更强调旅游需求的转型和差异化，相比柔性差、标准化的产品，旅行者更倾向于个性化的旅游体验。

1.1.3 由探索性游历向体验性游历转变：现代旅游学的产生

1. 游历型式出现次序

游历活动有五个发展阶段。不难看出，五生型式各个现象出现得都很早，但是从其发展的规模或其对社会的影响大小来看,仍可识别出发展有其先后次序。在一两百万年前,人类就从非洲开始一点点地向外迁移、向外探索,可以说人类有上百万年的探索历史。当物质生活处于较低水平时期,人类主要表现为拓殖与贸易的需求,为实现这些需求人类选择了远行探索,而这些探索就成为早期游历发展的最好载体。一个新的型式出现以后,前面的型式并不会消失,而是叠加在一起。那么早期的人是否也存在体验呢?答案是肯定的,在诗经时代,就有描写春天来了,春暖花开,释放内心的诗篇,比如"驾言出游,以写(通"泻",抒发)我忧"的诗句,它们就是游历体验的描写。

游历型式基本上按照生拓首先出现,继之以生易和生思,然后生业形成规模,最终聚焦于生悦这样一个次序。但这种次序的排列,并不意味着生悦在早期并不存在,而是强调其地位最高的阶段、其主要的角色出现得最晚。同样地,较早出现的生拓和生易,随着时间的推移也并不会随之消失,只是其相对重要性不断减弱。

不同型式的游历在不同国家、不同地区或不同历史阶段,出现的先后可能会有不同,但更多情况下它们可以同时并行存在。以生拓和生思型式来看,地理发现和科学考察属于生拓及生思合二为一的状态,中世纪以来在欧洲就比中国更加抢眼。欧洲国家对新大陆的探索考察,从1492年哥伦布时代就已大规模推进,其后的300多年这个过程一直持续不断。到18世纪,蒸汽机的应用提高了探索自然的能力,使欧洲探险进入第二个高潮,一大批欧洲地理学家、探险家、考古学家进入了中亚和中国新疆甚至青藏高原。而中国国内的科考探险旅行,除了明代徐霞客这种零星的壮举之外,到了民国时期才逐步展开。科学考察型旅游者对西藏的重点关注区域一个是珠穆朗玛峰,另一个是西藏东部的横断山脉和森林峡谷地区,还有则是以纳木错为中心的藏北高原。青海地区的地质科学考察则以阿尼玛卿峰及其周边和柴达木盆地为主(章杰宽,2017)。

不同型式的游历在不同时期表现出来的出现频率和覆盖人群也是不同的。对游历进行社会功能演化的5个阶段划分,主要是为了陈述、分析的便利,而非截然分开或相互替代。

2. 游历型式的层次

马斯洛需求层次理论表明,人都潜藏着从低到高的5种不同层次的需求(后扩展为7种),但在不同时期表现出来的各种需求迫切程度是不同的。当物质生活处于较低水平时期,人类对生存的需求最为迫切。当生理层次、安全层次的需求得到满足之后,需求就会逐步向生活品质提升和自我实现方面升级转变。随着物质生活水平提高和对愉悦、幸福等生活质量的追求不断升级,以及为这种生活质量提升而对旅游供给侧的服务体系的完善,游历的型式也会逐步进行升级。

借用马斯洛的思考方式,如果我们观察前述游历载体和动机的关系,就会发现它们之间也存在某种发展层次,类似马斯洛的需求层次。从生理、安全需求的角度上看,人们拥有不停地向周边探索的动力,为了生存首先必须找到并有能力占据一定的地理空间,这是最初级的需要。占据一个地方具备生存的条件之后,就会考虑到把生活过得好一点,如游牧地区的居民需要喝茶,农业地区的士兵也需要战马,皇室和贵族需要穿上丝绸的衣服以显身份,因此出现了区域间的远距离贸易,形成了游历载体的第二个层次。为了欣赏远方世界的奇山异水和风土景观,或者为了传播信仰,抑或为了探求自然之谜寻找宇宙奥秘,僧侣、文士和学者成为构筑理念与价值大厦的建设者,形成了游历型式的第三个层次。18世纪中叶之后工业革命的到来,促使游历出现革命性转型,进入了愉悦体验为核心的新的阶段,而涉入体验性游历的人数如此之众、分布的国家和地区如此之广、触发衍生的上下游产业链如此之长,历史上第一次出现了专门服务于游历者的接待业,而正因为接待业的形成与整合,进一步从基础设施和旅游设施上保证了愉悦体验的实现,人类游历进入了最高的层次——愉悦体验与生活品质。从生拓、生易、生思、生业进入生悦,人类游历的发展不断向愉悦体验和幸福感提升方向转变(图1-1)。

图1-1 游历发展的层次
资料来源:改编自吴必虎,2019。

3. 工业革命前的探索性游历

人类游历在路途当中和在目的地里面经历了两个"Exp",第一个Exp是探索(exploration),第二个Exp是体验(experience)。在整个人类社会演进和文明发展历史中,18世纪之前的Exp主要是探索;而后来的Exp,特别是城市化、工业化以后,才大量出现愉悦性的体验。

需要强调的是,与现代旅游供求双方共同追求的娱乐(entertainment)、养生(wellness)、休闲(leisure)、游憩(recreation)、度假(holiday making)、购物(shopping)等动机相比,古代旅行充满了探索新地域的艰难困苦、耗时动辄数年于旅途的非愉悦状态,古代游历更多强调的是探索(Exp1)而非体验(Exp2),即 $Exp1 > Exp2$。18世纪机器时代出现之前旅途的艰辛,不仅因为未知世界的交通及接待设施的不便,还源于不同地区人类生理免疫系统的差异。15世纪至19世纪,北欧地区的游客前往意大利的罗马,虽然有大旅行的种种诱惑,但是由于北欧人对夏季疟疾病毒缺乏免疫能力,通常不敢在7月至9月到罗马旅行(Reilly,2019)。

在工业革命之前的游历活动,更多倾向于艰苦的地理探索。

4. 工业革命后的体验性游历

无论古今,游历带给参与者某种程度的愉悦应该说相当普遍,因为愉悦体验属于控制旅游内感体验的结构要素之一(孙小龙,2018)。但是只有当游历发展进入体验性阶段之后,愉悦的体验才成为普遍的现象,人类的游历发展进入了一个新的阶段——生悦。

18世纪,改良蒸汽机的出现标志着工业革命的肇始。同样地,因为这个时期欧洲首次出现了有明确目标和自我意识的大规模自然旅游体验活动,18世纪中叶也被认为是世界旅游文化史古代与近代的分界点;旅游学将目光聚焦于体验性游历之后,基于"体验与介入"的旅游文化理论,旅游文化史就成为旅游体验与介入文化的发展史(邹本涛、曲玉镜,2015)。

与18世纪之前的旅行所需克服的困难、艰苦、风险和昂贵相比,近现代人的游历无论在舒适性、安全性,还是在快捷性、普及性方面,都要远远高于工业革命前的游历,即 $Exp2 > Exp1$。每年安排一定的时间到异地体验愉悦的生活方式,已经成为近现代社会一个普遍的价值追求。1841年英国人托马斯·库克成立旅行社,旅游服务作为一个独立的产业部门出现,为人类提供较为愉悦的旅行体验,标志着现代旅游活动正式出现。

将目光转向体验研究并成为旅游学中的一个重要理论基础,只是最近几十年才有的现象。旅游界之外,其他学科也在强调体验概念的重要性。李岚(2007)在其博士学位论文中,确立了一个文学概念"行旅体验",并且认为行旅体验与文化想象是理解晚清至五四运动前后的游记性质、切进中国现代文学发生的游记视角的重要概念。行旅体验的现代转型伴随着中国时局的变换,传递了直接的现代性感受,关系到晚清以后游记的内容产生于行旅时空中的、有时代意义的景观文化想象和形象文化想象,构成了游记文本的潜话语层。这一研究说明,游历发展转型进入体验性游历为主的近现代,不仅影响了旅游产业的产生和发展,对文学文体乃至于社会深层结构,都会产生一定的影响。

实际上,整个中国目前也正处于转型的时期,这一国家转型的大背景使人们开始步入休闲社会,需要进行新的社会分工和调整。中国也像欧美那样,已经进入了过剩经济阶段。在机械化、自动化效率很高的情况下,中国短缺经济时代已经结束,过剩经济产生了过剩的产品,资源、土地、市场等配置方式也需要响应性地改变,需要进一步实现产业的转型。怎么转型?其中由生产型转向生活型,由制造业转向服务业,已经成为许多城市发展的选择。服务业越来越重要,其对国内生产总值(GDP)的贡献率达到 $65\% \sim 70\%$ 这样一个高比例以后,旅游业必然成为一个社会发展的必要的经济部门。

在一个过剩经济的时代,愉悦体验和生活品质及其背后的结构转型,就不是偶然的事情了。

1.2 游历的知识溢出与旅游研究的出现

在游历本身的发展过程当中,不同的阶段会形成不同的知识溢出,特别是在探索性游历发展时期,游历发展为知识溢出做出了巨大的贡献。在游历的五个层次中,不同层次和发展阶段的游历活动对人类的知识溢出作用是不一样的。在15世纪哥伦布大航海和18世纪瓦特改良蒸汽机之前,甚至一直到第二次世界大战爆发之前,人类很多的知识来源于人们的野外考察和地理探险。

1.2.1 探索性游历对知识溢出的贡献

1. 以历史和地理为核心的知识形成

如果将最初的载体和动机考虑在内,人类游历发展的历史已经超过数十万年乃至更久远。游历不仅从一开始就伴随着人类生存和发展的一切旅行活动,满足了人类的生存、生产和生活需要,同时也是人类获得科学知识、形成哲学思想的源泉之一。在早期的地理学、历史学、生物学、药学等学科的形成、发展过程中,游历甚至是主要的知识溢出来源。可以这么认为,在近现代实验室方法出现之前,探索性游历实际上形成了人类知识获取的最主要的观察、实验和研究平台。游历产生的知识溢出涉及哲学、历史、文学、生物、天文、测绘、航海、地理等各个学科。

游历对哲学、历史学、地理学的产生发挥了很重要的知识溢出作用。德国社会哲学家凯泽林1911年开始环球旅行,同年岁末来到中国。通过与各民族文化的直接接触和对话,凯泽林对各国哲学思想不断探索,撰写了反映其哲学思想的代表作《一个哲学家的旅行日记》(Keyserling,1925)。游历作为小说创作者喜用并善用的主题,广泛存在于明清两代不同时期、不同题材的小说之中(董定一,2013)。

早期的历史学与游历关系密切。被称为"历史之父"的希罗多德(Herodotus)生活于公元前5世纪的古希腊,他撰写的《历史》一书被西方认为是最早的一部历史著作。在撰写《历史》之前,他因种种原因游历过小亚细亚、希腊本土、马其顿、埃及、腓尼基、叙利亚、黑海沿岸、意大利南部和西西里等地,又被称为"旅行家之父"。

中国同样产生过广泛游历之后完成杰出的历史著作的人物,最典型的就是司马迁。《史记·太史公自序》记载:"(司马迁)二十而南游江、淮,上会稽,探禹穴,窥九疑,浮于沅、湘;北涉汶、泗,讲业齐、鲁之都,观孔子之遗风,乡射邹、峄;戹困鄱、薛、彭城,过梁、楚以归。"司马迁一生主要有三次游历经验,包括二十壮游、三十宦游、陪帝巡游,足迹遍及九省,不仅饱览了名山大川,更拜访了大量历史人文遗迹,为日后《史记》的创作积累了宝贵材料。

在所有的知识溢出中,地理学的形成及发展与探索性游历的关系最为紧密。实际上古希腊的地理学(也是全世界最早有记录的地理学)在获得由厄拉多塞(公元前276—前194)首创"地理学"这一术语之前,当时的学者使用的学科名称就是"游记""周航记"等术语(李铁匠,2014:8)。古希腊时期完成且保存至今的第一本《地理学》的作者斯特拉博,周游四海也是其重要的历练。斯特拉博从青年时代开始就游历小亚细亚、罗马、亚美尼亚、撒丁、黑海、埃及、上尼罗河的埃塞俄比亚山区等。在中国,从游历中得到地理学研究成就最为突出的人要数北魏时期的郦道元(466—527)和明代旅行家、地理学家徐霞客(1587—1641)。从地貌学的形成和发展历史来看,《徐霞客游记》无疑是世界上最早最完整覆盖面积最大的岩溶地貌的踏勘、考察和分析报告。

在近现代地理学的发展史上,德国地理学家洪堡(Alexander Von Humboldt,1769—1859)是最为重要的集大成者,被公认为近代地理学的奠基人,也是近代气象气候学、地质学、植物地理学、地球物理学的创始人之一:基于其在南美洲5年之久的野外考察,出版了

30卷本的《1799—1804新大陆亚热带区域旅行记》;他从1822年起游历意大利和英国,并就此撰写了卷帙浩繁的游记;1829年,应沙俄政府邀请前往中亚和西伯利亚考察旅行,由旅行所得著有《中央亚细亚》3卷。通过足迹遍及全球的地理考察和广泛游历,洪堡完成的5卷本的《宇宙:世界自然地理概述》,标志着近代地理学的最高成就的铸成(Von Humboldt,1848)。

地图学、海洋学、天文学等学科也在航海探索游历过程中得到了发展。因为过去航海要看星空,所以天文学很受重视。当然中国的天文学跟欧洲的天文学不太一样,中国对于天文历法等的关注主要是为农业生产服务,种植庄稼有物候指导,物候学也是跟农业生产方面有关,但是西方的天文学主要为航海需要。这些都是与早期的地理学关系紧密的学科的知识溢出。

2. 探索性游历对生物学、人类学等学科形成的贡献

生物进化论的奠基人达尔文(Charles R. Darwin,1809—1882)是英国生物学家,曾经随英国海军乘坐贝格尔号舰(Beagle,也称作小猎犬号)做了历时5年的环球航行,对南美洲、大洋洲、非洲等地的动植物和地质结构进行了大量的现场观察和样本采集。回到英国后花了20年时间整理研究,最终出版《物种起源》,提出生物进化论学说,被恩格斯誉为19世纪自然科学的三大发现之一。可以想象,如果没有广泛的环球航行和沿途游历、探索、观察、思考,达尔文根本不可能发现物种进化、物竞天择的现象,也就无从创造性提出生物进化论的学说。

中国明代伟大的药学家李时珍(1518—1593),自1565年起,先后到庐山、茅山、牛首山及湖北、湖南、安徽、河南、河北等地收集药物标本和处方,并拜渔人、樵夫、农民、车夫、药工、捕蛇者为师,于1590年完成《本草纲目》,首创了按药物自然属性逐级分类的纲目体系,是到16世纪为止中国最系统、最完整、最科学的一部医药学著作,被誉为"东方医药巨典"。李时珍药学成就的取得也与其广泛的旅行游历息息相关。

现代人类学奠基人之一是出生于波兰的英国人类学家马林诺夫斯基(Bronislaw Malinowski,1884—1942),他于1915—1918年前往巴布亚新几内亚的特罗布里恩群岛考察,实地参与聚落生活,使用当地语言,甚至和土著建立友谊,著成《西太平洋海岸的航海者》(Malinowski,1922)。他是第一位亲自在当地长期研究并以客观的民族志材料取代过往充满研究者主观论述的材料的人类学家,建构了以客观民族志记载田野调查研究成果的方式,被称为"民族志之父"。

3. 工业革命后知识溢出逐步向旅游学转移

在古代,有相当多的学科如历史学、地理学、测绘与地图学、博物学(生物学)、天文和海洋学等的形成与知识溢出得益于探索性游历的发现与积累。或者说,上述诸多学科参与了游历的研究。但是到了19世纪中叶以后,随着工业革命和技术进步大大提高了全球范围旅行的安全性和便捷性,以及人类对自然世界的了解和知识逐步臻于成熟,逐渐地,很多学科陆续退出了对探索性游历的依赖,只有旅游学集中于对人类体验性游历行为的研究,很多传统学科则逐步淡出了游历的研究。工业革命后一个显著的变化,就是整个旅游学变成了关于体验性游历主要的知识产生、使用领域。也就是说,在现代科学体系及其分工中,仅仅研究体验性游历而不研究别的对象的学科就只剩下旅游学了。

游历对人类知识溢出的贡献,或者换一个角度说,游历发展得到的学科支持,逐渐由工业革命前的以历史学和地理学为核心,转移到旅游学的研究领域。历史学、地理学长期从精英人士的广泛游历中获得新的知识溢出,最终产生了希罗多德的《历史》、斯特拉博的《地理学》、徐霞客的《徐霞客游记》、洪堡的《宇宙:世界自然地理概述》等一系列鸿篇巨制。但是游历发展进入生业与生悦阶段之后,地理学等传统学科逐步获得独立,不再依赖于先驱者的旅行和游历。与此同时,另一门新的学科,即旅游研究或旅游与酒店管理研究,逐渐从游历发展的新形式——现代大众旅游的发展中获得营养,逐步地成长壮大起来。一方面,生业与生悦阶段的游历发展为旅游研究提供了新的现象、概念和知识溢出;另一方面,现代旅游业的健康发展,也得到了越来越多的旅游研究的理论支持和人才输入。

1.2.2 以体验性游历为核心的现代旅游研究体系

虽然旅游研究或者旅游规划的研究,主要聚焦于体验性游历现象,但并不意味着旅游研究是封闭的体系,它也涉及非常多的学科。总的来说,特别是第二次世界大战以后,整个旅游学形成两大流派,一个是管理学流派,着重研究旅游发展的经济管理和公共管理问题;另一个是社会学流派,主要关注旅游发展产生的社会文化影响和社会公平问题。

传统的学科划分按照客观世界的不同物质运动形式进行,不同学科之间的研究对象并不重叠。旅游学的研究对象显然不符合这一标准。旅游现象是一种从客源市场向目的地的空间移动现象,因此和地理学的研究对象有交叉;旅游现象是旅游者和目的地居民之间的社会相互作用,又是一种社会现象,因此和社会学等学科有交叉。实际上,过去很长时间以来,旅游研究主要就是由旅游管理学、旅游经济学、旅游地理学、旅游社会学等不同分支学科组成的。旅游管理学是管理学的分支学科,旅游经济学是经济学的分支学科,旅游地理学是地理学的分支学科,旅游社会学是社会学的分支学科。但是这种局面如果长期存在下去,就会造成彼此之间缺乏有机联系,也很难形成统一的学科理论,不利于旅游学科的健康发展。

1. 旅游学的逻辑起点:体验性游历

旅游学是自游历发展进入生业与生悦阶段之后才出现的新兴学科。旅游学就是现代语境下以人类体验性游历活动为研究对象的一门学科。就科学分工体系的形成和发展而言,旅游学本身的发展也经历了不断探索的过程。旅游学在游历发展到生业的阶段以后,基于地方政府对区域经济和社会就业的政策偏好,人们更多地把旅游作为一个经济现象进行研究,所以世界上第一本研究旅游的书是1928年意大利人马里奥蒂写的《旅游经济讲义》(Mariotti,1928),这本书是从经济学角度研究旅游的。

中国近代的旅游研究,在民国时期就已开始进行理论建构尝试(贾鸿雁,2016)。发展到目前,旅游学还处在多学科同时进行、相对独立的研究阶段,旅游学其实还是一组学科对一个领域的共同研究。尽管存在多学科同时对旅游现象进行不同领域的研究,但是人们从来没有停止过试图将这些多学科研究纳入同一个框架的努力——建立一个相对独立的旅游学科体系框架。例如，申葆嘉（1999）把以旅游为对象的研究分为基础理论、专业理论和应用理论3个层次，3个层次合并在一起构成旅游学科整体结构。

构建一个学科理论体系的关键是找到逻辑起点。黑格尔在其《逻辑学》中对逻辑起点提出了3条规定性（黑格尔，1966：51-65）：

第一，逻辑起点应该是一个最简单、最抽象的规定，它"不以任何东西为前提""不以任何东西为中介"。理论体系的概念推演过程就是不断丰富开端的规定性的过程。

第二，逻辑起点应该揭示对象的最本质规定，亦即本体论，以此作为整个体系赖以建立的基础，而科学理论体系的"全部发展都包括在这个萌芽中"。概念的逻辑推演和展开就是充分展示、发展内蕴于开端中的内容。

第三，总的来说，逻辑的起点与对象的历史上的最初的东西相符合。"那在科学上最初的东西，必定会表明在历史上也是最初的东西。"

从上述3条规定性来看，现代旅游学的逻辑起点应是体验性游历。更准确地说，现代旅游学的研究对象和核心内容，是游历发展到较高阶段的生业和生悦之后，由早期的探索性游历进入体验性游历之后的那部分游历活动。现代旅游学的研究核心是继承性的，它继承了历史上地理学对探索性游历的研究传统（地理探索，geographical exploration，即Exp1），并将研究的主要力量配置于体验性游历的发展（地方体验，place experience，即Exp2）的研究。

在我们提出体验性游历这个逻辑起点之前，学者们针对旅游学的研究对象和核心概念进行了长达百年（以1899年博迪奥的论文为起点，Bodio，1899）的探讨和争鸣。直到今天，旅游学术界仍然围绕"体验""移动性""原真性"等基本概念进行阐述和建构的努力，并尚未达成一致看法。

如果体验侧重人类行为、态度、感知、偏好等的观察和评估，那么它可以说是心理学的研究范畴，旅游体验只是类似于音乐欣赏体验、体育运动体验的多种体验之一。正如方芳（2020）指出的那样，在现当代的旅游质性研究中，旅游的本质被定义为旅游体验，旅游的基础研究主要是围绕着旅游体验展开的。然而对旅游体验的研究，是否成功地为旅游确立本质，弥补了旅游的基础研究薄弱的缺陷？方芳（2020）认为，从纯粹意识层面定义旅游体验以期把握旅游本质的观点，忽视了旅游体验的伴生性，即旅游体验对旅游实践的依赖性，造成了旅游质性研究的缺陷。通过对旅游本质研究现状的批判性反思，她建议运用现象学的原则和方法，回到意指身体移动的旅游实践基点，整体地把握旅游现象，以图发展出一条"从旅游实践出发"的旅游质性研究路线。本书基于这一研究方法，从游历活动的实践出发，来构筑旅游研究的来源及其核心问题——体验性游历，而非游历性体验。

移动性（mobility）是指旅游者从客源地（origin of trip）到目的地之间的物质空间的位移，也可以聚焦移动前后社会身份、文化差异、社会影响等方面的分析，可以说是地理学或社会学的研究范畴。很多学科关注移动性研究，除了旅游学，还有交通运输科学、医学与体育学、城市规划、人口学、社会学等。

原真性（authenticity）在人类学、文博学、民俗学、社会学等领域被广泛使用，旅游学借用了这一概念,主要用来探讨旅游发展对弱势社区的传统文化将会产生什么样的改变性影响。

上述这些概念都可以部分地表征旅游活动的某些特点,但却很难做到相对独立、具有一定排他性的学科领域的划定。虽然很多学科如管理学、经济学、地理学、社会学等都可以研究游历现象,但是要全面地认识这一对象,是任何一门既有学科都无法胜任的,这就需要一门学科专门以体验性游历作为自己的研究对象,综合运用不同学科的理论和方法对游历现象进行整体研究。而旅游学就成为承担这一任务的不二之选。

有了体验性游历这个逻辑起点,旅游学的研究对象可以继承性地聚焦特定人类行为,即以生业、生悦型式的游历为核心,同时适当照应生思、生易和生拓的新型游历发展的研究,从而构筑起独立的学术研究领域,因为除了旅游学,并没有其他现代学科主要以体验性游历为研究对象开展其研究活动。

另外,从社会经济发展趋势来看,随着工业化、城镇化在全球和中国的基本完成和存量提升,社会经济和区域发展的主要目标已经从生产建设为中心转向以生活品质为中心,服务业等第三产业的比重已经远远超过第一、第二产业或其之和,大众旅游需求已经成为全体国民的基本生活方式或已成为其生活方式的重要组成,如何满足社会大众对愉悦体验的需求,已经成为政府和学术界共同的任务。任何学科建构都不应忽视或无视这一社会发展的大趋势。

2. 旅游研究知识域与多学科性

目前中国高等教育部门编制的学科目录中仅将旅游研究置于旅游管理之中,旅游管理仅被视为工商管理(忽视公共管理);工商管理仅被视为管理门类(忽视社会科学属性)。实际上,要全面理解体验性游历,仅仅从工商管理角度出发是难以满足社会需求的。

20世纪70年代末,出现了对旅游现象进行有组织、有目的的多学科综合研究,旅游研究达到新的阶段。贾法利(Jafari)1974年创办《旅游研究纪事》(*Annals of Tourism Research*),发展至今已经成为本领域全球排名前列的理论刊物。1991年《旅游研究纪事》提出了"旅游社会科学"(tourism social science)概念,意味着旅游研究学界已经不满足于仅仅从工商管理单一角度来观察旅游现象了。

吴必虎、邢珏珏(2005)通过对上述《旅游研究纪事》最初30年的论文关键词的统计,构建出一棵旅游研究的学科树,涉及旅游学理论与技术、休闲研究与户外游憩、旅游人类学与旅游社会学、旅游心理学、旅游政治学、旅游美学、旅游资源(旅游地)开发与管理、旅游经济学、旅游管理学、旅游规划与设计等主要分枝。

吴必虎等(Wu et al.,2012)把过去几十年来一些国内外的学术期刊上发表的文章的关键词做了一个统计,得到一组旅游研究的知识域(knowledge domain),这是截至2010年已有旅游研究的一个基本成果。他们总结得到八个主要相关知识域,包括旅游心理学与旅游行为、旅游营销与管理研究、旅游社会学与人类学研究、旅游经济研究与旅游经济学、旅游生态研究与可持续发展、旅游地理研究、区域旅游研究与旅游规划、旅游公共管理与旅游政治研究、旅游研究与旅游教育。

从这些学术刊物40年左右时间里发表论文的关键词的归纳研究中,可以发现旅游研究具有多学科性,研究的案例地点也分布在全球各地,其知识域覆盖面非常广。过去的探索性游历产生了多方面的知识,今天的体验性游历研究又需要多学科的参与。

同样地,在旅游规划编制过程中,也会涉及非常多的学科。要做好一个旅游规划,需要相当多学科的知识,例如自然科学、人文科学、经济科学等。旅游规划的项目管理者需要具备一定的团队的领导能力,尤其在涉及大型区域的规划时显得更为重要。比如长江三峡区域旅游规划,北大课题组曾经承担了研究任务,这一研究覆盖5个省、直辖市,地域广阔,同时涉及水利、移民、新的城镇体系等多个方面(国家旅游局等课题组,2005)。旅游规划通常需要多学科的知识,也同样体现出旅游研究的多学科性。

虽然旅游学目前关注比较多的问题是体验性游历语境下的旅游活动及其影响,但这并不是说旅游学仅仅是服务经济学或企业管理方面的一门学问,而是围绕着现代体验性游历活动这一特定对象而系统展开的跨学科、多学科的一组学问,并正朝着一门具有自己独特研究领域、具有系统理论体系和具有相对稳定的应用方向的独立学科迈进。

1.3　旅游活动与旅游产业

1.3.1　旅游活动

现代旅游作为出现较晚的一类体验性游历活动,受制并反映于访客的出游动机、旅游需求与消费行为,而旅途所涉地区及目的地所在地区,为了向访客提供由特定的吸引物、设施与服务构成的旅游产品,需要构建相互联系结成网络的旅游产业体系。

旅游活动,是旅游规划研究的一个基础性内容,但是现代旅游活动本身在历史上出现时间并不长,在托马斯·库克时代之前,人类主要的游历活动承载于生拓、生易、生思等型式中。工业革命之后,游历发展才进入生业和生悦阶段。为实现愉悦动机的旅游活动,是世界近一二百年才成为主流的现象,对于中国来说是近100年甚至是近50年的新现象。1923年,陈光甫在旗下上海商业储蓄银行设立旅行部,经营旅行业务,标志着中国近代旅游业的开端(王专,2009)。周博(2019)以1927—1936年的《旅行杂志》及大约同时期其他报纸杂志所刊载的国内游记为核心文献,以时人笔录的旅行观感探究其旅行动机、旅行路线、旅行感悟等,可以发现,20世纪二三十年代的中国旅游活动已经具备了现代旅游活动的基本特征。

1. 旅游活动主要特点

旅游活动(tourism activity)是人类游历史上的最近阶段和较高的层次,其基本含义是指人类主要为了愉悦的动机(也有其他动机)而短暂离开惯常环境的行为。关于旅游活动的定义有很多种,比如联合国世界旅游组织(World Tourism Organization,UNWTO)曾经定义,旅游是指人们为了休闲、商务或者其他目的到非惯常环境,并停留持续时间不超过一年(World Tourism Organization,1995)。这个定义界定了在一年内的是旅行者,超过一年是移民。同时还需要强调的是,旅游一般需要在非惯常环境过夜,如果没有过夜,称为一日游(same day visits),有时候一日游不作为旅游,而称作当地的游憩。

在城市规划语境下,通常讨论游憩功能。1933年《雅典宪章》将城市理解为本地居民生活的地方,而没有考虑移动的人口,因此人们在休闲时间里面所从事的所有活动叫做游憩活动(国际现代建筑学会,2007)。游憩活动谱里,本地的一日游活动或者本地游憩活动成为一种类型,在往外的空间、时间上,从一个晚上到365天,都称为旅游活动。

旅游活动具有移动性、异地性和暂居性等几个特点。移动性最近10多年已经被旅游学术界认为是旅游学当中非常关键的一个概念。移动性是旅游活动最主要、最根本的特点;因为有移动性,才会产生异地性。前文所提及游历的两个基本特点,在途中与在目的地就是移动性和异地性的综合体现;同时因为旅游规定滞留时间(length of stay)不能够超过一年,因此旅游活动具有暂居性。

基于旅游活动移动性、异地性、暂居性的三个特点,旅游规划面对的对象比较复杂。旅游规划关注的是移动,包括移动的人口、滞留时间、消费习惯,也就是游客用脚投票,政府和企业只能掌握较弱的主导权,这就给旅游规划师提出了更严格的要求和更严峻的挑战。

2. 旅游活动的分类

旅游活动可以分成国际旅游和国内旅游两种。国际旅游又分为入境旅游(inbound tourism)和出境旅游(outbound tourism)两种类型。国内旅游和出境旅游统称为国民旅游,国内旅游和入境旅游统称为境内旅游(图1-2)。以国家作为旅游活动划分的单位,展示了国家作为旅游目的地(destination)规划的必要性。例如从目的地形象上看,北京雾霾问题对于旅游目的地形象的负面影响值得引起关注,同时基于周边国家竞合,中国入境旅游下滑的原因与周边国家竞争越来越强也相关,一部分原本流入中国的入境游客流入韩国、日本等国家,对中国入境市场带来了一定的冲击。

泛旅游概念的提出,更能揭示多样化的旅游活动。泛旅游不仅仅指景区中的旅游者,出于商务、医疗、娱乐等各种目的到异地的活动都可称作广义的旅游,他们所从事的活动也不一定是愉悦性的活动,涉及的产业也不光是传统旅游的吃、住、行、游、购、娱6要素。以滞留时间和地理范围作为划分标准,我们也可以将泛旅游活动划分为休闲、游憩和旅游3种情况。游憩是政府提供的公共产品;旅游是市场提供的产品,政府也要完成相应的保障体系。从地理范围来讲,当地、附近、国内或者国际,非闲暇时间里的公务旅行、外部的事务性活动,也会被包括在旅游活动中(表1-1)。

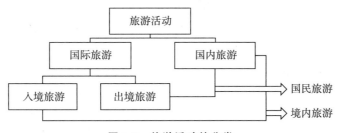

图1-2 旅游活动的分类

表 1-1 泛旅游活动：休闲、游憩和旅游的关系

活动时间	闲暇时间				工作时间
活动类型	休闲活动（大游憩：游憩活动谱）				外出事务活动
	游憩活动			旅游活动（广义旅游）	
	户内游憩	户外游憩（小游憩）		中远程旅游	商务旅游
		公共空间	愉悦旅游（狭义旅游）		
	基于居所的游憩：阅读、园艺、网络、电视、社交等	日常游憩：看演出、上餐馆、参与运动、观看比赛、社交等	一日游：走访景点、野炊、自驾郊游等	观光旅游、休闲度假旅游、娱乐购物旅游等	商务旅行与旅游、会议与展览、教育旅游等
			泛旅游活动		
空间范围	居所	当地	邻近区域	全国或国际	当地以外范围

资料来源：Boniface and Cooper，2005：4；吴必虎、黄潇婷 等，2019：8。

旅游规划与一般的城市规划具有很大的不同：城市规划更多考量当地的人口，而旅游规划则要考虑到整个区域的旅游活动，也就是还要考虑外来的访客，他们是一类特殊的流动人口。要考虑全部的游憩活动，也就是人们在闲暇时间里面所从事的各类游憩活动，包括家庭的室内游憩，居住区户外游憩，城市内一日游，以及城市近郊、省外全国、一直到出境的国际旅游，要把所有这些活动纳入考虑的范围内。一般来说，一个目的地在统计上会把滞留时间作为旅游规划是否成功的重要衡量标准，目的地希望外地游客能够有更长的滞留时间，这意味着更多旅游产业相关的收入和更多的就业机会。

1.3.2 旅游产业

旅游业作为世界第一大产业，占全球 GDP 的 10% 左右，产生的就业机会也占全球总就业机会的 10% 左右。旅游作为一种消费经济活动，是社会发展的必然趋势。旅游业整体虽然并未形成独立的一个产业部门，从而尚未在社会经济统计体系中成为独立的部门，但是显然它已经成为全世界创造经济收益最大的部门。中国旅游研究院数据表明，2018 年，中国接待入境游客 1.41 亿人次，接待入境过夜游客 6290 万人次，外国人入境游客 3054 万人次。2018 年，中国入境旅游收入达 1271 亿美元。2018 年，中国国内游客 55.4 亿人次，国内旅游收入、入境旅游收入分别为 5.13 万亿元和 1271 亿美元。

旅游产业具有多部门组合特征。旅游的相关行业中，交通业、接待业、资源型行业吸引物业、娱乐业、餐饮业、电子商务、社会服务、金融业、房地产业都与旅游业的发展密切相关。现已形成的"农业+旅游""工业+旅游""教育+旅游"都是旅游发展的新业态。例如"教育+旅游"（研学旅行）深受教育部门重视，已成为一个重要的研究主题。

与旅游相关的间接产业也很多，据世界旅游组织测算，旅游收入每增加 1 元，可带动相关行业增收 4.3 元；每增加 1 个就业岗位，可间接带动 7 个人就业。比如咸阳市礼泉县袁家村的关中小吃特别有名，一年餐饮的消费就超过 10 亿元，前店后厂的模式下，酸奶专卖店带动了其

背后奶制品车间的工业生产、养牛场的牧业生产，甚至延长到为养牛场提供牧草和饲料的农业及化工业的产业链条。所有相关的产业形成、公司设立、产品销售都成为推动城市化的重要动力。相比农业、工业的生产方式，旅游通过催生更多的消费，成为拉动消费增长的重要产业。

在中国经济长期发展稳步前进的过程中，长途旅游和旅游消费支出逐步增加，进而提升旅游产业的整体收入水平和贡献率。中国作为一个发展速度较快的旅游目的地国家，进入后工业化和后城市化阶段以后，服务业为主的旅游产业链具备较长且丰富的特点。中国进入文旅融合和"旅游+"发展的新时代之后，旅游产业的产业地位和社会角色发生了很大的变化，一系列支持性政策也纷纷出台。可以说，旅游产业发展对于国家的经济增长、经济结构调整和就业稳定具有不可或缺的战略意义。

1.4　旅游发展与旅游(游憩)规划

旅游规划是在研究、评价的基础上，寻求旅游业对人类福祉和环境质量的最优贡献的过程(Getz,1987:3)。试想旅游产业、旅游规划是社会发展到什么层次才出现的？一个地区如何承接旅游者的旅游活动，形成旅游的产业链？如果一个城市、地区变成旅游目的地，那么它的发展处于什么样的状态？回答这些问题，都需要基于对区域或城市旅游产业发展的研究与理解，因为只有旅游产业发展，才有旅游规划这一门技术的存在。

1.4.1　旅游(游憩)规划的产生与发展

区域旅游发展规划是法定规划的一种。《中华人民共和国旅游法》第三章题为"旅游规划与促进"，第十七条规定，国务院和县级以上地方人民政府应当将旅游业发展纳入国民经济和社会发展规划。国务院和省、自治区、直辖市人民政府以及旅游资源丰富的设区的市和县级人民政府，应当按照国民经济和社会发展规划的要求，组织编制旅游发展规划。对跨行政区域且适宜进行整体利用的旅游资源进行利用时，应当由上级人民政府组织编制或者由相关地方人民政府协商编制统一的旅游发展规划。旅游规划作为支持旅游产业发展的指导性综合系统工程，涉及多层次、多产业、多主体、多部门，是对规划区域各层面地理空间长期发展的战略指引、保护、控制和综合平衡，是经政府审批后在区域内进行旅游开发和建设的法律依据。

旅游规划起源于20世纪30年代的英国、法国和爱尔兰等欧洲国家，20世纪80年代，旅游规划理论思想和方法也逐渐呈现多元化发展，出现了从政治经济、历史保护、可持续发展等角度对旅游规划进行的研究(Gunn and Var,2002:6-8)。

中国的旅游规划工作开始于20世纪70年代末至80年代初。在中国旅游学界的研究历程中，有关旅游开发和旅游规划的研究文献占整个文献数量的近1/10(谢彦君,2003)，形成了不断发展完善的理论体系和研究范畴，具有一定的知识积累和发展。1979年至今的40多年来，中国旅游规划走过了从西学中用到鉴古论今的传承起合，经历了数载寒暑、风霜雨雪、岁月变迁，形成了鲜明的学科特色和知识底蕴。

根据旅游规划的主要步骤和过程,陈传康(1996)将城市旅游开发规划研究的重点内容划分为资源调查开发、服务接待设施结构、旅游文化、旅游商品、旅游市场、创意策划建设等几个部分。

周玲强和张文敏(2010)对2000年至2010年10年中国旅游规划研究的热点问题进行了综述。他们的研究发现,旅游规划研究领域的热点问题主要集中在生态旅游、区域旅游、地理信息系统(GIS)技术、乡村旅游、可持续发展、西部旅游和利益相关者这7个方面。也有学者基于中国2000年至2016年编制的121个旅游规划样本,运用归类法和对比分析法,得出中国旅游规划实践中的创新热点主要集中在规划框架体系、规划理念、旅游要素、规划导向和重点、规划技术方法、规划交叉与融合六个方面(冯立新、任劲劲,2017)。

吴承照(2009)撰文对1989—2009年共30年的中国旅游发展的价值观、方法、制度、学术前沿等几个方面进行了有深度的综述。就其中的价值观,提出了让"每一个人梦想成真、让好地方更精彩、让落后地方有信心、让目的地走向世界"等几句话,概括成"锦上添花、差异取胜、梦想成真"12个字。关于学术前沿,则提出了旅游规划基础理论研究、各类旅游行为及旅游区发展规律研究、旅游规划新方法新技术的应用研究、旅游业可持续发展与资源的可持续利用研究4个方面的指向。

改革开放40多年来中国在旅游规划理论研究方面取得的理论成果,包括由吴必虎提出的区域旅游规划体系、"1231"工程框架、昂普(RMP)分析方法和环城游憩带理论(吴必虎、俞曦,2010:51-56;吴必虎,2001a;吴必虎,2001b);刘滨谊(2001)提出的旅游规划三元论;保继刚、左冰(2012)提出的吸引物权理论;以及刘德谦(2003)对概念性旅游规划的关注。

旅游规划的发展伴随着政府旅游产业制度及政策需求、旅游规划行业供给的演变而创新。2018年国务院机构改革完成后,文化和旅游规划工作面临着新的形势和任务,文化和旅游规划体系的有机融合、分工配合仍在探索。2018年11月,中共中央、国务院出台《关于统一规划体系更好发挥国家发展规划战略导向作用的意见》,将规划作为党治国理政的重要方式,做了具有全局性、战略性、系统性的制度安排,这对于新时代规划工作具有里程碑式的重大意义,为文化和旅游规划工作提供了根本遵循。2019年,文化和旅游部研究制定《文化和旅游规划管理办法》。

为了对1979—2019年40年间中国旅游规划的发展整体研究情况进行一次深度的分析,北京大学旅游研究与规划中心的研究小组利用LDA主题模型进行建模,提取相关关键词及概率分布,利用云词法绘制了12个主题中前20的关键词,较高的概率在每个主题中显示为更大的字体,并根据每一个主题的核心词汇对该主题进行命名,将已有的旅游规划知识域的主题结构划分为:旅游发展战略与对策、旅游业与旅游企业、乡村旅游与乡村振兴、区域旅游产业发展、旅游规划与旅游地理、文化旅游与民族旅游、旅游空间结构、旅游城市与城市旅游、旅游资源与旅游景区、客源市场与旅游流、生态旅游与可持续发展、目的地形象与旅游营销共12个知识域。经过比较分析得出上述12类聚类知识域的解释力最强,能无遗漏、无重复地涵盖现有的旅游规划研究中的重要内容。

以主题1(T1)旅游发展战略与对策为例,其中最重要的关键词为对策和开发,对体育旅游、红色旅游、生态旅游、工业旅游等各类旅游产品的现状、问题、发展,以及对应的SWOT分析、策略、发展战略进行探讨,形成了 T1 类文献的主要内容。

主题 2(T2)旅游业与旅游企业,是以旅游业为核心,探讨旅游者、旅游市场、旅游企业、旅游资源、旅行社、客源市场、企业管理为核心的一组问题。

主题 3(T3)乡村旅游与乡村振兴,重点为乡村旅游、新农村建设,主题围绕各类观光农业、休闲农业、农家乐等产品业态,围绕旅游扶贫、社区参与、低碳旅游、生态文明、乡村振兴等重要国家战略。

以此类推,主题 8(T8)旅游城市与城市旅游,以旅游城市为核心,探讨了热点地区与问题,包括海南、浙江、广西、江苏、云南等旅游大省,桂林、杭州、南京等重要旅游城市,以旅游资源、度假区、休闲旅游、长远发展计划、中国优秀旅游城市政策等为重点。

主题 11(T11)生态旅游与可持续发展,其分布靠前的关键词包括相应的旅游产品,如生态旅游、森林旅游;相应的规划思想及方法,如旅游资源、可持续发展、评价、层次分析法、指标体系;相应的旅游地类型,如自然保护区、森林公园、生态旅游区、湿地等。

总之,旅游规划相应的 12 个知识域清晰地揭示了现有的旅游规划研究中的重要成果积累(图 1-3)。

图 1-3　基于 LDA 主题模型的旅游规划 12 个知识域

区域或城市的游憩规划今后也会随着国家公园体制的建设而逐步受到各界重视。游憩是《雅典宪章》中独立列出的城市 4 大功能之一,是城市发展中的重要部分(国际现代建筑学会,2007)。在主体功能区规划和多规合一的背景下,旅游规划不仅会成为重要的规划,也会作为国土空间规划中的专项规划,形成新的框架。要通过有效的需求分析、合理的环境资源管理,通过游憩规划组织,为市民提供多样的游憩机会、满足不同的游憩体验、获得最大化的价值效益(李欢欢,2013)。陈渝(2012)通过对中外城市游憩空间理论研究及发展历程的梳理,探讨了城市游憩系统研究的部分理论依据,除传统的城市规划理论、生态学理论、园林学理论,还把地理学的区位理论、经济学的公共物品理论及管理理论等运用到城市游憩规划研究中来。

包括风景名胜区在内的自然保护地具有公共利益属性,基于自然游憩资源由政府公共部门为国民提供游憩产品和游憩服务,逐渐受到国土空间规划领域研究者的关注。为了界定自然游憩公共利益的内容,张振威(2013)根据风景的使用主体(民众)、供给与管制主体(国家)和风景资源客体的三元作用规律,将风景公共利益分为 4 项内容:国家保护风景资源本体;强化资源公益性,保证公众正当使用的权益;公民科学认知风景;风景资源民主化管理。陈渝(2012)总结了城市游憩系统的物质空间特征和基于使用者的社会空间特征,强调了将城市游憩规划纳入城市总体规划的必要性,提出了建立城市游憩规划的空间策略。

1.4.2 旅游(游憩)规划的基本内容框架

接下来,我们将以本书的章节设置为线索,从旅游规划的过程体系和逻辑关系出发,将其组织成为"2+5"的结构:也就是 2 个总论加 5 个分论。其中 2 个总论是指头部总论(第 1 章游历发展)和尾部总论(第 14 章规划哲学);5 个分论则分别是指昂谱分论(RMP 分论,即资源、市场和产品,对应第 2、3、4 各章),区域体系分论(对应第 5、6、12 各章,分述区域总体规划和旅游地及度假地体系),景区分论(对应第 7、8、9 各章,分述自然景区、文化景区和乡村景区),城市分论(对应第 10、11 章,分述环城市和建成区),以及独立成章的支持体系分论(第 13 章,叙述基础设施和旅游设施)(图 1-4)。

第 1 章头部总论从人类游历发展转型的角度引入了近现代旅游的产生,来理解这门课为什么会变得必要。在人类历史发生了工业革命之后,探索性游历转变为体验性游历,旅游产业才逐渐形成,旅游作为区域经济社会发展的重要功能,游憩也变成了城市的 4 大功能之一,旅游和游憩的规划才变得十分必要。

因为尾部总论的第 14 章所阐述的内容是需要对本课程内容甚至实务有了比较充分的了解之后才能理解和有兴趣了解的话题,所以虽然是总论但却被置于教材的最后一章。包括那些影响我们规划研制的旅游思想、地方性或者地方感知理论、原真性理论与恋地主义原真性、旅游系统理论、旅游涉入理论、乡村社区的吸引物权理论等。

总论之下,各个分论基本上属于平行但又有交叉从属、相互依托的关系。首先是所有旅游(游憩)规划都要进行的关于资源、市场和产品的调查分析。学者们把这 3 种要素统称为昂谱分析(吴必虎,2001b),由 3 个要素(resource, market, product)的英文缩写 RMP 谐音而来。

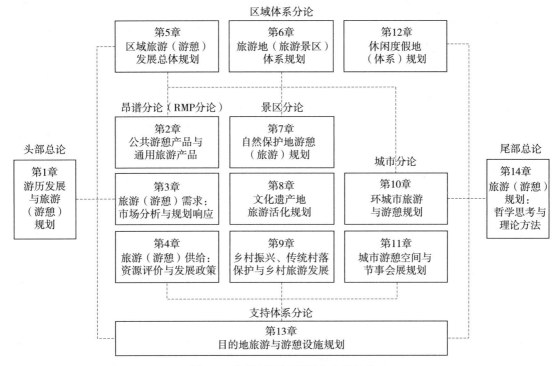

图 1-4 旅游(游憩)规划内容的结构

旅游规划中的旅游产品、旅游市场分析和旅游资源分析,分别对应第 2 章的公共游憩产品与通用旅游产品,第 3 章旅游(游憩)需求:市场分析与规划响应,以及第 4 章旅游(游憩)供给:资源评价与发展政策。展现了从旅游产品、需求、供给、市场、资源角度的政策分析和背景关注,它们是支撑旅游规划的前置概念和内容。

第 5 章区域旅游(游憩)发展总体规划、第 6 章旅游地(旅游景区)体系规划以及第 12 章休闲度假地(体系)规划,一起构成了旅游与游憩规划的区域体系分论。区域体系中的顶层是区域旅游发展总体规划,其下则由若干旅游资源丰富的旅游景区和尚处于初级阶段的休闲度假区两种目的地体系构成。区域旅游发展总体规划包括多国跨境合作区域(如湄公河次区域、沿丝绸之路诸国家)、某一目的地国家、若干省份联合组成的区域(如大香格里拉区域)、某一省级行政区、某一地级城市或某个县的全域规划。旅游地体系一般都是资源导向型,如自然保护地、文化遗产地、乡村旅游地、休闲度假地、游憩商业区等。随着国家层面发动的旅游休闲城市和旅游休闲街区的由上而下的推动,将休闲度假地体系单独提出来进行阐述,侧重于度假资源的开发和休闲功能的建设,涉及气候、山地、海滨、温泉、康养、滑雪、乡村等度假区的规划设计。

第三个分论板块主要谈论面积较大、聚焦自然保护地的自然游憩和自然旅游发展的 3 种主要旅游景区,也就是第 7 章自然保护地游憩(旅游)规划,第 8 章文化遗产地旅游活化规划,以及第 9 章乡村振兴、传统村落保护与乡村旅游发展。这 3 类景区都基于需要保护的旅游资源。基于特殊的国情,中国的国家公园体系只包括自然保护地而未包括文化遗产地(或称作文物保护区)。第一类自然保护地主要提供公共产品游憩和生态休闲旅游,主要由自然资源部门(林草局)负责行业管理。第二类保护地就是文化遗产地,主要是由文化和旅游部门(文物局)负责行业管理,面临着在保护的前提下对文化遗产的旅游活化利用的挑战。除了自然保护地和文化遗产地,传统村落和古城古镇也是一类非常重要、需要研究保护和实现旅游转化的区域,因此也产生了以传统村落保护与乡村旅游发展为目标的规划,乡村旅游规划事关国家乡村振兴宏伟目标的实现。

与自然保护地、文化遗产地、传统村落和古城古镇不同的是,围绕城市建成区和环城市游憩带,还集中了大量的旅游和游憩设施、旅游资源,第四个分论就是由这二者构成的(第 10 章环城市旅游与游憩规划,第 11 章城市游憩空间与节事会展规划)。在出行成本和旅行距离的双重约束条件下,城市内部的游憩商业区和建成区之外的环城游憩带,往往成为高密度开发、高强度投资旅游设施和旅游体验规划的对象。随着城市化的提升,环城游憩带的建设、第二住宅逐渐发展,城市内部实现建设绿地、城市滨水区、城市公园、文化遗产地等。同时大量的城市节庆(event)、会议、展览,如 2010 年的上海世博会等,也是带动城市旅游发展的重要类型。娱乐运动(entertainment),包括主题公园、户外运动设施等在内的一系列活动,如欢乐谷、迪士尼公园等,也会形成一系列的吸引物。

第五个分论只涉及第 13 章一章的内容,发展旅游所需的基础设施和接待设施主要在这一分论中进行阐述。虽然是基础内容,这些娱乐运动、度假设施、商业设施甚至是交通设施,有时候也可以形成特殊类型的吸引物,如风景道或奥特莱斯。

【本章小结】

有史以来,甚至在文明出现之前,人类为探索、体验的目的,暂时离开惯常居住、生活的地方,在旅途或目的地开展的一系列旅行活动,称为游历现象。不同阶段、不同载体、不同目的、不同效应的游历活动,都围绕人类的生存、生产、生活而开展,游历活动的载体和动机可以分为生拓、生易、生思、生业、生悦五大范畴,简称为游历的五生型式。游历产生了多方面的知识溢出,对人类社会的发展曾经起到举足轻重的作用。

工业革命之后游历发展进入了体验性游历阶段,这标志着近现代旅游活动和旅游产业的产生。旅游活动的基本含义是指人们短暂离开惯常环境的移动行为,具有移动性、异地性和暂居性特征。随着旅游产业的发展,其较高的乘数效应、较强的创造就业机会能力和较长的产业链带动作用,使其成为很多目的地国家和目的地城市的国民经济的重要部门之一,旅游规划的需求也应运而生。旅游规划的主要内容可根据"2+5"框架划分为 2 个总论、5 个分论的结构。

【关键术语】

游历发展(experoutination development)

五生型式（five patterns of experoutination）
生拓（colonial experoutination）
生易（trade experoutination）
生思（idealistic experoutination）
生业（industrial experoutination）
生悦（pleasure experoutination）
探索性游历（explorative experoutination）
体验性游历（experiential experoutination）
知识溢出（knowledge spillover）
旅游活动（tourism activity）
旅游产业（tourism industry）
旅游研究（tourism studies）
泛旅游活动（pan-tourism activity）
户外游憩（outdoor recreation）
一日游（same day visits）
入境旅游（inbound tourism）
出境旅游（outbound tourism）
境内旅游（internal tourism）
国民旅游（national tourism）
旅游影响（impact of tourism）

【复习题】

1. 游历活动的载体和动机可分为哪几种型式？各有什么特点？
2. 人类由探索性游历转向体验性游历发生在哪个阶段？这次转型产生了哪些重大影响？
3. 探索性游历对人类的知识溢出有什么影响？试以地理学为例进行解释。
4. 为什么说体验性游历是现代旅游学的逻辑起点？
5. 谈一谈旅游研究涉及哪些相关学科。
6. 旅游业的发展给你所在城市或地区带来了什么影响？请举例说明。

（本章录音稿整理：黄珊蕙、吴必虎）

第 2 章 公共游憩产品与通用旅游产品

【学习目标】
- 掌握旅游产品的一般定义
- 理解公共游憩产品的基本特征
- 理解通用旅游产品的主要类型
- 了解旅游产品生命周期与季节性
- 了解旅游产品供给的转型升级
- 了解旅游产品开发昂谱模式

旅游产品永远是游憩、旅游规划的核心元素。第 1 章主要介绍了游历、游憩与旅游发展的关系,而游历和游憩的进行都离不开公共游憩产品和通用旅游产品的支持与发展,本章将重点介绍旅游产品相关知识及其分类与评价,公共游憩产品及其双重供给,通用旅游产品及其分类,产品政策、生命周期与季节性等知识,体现产品是旅游规划的核心这一主要思想。

2.1 旅游产品的一般定义

2.1.1 产品

Kotler(2003:407)认为:"产品是指任何可以供给某个市场以满足其欲求或需要的事物。可在市场上销售的产品包括有形物品、服务、体验、节事、人物、地方、地产、组织、信息和创意。"并将产品分为 5 个层次:核心产品(core benefit),即使用价值或效用;基础产品(basic product),即式样、品牌、名称、包装等;期望产品(expected product),即对产品属性和功能的认知和心理要求;增广产品(augmented product),即超出自身期望的附加服务或利益;潜在产品(potential product),即购销双方未曾发现的效用和使用价值。产品并不局限于有形实体,也包含了与此相关的商业服务、文化内涵和消费者体验。从核心产品、基础产品、期望产品、增广产品到潜在产品的转化过程中,产品的效用和消费价值始终在发生变化。图 2-1 以酒店产品为例,解释了产品的不同层次的基本含义。

2.1.2 旅游产品

旅游产品不同于制造业生产的产品,它是一种服务产品,拥有生产与消费不可分割性、空间的不可转移性、功能上的愉悦性、无形性、不可储存性、综合性、敏感性等特征,这些特征已得到广泛认同(王大悟、魏小安,2000:126-130)。Smith(1994)认为,旅游产品由6个同心圆要素构成,由内而外依次是:物质场地(physical plant),如风景名胜或度假设施;软性服务(service),如机场、餐饮服务等;接待设施(hospitality),如旅馆、酒店等;自主选择(freedom of choice),即市场有很多种替代产品可供自由购买;涉入深度(involvement),即游客参与机会,并特别指出旅游产品开发的根本是体验。根据Kotler对产品进行的5层次划分,不同旅游产品的利益层次、竞争层次不同,导致旅游者的服务感知效果也存在差异。

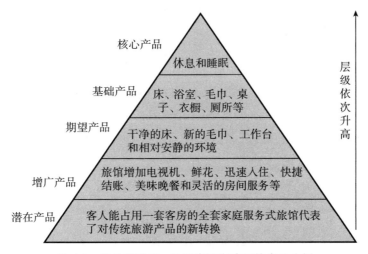

图2-1 产品的定义:以酒店顾客购买的产品为例

总体而言,几乎所有旅游产品最重要组成部分就是有形的物质内核,包括各大知名景区,星级酒店的接待设施、设备,旅游者乘坐的各种交通工具等。旅游产品的交易非常强调感应价值(Sánchez et al.,2006),比如:在某些景区景点组团旅游的过程中,为团体旅游者提供的导游服务及旅游者可亲自参与体验的各种活动等,通过体验的塑造和强化,使旅游者的内心活动与景区景点所呈现的表面形态形成良好互动,也有助于提升旅游产品的整体价值。旅行社和信息服务对于产品组织具有重要作用,旅游需求的日益变化和信息技术在旅行社业中的普遍应用,都使得旅行社的发展进入了一个高效运转、网络经营、产品个性化的新时代,对于旅游产品的开发、组织、销售也起到了至关重要的作用。

2013年10月1日起施行的旅游法多个条款均涉及旅游产品,例如其中的第九条:旅游者有权自主选择旅游产品和服务,有权拒绝旅游经营者的强制交易行为。旅游者有权知悉其购买的旅游产品和服务的真实情况。旅游者有权要求旅游经营者按照约定提供产品和服务。第十八条中涉及旅游发展规划的内容中也涵盖了旅游产品开发、旅游服务质量提升等内容。第六十条中涉及旅行社委托其他旅行社代理销售包价旅游产品,与旅游者订立包价旅游合同中安排导游为旅游者提供服务等内容也是旅游产品的体现。总之,条款整体比较全面地解释了旅游产品包含旅游产品开发、规划、设计、销售等方面的内容,也体现出了有些旅游产品可以关联到旅游者外出旅游的核心和根本目标,有些旅游产品则作为辅助性内容出现在旅游者的旅游过程中,从而最大限度地保障旅游者和旅游经营者合法权益,规范旅游市场秩序,保护和合理利用旅游资源,促进旅游业持续健康发展。

2.1.3 旅游产品评价标准

根据旅游产品中的旅游资源分类,可以从旅游吸引物、规模大小及可游览的景区面积、距离远近以及旅游景区等级等角度进行旅游产品评价。

旅游吸引物评价。旅游吸引物(tourist attraction)一词源于西方,主要指的就是对旅游者具有吸引力、给旅游者以积极效益的旅游地各种因素的总和,包括旅游资源、接待设施、服务、旅游交通等核心吸引物和附属吸引物。旅游吸引物有时可以作为旅游资源的代名词,但有些旅游资源需要进行一定程度的干预(投资、设计、维护)转化为吸引物。吸引物是旅游产品的主要组成部分,其现实吸引力直接关乎旅游者购买产品的使用价值实现和当地旅游业的发展。

规模大小及可游览的景区面积评价。规模主要是指旅游区的占地面积大小,会对旅游环境质量、旅游者游览积极性、旅游业可持续发展等方面产生较大影响。

距离远近评价。旅游区,尤其是度假旅游区,例如城市度假地、近郊度假地、远城度假地距离城市远近不同,在进行旅游产品分类和评价时标准也不相同。

旅游景区等级评价。2005 年 1 月 1 日正式实施的国家标准《旅游区(点)质量等级的划分与评定》(GB/T 17775—2003)(以下简称"评 A 标准")中提到,旅游景区是指具有参观游览、休闲度假、康乐健身等功能,具备相应旅游服务设施并提供相应旅游服务的独立管理区,包括风景区、文博院馆、寺庙观堂、旅游度假区、自然保护区、主题公园、森林公园、地质公园、游乐园、动物园、植物园及工业、农业、经贸、科教、军事、体育、文化艺术等各类旅游景区。评 A 标准指出,可以通过旅游交通、游览、旅游安全、卫生、邮电服务、旅游购物、经营管理、资源和环境的保护、旅游资源吸引力、市场吸引力、年接待海内外旅游者人次数、游客抽样调查满意率指标对旅游景区进行评价。

综上所述,旅游产品不同于一般产品,是一个动态的体系且类别丰富,本章将会对公共游憩产品和通用旅游产品做重点阐述。

2.2 公共游憩产品及其双重供给

2.2.1 游憩与旅游以及二者关系

游憩与旅游是两个意义不同的概念。游憩最初的含义是指通过某种形式的闲暇活动达到恢复身心疲劳的目的。游憩与休闲时间和旅游活动紧密相关。20 世纪 60 年代,美国就已经有了系统的游憩科学理论体系,涉及国民时间预算、闲暇时间分配、游憩利用、游憩资源保护、游憩区域、游憩教育、陆地与水上资源的游憩利用、公共游憩设施的定价与支付等公共政策问题(Clawson and Knetsch,1966)。皮格兰等在其《游憩管理》一书中讨论了城市地区、乡村地区和国家公园等不同资源环境背景下的游憩问题,并从游憩者、游憩资源、旅游与游憩规划、游憩管理角度探讨了如何通过人类积极干预实现游憩现代发展(Pigram and Jenkins,2006)。

  随着使用范围和适用语境的扩大,游憩的内涵产生更多的理解,我们可以用广义和狭义两种概念来对游憩进行描述,不妨分别叫作大游憩和小游憩。从广义角度分析,游憩是广泛的旅游活动,包括闲暇时间内所从事的各种活动,涉及本地、近距离和中远距离的所有休闲活动构成游憩活动谱(Boniface and Cooper,2005:4);狭义的游憩通常是指城市内部居民的户外休闲活动,城市规划和建筑学领域使用得比较多。从地理空间角度分析,游憩活动可在城市内、城市郊区,乃至更远的区域内进行;从心理行为角度分析,游憩是物质追求与精神追求的统一体。

  美国的游憩与公园学科中,例如美国得克萨斯农工大学设立的游憩研究专业,游憩一般是指到国家公园的游览和环境教育活动,相当于观光旅游和自然教育,近程、中远程两种情况都有,甚至也包括本地的游憩活动,本地游憩与异地游憩二者结合在一起,称为大游憩,它们相当于整个休闲活动。与之对应的是,城市规划学科一般将当地居民在城市内的休闲活动称为游憩活动,城市规划为居民提供的休闲服务功能称为游憩功能,活动场所称为游憩空间,1933年的《雅典宪章》中就已提出,游憩是城市4大功能之一(国际现代建筑学会,2007)。为了与上述包括外地观光旅游等活动在内的大游憩相区别,我们可以将当地户外休闲的活动称为小游憩。此外,还存在一种中间意义的游憩,主要是自然保护和国家公园领域的理解,即国家公园等自然保护地内的参观、访问活动,一般称为自然游憩。

  旅游(tourism)的定义有很多种,通常是指在目的地过夜(离开常驻地超过24 h)的行为。早期提出的"艾斯特(AIEST)旅游定义",认为旅游是非定居者的旅行和暂时居留引起的现象及关系的总和,他们不会永久居留,也不从事赚钱活动(Hunziker and Krapf,1942)。但其后不久人们不再强调"非谋生"这一指标,世界旅游组织和联合国统计委员会推荐技术性的统计定义,认为旅游是指人们为了休闲、商务或其他目的而旅行到其惯常环境之外的地方,并在那里停留持续时间不超过一年的活动。显然,根据对旅游活动的狭义理解(愉悦旅游),旅游活动与游憩在一日游部分有一定的交叉:一日游既可以看成是当地居民的本地性游憩活动,也可以被统计进入愉悦旅游者的范畴之内。世界旅游组织将一日游根据旅程时间划分为3 h之内、3~5 h、6~8 h、9~11 h和12 h以上几种情况(World Tourism Organization,1995)。

  国内学者王兴斌(1996)、保继刚和楚义芳(2012:1-2)、俞晟(2003:14-16)等均对游憩与旅游进行了比较,旅游比游憩更强调是离开惯常环境(居住地、工作地)而进行的活动,最终是为了愉悦身心和消遣,是异地进行的游憩活动。实际上,把旅游活动看作是游憩活动的一种方式,使我们对人类这种特殊类型的消费活动获得了更广泛的理解。无论从人类休闲活动和旅行活动的实际状况,还是从休闲研究、游憩研究、旅游研究的学科成长空间来看,人类的游憩、愉悦旅游和商务旅游之间,虽然可以根据一些技术指标(如目的动机、出行距离、滞留时间等)加以人为区分,但是在设施、服务等方面,愉悦旅游和当地游憩(含一日游)往往难以分开,在满足人们的休闲需要方面,它们没有实质性的差别;在产业发展、服务供给等方面,愉悦旅游和商务旅游之间也很难划出截然的界线。因此,世界旅游组织将愉悦旅游与商务旅游统一纳入统计范畴之中,有些研究者还建议将游憩活动纳入旅游研究范畴,得克萨斯农工大学将旅游与游憩组成一个学科并成功发展就是最明显的案例。这样,对旅游活动的一个最宽泛的理解就是"旅游＋游憩"。游憩、愉悦旅游、商务旅游三者合并在一起的研究领域构成了最普适、最基本的旅游活动领域,即"泛旅游活动"(见前述表1-1)。

如何分析游憩与旅游的关系呢?一方面,游憩与旅游时空共存。理论上讲,人在闲暇时间从事的所有活动均可称为游憩(吴必虎、俞曦,2010:6),自然游憩是在自然环境中实现的,可将其理解为传统意义上的观光旅游。有时候人们把自然保护地内的自然游憩也称为游憩旅游。

另一方面,游憩与旅游存在供给差异。游憩是人们享用全民所有的旅游资源的活动和体验,是公益的、共享的。很多时候,公共游憩空间的建立都是兼顾不同群体的游憩空间诉求和权益,其规划、建设和管理的各个环节都以公众需求为导向,以高效智慧管理为手段,这一普适价值观始终与公益、共享相结合。而旅游则是包括了人们出行过程中所需要的食、住、行、游、购、娱等多种服务的经济活动,是一种涵盖了人类政治、经济、文化、历史等各个领域的复杂社会现象,更多强调的是异地性、综合性和经济性。

游憩与旅游管理能否成为国家学科发展体系中的一门独立的一级学科?可以,因为围绕游憩与公园管理、旅游目的地管理、休闲与接待服务管理、节事会展管理、旅游政策与可持续旅游管理等,能够开展以旅游学科为中心的有针对性的研究,这也是自然科学和社会科学及其他应用科学的一个共同任务。

2.2.2　游憩产品及其使用者

游憩是城市四大基本功能之一。早在1933年,国际现代建筑协会(CIAM)制定的《雅典宪章》就明确提出:城市规划的目的是实现居住、生产、游憩、交通四大功能的正常运行。提出城市"功能分区"思想,标志着游憩作为一个以休闲为目的的活动方式正式被西方社会接受并提倡,并由此引发游憩学科的诞生,用游憩表示人们所有的休闲活动或者创造性的消遣活动。游憩产品不同于旅游产品(见表2-1),游憩产品是借助城市公园、风景区、文化设施、娱乐设施、购物中心、餐饮服务以及其他公共或私人的休闲空间等游憩设施形成的具有公共福祉的一种公共产品或准公共产品(quasi-public good)。

公共游憩产品的使用者主要包括当地居民、国内游客、国际游客以及特殊群体等。

(1)当地居民。随着城市快速发展与综合实力提高,公共游憩空间越来越呈现出综合性、多功能的特点,兼具购物、文娱、社交等综合功能的公共游憩产品的主要使用者首先是当地社区及其居民。

(2)国内游客。随着城市经济发展与经济结构调整,劳动生产率提高,闲暇时间增多,游憩休闲产业已成为城市经济的重要组成部分。部分公共游憩空间具有独特的地方文化和自然风光,尤其是位于旅游城市附近的公共游憩空间,对国内游客也具有一定的吸引力,例如南京玄武湖、武汉东湖等不仅吸引本地市民,也吸引了大批外来访客。

表 2-1 旅游产品和游憩产品的比较

比较事项	旅游产品	游憩产品
设施	由私人部门所开发、商业可行性重要	通常由公共部门投资和参与
目的地选择	目的地选择多样、国际竞争激烈	受时间距离限制、选择余地不大
环境质量	具有独特的风格,目的地形象至关重要	在城郊和乡村地区环境质量很重要
组织者	中介(旅行社、代理商)具有重要作用	俱乐部、社团、协会可能介入
游客数量	受目的地接待容量限制	腹地人口、可达性和设施容量决定
资源需求	四季不间断使用、对过量需求敏感	周末和公共节假日高度集中、对拥挤不敏感
经济效益	资金、就业、旅游消费流动性大	就业(主要是临时工)和消费有限

(3)国际游客。随着城市功能不断增强,城市综合功能更加凸显,可兼顾满足旅游者多种游憩行为。尤其是历史文化名城,蕴含深厚的历史文化底蕴,例如西安、洛阳等古都,吸引着大量的国际游客到访,探究源远流长的中华文化。

(4)特殊群体。公共游憩产品最重要的一个特点是要保证低收入人群、儿童、老人、残疾人等特殊人群的可达性,以体现其广泛的大众性和非营利性。

2.2.3 面向公众的游憩产品双重供给

作为公共产品的游憩产品,与其他类型的公共产品相比具有其特殊性,具体表现在其双重供给功能上,可同时提供公共产品和私人产品,可由政府直接提供,也可经特许经营管理向市场进行开放经营。

游憩产品属于公共产品,更准确地说属于准公共产品,它属于全民所有而非某个特殊利益团体所有,并为国民所使用,以提升国民生活质量和教育素质,同时也是保护自然资源的载体。作为准公共产品,由政府来安排供给可以更公平地配置资源、更高效地从中获得经济收益以支持公共福利(Mankiw,2015:218-223)。以国家公园为例,向公众提供的公共游憩产品主要包括:

(1)预订与可进入性。国家公园依托其丰富的生态系统,推动环境教育和游憩功能的发挥。通过完善的预订体系为公众提供更加完整的科普教育和生态服务权益,增进公众的可进入性。

(2)信息提供与游览建议。国家公园可以为公众提供有关自然地理环境、生态系统类型、古老地质遗迹等信息,为公众多元、独特观光游览合理规划游程。

(3)展陈与解说。国家公园通过建立教育硬件和软件设施,向公众提供完备的解说系统服务（包括向导解说与自导解说），并通过定期展陈等方式向公众普及科学知识、提升游客的生态意识。

（4）监控与安全。通过建立完备的管理体制、政策法规和辅助设施，尤其是利用现代智能设备和大数据信息，针对博览展示、游客参与体验等活动进行监督和管控，确保安全。

（5）节事活动组织。借助节事活动对地方风俗、民间礼仪、特色服饰、人物事件等进行营销策划，提升国家公园游憩的文化内涵，提高游客活动参与性。

（6）其他产品和服务。此外，还通过举办研讨会、科普展览、夏令营等活动提高公众对国家公园自然与人文资源的了解。借助电视节目、互联网平台等传统媒体和现代新媒体宣传来提供国家公园更多的产品和服务。

对于公共部门不太擅长的经营和服务，游憩产品可以采取特许经营措施提高产品可达性和服务质量。例如，国家公园特许经营许可制度能够补充公共管理和政府自身经营能力的不足，为游憩者提供必要的、适宜的公共服务和满足其愉悦要求，保障高质量的访客服务，促进国家公园周边区域与当地社区的经济发展，以期获得当地居民对保护事业的支持。在国家公园的核心保护区内，保护是第一要义，而在一般控制区，通过特许经营等方式确定商业经营者，明确经营者权利、责任和义务，其中社区居民和企业是特许经营的优先主体。

2.2.4　游憩产品依托的空间类型

游憩空间是当地居民和外来游客重要的游憩与体验场所，游憩者比旅游者有更多机会使用游憩空间。公共游憩空间是游憩者可进入的，具有休息、交往、锻炼、娱乐、购物、观光、旅游等综合性游憩功能的场所，在物质形态上包括开放空间、绿化场所以及相关设施。根据我国《城市绿地分类标准》（CJJ/T 85—2017）和《城市用地分类与规划建设用地标准》（GB 50137—2011），参考美国和日本的城市公园分类标准以及西方已有的比较固定的城市公共游憩空间的分类，以公共游憩空间自身空间属性、与周围环境的关联程度、所有权属性与可进入性、使用者的使用诉求等作为主要划分依据，可将游憩产品依托的空间划分为社区游憩空间、城市公共游憩空间、文化遗产地与公共博物馆、国家公园体系等。

社区游憩空间是指在社区中用地较为独立，具有基本的游憩和服务设施，主要为一定空间范围内居民就近开展日常休闲活动服务的绿地。社区居民可在社区游憩空间进行游览、观赏、休憩，开展科普、文化及体育等活动，有较完善的设施及生态环境良好的开放空间，其服务半径随居住社区等级和规模的不同而有所变化。

城市公共游憩空间既面向当地居民，也面向外来游客。通常情况下，地理特色明显或文化含量突出的城市公共游憩空间会对较远距离的客源市场产生一定的吸引作用，外来游客会频繁探访其场所、景观、设施和服务。纽约中央公园、北京天安门广场、杭州西湖等都属于典型的城市公共游憩空间。根据游憩空间的属性、功能和游客活动差异，可将城市公共游憩空间分为城市公园、广场、滨水区、游憩商务区（recreational business district，RBD）、环城游憩带等类型。

公园与广场是一个区域的社交空间,城市公园包括综合公园、社区公园、专类公园和游乐园。城市公园是向公众开放,以游憩为主要功能,有一定的游憩和服务设施,兼有生态哺育、美化景观、科普教育、应急避险等综合作用的绿化用地。

广场是以游憩、纪念、集会和避险等功能为主的城市公共活动场地,绿化占地比例宜大于或等于35%,绿化占地比例大于或等于65%的广场用地计入公园绿地。

滨水区是指城市中与水域相连的具有游憩功能的区域,它一般包括水体、堤岸和近水陆地空间3部分。根据毗邻水体性质不同分为滨海游憩区、滨湖游憩区和滨江(滨河)游憩区3种类型。

游憩商务区主要指的是城市内部以休闲游憩与企业办公、商务服务、商业服务和高档居住等为主,休闲、购物、办公、商务、餐饮、文化、居住等设施集聚的区域或地段,是城市中央商务区(CBD)和城市游憩系统的重要组成部分(朱熠、庄建琦,2006)。

环城游憩带是指位于大城市郊区,主要为城市居民光顾的游憩设施、场所和公共空间,特定情况下还包括位于城郊的外来旅游者经常光顾的各级旅游目的地,它们共同形成的环城市游憩活动频发地带(吴必虎,2001a),主要满足城市居民短时间的休闲度假需求,是城市旅游空间结构研究重点和关键,对环城市数百千米范围的区域规划具有指导意义。自20世纪90年代,中国城市居民开始越来越多地选择进行周末短期近途度假,在城市游憩市场从城市内部向郊区移动的趋势作用下,城市郊区政府和地产开发商对旅游的开发力度加大,环城游憩带出现在环绕城市外围,处于近城乡镇及其所拥有的农田、林地、水面、山丘等景观的包围之中,与城市交通联系便捷,是主要适应城市居民周末休闲度假需求的土地利用形式。它们具有观光、休闲、度假、娱乐、康体、运动、教育等不同功能,或同时具备上述各种综合功能(吴必虎,2001a)。

文化遗产地与公共博物馆主要包括向访客提供参观文物、艺术品、科技成果等机会的公共游憩空间。这类空间通常由城市文化旅游部门管理,也有一部分以科普基地、爱国主义教育基地的形式出现。文化遗产地往往在遗产地社区范围以外享有盛誉,能够提供文化体验,有趣而独特,并具有一定的旅游容量和可达性。文化遗产地与公共博物馆拥有的大量文化和历史吸引物,不仅可以吸引旅游者的到来,还有助于遗产地社区的经济发展。其中公共博物馆或独立、或依托文化遗产地提供游憩产品,例如北京故宫博物院、敦煌数字博物馆等。

国家公园体系下属各类自然保护地构成一类特殊游憩空间。2017年9月中共中央办公厅和国务院办公厅颁布《建立国家公园体制总体方案》,提出国家公园的定义为:由国家批准设立并主导管理,边界清晰,以保护具有国家代表性的大面积自然生态系统为主要目的,实现自然资源科学保护和合理利用的特定陆地或海洋区域。国家公园体系除了国家公园这一类型外,还涵盖了风景名胜区、自然保护区等不同的自然公园,具有很高的科研价值和保护价值,又由于其坚持国家代表性和全民公益性,可以为公众提供较好的教育、科研和游憩机会,是十分重要的游憩产品所依托的空间类型。张朝枝、曹静茵、罗意林(2019)指出,鉴于国家公园内的游憩与旅游实际上是一体两面,在正式文件中关于公园的功能定位、规划、功能分区等工作中,使用游憩一词比较合适,以体现国家公园的公益性目标。但在国家公园的具体运营管理中,涉及游憩活动相关商业性服务,以及相应的社会、经济与环境影响,应该使用生态旅游(自然旅游)一词进行表达,即国家公园的公益性定位并不妨碍其在一定条件下提供商业化服务。

2.3 通用旅游产品及其分类

2.3.1 旅游产品树

旅游产品直接面对旅游者的市场需求进行组织和销售,具有强烈的经济特征。在旅游发展的不同阶段,旅游产品呈现不同的结构和特征,通常情况下,首先出现的是观光旅游产品,与之相伴随的是商务会展旅游产品。随着城市化水平的提高,休闲度假旅游逐步进入市场主流。旅游产品树(tourism product tree,图 2-2)同时考虑旅游产品的基本要素,即吸引物、设施和服务,按照不同的人类旅游活动需求表现出不同程度的功能上的搭配,以及各地具备的资源条件、区位条件和社会经济背景,将错综复杂、层出不穷的旅游产品以树状图的形式加以表现(吴必虎、俞曦,2010:165)。

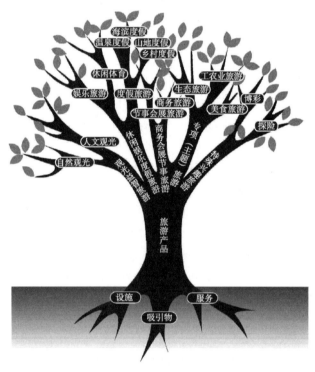

图 2-2 旅游产品树

资料来源:吴必虎、俞曦,2010:165。

图 2-2 所示旅游产品树中,树干代表旅游产品总体;树根是形成旅游产品的 3 大要素,包括吸引物、设施和服务;5 个主枝代表旅游产品的 5 大类型,即观光益智旅游、休闲娱乐度假旅游、商务会展节事旅游、专项(主题)旅游和特殊兴趣旅游;在 5 个主枝之上长出的细枝代表各种具体的旅游产品,例如观光益智旅游的主枝长出自然观光与人文观光两大分枝,休闲娱乐度假旅游的主枝分为娱乐旅游与度假旅游分枝,而度假旅游又再分权生长出海滨、温泉、山地和乡村等度假产品……树木的不断生长代表了旅游产品的不断动态变化,当一个新的旅游产品出现时,可以很容易地在产品树上找到它的位置。

2.3.2 旅游产品类型概述

根据旅游产品树所提供的框架,可将旅游产品大体分为 5 种相对独立的产品,有时两种或两种以上的产品可能会集中分布于一处,我们将其称为旅游综合体,它是一种特殊的产品。下面我们分别简要地对各类产品进行阐述。

1. 观光益智旅游产品

观光益智旅游产品主要依靠资源基础,包括良好的户外教育功能,为旅游者提供欣赏大自然之美、陶冶个人情操、锻炼人生意志的各种自然和人文观光地。这些资源包括但不限于名山大川、流泉瀑布、森林草原、历史遗迹、标志性文化建筑等。

(1) 山地旅游。中国是一个多山的国家,山地旅游是依托山地景区,开展的登山、山地风景欣赏、山地动植物接触、山地文化体验等旅游活动,在国务院颁布的各批次国家级风景名胜区中,山地景区占绝大多数。山地旅游可以使旅游者欣赏山地美景、陶冶情操、锻炼意志,而且还具有生态教育功能。

(2) 水体旅游。以自然水体为主构成的景区被称为水体景区,主要具有观赏、游乐、康疗、度假等旅游功能。我国著名的桂林山水、九寨沟、黄果树瀑布、天下第二泉等都是著名的水体旅游景区。

(3) 海洋旅游。海洋旅游是指旅游者以海洋资源为基础的包括观光、度假和特种旅游的各类旅游形式的总称。从地中海、加勒比海、东南亚到美国夏威夷和南亚马尔代夫、斯里兰卡,海洋旅游都成为旅游目的地的独特形象,体现了传统文化积淀与现代时尚元素的结合,成为非常有魅力的旅游产品。

(4) 森林游憩与生态旅游。森林游憩主要是指人们在森林环境中进行的、以恢复体力和获得愉悦感受为主目的同时又不破坏森林生态的休闲活动的总和。生态旅游是以有特色的生态环境为主要体验对象的旅游活动。

(5) 湿地旅游。湿地旅游是指旅游者以湿地作为观光、游览对象,观察湿地的景观、生境和文化,并维持湿地自然环境原貌的旅游活动。湿地作为一种旅游资源,也作为一种生态旅游产品,无论在城市内部、近郊还是远离城市的地方,都受到越来越广泛的重视。

(6) 野生动物旅游。野生动物旅游主要发生在以野生动物园、海洋动物园等为代表的动物旅游地。如广州长隆旅游度假区为游客提供与动物近距离接触的机会,四川成都大熊猫繁育研究基地为访客提供观赏大熊猫的产品和服务。

（7）遗产旅游。历史文化遗产地是遗产旅游的重要载体，在观光益智旅游产品中占有重要地位。文化遗产地不仅蕴含丰富多彩的传统文化，也是民族历史不可替代的见证与象征。故宫、颐和园、泰山等历史遗产不仅具有很高的观赏性，也同时具有历史、艺术和科学价值。英国爱丁堡城堡、西安兵马俑等都是世界著名的遗产旅游产品。

2. 休闲娱乐度假旅游产品

休闲娱乐度假旅游产品是指基于一定的自然或人文资源，依靠适当规模的基础设施和旅游设施投资，借助某些轻松享乐的活动方式，使身体获得放松健康、精神获得愉快体验的旅游产品。通常包括海岛海滩度假、山地滑雪度假、高尔夫旅游、温泉SPA（水疗）、乡村度假等。

休闲娱乐度假旅游产品的功能不同于观光旅游产品和其他旅游产品，往往远离喧嚣的日常环境，选择专门的休闲度假城市或度假胜地，通过休闲娱乐活动放松心情，感受生活，无论在饮食、住宿、户外活动，还是道路、环境等方面都要求质量更高、旅游服务更丰富、为旅游者提供更良好的异地度假生活方式。也就是说，休闲娱乐度假旅游更讲究品质，而且这种对旅游质量的追求正在成为越来越多中产阶级家庭的生活方式。

休闲娱乐度假旅游目的地的类型也很丰富，主要包括以下几种类型：

（1）海洋海滨度假。以地中海沿岸、夏威夷海滩、加勒比地区、泰国芭堤雅、印度尼西亚巴厘岛、马尔代夫等为代表的海滩、海岛旅游产品，围绕3S（sand，sun，sea）开发富有特色的旅游活动内容，形成海水、海滩、海上（游轮）、海岛等多种海洋度假产品，为旅游者提供了风格各异的休闲度假活动主题。20世纪最初30年，英国就已经开辟海上游轮开往西班牙等度假目的地，在第一次世界大战和第二次世界大战之间，游轮产品经历了少数精英向大众度假的显著变化（Cerchiello and Vera-Rebollo，2019）。

（2）温泉度假。温泉度假产品在全球都有悠久的发展历史，中国唐诗中就记载了许多与温泉休闲度假有关的案例。温泉度假发展至今，逐步形成丰富的温泉SPA体验，人们所熟知的水疗、芳香按摩、沐浴、皮肤角质处理等，具有美容美颜、放松身体、舒缓身心、健康皮肤、治疗疾病等功效。

（3）冬季（滑雪）度假产品。冰雪资源的开发，推动了滑雪旅游的发展，在欧洲阿尔卑斯山地区形成了历史悠久的滑雪度假胜地。近年来，随着2022年北京冬奥会的筹备工作推进，我国冬季度假需求和滑雪度假区建设取得了长足进步。河北崇礼等7大滑雪场构成的冬奥会举办场地、黑龙江亚布力滑雪旅游度假区以及整个吉林省全力发展的冰雪产业，已经或正在形成新的冬季度假胜地。

（4）乡村度假产品。乡村度假产品是指在乡村地区、以特有的乡村文化和生态环境为基础开展的休闲度假活动。随着中国城市化水平不断提高，城市居民对乡村田园生活方式的向往和经济能力不断增强，乡村度假旅游必将成为今后数十年一个强劲的发展趋势。乡村度假并不等于直接的乡村生活，它既强调原生的乡村环境，也需要舒适的设施和完善的服务。

(5) 城市度假产品。中国文化中具有较显著的集体主义和从众行为特征：人群集聚的场所并不总是成为人们希望避开的地点，恰恰相反，人越多的街市和活动项目越丰富的街区，往往成为人们乐于选择的休闲娱乐度假目的地。很多城市因此被建设成为著名度假旅游城市，如三亚、成都、厦门、青岛、苏州、杭州等，都是这一方面的佼佼者。

3. 商务会展节事旅游产品

现代旅游服务业的发展趋势之一就是会展旅游、奖励旅游、商务旅游、节事旅游的兴起。借助举办会议、论坛、展览会、博览会、体育赛事等活动开展的旅游活动称为商务会展节事旅游产品。随着全球化影响，城市逐渐作为吸引游客前来洽谈贸易、技术合作、信息沟通、文化交流和观光旅游等活动的中心，并带动交通、旅游、商贸等多项相关产业发展，形成新型产业群。

(1) 商务旅游。商务旅游是指主要以商务为主要目的的复合型旅游方式，即为商务旅游活动。近年来，商务旅游发展迅猛，已经成为世界旅游市场的重要组成部分。一是以商务为主要目的，二是复合型的旅游方式，会议、展览、谈判、考察、管理、营销等活动都属于商务活动（魏小安，2002：44，248-249）。伴随未来社会经济发展，商务旅游将成为最常见、最具发展空间的旅游形式之一。

(2) 会展旅游。会展旅游是旅游属性结合会展活动的特点而衍生出来的产品。广义的会展旅游包括M、I、C、E四个要素，即会议(meeting)、奖励旅游(incentive)、大会(convention)、展览(exhibition)，并包括节日庆典和体育赛事为主题的节事(event)在内的旅游形式。会展业与旅游业的融合是全球会展业发展的必然趋势。会展旅游消费主要集中在交通、住宿、餐饮、购物、娱乐、旅游等方面。会议旅游最早开始于欧美地区等经济发达的国家，是会展旅游的一种，一般指会议接待者利用召开会议的机会，组织各国（各地）与会者参加的旅游活动，广义上也属于商务旅游范畴。随着经济的发展而产生、壮大，其消费档次、人均花费也远高于普通观光旅游。

(3) 奖励旅游。奖励旅游的历史可以追溯到20世纪二三十年代的美国，奖励旅游的目的是协助企业达到特定目标，给予达到目标的参与人士一个尽情享受、难以忘怀的旅游假期作为奖励。奖励旅游是会展旅游的重要组成部分，具有组团规模大、消费档次高、季节差异小、经济效益好等特点。

(4) 节事旅游。节事旅游通常指由节庆或特殊事件等引发的旅游活动，属于节事活动的范畴。伴随着大型节事活动的频频开展，节事旅游逐渐成为热点。比如：2008年北京奥运会、2010年上海世博会以及2022年举办的北京冬奥会等，都是非常经典的节事活动，也会带来相应的节事旅游活动。

4. 其他类型旅游产品

除了上述的观光益智旅游、休闲娱乐度假旅游、节事会展旅游，旅游产品类型还包括专项旅游产品、特殊兴趣旅游产品、旅游综合体产品等。

(1) 专项旅游产品。专项旅游产品是利用旅游资源提供给旅游者的特定旅游吸引物与服务的组合，比较突出个性化的旅游形态。主要包括教育旅游、红色旅游、博物馆旅游、工业旅游、美食旅游、运动旅游等。运动旅游是一项新兴的专项旅游产品，与此相对应还产生了体育旅游。中国运动文化底蕴深厚，拥有丰富的运动休闲旅游资源，加上体育产业蓬勃发展的大环境，体育运动类型多样，使得运动旅游产品应运而生、丰富多彩。自驾车、游泳、滑雪、高尔夫、游艇、冲浪、漂流、沙漠旅游等均呈现明显增长趋势。

（2）特殊兴趣旅游产品。特殊兴趣旅游产品是专项（主题）旅游产品的起始阶段，主要针对小众旅游市场，也称为利基市场（niche market），即为满足在较大的细分市场中的一小群具有相似兴趣或需求的顾客的特定偏好与需求而设计的旅游产品。主要包括探险旅游、极限运动、摄影旅游、虚拟现实旅游等。

（3）旅游综合体产品。以上各类旅游产品常常并非独立存在，旅游者的产品消费需求也常常呈现为多种需求同时存在。在旅游产品朝着专业化、个性化方向发展的同时，旅游产品也朝着多功能、高效率、复合式的发展趋势推进，即旅游综合体这一类复合产品的形成和发展。旅游综合体常常与成片土地开发、旅游导向型土地开发（tourism-oriented land development，TOLD）和住宅地产开发紧密结合。

2.4 旅游产品生命周期与季节性

2.4.1 旅游产品生命周期及规划响应

旅游产品生命周期理论描述了旅游产品从出现、发展、成熟到衰退阶段的仿生学规律。应用旅游地生命周期理论框架去分析各种不同旅游地的具体生命周期特点及规律，剖析形成这些具体的生命周期特点和规律的内在因素，从而有效地指导旅游地的规划、建设和管理，是旅游研究的一个重要方面（保继刚，1998）。

旅游产品生命周期理论在战略管理、阶段管理、复兴策略、目的地营销等领域都有理论指导意义。旅游产品生命周期理论最早由克里斯泰勒（Christaller，1964）提出，他在研究了地中海沿岸旅游乡村的演化过程后，认为旅游产品会经历一个相对一致的演化过程：出现阶段、成长阶段和衰落阶段。巴特勒（Butler，1980）根据产品生命周期理论和其他人文地理学家的研究成果，提出 S 形旅游产品（旅游地）生命周期演化模型：探索阶段、参与阶段、发展阶段、稳固阶段、停滞阶段、衰落阶段（或复苏阶段），见图 2-3。

巴特勒的旅游产品生命周期模型中的探索阶段是指旅游地发展的初始阶段，此时旅游地只有零散的游客，这些游客多具有冒险精神，旅游地没有特别的设施，自然、社会、经济等环境未因旅游产生而发生明显变化。参与阶段，旅游者的数量增多，当地政府开始投资旅游设施建设，当地居民开始参与旅游接待服务和投资，旅游宣传广告开始出现。发展阶段的旅游接待量迅速增长，外来旅游者大大超过本地旅游者，出现大量宣传广告，形成了明确的客源市场，旅游地社会经济发生明显改变，旅游设施进一步改善，外来投资增加。

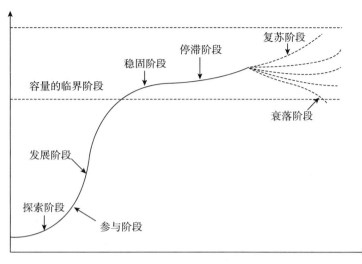

图 2-3 巴特勒旅游产品生命周期曲线

资料来源:Butler,1980,有修改。

巴特勒认为,到了稳固阶段,旅游者数量增速减缓,旅游者与当地居民矛盾增加,旅游地结构和功能进一步完善。停滞阶段,旅游地容量达到最大甚至饱和,旅游市场在很大程度上依赖回头客,接待设施过剩,旅游资源中出现大量人造景观。衰落阶段,旅游地吸引力明显下降,旅游设施大量闲置并逐渐被其他设施所取代,大量宾馆可能变成公寓、疗养院和退休住宅等;但如果治理措施得当,重新投入或加强管理,另一种可能是旅游地进入第二个发展阶段,即复苏阶段。

众多学者对不同类型旅游地生命周期进行了探索,杨小露、张红、张春晖(2019)将美国14家历史遗址类公园的演进模式分为了突变型、平稳型、衰退型3类,这14家美国历史遗址公园演进过程中,阶段间的连接转换并不固定,例如历史遗址类旅游地可能会不经历探索参与期直接步入发展期,还有部分旅游地则在稳固期之后跳过停滞期再次取得飞速发展。张建忠、孙根年(2012b)在研究山西大院型民居旅游地生命周期时指出,乔家大院景区的生命周期经历了探索、参与、发展与巩固、衰退4个阶段。众多研究结果表明,大多数旅游产品与巴特勒旅游产品生命周期阶段划分及阶段特征并未完全一致。因此,不是所有旅游产品的生命周期都呈S形。不同类型的旅游产品生命周期现象与阶段特征并不完全一致,同一类旅游产品在不同时间、地点及不同经营方式下,其表现也有所不同,但大多数旅游产品大体上依然会经历"介入—发展—衰退"的过程。

巴特勒系统提出的旅游产品生命周期理论提供了研究旅游地演化过程的理论框架,然而用旅游产品生命周期理论去套各种不同的旅游地的演化过程,希望理论与实际完全吻合来验证该理论是一种简单化的做法,也是不可能的;希望一种理论既能解释复杂的旅游地演化规律,又能对旅游地的游客数量做出准确的预测是不现实的。由于生命周期受到许多目的地自身和外部因素的影响而随目的地的不同而不同,因此无法对生命周期曲线的具体形状和各阶段的时间跨度做出规律性的总结,也不能将一个旅游地的生命周期理论应用到另一个旅游地,因此它更多是作为解释性工具,在理解旅游地的发展方面具有重要作用,并有助于目的地制订长远发展规划(杨效忠、陆林,2004)。

2.4.2 旅游产品季节性及规划响应

季节性是旅游业最重要的特征之一(黄和平,2016)。旅游业作为国民经济的重要组成部分,长期受到季节性波动困扰,这种非均衡波动对旅游发展、生态环境乃至社会稳定都产生了诸多干扰,还严重降低了游客体验价值(冯学钢、黄和平、邱建辉,2015)。陆林等(2002)通过对海滨(岛)型与山岳型旅游地客流季节性的比较研究,发现自然季节性因素是造成以自然吸引物或自然-文化吸引物为特征的旅游地客流季节变化的主导因素,而社会季节性因素只起叠加作用。自然季节性因素主要包括:气候的舒适性、降水等,对于海滨(岛)型旅游地而言,海水温度、热带气旋活动的影响也很重要。

旅游产品具有明显的季节性。大多数情况下,旅游活动多在露天展开,使得旅游产品深受气候的影响,这也是旅游产品与其他产品的不同之处。夏季旅游者往往集中选择北戴河、青岛等避暑疗养胜地,而冬季更多人则渴望体验哈尔滨等地的滑雪旅游,或者三亚热带海滨的度假休闲旅游。不同类型旅游产品呈现出不同的季节性,游客流的时间集中性、游客流波动和游客流高峰持续时间,都会因旅游产品类型不同而存在差异。

游客流的时间集中性因旅游产品的不同而不同。旅游产品中的自然旅游资源常常受到自然条件的影响,如地理位置、气候变化、日月运动、四季变更等,而人文旅游资源中的建筑、园林、民俗风情等也会因岁时节令、风俗传统等原因集中在某一个时期。旅游资源在时间分布上呈现出的季节变化,导致游客的时间集中水平不同,有些景点甚至具有特殊的季节性,只有在某一特定的时间、特定的季节,才会展现出最好的景致。四川峨眉山著名的金顶佛光现象,就是在特定的气候条件下形成的,金顶佛光集中出现的季节,游客流呈现高峰态势。

游客流波动和游客流高峰持续时间因旅游产品类型不同而存在差异。很多旅游产品的季节性是由其所在地的纬度、地势和气候等因素决定的,这也会导致游客流相应波动,而且游客流高峰持续时间也会有差别。

不同类型旅游产品也呈现不同的季节性。度假酒店与城市商务酒店相比,在客源市场、酒店选址、服务内容等方面具有显著区别,度假酒店主要接待旅游度假者,通常坐落在风景优美、度假资源得天独厚的地区,如海滨、温泉、地貌或生态景观优良的山地。设计杰出的度假酒店本身就是一个度假目的地,但同样受季节影响较大。

为了合理应对包括旺季资源供应不足和淡季资源闲置在内的旅游业双向失衡以及旅游业在客流调控、供需调节、淡旺季平抑等方面的突出矛盾,黄和平(2016)基于时空两个维度,以旅游客源和旅游接待的季节性分布规律为切入点,应用竞合模型、新经济地理学、可持续发展理论以及均衡分析等相关理论工具,对旅游季节性进行了多角度的理论探索和实证研究。

为了减轻季节性影响,旅游目的地往往通过开发文化、宗教、体育和商务旅游产品,拓展新的旅游细分市场,目的是鼓励平季和淡季的旅游需求(Higham and Hinch,2002)。Figini 和 Vici(2012)通过社会-人口统计学分析,识别出了3种反季节旅游产品:商务旅游、休闲旅游和文化旅游,并认为文化旅游是抵销目的地旅游季节性和解决目的地成熟期以后若干问题的主要工具之一。Cuccia 和 Rizzo(2011)以意大利西西里地区不同城市的文化吸引度为研究对象,从旅游供给的角度研究了旅游目的地的文化吸引度(cultural attractiveness)对旅游季节性的影响作用,并建议决策者应该清楚地制定旅游目标,并以目标为导向识别出与之相适用的策略和措施以达到这一目标。Jang(2004)利用证券市场中的投资组合理论来平滑季节性的影响后认为,鉴于旅游需求存在较大的不确定性,混合市场细分策略是规避季节性带来风险的理性选择。Brännäs 和 Nordström(2006)也认为建立新的细分市场是提升非旺季需求的重要策略。成功的节事活动可以形成旅游目的地对旅游者的动态吸引,从而起到减缓季节性的作用。各国竞相承办的奥运会、亚运会,德国慕尼黑的啤酒节,中国傣族泼水节等节事活动举办有效调节淡旺季旅游需求差额,降低旅游季节性带来的消极影响。此外,北方旅游目的地冬季利用室内空间组织旅游活动,也可以缓冲室外寒冷气候对旅游业的影响。

2.5 目的地内容供给、产品政策与新产品开发

2.5.1 目的地内容供给

目的地是异地美好生活方式的提供者。作为内容供给者的旅游目的地,不仅是本地居民幸福美好的源泉,也是针对途中的人们和停留在旅游目的地的人们异地美好生活方式的提供者,这就需要不同类型旅游目的地寻求适合本地旅游产业高质量发展的路径,解决内容创新和制度保障两大问题。2018年,中华人民共和国文化和旅游部成立,新文旅、新市场背景下的文旅融合,也为旅游目的地高质量发展提供了新的机遇和挑战。只有不断创新旅游产品供给,才会发展新的旅游消费,使旅游目的地变成异地美好生活方式的提供者。

旅游目的地发展的基本条件首先是具有对外部潜在市场的吸引力。目的地的吸引力大小取决于目的地能够提供给来访者的产品内容。在旅游目的地发展的任何时期,内容都是至关重要的,尽管存在着观光旅游、商务旅游、休闲度假旅游等基本内容的不同。在中国,传统的观光旅游经过了40多年的蓬勃发展,不少旅游区出现转型升级的发展需求,一些东部沿海城市和发展旅游较早的中西部地区逐渐进入度假旅游初级阶段。

改革开放以后中国的旅游产品供给经历了三个发展阶段。第一个阶段是1978年到20世纪90年代初,属于观光旅游的阶段,主要依靠文物古迹和自然风光,简单开发核心旅游资源;第二个阶段是20世纪90年代中后期到2020年,属于观光旅游向休闲度假旅游过渡的阶段,旅游品种日渐多样化,观光旅游与休闲度假旅游并存;第三个阶段是2020年以后,迈入休闲度假旅游发展的加快阶段,中国旅游向度假型跨越,休闲度假成为小康社会国民生活方式的一部

分,也是未来中国旅游方式和内容的发展趋势。旅游景区及目的地的转型升级,关键在于景区及目的地提供给消费者的内容的创新和产品内容的升级,其目的在于将目的地建设成为人民群众在异地美好生活方式的提供者。

旅游目的地的转型升级,就是从以观光旅游产品为主逐渐过渡到以休闲度假产品为主。浙江杭州取消西湖等景区门票,就是由观光旅游模式转为休闲旅游模式的典型;义乌也由过去单一的商品批发贸易,增加了观光、购物、度假相结合的目的地内容。当前,我国旅游产品仍以观光旅游为主,面对中等收入群体全面崛起,作为主要旅游消费群体的"90后""00后"旅游消费需求发生巨大变化,一大批传统观光景区内容需要转型升级提质,逐渐向休闲度假旅游过渡,提供定制化、多元化旅游产品,以满足游客日益增长的多样化需求。旅游目的地由观光旅游逐渐转型为休闲度假产品,并不意味着观光旅游的消失,观光与休闲度假二者将会长期共存、相互促进。

进入21世纪以来,随着信息技术广泛应用于经济社会各个领域,智慧旅游也为旅游产品开发带来新的契机,对旅游业产生革命性影响,旅游产品的开发与创新也依赖于现代科学技术,创新旅游产品信息、科技含量能有效提升旅游者的真实感和满足感。虚拟现实(virtual reality,VR)和增强现实技术(augmented reality,AR)是近年来异军突起的"黑科技"。VR是一种多源信息融合的、交互式的三维动态视景和实体行为的系统仿真,使用户沉浸到该环境中(Guttentag,2010)。旅游业有大量的VR利用场景,比如出行前的目的地虚拟体验、VR游乐项目体验、旅游目的地VR辅助的景观重现、VR特殊线路还原、VR数字博物馆展示、VR酒店选房等都是已经有实际运用和发展的领域(阮晓东,2016)。与VR不同,AR是把原本在现实世界的一定时间空间范围内很难体验到的实体信息(视觉信息、声音、味道、触觉等),通过技术手段模拟仿真后再叠加,将虚拟的信息应用到真实世界,让人类感官所感知,从而达到超越现实的感官体验,真实的环境和虚拟的物体实时地叠加到了同一个画面或空间同时存在。VR、AR等新技术和旅游碰撞,将催生崭新的旅游产品供给模式。增值化的产品生产与开发必然催生新的旅游产品供给形式,提升旅游体验质量。

2.5.2 旅游产品的国家政策

2014年8月国务院发布《关于促进旅游业改革发展的若干意见》(国发〔2014〕31号),其中特别提到拓展旅游发展空间,提出了一系列关于旅游产品的政策导向。国家政策对下列产品提出了专门的要求:

积极发展休闲度假旅游。在城乡规划中要统筹考虑国民休闲度假需求。积极推动体育旅游,面向国内外提供医疗旅游服务,形成一批中医药健康旅游服务产品,发展特色医疗、疗养康复、美容保健等医疗旅游。建立旅居全挂车营地和露营地建设标准,完善旅居全挂车上路通行的政策措施,推出具有市场吸引力的铁路旅游产品。积极发展森林旅游、海洋旅游。积极发展邮轮游艇旅游、低空飞行旅游。

大力发展乡村旅游。开发一批形式多样、特色鲜明的乡村旅游产品。建设一批特色景观旅游名镇名村。

创新文化旅游产品。大力发展红色旅游,规范发展主题公园。

积极开展研学旅行。建立小学、初中、高中不同阶段的研学旅行体系。建设一批研学旅行基地,逐步完善接待体系。

大力发展老年旅游。开发多层次、多样化的老年人休闲养生度假产品。

扩大旅游购物消费。培育体现地方特色的旅游商品品牌。发展具有地方特色的商业街区,鼓励发展特色餐饮、主题酒店。鼓励特色商品购物区建设,提供金融、物流等便利服务,发展购物旅游。

2.5.3 旅游产品创新与新产品开发

通过整合旅游资源和完善旅游服务,将旅游吸引物、旅游设施和旅游服务建设成为旅游综合体,利用多种技术手段和活动组织进行产品创新,才能面向细分程度越来越高的旅游市场,提供个性化的旅游、休闲体验的产品,满足其多样化的消费体验需求,不断增强旅游者的体验水平。单一标准化产品已经很难满足旅游者对定制化和个性化产品的需求。旅游产品创新是一个全过程概念,既包括新产品的研究开发过程,也包括新产品的商业化扩散过程。旅游业已经发展到主题旅游时代,产品质量、客户体验、独特性、舒适度等是旅游产品创新的重点,丰富的产品类型、深度情境客户体验、个性独特的主题、安全舒适的保障等需要不断进行创新,以满足游客多元化需求。

旅游产品深度依赖创新能力。曹诗图(2007:96,209)认为,旅游产品深度开发主要是围绕旅游体验对资源进行"软开发",在文化内涵发掘和旅游服务质量上下功夫。旅游产品的深度开发是有序的优化式开发,在挖掘文化内涵、提升吸引力等方面均依赖于创新。

游客满意度的提高需要有持续的新产品开发。旅游新产品有广义和狭义之分。广义旅游新产品是指由旅游生产者初次设计生产,或者在原产品基础上做出重大改进,使其成为在内容、服务方式、结构、设备性能等方面更为科学合理的产品。而狭义的新产品主要指的是旅游生产者初次设计生产、从无到有的产品。旅游经营者主要依靠增加服务项目、模仿竞争者的旅游项目、改进产品质量等方式进行旅游新产品的开发。

近年来,故宫博物院不断推陈出新,借助品牌优势和影响力,进行了大量文创产品的开发与升级。2018年年底,故宫角楼咖啡开门迎客,其中养心咖啡、康熙最爱巧克力、三千佳丽奶茶、佛手香茗等带有浓浓的宫廷味道的体验性产品,使游客无须"进宫",就能享用佳饮,感受故宫文化。同时故宫博物院不断推出上千种文创产品,如朝珠耳机、皇帝大婚胶带、顶戴花翎官帽防晒伞、嬷嬷针线盒、朕亦甚想你折扇、奉旨旅行行李牌、故宫口红等系列,带给游客愉悦感和新奇感,并在淘宝、京东等电商平台进行网络销售,吸引了大批消费者。

新产品开发与技术和需求的生命周期有关。技术生命周期论将技术视为可买卖的商品,从而具有自身生命循环和向外转移倾向(Harvey,1984)。需求生命周期理论假定顾客(个人、企业)有某种特定的需求(娱乐、教育、运输、社交、交流信息等)希望能够得到满足,在不同时间会有不同的产品满足这些需求。运用技术和需求的生命周期理论,可以对市场效应、旅游需求、竞争态势进行分析,并对旅游产品各阶段销售策略提供指导。在旅游产品生命周期的不同阶段,旅游产品开发具有不同的机会与问题。

新产品开发也需要依靠相应的战略规划。任何新产品的开发都存在一定的风险,尤其在开发初期,投资巨大,回收期长,各种不确定因素变化频繁,再加上对市场和竞争预测不足,都会给新产品开发带来一定的风险。旅游目的地或开发者应根据市场环境和自身资源状况,对新产品的开发目标、达成目标的途径和方法进行整体战略规划,优化配置各种资源,以实现旅游企业总体战略目标和组织价值文化。

在新产品需求识别、市场分析、开发计划、市场营销等过程中,需要进行有效的风险评估。在新产品投放市场的初期、中期、末期,要对风险进行控制管理;针对新产品的投资与成本等指标,进行财务评估和预测。通过系列风险评估,制定科学合理的决策方案,可将开发风险有效降低,保证新产品的存续时间和市场占有率。

2.5.4 旅游产品开发的昂谱模式

吴必虎(2011b)认为区域旅游开发规划的核心是围绕产品进行调查分析和提出基本工作框架,并将这个框架称为昂谱模式。其核心理念是注重对资源条件和客源市场进行二元分析,在此基础上提出产品开发的价值理念、空间布局和目标市场。

1. 资源(R性)分析:资源评价与产品转化

根据旅游资源调查评价,可以确定资源转化为产品的基本路径。

路径一,资源-产品呈现共生关系。旅游资源本身品质就很高,旅游资源本身可直接视为旅游产品,从资源转换为产品不需要很大的投资,需要做的仅是旅游基础设施和旅游者直接使用的旅游接待设施建设,而非旅游产品或吸引物本身的建设。比如:北京的故宫和八达岭长城,西安的秦始皇陵、兵马俑,桂林山水,等等。

路径二,资源-产品呈伴生关系。被视为旅游资源的对象其建设本身并非为了旅游发展而规划建设,但建成后对社会具有很大吸引力。如三峡工程,由于投资巨大,开展旅游活动可回收部分投资,从资源转换到产品需要一定的投资和管理投入。旅游投资既要集中于基础设施和旅游接待设施,也要集中于旅游吸引物本身。这类情况还包括悉尼歌剧院,北京的国家体育场(鸟巢)、国家游泳中心(水立方)等公共建筑。

路径三,资源-产品呈现提升关系。进入20世纪90年代,随着旅游产品供给的不断丰富,旅游市场逐步转变为买方市场,旅游产品竞争日渐激烈。此时,把旅游资源转换为旅游产品需要大量的投入,这时的基础设施、旅游接待设施已不再是制约旅游发展的关键和投资的热点,而旅游产品本身的品位和资金投入量多少成为人们关注的重点。如北京密云古北水镇,基于司马台长城观光,通过大量投资和精致管理,现已发展成为集观光游览、休闲度假、商务会展、创意文化等业态为一体,服务与设施一流的综合性国际休闲旅游目的地。

2. 市场（M 性）分析：旅游产品的弹性与旅游者产品选择偏好

旅游产品本身是一种弹性很大的消费品，从人类的需求层次来讲，旅游产品的消费属于高层次消费，必须以较高的收入为前提。只有人均或家庭收入增长到一定水平，居民手中有了很多余钱才会消费。此外，即使居民有足够多的可支配收入，产生了出门旅游的动机，在不同的旅游产品之间、目的地选择方面仍然存在着很大的弹性。

对国内旅游来说，目前弹性较小的旅游产品一般多为中短途的观光旅游产品、周末短途休闲旅游产品，大多数旅游者出游会选择这两种旅游产品，约占了国内旅游产品市场份额的 70% 以上。远途旅游，即居民到离惯常环境比较远的、自然环境和风景比较好的自然保护区或风景名胜区旅游，这是一种随着城市化和后现代主义思潮出现后形成的新的旅游产品消费走向。

文化旅游和休闲度假旅游属于弹性较大的产品，不仅对旅游者本身的素质有较高要求，旅游产品的质量、文化要素的含量、遗产活化的表征手段、体验方式的科技水平等因素都有可能影响产品的销售和满意水平。

3. 产品（P 性）分析：产品创新和空间布局

资源分析和市场分析的目的是为了产品的设计和产品的创新。在确立地方风格和目标市场之后，就需要对旅游产品进行选择和创新。当前旅游开发的投资模式已经发生重大改变，多数情况下需要走第三种路径，而这种巨额投资生产的是无形产品，这就需要产品投资要有比较强的创新能力。

与观光旅游只看不住相比，休闲度假时代的旅游发展和产品开发需要落实到具体用地上来，如何在国土空间规划体系中将旅游产品开发列入土地利用规划，就成为目的地内容供给和产品竞争力提高的必要考虑。土地利用详细规划是保证旅游总体规划能够得以实现的物质保障。

在旅游产品开发过程中，涉及很普遍的一个问题就是如何活化利用文化遗产的问题。作为一种旅游产品，并不强调对历史景观的简单复原，而要强调创新性地建设新景观、赋予新功能。不仅要对今天的旅游者能够形成旅游吸引力，而且要努力使其成为未来的代表性景观，成为未来的文化遗产。

4. 昂谱模式框架

将上述资源评价、市场分析和产品设计 3 项内容纳入同一个概念框架，可以构建一个旅游产品开发的昂谱模式（图 2-4）。基于昂谱模式，无论是新产品研发，还是老产品升级，旅游产品开发都需要明确自身在理念、线索、格局、层次 4 方面的选择。理念就是基本定位，线索就是历史背景，格局就是空间结构，层次就是市场分层（吴必虎，2001b）。昂谱模式在许多场景中都可引用，包括自然保护区周边社区增加自然教育设施、自驾游时代可移动旅游营地服务设备、文物建筑现代活化利用、各类景区地方品牌文创产品开发等。

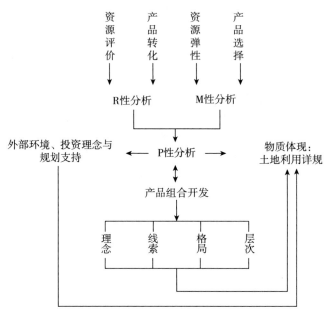

图 2-4 旅游产品开发昂谱模式

资料来源：吴必虎，2001b。

【本章小结】

旅游产品不同于一般的物质产品，主要具有空间的不可转移性、生产与消费的同时性、不可存储性等特征。虽然大多数规划面向旅游产品而展开，但游憩产品将会越来越重要。认识到游憩产品具有更多公益性，在产品组织者（提供者）、目的地选择、产品偏好、经济效益等许多方面，旅游产品与游憩产品也有显著不同。随着国家公园体制和自然公园系列公共产品的发展，游憩产品的供给和服务地位都将受到更多的关注。

旅游产品是所有旅游规划的核心。旅游产品类型丰富但呈现动态变化，主要包括观光益智旅游、休闲娱乐度假旅游、商务会展节事旅游、专项（主题）旅游、特殊兴趣旅游、旅游综合体等几种基本类型。经过改革开放以来 40 多年的发展，中国旅游产品已经逐步从观光旅游为主导转型为休闲度假旅游的初级阶段，广大国民对休闲度假产品的需求会逐渐成为公共政策、企业发展和个人需求的共同关注。

旅游产品有其自身的发展规律，其中受到较多关注的特征包括旅游产品生命周期理论、旅游产品季节性和旅游产品开发的昂谱模式。目的地内容供给和产品创新能力，决定了一个国家、一座城市、一个旅游区的发展质量和竞争水平。

【关键术语】

旅游产品(tourism product)
旅游吸引物(tourist attraction)
游憩产品(recreation product)
旅游产品树(tourism product tree)
旅游产品生命周期(life cycle of tourism product)
季节性(seasonality)
目的地内容(destination content)
新产品开发(new product development)
旅游产品开发昂谱模式(RMP model of tourism product)

【复习题】

1. 简述旅游产品的含义及包含的主要层次。
2. 试举例比较旅游产品和游憩产品的异同。
3. 简述通用旅游产品的主要类别及功能。
4. 结合旅游产品生命周期理论谈旅游规划的响应。
5. 结合实际谈谈针对旅游季节性的旅游规划响应。
6. 结合实际谈谈资源-产品转化的主要路径。

(本章录音稿整理：王芳、张静、吴必虎)

第3章 旅游(游憩)需求：市场分析与规划响应

【学习目标】
- 掌握旅游(游憩)需求的含义
- 理解旅游(游憩)需求的影响因素
- 了解旅游市场细分的主要类型
- 了解旅游行为研究的空间分析方法

上一章阐述了旅游和游憩产品在规划中的关键意义。那么，旅游产品为谁而造？这就需要规划师们理解旅游市场和旅游需求问题。与城市规划、住区规划、生态保护规划、文化遗产保护规划等相比，旅游规划更重视人的两种需求，一种是游憩需求，另一种是旅游需求。

从游憩需求来讲，强调社会公平和社会可达性，即大多数人都能够得到游憩产品的服务机会；从旅游需求来讲，它属于个人的愉悦享受，遵循"谁付钱谁获得"的市场规律，更加强调市场细分、行为特点等，例如不同的年龄、受教育水平、收入水平的人群对产品的需求是有差别的，更强调规划方案对市场的响应程度。

3.1 旅游(游憩)需求

旅游产品和游憩产品的使用者就是旅游者和游憩者。在第2章我们已经讨论了游憩与旅游的基本定义，也为我们理解旅游者和游憩者的特征准备了理论基础。旅游者为什么会出来旅游？是因为他们具备了特定的旅游需求，而这些需求又是基于某些特定的动机。在特定的动机与需求后面，则是多种影响因素推动了需求的形成与实现。作为旅游规划专业人员，需要了解目标市场的基本特点、市场细分的角度、出游行为的基本规律……而这一切信息的了解与理解水平，很大程度上决定了规划产品的质量和可操作性。

3.1.1 旅游者

旅游者是参与现代游历活动的人群中最重要的主体。但是旅游者并非参与旅程的全部人群，在此过程中还涉及一线服务提供者和接触到的当地居民。仅从参与移动过程的人群来讲，一个更为广泛的概念是访客。对于旅行者(traveler)、游憩者(recreationist)、访客(visitor)、速访者(excursionist)和旅游者(tourist)等不同概念之间的差别和联系的认识，经历过一个发展过程。

旅行者是指在两个或多个地点之间进行空间移动的人。但是，对于在旅行者之下，如何进一步区分不同的人群，出现了争议。第二次世界大战后，随着大众旅游的出现、产业规模的扩大、旅游统计需要的产生,对于各种特征的旅行者定义越来越多,甚至出现了混乱的局面。为了便于国际比较和政府管理的施行,人们多次就此问题进行沟通协商,逐步形成了一整套概念体系和统计标准。这些定义也许在理论上并非十全十美,但是它们在技术上朝着尽量便于实际操作的方向推进。

第二次世界大战后民用航空的普及大大推动了国际旅游的发展,旅游活动的复杂程度也迅速提高。针对各国对旅行者的分类各自为政的局面,1963年联合国在罗马召开了国际旅行和旅游会议(以下简称"罗马会议"),首次提出以访客(visitor)作为总体概念,对国际旅游者的统计口径做出了新的规定。罗马会议修订后的技术性定义更具可操作性,并且于1968年被联合国统计委员会和原国际官方旅游组织联盟(联合国世界旅游组织的前身)正式通过,并被一些国际旅游组织陆续采用。

根据罗马会议的规定,访客是指除了为获得有报酬的职业,基于任何原因到其不是自己常住国(常驻地)进行观光、访问的人。根据访客在一个访问地滞留时间的长短,将访客分为两类:一类是投宿访客,即在一个访问地作短暂停留超过24 h的人,称为旅游者;另一类是一日游访客(same day visitor),即没有在访问地的集体或私人接待设施投宿的人,有时称为速访者,其中包括乘坐游轮在海上巡游过程中到某个国家或地区做短暂停泊、登岸访问的游客。一日游访客还可以根据其是否出境,分为国际一日游访客和国内一日游访客(图3-1)。

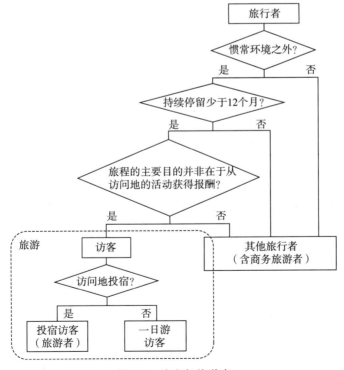

图3-1 访客与旅游者

资料来源:World Tourism Organization,1995,有修改。

罗马会议的定义对其后旅行者的分类界定产生了深远影响。首先，对出行的目的予以扩充：外出旅游的目的是"就业和永久定居以外的其他任何目的"，既包括愉悦旅游，也包括以商务、公务和家庭事务为目的的非愉悦旅游。其次，对客源地(origin of trip)的界定也有所放宽，即以来访者的实际居住国（或居住地）而不是国籍为标准来确定是否为访客，这一点在1995年世界旅游组织提出的《旅游统计概念、定义与分类》中得到了继承。最后，对访问者的定义以滞留时间作为划分标准，分别注意到了长时间和短时间两种情况，并以访客概念加以统一界定，所谓旅游者是指那些在访问地的集体或私人接待设施内至少停留一夜的投宿访客(overnight visitor)，不过夜的人则定义为一日游访客。在投宿访客（旅游者）中，根据访客是否过境又分为国际旅游者(international tourist)和国内旅游者(domestic tourist)(World Tourism Organization, 1995)。

2008年，联合国经济及社会理事会统计委员会审议并通过了《旅游统计国际建议草案》，阐明了旅行和访问的概念及其特征。其中对1993年旅游统计建议做出了新的增订，重新拟定了访客的定义，即除了为被访问地点常驻实体雇用而进行旅行的人，所有旅行者均为访客，并明确列入了进入一个国家的法律和经济领土的过境者（但不是为被访问地点常驻实体雇用而入境者）。

3.1.2 旅游需要与旅游动机

在旅游决策过程中，消费者动机理论解释了其背后重要的影响因素。在理解并预测旅游者消费行为(tourist consumer behavior)时，动机理论在解释旅游者行为时比其他理论更为有效。在市场细分研究中，旅游动机往往也被视为一个重要角度(Kay, 2003)。

1. 旅游需要

需要是人和社会的客观需求在人脑中的反映，是个人的心理活动与行为的基本动力。从需要的起源来划分，可以分为自然需要与社会需要。自然需要包括衣、食、住、行、性等需要。自然需要以生理活动为基础，与生存和种族延续活动密切相关。社会需要是维持与推动社会发展所必需的，如对劳动、友谊、社交、社会赞许、成就等的需要。著名心理学家马斯洛(Maslow, 1943)将人类的需要分成5个层次，由低到高依次是生理需要、安全需要、社会需要、尊重需要和自我实现需要。当低层次的需要基本满足之后，就会出现较高层次的需要；人们就是在不断的追求中出现新的需要，直至达到自我实现的最高层次。

旅游需要(tourist need)即人对参与旅游活动的需要，它是一种综合性需要。在早期的游历活动中，商人主要是出于生存和发展需要而四处奔波。此外，古代游历的动机也包括社交、信仰、审美和哲思等方面的需要。当代，人们更多地出于愉悦体验、社会尊重、自我实现等高层次的需要而旅游。旅游需要是很复杂的社会心理现象，不同的人可能有不同的旅游需要。在对旅游者的旅行动机进行分析时，研究者发现人们的旅游需要差异很大。这些需要的不同既表现在客源地上的差异，也表现为社会分层上的差别，因此旅游者对旅行的要求并不存在普遍的一致性，也不会一成不变。只有结合具体的历史、地理、政治、技术环境，才能对人们的旅游需要有符合实际的了解。在一个人的旅游需要中可能同时包含饮食、安全、休息、求知、审美、交往、自我实现等多种需要的内容,但是一次旅程不太可能满足一个旅游者的所有需要(Schmidhauser,1989)。

2. 旅游动机

对旅游的目的和动机进行分析研究涉及若干学科,包括心理学、社会学、统计学等研究方法。旅游动机(tourist motivation)是促使旅游者决定去旅游、到何处旅游以及如何旅游的内在驱动力。旅游动机是指能引起、维持个人旅游活动,并导致该活动朝向特定目标进行的一种内在过程。需要是动机的基础,但动机并不是需要的简单延续。动机是需要、诱因、情绪等共同作用的结果。

不同学者从不同角度对旅游动机提出了不同的分类。德国学者葛里克斯曼早在1935年就已对旅游动机分类进行了研究,并提出心理动机、精神动机、身体动机和经济动机4类旅游动机(Glücksmann,1935)。Goeldner 和 Ritchie(2011:199-201)归纳了众多已被重复证实的研究,确定旅游动机和需求包含自我控制、爱、性、自我发展、自我实现等15个方面。在上述旅游动机分类基础上,普伦蒂斯(Prentice,2004:261-279)对旅游动机分类做了综述。

中国学者屠如骥(1986:33-36)根据对海外来华旅游者的旅游动机的调查研究,将旅游动机归纳为"九求"框架:求实动机(追求旅游产品的实用价值);求新动机(追求旅游产品的趋时和新颖);求名动机(显示自己的声望、地位);求美动机(追求旅游产品的欣赏价值);求胜动机(满足争强好胜的心理);求趣动机(满足个人的特殊爱好);求知动机(追求知识、开阔视野);求情动机(访古寻友、追宗归祖、满足人际交往的感情需要);求健动机(健身、防病、强体的需要)。

3. 旅游动机影响因素

旅游动机的影响因素非常复杂,概括起来可以分为外部环境因素和个人特征因素两方面。其中,外部环境因素包括经济因素、政治因素和社会因素;个人特征因素可以分为个人客观条件和个人主观特征。

(1) 外部环境因素。人们的旅游需要是比较稳定的,但是直接支配人们产生旅游行为的旅游动机要受到外部环境因素的影响。当外部环境因素不利于旅游行为时,就会抑制旅游动机的产生。经济因素即整个社会经济发展水平对动机的影响,总体上是促进作用。旅游从以前贵族的特权变成了现代人普遍的生活方式。随着经济环境不断得到改善,人们的旅游动机被大大激发出来。稳定的政局、安全的形势能够激发人们的旅游动机;相反,战乱、恐怖活动等将抑制人们的旅游动机。人是社会动物,总是归属于某个社会阶层。不同社会阶层、不同文化环境的人在价值观念、文化习俗、宗教信仰等方面也会有较大差异,因此旅游动机也有所不同。

(2) 个人特征因素。个人特征因素决定了在面对同样的外部环境时个体之间旅游动机的差异。个人客观条件主要是指人口统计学特征,比如性别、年龄、受教育程度等。个人主观特征包括气质、性格、兴趣等构成的意识倾向性。气质是指人的心理反应的强度、色彩、节奏等。性格是在先天气质的基础上,经过后天长期的个人信念、理想和意志的磨炼,形成的一种对客观现实的稳定态度和相应的惯常行为方式的心理活动特征。

由于先天的生理条件、心理气质和所处的社会生活环境的差异,个体之间表现出明显的个性特征的不同,而个性特征又极大地影响人们的旅游倾向和旅游偏好。旅游研究者借用心理学家对个性心理特征的分类,来解释旅游动机的影响。其中,普洛格(Plog,1973)的游客心理类型模式比较有代表性。普洛格将人们的个性心理特征划分为自向型(psychocentrics)、中间型(mid-centrics)和异向型(allocentrics)3大类型,以及类自向型和类异向型两个过渡型。自向型的人,心理特点是思想谨慎,多忧多虑,不爱冒险;行为上表现为喜好安逸和轻松,活动量较小,喜欢熟悉的气氛和活动。异向型的人正好相反,心理特点是思想开朗,兴趣广泛而多变;行为上表现为喜好新奇,爱好冒险,活动量大,不愿意附和主流,喜欢与不同文化背景的人相处。中间型是综合以上两个极端类型特点的综合型心理,特征不鲜明,占人群的大多数。类自向型和类异向型的人则分别属于两个极端类型与中间型之间过渡的心理类型。五种类型心理特征的人群规模符合数学上的正态分布,即中间型的人群规模最大,两个极端类型的人群数量较少(图3-2)。

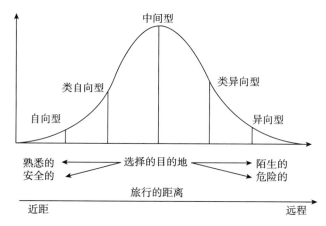

图 3-2　普洛格游客心理类型模式

资料来源:Plog,1973。有修改。

4. 旅游者决策行为

旅游者决策的基本原则是最大效益原则,即在资金和闲暇时间确定的条件下去追求最大的旅游效益。旅游效益的内涵主要包括旅游者的精神享受和精力恢复。旅游决策行为中要考虑的诸方面,如空间距离、闲暇时间、交通便捷度、吸引物知名度、特色水平、服务质量、文化环境、安全问题、个人偏好等,对不同的旅游者将构成不同的制约。

例如,对消费者购买行为的决策,可以进行以下分析。旅游者从产生旅游动机,到完成旅游决策过程,再到最终确定购买旅游产品,其购买行为从不同的角度可以有不同的划分方法。研究者分别从确定程度、购买态度、行为模式3个方面对其购买行为进行归纳。依据购买目标的确定程度对旅游者的购买方式进行分类,是借鉴一般消费者购买行为研究的分类,按照旅游者对要购买的旅游产品的确定程度进行划分。据此分为确定、半确定、不确定3种状态。通过大数据分析,能够对旅游者的购买行为进行刻画,从而提升旅游规划的响应度。

3.1.3 旅游需求分析与预测

规划实践中常常需要对某一目的地的市场规模及各种属性进行预测,运用计量经济学、统计学、数学和其他科学方法,基于需求层次理论和其他旅游理论,根据各种推演预测、标准预测、综合预测等方法,预测未来的旅游市场规模或特征。

1. 旅游需求的推动与拉动

旅游需求的推动因素(pushing factors)包括人口统计学特征、收入、闲暇时间、出行动机等。人口统计学特征对旅游需求有重要影响,它们既可能使受抑制的需求转变为真实需求,也可能带来限制从而使真实需求缩小。一个地区的人口数量最终限制了可能的旅游需求的市场规模,人口数量越多,理论上市场需求也会越大,同时也更加复杂和多样化。对于大多数类型的游憩活动,年轻人比年龄大的人参与更多,但不同年龄组的活动类型存在明显差异,观赏风景的人数随着年龄增加而增加,然后又出现下降趋势(U. S. Department of Interior,1980)。家庭特征对旅游需求的影响主要体现在家庭结构和规模上。合家出游的现象已经成为世界范围值得注意的市场特征,以家庭为单位的旅游业已形成一定市场规模。受教育程度越高,对旅游需求越大。不同职业的人群对目的地的选择也有一定不同。

旅游动机是影响旅游需求的重要因素。不过,出于两个方面的理由,旅游需求研究往往不对旅游动机进行重点关注:一方面,自旅游活动产生以来,人们旅游的主要动机基本未发生明显的变化;另一方面,旅游动机本身也受到诸如文化传统、人口特征等因素的影响,因此通过考察这些因素可以部分地反映旅游动机的影响。但上述理由也不是绝对的,特别是旅游动机出现明显变化的时候,对旅游需求的分析和预测就必须考虑旅游动机因素。比如,近年来可持续旅游的发展。此外,在对旅游需求结构作进一步的分析时,旅游动机显然是一个需要重点考虑的因素,不同的出游动机对于特定旅游产品或产品的特定环节(如购物)的需求明显不同。

对旅游需求具有拉力作用的拉动因素(pulling factors)包括产品供给、旅行距离、价格策略、客源地与目的地之间的文化异同等。产品供给对旅游需求具有两个方面的影响。一方面,对旅游市场规模估计不足会对旅游需求造成限制,主要包括目的地住宿接待设施、旅行交通服务的瓶颈,旅游产品种类与数量的缺乏和不匹配,等等。认清一个地区现有旅游供给的限制状况,能够发现由于受到供给限制而未实现或被抑制的旅游需求。另一方面,增加供给数量,改善供给结构,提升产品质量,有利于真实需求的形成和实现。其他一些因素,如替代性或竞争性旅游产品价格的变化会对某种旅游产品的需求造成很大影响;汇率的变化会对两个国家之间的国际旅游需求造成很大影响;各种重大事件、节庆活动、自然灾害等也均会对旅游需求造成影响。

旅游产品价格是对旅游需求产生影响的最重要的供给因素之一。在其他条件不变的情况下,旅游产品的价格提高,购买的数量减少;旅游产品的价格降低,购买的数量就会增加。依据旅游产品价格和需求量之间的关系,可以绘制出旅游需求曲线图,纵坐标 P 表示价格,横坐标

Q 为需求数量，曲线 D 即为需求曲线。需求曲线向下倾斜的过程中具有若干个临界点，每个临界点的突破都将使数量大大增加（图 3-3）。这样，旅游需求的模式就是金字塔形状，当价格下降到一个阶层所能接受的程度后，旅游人数就会大大增加，并且这种增加不是等比例的。这种现象在需求表中表现为游客人次增量的变化，在需求曲线中表现为曲线斜率的变动。这一性质非常重要，它可以使我们在制定价格战略时寻找临界点，然后根据这些临界点进行适当的定价（吴必虎、黄潇婷 等，2019：32）。其原则就是尽量把价格定在刚刚低于临界点的水平上，而不是略高于临界点的水平上。如果违背了这一原则，游客的数量就可能相差一个数量级。

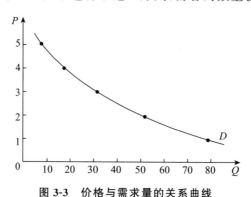

图 3-3　价格与需求量的关系曲线

资料来源：吴必虎、黄潇婷 等，2019：32。

由于价格具有不同的表现形式，在进行需求分析时，应根据具体的情境选择不同的价格战略。在国际旅游需求方面，游客前往某个目的地的交通费用和该目的地的消费水平是影响旅游需求的两个最重要的价格因素，其中，目的地的消费水平可以用该目的地旅游产品和服务的价格来代表，有时也受到汇率变动所导致的购买力变化的影响（Witt and Martin，1987）。而在尺度较小的景区、景点，采用门票价格来分析市场需求显然更加适合。由于获得价格数据的可能性小、难度大，因此常常在国际和国内旅游需求模型中采用消费者物价指数（consumer price index，CPI）来替代价格数据。

2. 个体需求与社会需求

从消费者规模角度，可以将旅游需求分为个体需求与社会需求（市场需求）。个体需求是指个体在一定时期内在一定价格水平下愿意而且能够购买的旅游产品的数量；而社会需求是指社会整体或其一部分在一定时期内在一定价格水平下愿意而且能够购买的旅游产品数量的总和。旅游需求更多研究的是社会需求，它反映了整个旅游活动和产业部门运行的状态和趋势。但对社会需求的研究往往建立在对个体需求研究的基础之上。

与一般产品的市场需求相比，旅游需求具有弹性较大、季节性明显、集中度较高、敏感性较强等特征。旅游需求弹性是指由于价格、收入、汇率等因素的变化而引起旅游需求变化的程度。通常分析的旅游需求弹性主要有价格弹性和收入弹性。价格一般和需求负相关，而收入一般和需求正相关。旅游产品不是必需品，容易受到价格、收入等因素的影响，因此需求弹性往往较大。

旅游需求除易受经济变动影响,对旅游目的地的社会状况、政治因素、环境条件、健康水平及旅游风尚的变化都具有敏感性。如旅游目的地的政治不稳定或社会动乱,或者环境卫生出现问题,则旅游需求减少。旅游需求是由不同年龄、性别、身份、社会地位、偏好、兴趣的旅游者构成的,再加上他们来自不同的国家或地方,其本身宗教信仰、文化背景、生活习惯、家庭结构等的个别差异,使得原本就十分敏感的旅游需求更加凸显出复杂多变的特征。

3.1.4 旅游需求的影响因素

Uysal(1998)曾对旅游需求的影响因素进行归纳,分别从经济影响因素、社会-心理影响因素和外部影响因素三方面加以提炼,得到一个旅游需求模型,比较全面地刻画了影响旅游需求的复杂结构(表3-1),这是比较综合性、整体性的模型。

表 3-1 旅游需求影响因素

经济影响因素	社会-心理影响因素	外部影响因素(商业环境)
可支配收入	人口学因素	资源供给状况
人均 GNP 收入	动机(AOI)	经济增长与稳定性
私人消费	旅行偏好	政治与社会环境
生活费用(CPI)	效益寻求	经济不景气
旅游价格	目的地印象	技术进步
交通费用	目的地感知	可达性
与目的地相关的生活费用	机会认知	发展水平:基础设施与上层建筑
外汇兑换差价	知觉距离	自然灾害
目的地竞争相对价格	对目的地的态度	流行病
促销花费	闲暇时间	战争、恐怖主义
营销有效性	旅行时间	社会、文化吸引物
物理距离	带薪假期	城市化水平
	已有经历	特殊因素:奥运会及大型节事
	身体能力、素质与健康	障碍与局限
	文化相似性	限制、条例与法律
	从属关系	

资料来源:Uysal,1998。有修改。

1. 城市化对旅游需求的影响

在城市化,特别是农村转向城市人口持续增加的情况下,旅游需求和旅游产业会随之发生巨大变化。中国从1978年改革开放到今天,城市化发展一直呈现出不间断的增长,虽然2013年以后增长放缓,但是总的增长趋势没有变过。人口流动分为两种,一种是大量乡村人口向城市进行临时的、半永久性的、永久性的流动;同时也出现另外一种流向就是城市居民,尤其是老年群体,出现了向乡村流动的现象。最近40年,特别是近10年来,以往发生在城市中心的绅士化现象,由于城市居民成规模地、现象级地流动到郊区,导致乡村开始出现绅士化。城乡人口对流及其带来的社会转型,形成了中国旅游需求、游憩需求的巨大变化的推动力,并且情况还在发展。总的来说,中国的一线、二线城市,是主要的旅游需求的来源。一线、二线、三线城市在旅游需求上有一个梯级变化,并且随着人口流动速度加快,这种梯级作用将会越来越明显。

我国的过剩经济已经来临。从近年来的"去产能"政策来看,我国的工业化基本完成,出现工业产品结构性过剩。从农业发展来看,机械化的发展解放了大量的农业劳动力,粮食安全得到根本性保障,部分地区出现耕地抛荒、"农业过剩"现象,同时农村大量宅基地空置,"空心村"现象不断蔓延。从城市建设来看,生产性发展动力逐步让位于消费性驱动。随着人工智能等高科技的发展,将会进一步加剧过剩经济。同时出现的还有物质经济发展带来的资源环境成本的大幅提升。越来越多的省份面临产业结构调整的机遇与挑战。

但是我国在制度与治理体系方面,仍然停留在短缺经济时代的物质生产层面。党的十九大之后,党和国家的发展方向进行了调整,现阶段我国的主要矛盾是:人民日益增长的美好生活需要和不平衡不充分的发展之间的矛盾。这就意味着生活质量而非GDP成为发展水平的衡量指标,其中,旅游成为建设异地美好生活的主要承担者。例如,从1980年到2020年,中国就业人数的三次产业结构中第三产业比例逐年增加。2013年,中国第三产业比值首超第二产业,占GDP比重46.1%。在这样的时代背景下,休闲社会不断形成,服务业不断驱动城镇化道路发展,一系列短缺经济时代形成的政策、法律、制度已经不再适应新的发展要求。

2. 国民可支配收入

一般而言,人们的收入水平与他们的旅游需求之间存在明显的正相关关系。随着城市化进程的发展,另外一个物质方面的变化就是收入水平提高促进了旅游需求的增加。相较于人均收入,人均可支配收入的高低更能决定旅游度假需求的产生。随着国民整体收入增加,各个区域、行业收入增速是存在差异的,社会的财富集中度普遍现象是"80%的财富集中在20%的人手里",但其总体结果是使国内旅游需求不断增加。

随着人均可支配收入的增加,旅游需求也会增加。但是,收入与旅游需求的关系并不是一直呈正相关关系。随着收入水平的提高,各类游憩活动的参与率普遍提高,尽管提高的幅度有所不同,但收入增加到一定程度以后,由于最高收入层的人往往事务十分繁忙,反而没有时间参加更多的游憩,因而其参与率又出现一定程度的下降(Walsh,1986:161-164,190)。

中等收入水平人群数量是影响旅游需求的核心力量。根据宏观经济研究院经济和社会发展研究所课题组(2004)在《中等收入者的概念和划分标准》中的研究,通过综合国家统计局等部门确定的总体小康基本监测指标和国际上比较通行的美国英克尔斯提出的现代化标准以及有关研究成果,认为在界定中等收入水平的定义时,重点关注以下几个方面:实现全面建设小康社会要求的恩格尔系数要低于40%,中等收入者的恩格尔系数应在35%以下;现阶段我国中等收入者的人均居住面积应达到30 m²以上;人均蛋白质日摄入量应达到85 g以上;文化娱乐及服务支出比重应在40%以上(表3-2)。中国家庭金融调查与研究中心界定的中等收入家庭参照瑞信财富报告的标准,即个人净财富在5万至50万美元之间即达到中等收入家庭成年人标准。十九大报告明确提出中国发展要致力于增加中等收入群体人数,据瑞士信贷银行《全球财富报告2015》,中国中等收入家庭人数已达1.09亿人,为全球中等收入家庭人数最多的国家;麦肯锡预测,2022年,76%中国城市家庭将达到中等收入家庭收入水平;经济学人智库《中国消费者2030年面貌前瞻》预测,2030年,中国近35%人口(4.8亿人)将达到中高收入和高收入人群标准;未来15年,中高收入人群数量将从2015年的0.97亿增长到2.76亿。

表3-2 现阶段我国中等收入者收入标准推测

标准	中等收入者收入标准/(元·人$^{-1}$·年$^{-1}$)
外推法预测2020年收入水平划定的中等收入者收入标准	16 380
以全面建设小康社会基本要求划定的中等收入者收入标准	14 000
以世界银行相关报告为基础划定的中等收入者收入标准	14 500
综合结论	15 000

资料来源:宏观经济研究院经济和社会发展研究所课题组,2004。

中等收入人群将是未来主流的消费群体,也是最主要的旅游需求蓄水池。国内旅游从小众市场向大众化转变,已拥有全世界最大的国内旅游消费市场,这也成为旅游发展能够实现内循环的基础条件,同时中国也已成为世界第一大出境游消费国。在充分了解我国现阶段国家经济发展和国民收入水平的基础上,才能更好地了解旅游与游憩需求,做好旅游市场规划和管理,满足人民日益增长的美好旅游出行的需求。

3. 人口年龄结构

不同年龄段的人具有不同的特征并影响到出游能力和活动偏好。世界旅游组织规定,在统计时旅游者年龄应该按照0~14岁、15~24岁、25~44岁、45~64岁、65岁及以上5个年龄段加以收集和分析(World Tourism Organization,1995)。总的来说,年龄与游憩活动的参与率之间呈负相关(Walsh,1986:159-161),也就是说,年轻人比年长者更趋向于参加旅游活动。虽然各个年龄组都以亲近自然、观赏风景为首要旅游动机,但体力较好的中青年人所占比重较高。年纪较大的访客偏好宗教等历史文化景点;而年龄越低,对娱乐游憩活动的偏好越高。

中国已经达到老龄化国家的标准。根据联合国规定,65岁以上的老年人口占总人口的比例达 7%以上或 60 岁以上老年人口在总人口中的比重超过 10%的属老年型国家或地区。我国从 2000 年已经进入老龄化社会,并且我国老龄化进程在不断加快。据国家统计局数据,2019 年我国 65 岁以上的老年人口占总人口的比例达 12.6%,60 岁以上的老年人口占总人口的比例达 18.1%(图 3-4)。进入老龄化社会以后,旅游发展或者旅游需求会有很大的变化。除了老龄化,中国适龄女性的生育意愿下降,进一步加剧了社会压力。老龄化将会成为中国人口的新常态,与此同时,老龄化的中国对健康旅游、养老旅游会出现需求增加。

图 3-4　2011—2019 年中国老年人口占总人口比例情况

4. 闲暇时间和假期供给

旅游消费实际上也是一种时间的消费。如果没有可自由支配的时间,一个人即使有强烈的旅游动机和支付能力,也难以形成旅游消费,从而不能形成真实的旅游需求。由于闲暇时间在很大程度上决定居民旅游需求的水平,闲暇时间和旅游需求一般呈正相关关系。也就是说,闲暇时间增多,旅游需求也会上升;反之则相反。还要注意的是,人们的闲暇时间有不同类型,日常闲暇、周末闲暇、黄金周、带薪休假的时间长度不一,对旅游需求的影响也不一样(表 3-3)。如周末闲暇的增多大大增加了城市周边的旅游需求,但对长距离旅游需求的增加作用不大。在旅游研究领域,居民休闲时间的配置及其利用已经成为一个重要方向。随着中国经济社会的发展,人们每周用于生产的时间逐渐减少,而用于休闲的时间逐步增加。这种社会结构性的变化从根本上促进了旅游活动的增长和中国旅游业的发展。

一般来说,时间是作为游憩资源来看待,而中国的假日制度有很多跟现代性、现代社会不一致的地方。传统文化固然很重要,如清明节扫墓、端午节纪念屈原、中秋节团聚赏月……但是中国现在国家规定的假日都是基于传统农业社会的,具有明显的内向性。而现代社会强调流动性,因此这种假日制度需要不断适应新时代的需求。

表 3-3　时间资源对游憩机会和行为的影响

影响要素	效果：实例
闲暇时间	随科学进步、工作模式改变、社会经济增长、寿命增长而增加，通常与GDP相联系，但受态度和角色影响
各类假期	包括学校假期、公休日、宗教假期，直接影响峰值期游客需求、滞留时间以及到访频率
周末周期	许多一日游都集中在周末，公园和游憩设施的使用水平通常取决于特定的时间
组织与推广	为使交通和住宿设施得到最充分的利用，全包旅行包含了离开和回来的程序，其他全包旅游也尽量使宾馆的利用等得到平衡
地理因素	城市居民的时间-游程决定了对游憩资源的需求的压力和服务于旅游者的设施的需求水平

资料来源：据鲍德-博拉、劳森，2004：265。

5. 文化特征

客源地和目的地的文化特征都会对旅游需求产生较大影响。客源地文化对当地居民的出游偏好、产品选择具有影响；客源地与目的地之间的文化差异也会对需求产生促进或抑制作用。

旅游活动不仅是一种经济行为，同时也是一种文化行为。从个体层面来说，旅游者的出游行为与其所接受的文化传统、制度教育、历史熏陶等因素密切相关；从群体层面来说，一个国家或地区的旅游需求和这个国家或地区的文化传统特别是旅游文化传统有关。中国和外国、东方和西方的旅游文化传统存在很大差异。中国长期的历史发展形成的山水审美文化、旅行游览文化对旅游者的动机、态度具有巨大影响。一个国家的旅游需求受到当地历史文化传统和旅游哲学的影响。秦汉时期以社会上层为代表的国民"游观之好"就是一种深远的历史传统（刘德谦，1997：48-62）。

文化是某一群体或社会所共有的现象，并常常表现出与其他群体或社会的明显差异，从而形成所谓文化群或文化圈。不同文化圈之间的文化差异对不同文化圈的交往具有重要影响，往往形成两种矛盾的力量。一方面，文化差异构成可以满足人类好奇心的一种推动力；另一方面，这种差异又成为滋生不安和恐惧心理的力量。心理学的研究结果表明，趋同的文化对人缺乏魅力，而反差过大的文化也会使人望而却步。

在现实生活中，因人们生活在不同文化圈中而产生的这种文化隔阂是客观存在的。中国北方尤其是山东、河北一带长期受儒家文化影响；而南方特别是两广和闽南地区由于远离古代政教中心，政令及传统教化的效力随距离衰减，地方传统更为突出。由于这一差异，当地旅游者对旅游产品的形式、消费倾向和服务水平的要求很不一样，导致南北两地明显的旅游产业结构的差异。北方更多地表现为历史文化遗迹观光游览；南方更多地享受康体休闲服务。南方的宽松文化培育了需求多样的客源市场；而北方的丰厚历史则孕育了典型的历史文化市场。山东和四川是中国人口大省，在经济总量上山东超过四川，但是四川的休闲度假产品远比山东更为多样和活跃，这显示了当地文化差异引起的需求差异，并最终引起产品供给的不同。

6. 技术进步改变旅游需求

技术进步对旅游需求及行为的影响主要表现在两个方面,一是出行方式的影响,二是旅游信息获取途径的影响。

从出行方式来看,汽车、铁路、轨道交通等交通工具大大提升了出行便利度。目前,自驾游已经成为中国中等收入家庭主要出游方式。根据中国旅游研究院统计,2019 年国内旅游人次数超过 60 亿人次;根据中国旅游车船协会统计,2018 年中国自驾游已达 35 亿人次。自驾游、散客已经成为国内旅游主要趋势。

根据国家铁路局发布的统计数据,2018 年运输旅客发送量累计达 33.75 亿人,同比增长 9.4%。客运能力的大幅提升有力保证了旅游交通的运行,也使得铁路旅行在旅游交通中的比重大大提升。地铁线路往往和城铁或者轻轨实行对接,构成城市内的快速交通系统。绝大多数的城市轨道交通系统都作为城市交通的骨干,用来运载市内通勤的乘客,同时也是旅游者尤其是散客在市区进行休闲旅游活动时喜爱选择的旅行方式之一。

从旅游信息获取途径来看,技术进步推动智慧旅游时代的到来,在多方面改变了旅游者的消费行为。特别是在 2020 年年初起的新冠疫情防控和适应性旅行管理推动下,预约旅游已经成为新的普遍消费习惯。从旅游消费者的角度,智慧旅游是通过互联网、移动互联网、云计算、物联网等新技术,借助便携的终端上网设备,主动感知信息并及时发布,让游客能够及时了解这些信息,及时安排和调整工作与旅游计划,从而达到对各类旅游信息智能感知、方便利用的效果。从旅游目的地的角度,智慧旅游是借助互联网应用优势,推动旅游与互联网、高科技等融合发展,提高旅游创新能力,挖掘旅游发展潜力和活力,培育新业态,发展新模式,构筑新动能,加速提升当地旅游业发展水平。

3.2 旅游(游憩)市场细分与规划响应

旅游需求研究强调的另一个概念叫市场响应度,是指在旅游规划中对游客需求进行响应,根据旅游需求来提供旅游产品是规划研制的基本前提。传统规划咨询往往重视旅游地物理性因素,也就是物质规划,而忽略对于目标市场和游客偏好的分析。任何一项旅游规划研究都应该从客源地、经济收入、出行目的、出游行为、技术影响等方面对旅游需求进行分析,并力求在具体的规划方案中做出响应。为了便于读者理解,我们在上述几方面分析框架之中,分别引用北京大地云游科技有限公司(http://www.dadiyunyou.com,访问日期 2021 年 4 月 17 日)对新疆旅游市场的分析数据,以达到案例分析的目的。

3.2.1 客源地判别

客源地是指访客的实际居住地。按照旅游者的客源地对旅游者身份进行识别,可以从整体上揭示或反映旅游者的基本特征。一般可以按照客源地的地理特征和客源地与目的地之间的距离进行观察分析。实际上,客源地并不能独立存在,它与对应的目的地之间存在某种特殊的关系,在旅游研究过程中,需要对此进行深入的研究(Teberler,2000)。

按照客源地地理特征可以概括旅游者的地域特征和消费偏好。不同地域社会经济发展水平和文化习俗各不相同,会导致旅游者生活习惯、旅游需求乃至消费行为的差异。如中国常常将国际旅游者划分为欧美旅游者、日韩旅游者等不同类型;将国内旅游者划分为长三角旅游者、珠三角旅游者、京津冀旅游者等,或者直接按照省份来划分。

按照客源地与目的地之间的距离,可以分为远程旅游者和近程旅游者,这也是一种常用的划分模式。空间上的距离往往可以表明客源地与目的地之间社会、经济、政治、文化以及地理环境等方面的差异程度。而旅游者跨越不同的空间距离,也就意味着跨越了不同程度的文化差异,所面临的冲突、矛盾和问题也会存在一定程度的差异性。如国际旅游者面临的文化冲击就比国内旅游者要大得多,在语言文字、生活习俗、宗教文化等各个方面都需要加以考虑。

> **案例:乌鲁木齐市客源市场分析**
>
> 以地级市为单位进行分析,乌鲁木齐市的主要客源市场呈现人口基数大、收入水平高、消费能力强的特征。乌鲁木齐市的旅游核心客源市场为北京市、上海市、广州市、成都市、天津市、西安市等地区。其中,一级客源市场为北京市、上海市;二级客源市场为广州市、成都市、天津市;三级客源市场为西安市、重庆市、南京市、武汉市、深圳市、杭州市、苏州市、郑州市等。

3.2.2 收入水平与消费分布

国际经验参数表明,一个国家或地区的旅游需求水平是与其人均 GDP 紧密相关的。按照旅游者的经济收入水平,可以将旅游者划分为高收入市场、中等收入市场和低收入市场等不同的群体。旅游者的经济收入水平直接决定了旅游者的旅游需求和消费水平,也将影响其旅游决策和旅游行为。中等收入和低收入的旅游者往往对旅游产品的价格敏感度较高,而高收入旅游者一般更加注重旅游体验的独特性,重视旅游产品和服务本身的品质。

不同收入水平的城市居民对不同游憩活动的偏好程度也是不同的。当从整体上考虑收入对旅游需求的影响时,通常使用客源地(客源国)的人均 GDP 指标。但是在不同情况下,也会考虑不同的收入指标。如在研究度假或探亲旅游时,往往更多关注私人花费或人均可支配收入;如果研究的是商务旅游,则会采用更为广义的收入指标。人均 GDP 只是影响旅游需求的一个因素,还必须考虑到人口基数和收入分配状况。像中国这样的大国,虽然人均 GDP 在全球排名并不靠前,但是由于人口基数大,高收入人群即使在总人口中比例不大,绝对人数也相当可观,近年已经成为重要的国际旅游客源国。

2013 年,中国人均 GDP 超过 6500 美元(以可比价计算)。按照世界银行根据 Atlas 方法进行的测算和 2011 年的新划分,中国已经从 2010 年开始由中等偏下收入国家跨入中等偏上收入国家(图 3-5)。

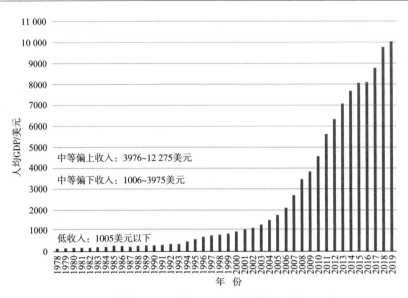

图 3-5　中国从 2010 年开始跨入中等偏上收入国家

资料来源：世界银行数据库，http://data.worldbank.org，访问时间 2020 年 12 月 30 日，图中人均 GDP 数据以现价计算。

案例：新疆旅游者消费行为画像

从旅游消费来看，新疆游客的消费主要集中在长途交通，占比高达 38%，交通成本成为影响游客旅游的主要因素。其次是商品销售和住宿，占比分别为 18%、12%，与排在第一位的交通消费相差甚远，游览上的消费仅占 6%（图 3-6）。人均日消费以 300～1000 元居多，高消费客源较少。

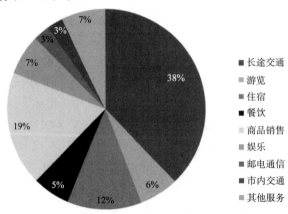

图 3-6　新疆游客消费结构分析

数据来源：北京大地云游科技有限公司研究数据和报告。

3.2.3 愉悦旅游与商务旅游：出行目的识别

旅行目的(purpose of visit)是指人们参与某一旅程的理由,如果不是因为这个理由,人们就不会发生出游行为。那么人们出游的目的是什么？已有研究发现,人们短暂移居异地的目的包括和平目的、愉悦目的、商务目的等。根据访客的旅行目的对市场进行细分,是一种有效的营销分析工具(Kaynak and Yavas, 1981)。世界旅游组织建议统计时考虑的旅游目的包括休闲、游憩与度假、探亲访友、商务与专业事务、健康医疗、宗教朝觐以及其他目的(World Tourism Organization, 1995)。

1. 愉悦旅游者

愉悦旅游者(leisure traveler)是指在闲暇时间内,为了观光、娱乐、休闲度假、文化欣赏、运动保健、购物等主要目的而离开惯常环境前往各类目的地持续滞留时间不超过一年的访客。愉悦旅游者可进一步划分为观光、娱乐、度假、文化、购物等不同群体的旅游者。

目前,观光旅游者仍然是世界各国最普遍、规模最大的旅游者类型。观光旅游者一般通过参观、游览自然和人文景观,达到开阔视野、增长见闻的目的。娱乐旅游者是指以释放生活压力、获得快乐和享受为目的而外出旅游的访客。度假旅游者是指以放松身心、恢复精力为主要旅游目的而外出的旅游者,他们一般在一个旅游地停留度过整个假期,而且重游率高,能够给旅游地带来较高的经济收益。文化旅游者自身具有较高的文化修养,是以追求精神文化需求的满足而追寻文化品赏的旅游者。购物旅游者是指以购物或享受购物乐趣为主要目的而外出旅游的旅游者。

2. 商务旅游者

商务旅游者(business traveler)是指在工作时间内(也可能包括闲暇时间),为了公务活动、商务活动、宗教活动或私人事务离开惯常环境而至相关目的地持续滞留时间不超过一年的访客。商务旅游者可以划分为公务、会议、展览、奖励、宗教、个人事务等不同类型的旅游群体。

公务旅游者是指由于工作方面的需要而外出旅行的访客,其首要目的是在一定时间内完成工作任务。公务旅游者还可以进一步分为企业旅游者、会议旅游者、展览旅游者和奖励旅游者等。出于维护国家、地区和公司的形象,公务旅游者对产品价格不太敏感,但是对产品质量和服务标准要求更严格。其出行时间主要考虑工作需要,较少受季节性影响。宗教旅游者是指以朝觐为主要目的而外出旅行的访客。个人事务旅游者是指以探亲访友、出席家庭成员的重要仪式等涉及处理个人家庭事务为目的而外出旅行的旅游者。例如中国春节假期中,大量外出旅行的主要目的都是与家人团聚。

3.3 旅游(游憩)行为分析与规划响应

从空间规划来讲,旅游行为,特别是空间行为是非常重要的理论阵地和规划领域的理论源泉。在旅游(游憩)规划编制过程中,常常涉及旅游需求或旅游行为的测定与分析,尤其是旅游者(游憩者)空间行为的测定问题,是研究中的一个重点。地理学思维对旅游空间行为的研究是重要的理论支持。在做旅游需求研究的时候,不是做市场研究本身,也不像工商管理学科要求对企业经营进行更多的分析,而是在于总结空间规律,以便对区域规划、城市规划这样的空间结构组织提供理论支持,因此空间行为的研究在规划专业人士来看显得非常必要。地理学理论支持下的旅游空间行为、空间结构、空间组织、城镇体系、旅游空间竞争等,近年来都已取得比较突出的成就。

3.3.1 旅游者消费行为

与其他工业产品和服务产品的消费相比,旅游消费具有自身独特性,包括综合性、异地性、体验性、产消同时性等特征。从内容上看,旅游消费是一种涉及多方面内容的综合性消费。从形式上看,旅游消费既包括对实物产品的消费,也包括对服务产品的消费。从产品供给来看,旅游消费的产品和服务来自诸多个人、企业乃至政府和其他组织的共同提供。旅行批发商、旅游目的地、接待业、景区景点、旅行社、交通运输等很多部门都需要对旅游者消费行为进行研究,因为来自不同客源地的消费者之间表现出大不相同的特征(Swarbrooke and Horner,1999:453)。在越来越激烈的商业竞争环境中,了解旅游者消费行为显得比以往更为重要。如何探讨、界定、分析、评价旅游产品的消费,已成为一个引起广泛重视的领域(Fried、Milman、Pizam,1998)。

旅游者消费行为是根据心理描述、经济消费能力、行为特征与行为方式划分的。从心理描述来看,包括社会阶层、文化、背景和其他影响个人态度和行为的要素。从经济消费能力来看,包括社会经济阶层,考虑教育和职业情况。从行为特征与行为方式来看,包括闲暇时间、出行距离、目的地偏好。

例如,旅游产品的购买行为模式更加深入地从理论角度分析旅游消费者的行为特征。常见的理论模式包括刺激-反应模式(Reynolds and Darden,1974)、消费者黑箱模式(Armstrong and Kolter,2005:581)等。

案例:新疆游客出游行为分析

对于旅游者消费行为,可以通过在线旅行社(online travel agent,OTA)平台抓取数据进行分析。

从滞留时间来看,首先,新疆游客中1~2天的人群占比最高,占比为35.52%。其次,6~7天和3~5天的占比分别为29.40%、22.39%。最后,由于新疆的地域辽阔,景点之间相隔较远,想要良好的旅游体验需要较长时间,所以游客出游天数在7天以上的占比也并不是很低,占比为12.69%(图3-7)。可见,新疆游客的滞留时间长短均衡,整体而言对拉长旅游体验时间,增加旅游消费起到积极作用。

从游客兴趣点来看,一方面,天山、草原、峡谷、薰衣草、河流、丝绸之路、民风民俗等新疆美轮美奂的自然风光和淳朴的民族文化吸引了大量的摄影爱好者和人文爱好者;另一方面,各种吃法的羊肉、馕等美食吸引了美食爱好者。目前其他休闲体验产品吸引力度不足,开发空间巨大。

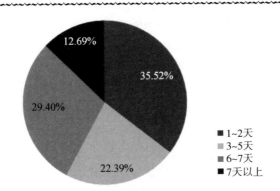

图 3-7　新疆游客滞留时间分析
数据来源：大地云游科技有限公司研究数据和报告。

从出游时间来看，由于 6 月开始盛开的薰衣草和 8—10 月开始成熟的瓜果，以及秋天的气温最佳等原因，游客出游新疆的时间集中在 6 月到 10 月，天池、南山西白杨沟等冬天项目也会让 12 月出现小热潮。其他时间段，旅游带动性不强，游客出游意愿减弱（图 3-8）。

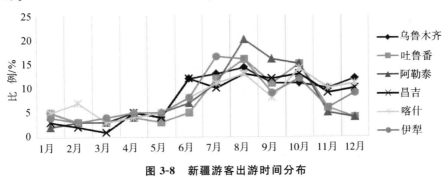

图 3-8　新疆游客出游时间分布
数据来源：大地云游科技有限公司研究数据和报告。

3.3.2　旅游消费满意度

旅游消费满意度(satisfaction)是旅游者对旅游消费质量的一种感受。按照期望价值理论，满意度是旅游者的旅游体验与其旅游期望之间的对比关系，是一个相对的、主观的和多方面的概念。当旅游体验水平大于或者等于旅游期望水平时，旅游者获得满足感；反之，旅游者就感到失望或挫折。

如果旅游者对旅程满意度较高，可能就会产生促进重复购买的效果。旅游消费者重复购买(repeat purchase)的水平也叫重访率，它是指消费者在一定时段内对同一目的地或同一产品的再次或多次购买行为。提高重访率成为旅游地可持续发展的重要竞争力所在。对于旅游产品来讲,时间间隔对重复购买的影响要做具体分析。出于探新求异的心理,人们较少在很短的时间内重复到一个地方旅游;随着时间间隔的增加,旅游者故地重游的可能性反而会增加。

在旅游规划中,需要着眼于游客的旅游行为,从而提升旅游者满意度。以大数据理念重新审视旅游资讯,依据搜集到的游客消费动向、旅游资源状况、自然环境变化等数据进行语义分析,了解游客需要的服务内容,开发设计适销对路的旅游产品。同时可以及时发现景区不足,改善景区服务水平。

> **案例:吉林省4A级及以上景区满意度分析**
>
> 根据网络各大OTA平台游客对于景区游览体验的评分进行统计,现有网络评分主要为5分制,1~5分从低到高表示游客对于景区满意程度的递增。2018年吉林省部分4A级及以上景区全年得分情况如表3-4所示,其中吉林省酒文化博物馆、伊通满族自治县博物馆、白鸡腰国家森林公园、通化振国养生谷壹号庄园得分最高,均为5分;露水河国家森林公园、御龙温泉度假村、莲花山滑雪场、长白山风景区紧随其后,分别为4.94、4.90、4.85、4.78;而鸳鸯湖旅游度假区、松江河国家森林公园、通天山葡萄酒文化产业园、吉林市博物馆、北方巴厘岛得分相对较低,分别为3.86、3.86、3.79、3.75、3.38。
>
> 表3-4 吉林省4A级及以上景区满意度(部分)
>
> | 景区名称 | 满意度得分 |
> | --- | --- |
> | 吉林省酒文化博物馆 | 5 |
> | 伊通满族自治县博物馆 | 5 |
> | 白鸡腰国家森林公园 | 5 |
> | 通化振国养生谷壹号庄园 | 5 |
> | 露水河国家森林公园 | 4.94 |
> | 御龙温泉度假村 | 4.90 |
> | 莲花山滑雪场 | 4.85 |
> | 长白山风景区 | 4.78 |
> | 向海国家级自然保护区 | 4.70 |
> | 天怡温泉度假山庄 | 4.52 |
> | 查干浩特旅游度假区 | 4.48 |
> | 四平战役纪念馆 | 4.42 |
> | 万科松花湖度假区 | 4.40 |

续表

景区名称	满意度得分
莫莫格国家级自然保护区	4.25
长春农业博览园	4.20
圣德泉亲水度假花园	3.95
鸳鸯湖旅游度假区	3.86
松江河国家森林公园	3.86
通天山葡萄酒文化产业园	3.79
吉林市博物馆	3.75
北方巴厘岛	3.38

数据来源：大地云游科技有限公司研究数据和报告。

通过对游客的旅游情绪、旅游评价进行调查分析，能够从以下几个方面进一步提升旅游者满意度。

一是延续积极情绪，升级品牌特色：研判网民情感倾向，深化现有形象，创新形象展示渠道，提升整体品牌影响力。

二是聚焦自然过多，人文转化迫切：跟踪全网关注度，游客评价多集中在吉林的自然生态资源，说明在人文产品方面旅游资源转化力度不足。

三是旅游IP元素多，系统开发在即：未来如何将口碑产品升级成旅游IP产业链是撬动旅游二次发展的决定性动力。

四是消极问题集中，多因服务较差：交通不便、管理混乱、漫天要价、态度恶劣等问题，是多数游客反映的对吉林旅游不满的主要原因，可见未来规范市场监管，统一制度标准，提升从业人员专业素养和技能，改善旅游服务体验软环境是促进吉林旅游发展的重要工作。

3.3.3 旅行距离与空间行为

一般来讲，客源地与目的地距离越近，旅游需求越大；距离越远，需求越小，这一现象就是距离衰减规律（distance decay）。距离衰减规律很明显地体现在客源地居民出游行为上。为什么会形成距离衰减规律？这可以从多方面进行解释。最主要的原因是，距离越远，显然需要花费的时间和金钱成本越多。吴必虎等（1997）研究发现，中国城市出游市场的37%左右分布在距城市15 km以内，约24%的市场分布在15～50 km，约21%分布在50～500 km。500 km以外的广大空间仅分割了城市出游市场的18%左右，其中，500～1500 km约占12%，1500 km以外约占6%。从上面的数据可以看出，中国城市居民旅游和休闲出游市场随距离增加而衰减,80%的出游市场集中在距城市 500 km 的范围内(图 3-9)。

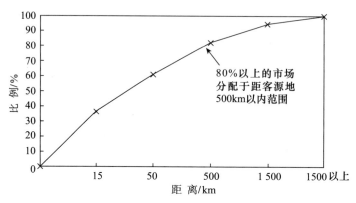

图 3-9　中国城市居民到访率在空间上的分割
资料来源:吴必虎 等,1997。

距离衰减规律也可以从某目的地的客源地结构来反映。针对前来上海旅游的游客的调查显示,旅游者的客源地存在显著的距离衰减。客源地分布在 500 km 范围内的游客比例高达 66%。有近 4/5 的客源集中在距上海 900 km 的范围内。到 2000 km 之外,作为目的地的上海对游客的吸引力实际上已微乎其微(吴必虎,1994)。但旅游者的出行意愿除了与距离大小相关,当然还与目的地的吸引力有关,距离衰减的作用随目的地吸引力大小的不同而有所变化。

距离并不总是采用里程数来表达。时间距离,即人们从客源地旅行到目的地所需的时间,是空间距离在时间维度上的表达,有时是一种更有效的距离表达方式。按照旅游活动的实际效用,可将旅游时间分为由客源市场到目的地过程所耗费的时间(通常被视为无效时间,但如果旅途中风景观赏吸引力较大,旅行时间则具备一定的旅游者收益性质)和旅游者在目的地活动所花费的时间(有效时间)。时间距离对人们旅游需求行为的影响更多地表现在交通方式的选择上。一般来说,远程旅游者以及商务、会议旅游者以选择航空运输为主;近程、观光度假、娱乐型游客选择交通工具受游客兴趣、身体状况、经济支付能力的影响,具有较大灵活性。超长行程旅游所需时间的抑制性将会影响旅游需求,因此,人们到达旅游目的地的速度越快,该旅行方式就越受欢迎。比如,英国、法国之间的欧洲之星列车在跨海峡旅行中为游客节约了大量时间,从而完全决定了人们对这项服务的需求。

3.3.4　旅游流与旅游空间结构

1. 旅游流及其空间结构

客源地与目的地间旅游者流动模式包括游线类型和交通组织与目的地结构两个分析角度。客源地与目的地之间的流动模式首先是从游线类型(itinerary types)来看,又可以把流动模式抽象为若干个空间组织模型。Lew、Hall、Williams(2014：35)曾对旅游流几种常见空间模式进行了归纳：第一种,单一目的地(single destination),从客源地出发抵达目的地然后回到客源地;第二种,中转目的地延展环路(transit leg and circle tour at a destination),也就是从客源地到达一个目的地,再以这个目的地为基地作为出行中心,在其附近诸多目的地进行活动,一般来说,长途旅行、出境游多数属于这种情况;第三种,环形游线,例如自驾游,驱驶数千千米构成一个大圈(circle)进行游览;第四种,集散中心-辐射(hub-and-spoke style),一个主目的地和客源地之间是单一的出行关系,再以该目的地为基地向不同方向发散,一个主目的地加上多个次目的地形成了一个空间结构(图 3-10)。

交通组织与目的地结构也有不同的行为模型。Lew、Hall、Williams(2014：36)也对此进行了提炼,从交通组织的角度来看:第一种是原路返回(return by same route),就是要走回头路;第二种是单行路(one way),不走回头路,从另外一条路返回原地,但是也是形成一个环路;第三种是多元环线,形成更大范围的旅游环线。与此相对应,以目的地为中心构成的空间组织就有三种形式,分别是单中心目的地(single destination)、集散中心与辐射(hub and spoke)和多个过夜目的地(multiple overnight destination)(图 3-11)。

游线类型	参考文献
单一目的地型,或有沿途停留点	Lue、Crompton、Fesenmaier,1993,2 种形式 Mings and McHugh,1992 Oppermann,1995,2 种形式 Flognfeldt,1999 Lew and McKercher,2002
中转目的地延展环路型 (可有多种交通方式)	Mings and McHugh,1992,2 种形式 Lue、Crompton、Fesenmaier,1993 Oppermann,1995 Lew and McKercher,2002,2 种形式
环形游线型,可有多处出入口,沿线不同目的地区域可有不同游线(可有多种交通方式)	Ming and Mchugh,1992 Lue、Crompton、Fesenmaier,1993 Oppermann,1995,3 种形式 Flognfeldt,1999 Lew and McKercher,2002,2 种形式
集散中心-辐射型(可从居所社区或目的地区域出发)	Lue、Crompton、Fesenmaier,1993 Oppermann,1995 Flognfeldt,1999,2 种形式 Lew and McKercher,2002

图 3-10 客源地与目的地间的流动模式：游线类型

资料来源：Lew、Hall、Williams,2014：35。

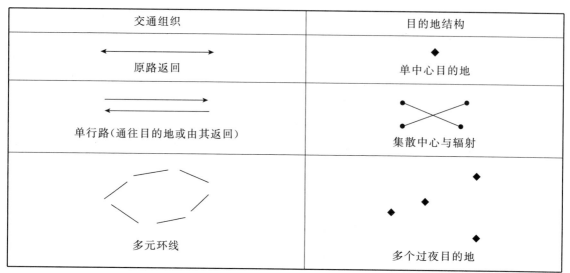

图 3-11 目的地间流动模式：交通组织与目的地结构

资料来源：Lew、Hall、Williams，2014：36。

前面刻画的各种空间流动模式当中，一个重要的切入点和分析的角度就是旅游流的研究，旅游流所形成的空间结构很多时候呈现为环形结构。其中城市客源核心区周边，一般来说是一日游旅游带，其外围是周末休闲游旅游带，再往外可能构成长假期度假带，这是客源地和目的地之间的旅游流的基本空间模式。另外，还可以对目的地内部的空间组织形式进行研究，即旅游者在目的地内部的流动模式。类似的研究很多，这里不再赘述。

2. 大数据在旅游行为研究与空间规划中的价值

在旅游规划中，借助大数据进行旅游空间结构分析，能够进一步聚焦旅游目的地的旅游环境，构建旅游目的地 IP 体系，深耕旅游精准营销发展，提升旅游公共服务建设，对接新常态下全新需求。

在旅游空间结构研究中，数据获取是非常关键的环节。大数据技术支持下的空间测量技术和目的地智慧旅游系统建设，为空间行为监测和规划编制提供了新的工具。例如旅游互联网公司、文化和旅游部大数据中心、中国移动和中国联通的手机信令数据等，都可以及时甚至实时地反映出中国旅游空间流的情况。在大数据时代，各大互联网平台可以收集和记录大量的用户信息。

相比于通过传统的统计数据获取方法，大数据使我们有机会和条件在更广领域和更深层次获取和使用全样本的完整数据。各大旅游网站、社交平台成为游客发表旅游体验、评价景区满意度的主要媒介。通过互联网旅游服务评价等信息得以迅速扩散，影响潜在游客的出行计划，包括选择旅游的景区、旅游方式、住宿、餐饮等（表 3-5）。

表 3-5 旅游大数据来源

数据类型	数据来源
旅游数据	OTA 类
餐饮数据	团购类、电商类
酒店数据	OTA 类、团购类
休闲娱乐数据	团购类、电商类、点评类
搜索数据	搜索引擎类
社交数据	社交网站类
GIS 地理信息数据	地图网站
旅游统计数据	统计公报、数据库

【本章小结】

旅游者(游憩者)是旅游(游憩)活动的主体。旅游者是在一定的旅游需要和旅游动机推动下产生出行需求的。外部环境因素和个人特征因素两个方面影响旅游者动机的形成和发展。旅游需求是在旅游动机以及一系列推动因素和拉动因素影响下,对旅游产品的消费力及购买力的表达。旅游需求具有弹性大、季节性明显、集中度较高、敏感性较强等特征。

旅游市场细分是旅游规划研究的基础之一。旅游市场通过旅游需求的产生之地(客源地)、可支配收入水平、出游的主要目的(愉悦目的或者商务目的)等不同维度表现出其不同的特征。这些特征的挖掘和理解,为旅游(游憩)规划的编制提供了坚实的基础。

所有的规划都是空间结构规划,因此需要对旅游者消费行为,特别是旅游空间行为具有足够的了解、测定和洞察,这一点显得尤为重要。作为客源地与目的地之间的空间移动现象,旅游流构成特殊的模式,其中距离因素具有关键意义。大数据技术的发展,有助于更精准的空间行为的了解和理解,并通过规划与管理形式予以应用,这将会成为一个新的趋势。

【关键术语】

访客(visitor)

游憩者(recreationist)

旅游者(tourist)

旅游需要(tourist need)

旅游动机(tourist motivation)

旅游需求(tourism demand)

客源地(origin of trip)

可支配收入(disposable income)

愉悦旅游(pleasure travel)
商务旅游(business travel)
旅游者消费行为(tourist consumer behavior)
满意度(satisfaction)
旅行距离(distance travelled)
空间行为(spatial behavior)
旅游空间结构(tourist spatial structure)

【复习题】

1. 旅游者的定义是什么？访客、旅游者、游憩者概念之间有何关系？
2. 什么是旅游动机？哪些因素影响了旅游动机？
3. 什么是旅游需求？哪些因素影响了旅游需求？
4. 从哪几个角度可以对旅游市场进行细分？
5. 愉悦旅游与商务旅游有什么不同？
6. 什么是旅游者消费行为？从哪些角度可以对旅游空间行为进行观察和分析？
7. 客源地与目的地间可能构成哪几种旅游流动模式？

(本章录音稿整理：王婷、王珺)

第 4 章　旅游(游憩)供给：资源评价与发展政策

【学习目标】
● 掌握旅游(游憩)供给的基本概念
● 了解旅游资源的定义与分类
● 了解旅游资源调查和评价的主要内容
● 理解旅游(游憩)发展政策的基本涵义

任何旅游(游憩)产品的开发和组织，都依托于旅游(游憩)资源的供给。供给可分成资源的供给与政策的供给。资源是游憩与旅游供给的原料和基础，在多数情况下属于比较具体、物质的。当然也有资源是非具象的，如非物质文化遗产。政策则是游憩与旅游供给的准则和指南，主导旅游业的健康发展。随着我国由观光旅游阶段逐渐发展过渡到休闲度假阶段，在资源供给层面，也转向休闲度假价值的选择与转型。在顶层设计上提倡建设国家级旅游休闲城市和街区、世界级旅游景区和度假区，凸显了旅游供给政策的新的走向。本章内容将从介绍旅游与游憩供给的概念出发，阐述旅游(游憩)资源的定义与分类、资源调查和评价技术，最后阐述旅游发展的政策供给与面临的政策创新挑战。

4.1　旅游(游憩)资源供给

4.1.1　旅游资源供给

旅游资源(tourism resource)供给是地方旅游发展的前提条件，是旅游体验得以形成的复杂产品体系中的基础部分。旅游供给可依旅游目的地旅游产品的构成情形，分为基本旅游供给与辅助性旅游供给。基本旅游供给是指旅游者在旅游过程中直接接触或感受的资源条件，包括吸引旅游者来访的旅游吸引物(旅游景区)、保障旅游活动顺利开展的旅游服务设施(食、住、行、游、购、娱)；而辅助性旅游供给为支持旅游活动得以开展的其他基础设施(道路、给排水、能源通信、卫生安全等)。

在改革开放 40 多年的旅游发展历程中，很长时间内中国旅游业建立在观光旅游的基础上，丰富的自然山水景观、多彩的民族文化风情和灿烂悠久的历史文明，为中国过去 40 多年的旅游发展奠定了坚实的物质基础。观光的主要体验在于"观"，看风景对于旅游用地的需求非常有限，旅游用地矛盾也不很突出。但是十九大以后，人民对异地美好生活方式的追求日益旺盛，特别是"十四五"期间中共中央明确提出建设一批国家级旅游休闲城市和世界级度假区以后,中国旅游发展已经正式迈入休闲度假的新时代,旅游用地供给发生根本性变化,由过去的"观"进入今后的"居",也就是由观光旅游进入居住旅游时代。在国土空间规划体系中,如何正视休闲度假用地的供给,成为一项落实中央重大政治部署、实现人民异地美好生活的重要工作任务。

一切的旅游供给都离不开资源基础与发展政策。关于政策供给,本章将在最后4.4节阐述。

4.1.2 自然保护与游憩供给并行不悖

作为公共产品的游憩产品建立在游憩资源(recreation resource)的基础之上。在中国特色社会主义体制下,游憩资源属于公共资源,政府成为游憩公共产品的主要提供者。城市公共游憩空间供给和管理也涉及广泛的公共性。不同类型游憩空间的使用者中,本地居民和外来游客所占的比例有所不同。依据这一服务地理范围不同,常常将城市公共游憩空间按服务属性分为主要面向本地居民、同时面向外来游客及本地居民两个服务组。

游憩产品具有公共性,例如国家公园类公共资源的游憩性利用是全球普遍现象。在中国国家公园体系中,国家公园本身、自然保护区、风景名胜区及其他各类自然公园(地质公园、湿地公园、矿山公园、沙漠公园、水利风景区等)都属于国家所有,被法律界定为公共资产,因此在其基础上发展而来的观光产品、教育产品和生态旅游产品,一般统称为自然游憩产品,就必然具有公共性。国家公园体系具有两大社会责任,第一是资源保护,第二是游憩供给。目前中国正在大力推进国家公园体系建设,一方面需要构建强大的自然保护体系,另一方面也要提高对自然游憩产品的供给保障能力,自然保护与自然游憩这两个目标是并行不悖的。

4.2 旅游(游憩)资源定义与分类

4.2.1 旅游(游憩)资源定义

旅游资源是旅游产品的原料和基础。旅游业发展很大程度上依赖于旅游资源的开发利用。改革开放以来,中国旅游资源开发规划事业的日渐发展,推进了中国旅游资源的研究,研究成果相当丰富。但对于旅游资源的定义仍然存在一定的争论,长期以来中外学者各持己见。实际上一项事物是否构成旅游资源,一个直接的评估标准就是看它是否具有吸引旅游者前来观光或度假的潜力,也就是说,旅游吸引力是判别旅游资源的最重要依据。凡是具有吸引旅游者产生出游动机与需求的潜力、经过一定的开发程序即可转化为旅游吸引物的事物,都可视为旅游资源。因为旅游者需求纷繁复杂,事物所具备的旅游吸引力潜在大小,或者说旅游资源类型,也就随之多种多样。自然景观、人文历史对旅游者有吸引力,是旅游资源;小说、电影等文学作品的描述对旅游者产生吸引力,也是旅游资源。

旅游资源这一概念在西方语境中并不普遍,与中国旅游资源内涵近似的概念是旅游吸引物(attraction),它是指旅游地吸引旅游者前往体验、享受的主要景观或设施,包括旅游地的旅游资源、适宜的接待设施和优良的服务等,甚至还包括舒适快捷的旅游交通条件,是一个涵义极为广泛的概念(李经龙,2007:18-19)。

虽然旅游资源能对旅游者产生吸引力,但并非所有能吸引旅游者的资源都可以转化为旅游产品,在现阶段未能转换为旅游产品的事物暂时不算旅游资源。随着社会进步、经济发展和科学技术水平提高,旅游需求不断变化,旅游资源范围也随着人们认识的深入不断突破。部分原来不可能被旅游开发利用的事物也可以转化为现实的旅游资源,例如漫步深海、遨游太空、极地探险、登月体验等,都已经或正准备开发为旅游产品,虽然价格昂贵,旅游者群体规模很小,但是深海、太空、南极和北极等都已经属于旅游资源的范畴。

有一部分自然资源或文化资源具有旅游资源特征,支持公共游憩产品的开发,可以同时视为是游憩资源。游憩资源具有公共空间(开放空间)可得性与对于使用者的友好程度方面的优势。Clawson 和 Knetsch 认为,仅有景观、水体或陆地的任一特定区域的自然特征,不足以称作为游憩资源;只有当自然特性与人为开发及游憩需求相结合时,才能够构成一种游憩资源。否则所谓的自然资源只不过是无意义的岩石、土壤和树木的叠加(Clawson and Knetsch,1966:145-146)。

4.2.2 旅游资源分类

《中国旅游资源普查规范(试行稿)》(国家旅游局资源开发司、中国科学院地理研究所,1993)将旅游资源分为 7 大类、74 种基本类型,其中 7 大类包括地文景观、水域风光、生物景观、古迹与建筑、消闲求知健身、购物、产业类。郭来喜等(2000)在其《中国旅游资源分类系统与类型评价》一文中,将旅游资源分为自然景系、人文景系、服务景系 3 大景系,其下分为 10 大景类,共设立了 98 个景型,在景型中分出景域、景段、景元,将属性分类与等级分类结合,形成一个旅游资源的分类分级分态系统。

西方地理学家和规划师习惯把吸引物分为资源导向型(resource-based)和游客导向型(user-oriented),资源导向型更多强调旅游资源本身的垄断性和稀缺性,比如八达岭长城,秦始皇陵兵马俑等;而游客导向型则更多强调以游客的需求为主导,资源属性趋于个性化、定制化,比如度假酒店的配套设施、SPA 服务等(Burkart and Medlik,1974:222)。

目前我国应用最广泛、最重要的一种分类方式是国家标准《旅游资源分类、调查与评价》(GB/T 18972—2017,以下简称"国标"),依据旅游资源性状(即现存状况、形态、特性、特征等),将旅游资源划分为 8 个主类、23 个亚类和 110 个基本类型。其中,前四大主类包括地文景观、水域景观、生物景观和天象与气候景观,属于自然旅游资源;后四大主类包括建筑与设施、历史遗迹、旅游购品和人文活动,属于人文旅游资源。本书附录 1 给出其基本内容,每个层次的旅游资源类型都有相应的字母代号,其中第一个字母代表主类类别,第二个字母代表亚类类别,第三个字母代表基本类型。

国标属于非强制性的推荐标准,是中国各地开展旅游资源调查、评价和研究时采用的基本分类方法。从实际应用层面对旅游资源进行分类、调查和评价,是该标准的核心任务(尹泽生,2003)。2018年中华人民共和国文化和旅游部成立后,文旅融合进一步发展,文化逐步成为旅游最好的资源,新时代的旅游发展也将呈现出多层次、休闲化、度假化的发展趋势,但国标在制定过程中,较多考虑观光旅游情况,从目的地属性特征着眼分析,强调旅游资源物质实体,使其比较适用于观光旅游吸引物评价,对于度假旅游和商务旅游条件考虑不够充分,指导性存在不足。而未来应在现有分类标准和评价体系基础上,加强对文化资源与度假旅游资源的分类、调查与评价标准的完善。

随着休闲度假需求增加,国标对度假旅游资源中十分重要的气候与生态环境状况重视不够,仅在"云雾多发区""极端与特殊气候显示地""物候景象"等少量指标有所体现,而对森林覆盖率、负氧离子、空气质量、水质量等方面关注不够。从文化资源来看,仅侧重于该地是否具有可提供文化活动的"文化活动场所",而对于博物馆、文化艺术场馆、历史文化型景区等文化资源有所忽视。以当下的发展要求来看,国标未能全面反映并满足新时代旅游发展的多层次、休闲化、度假化的需求。

为适应形势变化,应在国标基础上进行完善修订,可融合新制定的《中华文化资源普查工程实施方案》、《旅游度假区等级划分》(GB/T 26358—2010)与中国气象服务协会团体标准《气象旅游资源分类与编码》等,完善文化旅游资源与度假旅游资源的分类、调查与评价标准,并在其指导下进行新的资源普查和评价工作,这有利于奠定更科学的资源开发、管理及发展规划基础,同时有利于传承中国优秀文化,助力国家文化软实力的提升,满足人民日益增长的美好生活的需要。

另一方面,西方学者在划分旅游与游憩资源时,多从资源使用者的角度考虑问题。如Clawson和Knetsch(1966:64-77)根据资源的特性和游客的体验性质,将游憩资源划分为3类:一是使用者导向型游憩资源,它以使用者需求为导向,靠近使用者集中的人口中心城镇,通常满足的是人们的日常休闲需求,如球场、动物园、一般城市公园。二是资源导向型游憩资源,它可以使游客获得融入自然的体验,资源相对于客源地的距离不确定,主要是旅游者在中长期度假中加以利用,如风景区、历史遗迹、国家公园、省级自然公园以及某些私人领地。三是中间型游憩资源,其特性介于上述二者之间,主要为短期(一日游或周末度假)游憩活动所使用,游客在此的体验比使用者导向型更接近自然,介于使用者导向型游憩资源与资源导向型游憩资源之间。

总而言之,旅游资源界定、评价或使用的标准,中国和西方存在差异。从中国国家标准看,这种系统化、框架化的分类体系,是西方研究中并不常见的。

4.3 旅游(游憩)资源调查与评价

在各类旅游规划,特别是区域旅游发展规划编制过程中,走访主要的旅游资源点是规划团队十分基础性的调研工作。规划范围内的旅游资源调查与评价,是开展整个规划工作的最基础的研究任务之一,既包括室内资料收集整理,也包括野外实地踏勘观察访谈,资源调查与评价占据研究工作几乎近1/2或至少1/3工作时长,其重要性由此可见一斑。

4.3.1 旅游资源调查

旅游资源调查属于资源评价的前期工作,它为后续旅游产品开发提供了前提条件。

国标根据调查方式和精度要求不同,将旅游资源调查分为"旅游资源详查"和"旅游资源概查"两种。

旅游资源详查的程序包括:① 调查准备。成立调查组和确定资料收集范围。② 实地调查。确定调查区内的调查小区和调查线路,选定调查对象和填写《旅游资源单体调查表》。而旅游资源概查的工作程序可以在详查的基础上适当简化,如不需要成立调查组,调查人员由其参与的项目组协调委派;资料收集限定在专门目的所需要的范围;可以不填或填写《旅游资源单体调查表》。

进行旅游资源调查时,应先收集现有资料,包括地理环境和经济资料、旅游资源资料等,并进行整理分析。目前旅游资源调查最主要的方法为野外实地调查,并配合座谈访问和问卷调查等方法,协助旅游资源调查。若调查区域范围较大、人迹罕至,常规方式无法到达该地区时,可利用遥感技术进行旅游资源调查和评价工作。在地广人稀可达性较差地区的旅游规划中,利用GPS获取旅游资源单体空间分布数据,建立数据库,并运用GIS技术绘制旅游资源分布图,可以达到节约人力、物力、时间等效果。

旅游资源种类丰富、形成因素与构成要素复杂,因此在进行资源调查时不仅应关注旅游资源本身,还要关注该旅游资源所处环境的现状与发展趋势。一般情况下,旅游资源调查覆盖面既需要关注实体资源,中国学者更为重视这一点(肖星、严江平,2000:275),也要关注影响游客兴趣的资源特征,西方学者更为侧重市场角度(鲍德-博拉、劳森,2004:188-192)。将二者进行综合,可以在以下几个方面进行调查分析。

1. 旅游资源形成的背景条件调查

旅游资源形成的背景条件调查主要在于了解和掌握调查区域内基本情况,找出资源的整体特色及内在联系。

调查区域的地貌特征和地形条件:包括调查区域所处的地貌单元、地质构造状况、岩性、地壳活动状况等;该地区会影响旅游的地形(地形走向、风景变化及程度、特殊地段等),以及适合该地形的游客活动(如爬山、长途跋涉、滑雪)。

调查区域的水文特征:包括地表水和地下水的类型、分布、水文特征及特殊的水文现象(特别是洪水、泥石流等灾害现象);该地区的水体现状(与水相关的游憩资源、水文视觉景观、基础水文资源)。

调查区域的动植物,特别是野生动植物特征:包括调查区域动植物的类型、分布及珍稀或特色动植物类型的基本状况;该地区野生动物的吸引物特征、开发潜力和是否需特殊管理(视觉景观、狩猎和垂钓运动);该地区的植物景观的旅游价值(游憩机会、代表性物种、有视觉吸引力的景观等)。

调查区域的气象、气候和环境因素：包括调查区域内降水、气温、光照、湿度等基本状况和特殊的现象；调查该地区或一年中某时期有利或限制旅游活动的气候(降雨、温度、日照、湿度、雪被、风向、极端情况等)。

调查区域的历史沿革：包括调查该区域在人类历史上的发展历程及遗留下的各种遗迹情况。

调查区域的土地利用模式：调查目前土地使用状况的优先程度，与旅游的兼容性，可进入性以及规划控制。

2. 针对旅游资源和旅游产品本身的调查

针对旅游资源和旅游产品本身主要是深入细致地根据旅游资源的属性进行调查，为开发提供基本素材。

调查自然景观：针对调查区域基本自然条件的调查，有重点地调查可供开发、特点突出的资源，包括构成特色山体的岩石、地层、构造，构成地貌形态的山势、沟谷、洞穴等，构成水景的泉、溪、瀑、湖等，具有特色的动植物和气象因素等。

调查人文景观：① 包括各类古建筑和遗址、古人类活动和文化遗址、古交通遗址、石刻、壁画及特色村寨等；调查区域的历史、考古和宗教名胜，如纪念地、博物馆、历史名胜等；不仅要调查现存、物化的景观，还要调查历史上有影响但已毁掉的人文遗迹及民间传说等，便于开发时充分利用。② 调查区域的传统生活方式，如民族文化、传统特征、独特的村庄、地方手工艺等。③ 调查区域的娱乐、文化社会及购物设施，如大城市、文化艺术中心、保护性的小城镇等。④ 调查区域的技术成就、考古成果，如令人瞩目的建设、技术中心、考古遗址。⑤ 调查区域的周期性节事吸引物，如周期性吸引物、有组织的节事活动。

调查区域的旅游服务设施：① 为游客提供住宿、餐饮、休闲运动的服务设施；② 调查其具体设施(地段、场地容量、年代及特征、质量标准、服务内容)；③ 顾客(客源季节性特征、差异、日需求、趋势)；④ 运营(所有权、员工和费用、未来投资可行性)；⑤ 区域影响(就业机会、购买力、当地的使用、对区域发展的贡献、对商业设施的间接需求)。

调查区域的旅游产品：① 特征(主要目的地的游客、滞留时间、交通方式、平均消费水平、使用的设施)；② 中介组织(涉及的旅行社、需求规模和变化趋势、开发的可行性)；③ 交通设施(进入方式、交通基础设施、可进入性)。

3. 针对旅游资源外部开发条件的调查

针对旅游资源外部开发条件，调查区域和所依托城镇与中心城市的距离，依托城镇的经济状况、接待条件、社会治安、民族团结、风土人情、文化素养、物产情况，以及区域与外部的交通通信联系状况等。所有这些外部条件，都直接影响着调查区域内旅游资源开发的前景、深度及获取效益的情况。

调查区域的基础设施：给排水、能源、电力、通信等(系统的可得性、可靠性、质量、总容量、扩容潜力、替代资源、供应与运营成本)；污水与垃圾处理(控制方式、处理标准、公共设施的使用范围、改造的可行性)。

调查区域的就业模式：主要城镇、旅游区中心、其他服务城镇的等级；人口结构；旅游服务人力资源、人员培训设施与规划、标准、培训人员的输出、对劳动力输入的限制；服务支撑体系和设施(当地农业产品的供给和质量，纪念品，接待设施数量、结构及维护服务)。

4. 限制性因素调查

人们往往对发展旅游的资源优势津津乐道，而对可能限制旅游发展的不利因素常常视而不见，或者避重就轻。实际上，从规划方案可行性和风险规避角度来看，限制性因素的调查其实是更为重要的技术考虑。

调查区域的旅游开发自然阻力：包括缺乏吸引力的地理因素、自然灾害风险、环境对健康的危害等。

调查区域的旅游开发人为阻力：开发对当地资源的影响(采矿、林业、采沙采石)、开发对当地污染的影响(污水、空气污染、土壤污染)、开发对现有建筑的影响(民房、棚户区、工厂)等。

4.3.2 旅游(游憩)资源评价

资源调查的下一步就是资源评价，资源评价是规划编制的技术基础。在资源评价中，不同利益主体会带有不同的视角和标准，通过科学的评价标准和定量方法，统一人们对旅游资源的认识，掌握旅游资源的规模水平，并明确旅游资源的质量品质，明确资源的开发利用方向，达到确定旅游资源的开发重点和时序的目标，是旅游资源评价的关键。

随着中国旅游业进入休闲度假时代，基于观光时代背景所提出的国标未能充分考虑到新时代的新要求，对于旅游资源度假价值的评价重视不够，故本书将侧重介绍气候、温泉、海滨、乡村等度假性旅游资源的评价问题。旅游资源度假价值评价是指对旅游资源能够转化为休闲度假型产品的内在属性评价。一般来说，旅游资源的生态环境质量、旅游舒适性和旅游季节性等因素影响旅游资源作为度假资源开发利用的价值。

英国、美国等诸多国家均通过立法形式将旅游资源评价作为环境决策的重要内容，旅游资源评价正向系统化、专业化的方向发展。在研究内容上，主要集中在旅游资源的视觉质量评价研究、人类文化遗产价值和货币价值评价研究三个方面。在研究技术和方法上，3S技术、互联网技术、虚拟现实和增强现实等技术已广泛应用于评价研究中，同时经济学、社会学、行为学等学科最新研究成果也不断被吸纳(梁修存、丁登山,2002)。

1. 旅游资源评价方法述评

中国旅游资源评价工作是改革开放以来因旅游开发需求而发展起来的，最初使用经验法，凭经验直觉判断，以定性描述表达，缺乏定量模型研究。近年来，以地理学为主的学界开始探索更科学的旅游资源评价方法，由经验法逐渐转化为定量评价，并在吸收国外相关研究成果基础上，逐步向定量分析与定性分析相结合的方向发展。

旅游资源评价方法首先发展起来的是定性方法，其中具代表性的为卢云亭提出的"三三六"方案，即"三大价值、三大效益、六大开发条件"评价体系。"三大价值"指旅游资源的历史文化价值、艺术观赏价值、科学考察价值;"三大效益"指旅游资源开发之后的经济效益、社会效益、环境效益;"六大开发条件"指旅游资源所在地的地理位置和交通条件、景象地域组合条件、旅游环境容量条件、市场客源条件、投资条件和施工条件(卢云亭,1988:117-131)。

随着研究的深入,学者们对旅游资源的评价开始从定性方法逐步向定量方法转变,在评价中运用最多的定量方法为层次分析法和模糊评价法。此外,吴承照、曹霞(2005)比较了模糊综合法、灰色聚类法、价值工程法、综合指数法、可持续发展指数模型和元胞自动机模型6种资源量化评价方法的主要特征和适用范围(表4-1)。

表4-1 旅游资源定量评价方法比较

方　法	主要特征	适用范围
模糊综合法	以模糊数学为理论基础,为处理评价中的模糊感官信息提供技术方法;定性与定量相结合	景观的资源要素评价、市场要素评价和综合评价;景观资源的分类、定级和排序等
灰色聚类法	以灰色系统理论为基础,突出了景观资源的模糊性和灰色性;定性与定量相结合	景观的资源要素评价和综合评价;景观资源的分类、定级等
价值工程法	以价值工程理论为基础,强调景观资源的"性价比",偏好使用定量指标	景观资源投资或开发决策、方案选优;景观资源的货币价值评估;景观资源的开发条件评价和综合评价等
综合指数法	基于指数分析的基本原理,将独立的、具有具体含义的指标转换成抽象的综合性指数信息	景观的资源要素评价、市场要素评价和综合评价;景观资源的比较排序等
可持续发展指数模型	面向非线性、开放性和动态性的景观资源的可持续发展前景的评价问题	景观资源开发潜力和可持续发展前景评估;景观资源的未来综合价值预测等
元胞自动机模型	强调景观系统内局部因素的相互作用和由局部变化耦合形成的整个系统的变迁和演化	景观动态的模拟和预测;景观的空间扩散研究;景观资源开发利用远景评估等

资料来源:吴承照、曹霞,2005。

2. 旅游资源景观美学质量评价

旅游资源具有景观美学价值、观光价值、度假价值以及市场价值等。翟辅东(1993)认为中国旅游资源评价历程由前后连续的两个阶段组成:第一阶段多就资源本身的美学价值等进行属性评价;第二阶段从资源评价转向游客市场评价,即旅游资源评价的复式结构。王衍用(2007)则提出旅游资源研究方向包括环境旅游资源研究、差异旅游资源研究、社会性旅游资源研究、竞争力旅游资源研究以及某些旅游资源的定量评价等。

旅游资源的景观美学质量是吸引旅游者注意的首要因素。从20世纪60年代中期开始,以美国为中心开展了"景观评价"(landscape assessment or evaluation)研究,即对景观视觉质量(visual quality)的评价。对景观进行评价通常从景观的独特性、多样性、功效性、宜人性及美学价值等方面着手(肖笃宁,1998)。美国土地管理局(Bureau of Land Management,1984)则将其等同于"风景质量"(scenic quality),并定义为"基于视觉的景观的相对价值"。

一般情况下,视觉景观评价对象主要包括:科学性论题,即景观物质性元素的质量状态;

社会性论题,即景观视觉环境中人与物的互相作用(Daniel and Wither,2001);经济性论题,即景观视觉环境的经济价值(Western and Henry,1979)。

刘滨谊(1990:59-63)对国外景观评价方法进行了归纳,形成了四大学派和两大阵营。他把景观环境视觉质量评估划分为四个方面的工作,即景观视觉环境阈值、景观生态环境质量评估、景观视觉环境的景色质量评估以及景观视觉环境敏感性评估。景观视觉环境阈值是指景观环境遭受破坏后的自身恢复能力,也反映了景观环境抵抗视觉污染的能力。景观生态环境质量评估的基本方法是按不同的景观生态价值对所研究的景观视觉环境划分区域、描述打分。景观视觉环境的景色质量是指人们穿越某一地区所获得的视觉总体印象。而景观视觉环境敏感性是指景观环境被观赏者所注意的程度,它反映了该景观在景域内的重要性和受公众关注的程度。影响景观视觉环境敏感性的因素包括视觉接触频次、视距、相对坡度坡向、特殊性景域、公众关注程度、自然程度等。

3. 旅游资源观光价值评价

旅游资源观光价值评价是指对旅游资源能够转化为观光型产品内在属性的评价,包括其观赏价值、科学价值、文化价值等。传统意义上的旅游资源综合评价基本上属于该类评价。关于旅游资源观光价值评价,已有许多学者研究建立了多种综合评价模型及评价指标体系,在此仅选取几个典型的指标体系进行说明。

陈传康和保继刚(1989:8-14)是较早从资源本身视角对旅游资源进行评价的学者,他们构建了一个3层的旅游资源评价模型(图4-1),该模型在目前资源评价实践中仍有运用。

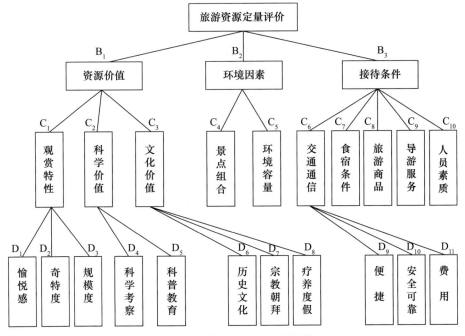

图 4-1 旅游资源评价模型(陈传康、保继刚,1989:11)

目前最为通用的旅游资源评价框架是国标,它设置了包含 3 大评价项目和 8 个评价因子在内的资源评价体系,并根据因子的重要性对其赋予不同分值(附录 2)。该评价体系中最主要的是对资源要素价值的评价,因此可以将其归为旅游资源观光价值评价中的一种。

在国家林业和草原局(国家公园管理局)统一管理各类自然保护地之前相当长的一段时间内,中国旅游景区多头管理模式导致了不同类别的旅游景区有着不同的管理部门。基于行业管理和部门利益需要,各部门纷纷出台了针对各自管辖的旅游资源评价标准和指标体系,如《中国森林公园风景资源质量等级评定》(GB/T 18005—1999)、《自然保护区生态旅游规划技术规程》(GB/T 20416—2006)、《风景名胜区总体规划标准》(GB/T 50298—2018)等,以指导各自管辖范围内的旅游资源的评价和规划。

4. 旅游资源市场价值评价(旅游地吸引力评价)

旅游资源的市场价值评价是指从客源市场角度分析旅游资源(旅游地)的吸引力(attractiveness),即对旅游资源(或旅游地、旅游城市、旅游吸引物)影响客源市场的旅游动机和出游行为的能力所进行的综合测量。

Deng、King、Bauer(2002)认为一个自然旅游地的吸引力受到 5 个主要因子的影响,即旅游资源、旅游设施、可达性、当地社区和外围吸引物,并将此 5 个因子分为多层次的因子加以评价(图 4-2)。

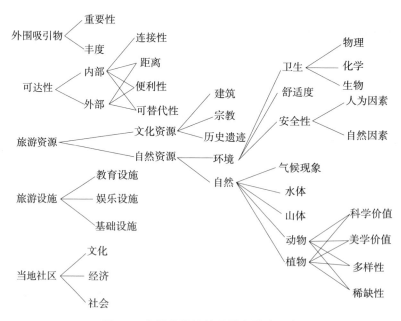

图 4-2 自然旅游地的吸引力影响因素

资料来源:Deng、King、Bauer,2002。

翟辅东(1997)则以魅力度来综合评价一个地区的旅游吸引力。其魅力的概念可以用吸引力来理解,亦可理解为资源的品位,指旅游资源本身能大量吸引旅游者的实际价值。一个完整的旅游资源区,魅力度是非均衡的,一般由3个部分组成:① 核心资源,魅力度最大,是促使旅游者在心理上产生到该地区旅游并决定出游行为的核心依据;② 卫星资源,魅力度低于核心资源,对于旅游者仍有较大的吸引力,且不排除某些旅游者因职业、兴趣等因素把卫星资源视为核心资源的情况存在;③ 环境资源,区域明显的低魅力度资源,不构成旅游者的追求目标,但能显著增加区域资源的总体魅力。

4.3.3 气候资源旅游舒适度评价

天气与气候资源是影响旅游者舒适度的重要因素,更是各类度假旅游开展的核心旅游吸引物,如避暑度假、滑雪度假等。因此区域气候特征对当地是否适合开展旅游活动具有重要影响。气候是长期状态,而气象是瞬时状态。某种气候类型往往对应不同的气象表现和常见的气象景观。气象是指发生在大气环境中的风、云、雨、雪、霜、露、虹、雷电等的物理现象,天气是指某一地区在某一瞬间或在较短时间内的气象现象的综合状况,气候则是指整个地球或某个地区较长时间内(从一个月到一年、数年、数十年甚至数百年)的气象状况的总体特征。通常用气象要素表达气候状况,如气温、气压、湿度、风力、降水、云、能见度、日照等。

气象气候学在支持我们对不同时空的气候多样性、气候和人类活动的关系等方面具有重要指导作用,在分析环境条件以及旅游度假区规划方面也有很大技术支持作用。国际上最早关于气候与旅游之间相互关系的研究开始于1955年,它是由Clausse和Guérout以法语发表的一篇气象学论文,据称他们二位是最早对旅游气象学展开研究的西方学者(Hall and Higham,2005:11,47)。我国也在20世纪80年代初关注到旅游气象的研究(孙经耀,1982)。随后,出现了一批探讨气候资源和旅游关系的成果,主要是针对旅游气象、旅游气候进行的研究。主要观点或话题包括旅游气候学的相关理论研究,气象景观形成、类型以及特点,人类生理气候感应标准,旅游气候舒适度,我国各地旅游气候舒适度分区,气候旅游资源的开发问题等(张宏琳,2012)。

关于旅游气候的概念,可以从两个维度进行界定。一是从旅游资源的维度界定。旅游气候是指对旅游者有吸引力,可以被开发利用于旅游活动的各种天气现象、气候条件及其衍生产物。主要分为天气景观、气候环境与气象文化三大类,具有生态价值、科学价值、科普价值以及经济社会价值。二是从产业发展的维度界定。旅游气候是指在特定的地理空间范围内,以天气景观、气候环境与人文气象资源为基础,以发展旅游产业为主导(先导),以保护性开发为核心的旅游资源。在休闲度假时代,强调以融合发展为重点,以科技创新为突破,通过科学规划布局,创新旅游气候产品,不断完善旅游气候服务体系,提供观赏游览、休闲度假、养生(保健)疗养、文化研究、科普教育等功能的优质旅游气候供给体系,将更好地满足大众旅游时代的消费需求。

气候因素影响使许多风景旅游地在不同节令具有不同游憩价值,使世界各国出现了特定节令的旅游热线和热点,且气候因素也影响旅游气候的舒适程度,形成游客分布的不均衡性,从而呈现了旅游的淡季和旺季。Hall 和 Higham(2005)主编了一本关于气候与旅游和游憩关系的论文集《旅游、游憩与气候变化》(Tourism, Recreation, and Climate Change),从各个侧面讨论了旅游对气候的依赖性和对气候变化的敏感性。Loomis 和 Crespi(1999)构建了美国的一个旅游目的地休闲娱乐活动天数与天气温度及降水量之间相互影响的均衡模型,研究了气候变化对 8 种休闲娱乐活动的影响。基于该模型,当气温上升 2.5℃,降水量减少 7% 时,可预测滑雪活动的天数将大幅下降(−52%),而打高尔夫的天数将上升(14%),海滨休闲活动的天数将上升(14%),去水库垂钓等休闲活动的天数也将增加(9%)。

气候条件优劣也直接或间接地影响人们的旅游活动。气候条件评价结论在很大程度上决定了旅游资源是否具有度假价值。学者们从各种气候指数评价旅游气候资源,如奥利弗(Oliver,1973:195-206)提出利用温湿指数(temperature humidity index, THI)和风寒指数(wind-chill index, WCI)(表 4-2)评价气候对人体的影响,温湿指数和风寒指数计算公式如下:

$$THI = t - 0.55(1-f)(t-14.4)$$
$$WCI = (33-t)(9.0 + 10.9\sqrt{V} - V)$$

式中,t—气温(℃);f—相对湿度;V—风速(m·s^{-1})。

表 4-2 奥利弗评价温湿指数和风寒指数

	指数类型	−2	−1	0	+1	+2	+3				
THI	取值范围	<15.0	15.0~17.0	17.0~25.0	25.0~27.0	27.0~28.0	>28.0				
	人体感觉	冷	凉	舒达	暖	热	炎热				
	指数类型	−h	−g	−f	−e	−d	−c	−b	−a	n	a	b
WCI	取值范围	<−1400	−1400~−1200	−1200~−1000	−1000~−800	−800~−600	−600~−300	−300~−200	−200~−50	−50~80	80~160	>160
	人体感觉	外露皮肤冻伤	酷冷	很冷	冷	稍冷	凉	舒适	暖	稍暖	热	炎热

资料来源:Oliver,1973:200。

刘清春、王铮、许世远(2007)选取了人生气候舒适指数来衡量城市旅游气候的舒适性,该指数包括温湿指数、风效指数、着衣指数,通过一种神经网络模型,也就是自组织特征映射模型,根据各城市气候综合状况将全国 44 个城市分成舒适期连续型与舒适期断续型两大类型。他们的分析发现,城市气候适宜性最好的季节为春季和秋季,而适宜性较差的季节主要是夏季和冬季,后两个季节的气候偏离度会直接影响着城市的综合气候舒适性,也就是说,夏季和冬季的人生气候舒适指数偏离度,较大程度上影响了各类城市适合开展的旅游活动的类型。

此外,空气质量好坏也是刺激旅游者兴趣与旅游需求的重要因素之一。钟林生、吴楚材、肖笃宁(1998)指出,空气质量对旅游者吸引力之一在于空气中负氧离子含量多少。空气负氧离子浓度与污染情况、人的体感舒适程度密切相关,是衡量环境质量的指标,空气负氧离子浓度如果在 1000 个·cm^{-3} 以上,将有利于人体健康。

实际上不同环境状况下空气负氧离子浓度不尽相同。章志攀等(2006)通过国内森林游憩区、风景名胜区、疗养度假区、城市居住区和城市公园等区域空气负氧离子浓度监测结果,总结出不同环境状况下空气负氧离子浓度水平(表4-3)。

表 4-3 不同环境下的空气负氧离子浓度

环境状况	空气负氧离子浓度/(个·cm^{-3})	环境状况	空气负氧离子浓度/(个·cm^{-3})
城市居民房间	40~100	森林、海滨	1000~3000
机关办公室	100~150	疗养区	10 000
城市街道绿化带	100~200	喷泉	>10 000
城市公园	400~600	瀑布	>50 000
郊区、旷野	700~1000		

资料来源:章志攀 等,2006。

4.3.4 温泉资源养生旅游评价

温泉是指涌出的泉水温度高于涌出地的年平均气温或水温超过 20℃ 的泉水,为温泉养生旅游中的核心产品。温泉资源除了具备舒适的水温、水质、水量外,许多温泉还含有对人体有良好功能的化学成分和气体成分,因而温泉资源往往具备疗养、度假、观光、休闲、娱乐和康体等多重旅游开发价值。

陈曦等(2009)提出采用层次分析法(AHP)构建温泉地旅游资源的评价体系(图4-3)。他们邀请专家依赋分标准对温泉地旅游资源进行综合评价,并根据各项评价指标的打分情况,求出各项因子得分的平均值,将各项因子得分平均值相加即得出温泉地旅游资源的综合评价赋分值。根据温泉地旅游资源单体综合评价总分,从高级到低级分为五级温泉地旅游资源。其中,五级温泉地旅游资源为"极品级旅游资源",四级、三级温泉地旅游资源为"优良级旅游资源",二级、一级温泉地旅游资源为"普通级旅游资源"。

除学者提出的评价体系外,旅游行业亦有提出行业标准《温泉旅游泉质等级划分》(LB/T 070—2017),但其仅针对温泉旅游活动中所使用温泉的成分特征进行等级划分,缺乏对温泉旅游资源整体的评价。根据该行标,温泉旅游泉质依据其温度分为温泉和冷泉。依据其化学成分和温度划分为 3 个等级,从低到高依次为温泉(冷泉)、优质温泉(优质冷泉)、优质珍稀温泉(优质珍稀冷泉)。

从地下自然涌出或经钻井采集,且水温≥25℃ 的矿水,其矿物质及微量元素的指标中有一项符合温泉泉质等级划分表中"医疗价值浓度"项的要求,即可认定为温泉;水温>34℃ 的矿水,其指标中有一项符合表中"矿水浓度"项的要求,即可认定为优质温泉;水温≥37℃ 的矿水,

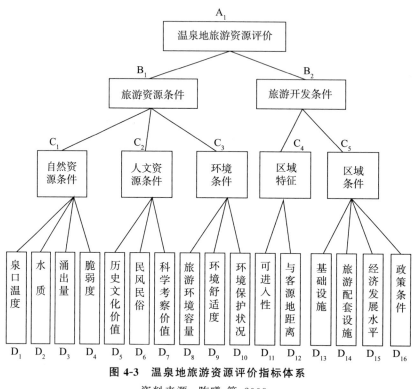

图 4-3 温泉地旅游资源评价指标体系

资料来源：陈曦 等，2009。

其指标中有一项符合"命名矿水浓度"项的要求，即可认定为优质珍稀温泉（表 4-4）。

表 4-4 温泉泉值等级划分表 单位：$mg \cdot L^{-1}$

成 分	医疗价值浓度	矿水浓度	命名矿水浓度	矿水名称
二氧化碳	250	250	1000	碳酸水
总硫化氢	1	1	2	硫化氢水
氟	1	2	2	氟水
溴	5	5	25	溴水
碘	1	1	5	碘水
锶	10	10	10	锶水
铁	10	10	10	铁水
锂	1	1	5	锂水
钡	5	5	5	钡水
偏硼酸	1.2	5	50	硼水
偏硅酸	25	25	50	硅水
氡/$(Bq \cdot L^{-1})$	37	47.14	129.5	氡水

资料来源：《温泉旅游资源等级划分》(LB/T 070—2017)。

而从地下自然涌出或经钻井采集,且水温<25℃的矿水,其矿物质及微量元素的指标中有一项符合"医疗价值浓度"项的要求,即可认定为冷泉;其中有一项符合"矿水浓度"项的要求,即可认定为优质冷泉;其指标中有一项符合"命名矿水浓度"项的要求,即可认定为优质珍稀冷泉。

4.3.5 海滩资源调查与旅游适用性评价

在世界范围内,海滩也许是最受欢迎的,而且也是公认最有潜力开发为观光产品和度假产品的旅游资源之一。在进行海滨旅游规划之前,尤其强调规划前期的海岸、海洋调查。其调查范围包括海滩、附近海域和海岸带、周边聚落地区,主要的调查领域包括海洋、滨岸、海滩、滩后、海岸带、聚落(鲍德-博拉、劳森,2004:71)。

海洋调查:影响游憩性开发的海滨气候条件(气温、风、日照);水温(包括水温的变化)与海水的透明度(海床的性质);潮汐(范围、影响、沉积)、洋流(本地的或沿岸的)、海浪(方向、强度、周期性、季节性);生态(海藻、鱼类和贝类动物的多样性等);海洋污染情况(本地植被、河流淤泥、碳氢化合物、污水等);可能的吸引物(岛屿、珊瑚、吸引潜水活动的动物群);游憩开发的适宜性(垂钓、帆航、冲浪、滑水)。

滨岸调查:基质及其稳定性;坡度和斜坡的规律性;游泳者可在水中离岸行走的距离;潮汐运动可能造成的危险。

海滩调查:沙滩物质(质地、颜色、纯度、无淤泥等);稳定性(风、海浪、洋流、人工扰动等带来的侵蚀);宽度和长度(范围、使用权限、公众可达性);取用砂石作为建筑材料带来的破坏。

滩后调查:可使用面积(宽度、深度、利用的条件及代价);向海和向陆的视野(未来出现障碍物的风险);地貌(海崖、沙丘、平地、湿地等);植被和微气候(风、气温、湿度等);防止海滩退化的措施(保护、植树、遮护);可达性(道路位置、交通控制、条件、难度);改善方案(排水、开挖、充填);发展分期(优化分区和选址)。

海岸带调查:海岸带环境(纵深在1~5 km的范围);已有规划及利用。

聚落(城乡发展)调查:自然吸引物和特征(周围的乡村、适于短途旅行和拓展游趣的事物);基础设施(共用可能、可靠性、条件、未来的规划);社区对发展旅游的态度。

许多国家都建立了海滩认证制度,如欧洲环境教育基金(FEEE)蓝旗评价体制(European Blue Flag)设定了26个指标以评价海滩质地,其中水质标准7个、环境教育和信息6个、海滩旅游资源管理13个,水质标准包括强制性(I级)和指令性(G级);英国海岸清洁组织海滨奖评制度(Tidy Britain Groups Seaside Award)对海滩胜地的评价指标为29个,乡村海滩为13个,主要包括水质、海滩、潮间带、安全、清洁、管理、信息、教育等;英国海洋保护学会(MCS)的优良海滩标准将海滩水质分为5级(Nelson等,2000)。

同时,海滩资源的旅游评价在各国受到学者的重视,并建立了一系列评价体系和模型,如Chaverri(1989)运用了一种包含113个因子的主观评价指标对哥斯达黎加海滩的大众适宜性和个体适宜性进行了评价,评价因子分6组,每一组又分有益因子和有害因子(表4-5)。每一因子得分范围从 0～4,海滩最后得分是由有益因子得分总和减去有害因子得分总和。

表 4-5 Chaverri 的海滩评价体系

评价项目	有益因子	有害因子
因子分布状况(个数)	水体(10)、海滩(9)、沙子(6)、岩石(11)、海滩总体环境(11)、周围地区(5)	水体(16)、海滩(7)、沙子(10)、岩石(11)、海滩总体环境(12)、周围地区(5)
沙滩地区	沙的硬度、气温、颜色、坡度、宽度、长度	反射系数、岩石、黏沙、侵蚀、污染、陡坡
沙质滨岸	植被范围、植被质量、基底、硬度、干海滩范围	沙丘、扬沙、垃圾、无植被、有毒或带刺植被
自然环境	限制进入、风景变化性、可利用空间、进入性	障碍、私人区域、承载能力、脆弱的沼泽系统

资料来源：Chaverri,1989。

Cervantes 和 Espejel(2008)设计了一个由 74 个描述性因子构成的描述矩阵以评价海滩的游憩适宜性,其中包含 36 个生态因子,用以评价海滩的生物物理属性(如沙的颜色、质地、水温等)和环境质量(如肮脏的沙和水、难闻的气味、垃圾等);以及 38 个社会经济因子,用以评价海滩的基础设施和服务(如停车场、餐馆、救生员等)。每个因子的评价等级均设置为 3 级(表 4-6)。

表 4-6 海滩游憩价值评价矩阵(部分)

	生物物理性和污染性指标					海滩游憩价值的因子权重
海滩宽度/m	<5	5～10	10～50	50～80	>80	2
沙的颜色	黑色	灰色	棕色	浅金色	白色	3
动力地貌	互相的		中型的		分散的	2
植被覆盖/%	<10	10～20	20～30	>30		2
危险动物	存在				不存在	1
垃圾	很多	中等	很少	无		2
废水排水口	存在				不存在	3
	基础设施和服务性指标					
沙滩利用强度	饱和		中等		低	2
垃圾回收/个	无	1～5	6～10	>10		3
公共休息室/(间·个$^{-1}$)	无	1～3	3～5	>5		2
体育设施	无			有		3
停车距离	>500 m	200～500 m	100～200 m	<100 m		2

资料来源：Cervantes and Espejel,2008。海滩游憩价值的因子权重 3 为有利因素,2 为不影响因素,1 为不利因素。

4.3.6 乡村景观资源旅游休闲评价

随中国经济发展迅速,"城市病"现象日益加剧,人们开始怀念起乡村地区清新的空气、安静的环境与满是绿色田野的自然氛围。在这一重返自然的趋势之下,乡村旅游诞生了,为城市居民提供了休闲、放松的机会,并带给农村社区经济发展与社会进步双重收益。

对于乡村旅游资源评价,尹占娥、殷杰、许世远(2007)采用德尔菲法(Delphi)和层次分析法相结合的方法,建立了针对乡村旅游资源特点的评价体系,除针对资源本身进行评价,并将开发条件和旅游条件纳入评价内容,从而建立乡村旅游综合评价指标体系,共分为4个层次:第一层为总目标层;第二层为综合评价层,包括资源条件、开发条件和旅游条件;第三层是项目评价层,由第二层的各个指标下选择若干因子组成;第四层是因子评价层,同样是在上一层指标下选择若干因子组成,最后得到评价模型树(图4-4)。

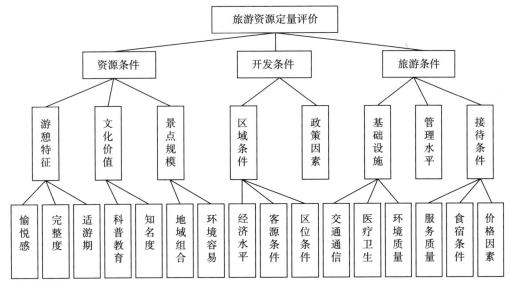

图 4-4　乡村旅游资源定量评价模型
资料来源:尹占娥、殷杰、许世远,2007。

目前对于乡村旅游的评价尚未有国家标准的出台,但在省级层面上已有一些地方标准,如北京提出《乡村民俗旅游村等级划分与评定》(DB11/T 350—2014)、《乡村旅游特色业态基本要求及评定 第1部分:通则》(DB11/T 652.1—2018),江苏提出《乡村旅游区等级划分与评定》(DB32/T 1666—2016),河南也有《乡村旅游经营单位等级划分与评定》(DB41/T 791—2017)等。

4.4　政策供给与制度创新

旅游(游憩)规划在不同的发展阶段面临不同的工作任务。在旅游发展的初期和较长的开发期,物质规划占有主要地位,基础设施、旅游景区开发、目的地营销等规划任务比较繁重。但是进入了稳定发展阶段之后,资源开发任务趋于完成,旅游发展趋于成熟,政策研究的比重逐渐增加。政府在区域旅游发展中的角色也随着发展阶段的变化而变化,从早期的直接投身于景区和产品开发,到进入立法定规与依法行政、执法管理,最后发展到退出行业管理主角,仅仅起到监督、协调的角色,把发展的主动权主要交到市场的手里。不管在发展的哪一个阶段,政府在推动立法、制定法规、执行法律、行使管理和服务权限、与非政府组织和企业合作等方面,都起着主导作用。

在现代市场经济下,由于市场经济本身的某些缺陷和外部机制的某种限制,单纯的市场机制无法把资源有效配置到最佳状态。政府作为社会利益的代表,应能弥补市场机制的缺陷。政府介入是要以市场机制为基础、运用政府的力量遏制或限制市场机制自发运行所产生的剧烈波动。政府的宏观经济调控职能主要是制定和执行宏观调控政策,提供基础设施服务,为微观经济主体创造良好的经济发展环境。至于政府与市场关系如何把握,政府是选择集权还是分权,从全球旅游业管理模式看来,学者建议旅游业集权与分权应该兼而有之,而不能偏颇一方(匡林,2001)。鉴于旅游资源所有权和经营权仍属困扰旅游发展的一个重要问题,应加快旅游资源产权制度和管理制度的改革。

4.4.1 旅游立法与旅游规划行业管理

1. 国家和地方旅游立法

旅游立法(tourism legislation)是国家和地方政府对旅游活动进行公共管理的重要手段。旅游法的出现与大众旅游的蓬勃发展这一社会背景密切相关。国外很早就有旅游立法的先例,如1963年日本制定颁布《旅游基本法》,1979年美国制定《全国旅游政策法》。

从法理视角看,旅游法的存在必须满足3个标准:一是旅游法的本体论证明是其现实存在的前提;二是成熟、有效的旅游法生成和发展,应以充分理解和尊重旅游行为的自然特征为基础,进而形成公共秩序的规制和规范;三是旅游法应以旅游现象和活动的自然秩序、经济理性、法律规范秩序的综合关系为研究对象。因而对旅游法规范体系效力的评估应当是对其自然效力、经济效力和规范效力的综合效力体系的判断(杨富斌、韩阳,2006)。

中国国家层面的旅游立法经历过一个相对漫长的争论过程。旅游法是改革开放初期启动的立法项目之一,曾列入七届全国人大常委会立法规划和国务院立法计划,1982年国家旅游局组织专家成立了《中华人民共和国旅游法》起草领导小组和工作小组,并于1985年底提交了第一稿。由于当时我国旅游业发展尚处于起步阶段,有关方面对立法涉及的一些重要问题无法达成共识,草案未能提请审议。

八届全国人大以来,社会上要求制定旅游法的呼声进一步提高,全国人大代表也多次提出议案和建议,要求加快制定旅游法。根据调研情况,2009年12月,由十一届全国人大财政经济委员会牵头组织,国家发展改革委、国家旅游局等23个部门和有关专家成立旅游法起草组。两年时间内,先后形成了3个阶段性草案文本和数十个修改稿,并多次征求有关部门和省(自治区、直辖市)的意见。2012年3月14日,全国人大财政经济委员会第64次全体会议审议并通过了旅游法草案。2012年8月27日,《中华人民共和国旅游法(草案)》首次提请全国人大常委会审议,并向社会公开征集意见。

2013年4月25日,十二届全国人大通过《中华人民共和国旅游法》,该法涉及旅游者、旅游规划和促进、旅游经营、旅游服务合同、旅游安全、旅游监管、权利救济等内容。旅游法采取综合立法模式,突出保障旅游者和旅游经营者的合法权益。

除了全国性立法进展迅速,中国省级地方综合性旅游法规立法进展也有所突破。截至2011年1月,《天津市旅游条例》的出台标志着中国大陆地区31个省(自治区、直辖市)已全部由省级人民代表大会通过旅游管理条例或旅游条例,中国地方综合性旅游法规体系的构建已初步完成。

旅游产业基本关系和旅游产业发展模式是地方综合性旅游法规立法体例的决定因素。分析现有地方综合性旅游法规的立法体例发现,2002年以后制定的地方综合性旅游法规大多由旅游管理条例改称为旅游条例,在某种程度上反映了立法指导思想的变化,即从旅游管理法发展为旅游产业促进法。从旅游业基本关系角度讲,旅游条例的称谓更有包容性,旅游管理条例则难以包容一些私法规范。一些地方的旅游条例中,关于权益保护和经营规范方面的条文占条文总数的1/4,且较多是对旅游契约关系的特殊规定,这表明其对民事权利、民事法律关系调整方面的极大重视。各地立法存在一定差异,这种差异既是各地旅游资源差异造成的地域性差异,又是各地旅游业所处不同发展阶段带来的阶段性差异(韩钧雅,2005)。

2. 旅游规划行业管理

相对于旅游立法,我国的旅游规划行业管理更早地提上了日程。早在2000年10月,为了促进我国旅游产业的健康、持续发展,加强旅游规划管理,提高旅游规划水平,国家旅游局通过并实施《旅游发展规划管理办法》。并且为了进一步规范旅游规划编制工作,提高我国旅游规划总体水平,达到旅游规划的科学性、前瞻性和可操作性,促进旅游业的可持续发展,国家旅游局于2003年颁布了国家标准《旅游规划通则》(GB/T 18971—2003)。随后进一步明确了旅游区、旅游客源市场、旅游资源、旅游产品、旅游容量的定义,规定了旅游规划编制的原则、程序和内容以及评审的方式,提出了旅游规划编制人员和评审人员的组成和素质要求,编制了各级旅游发展规划及各类旅游区规划的规范性文件。

《旅游发展规划管理办法》与《旅游规划通则》两者从出台至今,为旅游策划、规划和设计提供了行业管理依据。但随着旅游业从观光旅游时代走向了休闲度假时代,旅游已真正走向构建泛旅游产业集群的新时代,传统旅游规划通则下的规划管理方式,已难以适应这一市场需求。因此文化和旅游部于2019年5月7日印发《文化和旅游规划管理办法》(原《旅游发展规划管理办法》废止)。这为推进文化和旅游规划体系的有机融合,更好地实现统一、规范、有序的工作目标,充分发挥规划对于文化和旅游工作全局的引领带动作用,提供了新的指南性文件。

当然,旅游规划工作涉及众多资源类型和主管机构,面临多重法规、标准限制和技术要求,也涉及众多政策法规和设计标准,需要随时根据业务需要检索遵循(吴必虎、董双兵,2014a;吴必虎、董双兵,2014b)。

4.4.2 旅游公共政策

旅游公共政策(tourism public policy)主要是指旅游产业政策,是政府根据旅游产业发展状况、发展趋势、市场形势和发展目标等,研究制定的规划、干预、促进、保障旅游产业发展的总体框架和系统设计,既包括政府旅游行政部门和产业政策职能部门制定的以特有程序和方式发布的专门性政策措施,也包括政府和行业部门出台的促进旅游产业发展的单项方针、规范性文件等。在西方语境中,政策包括公共政策和企业政策,但这里阐述的旅游政策主要是指各种公共政策,它们是旅游活动、旅游开发、旅游产业、旅游影响等方面所必须遵循的规则。

旅游政策研究涉及规范旅游活动的制度安排、旅游决策过程中的价值观影响、旅游政策制定过程中各利益主体的角色与地位、旅游决策过程中的权力配置和竞争以及旅游公共政策的研究方法等问题(Hall and Jenkins,1995:530-534)。对如何保障公民的休闲和旅游权利,部分学者表示应将其提高到和全体公民权利甚至基本人权这样的高度。因此在制定休闲与旅游公共政策时,不仅要考虑到公民正常权利的满足,还要考虑到不同人群如妇女、少数民族、残疾人、儿童、青年和老年人的需要(Veal,2002:248-253)。

1. 旅游公共政策中的博弈

任何决策过程都是一个政治过程,旅游公共政策的博弈同样也不例外。在此过程中,旅游资源保护与利用、消费者利益的保护与投诉处置、旅游企业的利益与冲突、各级政府和政府内机构之间的价值与协调,所有这些关系都涉及复杂的制度设计和利益博弈。一个常见的现象是,代表中央政府对国有资源进行保护的住建部、国家文物局、自然资源部、生态环境部,与代表中央政府对国有资源进行合理开发利用、承担经济发展任务的国家发展改革委、文化和旅游部、交通运输部、商务部之间,常常会因为旅游景区的开发、道路规划建设、接待服务产业等领域产生不同意见并在彼此之间进行长期的博弈。在中央政府与地方政府之间,也会对旅游发展的短期直接经济效益与长期社会环境效益,产生不同的价值观和采取不同的发展政策。中国官员为期 5 年的任期制度也会对地方旅游发展长期战略的制定和实施,带来不利影响。而随着文旅融合的发展和政治体制的不断完善,又会给文旅产业的发展带来新的机遇。综上所述,不难发现政治过程对旅游公共政策的制定和施行具有不可忽视的重要意义。

埃利奥特(Elliott,1997)曾对旅游与政治的关系、旅游政策与政治过程的互动进行了研究,从历史和经济的角度,解释了政府为何会参与到旅游发展中;认识到旅游与许多公共管理部门具有紧密联系;分析了在特定的政治环境和约束条件下,多个公共管理部门以多样化的方法,以正式的、非正式的、多变的形式对旅游业施加影响;从中央政府层面到地方政府层面,探讨了公共政策的制定和实施过程中存在的各种现象和特征。旅游业的运行实际上依赖于成千上万个私营企业的健康发展,因此上述政策如何与这些企业产生相互作用,就是值得特别关注的问题。旅游控制管理(control management)问题是指不能把所有"鸡蛋"都放在市场这个"篮子"里,有些问题必须由公共部门来控制,其中一个最常见的问题就是拥有自然保护区、国家公园等主要自然保护地类型的地区如何有控制地发展旅游业,以保证这些地区的自然资源不被破坏。旅游控制管理通常通过正式的国家立法、部门规章、行政许可、规划设计、发展战略、公共政策、金融措施如贷款或收费等方式来施行。

由于公共政策涉及太多的利益主体,如果政策制定本身存在漏洞或有所偏颇,或者某些利益主体出现坚决抵制,那么就有可能出现政策失灵现象。在旅游公共政策中,政策失灵并不少见。例如,苏格兰曾出现过旅游政策失灵的情况:受苏格兰保守力量的掣制,在1999—2003年第一届苏格兰议会任期内,苏格兰的旅游发展因政策失灵而影响了旅游产业的发展、结构和公共政策。最后通过针对性的提案、咨询、评估和战略管理,制定了新的公共政策,实现了新的发展(Kerr,2003:153-165)。

2. 旅游产业政策

在发展中国家,旅游政策常常围绕经济目标来制定。各级政府对发展旅游业的期待目标大多以促进产业发展、增加地方收入、带动就业发展等具体利益框架为核心。因此,旅游产业政策(tourism industry policy)必然受到中央政府和地方政府的关注。按照产业政策适用范围,可以分为国家政策和地方政策。

全国旅游产业政策的制定常常包括以下步骤:将旅游产业实践中一些行之有效的做法加以归纳和提炼,成为国家旅游产业发展的方针、原则和理论;筹划一定时期内旅游产业发展的区域布局、发展导向,明确旅游产业发展的原则和方向;明确国家支持发展旅游产业的思路和政策,比如旅游消费政策和旅游产业促进政策等;制定与旅游产业发展相配套的相关保障政策和措施(高舜礼,2006:113-115)。

改革开放以来,中国的旅游产业政策经历了不同的发展阶段,旅游业逐步从事业接待型转变为产业经济型。20世纪80年代中期,中国开始探索市场化的道路,鼓励和引导各方面进行旅游投资。20世纪90年代,中国旅游业进入了变革和发展期,提出了"国内抓建设,海外抓促销"的发展战略。面对国内旅游异军突起,出境旅游起步发展情况,提出了"大力发展入境旅游,积极发展国内旅游,适度发展出境旅游"的产业政策。自2000年以来,旅游产业的发展面临更大机遇和挑战,旅游消费日趋大众化,中国旅游业实现了从小到大、从弱到强的历史性巨变,正在向世界旅游强国迈进。

2014年《国务院关于促进旅游业改革发展的若干意见》(国发〔2014〕31号)、2015年《国务院办公厅关于进一步促进旅游投资和消费的若干意见》(国办发〔2015〕62号)和《国务院关于积极推进"互联网+"行动的指导意见》(国发〔2015〕40号)、2018年《国务院办公厅关于促进全域旅游发展的指导意见》(国办发〔2018〕15号)等产业政策,不断指导并推进中国旅游产业的发展。在2018年发布的《国务院办公厅关于促进全域旅游发展的指导意见》中,明确提出:"旅游是发展经济、增加就业和满足人民日益增长的美好生活需要的有效手段,旅游业是提高人民生活水平的重要产业。近年来,我国旅游经济快速增长,产业格局日趋完善,市场规模品质同步提升,旅游业已成为国民经济的战略性支柱产业。"

2013年2月2日,国务院办公厅印发了《国民旅游休闲纲要(2013—2020年)》,纲要中提出"逐步推行中小学生研学旅行"的设想。2016年,教育部等11部门联合印发《关于推进中小学生研学旅行的意见》,既表明旅游的教育价值已经得到广泛认可和重视,也从产业政策上有力推动了旅游产业与教育产业的融合发展。

地方旅游产业政策的内容一般包括:确立地方旅游产业发展的指导思想、产业定位和发展目标;确定地方旅游产业发展的导向和重点,包括旅游发展规划、旅游产业结构、基础设施建设、旅游产品开发、旅游宣传促销、旅游商品开发等;确定支持和促进旅游产业发展的具体政策(高舜礼,2006:117-120)。在地方产业政策形成与实施过程中,地方政府与旅游企业之间的合作伙伴关系的培育十分重要(Dredge,2006)。

4.4.3 新时代旅游发展对制度创新的要求

面对经济全球化、市场国际化、产品多样化、服务个性化要求,传统带有计划经济色彩的体系和模式已不能适应旅游业的发展要求。在中国,不同类型的旅游资源及产权归属不同,使得土地、农业、城建、旅游、文物、园林和宗教等部门在旅游业发展中很难实现统一协调,旅游业的宏观管理体制仍然制约着旅游业整体功能的发挥,因此中国需要很多政策方面的创新。限于篇幅,本书这里集中阐述假日制度和土地利用两方面的政策创新问题。

1. 假日制度:面临过剩经济与后现代社会的双重冲击

2013年国务院发布《国民旅游休闲纲要(2013—2020年)》,其主要任务之一就是保障国民旅游休闲时间,落实《职工带薪年休假条例》。但因地方政府债务压力和经济发展压力,以及企业环境中劳资权力的不对等与政策落实的力度不足,使得纲要提出的到2020年基本实现带薪休假的目标并没有如期实现。

随着中国产业结构调整和经济增长转型,服务业主导的经济时代已经来临,应该努力推动保障国民旅游休闲时间,改善休闲环境,推进基础设施建设,加强旅游休闲产品开发、活动组织,为第三产业的发展奠定良好基石。

在假日供给制度上,需要对中国节假日法律、行政规定进行评估,解决大众对于节假日制度再设计的争议,例如带薪年假制度何时能完全落实、五一长假该不该调整等。传统节日农业节令特征明显、纪念性突出,而现代社会外向性需求突出,娱乐、商业需求旺盛,因此需要平衡传统假日内向性与现代社会外向性之间的冲突。

在寻求假日制度改革的道路上,探索弹性假日与固定假日相结合、中央假日制度权与地方假日制度权相结合的二元假日制度,也许是一个值得期待的方向。

2. 土地利用:中国国情再认识与美好生活新需求

长期以来中国就有重农抑商的文化传统。中国在改革开放40多年的工业化和城市化过程中,又选择了一条土地财政的道路,因此长期选择了收紧建设用地供给以维持高房价的土地利用政策。但是中国经济已经从长期以来的短缺经济进入了过剩经济阶段,经济增长方式也不再过度依赖土地财政。在这个背景下,我们有必要重新认识中国国情,转变过去深植人心的"中国人多地少"的不科学判断,并据此对土地政策进行审视和调整。

中国人多吗? 当前,中国人口出生率已经呈现断崖式下滑的趋势,老龄化(60岁以上)人口比例不停增长,且随着城市化程度不断提高,人们应对社会挑战的复杂性也越来越高,越来越多年轻人处于"懒婚、懒恋、懒育"的状态,也使生育率随之下降。如今,中国人口结构已转变,与中国人口红利时期不可同日而语(图4-5)。

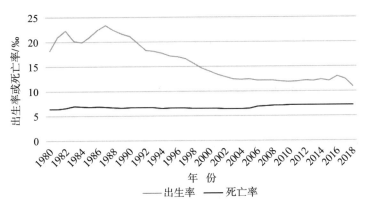

图4-5 中国人口出生率及死亡率概况

数据来源:根据《中国统计年鉴》资料整理。

中国耕地不足吗? 中国的国土面积位居世界第三,仅次于俄罗斯、加拿大。但俄罗斯和加拿大这两个国家都位于纬度很高的近北极地区,受限于不利农业的气候,导致大面积土地无法耕种,耕地的亩产量也很低。而中国的大部分土地都处于暖温带、亚热带,耕地面积为127.9万 km^2(俄罗斯120万 km^2,加拿大47万 km^2)。同时,中国的无霜期约220天(俄罗斯180天,加拿大140天),无霜期越长,庄稼长的时间越长,庄稼产量也越多。所以中国亩产有近750斤(俄罗斯亩产370斤,加拿大亩产280斤)。

而且城市化水平提高之后,国民食物结构也在发生明显的改变。一方面,无论是城镇居民还是乡村居民,每人每年的粮食消费都出现连续下降(图4-6、图4-7)。另一方面,城乡居民对乳制品、肉制品消费量呈现逐年上升的趋势。国民食物结构的变化,引发对种植业的耕地需求减少,而对畜牧业的草地等需求增加。

也有学者指出,为了保障口粮绝对自给,要保证至少有7.474亿亩用作口粮基地。如果在全国的重点产粮区划定7.5亿亩作为永久基本农用来种植稻谷和小麦,考虑到复种的因素,基本上可以保障即使在遭遇较严重的天灾情况下口粮播种面积也大于7.5亿亩(徐滇庆、贾帅帅,2013:296-299)。

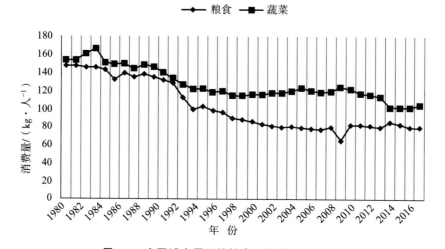

图 4-6　中国城市居民的粮食及蔬菜消费变化

数据来源：根据《中国统计年鉴》和《中国住户调查年鉴》资料整理。

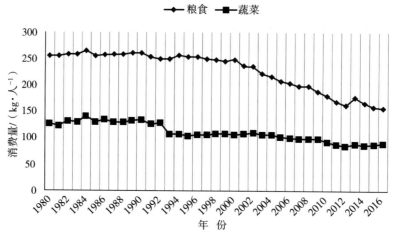

图 4.7　中国乡村居民的粮食及蔬菜消费变化

数据来源：根据《中国统计年鉴》和《中国住户调查年鉴》资料整理。

在传统的观光旅游阶段，游客以游览观赏自然风景、文物古迹为主，基本不需要旅游发展用地，而随着我国中等收入人群规模的扩大，娱乐和休闲度假旅游兴起后，产生了诸如高尔夫、主题公园、特色小镇、度假地产、分离式住宅等新型度假旅游产品，这些旅游产品就需要在土地供给政策方面的支持，即旅游发展用地的保障。

2020 年 3 月，国务院出台了《关于授权和委托用地审批权的决定》，授权省级政府审批非基本农田的农用地转为建设用地，同时选取了几个永久基本农田转为建设用地的省级单位做试点。相信很快就会有政策跟上,为实现人民群众对美好生活的愿望,创造必要的条件。

【本章小结】

旅游(游憩)供给包括资源供给和政策供给两个层面。

旅游资源是绝大多数旅游吸引物产生的基础,或者可以理解为生产旅游产品需要的主要原材料。中国的国家标准按照资源属性,将资源分为8个主类:地文景观、水域景观、生物景观、天象与气候景观、建筑与设施、历史遗迹、旅游购品、人文活动,前4个主类属于自然旅游资源,而后4个主类属于人文旅游资源。

在旅游资源开发利用前需先着手进行旅游资源调查与评价,可针对旅游资源形成的背景条件、旅游资源本身、旅游资源外部开发条件等进行调查分析。旅游资源评价可从景观美学价值、观光价值、度假价值以及市场价值等角度进行分析评价。鉴于中国已经进入休闲度假旅游初级阶段,对度假资源价值的气候资源、温泉资源、海滩资源和乡村资源进行调查评价,显得尤为必要。

全国性和地方性的旅游立法是各级政府及政府主管部门进行旅游行业管理、协调多利益主体关系的重要法律保障。当中国经济由短缺经济进入过剩经济的时代,中国旅游业也由观光旅游转型进入休闲度假旅游时代,在假日供给和旅游用地供给方面需要相应的政策支持。

【关键术语】

旅游资源(tourism resource)
游憩资源(recreation resource)
旅游资源调查(inventory of tourism resource)
旅游资源分类(classification of tourism resource)
旅游资源评价(tourism resource assessment)
气候资源(climate resource)
温泉资源(hot-spring resource)
海滩资源(beach resource)
乡村资源(rural resource)
旅游公共政策(tourism public policy)
假日制度(holiday institution)
旅游用地(land use for tourism)

【复习题】

1. 什么是旅游资源?什么是游憩资源?两者之间有哪些异同点?
2. 旅游资源的主要类型有哪些?旅游资源的价值有哪些方面?

3. 发展度假旅游所依赖的旅游资源主要有哪几类？略述其特点与评价方法。

4. 国家旅游产业政策和地方旅游产业政策通常包含哪些内容？

5. 进入休闲度假旅游时代，旅游用地会发生什么变化？如何重新审视耕地保护与旅游发展的关系？

（本章录音稿整理：林庭葳、王婷、王芳）

第 5 章　区域旅游（游憩）发展总体规划

【学习目标】
- 了解旅游城镇化与就地城镇化的含义
- 了解全域旅游与五大发展理念的关系
- 了解区域旅游总体规划的不同层次与尺度
- 掌握区域旅游总体规划的主要编制内容
- 理解区域游憩总体规划的主要编制内容
- 了解区域总体规划的基本框架

第 4 章我们学习了怎样进行旅游（游憩）资源调查和评价、如何掌握和分析旅游发展政策。第 3 章、第 4 章关于市场需求和资源评价的研究，为区域旅游（游憩）发展总体规划的编制提供了科学基础。区域旅游（游憩）发展规划（或总体规划）的目的是为一个国家、一个省份、一个城市等不同空间范围的区域的旅游或游憩发展的总体战略、发展目标、主要结构和支持系统进行整体谋划和政策设计。这一章我们将了解目的地生活时代编制区域旅游（游憩）发展总体规划的背景、目的和意义，以及旅游规划师在其中扮演的角色和发挥的作用；我们将分别了解区域旅游发展总体规划和区域游憩发展总体规划的主要框架，提出规划编制过程中需要了解的区域总体规划的基本框架。

5.1　区域总体规划引论

区域旅游总体规划的目的和意义在于响应和推动旅游驱动型城镇化，以应对我国改革开放以来城镇化高速发展时期所产生和累积的诸多问题，同时按照全域旅游的发展哲学对旅游目的地进行顶层设计。作为目的地生活时代的旅游规划师，作为异地美好生活的"服务员"和"辅导员"，需要在区域发展层面为政府和社区承担起决策参谋的支持责任。

5.1.1　旅游驱动型城镇化

1. 中国城镇化发展过程：由增量向存量转型

旅游产业作为非常活跃、广泛关联的服务行业兼公共服务，集合了多种服务功能，催生了绵长的产业链，吸引了外部投资，推动了当地社区实现就地城镇化。以旅游等服务业为主要动力的多途径城镇化将取代传统单一的工业驱动的城镇化，应对中国进入过剩经济时代、经济社会的转型要求。

改革开放以来,我国的城镇化在高速发展的同时也产生了诸多问题。1957年国民经济发展第一个五年计划结束,这一时期全国布局了大量重大工业项目,是城镇化发展较快的阶段。1958年到1978年改革开放前,中国经济建设和城市化过程处于摸索阶段,受多次政治运动影响,城镇化水平波动较大,总体几乎没有增长。改革开放以来,城镇化进入高速发展时期,1978年中国城镇化率仅为17.9%,而2011年已达到51.3%,首次超过50%,截至2019年年末,中国城镇化率达到60.6%(图5-1)。

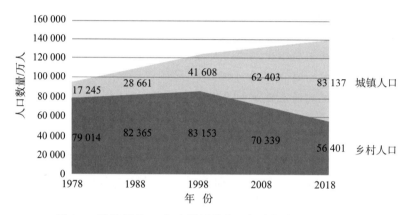

图5-1 改革开放40年中国城镇人口与乡村人口数量变化

中国的高速城镇化意味着城镇人口和城镇数量的大幅增长。1978年,中国城镇常住人口仅1.7亿人;2011年中国城镇常住人口首次超过乡村常住人口,达到6.9亿人;截至2019年年末,中国城镇常住人口为8.5亿人,是1978年的5倍。据民政部行政区划统计数据,1978年,中国城市数量为193个,建制镇数量为2173个;2018年,中国城市数量为672个(其中直辖市4个,地级市293个,县级市375个),建制镇数量为21 297个,分别是1978年的3.5倍、9.8倍。

这一时期中国的高速城镇化是由增量规划推动的。增量规划是指以新增建设用地为对象、基于空间扩张为主的规划(邹兵,2013)。《中国城市建设统计年鉴》数据表明,1952年,北京、上海、广州的城市建成区面积分别为65.4 km²、78.5 km²和16.9 km²;2017年,这三市的建成区面积已达1446 km²、999 km²和1263 km²。65年间,就城市建成区面积而言,北京增长了21倍,上海增长了12倍,广州增长了74倍。增量规划意味着城市增长的主要模式是建设用地增量扩张。而当前中国城市规划建设进入新阶段,由增量规划转为存量规划,存量规划意味着更多城市内部空间的调整。

中国城镇化增长同时伴随着失业率上升,服务业依赖性增强,因此,中国的经济、社会和城镇化驱动力也都将发生转型。转型期的中国社会面临诸多问题,它们包括:首先,中国的土地城镇化和人口城镇化不同步,由于户籍、社保制度的限制,部分人口无法与城市居民享受同等的公共服务和福利。其次,由于教育和住房成本不断上升,但收入增长速度较慢,中等收入群体面临萎缩可能,政府需要采取更多激励措施来帮助陷入困境的家庭,避免人才和资本外流。

再次,中国人口结构变化,人口红利逐渐消失,许多年轻家庭生育意愿低,中国开始步入老龄化社会。最后,教育体制和人才培养体制改革有待深化,自主创新能力有待提高。

面对这些社会转型期出现的种种矛盾,化解的关键是让中等收入群体稳定成长,促进中等收入群体生活质量的稳定提升,通过创造人民美好生活拉动内需消费,来实现新的经济增长动力。美好生活分成当地的美好生活和异地的美好生活,旅游规划解决的问题就是异地的美好生活。

2. 多途径城镇化语境下的旅游城镇化

随着经济社会的转型,城镇化驱动力也必将发生转型,除了原来的工业化驱动城镇化以外,还包括设施、农业、商业、交通、物流、旅游、文化产业、创意产业等多个方面的驱动力,也就是要推动多途径城镇化(吴必虎、丛丽 等,2013:35-36)。多途径城镇化的重点在于"多途径",即根据不同城市发展的特征与需求,借助于多种途径、结合多种要素推动城镇化的发展,而不同于以工业化为唯一导向的传统城镇化发展路径。在多途径城镇化的各个途径中,服务业是第一动力,而旅游业是最活跃的服务业,以旅游业的综合作用驱动的城镇化即为旅游驱动型城镇化,或称为旅游导向型城镇化。旅游对城镇化的促进作用主要体现在四个方面:创造更多就业机会、促进财富区域间再分配、推动生态文明建设和帮助实现就地城镇化(吴必虎,2014)。

与现代制造业等工业相比,旅游业可以带动更多直接就业机会以及创造数倍的间接就业机会。旅游业是一个综合性、关联度非常高的行业,以其庞杂的上下游产业链条为特征,经验数据表明,旅游业每增加1个直接就业机会,社会就能增加5.8个间接就业机会。据世界旅游业理事会(World Travel & Tourism Council,WTTC)报告显示,2015年,中国旅游产业综合带动就业人数占全国就业总人数的10.2%,达到了7911万人,其中农村劳动力占60%以上,相比于2012年,中国旅游产业综合带动就业人数增长了1700万人以上,新增旅游就业人数中农村劳动力占近70%。可见,旅游通过创造大量就业机会对城镇化的驱动作用明显。

与过去中西部地区劳动力千里迢迢、离老别小到东部沿海地区打工流不同,中西部地区丰富的旅游资源吸引着富裕地区的人口主动带着资金向中西部流动,这会有效地实现贫富地区之间的财富再分配。除了旅游人口向中西部的流动,景区连锁经营商、综合性旅游商和线上服务旅游运营商等大型旅游企业也开始在全国布局,其中大量资本流入中西部地区,比如华侨城集团有限公司,在云南、河南和陕西等地都有投资,带动当地的旅游城镇化发展。

建设好生态文明,就是要践行"绿水青山就是金山银山"理念,旅游作为典型的资源节约型、环境友好型行业,是生态文明建设中非常有优势的产业。因地制宜发展旅游业,能够推动生态文明建设,形成生产空间集约高效、生活空间宜居适度、生态空间山清水秀的空间格局,实现更高质量的城镇化。同时与其他产业相比,就业者进入旅游业的门槛较低,旅游业有利于乡村人口就地城镇化。在重庆郊区一些山高林密、适合避暑的乡镇,形成了季节性的潮汐人口,重庆市区的居民到了夏天经常会去这些地方居住一两个月,当地的劳动力就会朝服务业发展,比如出租房屋、开火锅店等,从而增加服务业就业,实现就地城镇化。旅游城镇化和就地城镇化没有过高的技术要求和从业资格要求,因此,旅游驱动型城镇化是进行区域旅游总体规划最重要的一个推动力。

3. 旅游驱动型城镇化的主要模式

旅游驱动型城镇化的基本过程包括人口集聚和相关产业集聚2个过程。因此，旅游驱动型城镇化具有消费与生产关系密切、房地产投资大于投机增长、存在大量季节性岗位以及产生新消费场所4个特征。如果站在庐山脚下，你会发现当地政府及地产开发商围绕庐山主题开发的许多庐山小镇，比如距离庐山近百千米，依托水库开发的景区，以"庐山西海"的名字命名，目前已成为国家级风景名胜区和5A级旅游景区。

旅游驱动型城镇化的类型包括资源驱动型和资本驱动型2种模式。资源驱动型是围绕沙滩、温泉等旅游资源开发观光度假旅游产品，进而驱动附近人口城镇化的模式。而资本驱动型城镇化主要布局在接近大中城市市场区域，更多依托人为创造的景观和服务。乌镇开发是资源驱动型的，而古北水镇开发则是资本驱动型的。

乌镇的成功是基于资源、面向市场、充满创意、精细化管理，这4个条件缺一不可，乌镇已经不仅是一个简单的度假小镇，还是一个国际著名的会议举办地。乌镇人本不会唱戏，有戏曲渊源的是昆山，但是以拥有1300年历史的乌镇为舞台举办的国际戏剧节吸引了全世界的戏剧爱好者都来到了乌镇。乌镇旅游开发带动了周边上万农民的就业，不仅是乌镇的农民能够通过旅游找到就业机会，周边地区、相关产业都能与旅游发生联系。

北京密云古北水镇依托司马台遗留的历史文化，进行了深度发掘，投资数十亿建造了 9 km² 的度假区，目前已成为集观光游览、休闲度假、商务会展、创意文化等旅游业态为一体的综合性休闲旅游度假目的地。过去古北口司马台长城门票是国有企业的，当地村民最多通过卖山货给游客挣点钱，而当古北水镇度假区开发以后，当地村民经营了大量民宿，收入和就业倍增。

乌镇和古北水镇两个案例告诉我们，不论是资源驱动型，还是资本驱动型，都体现了旅游业巨大的区域带动效应，大量人口依赖现代服务业就地融入生产消费大军，这就是旅游驱动型城镇化与就地城镇化。

5.1.2 作为发展哲学的全域旅游

全域旅游来源于地方实践，它不是学术的定义，而是一种发展哲学和政策工具。文化和旅游部相关文件指出，全域旅游是指将特定区域作为完整旅游目的地进行整体规划布局、综合统筹管理、一体化营销推广，促进旅游业全区域、全要素、全产业链发展，实现旅游业全域共建、全域共融、全域共享的发展模式。全域旅游是一种发展哲学，是在经济转型、社会转型背景下提出来的区域发展理念。

我国的旅游发展从20世纪80年代以创外汇为目的的"小旅游"起步，随着旅游市场的日益扩大、旅游产品的日益丰富，在21世纪进入了"大旅游"阶段，2010年前后，开启了全域旅游的学术研究与实践互动。全域旅游需要在全要素、全行业、全过程、全方位、全时空、全社会、全部门、全游客8个层面加以落实(厉新建、张凌云、崔莉，2013)。全域旅游基于我国旅游发展的现实问题，对全域旅游内涵的思考是社会实践的要求，全域旅游不应从"全"的角度来认识，而应该从"域"的角度来解释，叫作"域的旅游完备"，也就是空间域、产业域、要素域和管理域的完备(张辉、岳燕祥,2016)。

十八届五中全会提出创新、协调、绿色、开放、共享五大发展理念,五大理念是全域旅游的引领性指针,全域旅游是贯彻五大理念的综合载体(吴必虎、张栋平,2016)。如何用五大理念引领全域旅游发展呢?一是针对旅游业的广泛关联性,加强产品创新、品牌创新和技术创新;二是协调经济不平衡、权力不平衡和文化不平衡;三是要在全产业链条上贯彻绿色发展的理念;四是借助"一带一路"对资本的吸附力,对区域行政壁垒的突破,对基础设施的互联互通,实现旅游业的全域化发展;五是旅游发展权利共享,旅游发展成果共享,促进社区旅游参与和当地居民就业。为什么说全域旅游是五大理念的综合载体呢?一是全域旅游有效带动全产业创新;二是全域旅游强调不同部门之间不同利益主体的协调;三是绿色发展理念从生态到全域的延伸和升华,与全域旅游发展理念相吻合;四是全域旅游的发展关键"旅游+"体现了更加开放的发展目标、模式和平台;五是全域旅游能够调动全员参与,实现更多的人共享旅游业发展成果,让旅游成为人民的幸福指标、成为提升获得感的重要途径。

全域旅游被很多地方政府运用作为政策工具,调动整个区域的各种资源,包括土地的资源、资金的资源、宣传的资源、人力的资源等共同推动旅游产业发展。全域旅游需要地方政府做先锋,开发新产品,待市场初步成熟后,将产品交给擅长精细化管理的企业去运营。作为先行者的政府,需要从地域、领域、时域和部门协调4个方面用好全域旅游这一政策工具。

全域旅游的地域是地方政府应该关注、推进和管治的。传统旅游发展模式只关注以景区或度假区为核心的旅游空间系统,旅游吸引物一枝独秀,而全域旅游应当更加突出地域的地理、资源、人文特色,以能够实现旅游资源聚集、以特色旅游功能区为核心构建旅游目的地空间系统,旅游吸引物不再是独立的点,而是连点成线,进一步连线成面实现全域覆盖。这就需要主导全域旅游发展的政府通过城乡一体化发展夯实城乡统筹,注重社会环境和公共设施的旅游化改造,用细节填补地域内景区与景区之间的旅游空白,打造宜居宜游社区。

全域旅游的领域是指拓展业态,培育全产业链,凸显旅游产业集群优势。全域旅游需要突破传统旅游产业独自发展的弊端,充分发挥旅游业关联性和综合性强的优势,以"旅游+"为媒介催化区域内全行业融合,以旅游业为动力提升制造业、工商业、房地产等产业的附加值,形成全域旅游产业格局。这就需要政府主动摒弃传统的旅游门票经济,发展全产业链的综合性服务经济。

全域旅游的时域是指全年365天、全天候为游客提供各类旅游产品和接待服务。不论淡季还是旺季,游客都可以到旅游目的地进行观光、游览、休闲、度假,也就是旅游目的地一年四季都有特色旅游产品吸引游客到访。因此,需要将区域内旅游资源进行整合,设计适合不同季节的旅游产品,满足游客需求。不论白天还是黑夜,游客都能充分利用闲暇时间,并且能获取餐饮住宿和安全保障等服务。因此,旅游目的地可进行夜间景观设计,挖掘地方文化元素组织歌舞演出,鼓励建设酒吧、夜市等消费场所,与日间旅游相得益彰。

全域旅游还需要加强部门之间的协调,多部门紧密协同形成合力。旅游业的发展涉及多部门协作,政府成立跨部门协调机构,整合旅游规划与开发相关的发展改革委、自然资源、住建、科技、财政等部门在政策、土地、技术、人才、资金等方面对全域旅游发展予以扶持。同时，还应通过"旅游＋"对行政组织进行完善，必要时提升旅游部门的话语权和统筹权。

5.1.3 作为异地美好生活提供者的目的地

如果说改革开放初期到 21 世纪初的观光旅游是中国旅游发展的 1.0 版时代，经历了 21 世纪 10 年代的全域旅游酝酿和全面创建的 2.0 时代，那么到了以休闲度假功能为"十四五"期间的建设任务下达时，标志着中国旅游发展已经进入 3.0 时代(图 5-2)。中西方的旅游业都经过了旅游发展的 3 个阶段。第一阶段即基于景区的观光旅游时代，实际上早在民国甚至晚清时期，中国旅游就已经进入 1.0 时代。1949 年之前上海出版的《旅行家》《旅行杂志》、中国旅行社的早期活动以及郁达夫写的游记都是这个时代的证明。第二阶段是旅游发展的 2.0 时代，由观光旅游转向全域旅游提升的时代。当休闲度假旅游进入最高决策层的视野时，就标志着中国旅游发展已经进入 3.0 时代，居住旅游时代来临，即目的地作为异地美好生活的载体的时代，已经悄然降临。

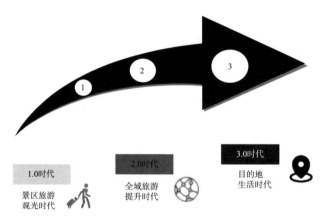

图 5-2 旅游发展的 3 个阶段

在目的地生活时代，传统的景点旅游模式已不能满足现代旅游发展的需要，景区作为旅游核心吸引力的地位已然动摇。传统景区面临着 4 大发展瓶颈：一是圈景式发展模式与当地社区生活隔离；二是景点开发集中于单一的观光旅游产品；三是过度依赖门票经济，导致经营业绩与游客满意度双低；四是热点景区旺季拥堵，降低假期质量。

目的地生活时代内容为王。从单一产品到多元化新业态创新，从"门票经济"到"IP 内容的创新"和"场景消费运营"的升级，包括创造新消费场景、文旅科技产品、旅游文创产品开发、超级 IP 系统孵化、文化场景再设计、居住旅游与旅居迁移(amenity migration)、可移动旅居体验、文博创意场馆等可植入内容，构建升级版游客信息服务及体验中心，升级景区信息化建设，实现精准化服务，这些都是目的地内容创新和提高的领域。面临的机遇和挑战包括：实现从单一景点景区建设管理到综合目的地统筹发展转变；破除景点、景区内外的体制壁垒和管理围墙,从门票经济向产业经济转变;从旅游企业单打独享到社会共建共享转变,等等。

旅游规划的目标是建立异地生活方式,目的地生活时代的旅游规划师,其角色是异地美好生活的"服务员"和"辅导员"。人们的美好生活是由当地的美好生活和异地的美好生活两部分组成的,旅游行业乃至整个文旅系统的工作目标,就是为走在路上和在旅游目的地停留的人们提供高质量的旅游产品和旅游体验。

5.2 区域旅游发展总体规划

区域旅游发展总体规划是法定规划,旅游法第十七条明确规定:国务院和省、自治区、直辖市人民政府以及旅游资源丰富的设区的市和县级人民政府,应当按照国民经济和社会发展规划的要求,组织编制旅游发展规划。区域旅游发展总体规划涉及不同层次和尺度,但主要目的都是制定公共政策。旅游发展规划的内容,涉及发展目标、基础设施、主要产品、空间布局、投资政策、营销推广等不同部分。

5.2.1 区域旅游总体规划的层次与尺度

区域旅游总体规划可以划分为宏观、中观、微观3个尺度,5个层次。宏观尺度包括国际级和国家级两个层次;中观尺度包括区域级和地方级两个层次;微观尺度包括具体项目级一个层次(表5-1)。规划尺度和层次不同,工作内容不同,具体要求也就不一样。

表 5-1 区域旅游总体规划层次与尺度

尺 度	层 次	具体要求
宏观	国际级	相邻国家合作愿望、国际市场需求
		边境政策、兑换政策
		基础设施、共同营销
	国家级	工作架构,环境、经济和社会政策
		财政、法律、制度和程序
		全国性结构规划和资源保护
中观	区域级	发展战略、区域结构规划
		环境保护、文化保护
		区域基础设施,交通和旅游
	地方级	地方开发规划、布局与保护措施
		土地利用的分区、密度、开发条件
		政策的协调和实施
微观	具体项目级	市场和财政评估,投资组织
		场地的获得、设施规划和建设
		开发要求与经营要求之间的协调

1. 宏观尺度

国际级旅游规划覆盖范围跨越两个及以上国家的疆域，参与各国合作发展旅游业，整合旅游资源和品牌，联合打造精品旅游线路和产品。由原国家旅游局牵头组织编制的《丝绸之路旅游规划》涉及中国、俄罗斯、巴基斯坦、土耳其、瑞士等 14 个丝绸之路沿线国家，通过丝绸之路旅游业发展，推动沿线地区经济增长、调整产业结构、增加社会就业、推进生态文明，为沿线地区的经济社会发展提供新动力、新途径。《湄公河流域旅游规划》涉及中国、老挝、越南、缅甸、泰国和柬埔寨 6 个澜沧江—湄公河沿线国家，规划建立以欧洲国家为目标的统一市场，以湄公河作为促进区域旅游的主题，评估湄公河资源和市场潜势，建立法律、金融和管理机制，促进大湄公河区域旅游业和经济社会发展。

国家级旅游规划以全国的领土领海为规划范围，以市场导向为原则，注重资源和环境保护，提高旅游业发展的社会、经济和环境效益。中国文化和旅游发展总体规划是指导全国文化和旅游工作的中长期发展规划，是其他各类规划的重要依据，规划期与国家发展规划相一致，落实国家发展规划提出的战略安排。中国独具特色的五年规划在全球旅游规划制度中影响甚广。2020 年是《"十三五"旅游业发展规划》的收官之年，也是开始编制"十四五"规划的启动之年。回顾国务院颁布的"十三五"规划提出的创新驱动、协调推进、绿色发展、开放合作、共享共建的六大任务，可以帮助我们理解宏观规划的基本结构：一是突出理念创新、产品创新、业态创新、技术创新和市场主体创新；二是优化旅游业空间布局，推进跨区域旅游城市群、特色旅游功能区、国家精品旅游带、国家旅游风景道、特色旅游目的地建设；三是加强交通基础设施建设；四是从消费端倡导绿色旅游消费，从供给端强调绿色开发与节能减排；五是构建旅游开放新格局，实施积极的旅游外交战略，大力提振入境旅游；六是大力实施乡村旅游扶贫工程，推进旅游业创业就业。

2. 中观尺度

区域级旅游规划是以特定区域（流域）的文化和旅游发展为对象编制的规划，规划范围跨越两个或两个以上行政区。旅游法规定，对跨行政区域且适宜进行整体利用的旅游资源进行利用时，应当由上级人民政府组织编制或者由相关地方人民政府协商编制统一的旅游发展规划。《长江三峡区域旅游发展规划》是由原国家旅游局、国务院三峡办、国家发展和改革委员会、国务院西部开发办、原交通部、水利部六部委共同领导编制的我国第一例跨省区的大区域旅游发展规划，规划范围以三峡工程 175 m 水位库区所涉及的市县区为核心范围，以乌江流域、赤水河流域、清江流域、神农架地区、四川广安华蓥为辐射范围，以张家界地区为关联协作区，地域范围跨重庆、湖北、湖南、贵州、四川，规划区总面积 21.16 万 km^2，总人口 5376.82 万人，通过推动三峡区域旅游的发展，促进区域社会经济可持续发展（国家旅游局等课题组，2005）。

地方级旅游规划仅涉及一个行政主体，由地方文化和旅游行政部门组织编制，以行政管辖范围为规划范围，是指导本地区文化和旅游工作的中长期发展规划。旅游法规定，省、自治区、直辖市人民政府以及旅游资源丰富的设区的市和县级人民政府，应当按照国民经济和社会发展规划的要求,组织编制旅游发展规划。《杭州市旅游发展总体规划(2006—2020年)》由杭州市旅游委员会通过面向全国招标,确定由北京大学旅游研究与规划中心和北京大地风景旅游景观规划设计有限公司联合课题组编制,以"东方休闲之都·品质生活之城"为目标定位,对杭州从2006年到2020年的旅游发展进行了全面布局。

3. 微观尺度

具体项目级旅游规划以旅游功能集中的某些特定区域为规划范围,指导区域旅游资源保护、开发、利用和经营管理,并做出发挥其多种功能作用的统筹部署和详细安排。具体项目级的旅游规划要突出项目特色、主题明确、定位清晰,注重与周围旅游资源或旅游相关产业的协调发展,与国土空间规划相统一,以旅游业促进当地经济社会的协调发展。

区域旅游总体规划的最小尺度也必须满足以下条件:至少包括一个以上度假地(或城镇)及其周边环境;具有足够的资源,并且具有发展为目的地的潜力;具有一个统一的地理单元,可以是某个边界明确的区域或某种线性结构(河流、海岸、公路);区域由一个具有决策权的机构管理,也可联合管理;多数规划由公共部门(即政府)或其代理人来组织实施,某些情况下也可由私营部门主持。

5.2.2　区域旅游的交通支撑

区域旅游道路交通包括连接规划区域与规划区域外的对外交通,以及规划区域内的内部交通。对外交通的主要方式有航空、铁路、公路、水运等,规划目的是提升区域的可达性;内部交通主要通过道路连接,此外还有步道、索道等,规划注意因地制宜,连接区域内中心城镇、游客中心与景区。内外交通应力争衔接紧密,站点快速集散,方便旅客中转。

1. 航运与航权

航空与旅游紧密相连,世界旅游业迅速发展与全球范围的航空业的发展密不可分。1944年芝加哥会议《国际航班过境协定》规定了5种航权:第一航权,领空飞越权(不降停地飞越领空);第二航权,技术经停权(技术原因降落但不上下客、货);第三航权,卸载权(允许承运人在指定机场卸下所在国客、货);第四航权,装运权(允许装载客、货前往承运人所在国);第五航权,第三国运输权(允许承运人下载或装载来自或前往第三国的客、货)。第五航权对国际旅游发展至关重要。

2. 铁路交通与旅游列车

铁路是国内中长途旅游主要依托的交通方式,但随着自驾游的发展,铁路交通面临高速公路越来越大的竞争。国内有很多旅游专列(车次以字母Y开头),得到了越来越多游客的喜爱。旅游专列不同于日常固定的点对点大交通运输,而是根据行程景点设置,游客乘坐专列可以尽情地享受沿途迷人的风景,列车靠站后,游客可以不用拿行李下车游览,深入大街小巷,感受别样民俗,游览完毕返回专列,继续下一段行程,长途的旅游专列住宿在列车上,类似游轮旅游。2003年,中国第一条高速铁路秦沈客运专线开通运营,中国步入高铁时代,短短十几年,到2019年年末,在地域广袤的中国,高铁总里程已经突破了35 000 km^2,稳居世界第一,高铁的飞跃发展促进了中长距离休闲度假旅游快速发展。

3. 公路交通与自驾游

公路交通几乎无所不达,满足了旅游者的出游需求,改善了区域的可进入性。汽车旅游(包括远途卧铺客车)摆脱了火车、飞机、轮船等在停靠站港的限制,最大限度地满足旅游者上下车的需求,可以实现旅游区点的串联的最优配置。自驾车旅游渐成时尚,2016年,国家旅游局会同其他十部委联合印发《关于促进自驾车旅居车旅游发展的若干意见》,提出到2020年,将重点建成一批公共服务完善的自驾车旅居车旅游目的地,推出一批精品自驾车旅居车旅游线路,培育一批自驾游和营地连锁品牌企业。此后,各省积极响应,也分别出台了加快发展自驾车旅居车旅游的实施意见。但由于市场成熟度和管理体制两方面的原因,汽车营地和房车旅游尚未达到预设的发展目标。

区域内部道路可分为游览道、风景道和旅游环路。游览道是旅游区内部的通道;风景道兼具旅游与游憩双重功能;旅游环路是旅游吸引物之间串联景点的环路,在重要节点提供餐饮等服务设施。作为进入设施的道路是介于游客、吸引物和服务设施之间的运输工具。风景道路本身还可作为吸引物,需要有针对性地进行风景道规划,延伸道路两侧视觉空间,对道路两侧开发、景观、地表覆盖物进行控制,选择适当的位置,精心安排观景台、停车区、信息站、娱乐区、餐饮厅、厕所和垃圾收集站等服务设施。

在自驾游过程中,风景旅游道路(scenic byways)是重要的审美、游憩和社交场景。风景旅游道路是位于风景优美地段,以自驾车旅游为主要功能的路段,可以分为自然风景旅游道路和文化风景旅游道路或兼有两种景观特色。为满足旅游者在游憩活动中的需求而在风景道沿途建设的各项设施即是沿途游憩服务设施(byways recreational facilities),其规划设计应该考虑以下因素:① 解说系统,包括门户、旅游信息咨询中心、区域环境与资源管理解说、旅游吸引物解说系统、旅游设施解说系统;② 游憩设施,包括告示栏、观景台、休息区、路侧游步道、路侧自行车道、野餐区和露营区;③ 服务设施,包括厕所、沿途停车场、旅游景区停车场;④ 交通信息及安全,包括交通信息、安全等级及处置预案、信息警示及安全设施。其详细标准参考附录3以及行业标准《风景旅游道路及其游憩服务设施要求》(LB/T 025—2013)。

4. 停车场

停车场规划需要对车位需求进行预测,1个车位对应于0.8间汽车旅馆客房(包括职员车位),或3~5个公共餐馆的餐位,或2~4间度假酒店客房,或10个酒店餐馆的餐位,或1幢公寓或别墅(在条件许可时,预留第二车位)。停车场大小根据车辆数量、所能提供的空间大小、停车场入口位置和使用周转率而定,露天停车场平均每车泊位为25~30 m^2,封闭式车库每泊位为30~35 m^2。停车场应该布局在距离旅游设施或中转站200~300 m(最多500 m)的范围内。景区停车场总容量通常不超过400个车位(鲍德-博拉、劳森,2004:40)。停车场应加以美化绿化,减少视觉影响,绿化带应集中布置形成边界,以保障安全、易于养护及区分不同标准的停车位。

5.2.3 优先发展区选择与布局

优先发展区是指在区域旅游发展格局中起到集散功能、主要吸引物建设潜力、核心接待功能的地区或场地。一个省级范围的旅游发展总体规划中，优先发展区通常选择那些具有世界遗产地、国家公园、历史文化名城、全国性及国际大型节事举办地、区域交通枢纽城市等核心地区。这些优先发展区也是大型综合性度假区、旅游中心城镇和服务设施集中区。

大型综合性度假区，设有泳池、会所、多功能娱乐厅、特色餐厅、夜总会、游乐场、滑冰场等大规模、高标准的设施。大型综合性度假区集中布局，便于实施土地利用管理，公共服务设施和基础设施建设更加经济集约，更易实现未开发区的调控，营销通常更加有效，游客的进入和移动更加容易。

旅游中心城镇作为区域旅游的门户往往同时也是主要旅游目的地（鲍德-博拉、劳森，2004：200）。城镇服务设施集中区可选址沿主要道路和旅游环路，吸引物周围游客密集处和沿湖泊、河流或其他水体。主要道路和旅游环路沿线布局汽车旅馆、营地、观景地、咖啡馆和餐厅、酒吧、停车场和服务站。景区周围游客密集处布局独立旅馆、山地木屋、简易棚、野餐区和信息中心。沿湖泊、河流或其他水体布局港口、休憩设施、服务站。

5.2.4 旅游目的地 IP 建设

编制区域旅游发展总体规划的目的是提升区域旅游目的地的竞争力。一个区域往往在资源层面具有丰富甚至过于纷杂的库存，对于目标市场而言可能难以形成独特的形象，也就缺乏目的地选择的基本影响力。因此在区域旅游发展总体规划阶段，提出清晰、明确的目的地形象定位和内容识别，就显得十分重要。目的地是否具有清晰的 IP 识别，成为目的地的竞争力表现之一。

IP 原意是指知识产权(intellectual property)，IP 概念在旅游行业中意味着目的地内容，旅游目的地 IP 是简单鲜明有特色的能吸引游客的元素或符号，能够赋予旅游目的地以个性及生命力，它可以是故事，可以是文化，可以是建筑元素，也可以是人物、卡通形象……因此，旅游目的地 IP 具有两个典型特征：一方面是地方特色的创新性呈现与表征，满足游客基本需求的服务内容及其品质；另一方面是简洁明了、特色彰显并且能吸引游客的元素或符号，赋予旅游目的地以个性及生命力。

我们略举数例来分析。内蒙古是一个非封闭型旅游目的地，自驾游营地与线性目的地组织特色明显，在将这些特点分析清楚以后，内蒙古区域旅游发展总体规划编制就会与浙江这种由古镇古村和江南山水支撑的省份不一样。内蒙古的竞争力在于草原生态旅游和移动依赖型的旅游设施，是一个典型的移动型生态文化旅游目的地。再比如江西赣州，客家文化和宋代城墙特色鲜明。标榜宋文化的城市很多，有曾经的北宋首都汴梁（开封）、南宋都城杭州，也包括江西赣州。赣州位于章水和贡水汇合处，历史上洪水频发，宋代建成的城墙因为具有防洪功能，一直完整保留到现在，所以分析赣州的宋文化时，对古城墙、郁孤台、古浮桥、古街等都应该进行清晰的识别,进而形成具有目的地竞争力的清晰 IP。

旅游目的地 IP 推广以 IP 内容为核心,涉及旅游目的地品牌形象宣传、旅游纪念品设计、营销活动推广和影视、游戏等其他产品制作。旅游目的地 IP 发展经过五个环节循环螺旋上升:从目的地 IP 传播环节开始,之后是引起游客注意的环节,游客感兴趣后会进入游客购买环节,进而进入旅游体验环节,最后是分享传播环节,周而复始,不断强化。

5.3　区域游憩发展总体规划

本书前文述及,游憩有大游憩、中游憩和小游憩之分。大游憩是指所有人类在闲暇时间所从事的活动,包括中远距离的旅游活动,都叫游憩活动;小游憩继承了 1933 年《雅典宪章》所提出的城市四大功能之一的游憩,是指城市规划领域常用的术语,城市居民或者常住城市的人在城市内部和城市周边所从事的活动;中游憩则主要在林学和自然保护界使用,是指国家公园等自然保护地内开展的自然游憩活动。在本书所述区域游憩发展总体规划的语境下,主要是指中游憩,当然也不排除小游憩所覆盖的范围。也就是说,游憩规划是面向城市公共空间和各类自然保护地内的公共产品,由政府提供给国民及境外访客的自然游憩生态服务。游憩规划的具体对象涉及城市公园、广场、绿地、滨水区,以及各种类型的自然保护地系统。

5.3.1　多学科视角下的保护地游憩和旅游

自然游憩(natural recreation)和生态旅游是生态系统服务(ecosystem services)的一部分。根据联合国发布的千年生态系统评估,生态系统服务包括支持(supporting)、供给(provisioning)、调节(regulating)和文化(cultural)4 种服务类型,游憩和生态旅游是文化服务的一种(图 5-3)(Alcamo et al.,2003:53-59)。4 种生态系统服务中,文化服务包括美学、精神、教育、游憩和生态旅游等,其中美学、精神、教育几个方面都与旅游和游憩直接相关;前面三种生态系统服务也都或多或少跟旅游和游憩服务有关联,供给服务与旅游发展有紧密联系,而支持服务和调节服务则对旅游和游憩的发展有支持作用。因此,自然游憩和生态旅游服务是整个生态系统或自然资源为人类提供的重要生态服务之一。

另外,从经济学的角度来看,自然游憩和生态旅游是最符合可持续发展原则的一种自然资源利用方式。根据国际自然保护联盟(International Union for Conservation of Nature,IUCN)最新出版的《保护地旅游与访客管理:可持续性指南》(*Tourism and Visitor Management in Protected Areas: Guidelines for Sustainability*)中诸多案例研究表明,与当地居民的传统生产(比如狩猎、伐木、放牧),以及其他的工业生产(比如采矿)相比,自然游憩和生态旅游(或民族文化旅游)是对保护地的可持续发展最有利和最明智的一种使用方法,有利于人在自然环境中的文化传播、体能培养和科普教育,也有利于当地居民的就业和生计改善(Leung et al.,2018:11,14)。同时,从国有资产的配置效率来讲,它也是边际效益最高的一种方法。以哈尼梯田为例,农民水稻亩产量很低,与游客进入观赏梯田及其所带来的旅游消费效益相比,卖稻受益很低。因此，从生态学角度来说，游憩是自然资源功能和生态系统服务的一部分；从经济学上来看，它是最有效率的一种资源配置方法；而从社会学来看，国家公园和自然保护地的建立蕴含着社会公平，也就是保护地要同时承担资源保护和游憩供给两种功能。

图 5-3 生态系统的四大服务

资料来源：Alcamo et al., 2003: 57。

资源保护体现代际之间（intergeneration）的公平，而且保护地保护了整个流域或者整个国家的一部分生态系统，下游或城市化地区的经济发展又依赖于上游保护地的生态服务，所以从区域的贡献平衡来讲，发达地区或城市化水平较高地区的人需要进入保护地以游憩使用和旅游消费形式回馈，带来当地社区发展。因此，保护地必然需要承担两种责任，一种是资源保护，另一种是游憩供给，这是保护地的双重目标。

然而，当前在提及保护地游憩供给时，往往对旅游一词避而不谈，多使用游憩一词，试图以此避免旅游开发可能对保护地带来的不利影响。实际上，游憩和旅游密不可分，它们只是同一件事情的两个端点，大部分内涵都是一致的（McKercher，1996）。因此，在自然保护地（或国家公园）中，旅游和游憩同时存在。假如我们将游憩视为本地人的休闲方式，旅游视为外地、外国到来游客的异地休闲方式，那么自然保护地很多情况下同时存在着两种服务，即游憩服务和旅游服务。

另外，从社会学的角度来看，保护地与社区发展存在共生关系，保护地发展生态旅游、提供自然游憩服务，是实现社会公平的体现，或给当地社区提供的一个发展机会。也就是说，发展旅游的根本目的并非是为了地方政府或投资商获利，而是首先保障当地社区发展。目前我国很多地方政府利用世界遗产、国家级风景名胜区、国家公园、各类自然保护地等头衔来提高地方财政收入，政府、国有企业获利，但当地社区分享到的较少，这与保护地为了社区发展的目标相背离，最后造成保护地和当地社区相互独立、互相排斥、互相斗争，行政管理上分离，难以协同，并由此出现了保护地管理与社区发展的冲突。

对不同类型的保护地进行统一的分区管理模式并不科学,也很难真正施行。现行的自然保护区核心区、缓冲区、实验区三分法,是一种固化的模式,因为不同类型的保护区情况不同,可能有线形、块状、卫星状、网格状等多种类型,同一种模式难以适应所有情况。所以需提倡一园一策、一园一法,每个自然保护地有单独、配套的法律,因为每个自然保护地都有其特殊性,其区划、人地关系、在游憩机会谱(recreation opportunity spectrum,ROS)中所处区段都可能不同。

自然保护地周边社区通过自然游憩和生态旅游,获得发展机会。但是当地社区能不能参与到这样的发展机会中来,以及有没有得到分享发展利益的权利,需要认真对待。从全球各国不同研究来看,当地居民真的从保护地旅游中获益了吗?答案因地而异。比如居民对保护地的保护行为和旅游开展态度如何?多数当地社区持支持态度(Sekhar,2003)。但另一方面,对当地社区居民实际收益的一些研究发现,也可能存在旅游业发展只给少数居民带来实惠的情况。因此,进一步的研究和实践需注重保护东道主地区(保护地当地社区居民)的旅游收益,在不同利益主体之间进行利益分享。在旅游规划过程中,如何实现让当地社区得到参与机会,是非常重要且需要继续深入研究的。

很多案例表明,不同的自然保护地和当地社区系统的关系有不同的形式,包括体验型、创景型、休养型、旅游型和度假型,不同类型的关系适应不同的保护地。比如南非著名的克鲁格国家公园(Kruger National Park)的社区系统属于休养型保护社区。因此,当地社区及居民可以通过不同类型的模式对保护地事务进行参与,并从中获益。

总结世界各国社区参与保护地事务的情况,大体可以分为三型六模式:政府治理型(指令式)、社区共管型(咨询式、协议式、合作式、联合式)、社区治理型(授权式)(张引、庄优波、杨锐,2020)。这些参与模式我们称为增权(empowerment),不同的模式社区增权的范围和方法有所不同。

5.3.2 区域游憩总体规划范围

在汽车旅游时代,游憩区范围因城市大小而不同,大城市的游憩区可延伸到周围 100 km 或自驾 2 h 以内的范围。超过 2 h,往返的时间成本就太高。城市游憩空间范围不一定局限在城市行政区范围之内,例如上海人出去旅游,很快就能到苏州、杭州、湖州和桐乡等地,因此,区域游憩总体规划也可超越行政边界的限制以满足需求的供给。区域游憩总体规划的范围以城市为中心,涵盖城市户外游憩区(公园、河岸、步行系统等)、城郊乡村游憩地区(郊野公园、第二住宅、休闲农业区等)和自然保护地体系(国家公园、自然保护区和自然公园等)3个圈层以及贯穿3个圈层的绿色走廊、河流蓝道。城市户外的公园与广场是居民晨练、散步的场所,城市郊区的郊野公园可开展登山、骑行、野营等活动,城郊乡村游憩地区可为居民提供垂钓、观光、休闲、住宿餐饮等放松身心的活动空间和服务设施。

规划中应当尽可能留出规模较大、尺度较大的户外和半户外开放空间,以供居民休憩和日常使用。开放空间以社会公众为服务对象而不是仅为少数人服务,因此,应当具有较高的可达性和开放性,方便公众到达、进入和使用。城市开放空间中能起到休养娱乐作用的,包括各种为市民提供休养娱乐环境及设施的要素,如:城市中的绿地网络、公园绿地、广场、居住区的中心绿地、各种主题公园(如教育、娱乐、观光、旅游等各种目的的主题公园)、水上运动基地等(余琪,1998)。

绿地是以植被为主要存在形态,用于改善城市生态、保护环境,为居民提供游憩场所和绿化、美化城市的一种城市用地。根据住建部《城市绿地设计规范》(2016)定义,城市绿地包括公园绿地、生产绿地、防护绿地、附属绿地、其他绿地5大类。绿地系统是由点、线、面状绿地构成的体系,包括以公园绿地为主的集中绿地,呈环状布置的城市功能性绿带,城市外围向市中心楔形布置的绿地以及沿城市道路、河道、高压线、铁路线、轨道线、重要市政管线等纵横布置的防护绿廊。

郊野公园是位于城区边缘,有一定规模,以郊野自然景观为主,具有亲近自然、游憩休闲、科普教育等功能,并且具备必要服务设施的绿地。森林公园是具有一定规模,并且自然风景优美的森林地域,可供开展游憩、科普、研学等活动。

绿道是以自然要素为依托和构成基础,串联城乡游憩、休闲等绿色开敞空间,以游憩、健身为主,兼具市民绿色出行和生物迁徙等功能的廊道。绿道具有以下功能:① 休闲健身功能,绿道串联城乡绿色资源,为市民提供亲近自然、游憩健身的场所和途径,倡导健康的生活方式;② 绿色出行功能,与公交、步行及自行车交通系统相衔接,为市民绿色出行提供服务,丰富城市绿色出行方式;③ 生态环保功能,绿道有助于固土保水、净化空气、缓解热岛等,并为生物提供栖息地及迁徙廊道;④ 社会与文化功能,绿道连接城乡居民点、公共空间及历史文化节点,保护和利用文化遗产,促进人际交往、社会和谐与文化传承;⑤ 旅游与经济功能,绿道有利于整合旅游资源,加强城乡互动,促进相关产业发展,提升沿线土地价值。

蓝道是以水资源为基础,以河道线路为媒介建立的区域城乡水发展系统。蓝道将重要的水观光、水文化和水休闲点串联成滨水空间,承载区域的交通、游憩、旅游、经济、文化、生态、社会功能。滨水区的规划设计必须按照岸线资源共享与社会公正的原则,协调好不同投资主体的利益分配问题,方便公众游憩活动开展,避免过度商业开发导致滨水区可达性降低和岸线资源滥用的问题。

5.3.3 区域游憩总体规划研究途径

区域游憩总体规划需要对以下内容进行研究:相关机构与部门在游憩设施建设和财政方面的作用,区域游憩潜在需求预测,现有游憩资源和游憩产品调查评估,替代性产品开发规划计划,优先游憩区确定及匹配游憩产品,游憩场地规划设计,实施策略、规划协调和财务预算,资源与环境保障,影响评价(社会、经济、环境)以及实施监测。

首先需要对游憩相关机构和部门如何运作与协同、在游憩设施建设和财政方面发挥的作用进行研究。游憩空间和旅游空间有时是共轭的或者共同存在的,但是更多的游憩空间是提供给本地居民使用的,所以政府财政预算能拿出多少资金支持游憩设施建设很重要。一般情况下,当一个国家或地区经济发展形势较好的时候,公共财政会加大对公共游憩系统的投入。除了研究哪些部门负责城市游憩设施的建设维护和投资,还需要考虑公共财政预算以外的企业赞助,很多企业为了品牌宣传往往愿意赞助公共游憩设施。

虽然游憩产品具有强烈公益性,但对其规划和开发也要进行市场分析和市场定位,遵循市场经济规律,提高资源使用效率,满足游憩者需求。游憩需求预测基于游憩者的社会经济特征和个人特征分析。社会经济特征在一定程度上影响出游力和出游行为;游憩者个人特征,比如自由支配收入和闲暇时间是形成出游的最基本条件。据美国户外游憩管理局调查,家庭收入与游憩活动的参与率成正比。闲暇对游憩需求的影响也是正向的,闲暇时间越多,游憩活动的参与率越高。年龄与游憩活动参与率之间总体上是负相关关系,年轻人比老年人参加游憩活动的意愿更强,但是还受到游憩活动类型影响,不同年龄层的人倾向于参与不同类型的游憩活动。职业影响收入、闲暇时间,职业与教育程度一般也直接相关,因此,不同职业的人群其游憩需求也有差别。游憩是一种放松身心的活动,受教育程度越高,一般对游憩的需求越大。

游憩产品开发与优先项目确定,场地规划设计,规划实施与保障,环境、经济、社会文化影响以及规划实施监测和反馈的研究与区域旅游总体规划相关的内容相似,在上一节中已有详细叙述,这里不再赘述。

鲍德-博拉和劳森(2004:65)总结了户外游憩空间使用强度与城市的空间关系(图5-4)。

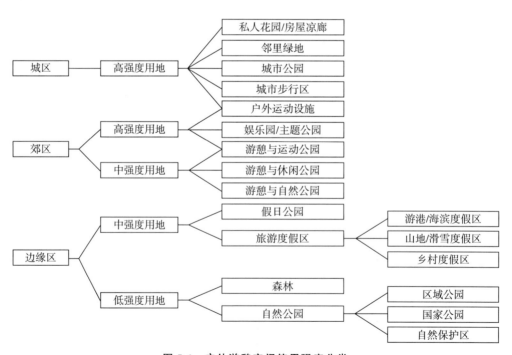

图 5-4 户外游憩空间使用强度分类

资料来源:据鲍德-博拉、劳森,2004:65。

这一分类根据使用强度或曰自然游憩承载力的模式,为区域游憩规划政策和技术参数的设定,提供了工作路径。离城市越近的自然游憩地使用强度越高,离城市越远人类游憩活动受到控制的措施越严,进入自然保护区或者自然公园则更为谨慎。一般地讲,旅游度假区(resort)允许进行中强度的开发,主题公园的开发强度则更高,滑雪场、公共海滩也是高强度区域,郊区的休闲运动分布在中强度或者低强度区域,自然公园分布在离城市更远、强度更低的区域,再远就变成自然保护地了。

5.3.4 维持公共游憩服务水平

游憩规划可以更好地指导区域游憩事业的健康发展。一般来说,旅游业发展带来明显经济效益,地方政府积极性往往较高,但公益性的游憩规划及其实施,常常意味着政府责任和公共开支的增加,地方政府存在积极性不高的现象。这个时候,作为中央政府主管部门的自然资源部及国家林业和草原局就有义务站出来加强引导和监督。

区域游憩发展总体规划体现以人民为中心的发展思想,满足人民群众对美好生活的向往。编制区域游憩发展总体规划,合理配置游憩和休闲空间功能布局,完善城乡游憩公共服务设施,促进城乡游憩公共服务均等化,形成宜居适度的生活空间和山清水秀的生态空间,服务于人民群众对高品质生活和美好家园的需求。

提升城乡公共游憩服务水平是关键,城乡公共游憩服务水平的测定主要有人均公园绿地面积、人均户外游憩设施指标、游憩设施服务半径和供需失衡及改善四大指标。城乡公共游憩服务水平测定一般涉及三个层次:一是市域,即全市的行政区范围,包括市辖区、下辖县和代管的县级市等;二是市区,一般是所有市辖区的行政区范围;三是城市建成区,即市区集中连片的部分以及分散在近郊区与城市有着密切联系、具有基本完善的市政公用设施的城市建设用地。

过去的城市绿地规划注重市区,尤其是城市建成区的开放空间、绿地系统和游憩设施,而忽视涵盖广阔乡村地域的市域层面的游憩服务。城乡公共游憩服务应当城乡一体化统筹考虑,体现协调理念和共享理念。指标测定应当反映市域市区共同的游憩服务整体效应,比如人均公园绿地面积的指标应当是市域公园绿地总面积与市域常住人口的比值,游憩设施服务半径不仅覆盖城市建成区范围,也应该覆盖乡村居民点。

区域游憩发展规划服务于乡村振兴战略,推动乡村自然资本加快增值,实现"百姓富、生态美"的统一。编制区域游憩发展总体规划,将乡村生态优势转化为发展生态经济的优势,为城市居民提供更多更好的绿色生态产品和服务。因地制宜发展森林草原旅游、河湖湿地观光、冰雪运动与冰雪旅游、野生动物驯养观赏等产业,积极开发观光农业、游憩休闲、健康养生、生态教育等服务。

区域游憩发展总体规划服务于自然保护地的生态保护和提供游憩机会两大主要功能。编制区域游憩发展总体规划必须树立生态文明的价值观。规划范围除了城市户外游憩区和城郊乡村游憩地区,还重点涵盖自然保护地体系,自然保护地体系包括国家公园、自然保护区(国家级、省级)和自然公园(风景、森林、湿地、地质、海洋、沙漠、草原、冰川等)。编制区域游憩发展总体规划,协调山水林田湖草沙各种生态关系,优化贯穿城乡和自然保护地体系水系、林网、绿道等生态廊道,系统保护好乡村自然风光、田园景观和重要自然生态系统的原真性、完整性,提供作为国民福利的游憩机会。

5.4 区域旅游发展总体规划内容

区域旅游发展总体规划的主要内容包括发展目标及定位(positioning)、旅游产品与优先项目(product and priority project)、物质开发规划(physical development planning)、目的地营销规划(destination marketing)、经济、环境、社会文化影响评价(impact study)、实施、协调和财政发展策略(implementation, coordination and fiscal strategy)以及行动计划、规划监测机制(monitoring),等等。

5.4.1 发展目标及定位

不同的发展目标决定了不同的规划方案,因此,区域旅游总体规划首先需要进行准确的定位并找到切实合理的发展目标。定位是找准角色,发展目标包括战略性的总体目标和指标性的具体目标。

首先,定位可以从市场角度分析,我国居民不断增长的旅游需求、休闲需求、度假需求为旅游业发展提供了良好土壤,通过对市场空间和潜力的分析,可以找出区域旅游发展定位。其次,定位也可以由资源禀赋分析得出,对于旅游资源丰富且具有明显特色的区域,根据资源优势,与国内外同类资源对比,发现独特性,梳理提炼其定位。再次,定位可以来源于文化底蕴,人文环境具有优势的区域,深入挖掘文化内涵,找出亮点,以此为切入点来确定发展定位。最后,定位结合政策引导,国家和地方政府以及旅游行业的相关政策,特别是支持性政策,直接影响旅游开发的程度和效果。区域旅游发展定位与国家、地方以及行业的发展方向相契合,有助于区域旅游项目的顺利发展。

总体目标具有战略性,通过高度凝练的文字描述表达,提出区域旅游发展方向、总体战略和奋斗目标,一般不出现具体指标,体现旅游发展的巨大综合效益。具体目标是总体目标下的分目标,可用指标直观表达。分目标首先是旅游接待人数和旅游总收入目标,提出近期、中期、远期的目标数据或增长率,以此指导旅游产品开发和设施建设。其次是旅游服务的水平和质量提升目标,提升旅游品质,推动旅游业高质量发展。最后是生态环境和经济社会目标,旅游业对生态环境保护和经济社会发展起推动作用,旅游发展带来的综合效益同时也会促进旅游业的可持续发展。

5.4.2 旅游产品与优先项目

区域旅游总体规划中的旅游产品概念综合了两种意见:其一是认为旅游产品是指旅游者

从居住地到旅游地,然后再返回原处的全部经历;其二是认为旅游产品就是旅游资源、旅游商品以及旅游服务等各种事物与现象的总和(许春晓,1997)。第一种认识可称为经历(体验)观,第二种认识为整体-要素观(任朝旺、谭笑,2006)。关于产品和产品树的定义已在第 2 章中讨论,这里不再赘述。总的来说,旅游产品是一个复合概念,是旅游者出游一次所获得的整个经历(experience)。广义的旅游产品是由景观(吸引物)、设施和服务三类要素所构成;中义的旅游产品是指景观(吸引物)和设施构成的集合体,它带有较强烈的物质产品特点;狭义的旅游产品往往仅指旅游景观(吸引物),它有时可以粗略地等同于通俗意义上的旅游景区(旅游景点),以及一部分非具象的人文景观。

区域旅游总体规划的旅游产品可以划分为五大类型,对应旅游产品树的 5 个主枝,即:观光益智旅游、休闲娱乐度假旅游、商务会展节事旅游、专项(主题)旅游和特殊兴趣旅游;主枝之外的细枝代表具体旅游产品。不同时期不同区域的规划中旅游产品是动态变化的,规划应对旅游产品实现更深层次、更大范围和更高品质的整体升级,就如同旅游产品树的不断生长。文旅融合开启旅游新时代,旅游产品及业态呈现增长态势。

考虑到投资能力限制,旅游产品的规划应进行优先项目选择,优先项目以区域特色旅游资源为基础,以目标市场为导向开发,有利于打造区域旅游品牌,起到吸引游客注意力占领更大市场份额的作用。

5.4.3 物质开发规划

物质开发规划指导旅游接待设施和旅游基础设施的建设。旅游接待设施主要承担旅游活动中的住宿接待功能,以及与住宿过程相配套的餐饮、娱乐、商务等支持功能。旅游基础设施包括连接性基础设施和配置性基础设施。连接性基础设施通常是从区域或国家尺度加以规划和协同,在旅游区边界以外建设的道路、通信网络和其他设施。配置性基础设施是为了目的地城市或旅游区开发的需要而在规划范围内建设的基础设施。

在欧美语境下,鲍德-博拉和劳森(2004:18-19)将常见的旅游接待设施分为以下 8 种类型。

普通宾馆:可以不定时并且不用预约地为旅行者提供接待、餐饮和小吃服务。

小型私营旅馆与小型公寓旅馆:属于小型私人接待单元,为滞留时间较长、时间较为稳定的客户提供居住设施,不提供接待与餐饮服务。

汽车旅馆和度假地旅馆:为驾车者提供简便接待设施的旅馆,位于度假区内的胜地旅舍和汽车宾馆则会提供更广泛的服务设施。

自助宾馆:只为旅游者提供床位和早餐(B&B),或者只有住宿而不包括餐饮服务。

青年旅馆:专门为特殊使用人群(青年协会、朝圣者等)提供多种服务设施共享方式。

产权酒店(condominiums):将多单元建筑中单个单元的私人所有权与建筑中不可分割的共同财产份额以及参与管理这一共同财产的权利结合起来(Harris,2011),产权酒店的居住单元分别由不同的业主所拥有,但所有业主共同拥有公共设施(电梯、建筑物、工程服务等)、公共区域(运动场、入口区、游憩设施等)及物业服务。

度假村:由多组接待设施单元组成,并围绕一个餐饮、娱乐设施集中的核心展开的自给自足的实体,统一管理,提供应有的所有服务,包括规模较小的福利性社会度假村和商业性度假村,商业性度假村通常提供500个至2000个床位,为了开展集中性活动,最佳床位数通常为800个至1000个床位。

独幢度假单元:指度假区内的公寓、乡间别墅、木屋山庄、普通房舍、第二住宅、租赁和托管公寓。

此外还有帐篷营地、房车营地,在营地里一般配备有卫生设施、排污系统和扎营设施,还可能包括餐厅或自助餐厅、汽车维修站、商店、室内和户外游憩设施和其他服务,多数度假营地只在旅游旺季对外开放。

旅游基础设施具有外部性,旅游区基础设施通常并非完全由旅游者单独使用,常与当地社区使用统一规划,因此,外部性导致新旅游区开发依赖于区域整体发展战略与发展结构,需要旅游开发商与地方政府的衔接与分工。连接性基础设施的提供(如新的高速公路、机场的建设)可以刺激对旅游开发的二次投资。配置性基础设施包括污水和废物的收集和处理,必须在整个度假地开发计划的初期就进行规划。

5.4.4 目的地营销规划

与其他很多只关注本地的物质建设的规划显著不同的是,区域旅游规划非常关注其将要吸引的目标市场的特征,并在规划内容中做出明确的响应,这就是目的地营销规划。

目的地营销包括3方面内容(Lundberg,1990:141-169):确定目的地能够向市场提供的产品及其总体印象(product and its overall image);确定对该目的地具有出游力的目标市场(target markets);确定能使目标市场信任并抵达该目的地的最佳途径,即促销(marketing promotion)。

专业人士通过四个方面的分析界定目标市场(Mill and Morrison,1985:365)。

销售潜力分析:从该细分市场中可以获得多少现实收益和未来的潜在收益?旅游收益是由现在和未来的旅游者人数以及他们的人均花费共同决定的。

竞争分析:对于选定的目标市场来说,在什么样的范围内存在着竞争?与竞争对手相比,本地区占有多大的优势?

成本:要将制定的目标市场吸引到旅游产品中来,需要多少开发投资?

服务能力:本区域是否具备财政、管理方面的能力来进行合适的旅游产品的设计、促销和销售,并为抵达的市场提供满意的服务?

目的地促销遵循产品-市场反馈原则、产品形象一体化原则、多部门合作原则、差异原则和效率原则。可采取的促销策略有联合促销、产品策略、价格策略、绿色营销和分销策略等(吴必虎、俞曦,2010:309-313)。

5.4.5 规划影响评价

旅游发展规划会对当地经济、环境和文化产生不同程度的影响。旅游对经济的影响包括金融、就业和发展三个方面。旅游对金融的正面影响包括赚取外汇、增长国民生产总值、增加国家税收、增加企业和个人收入；负面影响包括漏损、利润回流投资国、增加机会成本、引起通胀、抬高地价。

关于旅游业经济效应的研究多限于定性描述，缺少定量分析。根据旅游业经济效应的相关理论，分别以2002年和2007年中国投入产出表为基础，鄢慧丽（2012）从收入效应、就业效应和产业关联及波及效应三个方面分析了中国旅游业经济效应。她的研究表明，旅游业具有较高的乘数效应，2007年旅游业产出乘数为3.15，即旅游业每增加1元的产出，将带来总产出增加3.15元；2007年旅游业就业乘数为2.15，即每产生直接旅游业就业1人，带来旅游业相关行业就业人数为2.15人。旅游对就业的正面影响是增加就业机会，但也存在一些限制，比如常为临时工作、低工资、低技术（从外地引进的雇员经常占据技术工种职位）、具有季节性、多为妇女提供、可能与其他行业争夺劳动力。

旅游对经济发展的正面影响包括加强经济基础、加强跨部门联系、具有乘数效应、鼓励企业活动、改善基础设施、提高社会化服务、促进不发达地区的区域发展，但是同时也存在由于外资及非本地投资引起经济对外部的依赖性和新殖民主义。

旅游也会对环境产生一定影响，旅游业具有侵入性，旅游者与当地社区存在对地方资源占用的竞争。旅游对环境的影响主要来源于旅游造成的过度拥挤、过度开发以及娱乐、污染、交通和其他活动（表5-2）。

表5-2 旅游对环境的影响

相关因子		对自然环境影响	评 注
过度拥挤		环境胁迫使动物行为变化	刺激性能的降低
过度开发		乡村贫民窟的形成	不可预见的城镇式的发展
娱乐	电力船	对野生生物和宁静的干扰	在筑巢季节具有脆弱性
	钓鱼	无	自然捕食者的竞争
	远足狩猎	对野生生物的干扰	过度利用，对小路的破坏
污染	噪声（如雷达）	对自然声音的干扰	对野生生物和观光者的不良刺激
	垃圾（乱丢）	对自然景观的损害	对美学和健康的危害
	随意破坏景物者	碎裂和设施破坏	自然特征的消失、设施损坏
	动物的猎食	动物行为变化	栖息动物的消失、游览者危害
交通	高速行车	野生生物致死、尘埃	生态变化
	路边或夜间驾驶	土地、植被损害	无

续表

	相关因子	对自然环境影响	评 注
其他	纪念品收集	自然景点的消失	贝壳、珊瑚、动物角、猎物
	木柴收集	野生生物死亡,生境破坏	对自然能流的干扰
	道路和捕兽陷阱	选择不当造成岩石变化	景观美学价值损害
	电线	植被的损害	美学影响
	人造水坑和盐地	植物损害和驯化	所要求的土壤类型变化
	外来动植物引进	与野生物种竞争	公众认识混乱

资料来源:Thorsell,1984:86-88。

旅游对文化造成的影响体现在导致艺术与音乐、手工艺、舞蹈、陶瓷、建筑、服饰、饮食等事物的消失、退化或商品化导致其原真性的失落,但同时会带来艺术、手工艺、舞蹈、陶瓷、纪念地的保持、修复和复兴。

旅游的正面社会影响有:旅游者在放松和游憩、环境改变及与他人的社交中获得体验收益;接待地在推进现代化,妇女获得相对独立的地位,人们摆脱传统的、受限制的角色等方面获得收益。

发展旅游引起的负面社会影响,其实就是旅游的异化。所谓旅游异化,是人们在现实生活中所面临的一种矛盾或紧张的生活样态,具体来说就是指人们在通过旅游活动实现自己真正价值的过程中,旅游反而以一种异己的敌对力量或负价值起作用,给人们自身带来危害(谢春江,2014)。人们希望发展旅游业可以创造良好经济环境和社会环境,促进社会和谐健康的发展,其结果却是淳朴的民风改变了、宗教文化世俗了、民俗文化异变了。旅游的负面社会影响有:"示范效应"在接待地引致怨恨;犯罪、卖淫、赌博、传统信仰衰退等问题;艾滋病等健康问题;接待地的好客度下降变得难以接受;旅游中的就业失去人本关怀;对家庭和社区生活带来负面影响;新殖民主义;失衡的人口结构(France,1997:103)。

5.4.6 规划实施、协调和财政发展策略

旅游规划实施依赖于公共与私人利益集团以及不同经济部门的协作。能够直接受益于或高度依赖于旅游的部门包括:建筑与相关产业(建造、安装、装潢、维护);农业、渔业和食品加工;纪念品、体育用品和特殊服装等的制造业;交通(全国、地区);零售与物流(商店、餐馆、旅馆);娱乐与艺术(电影院、剧场、艺术画廊、博物馆)。旅游开发也依赖于很多其他社会经济部门:教育机构,文化机构,体育部门,林业、农业和渔业,环境机构,规划机构,公用事业,房地产开发商,其他政府部门。

对旅游业开发的投资不仅仅局限于旅游设施和基础设施的修建、资源保护,旅游产品所依赖的服务也需要一定的资金投入。对宾馆、度假区以及其他相关设施的投入经常包括高额资本投入,住宿设施在各种要素中占主导地位。资金投入的主要来源:政府机关、国家或区域代理、发展银行和市政等公共机构,通常为基础设施、体育和游憩开发以及公共娱乐设施投资;政

府和私人公司等半公共实体,通常是联合起来对旅游开发项目或度假区进行投资;商业银行、建筑公司、保险公司等商业企业,通常是面向国内项目,具有一定风险性;富裕国家对发展中国家的国际项目投资;与旅游和大银行有关的跨国公司经常成立联合股份公司;世界银行或其附属机构,国际金融公司等政府间组织;欧洲区域发展基金(ERDF)等区域基金直接对区域旅游开发进行投资;自身创收潜力,用于可以获取收入的旅游设施的修建。

5.4.7 行动计划与规划监测机制

针对发展目标和发展方向制订行动计划(action planning),行动计划结合当前旅游发展紧迫性较强的问题,力求简明但具有较高的可操作性,并且立刻就能付诸实施并取得实效。

规划监测机制以区域旅游总体规划的发展目标定位为基础,进行指标化分解,建立分层次、定性与定量相结合的规划实施监测标准和评估模型,依照标准定期对规划实施情况进行检测评估,及时反馈以适时调整区域旅游发展策略。

规划实施若干时间之后,回过头来对规划实施成效及失败进行一定程度的评估,有利于今后规划的进一步完善和政府对旅游发展进行更好的治理。例如,北京市在2000年颁布第一轮旅游发展规划10年之后,就曾对实施情况进行了一次回顾性评价,对其中形象定位"东方古都·长城故乡"方案和环北京游憩带空间结构规划等总体设计做出了肯定性的评价(吴必虎、俞曦、严琳,2010:189-210)。

5.5 区域总体规划基本框架与变通性

旅游规划的一般方法基本适用于区域总体规划,但是区域总体规划具有自身特殊性。区域总体规划的特殊性体现在,其作为公共政策(public policy)与普通的旅游规划、旅游产品规划、场地规划设计和建筑设计有很大的不同。公共政策也是产品,并且是当前供给不足的产品,是我们规划研究中一个很大的挑战。一个省、一个地级市、一个县的区域发展必须要对一整套的政策,包括土地政策、税收政策、国际旅游涉及的货币政策和跨境政策等进行研究。

5.5.1 规划时间跨度与分期

区域旅游(游憩)发展总体规划应当与区域其他规划和上层规划,比如国土空间规划、文物保护规划等做好衔接,保持协调,规划时间跨度尽量保持一致。对于时间跨度较长的规划,应该分期实施。规划分期是一种动态的规划手段,以便在规划实施过程中监测与反馈,及时调整空间开发与资金投入。因此,应当基于区域旅游发展现状和对未来发展的预期,按照发展目标定位的要求,合理确定不同时期的开发重点,安排现金流。

不同规模的项目发展周期不同。从提出项目概念到建设运营,中型酒店的实施周期一般在2～3年,大型宾馆综合体一般在3～4年,综合度假区的主建设期约3～5年,后续工程5～

10年；大规模区域开发的主建设期7～10年，后续工程10～20年（鲍德-博拉和劳森，2004：169）。

规划分期的意义在于投资回报的效率，区域旅游规划除了政策设计，还包括很多内容，属于商业行为，追求最高的投资效率，把边际成本降到最低，使边际效益最大化。出于这样的目的，基础设施、工程建设和各种供给需要保持与开发步骤一致，以实现经济效益最大化。员工逐步培训以连续使用培训资源，适应市场需求变化对设施设计和建设进行调整，以实现投资支出最小化，利用旅游收入实现良性现金流。规划分期还有利于保护资源、实现开发行动的可持续目标。

规划的分期应当遵循以下3个原则：一是渐进性，每一时期的开发量与资金投入量一致，前期的资金需求量大，一般较为短缺，但是随着经济效益的产生，资金投入可以逐步增加；二是连续性，规划的不同时期应力求协调一致，体现形象、视觉空间和景观品质的连续性；三是超前性，规划分期应做到超前设计，为后期的增加投资和建设做好预留，避免增加不必要的成本。

5.5.2 规划任务书

编制区域总体规划涉及的面非常广，时间也很长，如果规划需要委托给咨询公司执行编制任务，就需要甲乙双方起草和签署合作协议。协议之外往往还附有同样具有法律效力的文本，里面规定了什么时间做什么内容。这个附件叫做规划建议书或规划任务书（terms of references，TOR），也即参照性条款。一般情况下，技术性较强的规划任务书由甲方委托乙方规划师起草，或者由咨询单位与委托单位共同起草。

规划任务书是根据国家法律法规、政策文件和相关规范、标准，结合各级地方政府对区域旅游（游憩）发展的目标要求与发展思路编撰的。编撰规划任务书的目的是明确规划和研究的目标、内容和深度；提出基本的工作要求，初步拟订工作程序和时间进度，以利于甲乙双方的工作配合与协作。规划任务书的内容是建议性的，根据实际情况或委托方的要求一般可在一定范围内增减修改，经双方共同协商修改后的任务书会在双方签订的项目合同中确定。

同样，规划任务书的内容有研究目的，规划目标，规划编制过程中准备采取的行动，政府各个相关部门要提供的资料和合作内容，规划成果准备提交的具体内容，规划编制、评审的时间进度安排，准备利用的规划技术与方法论，可能会遇到的困难和限制，规划实施的措施及其对后续变化的监测。

规划任务书是甲乙双方共同达成的协议。在其后真正开展规划工作过程中，可能会产生各种变化，遇到各种问题，需要双方的协同。规划任务书做得太粗会有很多说不清楚的麻烦，但做得太详细、限制太多也会有重新调整的麻烦。总之，需要谨慎对待规划任务书的准备。

5.5.3 多解规划方法与规划变通性

在地方政府面向国内外发起的规划竞赛或方案征集活动，寻求区域旅游（游憩）发展理念、战略、策略、布局等重要问题的最佳解决方案时，同一个区域会产生很多种解决方案。虽然对各方案进行对比评价已有一定的标准：是否符合规划的目标；是否反映发展政策；是否能够以可接受的成本获取期望的经济效益；在强化正面效应的同时是否能够使环境和社会文化的消极影响最小化；是否具有可实施性，但最终获得的评价结果仍然可能存在多种方案皆可接受的情况，我们称这种情况为多解规划。

多解规划方法的程序首先是海选，对规划设计单位的资质不做太多要求，通过地方媒体和网络进行宣传，鼓励报名参加提交概念性方案。其次，组织专家对征集到的方案进行评审，确定入围方案及其编制单位或团队。未入围的单位也可参加后续的投标活动，除没有补偿金外，其他评标和奖励条件与入围单位相同。再次，对入围的设计单位进行定向邀请，进一步深化方案，提高方案的可实施性。最后，对深化后的规划方案进行第二轮评选和评奖，确定最佳团队单独承担或联合（一般为中外两家规划设计团队）承担的区域总体规划编制工作，对于未获选的团队予以奖金补偿。

目标市场是动态的，旅游效益和管理手段也随之不断发生变化，市场需求变化和发展需要会导致政府相关政策改变，因此，鼓励优先考虑短期见效的产品，对设施进行提质改造和调整。任何一个改变都会带来规划方案的调整，这就是编制区域总体规划与解答数学问题不一样的地方，数学问题是有唯一正确答案的，而区域总体规划没有标准答案。有的规划研究只有一个方案，有的可能是3个团队提出6个方案，所以规划的变通性十分重要。

除非限制性较强的规划方案，比如做一个古建筑活化方案，使用的材料、彩绘、照明都受限于实际文物保护情况，变通性非常小，这样可以使用的方式就很有限，其余情形则可鼓励多方案创新设计。比如贝聿铭为凡尔赛宫设计的金字塔形玻璃罩，亮点在于：第一，真正用于售票的空间对广场的景观影响极小；第二，巴黎是冬天很湿冷的地方，这一设计使用地下供暖，节能高效；第三，地面采光，以地下通道通往各个宫殿和展览场所，便于博物馆内部的交通组织。密特朗总统特别赞赏贝聿铭的这个方案，但是也有很多人持反对意见，因为贝聿铭的方案过于现代，与凡尔赛宫古典的砖石结构不协调。这一案例说明了规划的创新和变通之间的关系。

5.5.4 案例：西安市旅游发展总体规划

西安是十三朝古都，其中以周、秦、汉、唐的历史地位最为显赫，西安的旅游发展面临"文化利用时序选择"的问题。针对该问题，北京大学旅游研究与规划中心和北京大地风景旅游景观规划设计有限公司联合编制的《西安市旅游发展总体规划（2006—2020）》提出了"扬秦兴唐"的文化复兴和产品开发战略。西安在西方国家的知名度在于兵马俑，这是需要继续巩固并丰富的秦文化，在此基础上，考虑到东亚地区受风水思想影响对陵墓兴趣较低，而唐文化影响力非常大，因此集中优势围绕唐都长安开发唐文化旅游产品，形成秦、唐文化珠联璧合的文旅发展新格局，并以此推动周、秦、汉、唐四大文化系统工程的建设。

《西安市旅游发展总体规划（2006—2020）》通过对西安入境旅游市场细分的比较分析，得出西安入境旅游的待巩固传统市场、待开拓高潜力市场和可适度开拓市场：待巩固传统市场（北美、西欧诸国与澳大利亚）作为继续巩固拓展的重点目标市场；待开拓高潜力市场（日本、韩国和东南亚诸国)市场机会较多,且在西安入境旅游市场占据重要的位置;可适度开拓市场(中东诸国、俄罗斯等国家)作为机会市场。

《西安市旅游发展总体规划(2006—2020)》提出的战略定位是最具东方神韵的世界古都旅游目的地城市,并将总体战略分解为板块带动战略、本土国际化战略、多元化遗产旅游战略、城市·旅游一体化战略以及旅游中心城市战略五个具体战略。更进一步,对目的地城市形象进行了设计与推广,通过形象本体分析,提出"西方罗马·东方长安"的形象战略定位,建设全球仅有的两处世界古都旅游目的地,并设计了"周秦汉唐·为你收藏"的形象口号。

落实到空间上,提出了"一心双核,米字轴向,多环节点,网络格局"的空间结构,并依据以下原则确定了优先发展区(图5-5):符合规划提出的总体战略思路,即建设富有东方神韵的世界古都旅游目的地城市,构筑以遗产为核心的多元化产品体系等;发挥优先项目或示范区对旅游发展的战略影响或示范带动作用;与城市总体规划与建设总体上保持一致;充分考虑已确定的板块带动战略。

彩图 5-5

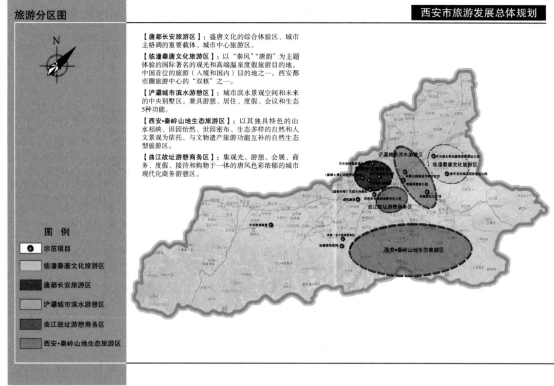

图 5-5 西安市旅游发展总体规划优先发展区

资料来源:北京大学旅游研究与规划中心与北京大地风景旅游景观规划设计有限公司提供。

【本章小结】

在中国特色社会主义经济体制语境下,区域旅游(游憩)发展总体规划具有重要的顶层设计战略地位,也是中国旅游规划在全球目的地国家体系中具有中国特色的规划研究和咨询领域。在中国改革开放40多年后的城市化水平和产业发展转型基础上,出现旅游城镇化和全域旅游两大背景,对这两大背景的深刻理解,有助于区域旅游(游憩)发展总体规划任务的完成。

区域旅游发展规划与区域游憩发展规划在所用资源、所服务的对象、所追求的目标等各个方面都存在明显的不同,因此本书将二者分开进行阐述。考虑到市场上更多的是对区域旅游发展规划的需求,更多篇幅用在了介绍区域旅游规划应该关注的总体定位、主打产品、物质开发、目的地营销等内容上。

在具体完成一个区域规划任务过程中,技术层面需要考虑规划周期与分期、规划任务书、规划多解方案、规划变通性等问题。

【关键术语】

旅游政策(tourism policy)
旅游驱动型城镇化(tourism-driven urbanization)
全域旅游(holistic tourism)
增量规划(increment planning)
存量规划(inventory planning)
目的地生活方式(lifestyle at destination)
区域旅游发展总体规划(master planning for regional tourism development)
旅游基础设施(infrastructure for tourism)
优先发展区(priority region for tourism development)
区域游憩发展总体规划(master planning for regional recreation development)
自然保护地(natural protected area)
公共游憩生态服务(ecosystem service for public recreation)
规划任务书(terms of references,TOR)
多解规划方法(multiple solution approach)
规划监测(planning monitoring)

【复习题】

1. 作为一名规划师,你认为区域旅游发展总体规划将如何转型,以应对目的地生活时代的到来?

2. 相对于物质空间规划,区域旅游发展总体规划的特殊性体现在哪里?

3. 区域旅游发展总体规划的主要内容分别有哪些？
4. 如何理解自然资源部门在区域游憩发展规划中的生态服务责任？
5. 试解释目的地 IP 在目的地营销规划中的意义。
6. 请谈一谈你对规划变通性的理解。

（本章录音稿整理：李庆、谢冶凤）

第6章 旅游地(旅游景区)体系规划

【学习目标】
- 掌握旅游景区、旅游地和旅游目的地基本概念
- 理解旅游景区价值评价的主要内容
- 了解资源导向型旅游地的一般特征
- 理解自然旅游地的游憩机会谱定义及主要含义
- 了解资本导向型旅游地的一般特征
- 了解乡村旅游地的一般特征
- 理解旅游景区规划的一般控制框架

旅游地(旅游景区)体系规划有别于宏观尺度的区域旅游规划,也不同于某一具体类型的景区规划,它是对所有类型的旅游区的功能上的一体化观察及其共同特点的把握,或者是空间上若干个具体景区以某种方式联系在一起的地域综合体的治理手段。旅游地体系规划的核心是关于该体系的考虑,需要综合性、整体性地来统筹。由于长期以来旅游发展主要基于自然和文化遗产资源,依赖于观光旅游为主的产品路径,因此如果没有特别交代,旅游地一般是指观光旅游地,或者说以观光旅游地为核心、包括所有类型景区的集合。旅游景区、旅游地、旅游目的地这3个概念既有联系也有区别。旅游目的地是由若干个旅游景区和基础设施、配套设施、旅游设施以及各种服务组成的;旅游地有时候是旅游目的地的简称,也可能是若干个旅游景区组成的地域,需要联系上下文来判断。

本章内容首先阐述旅游地和旅游目的地的基本概念及基本类型,特别是城市型目的地和景区型目的地,了解旅游地(旅游景区)的总体规律和共同特征。其次,概括性地介绍自然旅游地、文化遗产地、旅游度假区、游憩商务区和乡村休闲地等主要类型旅游地的总体特征和它们在整个旅游地体系中的地位、作用。需要注意的是,本章涉及上述5类旅游地,是将其视为"旅游"地,作为旅游吸引物的一种来看待,而其后各章分门别类阐述这些旅游地时,则是从旅游"地"的视角,会更多考虑那一类"地"本身的属性及其主流价值进行阐述。最后,对旅游景区规划中涉及的一般性框架进行概括性叙述。

6.1 旅游景区、旅游地与旅游目的地

6.1.1 旅游景区

在旅游规划的实际应用中,对旅游景区的技术性定义基于国家标准《旅游景区质量等级的

划分与评定》(GB/T 17775—2003)：具有参观游览、休闲度假、康乐健身等功能，具有相应旅游服务设施并提供相应旅游服务的独立管理区。包括风景区、文博院馆、寺庙观堂、旅游度假区、自然保护区、主题公园、森林公园、地质公园、游乐园、动物园、植物园及工业、农业、经贸、科教、军事、体育、文化艺术等各类旅游区。而另一国家标准《旅游规划通则》(GB/T 18971—2003)的定义则为：旅游区[①]是以旅游及其相关活动为主要功能或主要功能之一的空间或地域。

上述定义中"具有参观游览、休闲度假、康乐健身等功能"是功能方面的界定；"具有相应旅游服务设施并提供相应旅游服务的独立管理区"表达了一个旅游景区是一个独立的管理区域，这是关于属性方面的规定。除了抽象的定义以外，还列举了一些具体的类型，例如"风景区、文博院馆、寺庙观堂、旅游度假区、自然保护区、主题公园、森林公园、地质公园、游乐园、动物园、植物园及工业、农业、经贸、科教、军事、体育、文化艺术等各类旅游区"。

从旅游产品的角度来理解旅游景区，旅游景区很多情况下被视为旅游吸引物，属于旅游产品的一个重要组成部分。本书前文述及旅游产品时专门讨论了旅游产品树概念。旅游产品树的树根底下有三个部分，一个是吸引物，一个是设施，一个是服务，也就是说旅游吸引物、旅游设施和旅游服务构成了旅游产品。

旅游吸引物对应的英文和旅游景区一样，都是 tourist attraction。但是在中文里，旅游景区和旅游吸引物还是有差别的。旅游吸引物的基本含义是指对旅游者能够产生吸引力的事物(库珀 等，2004：325)，从定义中可以看出，旅游吸引物是包括旅游景区的，除了旅游景区以外，还有其他事情可以组成、构成吸引物。比如说大型节事如奥运会、世博会、园博会等同样构成旅游吸引物。再比如说少数民族村寨等特色社区，主要是当地居民生产和生活的空间，但是由于其对游客具有吸引力，也可以变成旅游吸引物。所以旅游景区只是旅游吸引物的一种类型。旅游吸引物是旅游产品的核心，而旅游景区是旅游吸引物的核心。从旅游产品体系当中来看，旅游景区是旅游吸引物的一个组成部分，旅游吸引物是旅游产品的一个组成部分。

6.1.2 旅游景区类型

在做旅游规划时，需要知道不同旅游景区面临的挑战是什么，用户对它的期待在哪里，在什么方面可以获得突破或者取得商业上的成功。这就需要从不同角度对旅游景区进行分类。何效祖(2007)认为，旅游地[②]应按空间层次和通用类型两种方法进行分类。空间层次分类是按照旅游地的空间概念，根据旅游者旅游动机和印象感知，对目的地的选择进行的宏观区域分类；根据主体旅游资源的景观属性、景观组合、差异性特征、服务功能、主体产品和适宜性旅游

---

① 因不同标准中术语不同，本章中"旅游景区""旅游区"的表述均有出现，其含义为同一概念。
② "旅游地"与"旅游景区"基本含义接近相同，但二者也有部分不同：旅游地具有旅游目的地的简称的含义，通常由若干旅游景区组成旅游目的地。也就是说，小型旅游景区尚不能构成旅游地。

活动类型,可以对旅游地进行通用类型划分。旅游地通用类型按照树型分类结构,逐层细化,划分为9个主类、36个亚类、144个基本类型。

1. 多维度分类

按照旅游景区的管辖或者是吸引力的范围来看,旅游景区可以分为国际的、跨国的旅游景区,国内的旅游景区,区域的和当地的旅游景区等不同的等级。比如在中国云南跟缅甸交界处有个寨子地跨两国,中国一侧叫银井村,缅甸一侧叫芒秀村,这个寨子就成了旅游景区,其中有一井跨两国、一屋跨两国、一桥跨两国等景点,对于这种跨国型的景区,在做规划的时候就需要两个国家之间的沟通协调。类似的例子还有美国和加拿大共同享有的尼亚加拉瀑布景区。国内旅游景区主要还是以区域的和当地的两种旅游景区为主。

按照资源属性可以将旅游吸引物分为自然型、历史型、商业型、社会型等不同类型。自然型比如广东丹霞山、盐城丹顶鹤保护区等。历史型比如故宫、十三陵、长城等。商业型比如"欢乐谷"主题公园、上海迪士尼乐园、北京古北水镇旅游度假区等。

也可以根据旅游吸引物的产权性质,将其分为公共吸引物(属于国家和集体所有的旅游吸引物)和商业吸引物(属于企业或个人所有的旅游吸引物)。

如果从旅游景区是否有封闭边界这个角度来看,可以划分为封闭型旅游景区和开放型旅游景区。封闭型旅游景区是指具有明确的空间范围的吸引物,包括风景名胜区、自然保护区、森林公园、地质公园、旅游度假区、主题公园、游乐园、动物园、植物园及商务会展等各类旅游吸引物。开放型旅游景区,主要是指空间范围无法明确划分的旅游吸引物,包括历史城镇、旅游城市、开放型历史街区和步行商业街,以及通过若干行政区或边界的风景道、运河、游径等。有些旅游景区跨多省或者多市,例如胶东半岛国家级海滨风景名胜区、富春江-新安江国家级风景名胜区、太湖国家级风景名胜区等。这些旅游景区最初设立国家级风景名胜区时,缺乏相应的管理经验,也没有考虑到其后的封闭管理,各地采取的办法基本是以地市级或县市级分头管理。

2. 旅游景区类型方案

吴必虎、俞曦(2010:403)根据旅游资源和功能属性的差异提出了一个较为详细的旅游景区分类体系,将旅游景区分为遗产型、商业型、节事型、社会型4个大类(图6-1)。

遗产型旅游景区指主要基于自然资源或历史遗产形成的观光益智性质的旅游景区,它们以自然或文化资源等为核心,包括自然遗产型和文化遗产型旅游景区,如国家公园、自然保护区,中国特有的风景名胜区、文物保护单位,以及中外都较常见的历史文化名城、民族文化区等。

商业型旅游景区指并不完全依赖于但与自然、文化资源有密切联系的,为了盈利或其他商业目的而人为建造的人为吸引物,它们常常需要大量的投资,如主题公园、度假区、游憩商务区和博彩场所(casino)等。

节事型旅游景区指特殊节事活动的举办地,包括运动竞技比赛、交易会和博览会,例如北京奥运会、上海世博会等。

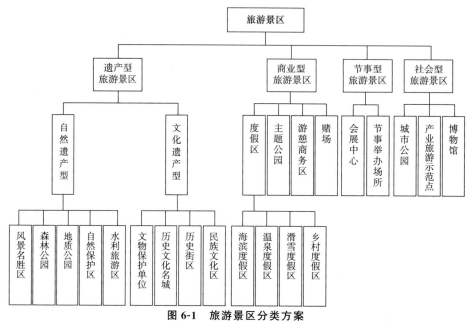

图 6-1 旅游景区分类方案

资料来源：吴必虎、俞曦，2010：403。

社会型旅游景区指为了旅游之外的其他目的，如公益、教育、产业等功能而建造的设施或空间，但被人们利用成为旅游吸引物，随着旅游业的发展而附加了游憩与旅游功能，但这些旅游景区仍然追求社会效益多于旅游效益，包括大型现代水利工程、城市公园、政治集会广场、博物馆、工农业旅游点、乡村旅游点等。

3. 旅游景区服务质量等级

国家旅游行业主管部门或者行业协会等非政府组织，根据旅游景区的服务质量和管理水平，按照国家标准《旅游景区质量等级的划分与评定》(GB/T 17775—2003)对旅游景区做出等级评定，往往也会成为一种特殊的分类：体现其市场信誉或品牌价值。中国旅游景区质量等级以 A 级表示，共分为 5 级，从高到低依次为 AAAAA(5A)、AAAA(4A)、AAA(3A)、AA、A，但实际应用过程中，较多旅游景区质量在 3A 及 3A 以上。评价体系涵盖了旅游交通、游览、旅游安全、卫生、邮电服务、旅游购物、经营管理、资源和环境的保护、旅游资源吸引力、接待海内外旅游人次、游客抽样调查满意率等 12 个方面。

2007 年 5 月 22 日，国家旅游局在其官方网站发布通知公告，经全国旅游景区质量等级评定委员会委派地评定小组现场验收，全国旅游景区质量等级评定委员会审核批准，决定批准北京市故宫博物院等 66 家景区为国家 5A 级旅游景区。截至 2020 年 12 月 31 日，共确定了 302 个国家 5A 级旅游风景区。

国家 5A 级旅游景区是公认的旅游景区的最佳品牌，也是旅游产业发展的重要支撑。文旅部门对 5A 级景区的管理一直是严格的和动态的，通过摘牌、警告等手段，督促景区始终坚持以游客为本,不断加强管理,改进服务,提高品质。2015 年 10 月,河北省秦皇岛市山海关景区成为全国首个被摘牌的 5A 级景区。2018 年 11 月,整改后的山海关景区恢复国家 5A 级旅游景区质量等级。

6.1.3 旅游地与旅游地域系统

旅游地通常情况下可以理解为旅游目的地的简称。它是指吸引旅游者在此做短暂停留、参观游览的地方(保继刚,楚义芳,2012:5)。旅游地及其组成的旅游地域系统具有广泛的复杂性。何效祖(2007)指出旅游地、旅游目的地和旅游地域系统三个概念有所不同。对旅游地进行空间层次分类和通用类型分类,构建了旅游地域系统的空间结构体系和产业结构体系。旅游地域系统是由旅游吸引物、旅游客源地和旅游目的地组成的空间功能系统,表征旅游主体、客体在空间中相互联系与作用形成的某种空间聚集程度和集聚状态,从复杂性特征的角度来看,旅游地域系统表现为系统性、等级性、竞合性、开放性、动态性、分形性和自组织性(陈雪婷,2015)。

陈雪婷(2015)通过对黑龙江省旅游地域系统进行的研究发现,黑龙江省旅游地域系统的内外部作用因子包括旅游发展的非线性趋势环境、东北地区的旅游发展环境及消费水平等因素。黑龙江省旅游地域系统的空间自相似性和聚集分维特征明显,表现出显著的向心性特征,旅游景区、旅游酒店高度集聚于省会哈尔滨,从中心向外围衰减。

旅游空间(tourist space)是旅游活动的空间载体,即旅游活动的存在形式。旅游空间以旅游地等物理环境为基础,反映了其中游客进行旅游活动的现象,并记录了旅游活动中事件的经过,同时旅游空间还承载了社会交往和经济关系的内涵(赵建彤,2014)。赵建彤把北京旅游空间的层级解析为旅游空间要素结构、旅游空间愉悦品质和旅游空间基础支撑 3 个方面。他认为,在以目的地城市旅游空间优化为目标的研究中,不同尺度旅游空间的任务和功能不同。

城市尺度的旅游空间,主要任务是旅游活动的布局组织和关系架构;游客尺度的旅游空间,主要任务则是为游客提供基础服务和愉悦体验。因此,不同尺度上讨论旅游空间承载内容的侧重点也不同。在城市尺度,旅游空间承载内容是在由文化、经济、自然生态、基础设施、政策法规等构成的城市环境中,城市通过旅游产品将旅游资源游客,游客通过旅游产品实现对旅游资源的消费。

李山(2006)从旅游供给角度,将旅游圈视为旅游区的一种空间组织和产品形式,并立足于旅游圈的产品属性,对旅游圈的形成问题展开理论分析和地理计算研究。李山通过构建旅游区空间溢出模型来研究旅游圈的有效组织问题,并且发现构成旅游圈的各子旅游区之间,溢出作用与旅游区之间的规模等级差异、类型差异和空间距离有关,也与旅游区本身的学习能力大小有关。

图 6-2 表示了旅游景区(旅游吸引物)、旅游地、旅游目的地等不同概念之间的相互关系。由这张图可以看出,由设施和服务加上旅游景区构成了旅游地。旅游景区又可以分成自然遗产型旅游景区、历史遗产旅游景区、商业型旅游景区、社会型旅游景区等类别。若干个旅游景区和旅游地构成了旅游目的地。而旅游目的地又分成城市型目的地和景区型目的地。

6.1.4 旅游目的地

进一步分析图 6-2 可以发现，旅游景区在不同的语境下的含义有不同的阐述。例如我们经常讲旅游目的地国家、旅游目的地城市、旅游目的地区域，那么在旅游目的地当中，应当如何理解旅游景区的意义？各种不同类型的旅游景区，以某种形式进行组合，共同构成一个多种功能，提供多种服务，然后对市场有较大影响力的旅游地集群，并成为旅游者出行的目的地区，这样的地方就成为旅游目的地。而旅游目的地又可以分为城市型目的地和景区型目的地，像成都、大理等就属于城市型旅游目的地；而如四川的九寨沟和新疆的喀纳斯等景区，离所属的城市都很远，但其本身作为景区成为游客的目的地，这种类型的就称为景区型目的地。对于一个旅游目的地来说，不论是城市型的还是景区型的，旅游景区都是其基础。

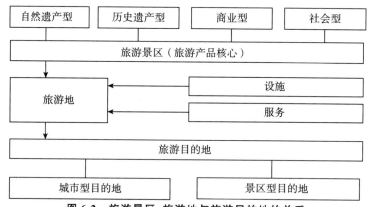

图 6-2　旅游景区、旅游地与旅游目的地的关系
资料来源：吴必虎、黄潇婷 等，2019：114，有修改。

1. 城市型目的地

在大多数情况下，城市是最重要的一类旅游目的地。城市型目的地更多时候被称为旅游城市。旅游城市是以城市规划、城市建设为基础，以满足旅游者的旅游需要为主要职能，以旅游资源的可持续利用及旅游经济的可持续发展为核心，以城市的经济与社会全面发展和进步为目标，按照系统原理、旅游业功能、经济学原则来规划、建设和管理的现代化城市（杨其元，2008）。

城市作为旅游目的地，具有悠久的历史。青岛是我国最早开发旅游的滨海城市之一，从近代开埠至 20 世纪末，在百年城市发展中，青岛城市旅游经历了探索、发展、停滞、转型 4 个发展阶段（高玉玲，2006）。在旅游尚未形成产业的历史时期，青岛自发的旅游活动业已开始。随着城市的形成和发展，具有商业性、宗教性、会议洽谈性的各种旅游活动迅速发展起来。20 世纪 30 年代青岛逐渐以旅游胜地著称，旅游业发展也随之由自发而变成自觉，臻至繁盛。德占时期与 20 世纪 30 年代，青岛旅游的发展在全国名列前茅，开创了全国滨海型城市旅游发展的先河。改革开放以后，产业化步伐加快，青岛旅游业的发展依然在全国处于领先地位（高玉玲，2006）。青岛由近代旅游向现代旅游的演进过程，实际上是旅游活动由传统向现代化转化的过程,从现代化的视角出发,旅游与现代化之间存在密切的关系。

杨其元(2008)认为,可以从旅游城市引力系统和旅游城市支持系统两个角度来评价城市型目的地的竞争力。旅游城市引力系统包括城市旅游资源、城市旅游产品、城市旅游品牌这些能够对旅游者产生旅游吸引、促使其产生旅游动机的要素。旅游城市支持系统是指旅游城市发展所需要的各种外部和内部支持的大环境,支持系统的主要元素括城市政府主导、政策支持、旅游企业运作以及城市公众参与。

2. 景区型目的地

虽然大多数旅游景区或旅游地通常依托于某个中心城市,分散在城市或城镇的附近,但也确实有一些高等级的旅游景区因为其巨大的规模、奇特的景观、声震天下的影响力而能独立存在于某个偏僻遥远的远方。这种单靠自身吸引力就能独立把客源市场源源不断地引入目的地的旅游景区,我们可以称其为景区型目的地。

景区型目的地常常依靠某些标志性景区来担任主角。标志性景区就是旅游目的地范围内具有高级别旅游价值,占据景区体系核心主体地位,能够代表目的地形象文脉,旅游发展持续稳定,成为旅游者必游之处的旅游景区(文彤,2007)。九寨沟、张家界、喀纳斯等都属于这一类旅游目的地。

文彤(2007)认为,标志性景区的形成发展受到价值维、关联维、主体维三方面的共同作用。基础资源、旅游品牌、空间形态、基础设施、旅游景区、政府、居民、游客、企业、第三方力量10个要素成为影响标志性景区的具体因子。这些因子从不同的角度发挥着作用,而属于同一个维度的单个因子作用又共同形成了相应维度的合力,表现出因果循环累积的互动作用,借助相互之间的刺激与促进形成对于标志性景区的作用与影响。

作为一类景区型目的地,张家界现代旅游发展已有20多年的历史,既是中国现代旅游发展的缩影,也是内陆偏远地区现代旅游发展的典型代表(夏赞才,2004)。张家界国家森林公园的建立标志着张家界现代旅游的开端,现代旅游发展的内在需要推动张家界的地方行政管理体制的变更,催生了张家界市。武陵源列入世界自然遗产是张家界由国内旅游地向国际旅游地方向发展的一个转折点,"国内外知名的旅游胜地"从此逐渐成为张家界现代旅游发展和社会经济发展的基本目标。

张家界现代旅游发展20年,对区域经济的影响主要体现在获得了大量的中央政府和地方政府的投资,并吸引了区域外资本的进入,使其有可能在落后的区域经济基础上发展现代旅游业,从而从根本上改变了当地的产业结构。夏赞才(2004)认为,现代旅游发展为张家界提供了从传统的农业文明走向现代文明的历史机遇,但工业文明的缺失始终是张家界现代旅游发展的制约。旅游业的支柱地位直到20世纪90年代末才逐渐显现出来,"旅游带动战略"对工业和农业所发挥的带动作用并没有显现。这可能是许多景区型目的地旅游经济与区域经济的关系的一个常见现象。当然,考虑到景区型目的地的生态敏感性,这些地区本来就是限制开发型功能区定位,工业和农业本身的太多发展反而会削弱这一地区的生态质量,而旅游业就是这一地区最好的产业选择。

6.2 旅游景区价值评价与运营管理

旅游规划的编制通常需要评价旅游景区的质量、价值或竞争力，实际上有时候旅游地规划的目的本身可能就是为了提升旅游景区的价值（如从 3A 升 4A，特别是 4A 升 5A）或者帮助旅游景区的转型升级，因此了解旅游景区一般的运行及管理知识，就显得非常重要。

6.2.1 旅游景区引力与竞争力评价

哪些因素会影响旅游景区或者旅游吸引物的吸引力大小，或者说竞争力强弱？不同学者从不同角度对影响旅游景区吸引力的因素进行了不同的解读。有人认为自然风光和气候是影响旅游景区吸引力的两个基本因素，也有学者指出自然、气候和社会文化因素是影响旅游景区吸引力的前三位的因素，李丽梅和保继刚则认为环境和基础设施对游客感知至关重要（Li and Bao, 2005）。

黄远水（2005）系统地剖析了风景名胜区旅游竞争力的来源，根据各来源因素的不同重要程度，将各因素分为决定因素、支持因素和保障因素 3 大类，对旅游景区竞争力的来源进行了系统、科学的识别研究；在旅游景区竞争力识别研究的基础上，系统地提出了风景名胜区旅游竞争力的判别标准；提出了风景名胜区旅游竞争力的评价因子和赋值标准，构建了一套系统的风景名胜区旅游竞争力评价体系；探讨了风景名胜区旅游竞争力培育问题，首次提出了风景名胜区旅游竞争力培育的 DMPI 循环发展模式，即开发（development）、管理（management）、保护（protection）、创新（innovation）循环发展模式。

雷彬（2016）通过比较不同行业价值链差异，根据地质公园特点，构建了适合地质公园的价值链结构模型。雷彬归纳总结出的地质公园核心竞争力的主要影响因素包括核心资源、公园管理能力、资源管理能力以及公园保障能力 4 个要素。而其核心竞争力评价指标体系包括区位条件、地质遗迹资源、地质遗迹保护、地学旅游开发、地学科普教育、营销推广能力、科技研发能力和基础设施建设能力 8 项能力指标，进一步筛选确定出与客源地主要距离、人均 GDP、公路覆盖密度等 33 项评价指标。

Meinung（1989）认为，一个旅游景区或者吸引物的吸引力大小会受到 3 种类型因素的影响，分别是：稳定因素（静态因素），比如旅游资源、景观质量等；可变因素（动态因素），比如交通基础设施等；不稳定因素（临时因素），比如天气、现场服务水平等。

稳定因素是指短期内不会变化的旅游景区吸引力的影响因素，比如埃及金字塔、八达岭长城等景区，其旅游资源、景观质量短期内是不会变化的，这个就属于影响旅游景区吸引力的稳定因素。实际上稳定因素是决定旅游景区吸引力的最重要的因素。

可变因素是影响旅游景区吸引力的因素，这部分因素是指可以在较长的一段时间里（比如 3~5 年）可以有比较大的调整的因素，比如交通设施等。可以看到，这几年高铁在中国的发展，对于很多旅游目的地的吸引力产生了很大的影响，也对于整个中国游客的流动速度和方向都产生了很大的影响。

不稳定因素也是一种影响旅游景区吸引力的因素,这部分因素是指每天乃至每小时都会发生变化的因素,比如天气和现场服务。旅游业是一个严重依赖于现场服务的行业,而现场服务是不稳定的,它很容易受到服务者情绪等的影响,而这些又都会影响到游客对旅游目的地的满意情况。所以一个旅游景区的好坏以及吸引力的大小与现场服务等不稳定因素也有关系。

此外,文化含量对旅游景区吸引力也有一定的影响。无论是稳定因素、动态因素还是不稳定因素,以及三者的组合,旅游景区吸引力影响因素都会涉及其背后的因素——文化含量。文化的显示水平、显示度,还有游客能参与的程度,很大程度上会决定旅游景区的吸引力大小,所以文化含量因素非常重要。

而另外一个因素——主客之间的接触机会(opportunity of encounter),也就是游客和本地居民之间是否具有接触的机会、接触的形式等也会对旅游景区吸引力及竞争力,以及人们对旅游目的地的品牌的感知有很大的影响。

6.2.2 旅游地的共生与环境效率

基于经济人假设,旅游者通常倾向于在一次出游历程中能够获得多个旅游景区的游览机会,尤其是高铁的出现压缩了时空距离,使游客出游的便利性极大增强,旅游地之间的互动也更为频繁,并明显表现出"互帮互助、共生共荣"的共生形态(胡晓鹏,2008)。此外,随着OTA业务的普及,旅游者选择不同旅游地之间组合线路的自由度也在不断增强。

交通在旅游地共生和区域合作中占据重要影响地位。王华(2017)的研究表明,武陵山片区旅游开发与区域合作中,交通互连互通是关键性制约因素;旅游地的外部通达度高,其旅游产业发展迅速,两个旅游地之间连通度高,那么旅游合作度也会较高;交通连通性与区域旅游业发展呈正相关性,促进区域旅游合作,龙头旅游地在合作中起引擎示范作用。

旅游地域系统协同发展同样需要观察研究。汪晓春(2017)对海南省旅游空间协同的观察表明,海南省旅游接待重心和旅游消费重心不重合,说明全省旅游发展质量差异显著,部分地区以观光旅游为主,"旺丁不旺财",投入和产出不成正比,进一步扩大了区域发展的不平衡性。从海南省旅游空间演变驱动力来看,资源条件、政策支持和交通干线的布局是影响旅游发展和空间布局的主要诱因。要实现区域协同发展,需要统一规划全省旅游资源,明确功能分区和产品定位。要充分发挥区域核心城市的辐射带动作用,各组团要结合自身资源优势,发展特色旅游产品。做好交通便利度提升、信息一体化共享等关键要素的提升,破除阻碍区域协调发展的空间障碍,降低游客选择的时间成本和金钱成本,最终形成全省各区域旅游资源一体化、产品互相补充、全省旅游协调发展共同繁荣的局面。

胡婷(2019)以湘西地区为例研究了区域旅游地共生系统的测定方法与结构特征。她的研究发现,旅游景区共生单元的关键约束条件在于共生距离、共生界面与共生潜力。共生单元必须满足的3大条件包括:有效共生距离内存在至少一个潜在共生伙伴,活跃于共生界面,表现出明显的、与内部成员的共生潜力。共生单元质量对共生发展的特性和能力有很大影响。旅游地共生网络由若干个共生节点及若干条有效共生边组成,网络内可能存在多层级的内部子群结构。该研究还发现,湘西地区旅游地共生网络具有空间集聚性,内部形成了较为明晰的子群结构,显现出核心辐射共生以及节点间的邻近共生和择优共生特征。

旅游地旅游业环境效率是指旅游地为旅游者提供旅游产品和服务所带来的旅游经济产出,与旅游者在消费旅游产品和服务过程中所产生的环境影响的比值(孙景荣,2015)。孙景荣从环境效率的视角切入,对旅游地旅游业单要素环境效率、多要素环境效率、环境效率弹性指数和环境效率的影响因素进行了深入分析。他研究发现,单要素视角下,旅游业各项单要素环境效率值排序在不同旅游地之间存在差异,并且旅游收益的增长率要低于旅游地环境影响各指标的增长率;而多要素视角下,不同类型旅游地在旅游业人均多要素环境效率和地均多要素环境效率方面均存在差异;旅游收益增长率低于旅游环境维度总量的增长率。

6.2.3 旅游景区游客管理与主客冲突

旺季游客管理是旅游季节性问题中的一个热点和难点。许多热点旅游景区在旺季超负荷运行,客流量短期内的急剧增加为旅游景区带来了诸多不稳定性因素。而在旅游淡季,客流量远远达不到合理容量水平,造成了旅游资源的闲置与浪费。如何缓解旅游淡旺季之间的矛盾,推动客流量在时间和空间上平稳变化,既是当前学术界亟待解决的研究课题,又是热点旅游景区合理开发旅游项目、调控客流量、旅游景区管理和营销的迫切需要。一些学者引入可持续发展理论、旅游气候舒适度理论、分形分维理论和旅游环境容量理论,对旅游景区客流量起伏特征及影响因素、客流量分形分维特征、客流量时空调控机制等进行系统研究,试图找到解决高峰期游客管理的一把钥匙(张铁生,2015)。

张铁生(2015)指出,旅游流年内变化是个动态的过程,对旅游流的时空调控也是个动态过程,不仅需要对旅游环境容量进行测算,而且还要从时间和空间维度上确定旅游流调控的合理区间——调控时空阈,使旅游流调控更科学、合理。

旅游景区游客管理中一个重要内容是高聚集游客群的安全管理。上海外滩踩踏事故后,高聚集游客群的安全问题备受关注。所谓高聚集游客群是指局部空间内聚集游客数在50人以上且游客密度高于3.0人$\cdot m^{-2}$的游客群体。殷杰(2018)的研究表明,资源吸引是高聚集游客群形成的主要刺激因素,高聚集游客群系统安全受到多源压力、状态变异和管理响应等多重因素的影响,三者之间并未形成高效协同耦合是安全事故根源。

张建荣(2019)以五台山为例,研究了旅游景区当地居民与外来访客的冲突机制问题。他研究发现,宗教旅游地主客冲突的群体以旅游景区工作人员、游客以及外来经营者为核心群体,僧尼、喇嘛与本地居民为边缘群体。环境冲突是主客冲突中最严重的冲突,其次是文化冲突和经济冲突。核心寺庙群成为冲突发生的主要场所,其中寺庙秩序问题是构成环境冲突的主要内容之一。主客冲突是以宗教场域为载体或围绕宗教场域而产生的。宗教秩序与游客的日常社会秩序存在反结构的冲突缝隙。发生在宗教场域的冲突主要是精神性冲突,游客尤其关注僧人的形象与态度。

张建荣指出,宗教旅游地主客冲突的形成脱离不了宗教神圣与旅游世俗、理性脱魅与价值信仰、结构与反结构场域的宏观框架,具体的形成还受多种因素影响。认知偏差和财产侵害首先在主客冲突的发生中发挥重要作用,其次是空间、权力和设施的因素。旅游地的宗教权力特征增加了东道主和游客的相对剥夺情绪。总的来看,宗教氛围弱化了冲突度,宗教性在冲突形成中起到了一定的调适作用。

6.2.4 旅游景区安全风险及其管理

除了游客拥挤引起的安全问题外,旅游景区安全还涉及很多别的因素,政府对此也长期高度关注并有积极政策响应。2009年国务院通过的《关于加快发展旅游业的意见》专门提到:"完善旅游安全提示预警制度,重点旅游地区要建立旅游专业气象、地质灾害、生态环境等监测和预报预警系统。"在旅游景区安全管理过程中,需要对景区旅游安全风险形成机理和动态评价方法有所掌握,了解景区旅游安全风险预警内涵,选择最适合的动态预警方法,并能及时向游客发布。叶欣梁(2011)在其学位论文中提出建立面向多灾种旅游地自然灾害风险管理框架,该框架主要有5项内容,即建立工作框架、风险识别、风险分析、风险评价和风险处理。其中第三项的风险分析中的致灾因子分析、暴露分析和脆弱性分析是核心内容。

旅游景区是集旅游资源、旅游设施等为一体的地域综合体,是旅游者活动的重要场所,发挥着接待旅游者、旅游产品供给、资源保护等多方面功能。旅游景区大多位于风景独特的山地和沿海地区,多变的气候和独特的地理环境极易引发崩塌、滑坡、泥石流等地质灾害(姚丹丹,2016)。旅游景区在运营过程中会因自然环境灾害、社会环境问题及责任人为问题等对旅游者造成人身、财产损失,也对景区旅游资源、设施及工作人员造成损失。还有一类旅游地的风险是新开发项目的风险管理。旅游地开发项目建设是地区旅游经济发展的重要基础。由于这类项目涉及利益主体多、周期长、投资大,项目决策及实施过程中的不确定性因素多,使开发项目面临较大的风险(肖拥军,2009)。

叶欣梁(2011)将旅游地自然灾害风险界定为致灾因子与旅游地游客、居民、管理部门、旅游资源(与环境)、景区财产设施等暴露在致灾因子作用下,因各自脆弱性不同而导致的区域旅游业损失的可能性和损失后果。叶欣梁总结出了旅游地自然灾害风险的6项特征,即客观存在性、时空分布普遍性和差异性、动态变化性、复杂多样性、居民游客认知的不确定性、后果的重现性。为了对旅游地自然灾害风险进行分类,可以从以下几方面加以考虑,即致灾因子、旅游地暴露、损失种类、人的认识真实性等。

孙滢悦(2019)以长白山景区为例,分析了旅游景区安全风险预警问题。她的研究确定了自然灾害风险、空气污染、水污染、犯罪、恐怖主义、国际关系、饮食卫生、停电、交通事故、景区服务10项因子作为评价因子。她的评价结果表明:长白山景区为山岳型景区,游览线路为登山线路,因此长白山景区旅游安全风险较高的区域呈条带状分布。风险强度随时间变化特征明显,其中上午10:00—12:00与中午12:00—14:00两个时段由于景区内游客数量较多,导致景区内风险较大。

林炜铃(2015)则对岛屿旅游地的安全问题进行了研究。她的研究发现,岛屿旅游地安全氛围对游客安全态度具有显著的正向影响作用。游客的部分人口学变量特征(性别、年龄、受教育程度、职业等)对游客安全态度和游客安全行为的各维度变量具有显著性影响。46岁及以上年龄较大的群体,安全认知和安全情感普遍比45岁及以下年龄群体要高。林炜铃认为,除了游客安全态度在岛屿旅游地安全氛围对游客安全行为影响中起中介作用外,网络舆情、游客的旅游需求,或旅游目的在岛屿旅游地安全氛围等,都对游客安全行为作用起重要影响。

邹永广(2015)基于生态系统健康理论、社会脆弱性理论、期望差异理论等,就旅游安全抵抗力-入侵度的目的地旅游安全度客观评价,以及游客安全期望-感知的目的地游客安全感主观评价等模型的构建,进行了系统研究。邹永广还收集多方数据对目的地旅游安全度评价模型和游客安全感评价模型进行了拟合检验。应用经过拟合检验后的评价模型,测算目的地旅游安全度指数和游客安全感指数,依据评价指数,进而做出旅游安全预警判断。

6.3 基于资源的旅游地

6.3.1 自然旅游地:自然游憩与生态旅游供给平台

根据前文的旅游地类型讨论的逻辑,接下来分别对两类遗产型、两类商业型和单列的乡村旅游地(商业-社会型旅游地)基本特征进行阐述。

自然遗产空间主要承担着向公众提供自然游憩和自然旅游的生态服务功能。根据IUCN的定义,自然保护地是指以保护特定自然生态系统和景观为目的,由政府划定、法律认可、边界和权属清晰、受到有效管理的地理空间。从其定义中可以明显看出,对于自然保护地,其首要的功能是生态系统的保护,但是另一方面,自然保护地也具有游憩功能。比如美国的黄石公园、科罗拉多大峡谷,除了保护生态系统的功能外,也具有游憩机会(recreation opportunity)供给的功能。通过对全球各个国家文献和行政法规的梳理和总结,可以发现全球各个国家的国家公园或者自然保护地的管理目标,主要有以下两个方面:一是保护自然资源,二是提供公共游憩机会。美国国家公园管理局有一套国家公园管理理论被称作VERP理论,实际上就是两个管理目标的简写,旅客的体验(visitor experience),也就是指游憩机会的提供,和资源的保护(resource protection)。

1. 国家公园:级别最高的自然旅游地

党的十八大以来,随着自然保护事业的发展和生态文明建设的需要,我国开始开展国家公园体制试点,推动建立以国家公园为主体、自然保护区为基础、各类自然公园为补充的自然保护地体系(唐芳林,2018)。在中国特有的以国家公园为主体的自然保护地体系下,国家公园具有主体地位,同时也肯定了其他自然保护地的作用。在中国特色的自然保护地体系中,国家公园处于"金字塔"的顶端,其次是自然保护区,再次就是各类自然公园,三者共同构成我国有机联系的自然保护地系统。而对于我国的自然保护地体系,提出的两大管理要点是统一管理和严格保护。统一管理是指中央政府统一管理国家公园为主体的自然保护地体系,并不是所有的自然保护地都会纳入国家公园这个名称下面。

作为一类特殊的旅游地,国家公园一方面要实行最严格的保护,另一方面也不拒绝自然游憩、自然旅游的发展。2017年9月,中共中央办公厅、国务院办公厅印发《建立国家公园体制总体方案》明确指出,"国家公园坚持全民共享,着眼于提升生态系统服务功能,开展自然环境教育,为公众提供亲近自然、体验自然、了解自然以及作为国民福利的游憩机会";在国家公园内"除不损害生态系统的原住民生产生活设施改造和自然观光、科研、教育、旅游外,禁止其他开发建设活动"。也就是说,游憩和旅游是两类受到中央许可的访客活动和"开发建设活动"。

从西方国家的情况来看,自国家公园概念诞生以来,旅游就是其基本要素,因旅游创办国家公园出现在基于生态保育理由创设国家公园的时代之前,当前不同国家的国家公园概念各不相同,国家公园所需供给的旅游机会也大相径庭(弗罗斯特、霍尔,2014:3-16)。对中国国家公园而言,需要"实现自然资源科学保护和合理利用",鉴于国家公园所具有的国家代表性和所主张的全民共享内涵,游憩和旅游利用仍将成为我国国家公园最主要的资源利用形式。从这一点出发,自然保护地作为一类旅游资源,既是顶层设计,也是基层需要。进入新时代的中国,不断满足人民日益增长的美好生活需要已经成为实现"两个一百年"奋斗目标和实现中华民族伟大复兴的中国梦的重要组成部分。游憩和旅游作为一种重要的精神文化需要,实现这种需要离不开游憩与旅游的充分、高品质供给,而包括国家公园在内的自然保护地,应当成为保障人民游憩权、满足公民游憩需求的重要空间载体(张海霞,2012:235)。

为了实现精细化、差别化的专业管理,国家公园管理者将国家公园划分不同的功能区,细分为严格保护区、生态保育区、传统利用区和科教游憩区。对于自然保护地的旅游规划主要涉及的区域是科教游憩区。而传统利用区主要是传统生产利用区,比如云南哈尼梯田的稻作农业、武夷山自然保护区的种茶业。对于生态保育区和严格保护区则实行最严格的保护,禁止人为活动。

2. 自然保护区:严格保护下的自然游憩与生态旅游供给

各国的自然保护地系统存在不同的发展情况,我国早在1956年就成立了第一个自然保护区——广东鼎湖山国家级自然保护区。此后几十年以来,我国逐步建立了以自然保护区为主体的自然保护之路,截至2018年,我国各类自然保护区数量达到2750处。

在自然保护区内可以开展哪些类型的自然游憩和生态旅游活动?本章后面将会专门讨论自然保护地内的游憩机会谱分析工具。一些研究者根据中国国情和已有自然游憩、自然旅游产品的调查分析,总结归纳了中国各种类型的自然保护地内适宜开展的自然游憩和生态旅游活动(谢冶凤、吴必虎、张玉钧,2021)。与一般旅游产品的分类不同,除了一般的吸引物类型、出游动机等属性外,环境影响大小成为自然保护地旅游产品的另一个关键属性;到访规模又是决定环境影响的重要因素之一。因此,依据环境影响和到访规模由小到大的顺序,我们可以将保护地旅游活动产品归为6种类型,即科考探险、自然野生动物旅游、自然教育、健康休养、户外运动和风景观光。这几种主要的自然游憩及生态旅游的吸引物特征和适宜开展哪些游憩活动,将会在第7章更详细地阐述。

李杨(2012)研究了长白山国家级自然保护区旅游发展问题。他对长白山生态旅游环境承载力进行了分析,根据木桶短板效应理论,空间资源承载力是确定游客容量的短板。而长白山国家级自然保护区还有自然环境、经济、心理承载力形式。研究还发现目前长白山地区的旅游和经济均未达到发达地区水平,旅游地居民的心理承载力处于较大状态。在深入分析基础设施建设与资金约束、旅游产品季节性约束、管理体制障碍、旅游业发展与生态环境保护等主要问题后,基于产权理论与产权非中性理论,提出管理体制障碍是长白山生态旅游发展的一个重要问题。

3. 自然公园:自然游憩机会最集中的旅游地

除了国家公园和自然保护区之外,在2017年中央宣布建立国家公园体制之前,各种自然资源管理权属分散在多个部门手中,其设立及使用的自然旅游地名称也比较复杂。总体上看,这些不同的自然保护地体系,都具有鲜明的旅游吸引物特征。那些尚不具备成立国家公园以及并非以生物资源保护见长的自然保护地,如风景名胜区、森林公园、地质公园、湿地公园、草原保护区、沙漠公园、矿山公园、水利风景区、海洋公园等,都被称为自然公园(表6-1)。从工作进程来看,截至2020年2月我国仅有11个国家公园体制试点区,理论上讲,尚不存在已由官方指定的正式国家公园,而大多数景区仍然归入自然公园范畴,按照工作计划均应逐渐归入国家林业和草原局(国家公园管理局)进行统一管治,目前该项工作仍在落实过程中。

表6-1 2018年前中国各类自然保护地(自然公园)

自然保护地(自然公园)类型	原主管部门	等级划分	主要旅游资源
自然保护区	林业、环保	国家级、省级、县级	珍稀野生生物、自然遗迹
风景名胜区	住建	国家级、省级	山河、湖海、地貌、森林、文物古迹、革命纪念地、历史遗址等
森林公园	林业	国家级、省级、县级	森林景观、人文景物
地质公园	国土资源	国家级、省级	地质遗迹、地貌
湿地公园	林业、住建	国家级、省级	湿地景观
水利风景区	水利	国家级、省级	水库、湿地、城市河湖、灌区等
草原保护区	农业	国家级	草原景观、人文景观
沙漠公园	林业	国家级	沙漠
矿山公园	国土资源	—	矿山遗址
海洋公园	海洋	国家级、地方级	海洋、海洋动植物
国家公园(体制试点区)	发展改革委		

资料来源:作者基于相关文献整理。

山地地形是许多上述自然公园旅游资源(例如森林、湿地)形成的基础,其本身也是重要的旅游资源。大多数自然公园形成于山地地区。山地旅游资源具有多样性、边缘性、低可达性、脆弱性、专业性和审美性特征,这些特征使得国外许多类型的户外运动,如滑翔伞、攀岩、登山、徒步、直升机滑雪和直升机远足、冰川行走、冰上攀登、下坡滑雪和山地自行车,得以在山地景区进行。与此同时,由于山地旅游资源的脆弱性和多样性,也需要考虑在其游客承载量范围内开发旅游产品(Nepal and Chipeniuk,2005)。当然,各类自然保护地在不同气候和天气条件下还可能拥有天象类旅游资源,包括雪景、雨景、云海、朝晖、夕阳、佛光、蜃景、极光、雾凇及其他天象景观等。

近十余年来,我国沙漠旅游发展迅速,年接待量已经超过500万人次,出现了宁夏沙坡头、甘肃敦煌鸣沙山月牙泉为代表的一批全国知名的沙漠旅游景区。刘海洋(2013)从沙漠旅游资源类别、沙漠旅游地兴起的条件、沙漠旅游地客流特征、沙漠旅游地生命周期4个方面,分析了我国沙漠旅游地发展的基本特征,并在此基础上提炼出中国沙漠旅游地发展模式。汪辉(2007)在其博士学位论文中对湿地公园基础上的生态旅游规划进行了研究,以湿地生态系统恢复与重建—生态旅游发展—社区的复兴与发展为主线,对湿地公园规划的相关理论、原则及规划实践进行了探索。

4. 自然旅游地的游憩机会谱

自然旅游地内一般都划分为不同功能指向的区域,如严格保护区、生态保育区、传统利用区和科教游憩区等,各功能区之间虽然可以进行理论界定和划分,但实际工作中往往难以机械截然地分开,因此需要研究什么样的条件划分什么样的区域,什么样的区域可以开展什么样的旅游活动。针对这些问题,专业人士提出一系列理论,例如可接受变化的极限(the limit of accessible change,LAC)理论,以及游憩机会谱理论。

游憩机会谱的基本假设就是通过各种各样机会的提供使游憩者的体验质量得到最好的保障,通过在不同类型区域设计不同的游憩活动来缓解资源压力,是一个自然游憩管理工具。游憩机会谱框架是由两组研究人员,即Clark和Stankey(1979)与Brown、Driver、McConnell(1978)分别开发的。基于该理念所开发的游憩机会谱框架可以指导区域的游憩规划和游憩管理(Manning,2011:190-205)。

游憩机会谱框架已在北美和新西兰的规划实践中得到了广泛的运用,至少有3方面的应用考虑:编制游憩机会目录清单;评估管理决策对游憩机会的影响;作为与公众沟通的方法,分配给游憩者期望的游憩资源,使游憩机会与游客期望得到的体验相匹配。

这套理论将国家公园里分成了6个不同类型的游憩机会,也就是说在不同的区域里面可以提供不同的游憩机会。分别是原始区(primitive),也就是完全原始的状态,是基本上不允许人进入的;半原始无机动车区(semi-primitive non-motorized),就是半原始的、不通公路的区域;半原始有机动车区(semi-primitive motorized),同样是半原始的状态,但是有限的通公路的区域;通路自然区域(roaded natural),就是通公路的自然区域;乡村区(rural);都市区(urban/developed),是指被开发的或者是被城市化的地区。

对于这套理论,不同的作者对其进行了解释,Clark和Stankey(1979)根据环境条件的现代化程度,将游憩机会划分为现代型、准现代型、准原始型和原始型4类(四分法)。他们非常详细地划定了保护地的使用范围、使用方法、对应的机会。比如不同类型的地方提供游憩机会的可达性的难度、通道系统、载送方式、非游憩资源的使用、现场管理的干扰程度、可接受的干预、旅游的社会相互作用、旅游的影响等。利用这一游憩机会谱框架,我们可以对一个区域或景点的旅游资源、环境条件、社会经济状况进行评价，以确定最为合适的游憩方式和产品类型（表 6-2）。

表 6-2　四分法游憩机会谱及其要素

管理因素	游憩机会组合			
	现代型	准现代型	准原始型	原始型
1. 可达性				
（1）难度	非常容易—————	—————		
		中度困难————	————	
			困难	
				很困难
（2）通道系统				
① 公路	两车道铺筑公路			
	一车道铺筑公路————	————		
		石子路或土路		
			越野车线路	
② 小径		高标准游径		
	低标准游径————	————		
			乡野小径————	————
（3）载送方式	机动化————————	————————		
		非机动化————	————	————
	正式路面上的汽车			
		非正式路面上的汽车————	————	
			路外汽车————	————
		马匹		
		步行————————	————————	————————
2. 非游憩资源的使用	大规模兼容			
		取决于活动性质及范围————	————	
				不兼容
3. 现场管理（改变的程度）				
（1）范围	非常广泛————	————		
		中等范围		
			孤立地点	
				未开发
（2）干扰强度	明显改变————	————		
		主要表现为自然特色————	————	
				未加改变
（3）复杂性	很复杂			
		有些复杂————	————	
				不复杂
（4）设施	多种、舒适、方便————	————		
		一般、舒适、方便		
			很少量、舒适、方便	
			保障安全限制规模————	————
				无设施
4. 社会相互作用（略）				
5. 旅游影响（略）				
6. 可接受的干预水平	严格干预			
		一般干预————	————	
			最小干预	
				不干预

资料来源：Clark and Stankey，1979。

更常见的游憩机会谱框架是美国林务局推荐的由 Brown、Driver、McConnell(1978)制订的六分法,它从影响游客体验的角度将游憩地划分为 6 种类型:原始区域、半原始且无机动车辆使用区域、半原始且有机动车辆使用区域、通道路的自然区域、乡村区域及城市区域(表 6-3)。游憩机会谱系中的环境被划分为 3 个序列:物质环境、社会环境和管理环境。游憩机会谱的确定主要取决于这 3 种环境序列及其相关指标的组合。

表 6-3 六分法游憩机会谱及其属性

类型	属性
原始区域	未经改变的规模很大的自然区域 使用者之间的互相作用很低,其他使用者出现的迹象很少 在管理方面,人类限制和控制的影响很小 区域内禁止机动车辆
半原始且无机动车辆使用区域	区域主要特征是自然环境,中等到大型规模 使用者之间的互相作用很低,但经常有其他使用者出现的迹象 在管理方面,对使用地点的控制很小但具有一定的限制 区域内禁止机动车辆
半原始且允许机动车辆使用区域	中等到大型的以自然特征为主的区域 游客集聚的程度比较低,但经常能够看到其他使用者 在管理方面,对使用地点的控制很小,但具有一定的限制 区域内允许使用机动车辆
通道路的自然区域	自然特征为主,中等程度人类迹象出现,但基本与自然环境和谐 使用者之间的互相作用低到中等程度,但其他使用者出现得很普遍 资源改变和利用的实践很明显,但基本与自然环境和谐 为机动车辆使用提供标准的建设道路和设施
乡村区域	改变的自然环境,提高特殊的娱乐活动,维持植被和土壤 人类迹象明显,使用者之间的互相作用中等到较多 有相当数量的设施提供给游客使用 为一定的活动提供设施 非热点区域为中等游人密度 为密集的机动车提供设施及停车场
城市区域	主要以城市环境为主,虽然背景可能有一些自然要素 可更新的资源改变和利用的实践用来提高特殊的游憩活动 植被通常是外来种并且被修剪 在游憩地点人类迹象明显 高密集汽车使用提供设施和停车场,公交系统可载客进入游憩地点

资料来源:Brown、Driver、McConnell,1978。

山地旅游产品开发也具有相应谱系。Nepal 和 Chipeniuk(2005)根据可开展的旅游活动将山地分为 3 个基本区域(图 6-3):旅游中心区(tourism center)、乡村地区(frontcountry)和边远地区(backcountry)。旅游中心区是开展活动力度大、游客密集、大众化程度高的活动区域;乡村地区一般开展摄影、野生动物观赏等大众化程度更低、对能力和体力要求更高一些的活动；边远地区适合开展野营、徒步等，其专业化和精英化程度越来越高。总之，在这个谱系上，从左往右，空间上越来越远离现代化和城市化区域，所开展游憩活动的难度和专业化程度越来越高，山地的旅游产品的供给是自成体系的。

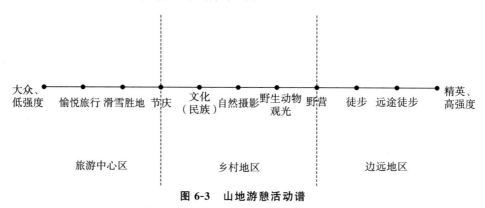

图6-3 山地游憩活动谱

资料来源：Nepal and Chipeniuk，2005。

在游憩机会谱的基础上，Aukerman（2004）又进一步提出了滨水游憩机会谱（water recreation opportunity spectrum，WROS），指导水体资源（如海滨、湖泊、河流、海洋保护区等）的游憩活动开发，保护水体游憩活动质量和多样性。WROS将滨水游憩机会分为城市郊区型、发达农村型、自然农村型、半原始型和原始型，并针对每种类型的游憩地带确定了相应的活动组合、特征设施和体验。

肖随丽（2011）在借鉴美国林务局游憩机会谱和水游憩机会谱的基础上，构建了一个城郊森林游憩机会谱，将北京的城郊森林游憩区分为5大游憩机会类型：近郊开发型、近郊自然型、乡村开发型、乡村自然型和半原始型。

类似地，Butler和Waldbrook（1991）以上述游憩机会谱为基础，提出了旅游机会谱（tourism opportunity spectrum，TOS）的概念，并将其作为一种规划工具，提出了自然导向型旅游开发的一个框架。该框架综合考虑了可达性（包括交通和营销管道）、旅游基础设施特征、社会融合程度（主客关系、拥挤程度）、其他非探险性利用、管辖的接受水平（acceptability of regimentation）等各种因素。他们分析了上述各因素在TOS中的各自地位和作用，并以加拿大的北极圈西部地区为例进行了实验性应用。

度假活动偏好与自然体验、户外游憩行为密切相关（Aşan and Emeksiz，2018），许多度假旅游产品以自然环境为依托，例如海滨度假、湖泊水库度假、山地度假、温泉度假、野营度假等。因此，度假旅游产品也是一类重要的自然保护地旅游产品，但开发行为一般不允许发生在保护地内部，但其周边具备一定的条件时，可以考虑建设依托于保护地的休闲度假区甚至是旅游特色小镇。

5. 自然旅游地游客低碳行为管理

自然旅游地强调可持续发展的旅游及游憩活动方式。旅游活动的碳排放越少，或曰碳足迹越稀少,越受到生态学家的支持。姚治国等(2016)基于旅游碳足迹、生态效率、旅游经济效应等理论,构建了旅游生态效率模型,以此模型测算海南省的情况,发现旅游活动和旅游住宿的生态效率值大于旅游交通的生态效率值。在出行距离既定的情况下,优化旅游生态效率的措施在于:提高人均消费水平、延长平均滞留时间、增加平均参与活动频次,即"短距离、长停留、高消费"的市场模式有利于优化旅游生态效率。从这个角度看,休闲度假旅游的生态效率高于观光旅游。杨延风(2019)通过对旅游碳足迹边界的重新界定,构建了旅游餐饮、住宿、交通、旅游活动的碳足迹模型和城市旅游生态效率测算模型。在西安的案例研究中,发现部门间生态效率的优劣排序为:旅游活动＞旅游餐饮＞旅游交通＞旅游住宿。其中,旅游交通与旅游住宿部门足迹分别占足迹总量的83.97%、11.41%,是旅游行业节能减排的关键。

陈丽丽(2018)在其博士学位论文中,分析了生态旅游区游客低碳旅游行为的特征、影响因素等问题。她研究发现,低碳旅游行为划分为购买型、减量型及维护型三个维度。旅游者的维护型低碳旅游行为最积极,其次为购买型,最后为减量型。各类低碳旅游行为并未因社会人口统计特征及旅游方式特征呈现显著不同。研究证明,低碳旅游行为意愿对低碳旅游行为具有正向影响作用。存在行为意愿较低的现象,主要是因为低碳旅游作为一种新兴的旅游方式,未被公众广泛关注和较多了解。旅游者交通碳足迹研究将旅游者从客源地-目的地-客源地的中观尺度进行考量,具有显著的旅游产业空间运动特征,不仅可以突破现有不同尺度下碳排放研究的割裂,从点、线、面整体认识旅游者交通碳排放,而且可以更加深入地认识旅游业碳排放的空间影响,同时也可以丰富旅游业碳排放的计量理论与方法(罗芬、王怀採、钟永德,2014)。

陈丽丽还指出,外部情境因素也即经济激励、供给管理和宣传教育3个要素,与低碳行为存在紧密关系。外部情境因素在低碳旅游行为意愿与行为之间具有调节作用。不同的外部情境因素调节内容不同。经济激励对行为意愿与购买型、减量型行为之间的关系、供给管理对行为意愿与维护型行为之间的关系、宣传教育对行为意愿与减量型及维护型行为之间的关系存在正向调节作用。

为了促进旅游景区的低碳游客行为,可以对低碳旅游行为进行有效管理。陈丽丽(2018)将这一行为归纳为引导(leading)、转变(change)、供给(supply)及强化(strengthen)4个阶段,简称LCSS引导过程框架。通过组织和管理旅游者各项心理认知因素提出了相应措施,分别是:引导阶段针对行为态度和积极的环境价值观进行理念宣传并营造氛围;转变阶段针对享乐偏好观念的改变和转变;供给阶段针对知觉行为控制和地方依恋进行支持和交流;强化阶段针对主观规范进行巩固教育、规范刺激。

6.3.2 文化遗产地:文物保护空间的合理适度使用

绝大多数文化遗产都是非常受欢迎的旅游地。随着国民教育水平的提高,对传统文化的审美和认同感也在逐步提升。文旅融合的制度安排,则为文物古迹的旅游利用铺砌了更广阔的道路。文化遗产景观是一个国家和民族的象征,文化遗产地因为所具有的符号意义以及旅游符号消费意义,受到越来越多旅游者的关注。一旦"文化遗产地空间"和"旅游"结合,文化遗产地的建构和表征成为一个重大议题。当旅游者涉入此空间中,开始通过人的感官对文化遗产地空间进行感知和体验,旅游者主体开始对文化遗产地空间进行解构性分析,文化遗产地空间的建构与解构成为一对生动的主客关系(李艳,2019)。

人类在不同历史时期创造的建筑物、构筑物及其经历悠久历史演变而保留下来的历史遗产,对旅游者具有永久性的吸引力。为了探访历史遗迹而产生出游动机的访客占有旅游市场相当大的比例。中国是一个历史悠久、文化遗产丰富的国家,历史文化观光旅游的重要性更为突出(吴必虎、黄潇婷 等,2019:87)。文物古迹是中华民族的瑰宝,也是全人类共同的财富,除了要很好地保护之外,我们还要发挥它们在物质和精神文明建设中的作用,一个非常重要和关键的途径就是旅游(罗哲文,2002)。中国的遗产旅游也引起了全球学术界的关注。Yan(2017)以英文写作出版了一本书《中国遗产旅游:现代性、身份构建与可持续性》(*Heritage Tourism in China: Modernity, Identity and Sustainability*),对中国遗产旅游发展过程中遇到地方政府与中央政府的博弈等问题,向国际学术界和遗产管理界进行了介绍。

除了物质遗产可以构成遗产旅游的资源基础,非物质文化遗产同样具有开发为旅游吸引物的潜力。作为依托历史文化街区进行非遗资源景观化开发和产业化运营的特色非遗旅游类型,非遗旅游街区是非遗元素符号化建构和文化表征的外在化对象,在工业文明强力推动的城镇化快速进程中,它面临开发、改造和更新的社会事实,表现为文化空间这一本体属性的新型生产实践(郑久良,2019)。

文化遗产旅游的市场需求随着受教育水平的提高而不断增加。受教育水平明显地影响到游客的目的地选择行为。西安的碑林和华山是两个相距不远的高等级目的地,但一个是历史文化目的地,另一个是山景目的地。二者相比,碑林的游客文化程度高于华山(吴必虎、刘小玲、赵荣,1996)。

周英(2014)通过运用旅行成本法和条件评价法相结合的方法研究了文化遗产旅游资源的使用价值和非使用价值对总价值的实际贡献率。结果显示,文化遗产旅游资源的非使用价值大于资源的使用价值,二者的比例大约在3:1至3:2。文化遗产旅游资源的使用价值来自旅游的参与者,而其非使用价值既来自非旅游参与者也来自旅游参与者。结果表明,由于文化遗产旅游资源的非使用价值大于使用价值,文化遗产旅游资源的恢复重建和管理费用应该主要来自政府的税收和其他途径的公共筹资,门票收入不应作为景区恢复重建投资回收的主要途径,只有这样才能保证景区资源的有效利用。任何盲目地采取提高门票价格的景区管理办法都是不可取的,也是不公平的。以世界文化遗产西递村、宏村为基础,皖南传统村落遗产旅游形成了很有特色的旅游产品。游客在皖南的文化旅游体验过程中,更容易对那些具有视觉冲击且带来综合体验的事物产生较为深刻的印象,游客的凝视聚焦在以文化景观为载体的、具有深刻文化内涵同时又有感官享受的要素上(杨仲元,2018)。

1. 遗产旅游地主要类型

文化遗产旅游地可以分为以下类型。

(1) 世界文化遗产地(或自然与文化双遗产)。世界文化遗产地具有发展遗产旅游的巨大潜力,但并非列入世界文化遗产名录的地方就肯定会成为成功的旅游地,如周口店北京人遗址。截至 2019 年 7 月,中国世界遗产地已达 55 项,其中多数为文化遗产。

(2) 历史文化名城。1982 年 2 月,为了保护那些曾经是古代政治、经济、文化中心或近代革命运动和重大历史事件发生地的重要城市及其文物古迹免受破坏,历史文化名城的概念被正式提出。根据《中华人民共和国文物保护法》,历史文化名城是指保存文物特别丰富并且具有重大历史文化价值或者革命纪念意义的城市。谢正发(2019)聚焦于 20 世纪末至 21 世纪初我国历史文化名城文化旅游产业的发展变迁,并结合一手数据对其与经济增长的关系进行了多维度的研究,将文化旅游名城在探索起步、全面铺展以及转型革新等不同时期做了剖析和总结,为了解国家历史文化名城文化旅游发展的脉络提供了较系统的材料。

历史文化名城在旅游发展过程中,可能会出现原来的古城文化演进为新的文化现象。吕宛青、汪熠杰、倪向丽(2020)研究发现,丽江大研古城的旅游迷思演变引起了古城旅游符号系统的改变,以酒吧为代表的浪漫小资旅游元素大量涌入古城,引起了大研古城主要景观的变化和旅游文化语境的改变,也是大研古城旅游迷思演变的根本原因。

(3) 大遗址。大遗址指具有规模宏大、价值重大、影响深远特点的大型聚落、城址、宫室、陵寝墓葬等遗址、遗址群及文化景观,例如大明宫遗址、隋唐洛阳城遗址。随着大遗址概念提出,并确立以建设具有保护、发掘遗址和展示休闲双重职能的国家考古遗址公园为模式的保护方式,标志着古遗址保护进入"景观时代"(张毅,2018)。

(4) 历史文化名镇、历史文化名村。历史文化名村具有聚落、遗产和旅游资源等多维属性特征,是遗产属性保护和聚落属性发展、旅游资源属性开发和遗产属性的保护以及旅游资源属性开发和聚落属性发展之间矛盾的集结体。这 3 个矛盾在历史文化名村发展过程中扮演不同的角色,解决矛盾的过程就是促使旅游可持续发展的过程,也就是历史文化名村可持续发展的过程(李连璞,2008)。

(5) 历史街区与历史地段。郑久良(2019)提出了历史街区的文化空间是由物质-地理空间、社会-消费空间和精神-意向空间"三位一体"的生产框架构成,它们分别对应空间的实践、空间的表征和表征的空间。从生产逻辑看,街区文化空间的生产遵循政府主导、资本增殖、社会阶层应对以及后现代消费主义的生产逻辑。资本增殖的内在动力、权力主导的外在动力、阶层应对的反馈动力,构成街区文化空间生产的 3 大动力机制。

(6) 文化线路。有时也称为遗产廊道,比如大运河、长城、丝绸之路。因遗产廊道型旅游资源的公共属性,其开发必须采用政府主导型旅游开发模式;在选择发展理论时,"增长极"理论和"点-轴"开发模式最适合于像丝绸之路这样具有悠久历史和众多文化遗产的廊道型带状区域的空间组织(梁雪松,2007)。连接赣粤地区的梅关古道是大运河向南的延伸,它修通以后真正形成了贯穿南北的交通大动脉。王薇(2014)以文化线路的视角研究了梅关古道的价值,并构建出梅关古道多层次的构成体系,将其作为对梅关古道沿线文化遗产保护与旅游开发的基础。

(7) 全国重点文物保护单位(简称"国保单位",全国不可移动文物已达 76.7 万处)。国保单位历经时间漫长,主要集中在宋元、明清和近现代3个时期。同一时期主体国保单位不尽相同,各类文物有相对集中的分布期。历史时期国保单位集中度高,密集区长期位于长城-横断山东南侧,其中豫西、关中、晋南、长三角等地长期是国保单位核心分布区(田小波 等,2021)。上述时空分布特点,也影响了文物旅游的发展格局。

(8) 保管、收藏国有可移动文物博物馆5000座(文物1.08亿件·套$^{-1}$)。除了通常理解的收藏可移动文物的博物馆,孔岑蔚(2020)提出,还可以将城市理解为博物馆,通过博物馆的视角,将城市空间看作一种可被参观与阅读的"博物馆属性场所"。城市不仅是恒定的物理功能空间,更是一个可被编辑的、具有"博物馆属性"的体系。

2. 文化线路旅游:徒步、自行车与自驾旅游

根据2008年10月由联合国教科文组织在加拿大召开的国际古迹遗址理事会第十六届大会上通过的《文化线路宪章》的定义,文化线路是指无论在陆地上、海洋上或者其他形式的交流线路,都有明确的界限,有自己独特的动态和历史功能的线路轨迹。

成为文化线路有3个条件:第一个是必须来自并反映人类的互动和跨越较长历史时期的民族、国家、地区或大陆间的多维、持续、互惠的货物、思想、知识和价值观的交流;第二个是必须在时空上促进涉及所有文化间的交流互惠,并反映在其物质或非物质遗产中;第三个是必须将相关联的历史关系和文化遗产有机融入一个动态系统中。

文化线路是一个很重要的文化遗产形式,现在已经被列入世界遗产名录的文化线路就很多,比如中国的京杭大运河、英国的哈德良长城、荷兰的阿姆斯特丹防线、西班牙圣地亚哥的朝圣之路、伊朗古代水利系统、匈牙利多瑙河岸、阿根廷科布拉-德-胡迈海卡山谷等都是线性文化遗产。

中国的文化线路类型主要有古驿道与公路、军事工程、自然河流与水利工程、历史主题事件。如丝绸之路、茶马古道、古蜀道、唐蕃古道、海上丝绸之路、客家迁徙路线、秦直道、秦驰道、草原丝绸之路,特别是万里茶道、西南丝绸之路、滇缅公路、长城、苗疆边墙(湘西长城),还有红军长征线路、徐霞客游线,都是重要的文物遗产线路(表6-4)。俞孔坚等(2009)通过专家问卷统计等方法构建了中国线性文化遗产网络。

表6-4 国内文化线路基本类型

类　　型	名　　称
古驿道与公路	丝绸之路、茶马古道、古蜀道、唐蕃古道、海上丝绸之路、客家迁徙路线、秦直道、秦驰道、草原丝绸之路、西南丝绸之路、滇缅公路
军事工程	长城、苗疆边墙(湘西长城)、金界壕
自然河流与水利工程	大运河、长江及其沿线文化带、黄河及其沿线文化带
历史主题事件	红军长征线路、徐霞客游线

伴随我国丝绸之路、京杭大运河成功申报世界遗产,大型跨区域线性文化遗产的保护与利用近年来逐渐成为新时代建构国土空间规划体系的重要内容。目前古驿道线性文化遗产主要以单体保护为主,线路整体因年代久远、自然侵蚀、快速城镇化影响正面临路径断裂、破碎化困

境,再加上遗产内涵认定、要素筛选与价值评估困难,线路因涉及多地区多行政部门而缺乏整体统筹,遗产综合价值难以有效彰显,成为当前我国跨区域线性文化遗产在保护与利用方面亟待解决的问题(霍丹,2019)。但恰恰是线性遗产旅游的逐步兴起,为上述问题的统筹解决和社会资本进入提供了新机。莫晟(2012)从文化线路的视角,对清江流域商路的分布路线、沿途的市镇集墟的形成发展、民族分布与融合、物质文化遗产与非物质文化遗产进行了分析研究,同时从历史学的角度解读清江流域商路,并发掘清江流域商路的当代价值。通过对清江流域商路的梳理与研究,最终揭示商路与文化的互动,评价商路对文化发展的贡献,理清商业文明对文化发展的推动作用。

利用文化线路开展旅游活动具有与一般景区景点不同的组织方式和游线设计。如古蜀道具有空间跨度大、线路复杂的特点,且穿过大面积荒野区域,导致古蜀道的线路断裂、文化缺失,作为文化线路的完整性不断下降,亟须一种新的区别于保护其他文化遗产类型的保护模式。2017年国家林业局公布了第一批国家森林步道名录,使得全民通过徒步、骑行等非机动方式进入荒野进行长距离旅行成为可能,这就为古蜀道的保护提供了新思路(陆成、高翅,2018:707)。

3. 遗产旅游地合理使用

不管是自然遗产还是文化遗产,在合理适度开展旅游活动的问题上一直充满了争议。当然,主要是承担保护责任的一方由于其职责并不需要对地方经济发展和本地社区生计承担任何责任,因此其只关心保护的职责得到实现也就是非常容易理解的。在中国社会主义制度下,一切自然资源和文化遗产属于国有或曰公共所有,因此其严格保护与合理利用之间也就从法理上规定了其需要公共决策的平衡要求。也就是说,如何保护与利用,需要听取多方意见,达到整体利益的最大化而非部门利益的最大化。

关于如何处理文化遗产的保护和旅游的关系,2018年中共中央办公厅、国务院办公厅印发了《关于加强文物保护利用改革的若干意见》,提出文物应在保护中发展、在发展中保护的观点,为更好地处理好文物保护与利用的关系指明了方向。目前文物保护和利用也存在建设性破坏、工程型考古、考古科研与考古公园协同不足、科研基础薄弱、展示解说不当、泛公园化等问题(杜金鹏,2017:204-208)。国家文物局最近提出遗产价值要辐射到社会公众,要加强遗产挖掘保护,处理好社区关系,注重遗产价值的展示和解说。所以对于文化遗产,我们要在保护优先的同时,加强利用,注重遗产的活化、推动遗产文创和遗产教育,并通过调整门票价格提高文化遗产的公共可达性。

王芳(2019)指出,在传统技艺文化遗产旅游开发过程中,文化循环是目的,再生产是手段,旅游活化是再生产的有效方式之一。王芳构建了一个由循环系统、驱动系统和支持系统共同作用的传统技艺文化遗产旅游活化的路径模型,并应用于非物质文化遗产旅游活化。该理论模型是一个适用于非物质文化遗产旅游活化的管理模式,也是一个适用于非物质文化遗产再生产的管理模式,还可应用于旅游目的地营销的管理,对于物质文化遗产的再生产的管理和旅游开发利用,也有一定借鉴价值。

文化遗产特别是文物建筑的合理使用,目前还存在一些制度上的制约,如文物保护法第二十四条:"国有不可移动文物不得转让、抵押。建立博物馆、保管所或者辟为参观游览场所的国有文物保护单位,不得作为企业资产经营。"

遗产地旅游常遇问题中,遗产地社区失势与增权是一对矛盾。王会战(2015)在其博士学位论文中研究了遗产旅游社区增权问题。他的研究发现,社区旅游增权的前提在于社区居民是否受到旅游发展的负外部性,社区旅游增权和社区参与之间存在相关关系,权利意识在其间起到一定的调节作用。

6.4 基于资本的旅游地

与前述自然旅游地和遗产旅游地相比,旅游度假区、娱乐主题公园、游憩商务区、旅游综合体等旅游地依赖于大规模的重资产投资,资本驱动很大程度上起着决定性的作用。因此我们不妨将其统称为资本驱动型旅游地。除了对投资的依赖性比较高,资本驱动型旅游地还具有市场敏感性强、投资运营风险比较高、产品生命周期比较短暂等特点。这些特点也就决定了旅游度假区等旅游地对于客源市场的高度依赖、对产品及服务质量的精致要求,以及对项目运营团队的管理非常严格等延伸性特征。

6.4.1 旅游度假区:高强度投资度假基地

1. 旅游度假区

旅游度假区是指以休闲度假为主要功能的旅游景区或目的地,特别强调住宿与休闲活动组织。国家级旅游度假区(China National Tourist Resort),是指符合国家标准《旅游度假区等级划分》(GB/T 26358—2010)相关要求,经文化和旅游部认定的旅游度假区。1992—1995年,国务院批准设立了12个国家旅游度假区,即辽宁大连金石滩、山东青岛石老人、江苏苏州太湖、江苏无锡太湖、上海佘山、浙江杭州之江、福建武夷山、福建湄洲岛、广东广州南湖、云南昆明滇池、海南三亚亚龙湾以及广西北海银滩。经过20多年的发展,首批国家旅游度假区范围内的土地已经基本开发完毕,后续发展空间有限,直接导致了国家旅游度假区未来进一步发展动力不足的问题(李雪峰,2010)。2015年上半年,国家旅游局正式下发了《关于开展国家级旅游度假区评定工作的通知》。各省、自治区、直辖市和旅游度假区高度重视,积极参与国家级旅游度假区创建工作。截至2020年12月,中国国家级旅游度假区总数达到45家。

2020年10月,经十九届五中全会审议通过的《中共中央关于制定国民经济和社会发展第十四个五年规划和二〇三五年远景目标的建议》,明确提出"建设一批富有文化底蕴的世界级旅游景区和度假区,打造一批文化特色鲜明的国家级旅游休闲城市和街区"。中央层面的顶层设计,为今后10年乃至更长时间中国度假区建设指明了发展的方向,并会促进休闲度假地的蓬勃发展。

旅游度假区可以由不同的开发者进行开发,相应地有不同的形式和目的(鲍德-博拉、劳森,2004：132-133)。对于政府机构,主要目的是吸引资金、投资、发展区域经济、为国内旅游提供廉价设施、参与联合开发。对于旅行商,主要是承租并经营度假区。对于一些国际酒店管理集团,往往只对管理感兴趣。对于房地产开发商,主要是从事大面积未开发土地的投机交易、基础设施与旅游设施建设、宗地和产权的交易等。也有一些大型建设项目由若干公共和私人投资者联合开发,参与合作的各方包括：当地社区(市政府、县区政府)、国有公司或信托公司、私人开发商等。

旅游度假区旅游床位与当地居民之比,成为衡量其发展水平的一个指标。一个旅游度假区游客数应占当地常住人口的50%以上。

综合度假区是独立的新景区,遵循度假区完整规划的原则,要同时考虑市场和发展的需要。综合度假区与旅游区结合,在风格、大小、所提供设施的种类上也可以与之有较大差异。为客人提供多种接待形式的选择机会。综合度假区能够支持更多种类的游憩,提供更多的娱乐消遣,更有效地利用基础设施。

对于度假区的运营,多数商业服务都由私营企业来提供：如房地产代理机构、汽车租赁、银行业务、旅行社等。政府往往承担基础设施服务：公路、供水、排水、通信和邮政服务、医疗服务、机场和港口管理等。新度假区规划过程中,需要设计完备的组织和管理功能,并对其设施管理进行协调。协调委员会的成员由投资方、开发方、管理方和当地旅游部门的代表组成。

产业组织对于一个产业的生产率和创新率有重要影响。在技术与制度因素的协同作用下,产业组织不断演化,演化的方向和程度决定了产业的竞争力(郑世卿,2009)。对于旅游度假区的运营来讲,它不同于观光旅游仅仅依靠门票经济就能独自运转,度假目的地必须构建完整的上下游产业链条,对度假产业体系进行全方位的组织和协同。

温泉旅游地是主要的度假接待地类型之一。温泉旅游地主要存在4方面的时空演变特征(席宇斌,2013)：旅游功能由疗养、洗浴向休闲度假转变;开发布局由资源导向型向资源、市场双重导向型转变;开采对象由自涌型、浅层温泉向中深层温泉转变;游客空间结构由近距离向近中远距离相结合转变。温泉旅游地空间演变有扩展扩散和迁移扩散两种模式,扩展扩散还可细分为接触扩散、等级扩散和刺激扩散3种类型,但这种扩散不仅可以通过人而且可以通过温泉资源来实现。

郑世卿(2009)建议从产业组织的研究原点出发讨论旅游产业组织问题,以企业内组织、产业内组织、产业间组织和政府组织四种马歇尔定义的类型组织为分析对象,针对中国旅游业的产业组织特点展开分析。企业内组织核心考察旅游企业的一体化整合和专业化分工,产业内组织核心考察旅游企业之间的模块化组织和网络化组织,产业间组织则核心考察旅游产业与其他产业之间的融合与联动,政府组织对旅游产业组织起到规制与服务的作用,对产业组织有着直接而重要的影响。

2. 作为度假和游憩设施的休闲娱乐公园

休闲娱乐公园有两种模式,一种是公益性的,比如在城市郊区的郊野公园、城市核心区的市中心或者建成区的城市公园;还有一种是商业性的,比如迪士尼乐园、环球影城、欢乐谷、长隆旅游度假区、方特欢乐世界等,开发此类娱乐公园是一种企业行为。那么不论是公益性还是商业性,休闲娱乐公园往往比较强调教育功能,比如水族馆、休闲农业、生态中心等。像珠海长隆国际海洋度假区除了娱乐本身以外,海洋知识的教育也非常明显。

休闲公园(leisure park)作为接近城市人口集中区域、由人工创造的商业性娱乐公园,十分受游客欢迎。休闲公园可以分为很多种类型(图6-4),如游乐公园及其下属的游乐园、主题公园,然后是野生动物园和水上乐园,第四类是游憩公园,其下再进一步按照功能或者资源特点可以分为游憩休闲公园、游憩运动公园以及游憩自然公园(鲍德-博拉、劳森,2004:96)。当然,进入游憩公园系列之后,自然资源的支持作用逐步增强,投资的规模也就相应缩小了。此外,高尔夫、游艇、马术等项目也可列入休闲公园的范畴。

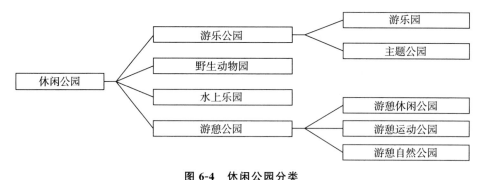

图6-4 休闲公园分类
资料来源:鲍德-博拉、劳森,2004:96。

Wood(2017)主编的《娱乐公园:历史、文化与愉悦遗产》(*The Amusement Park: History, Culture and the Heritage of Pleasure*)一书,系统地反映了娱乐公园(amusement park)在全球的发展过程和文化传承。娱乐公园的历史可以追溯到17及18世纪,多具马戏团背景(鲍德-博拉、劳森,2004:97)。到20世纪初的英国娱乐公园出现较大发展,但发展的高峰则出现在美国。

现代游乐园中典型的骑乘机械、过山车在19世纪已出现,原先移动性的游艺场变成永久性游乐项目。最初的娱乐公园一般位于城市边缘的铁路车站旁近,包括经典的游艺场项目和新创项目、表演和节庆、迷你火车、高架客舱或输送游客用的单轨列车以及餐饮、购物等服务。

娱乐公园的市场一般分布在2h车程的范围内,至少有1000万~1200万人口,并且距高速公路或干路在15min车程之内(表6-5)。

表 6-5　不同等级娱乐公园的特征

等级	游客人数		面积(含停车)/hm²	就业机会	
	年/万人	平均每天/h		固定/个	临时/个
国家级	150~300	9000~12 000	100~150	150~200	500~600
区域级	80~140	5000~8000	70~80	80~150	200~350
地方级	30~50	2000~3000	50 以上	30~50	80~100

资料来源：鲍德-博拉、劳森，2004：97。1 hm² = 10⁴ m²。

娱乐公园是一项高额、高风险的投资，为了吸引回头客，公园每年都必须进行再投资，再投资额达初期投资额的 10%；必要的周转资金在欧洲约占投资额的 25%~30%，在美国占 45%~50%。有的娱乐公园通过与度假产品结合增加盈利，如深圳东部华侨城。

3. 休闲公园与度假区的建筑设计

旅游建筑是旅游区内对旅游吸引物、旅游活动的展开具有重要影响，甚至本身成为吸引物的一种设施建筑。有一个概念叫作设计型酒店(design hotel)，具有更大空间尺度和规模的概念叫作设计型目的地(design destination)，例如悦榕庄、安缦酒店。旅游建筑规划设计水平将影响到游客的游憩满意度以及景区认同感。文化性、独特性、环境融合性以及自然性是影响大众对于风景旅游建筑视觉评价最重要的因子(聂玮，2015)。旅游建筑是设计型目的地的重要支撑，所以对旅游度假区的建筑设计或者称作旅游建筑，已经成为目的地全球竞争的重要因素。一些本没有很强吸引力的目的地，通过旅游建筑可以形成很大的吸引力。周敏(2018)的研究也证实，旅游建筑对旅游经济增长有正向作用，随着旅游地产的出现，其投资于古街、古镇等旅游古建筑、仿古建筑的项目在促进旅游业的发展中起到了实际的作用。

旅游建筑和环境景观是影响旅游区游客满意度的两个重要因素。其中旅游建筑又分为两种，一是作为旅游吸引物的建筑，如历史建筑、纪念性建筑和优秀现代建筑等；二是为游客提供旅游服务的建筑设施，包括住宿、餐饮、购物、停车和游客服务中心等。

聂玮(2015)分别从场地空间环境与场地形态表征两个方面探讨了风景旅游建筑与场地之间的耦合关系，并提出了与之相应的设计策略与手法。自然景观旅游建筑的特性是既与自然环境密切相关，又与旅游活动密切相关，它的出现与存在可以使供需矛盾向缓解或加剧两种截然不同的方向发展。因此，如何做好自然景观旅游建筑设计，从而有利于缓解供需矛盾，是迫切需要当今建筑师进行深入探讨的问题(鲍小莉，2011)。

旅游建筑的设计原则包括：① 旅游建筑应具有游客服务与特色吸引物两种功能；② 确定旅游区的整体氛围并使建筑设计能够创造这种氛围；③ 体现当地的文化特色，重视本地居民的需求和期望；④ 根据游客行为规律布局及设计，引导控制游客容量；⑤ 尽量获得多领域、多利益主体认同；⑥ 高品质环境优先；⑦ 以建筑创造度假区个性；⑧ 多手段创造独特风格和意象。

4. 旅游度假区对城镇化与地方经济的影响

旅游度假区的发展对中国的城镇化道路产生了什么影响呢？前文曾提及旅游城镇化或者

说旅游驱动型城镇化的概念,其中旅游城市或城镇是指游客集中,分布着大部分旅游食宿、娱乐和其他吸引物的城镇。这里促使旅游城镇化的主要推手就是旅游度假区,由于遗产型旅游区受限于资源的不可移动性,而旅游度假区是可以通过投资新开辟一个地方的。比如最近的很多以旅游休闲为主导产业的特色小镇就是旅游驱动型城镇化的典型例子。

从全球来看,旅游度假区的发展模式主要包括海滨、温泉、滑雪、乡村这4种。海滨度假区主要是休闲、愉悦与运动。温泉度假区主要是养生和娱乐。滑雪(山地)度假区主要是生态与运动。乡村度假区则是传统生活方式。而在中国出现的第5种模式叫作城镇度假区,因为东方人尤其是中国人喜欢集体主义,喜欢热闹,所以他们不排斥城镇。比如人们会去杭州、成都、丽江等,在城镇里形成一种社交的氛围,形成城镇度假区发展模式。

旅游产业是关联性强的劳动密集型和环境友好型产业,从旅游视角探索我国西部地区"社会代价最小、市民幸福感最好"的新型城镇化方式,促进产业、城镇、风景相融,对于提升城镇质量,加速就地城镇化,进而刺激进城人口消费,扩大内需,加快我国社会经济发展和转型具有重大而紧迫的现实意义(舒小林,2015)。吴俣(2017)指出,旅游产业与新型城镇化发展质量在时间和空间上都存在耦合协调关系,且存在空间相关性和异质性。旅游产业与新型城镇化发展质量之间存在着复杂双向循环式的耦合关联作用机制。旅游产业与新型城镇化发展质量的耦合协调与进一步融合发展,既要考虑旅游产业与新型城镇化自身的发展,也要考虑各自发展对另一方的带动作用,提升新型城镇化发展质量是提高耦合协调度的关键所在。

旅游对旧城改造也有很大导向性作用。旧城拥有大量的旅游资源、发达的交通基础设施和大量集中的人口,具有发展旅游业的有利条件,而依托旧城历史遗产的旅游开发,为城市遗产保护提供资金支持并使其发挥应有的价值,带动旧城相关产业的发展,提供就业机会,促进经济增长和物质环境改善,是旧城发展的需要。旅游成为推动当前旧城改造的动力之一,并在经济效益与产业发展、社会效应与城市形象、历史传承与文化诠释、物质建设与使用需求等方面产生了正反两方面的影响(孙永生,2010)。

自2016年7月以来,住房与城乡建设部已公布两批共计403个特色小镇,国家体育总局公布96个运动休闲小镇,国家林业和草原局、农业农村部、工业和信息化部以及国家中医药管理局等也纷纷提出建设森林小镇、农业互联网小镇、工业文化特色小镇、中医药文化小镇。各省公布省级特色小镇累计近1000个(陈明曼,2018)。成海燕(2018)认为,特色小镇不是行政单元的镇,而是后工业化、新型城镇化和信息化融合发展下的新型产业组织形态。特色小镇位于城乡之间,通过几平方千米的小空间内实现特色产业的高度集聚,提升企业网络密度和开放性,创造动态空间强化知识溢出效应,实现产业群内的精细分工和组织优化,形成区域的增长极点,并通过历史人文和习俗的传承,形成独特的工作方式和生活方式,实现宜业、宜居、宜游。虽然宜游只是特色小镇所应具备的几个"宜"之一,但大多数特色小镇都与旅游度假功能密切相关。

在旅游城镇化的过程中,需要警惕过度的房地产化。因为房地产企业往往仅针对别墅和房地产而非旅游业进行投机投资,对度假区的质量和业绩缺乏管理,容易造成开发过度、侵害自然环境,并且造成业主与当地社区居民之间的隔离,占用当地的资源,但很难真正实现与当地融合。

6.4.2 游憩商务区:商业与休闲结合的度假地段

旅游发展从一开始就与商业业态存在紧密联系,二者相互依托,联袂发展。商业街传统文化的保护、开发和利用对商业街的繁荣有积极的作用。独特的建筑风格、丰富的人文资源、珍贵的历史遗存和独特的地域风情等传统文化,使来此的本来居民和外来游客感知商业街的无穷魅力,并且影响着消费者的惠顾行为。商业街传统文化属性与消费者集聚印象感知和消费者再惠顾意愿之间的关系是非常密切的,从商业街传统文化中挖掘出影响消费者感知价值及惠顾行为的属性,营造一个具有传统文化特色的商业街氛围,将会提升商业街的魅力度(于茜虹,2011)。商业集聚以其易达性、丰富的店铺组合、便利的停车设施、多样化的娱乐设施、定位系统和环境刺激的提供等多重属性较单个店铺能够提供更加丰富的购物经历(Kim,2002)。于茜虹(2011)提出了商业街传统文化属性的五个测量的维度:建筑文化、历史文化、饮食文化、民俗文化和商业文化。

彭继增(2008)强调了商业集群现象研究的重要性。商业集群企业间的分工和协作,有利于商业技能、信息、经营管理经验、新思想和新理念在集群内企业之间的传播与应用,有利于提高商业公共资源使用效率,降低商业企业的经营成本,形成单个商业企业和区域商业的双层竞争优势。商业集群的集聚效应带来集群整体效益的提高,而参与者之间的重复博弈,又使集群增进了的整体收益在参与者之间得到合理分割,从而形成一种动态的共赢利益机制,不断吸引新成员进入,推动集群扩大和发展,这是商业集群不断发展的持续动力。彭继增指出,降低交易费用是商业集群发展的生命线。一方面,商业集群内店铺的集中,形成了能够满足各个层次、各种偏好消费者需要的商业聚合体,降低了消费者和旅游者的搜寻费用,从而吸引大量的消费者光顾,产生波及效应和乘数效应,形成波及顾客和乘数顾客,使得顾客数量增加,扩大集群内商品的销售量,降低企业招徕顾客及游客的费用。另一方面,集群区内的企业共用基础设施,可以降低分摊费用,分享集群品牌效应,节省广告费用,等等。交易费用的降低反过来又会吸引更多的店铺和顾客进入集群区,产生更大的集聚效应,进一步降低交易费用,从而形成商业集群的良性扩张之路。

在空间上,旅游与商业的关系呈现某种特殊的结构。1970年,小斯坦斯菲尔德和里克特在研究旅游区的结构和功能特性时首次提出了RBD的概念(Stansfield Jr. and Rickert,1970),多座商业与旅游集合的业态分布区域即为RBD,有时亦称商业游憩区(吴必虎、黄潇婷等,2019:185)。RBD就是一种商业集群,有利于共同利益的增添与活力保持。早期的定义侧重于强调作为某个特殊的区域,即是城市旅游或游憩设施的综合体,随着城市旅游的发展和对研究的不断深入,RBD已经不仅仅是单纯的设施集聚区域,部分RBD已发展成为旅游吸引物,因此这一概念的定义随着社会经济发展还在不断扩充。随着旅游城市综合服务功能的提高,将购物与游憩功能结合已经成为世界潮流。大型购物中心——集购物、娱乐、游憩、文化、艺术、餐饮、会展于一体的综合体在许多城市出现并继续发展。

保继刚、古诗韵(1998)按城市 RBD 自身属性将其划分为 4 种类型：大型购物中心型、特色购物步行街型、旧城历史文化改造型、新城文化旅游区型。按此分类，我们为读者选择规划案例，并通过项目反映各类型 RBD 的发展演进情况。

1. 大型购物中心型 RBD

以大型购物中心为代表的城市 RBD 的类型，可被看作现代城市旅游业与休闲产业发展背景下成长起来的城市 RBD，往往以规模制胜。在国外早期这样的案例通常被设计为大型商业综合体，例如东京的六本木综合体，在城市中心区重塑办公、居住、文化、艺术、娱乐、商业融合的城市文化商业中心。

随着城市用地紧张，目前比较流行交通枢纽导向型开发(transit-oriented development，TOD)模式的复合型综合体开发，既是城市游憩商务区也是城市交通枢纽。曼谷暹罗商圈由同一家开发公司进行开发，是两条城市轨道交汇站点，通过二层平台连接 4 家大型购物中心，并与轨道交通站台无缝衔接，充分满足不同年龄层、不同兴趣圈的需要。最大的暹罗广场内部设计开放坡道连接，将二层平台与延伸到建筑内部至建筑另一面地面层，其中设置了花园、餐饮、游乐等诸多功能，创造了丰富的公共空间，其余几家购物中心也有相应精巧的空间设计和业态，以鼓励公共活动开展。在这里，购物中心不是一种简单的商业空间概念，而是作为一个整体产品来考虑。

王德平(2007)的研究发现，包括旅游者在内的消费者所认知的大型购物中心的业种组合内容结构包括四个维度：业种多样性、业种相容性、业种楼层配置和餐饮功能重要性。多数消费群认知的环境各因素中，情景舒适性、人员服务性和空间宽敞性对顾客综合满意度有显著正向影响；多数消费群认知的业种组合各因素中，业种多样性、业种楼层配置和餐饮功能重要性对顾客综合满意度有显著正向影响。

此外，近几年随着互联网、智慧物业的发展，一种小型社区综合体的概念也正在发展当中，未来的 RBD 概念尺度可能缩小到社区层面。

2. 特色购物步行街型 RBD

设计巧妙的购物步行街，从多方面讲本身就是一种游憩空间，其规模一般不会太大，以精致取胜。这种 RBD 的建设常常可以与旧城改造相结合，为旧城，特别是缺乏历史文化积淀的区域带来生机。国际设计研究协会给服务设计的定义是：服务设计是从客户的角度来设置服务(Mager and Evenson，2008)。购物步行街作为消费者集聚的一种重要的商业环境，越来越体现着整体服务的经营模式，因此可以将整个商业街看作一个整体的服务场景，运用服务设计的理念优化场与人的关系。虽然消费模式日新月异，但是用户作为整个服务设计流程中的核心地位是不变的，因此可以从以人为本的基点出发，设计在商业街中能够正向引导用户感知的活动服务触点，这些触点就是服务设计的关键触点，即关键时刻(MOT)。对于商业街的整个购物服务环境来说，可以梳理和分析整个服务流程的触点，完善这些服务触点的设计，可以有效提高购物环境中消费者的满意度，商业街的效益也就会更好(杨明刚、李雪梅，2018)。

韩会然、焦华富、戴柳燕(2013)对芜湖商业步行街的研究发现,消费者购物环境感知、购物服务感知、购物质量感知是其购物目的地选择的主要影响因子,对购物满意度具有正向影响,满意度直接影响忠诚度,从而间接对顾客购物目的地决策产生影响。

目前国内的城市 RBD 开发模式中,线性空间购物步行街已逐渐发展为块状商务步行街区,这是因为用地紧张导致的功能集约化、复合化,使得过去零售商业的步行街必须向混合业态、消费升级发展。例如成都太古里街区,除了保留原有保护建筑大慈寺和少数历史建筑外,该片区原有传统民居被完全拆除,通过广场、街巷、庭园、店铺、茶馆等一系列空间与活动,建立起一个多元化的可持续创意街区和购物中心,成为城市新地标。在规划布局上,成都太古里极其重视公共空间营造,同时在二层平面使用连廊将全部单体建筑联系起来,增强了步行系统,是典型的开放式、低密度、街区式城市商业综合体;在建筑设计方面,采用了地方性现代化手法,利用川西风格的金属坡屋顶与格栅配以大面积落地玻璃幕墙。尽管该项目存在"绅士化"争议,但在城市文化塑造和区域经济发展方面都取得良好效果。

3. 旧城历史文化街区改造型 RBD

历史文化街区是城市的重要组成部分,它曾经是城市中最为繁华的区域,为城市保存着漫长的历史、辉煌的建筑、古老的产业和独特的风情,在城市现代旅游的发展中担当着至为重要的角色。旧城的历史文化地段,以其丰富的文化底蕴,对旅游者有相当强的吸引力,近年来各地保护策略都逐渐从强调静态保护、博物馆式保护转向动态保护、活化利用,但因为种种原因最终成果毁誉参半。

李霞(2013)在主持编制拉萨市旅游发展规划研究任务的基础上,对八廓街的城市记忆和旅游认同进行了研究,剖析了"街区记忆"这一作为历史文化街区核心价值的概念,并论证了旅游认同是历史文化街区保护和利用的终极目的。街区记忆涵盖记忆主体和记忆客体两个方面,其中,主体是指对街区拥有感知记忆的群体,在旅游语境下既包括街区当地居民和外来旅游者,也包括政府、规划者、媒体等其他群体;客体包含街区环境、形态、构成、活动及传统等方面。街区记忆作为旅游利用的前提,也在旅游利用过程中得到保存(恰当的和不恰当的)、发展和创造。旅游认同是相关主体对旅游地独特价值的集体性认可,这一认同在旅游利用过程中得以塑造,但也可能因街区记忆的保存不当受到淡化。

许多城市近年来都在历史文化街区的旅游产品开发方面,结合旧城改造和城市更新,进行了多种模式的探索。较早的优秀案例如苏州平江路历史文化街区、广州上下九步行街、北京 798 艺术区,至今依然具有相当的活力,且在不断进行新的发展规划,已经日渐成为城市重要的地标。天津五大道历史街区占地面积 $1.28~km^2$,是天津作为历史文化名城的重要组成部分。五大道街区作为整体单元被市政府确定为首批风貌建筑保护区,其中有 428 幢房屋被确认为历史风貌建筑,14 处列为市级文物保护单位。目前已经成为天津重要的旅游吸引物。

1999 年,上海原卢湾区政府与香港瑞安集团合作,投资 1.5 亿美元对辖区淮海中路南侧太平桥一带的石库门建筑进行维修与改造,按照"昨天明天相聚今天"的设计理念,以及"外部整旧如旧、内部翻新创新"的具体原则,利用现代技术完整地维持了建筑外部原貌,而内部则配以空调、电梯、宽带等各种现代化设施。这一工程占地面积 $0.03\ km^2$,于 2007 年全部完成,被命名为"上海新天地"。上海新天地地理位置优越,在其落成那日起就吸引了诸多商家进驻,如餐厅、酒吧、画廊、茶行、首饰店、工艺品店以及电影院等,国际模特大赛、时装表演、电影新闻发布会等时尚文化活动也纷纷选择在上海新天地登场亮相。同时,上海新天地还开设有民居陈列馆、游客服务中心,能很好地为外来游客服务(车亮亮,2012)。

最近几年随着文旅融合政策和文化自信、讲好中国故事等主流价值观导引,国内在历史文化街区改造方面都紧紧围绕打造文化内核作为开发策略。2018 年开放的福州上下杭历史街区,在海上丝绸之路的文脉中,充分挖掘闽商文化底蕴和建筑特色,使之成为具有浓厚的福州中西合璧建筑文化特色和典型的福州闽商文化特色的传统街区。根据历史资源进行明确的分区定位,上杭路被定位为商贸会所,下杭路被定位为商业休闲区,其间还因地制宜地规划了三捷河休闲旅游带、龙岭顶民俗休闲区、文化展示区、商业体验区和创意街区等,不仅恢复了原有历史风貌,也通过三捷河生态修复营造了良好的自然环境。

一般地,一条历史文化街区可以开发多种旅游产品。车亮亮(2012)以大连旅顺口太阳沟历史文化街区为案例,依据各文化景观的本质联系与功能,提出以文化景观为基础可以转化为八类旅游产品:文博展览型(旅顺博物馆)、文化创意型(八一街)、文化观光型(俄罗斯风情街)、休闲娱乐型(日俄建筑文化休闲街)、餐饮接待型(俄清银行旧址)、主题购物型(师范学堂旧址)、爱国教育型(关东神宫旧址)、医疗旅游型(工科大学旧址)。而旅游开发模式主要有依托商业中心发展模式、依托旅游资源发展模式和双重依托发展模式 3 种模式。

4. 新城文化旅游区型 RBD

一些城市采取了在主城区某一方位选择新的成片开发区形式布局城市新的发展空间,构成新的产业格局,一方面避免城市摊大饼式发展产生的城市病,另一方面集中公共资源在较短时间内形成开发成效。北京通州新区、郑州东部新区、洛阳南部新区、成都天府新城、西安浐灞新区等,都走的是这样一条路。其中各城市不约而同地在新城开发区里布局了大型旅游综合体或游憩商务区的业态。

北京通州文化旅游区位于北京中心城边缘,五环、六环路之间。通州文化旅游区计划占地 $12\ km^2$,其中 $4\ km^2$ 为主题公园,$8\ km^2$ 为外围综合旅游区。文化旅游区规划为 7 个功能区:时尚商业游乐区、文化商务总部区、世界音乐创想区、影视体验推广区、公共文化生活区、传媒娱乐休闲区、主题公园度假区。规划将 $12\ km^2$ 文化旅游区用地作为完整的城市区域整体考虑,统一规划、统一布局,打破原有主题公园与周边建设用地"一刀切"的城市格局,延展公园界面,引导绿化水系渗透,最大限度地将主题公园与文化旅游区相融合,形成一个有机整体(杨宝林 等,2012)。

西安浐灞生态区是 2004 年 9 月西安市成立的新区,规划总面积 $129\ km^2$,突出发展金融商贸、旅游休闲、会议会展、文化教育等现代高端服务业和生态人居环境产业。目前已全面启动西安金融商务区、总部经济区、欧亚大道酒店群、东三环沿线商业体等建设开发,成为西安城市建设和经济发展新的增长极。浐灞生态区是欧亚经济论坛永久会址所在地,同时是2011年西安世界园艺博览会的举办地。欧亚经济论坛综合园区、浐灞湿地园区、世博园园区等区域已经建设多处旅游吸引物及服务设施。

这种类型的游憩商务区最初以开展文化旅游为目的,由于旅游的效应,带动了商业发展,其他配套相继完善形成城市RBD。通常一个大的主题公园可以带来一个区域的休闲旅游业、商业的繁荣发展,成为某一区域的商业中心、休闲中心和酒店集中区,这使得新城文化旅游区的主体是主题乐园。21世纪初前后在国内兴修的一批主题乐园大多都已归于失败和废弃,但随着欢乐谷、长隆旅游度假区、方特欢乐世界等新的项目相继建成并不断推广,新城文化旅游区的内涵有了进一步的丰富,不再只停留在文化展示、游乐设施、提供游憩服务的简单层面。

6.5　乡村旅游地与后乡土生活方式

前文介绍了或基于资源或基于投资的旅游地主要类型,接下来再介绍一种同时具有商业特点和社会特点的乡村旅游地和它支持的后乡土(post-tradition)生活方式。关于乡村旅游本书将另辟专门章节阐述,这里主要是简单地提一下乡村地区作为一类特殊的旅游地,它的政策背景是什么,为什么会有乡村旅游地,在哲学上的一些思考是什么。

6.5.1　城市中产阶级对乡村旅游需求增长

后工业时代,社会逐渐步入休闲化,随着我国人均的可支配收入增加,以及带薪休假制度的逐步实现,给城乡居民特别是城市居民提供了更多可支配闲暇时间,人们对休闲、度假、旅游的需求不断增长。乡村旅游作为城市居民休闲旅游的重要组成部分和主要目的地,为城市居民提供了回归乡野、亲近自然、放松身心的绝佳场所,受到政府、企业和农民各方面越来越多的重视。连续多年的中央一号文件都强调要积极推进农村第一、第二、第三产业融合发展,发展休闲农业和乡村旅游,挖掘乡村的生态休闲、旅游观光、文化教育价值。

中等收入家庭是全社会成员中的重要组成部分,对社会、经济的发展有着举足轻重的影响(刘伟、周月梅、周克,2007)。关于中等收入阶层的评定标准,国内外已开展了大量的研究。在国外,大多数国家对中等收入阶层的界定尚停留在定性的阶段。一些发达国家如美国等,已经尝试采用定量的方法,包括选用一些数量指标,但总体上还处于摸索阶段。例如,国际上中等收入阶层一般是指那些个人年收入达到5万~15万美元或之上的群体。

虽然关于中等收入家庭的标准尚未达成一致定义,但是中国已经进入中产阶级渐成社会主流的看法却得到较为一致的国际认同。那么,中国中产阶级人群规模有多大?麦肯锡全球研究院(MGI)曾提出了一个比较乐观的预测数据:到2025年,这个人群将达到5.2亿人(转引自刘伟、周月梅、周克,2007)。

居民收入绝对水平提高促进旅游需求水平提高只是影响乡村旅游消费的一个大致说法。

实际上,在评估收入水平对旅游需求的影响时,需要考虑更复杂的因素。刘霁雯(2011)曾对此进行了较深入的分析,不确定性和流动性约束可能引起城乡居民预防性储蓄需求提高,意味着稳定的经济形势可以更有效地增加国内旅游消费需求。此外,由于乡村旅游比一般的观光旅游更慢节奏,意味着更加耗时性的活动,引入闲暇因素来考察消费者在收入与闲暇双重约束下的旅游消费决策行为就是一种经济理性了。这也解释了为什么上海老年市场会有更多对浙江湖州的乡村旅游的消费需求。

很多从乡村进入城市的城市居民对乡村生活方式充满了眷恋,希望能够经常回到农村看一看,这种由城到乡的社会交换导致了乡村社会结构中新乡绅阶层的崛起,成为融合城乡的后乡土社会制度的条件,从而通过新乡绅推动乡村社会重建,通过宅基地物权交换、使用权交换形成新的乡村社会。

2019年,全国乡村旅游总人次达到30.9亿人次,占国内旅游总人次一半以上。即使在新冠疫情严重的2020年,近郊乡村旅游也仍然保持活力,成为省内游的首选方式。乡村旅游的产品本身也在更新换代,从早期的观光旅游逐步转变为乡村旅居休闲、体验田园生活方式。旅游生活化不再满足于观光旅游产品,而是更追求个性化、休闲化的旅居体验,传统的观光农业无法满足现代人度假需求,单纯发展观光型农业类的乡村旅游缺乏市场竞争力,不足以支撑现代农业可持续发展的目标。这一转变的社会背景是人们已经从原来的物质需求满足转向了精神需求满足,乡村旅游已经成了人民对美好生活的新需求。

金川(2019)对上海休闲农业的研究表明,乡村旅游市场结构经历了要素积累、供需升级、载体多元、结构转换4个阶段。乡村旅游市场结构演化是农业发展与产业结构调整、企业市场行为与同业竞争、需求异质性及消费结构转型、技术进步与基础条件改善、政府政策规制与制度创新等要素共同和相互作用的结果。可见市民对乡村旅游的需求除了总体上的不断增长之外,还有许多值得旅游规划师关注、需要进行分析研究的问题。钟平(2012)在尝试构建休闲农业产业体系时也认为,要研究休闲农业消费者的需求和更好地为其提供良好服务,就要先了解消费者的行为和人格特征。

6.5.2 乡村旅游地空间活化

2019年1月,中央农办、农业农村部等五部门联合发布《关于统筹推进村庄规划工作的意见》。意见指出,对村庄规划进行分类统筹,将村庄分成四类。第一类,集聚提升类,也就是撤村并镇。第二类,城郊融合类。第三类,特色保护类,比如传统村落、少数民族特色村寨、特色景观旅游名村,这部分是未来乡村旅游的主要对象。第四类,搬迁撤并类,主要是指生态条件差的村庄,比如泥石流、地震频发地区,应该搬迁撤并。对于特色保护类村庄,意见指出要按照传承保护、突出特色要求,提出景观风貌控制性要求和历史文化景观保护措施,充分发挥村民主体作用,确保规划符合村民意愿。

村庄统筹规划以后,要建立一种后乡土的生活方式。后乡土是指经过了农业文明、工业文明和后工业文明,再到生态文明的发展阶段,分别对应乡土社会、现代社会、后现代社会和后乡土社会的生活方式的演变路径。后乡土是人类社会在经历了工业和后工业阶段后的提升与回归时代的一种社会形态。后乡土是对工业化的社会问题进行深刻的反思和总结后,重新寻找人与自己、人与社会、人与自然的关系的一种思想方法(图6-5)。

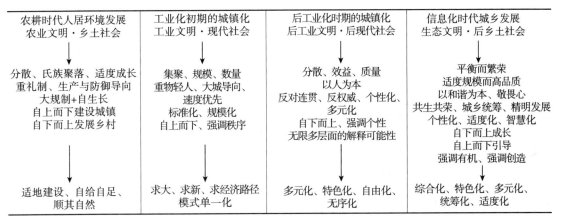

图 6-5　乡村发展思维的变迁

乡村旅游的迅速发展促进了以新农人为主体的新要素的跨区域流动,并在城乡地理空间和组织结构框架上带来一系列旅游经济活动的新空间扩散,乡村旅游地"空间活化"的功能被大大激发,新的空间形式——流动空间伴随着乡村旅游地的"空间活化"而得以浮现,进而对乡村旅游地的经济社会组织、空间功能以及空间形态产生了深远的影响(刘传喜,2017)。在后乡土理念指引下,引导企业参与村庄规划,探索规划、建设、运营一体化。

高林安(2014)引用适应性管理理论和旅游地生命周期理论,架构了陕西省乡村旅游适应性管理框架,有效降低了陕西省乡村旅游发展的负面效应,有利于延长陕西省乡村旅游目的地的生命周期,探索了适应性管理理论在乡村旅游研究中的实践应用价值。

6.6　旅游景区规划控制框架

前文分别介绍了两类遗产型、两类商业型和一类综合的商业-社会型景区作为旅游地的基本理解。对于一个旅游景区而言,只有相对理想的规划,没有最好的规划(陈南江,2005)。不管哪一类都叫作旅游景区规划,那么旅游景区规划的一般特征应该遵从哪些基本规律,依循哪些基本原则?规划的目标和目的是什么?

6.6.1　旅游景区规划目标与原则

作为旅游景区的管理机构或者作为咨询公司为甲方提供一系列景区规划服务的目的是:为旅游开发制定短期或长期目标、方针和实施步骤;把旅游开发纳入区域整体发展规划,加强旅游业与其他部门的联系;对各种要素的开发进行协调,以形成目的地、旅游设施、服务和不同旅游市场之间的良性关系;充分发挥与平衡旅游的经济、环境和社会效益;建立重点地段旅游详细规划导则与标准;为旅游规划实施建立相应行政、法规和财政体系;为旅游资源管理、保护和营运制定框架;制定公共与私人旅游投资框架;旅游规划实施状况监测与调整,等等。不同于区域和城市旅游规划,旅游景区规划是非常具体和明确的,比如要明确具体地块的位置、交通可达性的设计、内部环路规划、桥梁和道路规划等。

在做这些不同类型的旅游景区规划的时候,不管是遗产型、商业型或是乡村型旅游景区规划,往往都具有以下特点:规模较大,通常有多家业主;总投资巨大;土地利用类型变化显著;环境影响较敏感;多利益主体意见需要协调;强调可行性成本-收益分析;对基础设施有较大依赖;需要长时间尺度下分期开发等。

其中最重要的是第一期项目的开发规划,主要是提供一个旅游景区的概念,以建立其形象和声誉;确立接待设施和公共服务的标准;界定在旅游景区内通行方便和设施使用便利的部位,以避免将来建筑开发的混乱;提供良好、标准、多样化公共设施,避免过高的初始投资。

旅游景区需要满足的原则也不同于区域规划(鲍德-博拉、劳森,2004:135-142)。第一是需要满足市场个性化需求,这个原则非常难做到,因为市场始终是不确定的、是变化的,而且我们需要知道的不是现在的市场需求,而是未来5年到10年可能的市场需求,这需要规划者对市场具有准确的判断。

第二是需要提供丰富体验。对于遗产型景区,实际上没有太多发挥的余地,因为还涉及不能对遗产产生任何破坏的问题。因此对于遗产型景区,要认真做研究、做分析,在风险降到最低的情况下丰富游客的体验。而更多的丰富体验是在规划商业型景区时需要考虑的。

第三是设计依从自然和设计依从文化。

第四是资源增值,这是咨询行业中一个重要的价值观。

第五是活动成组,也就是一个旅游度假区让具有不同特点的人们都能够找到舒适的空间,以空间的动、静来划分不同的区域,以适应不同的需求。

6.6.2 旅游区总体规划内容

1. 规划内容

根据国家标准《旅游规划通则》(GB/T 18971—2003)的定义,旅游区规划是指为了保护、开发、利用和经营管理旅游区,使其发挥多种功能和作用而进行的各项旅游要素的统筹部署和具体安排。该标准对旅游区总体规划内容做了如下13项指引:

(1) 对旅游区的客源市场的需求总量、地域结构、消费结构等进行全面分析与预测。

(2) 界定旅游区范围,进行现状调查和分析,对旅游资源进行科学评价。

(3) 确定旅游区的性质和主题形象。

(4) 确定规划旅游区的功能分区和土地利用,提出规划期内的旅游容量。

(5) 规划旅游区的对外交通系统的布局和主要交通设施的规模、位置;规划旅游区内部的其他道路系统的走向、断面和交叉形式。

(6) 规划旅游区的景观系统和绿地系统的总体布局。
(7) 规划旅游区其他基础设施、服务设施和附属设施的总体布局。
(8) 规划旅游区的防灾系统和安全系统的总体布局。
(9) 研究并确定旅游区资源的保护范围和保护措施。
(10) 规划旅游区的环境卫生系统布局，提出防止和治理污染的措施。
(11) 提出旅游区近期建设规划，进行重点项目策划。
(12) 提出总体规划的实施步骤、措施和方法，以及规划、建设、运营中的管理意见。
(13) 对旅游区开发建设进行总体投资分析。

2. 一般流程

旅游区规划主要内容会以上述指引为基础，根据各个地区或每个不同的项目的性质、投资及管理能力、政府政策的支持力度和社会价值大小，适当做一些调整，比如说强调文旅融合、以人为本，特别强调生态保护，就会增加进这些内容。

关于旅游区规划的技术程序，可以参见图 6-6。图中所示流程（鲍德-博拉、劳森，2004：155）曾由世界旅游组织向全球各个成员国推荐，当然，也会根据各国、各地区、各景区不同的情况做一些必要的调整。

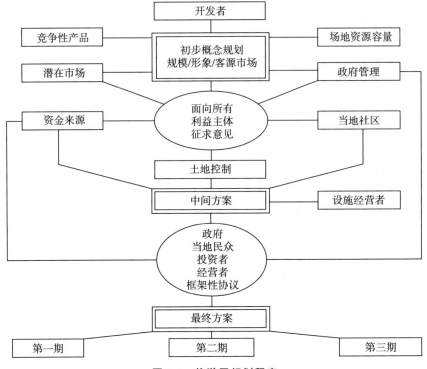

图 6-6　旅游区规划程序

资料来源：鲍德-博拉、劳森，2004：155。

对于旅游度假区、主题娱乐与休闲运动区的开发通常是一个分阶段扩展和投资的长期工程（往往持续5年到20年），分期开发的优势在于可以减少初始资金投入，后续资金部分来自收益；分期开发也使得旅游度假区的设施、服务和设计可以适应顾客的需求变化，以不同风格和同行竞争，并且使目标紧随开发的变化更加可持续化。

【本章小结】

本书根据旅游景区的形成基础不同，概略地将其分为资源导向型景区和资本导向型景区两大基本类型，但将乡村旅游地独立出来单独构成同时兼有社会特征和商业特征的接待地。若干景区及其相应的服务体系构成旅游目的地，旅游目的地基本上分为城市型目的地和景区型目的地两大类型。

旅游地的吸引力、竞争能力、空间相互作用、主客关系、风险高低等多种因素共同决定了旅游景区的发展特征。考虑到几种最主要的旅游区都会单独辟为一章进行阐述，本章主要是从各类旅游景区作为旅游产品的特征及客源市场对其需求情况进行简要的概述，并根据相关行业国家标准，对旅游景区规划所遵依的一般原则和通常流程提出基本的建议。

【关键术语】

旅游景区（tourist attraction）

旅游地（tourist area）

旅游地域系统（tourist territory system）

旅游目的地（tourist destination）

城市型目的地（city-based destination）

景区型目的地（attraction-based destination）

景区价值评价（attraction value assessment）

旅游地吸引力（tourist area attractiveness）

旅游地共生（symbiosis of tourist areas）

游客管理（visitor management）

旅游景区安全风险（security risk of tourist attraction）

资源导向型旅游地（resource-oriented attractions）

资本导向型旅游地（capital-oriented attractions）

国家公园（national parks）

自然保护区（natural reserve）

自然公园（natural parks）

文化遗产地（cultural heritage site）

线性文化遗产地（linear cultural heritage）

旅游度假区（holiday resort）

游憩商务区(recreational business district,RBD)
乡村旅游地(rural tourism area)
旅游景区总体规划(tourism attraction master planning)

【复习题】

1. 什么是旅游景区？其与旅游吸引物和旅游目的地之间有什么不同，有什么联系？
2. 旅游景区一般可以分为哪些类型？
3. 有哪些因素影响旅游景区的吸引力大小？
4. 说说城市型目的地与景区型目的地的异同点。
5. 自然旅游地游憩机会谱基本内容是什么？
6. 旅游度假区规划建设与城镇化有什么关系？
7. 试分析什么是后乡土生活方式。

(本章录音稿整理：吴必虎、赵鹏飞、宋尚周)

第 7 章　自然保护地游憩(旅游)规划

【学习目标】
- 理解自然保护地体系含义及中国自然保护地体系特点
- 了解中国自然保护地旅游资源的主要类型和分布特点
- 了解自然保护地与社区发展的关系
- 了解中国自然游憩和生态旅游的政策特点
- 理解自然保护地游憩(旅游)产品的主要类型
- 掌握自然保护地游憩(旅游)规划的重点任务

　　自然保护地是一种特殊的国土空间类型,多属于国家级或省级禁止开发区,即禁止进行工业化城镇化开发;自然游憩和生态旅游作为非工业化城镇化开发,是一种特殊的、被允许发展的内容,在这样的背景下,自然保护地(国家公园)游憩与生态旅游规划就显得非常敏感也非常重要。自然保护地(国家公园)游憩与生态旅游规划是一类特殊的旅游地规划,在国家公园(试点区)规划中,游憩规划被作为整个规划体系的一个专项。本章首先介绍自然保护地和自然游憩的基本理论和发展背景,其次阐述自然保护地游憩规划的指导原则,最后从自然保护地(国家公园)的地理背景、旅游资源、旅游活动和旅游发展四个方面来解释自然保护地旅游产品规划的主要内容。

7.1　自然保护地体系

7.1.1　自然保护地

　　什么叫自然保护地？就历史发展脉络来看,古代除了宗教神圣空间、皇家宫殿禁苑或皇家圈定狩猎保护地外,其他区域没有保护概念,对公众的进入和狩猎采集等活动都没有约束。因此,所谓自然保护地是现代以后,尤其是工业化以后才出现的概念,是指一类地理空间,这类地理空间通过法律或其他有效方式得到认可、特别指定和管理,并以实现对自然及其所拥有的生态系统服务和文化价值的长期保护为目标,且边界清晰,而保护地分类是保护目的不同的一种反映(Dudley,2008:8)。对于设立自然保护地的必要性,可以从很多角度来看,比如说中央或地方政府角度和地方角度,管理目标的多样化,对人类福祉和利益的考虑,生物多样性、环境保护、自然进程的重要性等,都是指定一个自然保护地时需要研究和考虑的问题。

　　自然保护地的设立和划分与经济发展水平紧密相关,当地方落后、城市化水平低时,整个地区本身就如同保护地一样受到的干扰很小,人类对自然的影响不足以破坏原生态系统,因此设立自然保护地的需求并不大;而当下工业化背景下各类大型建设工程对生态系统的破坏越来越大,使得自然保护地的设立和管理也变得刻不容缓。同样原因,我们可以发现,越是发达的国家,自然保护地体系越完善,而相对落后的国家则即使设立自然保护地,也很少有足够投入来支持运转。

根据生态特点、保护目标和管理模式的不同,自然保护地存在很多不同的类型。各种类型的自然保护地共同构成一个国家的自然保护地体系。如何制定科学、可行的自然保护地政策?保护地体系内有哪些具体的类型?每种类型的保护地对旅游或游憩的接受程度或承载能力有何差异?这是我们需要讨论的问题,也是最近几年的热点话题。

1. 自然保护地政策

自然保护地的设立目的之一是促进人类对自然资源的可持续利用,相应政策是为了更好地实现保护的目标。从管理政策来看,中国和西方国家都经历了或需要经历单一保护-被动保护-积极主动保护的发展过程。

单一保护是指对某一区域确定保护必要性后,对该区域进行边界划定和静态保护,严禁任何非保护行为。在施行单一保护行动过程中,由于逐渐受到其他利益主体,尤其是当地居民的反对,保护行动逐渐陷入被动状态,需要解决的问题层出不穷。为了应对这些问题,目前自然保护地已放弃最初的绝对、静态的保护模式,不再完全禁止当地居民图谋发展和开展旅游业。为此,IUCN 的世界保护地委员会(World Commission on Protected Areas,WCPA)也有专门的"旅游与保护地"专家组研究和处理保护地旅游可持续发展问题(Spenceley,2015),并不定期出版保护地旅游和游客管理指南。

但就中国情况来看,由于长期工业化和城市化给生态环境带来了突出的环保压力,还缺乏足够的经验同时实现保护与利用的平衡,目前仍处于被动保护阶段。

2. 自然保护地边界

边界的确定是自然保护地划定和实施保护的前提,是限制或禁止某些进入或开发行为的基本依据。自然保护地或国家公园如何确定保护及管理目标?如何确认划定保护地范围?这些都是在设立自然保护地过程中首先需要解决的问题。

具体来看,自然保护地边界需要由保护地的基本目标和决策需要来确定,具有多重功能,通过 GIS 支持实际规划行为,能够用于评估多种可选计划(Keisler and Sundell,1997)。我国的自然保护地边界存在模糊不清、多类重叠问题。王连勇(2013:3-5)在对我国国家级风景名胜区边界及部分其他类型自然保护地边界的研究中发现:我国的风景名胜区在各类现有地图上多以点的形式出现,而几乎无法找到边界信息;国家级风景名胜区边界并非持久不变,而是存在频繁的变动调整,且规划边界与实际管控边界差距大。由此可见,自然保护地的边界研究是一个重大的学术问题,反映了相关利益群体的博弈。

从生态学角度来看,对一个完整的生态系统或地理空间范围的确定相对容易,例如流域,按照分水岭划定即可;野象自然保护地,可以依据象的个体或种群所需要的食物供给量或水源补给量来划定;大熊猫保护地,可以根据大熊猫对竹子的摄入和排出比例,划定被保护的大熊猫生存所需要的范围。在实际操作中,仍然存在因边界划定带来的一系列问题。例如云南一些沿河地区象群与当地农民的利益冲突问题时有发生。因此,从自然科学的角度来讲,这些边界的划分并不是一个无法解决的问题,但是一旦涉及利益博弈,则会产生划定困难,因为不同的群体对同一个区域有不同的诉求。所以从社会科学的角度来看,自然保护边界研究就成了一个难点问题。

3. 自然保护地等级

基于被保护对象在全球、全国的重要性、稀缺性和科学价值,从世界自然遗产到国家公园及其下的省级(州级)公园,自然保护地实际上存在不同的等级。仅就省级保护地而言,在不同国家也有不同的称谓。美国称为州立公园(state park),日本称为国定公园(其国立公园相当于其国家公园)。欧洲一些国家设立有区域公园(regional park),此外,英国的乡村公园(country park)、法国的区域公园(parcs régionaux)、德国的自然公园(naturparks)和荷兰的游憩公园(recreatieschaps)也都相当于我国的省级风景名胜区或美国的州立公园。

以德国和法国的区域公园为例,德国自然公园规模一般在 0.5 万~36 万 hm^2 之间(平均面积约 8.5 万 hm^2),分为大型和小型两种。大型自然公园保护程度高,也提供休闲和旅游活动,类似国家公园;小型自然公园由协会、公私合作组织或地方行政机构管理,资金主要由土地所有者和社区提供(王洪涛,2008)。法国的区域公园在面积方面差异很大,例如奥弗涅火山区域自然公园面积达 39.5 万 hm^2,而什弗留兹山谷区域自然公园面积仅有 2.45 万 hm^2。法国区域公园的主要设立目的是保护自然或文化遗产和传统、开发和发展传统人类活动(农业、林业、牧场等)、提供旅游和户外游憩活动,尤其与社区和地方经济受益有关,往往由农场或小旅馆提供住宿(王心怡,2016)。

总体上,区域公园具有以下特征:占地面积相对较小,由区域内的政府直接管理或多方联合管理;指定目的包括保护独特地理景观、保护传承当地传统的遗产、开发利用自然吸引物;通常位于城市附近,并为游客提供多种教育和文化设施,对游憩活动有所限制;可以缓解国家公园的户外游憩压力(鲍德-博拉、劳森,2004:123-125)。

7.1.2 IUCN 自然保护地体系

根据 IUCN 保护地管理目标分类体系,世界各国的保护地类型可依据管理目标分为 6 类(Dudley,2008:12-24)。其中Ⅰ类(含Ⅰa和Ⅰb)和Ⅱ类一般面积较大,例如我国目前的东北虎豹国家公园、祁连山国家公园和大熊猫国家公园试点区均跨多省省界。Ⅲ到Ⅵ 4 种类型的自然保护地也具有很重要的保护意义,但从面积和指定数量来看均远不如前两类,例如与Ⅳ类保护地对应的国内的水产种质保护区(表 7-1)。

IUCN 分类体系中,Ⅱ类国家公园值得重点讨论。目前我国在对国家公园的保护级别定位是实行最严格的保护,而从 IUCN 的分类来看,最严格保护的保护地类型是严格自然保护区和荒野区,所以我国当前对国家公园的定位与 IUCN 的Ⅱ类国家公园管理目标定位并不相同。从 IUCN 的定位来看，国家公园是相对严格的，保护和利用二者兼顾，I 类则是更侧重保护。从规模来看，国家公园一般很大，一般在 6000 hm² 以上，例如美国黄石国家公园面积为 9027 km²、肯尼亚察沃东部国家公园（Tsavo East National Park）面积达 13 747 km²。

I 类自然保护地在不同国家的实际情况不同。例如《中华人民共和国自然保护区条例》给自然保护区的定义是指对有代表性的自然生态系统、珍稀濒危野生动植物物种的天然集中分布区、有特殊意义的自然遗迹等保护对象所在的陆地、陆地水体或者海域，依法划出一定面积予以特殊保护和管理的区域。这类保护地的开发利用，虽然也有一些经济效益或其他效益，但是自然保护区主要就是牺牲这些当代效益，而主要考虑保护其生态价值。那些面积太小，不足以建立国家公园但却需要立法加以保护的区域，在西方国家也会设立保护区，它们包括特有的生境；生活着有价值的动植物群落；或具有独特的景观（沙丘、湖泊、牧场、森林、河岸）。在南非，有 5 大野生保护动物（big five，即非洲的大象、犀牛、水牛、狮子、花豹），保护区以大型动物栖息地为主，原来是自然狩猎圈地，以狩猎活动为主，而现在禁止私自狩猎，"猎物"（games）也开始用以指代大型动物，这些保护地成为大型动物保护区。

表 7-1 IUCN 保护地管理目标分类体系

类型		名 称	简 介
I	Ia	严格自然保护区	为保护生物多样性或地质地貌特征而设立的严格保护区域，严格控制人类到访行为，但可开展科学研究与监测
	Ib	荒野区	大片未被人类改造的、保留自然特征的区域，区域内无人类定居，设立目的是保存这种自然条件
II		国家公园	大片自然或近自然区域，主要目标是保护大范围生态过程及其生物物种和生态系统特征，同时也提供环境和文化方面的精神、科学、教育、游憩和访客到访机会
III		自然纪念物保护区	为保护某一种特别的自然纪念物而划定的区域，例如一种地形、一座海底山、一个洞穴甚至是一片古树林，尺度较小，有极高到访价值
IV		生境和物种保护区	特殊物种或生境保护区，该类保护地的管理以此保护目标为基础，一般需要管理方常规、积极的保护行为介入，来达到保护要求
V		陆地和海洋景观保护区	具有因人与自然的互动而具有独特特征的区域，同时区域具有重要的生态、生物、文化和景观价值，需注重保护区内人地互动的整体保护
VI		自然资源可持续利用保护区	是保护生态系统、生境及其附带的文化价值和传统自然资源管理系统和区域。一般面积很大，大部分区域处于自然状态，其中一部分处于可持续的自然资源管理之下，主要目标之一是实现自然资源使用低水平、无工业化并与自然保护和谐相容

资料来源：Dudley，2008：8-9。

关于 IUCN 分类体系的其他几种类型的国内例证，比如许多存在广泛人类活动和人文的景观的森林公园，可以归为 V 类陆地和海洋景观保护区；我国东北地区伊春的一些红杉保护区域，或重庆存在的一些水杉保护区域，都可视为 IV 类生境和物种保护区。

7.1.3 美国国家公园体系

1872年美国设立了世界上第一个国家公园——黄石国家公园,因此美国的国家公园发展也是世界上时间最长的。美国的国家公园经过一百多年的实践与发展,经历了萌芽、成型、发展,停滞与再发展,注重生态保护,教育拓展,以及多方合作5个阶段(杨锐,2001),美国国家公园体系主体部分已拥有国际历史地段、国家战场、国家历史地段等20种类型、419处公园地(表7-2)。此外,还设有6类相关区域,涉及另外170个单位。美国国家公园系统及相应法律法规和管理体制共同构成完整的国家公园体系。

在上述20种类型中,国家战场公园是在美国历史上发生的国内的南北战争、与殖民宗主国(西班牙、英国等)之间的战争发生地设立的纪念性场所。中国历史远比美国悠久,但也正是因为时间太过漫长,许多历史战场经过大浪淘沙已经荡然无存。特别是在中原地区,更有大量的战例发生地,仅有少量演变成为历史公园,如赤壁之战所在地赤壁目前已成为5A级旅游景区。

表 7-2 美国国家公园体系所属类型及其数量

序 号	类 别	数 量/个
1	国际历史地段 international historic sites	1
2	国家战场 national battlefields	11
3	国家战场公园 national battlefield parks	4
4	国家战争纪念地 national battlefield sites	1
5	国家历史地段 national historic sites	76
6	国家历史公园 national historical parks	57
7	国家湖滨 national lakeshores	3
8	国家纪念地 national memorials	30
9	国家军事公园 national military parks	9
10	国家纪念地 national monuments	83
11	国家公园 national parks	62
12	国家风景道 national parkways	4
13	国家保护区 national preserves	19
14	国家游憩区 national recreation areas	18
15	国家保留地 national reserves	2
16	国家河流 national rivers	5
17	国家风景步道 national scenic trails	3
18	国家海滨 national seashores	10
19	国家荒野、风景河流和河滨道 national wild and scenic rivers and riverways	10
20	其他公园地 other designations	11

资料来源:美国国家公园管理局.国家公园体系[EB/OL].[2021-04-17]. https://www.nps.gov/aboutus/national-park-system.htm

美国除公园(parks)之外还有地段(sites),相比范围更小。其他类型,比如国家湖滨,区别于我们理解的风景名胜,可能是五大湖区城市范围内的区域;国家风景道,比如蓝岭风景道(Blue Ridge Parkway);国家保护区,类似自然保护区,也有印第安人保留地;国家游憩区,相当于我国批建的国家级旅游度假区,但区内有政府建设的公共服务设施,收费相对便宜,例如淡水、充电桩、污水处理等服务,配套房车使用;国家风景步道,以步行或骑行方式游览,距离较长且一般无机动车通行。

7.1.4 中国自然保护地体系

自然保护地是一个系统,也可以称之为自然保护地体系。当前,我国正在推进国家公园体制和自然保护地体系建设。体制是从国家机关、地方政府到企事业单位的机构设置、管理权限、工作部署的制度,体制的设立需要开展体制研究;系统(system)则包括国家公园、自然保护区、风景名胜区、国家地质公园等一套体系,相当于自然保护地(国家公园)由多种类型共同构成一个相互关联的保护地整体。

1. 中国自然保护地体系发展背景

2017年9月,中共中央办公厅、国务院办公厅印发了《建立国家公园体制总体方案》(以下简称"方案"),2019年6月又印发了《关于建立以国家公园为主体的自然保护地体系的指导意见》。自然资源部、国家林业和草原局于2020年3月印发了《关于做好自然保护区范围及功能分区优化调整前期有关工作的函》,确认了中国自然保护地体制和体系的基本方针和进一步工作办法。

国家公园的体制建设不同于简单的体系构建,它是制度,涉及行政单位的管辖权的划分以及中央和地方政府博弈关系的平衡。因此方案提出了建设中国国家公园的基本方针和战略。例如,将国家公园定义为:"由国家批准设立并主导管理,边界清晰,以保护具有国家代表性的大面积自然生态系统为主要目的,实现自然资源科学保护和合理利用的特定陆地或海洋区域。"在行政单位的事权划分上,我国成立了隶属于自然资源部的国家公园管理局(即国家林业和草原局),其管辖范围很广,包括对所有类型自然保护地资源的保护和利用。这些保护地类型包括:原属林业部门的自然保护区、森林公园、湿地公园,原属国土资源部门的地质公园,以及原属农业农村部管的草原保护区等。

实际上,目前我国的国家公园主要聚焦于自然资源的保护、利用和管理。与美国国家公园体系不同,它暂时没有把历史文化遗产纳入管理范围(文化遗产划归文化和旅游部及其下国家文物局管理)。考虑到我国许多具有国家代表性的历史文化区域,例如长城、大运河、黄河、长征等文化遗产,同样具有强烈国家象征意义和凝聚国民国家认同作用,中央宣传部、国家发展改革委、文化和旅游部等部门正在组织有关省份开展国家文化公园的规划建设工作。这样一来,中国实际上出现了两种国家公园,一类是国家(自然)公园,另一类是国家文化公园。

2. 国家公园体制主导下的中国自然保护地体系

根据2019年中共中央办公厅、国务院办公厅印发《关于建立以国家公园为主体的自然保护地体系的指导意见》，目前我国自然保护地分类系统是"以国家公园为主体、自然保护区为基础、各类自然公园为补充"的结构。

国家公园以保护具有国家代表性的自然生态系统为主要目的，实现自然资源科学保护和合理利用的特定陆域或海域，是我国自然生态系统中最重要、自然景观最独特、自然遗产最精华、生物多样性最富集的部分，保护范围大，生态过程完整，具有全球价值和国家象征，且国民认同度高。

自然保护区以保护典型的自然生态系统、珍稀濒危野生动植物种为目的，有特殊自然遗迹意义，具有较大面积，需确保主要保护对象安全，维持和恢复珍稀濒危野生动植物种群数量及赖以生存的栖息环境。

自然公园主要保护重要的自然生态系统、自然遗迹和自然景观，具有生态、观赏、文化和科学价值，需确保森林、海洋、湿地、水域、冰川、草原、生物等珍贵自然资源，以及所承载的景观、地质地貌和文化多样性得到有效保护，包括森林公园、地质公园、海洋公园、湿地公园等，相对而言，保护力度较小，可供利用的可能性最大。

3. 风景名胜区：自然与文化保护并重的保护地

风景名胜区是我国原自然保护地体系中最重要的类型之一，其英译名曾一度使用"中国国家公园"（National Park of China），根据国务院《风景名胜区条例》（2016年修订），风景名胜区是指具有观赏、文化或者科学价值，自然景观、人文景观比较集中，环境优美，可供人们游览或者进行科学、文化活动的区域。由于风景名胜区中的"名胜"涉及较多人文景观，也就是文化遗产，使其与其他类型的自然保护地产生了性质上的差异。从利用兼容性来看，与自然保护区相比，风景名胜区是更能接受和满足旅游发展的一类保护地。这些中国的名胜具有十分独特的意义，它们与国际上的自然保护地都不相同。中国历史悠久、文化底蕴深厚，名胜二字恰如其分地概括了中国的自然保护地的文化沉积（culture sediment），这些文化沉积对中国的城市规划或其他设计都非常重要。

对风景名胜区进行逐词逐字理解可以看出，"风景"即自然风景；"名"，有名、著名，丰富的文化特征（rich cultural identity）；"胜"，形胜，具体地点或标志（landmark），因此名胜是指有名的地标。所以风景名胜是指经过历史事件、重要人物的作用，形成的自然风景和人文特色的融合区域。例如长江中游地区著名的南昌滕王阁、武汉黄鹤楼、湖南岳阳楼，单就建筑本身或其所能观赏的风景来说，可能与其他江滨景色相比并无特别，但由于历史上在这3个建筑中发生了许多故事，许多著名文人留下关于它们的诗篇，使得这些名胜与众不同，例如王勃与滕王阁、李白与黄鹤楼、范仲淹与岳阳楼。此外，从中国传统的风水观念来看，这些楼阁的山水交汇处选址也蕴含风水意义，因此，这些名胜在历史上被不断修复和原址重建。

1982年，中国指定了第一批共44处国家级风景名胜区，而且规划面积都很大。包括八达岭-十三陵、北戴河、衡山、镜泊湖、太湖、西湖、雁荡山、黄山、天柱山、庐山、泰山、嵩山、武当山、峨眉山、黄龙-九寨沟等，其中黄龙-九寨沟一处名胜申报了两处世界遗产。总体来看，第一批国家级风景名胜区至今仍是自然保护和游憩利用协调发展的典范。

2018年，住建部推进出台了国家标准《风景名胜区总体规划标准》(GB/T 50298—2018)，其中提及如下几个部分的规划：保护培育规划，是关于自然资源保护的内容；游赏规划，实际上就是游憩机会谱的利用；设施规划，关于交通等设施规划；居民社会调控与经济发展引导规划、土地利用协调规划、分期发展规划。

李如生(2011)提出了风景名胜区保护性开发机制的概念框架，论述了风景名胜区保护性开发的中观和微观作用机理。他认为风景名胜区保护性开发的中观作用机制，实际上就是怎样看待在一定外在环境条件(特定类型、特定时期、特定容量、特定制度)下，风景名胜区的保护与开发的关系，关注点是人与自然的关系、人与环境的关系。从风景名胜资源保护和旅游开发两方面，分别定义两个函数，这两个函数的组合变化关系决定了一个风景名胜区最终的保护性开发状态。

李如生指出，风景名胜区保护性开发的微观作用机制，实际上就是如何看待风景名胜资源开发过程中不同利益相关者之间的关系，这样的关系对于风景名胜资源的保护有什么样的促进或阻碍作用，关注点是人与人的关系。风景名胜区的利益主体主要包括管理者、旅游经营者、社区居民和旅游者四大类。从保护与开发角度来看，每一类群体均有保护意识和开发、利用意识，只是保护程度和开发程度的强弱有所不同。风景名胜资源的保护性开发机制，应该是使各类主体的保护倾向度最大化，开发利用度合理化，防止对资源的过度掠夺和开采。

许多风景名胜区跨多个地级市，例如太湖风景名胜区，覆盖了苏州和无锡两个地级市，不仅保护地与地方经济发展关系存在矛盾，多县市争夺同一风景名胜区带来的经济利益也引发诸多问题，因此之后批次的风景名胜区规划面积越来越小。值得一提的是第二批的湖南武陵源风景名胜区，在1989年大庸市设立前，分属两地三县(湘西土家族苗族自治州的大庸县和桑植县、常德市的慈利县)，后在旅游发展过程中三县利益竞争激烈，为解决这一问题，三县被单独划出成立大庸市，并于1994年更名张家界市，这是中国旅游发展改变行政区划政治地图的一个重要案例和历史事件。

7.2 自然保护地游憩与旅游发展

7.2.1 自然保护地旅游资源与利用制度

我国地形多样，山区面积广大，高原、山地和丘陵约占我国陆地面积的67%。此外，我国气候复杂、河流众多、海洋资源丰富，不同区域的自然条件差异很大，造就呈现明显区域差异分布的多种生态系统类型：森林主要分布在东部，从北到南依次分布着不同类型的森林生态系统；草原主要分布在西部；湿地分布广泛，且拥有独特的青藏高原高寒湿地生态系统类型；大小山脉纵横全国，3大地形阶梯过渡带上有众多发育良好的河流峡谷；荒漠主要分布在西北干旱地区；海洋与大陆的交界自渤海到北部湾形成了超过18 000 km的海岸线，共1.1万余个海岛，形成珊瑚礁、红树林、海草床、河口、海湾、海岛等海洋生态系统(赵林林 等，2019)。同时，在这些不同的地形和生态基底条件下,我国也成为世界上动植物资源最丰富的国家之一。

此外,多样的地理环境也催生了灿烂丰富的民族文化,我国众多民族与当地自然环境形成了紧密的融合关系,体现出强烈的地域文化,如红河哈尼梯田、依山而建的千户苗寨等。同时,由于大多数民族区域处于经济核心边缘、可进入性差的地区,相对封闭的自然环境使其能够较为完整地保留各自的民族特色(彭福伟、钟林生、袁淏,2017:20-31)。

1. 自然保护地旅游资源

基于上述自然地理和生态基底,我国建设了森林公园、地质公园、湿地公园、水利风景区、草原公园(保护区)、沙漠公园、海洋公园等自然公园,自然条件和风景名胜优秀区域被指定成为自然保护区和风景名胜区,近年又指定了综合条件具有国家代表性的国家公园体制试点区。不同类型的保护地旅游资源具有不同特征,且多数拥有独具特色的人文旅游资源。国家公园(体制试点区)一般资源禀赋极高,具有国家代表性,甚至具有世界遗产价值,而且强调全民共享,因此正式的国家公园设立后,将成为最重要的保护地类旅游目的地。

据生态环境部统计,截至2017年年底,我国共有各类各级自然保护区2750处(不含香港和台湾),总面积147.17万 km^2,这些保护区一般生态条件良好,核心区生态敏感度高,在资源利用方面需要优先考虑保护需要。

截至2018年,我国共有各级风景名胜区1051处(唐芳林,2019),几乎包括了我国所有最享盛誉的名山大川、名胜古迹,其中国家级风景名胜区244处。从1986年到2019年,有25处国家级风景名胜区被联合国教科文组织列入《世界遗产名录》,它们都是高品级名胜资源聚集地,覆盖山河、湖海、地貌、森林、文物古迹、革命纪念地、历史遗址等各种资源类型。

我国森林公园不少基于国有林场建制建设而来,数量较大,到2018年已建起森林公园3548处,其中国家级898处(唐芳林,2019)。森林公园旅游资源主要特点是一般与当地社区关系紧密,且森林公园环境所特有的空气负氧离子、植物精气等资源尤其适合开发康养产品。

据中国地质科学院国家地质公园网统计,2019年中国有正式命名的国家地质公园220处,并有41处被联合国教科文组织批准为世界地质公园。地质公园旅游资源以地质遗迹和地文景观为主,例如典型地质构造、标准地层剖面、生物化石点、自然灾变遗迹、名山、火山熔岩景观、蚀余景观、奇特与象形山石、沙(砾石)地、沙(砾石)滩、岛屿、洞穴及其他地文景观等。

湿地公园分别由原国家林业局和住建部批准设立,名称表现为国家湿地公园和国家城市湿地公园。截至2018年年底,仅林业部门设立的湿地公园就有898处(唐芳林,2019)。湿地公园的主要旅游资源是水文资源,包括风景河段、漂流河段、湖泊、瀑布、泉、沼泽、河口、海岸滩涂、浅海、水库、池塘、稻田等。

水利部门在水资源丰富、水景观独特、水利工程宏伟等基础上设立水利风景区,到2018年,共公布了18批878个国家水利风景区,根据资源特点可分为资源(河湖)型、工程型和文化(遗产)型(李鹏 等,2020)。

我国草原面积居世界第一,2020年8月29日国家林业和草原局公布了内蒙古自治区敕勒川等39处全国首批国家草原自然公园试点建设名单(不同于2018年以前农业部门指定的草原保护区),面积14.7万hm²,涵盖温性草原、草甸草原、高寒草原等类型。草原自然公园的旅游资源主要为草原景观和草原人文景观,特点是具有辽阔、坦荡、悠扬、天人合一的文化特色,同时,空间尺度大、生态环境脆弱、依托背景相对单一(彭福伟、钟林生、彭渺,2017:97)。

根据《国家沙漠公园发展规划(2016—2025年)》,我国有沙化土地面积172.12万km²,占国土面积的17.93%,聚居着45个民族,总人口约4.4亿,沙漠公园分布于这些土地之上。到2018年,共有103个国家沙漠公园,范围覆盖河北等13个省份及新疆生产建设兵团,总面积达41万hm²。沙漠公园旅游资源具有神秘性、依托环境单一、敏感性等特征(彭福伟、钟林生、彭渺,2017:102)。

为了保护海洋生态系统,我国目前建有国家级海洋特别保护区67处(不含国家级海洋自然保护区),其中有48处为国家海洋公园(赵林林等,2019)。海洋公园拥有珊瑚礁、红树林、海草床、河口、海湾、海岛等不同类型生态基底,因此旅游资源也较为多样。但我国海洋公园当前大部分缺少必要的办公、管护、科研、宣教和旅游等基础设施,不能达到规范化建设的要求和目标,海洋公园资源开发仍有待进一步发展。

2. 自然旅游资源利用制度建设

从当前我国自然保护地旧体系的法律法规及新体系的体制建设指导文件来看,我们在政策供给方面还明显存在不足。我国新国家公园体制和自然保护地体系建设背景下,与自然保护地游憩和旅游相关的立法和修订大致可以分为3个层次。首先,国家公园法本身需要整体体系的建立和修订;其次,现有关于各类自然保护地游憩和旅游的自然资源法、旅游法,以及各种与旅游、游憩相关的法律需要修订,很多法律已无法适用于当前的保护和利用的双重目标;最后,各个政府部门行政法规需要清理和修订,各类保护地的所属部门都有自己的国家标准、行政管理规定,这些规定很多是矛盾、重复的,比如森林公园规划规范与住建部国家级风景名胜区的规划标准存在互相重叠和冲突,需要进一步清理归并。

国家公园、自然资源游憩、自然资源旅游相关法律修订和政府行政法规清理与修订是国家公园和自然保护地供给游憩和旅游机会的基本依据,通过立法可以确认国家公园的游憩功能具备自然基础、现实基础和社会价值。国家公园游憩功能的法律确认与制度安排,以游憩功能的法律属性界定为核心,游憩不是自然权利及法定权利,也不是主观权利,而是客观秩序,公众无法向国家提出诉求,游憩利益只有依托国家履行义务才能实现。我国国家公园法的相关制度安排,应以管理主体的职责配置为重心,充分保障游憩这一客观秩序的实现(潘佳,2020)。

同时,自然保护地的公共产品属性、自然垄断性、外部性等特征决定了其不能交由市场供给,否则会引起市场失灵,造成对资源和环境的破坏,应当采取政府供给的方式,使用政府规制方法,提高资源配置效率,实现社会福利最大化(张海霞,2012:235-237),对保护地的旅游规制主要包括面向治理的规制和面向管理的规制体系,前者主要包括产权规制、资格规制,后者主要包括价格规制、环境规制、数量和质量规制、安全规制、教育规制等(张海霞,2012:122-132)。

7.2.2 自然游憩和生态旅游：一类准公共产品

自然保护地往往拥有最珍稀的自然与文化遗产类旅游资源，而且产权属性十分特殊，为全民所有。从经济学角度而言是具有资源消耗竞争性、非排他性特征的公共资源（Mankiw，2015：216-217），以欣赏、享受这些公共资源为内容的游憩和旅游产品是公共部门生产的准公共产品，因此，以欣赏、享受这些遗产资源为内容的游憩和旅游产品也自然成为公共部门生产的准公共产品。准公共产品是作为具有有限的非竞争性或有限的非排他性的公共产品，介于公共产品和私人产品之间，通俗地讲，就是需要政府提供支持，不能完全商业化，也无法完全公共产品化的一类产品。

以上述理论来观察当前我国各类自然保护地的游憩和旅游供给情况，可以发现或多或少偏离了这一定位。一方面，一些保护地，例如黄山、峨眉山，作为世界遗产地，尽管并未被列为国家公园体制试点区，但其实质上相当于资源禀赋等级极高的自然保护地，其经营的市场化行为却明显与准公共产品定位有悖，实际上形成了一种以"公共产品为由，又排除私人生产者"的"行政性垄断"（马梅，2003）的行为。另一方面，保护地门票价格是判断准公共产品公益性的重要标准。据研究，我国仅仅国家标签类自然保护地的门票价格一项就占到了城镇居民年娱乐、教育、文化消费总额的4.5%至18%，如果单算门票价格占城镇居民年娱乐消费的比例，则占比更大（马梅，2003），这与美国、英国等国家低廉的国家公园门票价格相比，作为准公共产品的公益性属性大打折扣。

在自然保护地的旅游产品当中，生态旅游显然是最核心的产品，但又不仅仅只是产品。生态旅游一词，实际上有3层含义（吴必虎，1996a）。

第一层是哲学意义、方法论意义、发展和战略意义上的，这时生态旅游是一种理念和指导指南，主张低碳、环境影响最小，属于可替代性旅游（alternative tourism）。生态旅游概念最早由 Ceballos-Lascurain（1991）于1983年提出，将之与一般的大众旅游相区别，从公众的角度来看，它是人们的经济条件和文化、科学水平不断提高的结果，人们渴望到保护地中了解生态知识。对自然保护地的游憩和旅游规划来说，在生态旅游理念影响下，应当注重各类设施的设计和建设，需要杜绝过度城市化、园林化的建设形式。接下来的所有细分的保护地活动产品均应以此理念为导向。

第二层是旅游产品，它对应自然保护地研究中对特殊消费体验的关注，例如什么是生态旅游者（ecotourist）？生态旅游者和大众旅游者的区别是什么？研究发现二者差别之一是对设施选择的不同：生态旅游者一般不会选择公共大众设施，而是选择生态酒店（ecolodge），可能是小木屋或者树底扎营，或是住朋友家、青年旅社等，主张集约消费，这样对环境压力最小。从研究角度来看，符合这些生态旅游者的特殊需求的产品和产品组合被称为生态旅游产品。但是，作为产品的生态旅游概念在中国发生了一些变化，Buckley 等（2008）通过中西方生态旅游概念对比研究认为，中国生态旅游产品更强调健康促进作用，更偏好人类艺术和艺术品融入自然，且对出游团队的规模没有多大限制。

第三种生态旅游是一个噱头和营销方式,还可能是一种欺骗。例如北京郊区冬季存在的被称为"生态餐厅"的地方,其形式可能是开发者自行搭建的大棚,并在其中栽种热带植物,布置人工溪流于钢架结构之上,安放五六十张餐桌供游客用餐。这种"生态餐厅"从建设阶段到使用阶段都是高资源消耗,是不环保、不生态的。之所以自称"生态",一是由于看似"自然"的环境的营造,二是借助"生态"来包装和推销自己。这种"生态旅游"不属于我们要讨论的范畴。

因此,由于生态旅游作为一种实现旅游可持续发展的理想模式受到越来越多的认同,但在实际操作中却往往只被作为一种市场营销手段被许多景区或企业利用,在开发、经营、管理中并没有真正贯彻生态旅游所要求的若干原则,于是生态旅游认证应运而生。生态旅游认证包括对诸多不同对象的认证,自然保护地作为生态旅游的主要发生场所是其中最重要的一种,其他对象还包括旅游企业、特定建筑物、日常运营工作和流程等。目前,国际上比较成熟的生态旅游认证标准主要有世界旅游业理事会(WTTC)的"绿色环球21"(Global Green 21)国际性生态旅游标准体系、澳大利亚的 NEAP 项目(National Ecotourism Accreditation Program)等。

7.2.3 自然保护地适宜开展的旅游活动

谢冶凤、吴必虎、张玉钧(2021)对已有自然游憩、生态旅游和自然旅游产品进行了系统的调查分析,最终总结归纳了中国各种类型的自然保护地内适宜开展的自然游憩和生态旅游产品谱,涉及6种主要产品,它们在对自然环境的干扰程度上呈现出由低到高的倾向:从科考探险、自然野生动物旅游、自然教育到健康休养、户外运动和自然观光,参与人数逐步增加,给自然生态带来的干扰可能性逐步扩大,所需采取的游客管理措施也应逐步加强。

1. 科考探险

自然保护地的建设目标包括科研监测服务,科考是自然保护地一类基础游憩活动,我国有45%的自然保护地开展科考活动(Zhong et al.,2015),但参与者仅限于科学家和相关考察人员,因此总体规模极小,相关的研究和数据也较少。探险活动则是人们出于兴奋、挑战、风险、不确定性、危险、新奇、逃避、刺激而开展的旅游活动(Page、Bentley、Walker,2005),在我国约30%的自然保护地中有开展,尤其是在中部和西南部的风景名胜区和地质公园(Zhong et al.,2015)。

根据风险等级差异,探险旅游一般被大致分为硬探险和软探险两类,这里我们主要指硬探险,门槛更高、参与规模也更小(Page、Bentley、Walker,2005)。我国自然保护地中的硬探险旅游活动涵盖了漂流、洞穴、登山等诸多形式,还包括一些商业性质的蹦极、跳伞和滑翔伞等活动。从户外活动数据库来看,目前流行的极限运动类保护地户外运动主要还是登雪山和长线穿越。科考探险具有一定危险性,因此其安全规划和管理十分重要。

2. 自然野生动物旅游

自然野生动物旅游是以自然生境下的野生动物观赏和体验为目的的游憩活动形式,不包括完全圈养或半圈养的野生动物旅游,主要发生在大型哺乳动物栖息地或鸟类栖息和迁徙停留的保护地,例如我国的三江源雪豹体验、卧龙大熊猫旅游和盐城丹顶鹤旅游(丛丽、吴必虎、李炯华,2012)。这类活动一般由公园方免费、小额收费提供或由特许经营方收费提供服务和接待,并对到访人数、规模进行控制,对旅游者的野生动物知识水平也有要求,因此自然野生动物旅游对环境影响一般很小。

我国的自然保护区有专门的"野生动物"类别,根据2015年数据,我国自然保护区(含国家、省、县三级)中,有384处为野生动物保护而设立的自然保护区,自然野生动物旅游资源十分丰富。就发展现状而言,我国保护地观鸟旅游规模相对较大,涉及的其他动物种类主要包括大熊猫、亚洲象和雪豹。

案例:三江源国家公园(体制试点区)昂赛"大猫谷"野生动物旅游产品

三江源国家公园体制试点区的澜沧江园区雪豹自然观察活动(图7-1)于2018年开始正式提供预约,雪豹观察区域(国家公园昂赛工作站、昂赛乡辖区)被命名为"大猫谷",国家公园管理局对申请者进入、到访团队规模均严格控制,到访者不乏来自世界各地的鸟类学家、野生动物水彩画家等专业人士。自2018年5月网站预约功能上线以来,共544个可约日中,162天被订出。自然观察体验产品的利益分配以当地牧民为主要受益方。

(来源:昂赛"大猫谷"社区合作社.大猫谷[EB/OL].[2021-04-07].https://valleyofthecats.org/)

图7-1 三江源国家公园澜沧江园区雪豹观察活动

3. 自然教育

自然教育旅游是以在自然中认识世界、获取知识、促进个人全方位发展为宗旨的游憩活动,能够培养到访者对自然的兴趣,使他们热爱和保护自然。自然教育与早期的科普旅游关系密切,且受众广泛,但从国家政策和产业发展形势来看,常常与研学旅游和旅行相关,主要面向中小学生(6~15岁)。

从保护地发展历程来看,自然教育旅游与地质公园关系最密切。我国国家地质公园的申报和规划对科普设施建设的要求最为明确、细致和严格,开展科普和旅游被明确作为地质公园设立的3大任务中的2项。在国际研究中,也有"地学旅游"(geotourism)这一术语。中国旅游协会专门成立了地学旅游分会,在推动地球科学旅游活动中发挥了专业指引作用。

总体上,我国目前77%的自然保护地有环境解说规划、51%有博物馆或展览馆、74%有解说牌、80%提供印刷材料、85%提供向导服务,游客到访量大、建立时间早的保护地往往提供更多的解说服务,但只有很小一部分保护地(9%~18%)提供专业讲座、专业化读物和有自然教育活动(Zhong et al.,2015)。近年关于推动保护地自然教育的政府文件也反映了类似问题,认为保护地与教育部门衔接有限。因此,我国的保护地自然教育旅游产品供给硬件配备相对完善,但软性服务存在很大缺口。

营地可作为景区和开展露营活动,是自然保护地中最常见的自然教育产品形式。营地发展历史的研究也进入了学者的视野。对美国营地史的观察表明,人们建设营地和参与露营活动的主要目的不外乎3个追求:自然信仰(pilgrimage)、身心恢复(retreat)以及技术体验(technology)。其中自然信仰的动机最为常见,人们通过露营能够接触更多的大自然,心灵上获得与自然对话的机会,从而更清楚地明确自己在这个世界上的身份和地位。身心恢复的目的同样普遍,通过露营活动使身陷疲倦的自己获得新的活力。技术体验除了户外活动的可移动科技装备,现代旅游者的营地体验越来越多地依赖于汽车自驾行日新月异的发展(Young,2017:93-97)。袁维(2016)构建了一个包含22个指标因子的森林类型自然保护区露营旅游地环境适宜度评价体系,并基于自然环境、地理安全、基础设施、内部交通条件等项目层,构建了包含23个指标因子的露营旅游地微环境评价体系。

与专业性的自然教育产品供给不足相对应的是,市场需求却充满活力。据全国自然教育网《2018自然教育行业调查报告》(http://www.useit.com.cn.检索日期2021年4月17日),2013—2016年受政策和市场需求影响,我国自然教育机构和公司如雨后春笋般出现,它们多以"某某自然营""某某营地(教育)"命名,并以各类保护地为重要目的地,到2018年我国已至少有各类自然教育机构398家,超过一半机构的年服务人次在500以上。

4. 健康休养

健康休养活动是以活动者身心健康的促进和恢复为主要目标的活动,包括休养、健身、自驾、露营等具体活动,根据对服务设施的需求强度不同,这类活动可能发生在自然保护地外部或内部,保护地的优良自然环境是这些活动的依托。健康休养旅游产品与国外养生旅游(wellness tourism)相对应,其中养生=福祉+健身(wellness=wellbeing+fitness),包括心理和身体的疗愈和恢复两方面(Smith and Kelly,2006)。健康休养旅游产品的接待设施多为城镇等聚居点、酒店和度假村,优良的自然环境往往是设施选址的基本依据,19世纪建设的大量休养中心均位于今天的保护地内,许多至今仍在运营(Ferrari and Gilli,2016)。自然保护地成为康养旅游产品的基础吸引物,主要是因为其能够满足康养旅游的四大动机特征:令人向往、对日常生活的逃离感、将小我置于大自然中的沉浸感、对个人偏好多样化的兼容性(Ferrari and Gilli,2016)。

中国的户外康养活动由来已久,例如古代道家修仙、佛家禅修均以自然山水为背景,其中,洞穴、竹林等又有其独特的意境。在此传统下,我国的自然旅游一直以来就多强调养生功能,中国本土化的生态旅游一词所蕴含的康养内涵就说明了这一点(Buckley et al.,2008)。早期西方的康养旅游更注重身体的恢复,他们对自然资源带来的养生益处测度十分精确,且已经形成资源类型与需求人群的病症对应关系。目前,每年全球自然保护地通过改善到访者心理健康所创造的经济价值达到约6万亿美元(Buckley et al.,2019)。

总的来说,健康休养旅游产品对设施和服务有更高需求,价格更高,因此规模并不会太大,但由于前期的投入和设施建设,可能对自然环境带来一定影响。

5. 户外运动

户外运动同样有健康促进效用,但活动参与者更热衷于这类活动的竞技性和对体能的挑战性,例如徒步、登山、定向越野等,我国很多自然保护地还会举办相应赛事。

健康休养、保护地的探险、户外运动和户外运动赛事旅游的关系见图7-2。也就是说,健康休养、探险和户外运动旅游的关键差异在于竞技性的强弱和体力消耗的高低:健康休养旅游竞技性最弱、体力消耗最低,户外运动赛事旅游竞技性最强、(短时)体力消耗也最高,而户外运动旅游在本研究也可视为软探险旅游(Page、Bentley、Walker,2005),户外运动和探险两类旅游仅从活动内容上来看,界限并不十分明确,但区分的依据是,户外运动旅游的危险性更低、对参与者的技能要求更少,因此也比探险旅游的参与者规模更大,而户外运动赛事旅游的竞技性更明显、短时活动规模更大。

	被动、低体力消耗 →		主动、高体力消耗
非竞技性 ↓ 强竞技性	健康休养旅游(如森林康养)	健康休养旅游(如城郊公园健身)	健康休养旅游(如健走、爬山)
	户外运动旅游(如无安全责任的漂流乘船者)	户外运动(软探险)旅游(如自行车、徒步穿越)	户外探险(硬探险)旅游(如高山登山、洞穴探险)
	户外运动赛事旅游(如黄山全国山地车锦标赛的观赛旅游活动)	户外运动赛事旅游(如黄山国际登山节的一般参与者活动)	户外运动赛事旅游(如黄山全国山地车锦标赛的参赛旅游活动)

注:图中从低体力消耗到高体力消耗为每一横向活动的内部对比,例如健康休养旅游的高体力消耗可能较户外运动旅游的低体力消耗更低。

图7-2 健康休养、保护地探险和户外运动旅游模型

资料来源:据Hall,1992,有修改。

户外运动的市场自主性很强,常见的户外运动项目覆盖了山野徒步、露营、骑行、户外或越野跑、水上运动(泅渡、漂流、桨板、溯溪、滑水等)、潜水或浮潜等,类型非常多样。据两步路户外网(http://www.2bulu.com,检索日期2021年4月17日)数据,在参与规模上,1~6人出行的活动数量最多,约占所有活动的 50%,7~16 人占 36%,即 16 人以内的活动规模占数据库中所有活动的 86%。保护地离城区越近,对户外运动技能的要求越低,活动规模越大。

保护地举办运动赛事活动也非常多见。例如,黄山仅 2008—2010 年就举办过包括中国黄山国际山地自行车节在内的至少 9 项体育赛事和节庆活动,时间多在 3—6 月和 8—9 月、11 月,正是黄山旅游旺季,短时冲击给自然生态系统带来较大环境影响(付蕾 等,2011)。此外,我国西南地区的保护地户外运动还与民族体育活动关联密切,例如四川甘孜、阿坝、凉山三州,连片的"人与生物圈"保护网络(如九寨沟、黄龙、卧龙)和风景名胜区、自然保护区(如贡嘎山、四姑娘山等)聚居着藏族、彝族、羌族等少数民族同胞,他们的民族文化中各类体育项目均具有不同程度的观赏性和参与性(聂涛,2019)。

6. 风景观光

这里的风景包括两类,一类是不仅有独特、壮丽的自然景观,而且因中国传统文化的沉积而形成的更具历史文化意义的山水环境,例如中华五岳、黄山、秦岭地区,在自然保护地类型中,主要以风景名胜区形式体现(吴必虎,1996b);另一类是奇特的、壮丽的自然美景或自然野生动植物观光,例如九寨沟、张家界等地,除风景名胜区外,还可能是地质公园、森林公园、沙漠公园、自然保护区。风景资源内涵的不同形成了观光产品在向导服务配备(Zhong et al.,2015)和环境解说内容上的差异(Xu et al.,2013)。

风景观光旅游是旅游业发展的最初阶段产品,它的发展与旅游资源赋存密切相关(吴必虎、俞曦,2010:166),总体上,我国 95% 的自然保护地开展了观光旅游活动(Zhong et al.,2015)。我国保护地旅游发展至今,大部分未特别指明产品类型的旅游形式仍均为风景观光旅游,基本上覆盖了除上述五类活动以外的所有保护地旅游活动类型。风景观光旅游产品一般规模很大,例如四川九寨沟、黄龙寺,每年旅游人数超过 120 万人次(唐小平,2016)。

7.2.4 自然保护地社区发展与公众参与

与美国国家公园非常不同,中国的各类自然保护地通常有大量当地居民生活于其中,并且早于保护体制的建立很多年,这些居民就已经成为当地的主人。因此自然保护地的建立和管理如果忽视社区发展,将会造成双方的严重冲突。这也是为什么必须谨慎对待自然保护地发展旅游业以提供当地社区居民必要生计的一个理由。

公众参与(public participation)是各类规划均需注意的内容,在自然保护地规划中尤其重要,因为一方面对自然保护地开展单一的生态系统和环境保护必然会导致当地社区生计维持及生活生产问题,另一方面也无法履行其作为公众游憩空间载体的重要职能,进而可能引发公众不满。就社区公众而言,他们原本是地方生态系统的一部分,而当他们所在的区域因其对全人类的重要的生态价值而不得不被保护起来时,他们的生活方式也需要发生改变,以适应社会普遍现代化所带来的转变,而由原来的自然生产状态转为接待到访游客就是这种转变的体现形式之一。所以,将社区及其他国民公众意见纳入保护地规划中来至关重要。地方社区参与保护地旅游管理可略分为 7 个层次(表 7-3),不同区域、不同发展阶段的自然保护地可能出现不同的社区参与情况。

表 7-3 社区参与自然保护地旅游规划和管理的 7 个层次

类　型	特　点
操控式参与	参与只是一种形式,人们无权参与决策。
被动式参与	已经决定或已经发生,人们是被告知的参与。
咨询式参与	人们通过接受咨询和回答问题进行参与,过程中不允许任何共同决策,不需要专业人员考虑人们的观点。
物质式参与	人们通过提供资源(如劳动力)以获得食物、金钱或其他物质奖励的方式进行参与。在回报终止时,人们也与这些物质是否可继续获得无利益关系。
功能性参与	参与被视为外部机构实现他们项目目标的方式,可能包括共同决策,但仅在外部机构的主要决策已完成后。
互动式参与	人们参与行动计划的共同分析和制订,参与是一项权利,涉及结构化学习过程。
自我动员式参与	人们掌握主动权,并独立于外部机构,他们保留对资源使用和决策的控制。

资料来源:Pretty,2005;转引自 Leung et al.,2018:52。

除了当地社区参与,还需要考虑到访者的参与。自然保护地管理需要考虑到访者愉悦体验和地方自然文化资源保护,通过互联网实现公众参与规划制图,并测评到访者体验、环境影响和对设施的需求,有利于促进更广泛的公众参与。实际操作层面,公众参与是建立在对规划是一种合作的共识之上的,这具体又包括 5 个方面:所有合作者决定、理解并同意他们在自然保护地的角色和职责,并形成书面文件;所有合作者共同承担责任与义务;合作关系是相互惠益的;制定出一套评估机制,来评判合作关系成功和受益与否;以开放和真诚的沟通为前提。这种合作不仅包括公众以个体形式的参与,还包括非政府组织(non-governmental organization,NGO)、私有部门等(Leung et al.,2018:50)。

我国保护地规划的公众参与,存在地方发展凌驾于公众利益之上、缺乏当地居民利益诉求的有效渠道、缺乏第三方监督评估机制三方面问题(张婧雅、张玉钧,2017)。具体而言,在公益事业被授权地方政府管理的模式下,地方更重视保护地所带来的经济效益,公众游憩权与地方居民对资源的依赖成为获取这种效益的阻力,公众参与机制也因此长期以来未得到足够重视。在当前新体制建设背景下,公众参与成为试点内容的一部分,三江源、武夷山等国家公园试点均在正式规划发布前增加了公众意见征询环节,通过官方网站发布征求意见版规划文本,但参与效果仍有待进一步探讨。

7.3 自然保护地游憩(旅游)规划导则

世界范围来看,对于自然保护地能否发展旅游问题曾经有过多次争议,各国也基本上走过从绝对保护(行不通)、旅游开发一哄而上(有点乱),逐步走向有控制地发展旅游和获得当地社区支持(可持续)的曲折过程。整体上看,对于自然保护地游憩(旅游)规划,通常遵循以下基本准则:绝大多数自然保护地可供有限的游客使用,但游憩活动应局限于指定的路段和生态价值较小、抗干扰较强的局部区域;通过划定特定范围或规定时间、轮换开放游览区域、限制进园人数、实行预约制度、高峰期提高收费等措施,尽量减少游憩活动的环境影响;通过旅游解说系统(interpretation system)提供户外环境教育服务;基于研究进行适当的人工干预可以改善自然恢复过程、提高环境耐受性、减少人工干扰;对生态系统和潜在游客需求分别进行调查是规划的基础;需要划定作为自然避难所的特殊生境;建设游客中心,在游客中心对入园前的访客进行必要的自然保护培训。

7.3.1 护用并举的双重规划目标

从自然保护地应承担公共游憩服务来看,国家公园在规划过程当中也要为实现这个目标进行相应的部署,即自然保护和游憩供给的双重管理目标要通过规划行动来体现。同时实现了这两个管理目标的平衡,才是好规划,偏颇其中任一端都不可取。

多决策分析(multicriteria decision analysis,MCDA)是一种基于规划目标的规划方法,它是指考虑多种利益主体的诉求,这其中包括系统的分析、多方协调(coordination),存在对社会政治、生态环境和经济因素等诸多方面诉求的折中处理。除此之外,还需要考虑到收支分配、对不同人群的环境影响、安全因素、生态风险、人类价值观和道德准则等的影响(Kiker et al.,2005)。

对自然保护地和国家公园规划的研究,西方国家早在20世纪六七十年代即有大量的著作讨论,研究和实践均已相对成熟,Inskeep(1991:273)归纳了国家公园规划的一般程序:在公园和保护区政策框架下确定发展和保护目标;环境生态分析,通过特殊调查确定需要保护的特殊环境区;根据各类游客使用情况确定游客承载力;预测各种情况下的游客需求,如一日游、徒步游、野营等;确定必要的游客设施类型和所要求的设施空间;制订规划,对规划的目标和环境影响进行评价,确定方案并划分发展阶段;筹备游客组织机构,在适当的区域规划客流走向;最终环境影响分析;实施规划,自然资源保护和游客持续管理。

就我国情况来看,2018年9月住建部发布了《风景名胜区总体规划标准》(GB/T 50298—2018),并于次年3月开始实施,而风景名胜区作为自然保护地的一类,实际上已开始逐渐交由国家林业和草原局负责。但风景名胜区作为中国兼顾游憩使用和自然保护的保护地类型,该标准以及2006年国务院发布的《风景名胜区条例》仍然值得解读。从《风景名胜区条例》和《风景名胜区总体规划标准》中可以看出,风景名胜区总体规划是以自然文化遗产的严格保护为目的的保护型规划,因此传统的风景区游赏规划仅突出了风景区旅游资源的观光利用,难以发挥风景名胜区资源的综合潜力,实现风景区环境、社会、经济3方面效益的最大化。由此可见,编制风景名胜区的旅游规划具有非常重要的现实意义,其作用是在风景名胜区总体规划确定的功能分区的基础上,合理设置各种方式的游憩活动,以满足游客多样化的旅游与游憩需求。

自然保护地游憩规划首先需要进行基础条件分析,主要包括对场地、区位和政策以及融资和运营的基础分析。从游憩和旅游需求的角度,需要对场地的自然资源质量进行分区(zoning),判断不同区域的景观质量、土地管理需求、可达性和交通情况。场地分析和分区需要通过现场调研、座谈、圆桌会议等多种途径实现。之后,还需要对保护地的区位及政策展开分析,包括国家和地方政策,以及政府部门关于用地、资金和行政管理等问题的相互协调和妥协。保护地的自然保护需要资金来源,游憩和旅游是重要的经济渠道,对保护地的融资需求有积极的支持作用。自然保护地融资规划包括资金来源、资本需求、价格结构、成本收益等的技术分析。

7.3.2 基于功能区划、分区施策的空间结构规划

任何一个自然保护地在空间上都不是匀质的,其科学价值、美学价值、生态敏感性、经济利用价值等都会表现出各自的区划特点。一刀切式的区划理论和武断治理模式都难以获得广泛理解和真正的执行。自然保护地的空间结构规划是为了指导保护地进行科学的功能分区,根据不同区划采取不同的管制方式。空间结构组织本身是一种高度抽象的理论框架,是一种指导思想而非具体实施办法。例如得到广泛认可的核心区-缓冲区-实验区同心圆结构(图 7-3)就是对实际物理空间进行高度抽象的结果:核心区保持原始自然,一般无人类活动;缓冲区存在有控制的传统人类活动;实验区(或称之为"外围区")则相对要求更大的便利程度和经济发展。

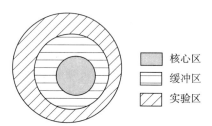

图 7-3 同心圆式的保护地空间结构理想模式

功能区划是自然保护地规划和游憩规划的重要内容,有利于"护用并举"双重目标的实现。分区模式指的是依据生态保护地的自然地理、生态学特征,其所能提供的游憩体验和承载力,以及相关各利益主体的权益等因素对保护地中全部土地进行分类、赋予特定目标后再予以管理的办法(许学工、Eagels、张茵,2000:59-60)。需要明确的是,不存在普适的保护地空间结构模式,需要根据具体情况进行划定,鼓励一园一策的灵活管理模式。中共中央办公厅、国务院办公厅印发的《关于建立以国家公园为主体的自然保护地体系的指导意见》规定,国家公园和自然保护区基本上分为核心保护区和一般控制区,"原则上核心保护区内禁止人为活动,一般控制区内限制人为活动",自然公园"原则上按一般控制区管理,限制人为活动"。也就是说,这种基本分区是原则上的分区,不太可能每个自然保护地均只分一个区或两个区。

7.3 自然保护地游憩(旅游)规划导则

Jay-Rayon 和 Coquereau(1985)在其提出的户外游憩空间的分类(图 7-4)中,将户外游憩空间从庭院或校园(图 7-4f)这两个人们常到访的环境开始,沿着社区邻里(图 7-4g)的日常到访,和原始自然(图 7-4e)的偶然到访两个方向,分别最终抵达季节性游憩环境(图 7-4k),和相对距离较远、人们远途到访的户外基地(图 7-4a),这些也相当于游憩机会谱的原始(primitive)、半原始无机动车(semi-primitive non-motorized)、半原始有机动车(semi-primitive motorized)、通路自然区域(roaded natural)、乡村(rural)、城市(urban/developed)。按照这样离开人口密集区到原始自然区的不同区间采用不同容量的利用形式,其实也是一种分区施策的表现。

生态旅游开发适宜性评价是一种综合性的自然保护地功能区划方法,根据一个特定自然保护地内的不同景观因子相对于生态旅游活动开展的重要性(影响程度),确定它们对生态旅游活动影响的权重及其在空间上的组合。陈崇贤(2014)结合景观设计与灾害适应性理论,针对性地提出城市绿地防灾设计理念、生态主义设计理念以及景观都市主义理念。

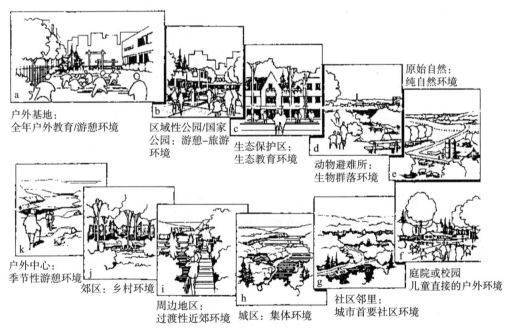

图 7-4 户外游憩空间的分类

(据 Jay-Rayon and Coquereau,1985)

对自然保护地内不同地块是否适合开展生态旅游活动进行评估,确定其是否适宜,如果适宜,其适宜的程度如何,并做出等级的评定,这有利于从保护地资源供给侧通过综合考虑资源的旅游可用性和生态脆弱性来给出生态旅游产品开发和项目落点的具体建议。德尔菲法和层次分析法是主要的分析工具,GIS 是分析结果整合及可视化的重要展示手段。肖练练等

(2019)对钱江源国家公园(体制试点区)的研究充分将前人研究相结合,对除核心保护区以外的传统利用区、游憩展示区和生态保护区依据不同的资源类型、生态环境承载力、土地利用类型和社会条件进一步划分了不同的游憩功能分区(图7-5)。

彩图 7-5

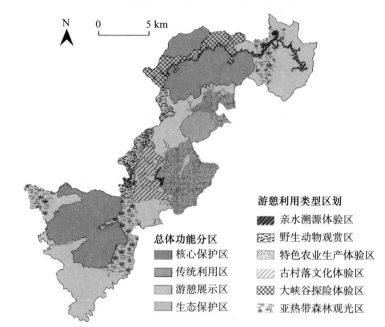

图 7-5　钱江源国家公园(体制试点区)游憩利用适宜性综合评级及类型区划
资料来源:肖练练 等,2019。

在确定了大的功能分区后,需要进一步对具体的旅游设施进行选址,这涉及不同位置的访客容量评估、设施功能、环境生态影响评价等。不同容量的环境下,旅游设施布局要求不同;不同位置的旅游设施需有不同功能,例如游客信息中心需要位于公园入口处;生态旅馆需要与环境相融合,提供生态教育和自然参与体验,只能提供有限的床位数,以自然材料、地方传统建筑方法建设。

7.3.3　自然解说系统

解说系统是旅游目的地诸要素中十分重要的部分,是旅游目的地的教育功能、服务功能、使用功能得以发挥的必要基础(李丽娜,2008)。本节内容重点参考了北京林业大学蔡君教授的"旅游环境解说"课程讲义(未出版),以期对自然保护地旅游解说规划加以阐述和介绍。对于自然保护地的科学内涵和生态价值,普通游客如果离开专业人士的指导和解说,很难得到深度的理解和体验。自然解说系统是自然保护地为访客提供口头或媒介形式的信息服务,对游客的行为和意识进行引导,从而实现景区、景点的教育、服务、使用、管理等功能的系统,保护地解说系统更侧重其环境教育功能。自然保护地和国家公园解说系统建设有利于实现自然保护地的下述目标：培养公众生态文明思想和环保意识；促进游憩机会供给；培养爱国主义情怀；实现基于自然的公众科普。因此，自然解说系统是自然保护地和国家公园旅游与游憩规划的重要组成部分。

自然保护地基本解说设施包括访客中心（visitor center）和解说牌示。访客中心是自然保护地解说项目的枢纽，培训过的解说员在访客中心利用展示、模型、音像设施和出版物来帮助到访者开启他们在公园的旅程；解说牌示一般是指环境解说（environmental interpretation）牌示，是自然保护地实现公众教育和观念培养的重要载体，有多种不同的类型（表 7-4）。理解自然解说的展示设计和传达方法需要了解 3 方面内容：解说内容、展示媒介和自导式解说路径。

表 7-4 自然解说牌示类型及选择

展示和标识类型	环 境	意 图
室内展览，展示	访客中心，解说中心，博物馆	解说某一特定对象的主题内容；引导游客去往某一区域或引起他们对某一景物的注意。
户外（路边）展示	路边，路径边，观景点	
临时或可移动展示	访客可能出入的任何地方	
公告板或信息亭	游径起点、沙滩、露营地、野炊区域等	引导游客去往某一区域；提供关于安全、游憩机会的信息。
标记和标签	历史、地质、植物吸引物等突出特征之上或之前，例如一棵银杏树	明确解说对象及其特征，往往给出几条言简意赅的解说。
常规标识	入口、边界和一些可能出现不道德行为的地方	告知人们需要遵守的规章制度或法律。

解说内容的设计需要遵循确保趣味性、相关性（有意义、贴近受众）、条理性和主题性，即解说的 EROT（enjoyable，relevant，organized，thematic）模式。在内容的设计技巧上，简洁、明了是两大关键，也可以使用一些幽默和第一人称方式来增加内容的趣味性。

从展示媒介的选择方面来说，起警示作用的牌示是标识（sign），而主要发挥解说作用的牌示是展示牌（exhibit），展示牌一般图文并茂、类型多样。根据不同解说意图和环境需要选择不同的标识和展示牌样式。通过适当提高自然解说系统的参与性和体验性（例如解说牌上设置可参与式按钮），以及媒介的电子化水平（例如多媒体解说），也可以提高解说效率和解说质量。

专业解说人员的现场解说更具有亲切感，尽管它的缺点是人力成本很高。向导式解说和自导式解说是基于是否有解说人员来分类的两种解说形式，前者有解说人员，后者没有。相对于向导式解说，自导式解说是一类足以支持访客自行完成保护地内某一游览过程的解说形式，因此对这类游线而言，解说系统的规划和设计极其关键。自导式解说一般能够带领人们游览事前规划的一系列景点，每个景点都是这一主题路线的一部分，通常能够向人们展示一些若非看解说否则不会关注或无法理解的知识。自导式解说中较常用到的解说媒介包括小册子、解说牌示和语音设备。在保护地中适合配置自导式解说系统的环境包括：具有解说潜力的游径、水下环境、公园、博物馆等。以游径为例，自导式解说游径通常位于大批游客聚集地的附近区域,例如游客中心、野炊区域、露营地等。

中国各类自然保护地中,地质公园的自然解说实践业绩突出,这是由地质系统知识体系及从业人员的专业性所决定的,另外也与地质游憩资源相比生物或生态环境资源的耐受力更强有关。近年来,林业系统中的自然保护区、湿地公园和森林公园环境解说系统理论和实践也越来越值得关注(乌恩、程静琦,2019)。

7.3.4 承载量规划和旅游景区容量管理

在自然保护地和国家公园旅游规划当中,容量或承载量(carry capacity)是一个重要的角度。容量的研究非常重要。旅游法第四十五条规定:"景区接待旅游者不得超过景区主管部门核定的最大承载量。景区应当公布景区主管部门核定的最大承载量,制定和实施旅游者流量控制方案,并可以采取门票预约等方式,对景区接待旅游者的数量进行控制。"

从自然保护地角度来说,对访客容量进行评估和控制更为必要,不同季节的动植物活动可能影响公园内的环境承载量。例如江苏盐城丹顶鹤湿地生态旅游区,丹顶鹤是其主要的旅游吸引物,而丹顶鹤在冬季由西伯利亚和东北五大连池抵达盐城过冬,因此其容量规划既需要考虑丹顶鹤栖息地可接受的游客影响程度,同时也要考虑丹顶鹤的到来对游客造成的吸引,冬季可能反而是游客量更多的季节,因此不能像一般旅游目的地一样减少旅游服务或设施供给。

承载量规划与功能分区、公园类型等都密切相关,许多公园游憩发展较成熟的国家都开发了诸多游客管理方法,这些方法均遵循一个三步动态调控机制,即规划—监测—调整,具体而言,这一通用的三重管理框架需要对容量指标进行周期性监测、执行保护容量标准的相应行动和基于监测数据对实践进行调整。之后当环境发生变化或需要对管理计划进行修订时,对框架目标及其相应的容量指标和标准也可能重新考虑,例如美国林务局使用 LAC 框架、美国国家公园管理局采用访客体验与资源保护框架(visitor experience and resource protection,VERP)和游憩机会谱;加拿大公园管理局采用访客活动管理计划(visitor activity management process,VAMP);澳大利亚使用最优化管理模型(tourism optimization management model,TOMM);南非国家公园则采用关注门槛框架(thresholds of concern)来管理自然旅游和生物环境变化(Leung et al., 2018)。

【本章小结】

包括中国在内,全球旅游业的发展从一开始就与自然保护地密不可分。自然保护地体系包括国家公园、自然保护区和其他自然公园等多种旅游资源。自然保护地具有为公众提供自然游憩和生态旅游产品的社会责任,作为一类特殊的生态系统,自然保护地本身也具有包括游憩在内的生态系统服务功能。多年来的自然保护地游憩管理经验为保护地游憩的供给积累了包括游憩机会谱在内的多种规划及管理工具。结合中国国情、依据游憩活动对生态可能产生的影响由低到高的游憩产品包括科考探险、自然野生动物旅游、自然教育、健康休养、户外运动和风景观光六种主要形式。

自然保护地游憩规划应该坚持"护用并举"双重目标,在此管理目标指引下,需要着重做好功能区划、解说服务和容量管理三项主要的规划工作。

【关键术语】

自然保护地(natural protected area)
IUCN 保护地体系(IUCN protected area system)
国家公园体制(national park institution)
风景名胜区(scenic and historical region)
自然保护地旅游资源(tourism resources in protected areas)
保护地社区发展(community development in protected areas)
自然游憩(natural recreation)
生态旅游(ecotourism)
游憩机会谱(recreation opportunity spectrum,ROS)
科考探险(exploration and adventure)
自然野生动物旅游(natural wildlife tourism)
自然教育(natural education)
健康旅游(wellness tourism)
户外运动(outdoor sport)
风景观光(landscape touring)
功能区划(functional zoning)
自然解说系统(natural interpretation system)
保护地承载量(carrying capacity of protected area)

【复习题】

1. 什么是自然保护地和国家公园?
2. 简述中国自然保护地体系的特点。
3. 我国的自然保护地游憩政策供给存在哪些困难?
4. 什么是游憩机会谱?它对自然游憩产品选择有哪些应用意义?
5. 自然保护地适宜开发哪几个类型的游憩(旅游)产品?
6. 自然保护地游憩规划有哪些需要重点关注的问题?

(本章录音稿整理:谢冶凤)

第 8 章　文化遗产地旅游活化规划

【学习目标】
- 掌握文化遗产的基本概念
- 了解文化遗产地的文化沉积和形成机制
- 了解文化遗产活化和遗产旅游发展趋势
- 了解遗产活化的政策并评估政策发展趋势
- 理解旅游导向型遗产活化主要方式
- 了解遗产活化社会参与的必要性

文化遗产活化问题受到党和国家领导人高度重视，多次强调要让文物"说话"。文化遗产活化需要在传统意义上的保护与继承过程中，以"活态"形式对蕴含其中的物质及非物质价值进行解码、重构和表征。在多种活化途径之中，旅游活化无疑是其中最为直接、受众面最大、社会及经济效益最突出的一个方向。2018 年文化和旅游部成立，从体制上促进了文旅融合发展，文化遗产活化规划也面临更多的机遇与挑战。

本章将对文化遗产地旅游活化规划进行概念阐述、理论介绍以及规划方法探讨。基于对文化遗产相关概念、文化遗产地形成机制的阐述，结合对文化遗产活化理论的简要综述，提出文化遗产活化的新定义与新价值观，从而进一步对文化遗产活化规划的导则与技术进行介绍，面向当前存在的矛盾与问题提出解决之道。

8.1　文化遗产与非物质文化遗产

8.1.1　文化遗产的内涵发展

自古以来，世界各国的王公贵族和文人雅士就有收藏艺术瑰宝与古代遗物的热情，其目的或出于对物质财富的占有，或出于对尊贵身份的象征，或出于对精神爱好的享受。文化遗产的概念最初包括遗物、艺术珍品，而后其范畴和内涵逐渐扩充和丰富。

在欧洲，从古希腊、古罗马时期到中世纪，收藏遗物珍品的潮流即已蔚然成风。14—16 世纪文艺复兴极大促进了人们对早期文化艺术的兴趣，建筑、纪念物以及各类艺术品等以其特有的文化价值，进入了考古学、建筑学等关注的领域。19 世纪中叶后，历史上保留下来的具有重要历史文化价值的公共财产逐渐被界定为文化遗产（cultural heritage）：一种公共的、精神的财富，需要人们共同热爱、代代传承。人们对于文化遗产的观念也逐渐从古董文物发展到作为人类社会历史发展的见证——遗产的文化传承价值,这也是遗产的重要价值(王镜,2008)。

1972 年,联合国教科文组织第 17 届大会通过了《保护世界文化和自然遗产公约》(Convention Concerning the Protection of the World Cultural and Natural Heritage),充分体现了当今人类在文明上的自觉,关于文化遗产的概念自此快速发展、成熟。2003 年,第 32 届大会又通过了《保护非物质文化遗产公约》(Convention for the Safeguarding of Intangible Cultural Heritage)(以下将这两份公约合称"公约"),至此,非物质文化遗产被纳入文化遗产概念体系,并在国际性标准法律文件中被正式确定,沿用至今。

在我国,素来有保护如典籍绘画、青铜玉器等古物的悠久传统。宋朝时期,金石学开始在我国成为一门独立学问,此时文物主要指可移动的古代器物。清朝时期,统治阶级开始重视文物古迹的保护,拟定了诸多保存古迹的章程和办法,并对古代建筑进行了大规模的修葺工作。20 世纪 20—30 年代,国民政府逐步开展名胜古迹与古物的保存工作,不可移动文物也进入了文化遗产的概念范畴。

新中国成立后,文物古迹保护事业逐步进入正轨。1982 年通过《中华人民共和国文物保护法》,1985 年加入《保护世界文化和自然遗产公约》,中国成为缔约方。随着我国遗产保护的法律体系逐渐建立并且与国际接轨,文化遗产这一概念开始应用和普及。2004 年我国以第 6 个签约国的快速反应加入《保护非物质文化遗产公约》,2005 年国务院办公厅颁布了《关于加强我国非物质文化遗产保护工作的意见》,同时还制定了相应的保护办法。2005 年 12 月,《国务院关于加强文化遗产保护的通知》(以下简称"通知")出台,首次使用文化遗产作为主题词,同时正式明确概念范围和详细界定。

经过数百年的思想演变,文化遗产的内涵逐渐丰富和成熟。不论中西,都可以看到从"文物"到"文化遗产"的概念演化,从简单的金石珍品扩充到复杂的在人地互动中创造的有形与无形之物的范畴。时至今日,文化遗产的价值旨归已不再局限于物质形式,而是"立足于对自然生态环境、历史变迁轨迹、人的内心世界的尊重"(单霁翔,2019:31-32)。考虑到实务经验的积累,学界对于文化遗产概念的界定与认识不断拓展与精炼,而文化意义始终是遗产概念的核心(黄明玉,2009)。

8.1.2 文化遗产存在东西方不同语境

随着文化遗产的保护与发展逐渐成为重要的国际事务之一,世界上各个国家乃至东西方文化体系之间,关于文化遗产的诸多公约文件、法律法规及学术研究方面的相关定义,在有可能获得广泛一致的同时,也不难观察到会存在不同的语境。东西方(主要是以欧美为代表的西方和以中国、日本、韩国为代表的东部亚洲)之间,从不同学科视角、基于不同研究范式,针对文化遗产提出的定义、技术规范、法律文本,以及其中涉及的相关概念和学理基础,存在语境上的差异。本书取国际"公约"(基本上以西方为主导)作为文化遗产的国际概念权威代表,结合中国官方文件"通知"(代表东方文化),将二者关于文化遗产的概念构成及其背景思想进行对比探讨(表 8-1)。

一方面，从通用性和适用性角度看物质文化遗产的划分方式：国际"公约"更符合历史学、建筑学与人类学等学科通识，方便跨文化国际交流；而我国历史悠久且延续，国务院"通知"对物质文化遗产的定义更符合我国的文化遗产种类多样、数量庞大，且地理分布"大分散、小集中"的特征，具有实际操作意义。

另一方面，"公约"对非物质文化遗产的定位是组成部分，相对处于附属地位，内涵包括经验、知识、技能及相关的实物工具及场所；而"通知"中的非物质文化遗产作为一个与物质文化遗产相对平等独立的集合，仅包含传统文化表现形式及文化空间，与其相关的实体物件或大多归属可移动文物。可以说前者更接近"不易度量的"文化遗产，而后者更接近于"不可触摸的"文化遗产。从这个概念界定中可以感受到西方的逻辑思维与我国虚实相对、阴阳相生的传统文化及特有的抽象思维及形象思维模式的差异，且间接体现出我国传统文化之丰富及对其保护工作之重视。

表 8-1 东西方文化遗产概念对比表

概念	国际"公约"（西方）			概念	中国官方文件"通知"（东方）		
	构成	解释	属性		构成	解释	属性
物质文化遗产	古迹	从历史、艺术或科学角度看具有突出的普遍价值的建筑物、碑雕和碑画，具有考古性质成分或结构、铭文、窟洞以及联合体	建筑	物质文化遗产	不可移动文物	具有历史、艺术和科学价值的文物，包括古遗址、古墓葬、古建筑、石窟寺、石刻、壁画、近代和现代重要史迹及代表性建筑等	建筑
	建筑群	从历史、艺术或科学角度看在建筑式样、分布均匀或与环境景色结合方面具有突出的普遍价值的独立或连接的建筑群	建筑集合		可移动文物	历史上各时代的重要实物、艺术品、文献、手稿、图书资料等	物件
	遗址	从历史、审美、人种学或人类学角度看具有突出的普遍价值的人类工程或自然与人联合工程以及考古地址等地方	工程与地方		历史文化名城（街区）村镇	在建筑式样、分布均匀或与环境景色结合方面具有突出普遍价值的历史文化名城（街区、村镇）	街道、城市、村镇
非物质文化遗产		被各社区、群体，有时是个人，视为其文化遗产组成部分的各种社会实践、观念表述、表现形式、知识、技能以及相关的工具、实物、手工艺品和文化场所	文化遗产的组成部分	非物质文化遗产		以非物质形态存在的与群众生活密切相关、世代相承的传统文化表现形式，包括口头传统、传统表演艺术、民俗活动和礼仪与节庆、有关自然界和宇宙的民间传统知识和实践、传统手工艺技能等以及与上述传统文化表现形式相关的文化空间	传统文化表现形式

资料来源：联合国教科文组织《保护世界文化和自然遗产公约》《保护非物质文化遗产公约》；国务院《关于加强我国非物质文化遗产保护工作的意见》。

国际"公约"还强调了非物质文化遗产所代表的创造（create）能动性："这种非物质文化遗产世代相传，在各社区和群体适应周围环境以及与自然和历史的互动中，被不断地再创造，为这些社区和群体提供认同感和持续感，从而增强对文化多样性和人类创造力的尊重。"这一观念与弗利斯(Max Frisch)所赞扬的文艺复兴精神遥相呼应:"当时的人们都自信满满地认为,重要的不是新创之物,而是创造本身。我个人认为,尽管新创之物的价值明显较低,但重要的是有东西被创造,这远比保护本身还重要……保护的意义并不会因此而遭到否认"(转引自佩赛特、马德尔,2015:19)。该内容写于第二次世界大战后,是时全世界的文化遗产都遭到前所未有的重创,那个百废待兴的时代也是文化遗产维护史的重要转折点。在如今的和平年代,部分文化遗产因为城市建设发展的名义而遭到另一种形式的破坏,它们因为脱离原本的文化语境和使用场景而衰落,它们所代表的历史文化信息也因此而凋亡——所以,亟待我们借由当代的文化勃兴与技术创造来活化文化遗产,将其重新赋予使用场景或文化意义,在新的时期再次焕发活力。

转换到中国文化遗产保护与利用的语境,仅就"不断地再创造"而言,我们面对的现实是:文物界对不可移动文物毁坏后选择了一刀切式的"禁止原地重建"(而且写进了文物保护法),而这与地方政府和投资者实际操作中采取的古城、古镇重建之间产生了冲突与矛盾。如何以多种方式传承文化遗产？在遭遇第二次世界大战和大规模城市化这样的冲击之下如何理解和活化文化遗产？解决这些问题已经到了刻不容缓的时候。要回答这些问题,我们首先需要回过头去看看如今见到的文化遗产在历史上是如何形成的,古代的建设、古代的商业在今天的文化遗产地的形成过程中起到了哪些作用。

8.2 文化遗产地形成机制

8.2.1 文化沉积过程

我们说一个国家、一个地区、一座城市文化遗产丰富,反映了这样一个事实——任何文化遗产都是需要一个空间作为其载体的。文化遗产地是一种或某几种文化遗产所依存的地区,就已经通过某个国际机构或政府组织官方认定的遗产地来看,目前我们所说的文化遗产地主要类型包括:世界文化遗产、世界文化与自然双重遗产,大遗址,历史文化名城、历史文化名镇、历史文化名村、历史街区与历史地段,文化线路,全国重点文物保护单位,博物馆,等等。剖析文化遗产地的形成机制不难发现,大量的文化遗产地都是由文化沉积作用形成的,并以中国山地景区的文化沉积过程为案例进行说明(吴必虎,1996b)。

我国是一个多山的国家,丘陵山地面积约占国土总面积的70%(何方,2001),古人常常登高而赋,留下大量山岳诗歌(图8-1)。山意象是中国古典诗歌中重要的意象之一,不仅数量多,且意味丰富(李杰玲,2012)。古人最初对山地的认知都是从山地崇拜开始的:山地以其雄伟、神秘和不可抗拒的形象使原始的人类对之充满景仰之情;以其丰富的资源、美丽的景色提供给人们生存的需要,使人类对山地洋溢着赞美和歌颂之情。山地崇拜至今仍然是一种山地文化沉积或文化维持的力量。随着宗教和文化逐渐发展成熟,山与仙道、佛道等也有了紧密的关系,神仙信仰对山地知名度的形成和提高具有重要意义。正如刘禹锡在《陋室铭》中写道:

"山不在高，有仙则名。"

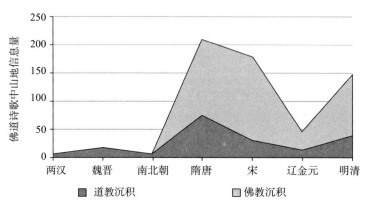

图 8-1　中国历代佛道诗歌在山地的沉积剖面
资料来源：吴必虎，1996b。

各种文化要素也逐渐在山地整合，比如佛教和道教长期既相互竞争又相互吸收，达到空间共轭。这种文化向山转移的现象，也可以称为"趋山性"。中国山地旅游区除所在区域本底文化外，还有系统宗教与原始自然崇拜、佛教与道教、宗教和儒家文化等相互间以涵化为主要表现形式的整合。佛教、道教和儒教及精英阶层价值取向，出现向山地转移的趋势，使山地成为多种文化的荟萃之地。如东晋王羲之"既去官，与东土人士尽山水之游，弋钓之娱，又与道士许迈共修服食，采药石不远千里，遍游东中诸郡，穷诸名山"。在魏晋南北朝也有很多隐士、社会名流，隐居在深山之中。所以，隐士名人对山地文化沉积的作用很大。唐代诗人按提及山地次数多寡顺序排列，名列前茅的诗人分别是李白、白居易、杜甫、齐己、刘禹锡、皎然、许浑等。山水诗作和旅游目的地关系紧密，因为山水诗文对名山胜水的形成有重要意义。

通过对典籍记载的五岳、四大佛教名山、道教三十六洞天等历史文化名山的统计，根据它们在各种文学典籍中出现的频次，统计古代诗人是如何通过入山、游山、寻山、登山、咏山、看山、出山、下山、忆山、思山、爱山、居山、怜山、买山、耕山、烧山等行为与山岳发生丰富的交流活动的，细分出在山地景区中古人构筑的山门、山桥、山井、山阁、山窗、山廊、山堂、山驿、山院、山寺、山居、山斋、山舍、山馆、山亭、山房、山村、山店、山观、山宫等各式各样的建筑空间。通过以上种种语言沉淀，可以细致观察分析名人赋值和山地诗化这种中国特有的文化现象（吴必虎，2017b）。

名胜文学对景点知名度的影响体现了一种特殊的文化沉积形式。俞明（2003）总结了景点知名度与历史名胜文学作品的影响的几种关系。这些不同关系包括：早期影响型，景点与文学作品先后相继出现，景点形成之初即有重要作品使景点一举成名；中期增强型，一主多辅、主次分明，在多种类型多篇作品中主旋律的作用最为明显；长期充实型，有多篇知名度不相上下的文学作品，景点产生之后不断涌现佳作、不断扩大影响；单篇成名型，一锤定音，景点知名度全凭某一佳作；直接推动型，景点建设从无到有，先有佳作后有景点。

8.2.2 风景名胜区文化景观演变

在本书前文讨论自然保护地体系时，我们就已提出风景名胜区既有自然特征也有文化特征，因此不同于其他类型的自然保护地。风景名胜区既是自然遗产地，也是文化遗产地。风景名胜区的演变过程亦是文化沉积的过程。中国风景名胜区源于古代的名山大川、邑郊游憩地和社会八景活动，历经数千年的发展，荟萃了自然之美和人文之胜，成为壮丽山河的菁华，凝聚着中国乃至世界最珍贵的自然和文化遗产，经过了萌动阶段、发端阶段、形成阶段、快速发展、全面发展、深化发展、衰退复兴7步发展历程（张国强、贾建中、邓武功，2012）。

从时间维度来对人文化的历史过程进行整理归纳，中国风景名胜区文化景观演变大致上可以分为四个阶段。

秦汉时期（前221—220）中国封建社会中央集权确立。在这一时期，随着封禅祭祀及其设施修建，以五岳为首的中国名山风景体系形成；佛教、道教开始进入名山。学者远游、民间郊游等游优之风大盛，刺激着山水文化的发展。五台山、普陀山、秦皇岛、桂林漓江、蜀岗瘦西湖等30多个风景名胜区均在这一时期形成。以最有名的泰山为例，它作为世界文化与自然双重遗产，自秦始皇开始到清代，先后有13代帝王多次亲登泰山封禅或祭祀，另外有24代帝王遣官祭祀72次。更不乏古代文人雅士游历其中，作诗记文。泰山宏大的山体上留有20余处古建筑群，2200余处碑碣石刻。道教、佛教视泰山为"仙山佛国"，神化泰山，并在泰山上建造了大量宫观寺庙。

魏晋南北朝时期（220—581）风景名胜区快速发展。这一时期佛教、道教的盛行使得寺观建设、石窟开凿等快速发展，形成西湖、九华山、丹霞山、天台山、莫高窟、麦积山等风景名胜。并且，山水文化发展，如雁荡山、武夷山、钟山；经济建设和社会活动较为繁盛，如武汉东湖、云南丽江。

隋唐宋时期（582—1279）是中国封建全盛时期，社会八景活动兴起，风景名胜区内容得到充实和完善。如沈括《梦溪笔谈·书画》有载："度支员外郎宋迪工画，尤善为平远山水。其得意者有平沙雁落、远浦帆归、山市晴岚、江天暮雪、洞庭秋月、潇湘夜雨、烟寺晚钟、渔村落照，谓之'八景'。"八景诗的最早雏形是沈约的《八咏诗》。宋迪的《潇湘八景图》与米芾题诗的结合，使这种诗歌形式正式以八景诗之名广为传播。这一时期有40多个风景名胜区成为保护自然、寄情山水、游览欣赏、艺术创作的胜地。

元明清时期（1279—1840）进入封建社会后期。到此时，全国性的风景名胜区已超过100个，各级地方性风景名胜区也全面发展（如清代张宝绘《泛槎图》所示，图8-2）。风水学说兴起，各类志书、专著、图册开始形成体系。风景名胜区的规划设计、建设施工、经营管理也渐成气候。八景文化自宋代兴起，经过元代的发展，到明清时更加普遍化、大众化，并进入繁盛。八景文化融合了大量的园林经典、诗词曲赋、民间传说、文人逸事等中国文化特色，并衍生出大量的文化艺术作品。八景诗作为八景文化的重要组成部分，既依赖于八景的发展，又为八景提供了广阔的想象空间和传播方式，并在明清时期进入繁盛。河北自古即是京畿要地，历史悠久，文化厚重,而且自然风光优美,名胜古迹众多,八景现象不胜枚举。河北基本每个市、县都有八景,其中以保定八景最多(姚幸福,2013)。

图 8-2　泛槎图
资料来源:张宝. 泛槎图.(2012).北京:国家图书馆出版社.

综上所述,文化遗产是社会经济与文化建设的成果,静止的保护无法催生繁荣的文化建设。各代风景名胜区的人文化过程从未停止,所有遗产都是基于政治、经济、文化、艺术、宗教、生活等使用目的而日积月累建设的结果。从这个角度看,风景名胜区是(历史上)建设出来的,而不是(现代)保护出来的,这一说法有其背后的深意。

8.2.3　影响文化景观形成的主要因素

文化景观的形成与地理环境的影响和人群社会活动密切相关。文化景观是附加在自然景观之上、可见的、相对稳定在地表的人类创造物(周尚意、孔翔、朱竑,2004:301),如房屋和桥梁等人类创造物。文化景观并非自然而然形成,其形成背后有着强大的推动机制,并受到地理环境背景的影响以及人口迁移和民族融合的推动,各国的文化景观过程都符合这样的基本机制(吴必虎、刘筱娟,2004:4-5)。

在这种多要素的综合影响下,区域中出现了物质景观和非物质景观。一方面,物质景观包括聚落景观、产业景观、公共事业景观等,如丝绸之路是欧亚大陆上东西方进行物质和文化交流的重要通道,人口的流动与迁移促进丝绸之路沿途形成了独特的物质景观。如佛教、摩尼教和伊斯兰教等宗教流派沿着丝绸之路先后传入中国,影响着沿途物质景观的形成。受佛教文化影响,丝绸之路沿途出现了克孜尔千佛洞、敦煌莫高窟、麦积山石窟、永靖炳灵寺石窟等大量石窟佛寺(韩茂莉,2015:420)。

另一方面,区域中的非物质景观,包括民俗景观、语言文学景观、宗教景观等,也受多种外部因素的影响而不断演进。区域内部的景观会有共同特点,区域中不同地方有不同的景观特色,从而形成了文化区。如考古学家在丝绸之路沿途的众多遗址中发现了佉卢文木牍文书、梵文贝叶、窣利语文字纸片和吐火罗文书。佉卢文和吐火罗文分别集中于西域南道和西域北道,勾勒出秦汉时期新疆地区两类语言文化区的大致范围(韩茂莉,2015:417-418)。在语言景观的形成与发展过程中,过去主导力量是各种原因产生的人口迁移,而现代社会更为常见的动力无疑来自规模宏大、速度快捷、频率高发的跨文化大众旅游(吴必虎,2017b)。

8.2.4 古代商业活动促进文化遗产形成

随着现代旅游的不断发展,越来越多的历史街区和传统村落得到了旅游活化利用。在这一过程中,或多或少都给传统街区和历史遗产带来某种程度的冲击,出现"过度商业化"的诟病。这种批评质疑声日积月累,甚至出现了旅游就是"坏人"、商业就是"不道德"的误解。实际上,被今天的一些言论视为洪水猛兽的商业活动,历史上反而恰恰就是文化遗产形成的最主要动力。文化遗产的形成同文化景观一样,有诸多构成和影响因素,而其中古代商业活动就是常常被忽视的一个关键因素。

以世界文化遗产皖南的西递村、宏村为例,始建于北宋皇祐年间,发展至明清鼎盛时期,一些读书人弃儒从贾、经商致富,他们大兴土木,建房、修祠、铺路、架桥,将故里建设得舒适、气派、堂皇——可以说,皖南古村落是徽商长期积累、建设的成果(图8-3)。

图 8-3 西递村、宏村
图片来源:王梦婷摄,2016年9月。

到了近现代,文化遗产的产生与近代商业经济发展、社会文化积累更加密不可分。以青岛八大关为例,1949年前,八大关是西方殖民者和官僚资本家的别墅区,集中了英国、法国、德国、美国、丹麦、希腊、西班牙、瑞士、日本等20多个国家的各式建筑风格。新中国成立后,人民政府对八大关进行了全面修缮,使其成为中国重要的疗养区之一,许多党和国家领导人及重要的国际友人曾在这里下榻。这里更是首批中国历史文化名街,人称"万国建筑博物馆"。

古代商业造就文化遗产的例子不胜枚举。除了西递村、宏村源于徽商的财富积累和文化创造,我们还可以举出更多案例:山西的王家大院、乔家大院,来自晋商的商业积累和文化创造;由湖南进入贵州的潕阳河边的镇远古城、由四川进入贵州的赤水河畔的盐运古镇、由普洱至迪庆的茶马古道沿途的众多古城和古镇,都起始于络绎不绝的商人足迹;沿运河城市群,不论是济宁、台儿庄、淮安、扬州,还是无锡、苏州和杭州,都是水运时代繁盛的商业活动财富积累的成果。所以,商业元素在中华灿烂的文化遗产形成过程中从来不曾缺席,也从来就不是"道德上的矮子"。

8.3 文化遗产活化与旅游发展

8.3.1 文化遗产活化

文化遗产活化(cultural heritage rejuvenation)这个话题近年来得到政府、学界、业界高度关注。这一方面是因为中国社会经济发展,达到了较高的收入及教育水平,人民对文化消费的需求大幅度提高;另一方面事关国家的文化自信与国家软实力建设大局,政府有意识加以推动。在多种活化途径之中,旅游领域的活化无疑是其中最为直接、受众面最大、社会及经济效益最突出的一个方向(吴必虎,2018)。从语源角度说,"活化"是来源于化学的概念,又称为激发(excitation),指粒子(如原子或离子)从外界获得足够能量后,其电子由较低的基态能级跃迁到较高能级的过程,也常指某一物质从其无活性状态转变为具有活性状态的过程。从20世纪60年代起,活化逐渐被引入建筑、遗产和规划学界,形成对建筑及文物等保护和开发的新思潮,但目前学界对遗产活化的研究尚未形成完整一致的理论体系。

在西方语境中,活化(rejuvenate)建筑或遗产,主要指古迹古建的复兴(revitalization)、再利用(reuse)与适应性再利用(adaptive reuse)。自20世纪60年代起,欧美国家就开始将目光关注于建筑遗产的再利用上。适应性利用(adaptation)第一次正式被提出是在《巴拉宪章》中,宪章将这一概念定义为:"为建筑遗产找到合适的用途(即容纳新功能),使得该场所的文化价值得以最大限度地传承和再现,同时对建筑重要结构的改变降到最低限度。"

加拿大从20世纪60年代就开始了对18世纪的贸易站和19世纪的西拓聚集点形成的边疆古镇进行活化尝试,形成了一批活态历史博物馆(living history museums)。实际上这些被开发利用的小镇虽然被冠以18世纪或19世纪的遗产表征意愿,实际上它们都是20世纪中叶各种价值观碰撞、妥协的结果。它们需要同时考虑教育功能与娱乐功能的平衡,也要处理好泛加拿大国家认同与多元文化社群的政治压力集团关系(Gordon,2016:61-65)。

根据美国《建筑设计、工程与施工百科全书》(*Encyclopedia of Architecture: Design, Engineering & Construction*)的定义,再利用是指在建筑领域中借助创造一种新的使用机能,或者是借助重新组构(reconfiguration)一幢建筑,使其原有机能得以满足一种新需求、重新延续一幢建筑或构造物的行为,有时也被称作建筑适应性利用(Wilkes and Packard,1988:73)。理论上来说,活化利用是实现遗产振兴的一种较好的方式(Yung and Chan,2012)。

国内遗产活化研究,始于台湾"古迹活化"的概念,指古迹经重生和再生,以作为空间载体适应性再利用的过程(栾辰颖,2017)。时值20世纪末台湾工业转型时期,许多位于城市中心的厂房开始出现闲置,于是当局推动闲置空间再利用计划,以"保存近代化发展的特殊历史背景下遗留下来的产业遗产"。此后活化这一概念被中国学术界用来"探讨遗产旅游这个事关遗产类旅游资源转化为旅游产品的战略问题"(喻学才,2010b)。

目前来看,遗产活化的概念在建筑、旅游等学科专家的研究中有不同的解释,也有不同的研究侧重。建筑学视角将活化利用界定为:以不破坏建筑遗产为前提,在使用修复、修复并有所变动及不修复3种不同保护手段下,激活其原有的功能和潜能,利用方式呈现多样化,从而使建筑遗产获得新的活力,进而永续发展(黄惠颖,2013)。单霁翔(2008)认为活态保护是相对于物质文化遗产的静态保护而衍生出来的概念和方式,主要是指该遗产不仅具有遗产的共有属性,见证当时当地历史与文化的发展变化,且仍然具有其原始的使用功能,在现代社会生活中仍要发挥作用,故而不能只是保存那些历史建筑的躯壳、残体,更重要的是保护其中的原住民,保存其承载的文化,并保存文化的多样性。

喻学才(2010a)作为国内研究遗产活化问题的重要领头人,从旅游学视角指出:遗产活化就是把资源转化成旅游产品,又对遗产的保护和传承没有负面影响,这也成为遗产活化课题中的攻坚难题。他认为,存在性真实应当为遗产活化的出发点;文化信息是文化遗产的价值源;突出文化景观要素,以及由文化信息、文化载体与文化环境要素相结合,可以构成文化资源整体(喻学才、王健民,2008)。

文化遗产来自过去的生产和生活,因此天生不排斥生活,应该让它回归到今天的生产和生活,它才能一直被保护下去。保护与活化并不是对立面而是一个行为整体,活化就是把遗产资源转化成包括旅游产品在内的现代功能而又不影响遗产的保护传承。文化遗产之所以需要活化,是因为遗产活化本身就是一种保护途径;活化才是最好的保护。基于以上论述,我们在这里给文化遗产活化下一个定义:在保持文化遗产的原址地方、无损其文化意义并能将其完整原真性传给后代的基础上,把文化遗产资源转化成包括旅游产品在内的现代产品,阐释与展示其景观风貌及表现形式,同时可以继承、转变、创新其功能,以实现文化遗产与现代生产、生活和意识形态相接轨的思想方法和技术路径。

我们需要树立文化遗产活化的新价值观:其一,遗产来自人类的生产与生活;其二,遗产是历代人类建设而非孤立保护的结果;其三,历史上的商业活动和文化创新是形成遗产的主要动力;其四,现代人不仅要保护前人遗留下来的遗产,而且也要为后人创造新的遗产。

8.3.2 文化遗产旅游依存于文化遗产活化

就物质文化遗产的角度而言,文化遗产地和建筑遗产是重要的文化历史场所,透过它们能向全世界展示出不同的民族文化(Chang,1997;刘敏、刘爱利,2015),揭示和深化历史建筑的文化内涵,给游客打开一个触及过去文化的窗口,了解到更加丰富、准确、系统的知识(单霁翔,2011)。建筑遗产通过旅游活化利用的形式为游客打造独特的体验,进而影响他们对旅游地的感知和态度(Lee and Chhabra,2015),有助于提升旅游目的地的文化吸引力,为旅游地增添更多魅力。

就非物质文化遗产的角度而言,它具有旅游品牌效应,旅游是抢救、保护非物质文化遗产的重要渠道(崔凤军、罗春培,2006)。非物质文化遗产的旅游活化可以看作是非物质文化遗产旅游开发和非物质文化遗产旅游产业化的一种融合。非物质文化遗产旅游开发的各个阶段存在巨大的经济效益和潜力。非物质文化遗产旅游一旦形成产业化,不但对非物质文化遗产的保护起到一定的帮助,而且可以使非物质文化遗产得到进一步传承和发展(Yoshida,2004)。

旅游者来到文化遗产地就是为了对遗产的核心信息做有效的领会与体验,因此,为旅游者提供满意的体验,是遗产活化的中心内容。文化遗产活化论的核心思想就是在文化遗产的旅游开发中,运用各种科技方法与手段,使文化遗产旅游产品"有声有形,有神有韵",让遗产走出文献、进入现实,让遗产开口说话(龙茂兴、龙珍付,2013)。其中,"有形"是指在物质层面恢复原貌,建立可视的载体;"有声"就是建立动态的、能借以体现遗产旅游特质的、让遗产"开口说话"的物质载体;"有神有韵"就是保护、利用和展示其内含的历史上形成的无形文化吸引物,这是遗产的神韵所在(张建忠、孙根年,2012a)。

旅游需求伴随着工业化的发展而发展。工业遗产本身也成了文化遗产旅游的一类特殊产品。有记录表明,早在17世纪和18世纪早期,瑞典旅行家就把矿井看成了满足其好奇心的探险旅游目标(Naum,2019)。工业化之后的现代旅游者对精神消费有需求,对原真性有要求,还对普遍怀旧的欲望有追求。并且要实现文化遗产文化教育的社会功能以及跨文化传播功能等诸多功能,唯有通过旅游,才能让遗产更好地走进生活。文化遗产活化除了能够直接为旅游者带来丰富的精神需求的满足,对于目的地城市本身的经济发展和品牌塑造,也有非常重要的推动作用——旅游开发能够提升文化遗产地甚至整个城市的形象(魏峰群,2006)。

8.3.3 文化遗产活化政策评估

从指导思想观察,中国文化遗产活化具备充分的政策支持。习近平总书记多次指出:切实加大文物保护力度,推进文物合理适度利用,努力走出一条符合国情的文物保护利用之路(2016年4月12日);让收藏在博物馆里的文物、陈列在广阔大地上的遗产、书写在古籍里的文字都活起来(2014年3月27日);我们强调保护,并不是对这些自然景观和人文景观捂得严严实实的,一动也不能动,而是要在坚持保护的前提下进行适度合理开发和建设,通过适度合理开发和建设来实现更好的保护(2003年9月27日)。

2018年10月,中共中央办公厅、国务院办公厅印发《关于加强文物保护利用改革的若干意见》，提出：让文物活起来，发挥文物资源独特优势，为推动实现中华民族伟大复兴中国梦提供精神力量。为适应文旅融合新形势，响应社会经济文化发展新要求，提高文化遗产保护和利用水平，文物保护法自2013年起就进行多次修订，2015年、2017年间隔两年连续修正。国家文物局在2016年发布《关于促进文物合理利用的若干意见》，鼓励社会力量参与不可移动文物的保护利用；在2017年又发布《古建筑开放导则（征求意见稿）》，要求具备条件的国有古建筑应对外开放，鼓励集体和个人所有古建筑对外开放。

文物作为国家的公共资源、公共产品，应当体现其公益性；实践文物保护事业时，应当具有公益教育责任感。但这一理念在制度层面缺乏支持和回应，如旅游法第四十三条指出："公益性的城市公园、博物馆、纪念馆等，除重点文物保护单位和珍贵文物收藏单位外，应当逐步免费开放。"现行文物保护法中也存在着一些进行遗产活化的障碍和困难，如第二十二条中规定"不可移动文物已经全部毁坏的，应当实施遗址保护，不得在原址重建"等。如果不能在文物保护单位建筑物的特许经营方面进行制度性突破，就很难消除旅游活化利用的法律风险。

对现行文物领域的法律法规进行评估，可以发现在文化遗产活化的创新理念下是不够完善的，过去狭义地将保护和利用两则概念对立，是相对欠缺全局观、动态论的，现在提出"活化就是保护"的概念就是对过往观念的革新。并且，文物制度需要明确物权，实现保护与发展的双重目标，才有利于文化遗产的可持续发展。

8.4 文化遗产旅游活化规划导则

8.4.1 旅游导向型文化遗产活化

文化遗产的活化具有很多指向，有些可以作为传统生产工艺保留下来并继续进行手工艺品的生产和销售，例如历史悠久的制茶、竹编、藤编、石刻石雕工艺；有些非物质文化遗产可以作为艺术要素进行艺术作品的再创作形成艺术产品；有些物质文化遗产可以再利用成为图书馆、博物馆等公益空间或者主题餐厅、遗产酒店等经营性空间。当然，文化遗产最普遍的活化方向就是文化遗产旅游。我们把以物质或非物质文化遗产为基础，以旅游者访问、体验和直接使用为主体功能的遗产活化方式，称为旅游导向型文化遗产活化。

张建忠(2013)在其博士学位论文中为文化遗产旅游活化总结了3大原则：原真性原则、活化层次性原则、遗产生态原则。张文祥(2003：135-152)提出的文化遗产活化理论将文化遗产所蕴含的文化分为3个层面，包括物质层、思想制度层以及文化心理层。文化遗产活化实际上就是在遗产保护的基础上，把文化遗产内涵文化进行活化、可视化转化，能够体现文化遗产的历史静态性和动态性的结合，以多样化载体呈现出来，并通过旅游产品及活动的文化附着性等形式，增强游客对文化资源的认识与体验，从而产生内心的共鸣（图8-4）。

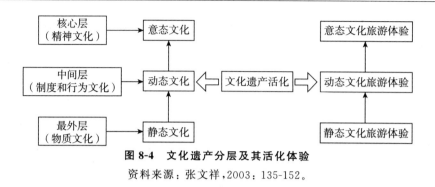

图 8-4 文化遗产分层及其活化体验

资料来源：张文祥，2003：135-152。

张建忠和孙根年(2012a)结合"动机过程目标"模式，从遗产保存状态将活化方式分为四类，并结合可视性与体验层次，相应提出了旅游开发对策。他们首先把遗产保护状态识别为保存完好、部分保存、仅留遗址和文献记载4种情况，相应地对旅游利用方式采取绝对保护、保护修复、部分修复和增补重建这些不同呈现手段(图8-5)。还有诸多学者针对不同类型的遗产，总结了具体的活化方法，其中包括林振春(1998)从社区营造和遗产教育角度，陶伟、杜小芳、洪艳(2009)从遗产解说角度，黄惠颖(2013)从传统民居的动态保护角度，肖星、杜坤(2010)从近代中国西洋建筑的活化方面，分别进行了观察、分析和讨论，为中国文化遗产的旅游导向型活化做出了积极的努力。

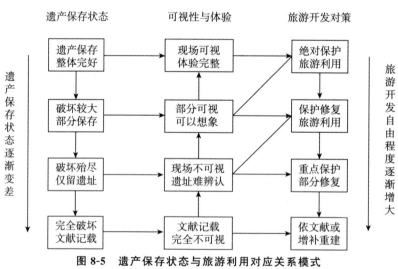

图 8-5 遗产保存状态与旅游利用对应关系模式

资料来源：张建忠、孙根年，2012a。

除了分层分类方法外，从具体技术方法的层面，储小丽(2015)指出，文化遗产活化是从文化载体、文化环境到文化产业活化的过程，也是从表面可视化到文化内涵体验化的过程：将遗产活化总结为"活化载体—环境—产业"和"表面可视化—内涵可视化"两条主线，以及本体修复法、数字展示法、环境再生法、产业再生法、功能创新法5大活化方法(表8-2)。

表 8-2 文化遗产活化路径

方　法	内　涵	参考文献
本体修复法	本体修复是文化遗产中文化内核的载体化,表面可视化过程是文化遗产活化的最基本步骤。在文化遗产活化中,本体修复是为了恢复原始功能或适应现代生产生活而进行的文化遗产修复,是指在保护的前提下,通过各类修复手段恢复文化遗产的载体,使其呈现本真状态或新面目,重新赋予其文化功能、景观功能等	黄惠颖,2013
数字展示法	数字展示法是有形文化载体的"翻译官"。数字展示并不局限于现代化数字科技,而是指一切通过文字、图画、语音等外在途径,将文化遗产的内核信息传达给游客的方式	陶伟、杜小芳、洪艳,2009
环境再生法	环境指供文化遗产赖以生存的文化土壤,包括自然环境和社会环境。环境再生法通过恢复文化遗产的生存环境,让其得以可持续发展。其中社区和地方居民作为环境保护最直接的推动力量,在环境保护中可发挥举足轻重的作用	李欣 等,2014
产业再生法	基础产业建设法是指文化遗产围绕"食、住、行、游、购、娱"六个方面进行的产业开发。基础产业建设是为了满足游客基本的旅游需求。同时旨在恢复文化遗产的原有功能,保留其原有业态,实现资源与空间的最佳整合	林振春,1998
功能创新法	功能创新法是指开发利用文化遗产的潜能,创新产业功能,使文化遗产能获得新的生命。包括文化遗产的教育性、新颖性、参与性等。其中古迹的文化价值和教育价值,其重要性应大于商品利用价值、附加价值和游憩价值	蔡明哲,2009

资料来源:储小丽,2015。

8.4.2 文化遗产活化规划:理论与技术

文化遗产最本质的保护策略就是要实现其现代使用功能的接续,因为所有的遗产都随着人类生产和生活而出现和存在,一旦失去生产、生活意义,实体形式和文化价值必然也会随之消失。所以,保持、改造、适应新的社会生产、生活方式才是根本的保护、承续遗产的方式。从而,文化遗产活化也将会创造新的产业结构。

关于文化遗产活化原则,需要了解几个基本概念:① 表征(representation):表征是以某种或某些适当的方式传达、传播文化信息予特定受众的框架体系和表现途径,可以分为直接表征和间接表征等多种形式。它可以是直接的、有形的,也可以是间接的、无形的。② 再现与重建(re-build):再现是以重建(保持原有形态工艺)、再建(突破客观原真性标准)等方式以物质形态将历史建筑的视觉体验传递给受众的活化形式和具体技术。③ 特许经营(concession management):以法律许可的方式将国有文物空间的经营权转让给市场的制度和特许经营管理体系。

1. 活化目标

文化遗产活化目标可以简化为 4 个方面:看得到、看得懂、可参与、周边化。看得到要求文化遗产活化的产品使得公众能够欣赏,并且价格可以被接受。看得懂要求其解说系统科学并且有趣,不故弄玄虚。可参与要求活化产品有足够的互动项目、体验项目、消费项目。周边化要求将文化遗产 IP 化,将文化旅游产品拓展到教育、文创、休闲等诸多领域。

进一步说,未来文化遗产活化的走向主要有 4 个:大众化、公共化、资产化、有中国特色。

其中,大众化要求文化遗产活化的产品要符合大众当前关注的主题,并涵化大众关注的新概念、新形式、新主题。公共化要求适当开放资源共享,其中文化遗产的数字资源化工程就是公共化的一种有效途径。资产化要求管理者开放文物特许经营权,允许市场参与,并且修订文物法律中关于遗产修复和利用的相关条目。有中国特色强调活化形式要坚守中国审美,以及符合中国法律、经济和媒介科技等发展水平。

2. 客观主义原真性活化方式

从技术上而言,文化遗产活化基于 3 大原真性流派,可以对应总结为 3 种方式。

客观主义原真性(objectivism authenticity)认为原真性是旅游客体的固有属性,可以用绝对的标准来衡量。而游客追求的原真体验,是对原真客体的一种认知论上的体验,两者有本质区别。该学说以 Boorstin 和 MacCannell 为主要代表学者,两者都对失真现象持以批判态度,但是观点有所不同。Boorstin(1964:77-117)认为,商业化的大众旅游促成的人造场景和设施等都是"伪事件"(pseudo-event)。MacCannell(1973)认为旅游吸引物是对旅游地的舞台化、符号化的呈现,是对于过去时代、事件以及生活的象征。后续的研究在两人的基础之上进行了扩展,有了更多面向大众、面向旅游体验的研究和观点。

这种活化方式强调遗产的原址信息被完整保存,主要形式为露天博物馆和室内展览厅,突出其物质特征及其视觉冲击力。以长城(图 8-6)和西递村、宏村为典型案例。

图 8-6　长城(司马台段)雪景:客观主义原真性

图片来源:王梦婷摄,2018 年 4 月。

3. 建构主义原真性活化方式

建构主义原真性(constructivism authenticity,也译为构建主义原真性),认为旅游中真实的体验和旅游者体验的原真性是相互建构的,以 Bruner 和 Culler 为主要代表学者。Bruner(1989)指出,原真性是一个相对的、可协商的、意识论上的概念,是符号化的原真性,与客体的客观原真性几乎无关。Culler(1981)将符号学用于考察旅游者体验的原真性,他认为大部分游客更关心去寻找某一文化吸引物或活动所代表的符号或印象,而不是去了解它本身的意义和作用。

利用建构主义理论,这种活化方式的意义在于,当我们处于遗产信息不足的情况下,以某种建构起来的形式(而非其真实形式)重现物质层面的景观结构,从而增强视觉冲击引起游客关注。由于并非源于真实,在呈现时允许使用现代材料和工艺,来表现传统的建筑形式和文化意义(修旧如旧就不必要了)。比如洛阳天街遗址中实景再现的定鼎门以及西安大唐芙蓉园(图 8-7)、无锡灵山梵宫等。这种活化方式通过艺术手法的表现方式,达到传递遗产信息的目的——其重点在再现,而不在重建。

图 8-7 西安大唐芙蓉园:建构主义原真性

图片来源:王梦婷摄,2016 年 5 月。

4. 恋地主义原真性活化方式

恋地主义原真性(topophilian authenticity)强调地理唯一性,指原址本身具有经纬度、海拔高度、历史事件发生地点的唯一性,其因承载了大量高价值信息而被人们视为联结人地关系的唯一载体;其核心活化模式特征是强调要重视原址,保护场所精神、活化地方价值。

从地理学的意义来看,文物具有原址地方感与早期场景价值。历史事件、历史场景与场所精神是比建筑本身更需呈现的文物价值。而对于不可移动文物的特定地方感、场景呈现与文脉传承依赖于特定的地方。原址重建在于承继其特定的场所基因。特定地理位置和建筑空间所携带的场所基因,特定原址的地方精神价值要远远大于文物建筑本身的价值。比如白马寺自东汉永平十一年(68)建立以后,就经历过多次重建、再建、修建的过程。

恋地主义原真性在东方国家表现更加突出,因为东亚国家的建筑物具有土木结构特点,建筑物本身很难长期保留,但被初次选择作为基地的某一地点却具有稳定的地理特征与风水格局。因此东方文化价值观认为该特定地点比其上构筑的建筑物更有价值。这对长期以来文化遗产价值由建筑学界主导的对建筑本体的重视是一个冲击。地理学理论在这里建立了自己的解释体系:地方比建筑更重要。我国作为世界文明古国,拥有众多文化遗产,应当基于独特的东方视角,结合资源与文化优势,提出关于遗产问题的恋地主义原真性活化模式,以动态和包容的视角看待遗产活化的问题,这对于我国华夏文明的保护与传承,具有不可替代的适用性、实用性和重要性。

基于恋地主义原真性可提出,未来的遗产活化规划实践和管理标准不应当局限于西方传统物理建构上的原真性,而要凸显出东方特有人地关系与文化价值下的精神层面的原真性:要尊重场地特征和文脉延续以及遗产空间的保护与利用,并且通过对地方生活场景的注入、访客参与性活动的补充,达到真正深入地域文化内核原真的遗产活化和价值传播。

8.4.3 文化遗产活化规划步骤

在对隋唐洛阳城活化规划的实践基础(吴必虎,2012)上,我们总结出一套文化遗产活化规划的基本步骤与利用方式,总结整理为如图 8-8 所示框架。规划的第一步是对现有遗产资源进行历史文化价值、教育科研价值和活化利用价值 3 方面的评价。在评价基础上,选择采用客观主义原真性、建构主义原真性或恋地主义原真性遗产活化模式中的某一种或某几种,对活化利用方案进行设计、建设。

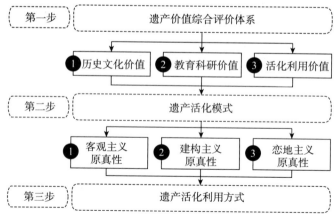

图 8-8 文化遗产的活化步骤与利用方式

资料来源:吴必虎,2012。

那么,如何进行遗产价值的评价呢?为此,隋唐洛阳城活化规划课题组专门通过文献综述和专家访谈,提出了历史文化价值、教育科研价值和活化利用价值3方面之下更细致的指标,并赋予各项指标不同的权重,据此对每一个遗产空间或遗产要素进行评价(表8-3)。根据评价得到的结果,选择具体的活化方式。当然,隋唐洛阳城的案例有其特殊性,在洛阳提炼出来的参数不一定适合其他文化遗产地。但是它的工作原理和基本思路可供各地参考。针对不同的文化遗产地,可以因地制宜地构建其遗产价值评价体系,以便在后期活化工程中更好地保护和利用其核心和稀有价值。

表 8-3 遗产价值综合评价指标体系(示例)

分类指标	指标要素	因子	因子详解	权重
历史文化价值指数 $\sum HCI=1.00$	内在文化价值要素 0.60	HC01	与历史事件相关	0.15
		HC02	与历史人物相关	0.15
		HC03	历史地位	0.20
		HC04	非物质文化遗存	0.10
	外在表现价值要素 0.40	HC05	历史时代特征	0.10
		HC06	建筑艺术	0.10
		HC07	历史建筑规模	0.10
		HC08	空间布局	0.10
教育科研价值指数 $\sum SPI=1.00$	考古发现要素 0.55	SP01	遗迹保留完整性	0.15
		SP02	遗迹特殊典型性	0.15
		SP03	遗迹发掘规模	0.15
		SP04	考古发现偶然性	0.10
	保护要素 0.20	SP05	环境敏感度	0.10
		SP06	保护措施	0.10
	社会要素 0.25	SP07	社会和教育功能	0.15
		SP08	地方认同和依附	0.10
活化利用价值指数 $\sum MDI=1.00$	区位要素 0.40	MD01	交通区位	0.15
		MD02	客源市场区位	0.15
		MD03	集聚区位	0.10
	利用要素 0.40	MD04	活化之后市场吸引力	0.10
		MD05	土地供应和资金投入	0.10
		MD06	开发模式和盈利预计	0.10
		MD07	现实可利用性	0.10
	配套要素 0.20	MD08	旅游基础设施	0.10
		MD09	城市基础设施	0.10

资料来源:吴必虎,2012。

8.4.4 文化遗产活化社会参与

文化遗产是全体人民的财富,它的保护和活化也应该有更广泛的社会参与。文化遗产活化社会参与主要包括多学科参与、社区参与、游客参与以及资本参与等。

其中,多学科参与主要指文化遗产理论建设与制度建设涉及多学科,不仅涉及考古学、建筑学,也与地理学、管理学、社会学以及经济学等多学科相关。

游客参与主要体现在对人民日益增长的美好生活需要的响应和满足。党的十九大报告宣告中国特色社会主义进入新时代,我国社会主要矛盾已经转化为人民日益增长的美好生活需要和不平衡不充分的发展之间的矛盾。随着中国国民教育水平提高和文化需求上升,对文化遗产旅游产品的品质要求也在不断提升,文化遗产活化社会呼声日益高涨。需要通过文化遗产本体活化和体验活动活化双重层面来实现文化遗产活化,来达到和满足访客对遗产核心信息的有效体验。

资本参与的主要类型有政府及相关部门、专业人士、当地社区、投资企业、社会团体组织等,资本参与的主要模式包括但不限于:起到杠杆作用的政府财政、起到促进作用的商业资本以及起到助推作用的社会众筹等。

社区参与主要体现在文化遗产地与社区的相融问题上。广义的文化遗产地指文化遗产本体及与其有一定联系的地域所构成的空间区域和人文社会环境、自然环境的综合。在这个语境下,社区是文化遗产保护传承的重要力量,对此,我们需要探讨以下3个问题。

第一,为什么需要社区参与?目前文化遗产地空有保护规划而无法实施的现象较为普遍,考虑到名城、名镇、名村的保护广泛涉及私人利益,但自上而下的保护方式无法适应"量大面广"的文化遗产,所以文化遗产的保护不能缺少主体参与。

第二,遗产保护规划与社区参与的关系主要体现在哪里?主要体现在三个方面:保护规划需要考虑利益相关主体的诉求,社区参与影响保护规划编制的思路与方法,社区参与是活态文化遗产可持续利用的重要途径。

第三,社区在文化遗产活化中扮演什么样的角色?主要扮演两个方面的重要角色:① 社区作为文化遗产价值的承载者,本地文化是文化遗产的重要价值组成,当地社区更是文化遗产价值的重要承载者(传统知识、技能、信仰等),尤其体现在自然与文化结合密切的非物质文化遗产上。② 社区作为管理体系中利益相关者,通过充分的宣传教育,使得当地社区理解和尊重文化遗产,赋予其参与文化遗产保护的权利并给予引导,尊重并帮助当地社区管理文化遗产地的传统方式,可以有效帮助文化遗产可持续发展、有机活化。

周俭教授的团队通过对社区参与村落文化景观的角色职能、保护内容、操作程序的解读,以贵州贞丰县岩鱼村的社区参与保护实践为例,针对保护框架设计、操作方法,提出社区参与村落文化景观保护的建议(王玉、周俭、林森,2013)。张松(2008:73)和朱隆斌、Goethert、郑路(2007)的研究也对社区参与的层次(图8-9)以及社区参与的阶段、程度和效果(图8-10)等进行了分层次、分程度的细致研究。他们的研究成果可以在遗产活化规划特别是社区参与方面予以借鉴。

图 8-9 社区参与的层次
资料来源：张松，2008：73。

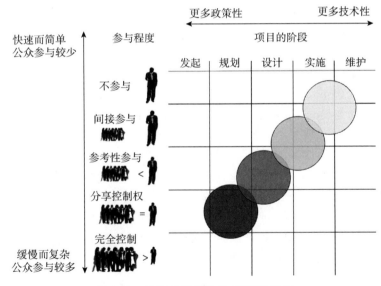

图 8-10 社区参与的阶段、程度和效果
资料来源：朱隆斌、Goethert、郑路，2007。

【本章小结】

文化遗产（包括非物质文化遗产）的概念和它们的活化利用方式，不仅存在东西方文化上的差异，在不同的学科之间也有一定的隔阂。但是在文旅融合大背景之下，文化遗产活化及其规划研究，有了更多交流与切磋的机会。考虑到任何文化遗产都是人类历史上基于生产、生活和政治的需要而建设、传承下来的结果，今天的文化遗产活化应该继续接续文化遗产在生产与生活上的现代要素,在尽可能多地保持原真性的同时,不需要排斥现代人的生活方式。

实际上对于文化遗产的原真性本身,也存在着客观主义、建构主义和恋地主义等不同流派,它们在不同的文化遗产保护与利用场景中,都有其存在或被引用的理由。同样地,文化遗产活化存在众多利益主体,在制订文化遗产活化规划时,也需要为多学科参与、社区参与、游客参与和金融参与提供通道,最终实现文化遗产面向公众时能够达到看得到、看得懂、可参与和周边化的多重目标。

【关键术语】

文化遗产(cultural heritage)
非物质文化遗产(intangible cultural heritage)
文化遗产活化(cultural heritage rejuvenation)
文化沉积(cultural sedimentation)
文化景观(cultural landscape)
遗产旅游(heritage tourism)
旅游导向型遗产活化(tourism-oriented heritage rejuvenation)
客观主义原真性(objectivism authenticity)
建构主义原真性(constructivism authenticity)
恋地主义原真性(topophilian authenticity)
遗产活化社会参与(social involvement in heritage rejuvenation)

【复习题】

1. 东西方对于文化遗产的保护与活化方式主要有何不同?这种差异背后的原因是什么?
2. 文化遗产是如何形成的?哪些因素影响文化遗产的形成和发展?历史上的建设与当今的保护、遗产形成与商业活动,它们之间有什么历史关系?
3. 什么叫文化遗产活化?文化遗产旅游与文化遗产活化之间有什么关系?
4. 文化遗产旅游活化有哪几种基本理论方式?为什么恋地主义原真性在东亚文化体系中更为重要?
5. 为什么遗产活化需要处理好社会参与问题?谈一谈你作为一名普通游客或者作为社区的一员有何建议和行动?

(本章录音稿整理:王梦婷、纪凤仪)

第 9 章 乡村振兴、传统村落保护与乡村旅游发展

【学习目标】
- 了解乡村旅游发展对实现乡村振兴战略的重要意义
- 了解休闲农业和乡村旅游对乡村经济与社会的影响
- 理解旅游导向型乡村建设的主要内容
- 了解中国传统村落面临存续危机的主要原因
- 理解保护传统村落的主要途径
- 掌握乡村旅游产品和发展模式相关内容

虽然随着城市化进程的发展乡村人口出现逐步向城市转移的趋势,但已经进城的市民对乡居生活方式的向往和相应的乡村旅游的发展使得乡村的活力仍将获得持续的生机。从乡村振兴国家战略的实现高度出发,看待休闲农业(农业农村部)和乡村旅游(文化和旅游部)所担负的重要发展使命,来探讨制度和政策方面的创新需求。乡村旅游一方面促进了农村地区的一二三产业融合发展,另一方面有效助力实现中国农村脱贫和乡村振兴的伟大目标。面对现代化、城市化全面碾压冲击,传统村落普遍存在存续压力,本书提出让传统村落成为城市居民第二住宅和居住旅游的活化利用方向。乡村旅游产品的开发和可持续的运营模式,也是乡村规划师必备的技术能力。

9.1 乡村振兴国策下的休闲农业与乡村旅游

2017 年 10 月 18 日,党的十九大报告首次把乡村振兴战略作为决胜全面建成小康社会、全面建设社会主义现代化强国的一项重大战略任务,表明党中央对未来乡村发展的重视和解决长期影响乡村发展问题的决心。关于乡村振兴战略如何落实,十九大报告中提出:要坚持农业农村优先发展,按照产业兴旺、生态宜居、乡风文明、治理有效、生活富裕的总要求,建立健全城乡融合发展体制机制和政策体系,加快推行农业农村现代化。

乡村旅游作为旅游业的重要组成部分,也是实施乡村振兴战略,推进农村一二三产业融合的重要力量,在加快推进农业农村现代化、城乡融合发展、贫困地区脱贫攻坚、全面实现乡村振兴等方面发挥着重要作用。

9.1.1 作为顶层设计的乡村振兴战略

实施乡村振兴战略,是解决新时代我国社会主要矛盾、实现"两个一百年"奋斗目标和中华

民族伟大复兴中国梦的必然要求,具有重大现实意义和深远历史意义。2017年10月18日,党的十九大报告首次提出乡村振兴战略;2018年3月8日,习近平总书记提出乡村要实现"五个振兴"的号召,即乡村地区的产业振兴、人才振兴、文化振兴、生态振兴和组织振兴。

乡村振兴作为国家重要战略,要加快推进乡村治理体系和治理能力现代化,加快推进农业农村现代化,走中国特色社会主义乡村振兴道路,让农业成为有奔头的产业,让农民成为有吸引力的职业,让农村成为安居乐业的美丽家园。

产业兴旺是农村经济建设的核心。坚实的农业综合生产能力,高质量的农业供给体系,农村一二三产业融合发展的产业体系是实现产业兴旺的重要基础和关键问题。产业融合是乡村振兴的根本保障,要把产业融合发展作为农村稳增长的根本之策。旅游业很显然是农村产业融合的一个主要方向,特别是接近城市人口(客源市场)的地区,基于农村田园风光基础上的休闲度假,成为农民增收提效的不二法门。农村经济在巩固提升现有特色产业的基础上,注重庭院和田园这类优势资源的深度开发,加快乡村居住旅游等新型特色产业的发展。

在乡村地区全力推动农业产业模式的创新发展,推进农业产业向多元化布局、向规模化发展、向中高端迈进,着力做好农业产业融合化发展,加快构建现代产业体系,使乡村产业发展更充分、更全面、更安全,真正形成各具特色、优势互补的农业产业发展模式这条充满挑战和机会的道路。乡村旅游,必然成为不可忽视的一个战略重点。

在2020年胜利完成全国全面脱贫伟大任务后,为进一步防止农村返贫,实现乡村地区的持续发展和乡村振兴使命的完成,2021年2月25日,在国务院原扶贫开发领导小组办公室基础上新设的"国家乡村振兴局"牌子正式挂出。国家乡村振兴局正式挂牌,既是我国脱贫攻坚战取得全面胜利的一个标志,也是全面实施乡村振兴、全国农村奔向新生活、新奋斗的起点。

9.1.2 乡村旅游与休闲农业推动乡村产业转型

张歆梅(2020:2)认为,在中国的研究背景下,乡村旅游是指发生在乡村地区,以吸引城市游客为主,依托乡村居民日常居住、生活、劳动和活动空间,围绕乡村经济、文化和景观进行的各项旅游活动总称。潘顺安(2007)认为乡村旅游是在乡村地域内开展的,以乡村风光和环境为基础,以乡村地区的自然和人文旅游资源为吸引物的旅游活动。乡村旅游与农业旅游是一种包含关系,农业旅游是乡村旅游的一个分支。乡村旅游与生态旅游有重要的联系,但也有根本的区别,两者在一些乡村地区可以实现重叠。

2016年中央一号文件强调,大力发展休闲农业和乡村旅游,强化规划引导,采取以奖代补、先建后补、财政贴息、设立产业投资基金等方式扶持休闲农业与乡村旅游业发展。乡村旅游既推动了乡村一二三产业融合,促进乡村产业转型,又对乡村传统文化、景观、环境的保护和提升起到了积极作用,对乡村振兴以及传统村落保护和活化起到积极有效的作用。

钟平(2012)在其博士学位论文中分析了休闲农业体系的构建问题,认为休闲农业是现代农业发展至今形成的"三级农业"的一个有机组成部分,也是"三生农业"的具体体现;休闲农业作为农业的新形态,其主要目的是为了促进农村全面发展和满足消费者休闲度假的需求。大力发展休闲农业,对促进农民就业、提高农民收入、改善农村生态环境、减少农产品销售环节、促进农村发展等方面具有重大意义。包乌兰托亚(2013)也研究了我国休闲农业资源开发与产业化发展问题。休闲农业是传统农业和旅游业相结合的新兴产业,涉及面广、产业链条长、带动力强、关联度大。休闲农业资源开发与产业化发展是加快传统农业改造升级、优化农业产业结构、拓宽农业发展方向、提高农业发展层次、实现农业战略转型、促进农村经济社会文化全面进步的重要举措。

1. 乡村旅游促进一二三产业融合发展的落地实现

中国已经进入高质量发展的历史时期。随着生产力水平的提高,人们更加迫切地关注生活条件的改善。近些年,中国的劳动工作状况逐渐改观,总体趋势日渐与国际接轨,使人们产生休憩、度假、旅游和享受悠闲生活等一系列需求。以乡村旅游和休闲农业为主要发展路径的产业融合,是乡村产业兴旺的重要生产业态和主要服务领域。充分发挥农业作用,拓展农业的多功能性,从农业的休闲、科普、观光、生态文化功能中挖掘农业的休闲旅游价值,是乡村产业满足城市居民缓解压力、放松身心的日常度假、游憩需求,提高国民幸福生活水平等服务功能的重要体现。

乡村旅游是乡村产业的重要盈利模式,也是深度开发农业资源潜力,调整农业结构,改善农业环境,提高产业竞争力,增加农民收入的新途径。休闲农业前向连接着众多的高端消费群体和高端消费需求,后向连接着种植、养殖、加工等农业生产及初加工部门,已经成为带动农村经济发展的民生型产业。

产业兴旺作为保障乡村振兴国家战略的基础和关键,是推进我国新时代农村发展的战略方向和基本途径,实现我国城乡融合发展,提升农业农村现代化的重要抓手。十三届全国人大常委会审议关于乡村产业发展情况报告的会议公报表示,中国乡村产业融合渐成趋势,跨界配置农业和现代产业要素,促进产业深度交叉融合,形成"农业＋"多业态发展态势。通过农村经济社会的可持续发展,物质文明与精神文明的提升,以及空间布局的合理组织,建立起社会主义市场经济体制下的平等、和谐、协调发展的工农关系和城乡关系,改变城乡分割的二元体制和经济社会结构,实现城市与乡村的良性互动,是推动乡村产业兴旺,实现乡村振兴的重要举措。

乡村旅游是有效发挥带动农村一二三产业联动发展作用的新型农业产业形态。国家多次强调要把农业生产向二三产业延伸,通过三次产业的相互融合,形成集生产、加工、销售、服务为一体的全产业链型现代化农业产业体系,走出一条产出高效、产品安全、资源节约、环境友好的农业现代化道路。以发展乡村旅游为核心的休闲农业类型多样,无论是自然风光、田园景观类农业休闲,还是高端设施、农产品加工类科技农业休闲,或是融合电子商务、"互联网＋"的信息类农业休闲,都在不同意义上形成了一二三产业的有机融合,不同程度地推进了现代农业的多功能性发展。

因此,大力推进乡村旅游发展,是适应当今市场需求,推进农村经济一二三产业融合发展,构建复合型、集约化的多业态现代农村经济体系,促进农业经济发展模式转型的重要途径,对农业供给侧结构性改革、构建现代农业产业体系将产生强大拉动作用,为促进农业增效、农民增收和农村繁荣提供重要的产业支撑。

2. 乡村旅游的主要业态

当前乡村旅游正从传统的乡村观光向乡村度假、乡村旅居转变,并且逐渐超越了传统的农家乐模式,向特色化、精品化、创意化发展。在乡村旅游影响下,乡村业态发生了很多新变化。

乡村旅游产品最初级的形式是观光旅游,也叫观光农业,也就是去看农村的一些东西,比如:桃花、梨花、油菜花、葡萄园。仅葡萄酒产业衍生形成的观光农业,在世界各地就屡见不鲜,比如加拿大、美国和日本,作者曾经亲临这些国家的观光农业基地调查考察。

日本新潟白根葡萄酒庄园,是叫作"燕三条"的乡村景观。其产生的动力是日本城市居民城市化以后对乡村和郊野生活的体验需求逐渐增加。白根葡萄酒庄园里种植了约30个不同品种的葡萄,除了开放让民众体验采葡萄之外,还可以在葡萄藤下享受BBQ(户外烧烤)的乐趣。葡萄园农贸市场有专门品尝葡萄酒的地方,游客不仅可以在酒庄感受葡萄酒文化,还可以买一些新鲜葡萄和葡萄酒带回家作为精美的伴手礼。白根葡萄酒庄园因为采用温室种植,全年都可体验采摘不同的水果,1月中旬到6月中旬的草莓季节,就可以在庄园里现摘现吃,享受最新鲜的美味(图9-1)。

图9-1　日本新潟白根葡萄酒庄园(吴必虎 摄)

尼亚加拉瀑布附近的冰葡萄酒产区横跨加拿大和美国边界,这里拥有众多精美酒庄,而且有着许多优质葡萄酒,更重要的是,尼亚加拉产区被众多葡萄酒爱好者评为最适宜自助游的葡萄酒产区之一。这里主要是以家族的形式开葡萄酒厂,拥有自己的葡萄酒葡萄园,葡萄园现在开放成旅游景区供游客参观游览,生产的葡萄酒在景区内现场销售。由于尼亚加拉产区的许多葡萄园规模较小,而且往往都由家族或小商业集团经营,因此预约起来比较方便,而且在时间上还有很大的灵活性。这也为游客的旅行提供了充足的时间来欣赏沿途的美酒美食与美景

(图9-2)。

乡村旅游需要创新产业形态。立足发掘农业多种功能和乡村多重价值,依据自然风貌、人文环境等资源禀赋,开发特色突出、主题鲜明的乡村休闲旅游项目。用好农用地,发展景观农业、农事体验、观光采摘、研学教育、休闲垂钓等业态,开发"后备箱""伴手礼"等旅游产品。盘活闲置农房和宅基地,发展精品民宿、共享农庄、康体养老、农家乐等业态。有效开发"四荒地",发展休闲农(牧、渔)园、森林人家、健康氧吧、生态体验、特色动植物观赏等业态。

图9-2　加拿大尼亚加拉县葡萄酒种植园区(吴必虎 摄)

乡村观光向乡村旅居、乡村生活转型对乡村服务环境、接待品质、旅游产品提出了更高要求。土地是新建乡村基础设施、活动场地、度假场所和高级民宿的重要供给要素,发展乡村旅居、乡村生活类的度假产品对用地需求的增加不可避免。

乡村旅游生活化,也就是乡居生活方式,不再满足于观光旅游产品,而是追求个性化、休闲化的旅居体验。利用"旅游+""生态+"等模式,推进农业、林业与旅游、教育、文化、康养等产业深度融合。经过调整后的用地政策允许通过村庄整治、宅基地整理等节约建设用地,采取入股、联营等方式,支持闲置宅基地发展休闲旅游养老产业。

3. 乡村旅游发展用地政策

创新农村旅游用地制度是完善现代农业要素供给体系保障,振兴乡村,促进乡村一二三产业融合的必要举措。积极推进乡村旅游与现代农业融合发展,把农业用地划拨一部分用于发展乡村旅游,一方面能够提高土地利用效率,达到产业融合发展用地的实际需要;另一方面还可以加快农村现代化发展进程,破除乡村旅游与现代农业融合发展障碍,充分发挥现代农业振兴乡村的效率,提高广大农民的收入水平,实现农村的繁荣发展。

关于乡村旅游等新产业发展用地问题,农业农村部和自然资源部高度重视。农业农村部会同自然资源部等,加强指导,强化支持,引导各地发展对农民就业增收带动作用大、发展前景好的休闲农业和乡村旅游项目,给予建设用地指标扶持,编制国土空间规划,优化农村生产、生活与生态空间布局,优先保障产业发展用地需求。

(1) 统筹国土空间规划，合理安排年度计划，保障用地需求

2019年，自然资源部印发的《关于全面开展国土空间规划工作的通知》（自然资发〔2019〕87号），要求各地结合县和乡镇级国土空间规划编制，通盘考虑农村土地利用、产业发展和历史文化传承等，优化村庄布局。

将乡村休闲旅游等乡村产业建设用地纳入土地利用总体规划和年度计划，合理安排。县级政府可通过土地利用规划，预留部分规划建设用地指标用于单独选址的农业设施和休闲旅游设施等建设。2020年中央一号文件提出，省级制订土地利用年度计划时，应安排至少5%新增建设用地指标保障乡村重点产业和项目用地。新编县乡级国土空间规划应安排不少于10%的建设用地指标，重点保障乡村产业发展用地。

(2) 优化村庄规划，盘活土地存量，落实用地指标

2019年，自然资源部办公厅印发《关于加强村庄规划促进乡村振兴的通知》（自然资办发〔2019〕35号）提出，允许在不改变县级国土空间规划主要控制指标情况下，优化调整村庄各类用地布局；允许各地在乡级国土空间规划和村庄规划中预留不超过5%的建设用地机动指标，支持零星分散的乡村文旅设施及农村新产业用地。

修订《中华人民共和国土地管理法》，有效扩大集体建设用地使用和流转范围，简化审批审核程序。鼓励有序开展县域乡村闲置集体建设用地等土地综合整治，通过村庄整治、土地整理等方式结余的农村集体建设用地，优先发展乡村产业项目。积极推进农村宅基地制度改革试点，盘活利用闲置宅基地和农房，改造建设乡村旅游接待和活动场所。支持返乡下乡人员依托自有和闲置农房院落发展农家乐。

创新利益联结机制，推广契约型、分红型、股权型等合作方式，鼓励农村集体经济组织以土地使用权入股、联营等方式发展乡村休闲旅游等项目，让农民更多参与产业发展、更多分享产业链增值收益，降低集体土地交易成本与经营风险。

2020年12月，农业农村部与自然资源部明确对利用存量建设用地发展休闲农业、乡村旅游等农村二三产业的市、县，可给予新增建设用地计划指标奖励。对使用荒山、荒坡、荒滩及石漠化、边远海岛土地建设的旅游项目，优先安排新增建设用地计划指标。建立多元化的乡村产业用地供应方式，支持发展景观农业、农事体验、观光采摘、研学教育、休闲垂钓、精品民宿、共享农庄、康体养老、农家乐、休闲农（牧、渔）园、森林人家、健康氧吧、生态体验、特色动植物观赏等业态。

(3) 加强产业规划，专项扶持产业项目，保障重点用地

2019年，国务院印发《关于促进乡村产业振兴的指导意见》，鼓励各地探索针对乡村产业的省市县联动"点供"用地，支持乡村休闲旅游和产业融合发展。推动制修订相关法律法规，完善配套制度，开展农村集体经营性建设用地入市改革，增加乡村产业用地供给。

2020年，农业农村部印发《全国乡村产业发展规划（2020—2025年）》，指导各地科学编制产业发展规划，注重与自然资源、城乡建设等规划相衔接，聚焦重点区域，打造精品工程，加快推进乡村休闲旅游产业转型升级。合理安排乡村休闲旅游等发展用地，优先保障纳入国家规

划和建设计划的重点旅游项目用地和旅游扶贫用地。

9.1.3 旅游驱动型乡村建设

乡村建设是乡村振兴的物质层面的重要驱动机制。旅游驱动型乡村建设也受到学术界的关注。陈文盛(2016)在其博士学位论文中,探讨了休闲农业与美丽乡村建设的协同发展问题,认为休闲农业与美丽乡村二者之间存在立足基础相同、发展目标一致、参与主体相近等特征,在发展过程中所需的基础设施、资源、人力等相辅相成。休闲农业发展有助于为美丽乡村建设提供产业支撑,而美丽乡村建设反过来有助于促进休闲农业可持续发展。陈文盛的研究证明:休闲农业与美丽乡村具有协同发展的基础条件和共同目标,存在协同演化关系和耦合协调可能性,可通过二者的耦合实现农村建设整体效益的提升和资源有效配置效率的最大化。

1. 城乡融合发展与集体建设用地入市

城乡二元土地政策在很长一段时间内阻碍农村的发展,使城乡差距不断扩大。要使农民得到平等的发展机会,当务之急就需要解开土地对农民的束缚,归还农民对土地应有的物权主张权利。就此问题学术层面的讨论从未停止,政策层面的试点也在稳步推进。

2019年8月,十三届全国人大常委会第十二次会议表决通过了关于修改《中华人民共和国土地管理法》的决定。此次《中华人民共和国土地管理法》对农村宅基地管理制度改革和集体经营性土地入市进行了修改。允许进城落户农民依法自愿有偿退出宅基地、鼓励农村集体经济组织及其成员盘活利用闲置住宅。对土地利用总体规划确定为工业、商业等经营性用途,并经依法登记的集体经营性建设用地,允许土地所有权人通过出让、出租等方式交由单位或者个人使用。

特色村镇、田园综合体规划都是城乡统筹规划体系的有效补充,是新型城市化发展路径之一和重要抓手,也是城乡融合的主要规划设计类型。特色村镇和田园综合体规划,从规划内容上看,都是强调促进一二三产业融合发展,促进生态效益和经济效益的统一,是注重生态文明建设发展的主要方式之一,也是促进城郊地区和连片乡村区域的农民创业增收、做强集体经济的主要方式,有助于形成城乡统筹、融合发展。

农村宅基地入市大大推动了城乡融合发展。2019年中共中央、国务院发布了《关于建立健全城乡融合发展体制机制和政策体系的意见》。党中央建立健全城乡融合发展体制机制和政策体系这一重大决策部署的全面落地,标志着我国城乡关系经由"统筹发展""一体化发展"阶段,正式迈向了"融合发展"的新阶段,为乡村旅游的发展提供了更加广阔的空间,是推进"乡村振兴"战略和城乡融合发展的重要指导意见。要真正实现城乡融合发展,需要在以下几个方面进行更深入的制度改革:

(1) 逐步消除城市落户限制

2019年4月,国家发改委印发《2019年新型城镇化建设重点任务》,在城市落户政策上已经有了很大突破,包括城区常住人口100万~300万的Ⅱ型大城市要全面取消落户限制;城区常住人口300万~500万的Ⅰ型大城市要全面放开放宽落户条件。

(2) 建立城乡统一的建设用地市场

土地要素市场在城乡之间发展不平衡、不统一,是城乡二元壁垒的突出体现。尽管建立城乡统一的建设用地市场问题,在 2013 年 11 月公布的十八届三中全会通过的《中共中央关于全面深化改革若干重大问题的决定》中就已提及,但直到 2019 年中央颁布《关于建立健全城乡融合发展体制机制和政策体系的意见》,才明确要求到 2022 年,城乡统一的建设用地市场要基本建成;到 2035 年,城乡统一建设用地市场要全面形成。给出了明确的时间表,对这一重大改革举措的落地落实至关重要。

(3) 宅基地进一步"放活"

土地是城乡要素流动和市场化配置的重点,"三块地"中,宅基地又尤为复杂重要。《关于建立健全城乡融合发展体制机制和政策体系的意见》不仅提出要探索宅基地所有权、资格权、使用权"三权分置",对宅基地还权赋能;同时提出鼓励农村集体经济组织及其成员盘活利用闲置宅基地和闲置房屋,在满足条件的情况下,县级政府可以有效利用乡村零星分散存量建设用地,并探索对存量宅基地实行退出有偿。也就是说,不退出的允许集约利用、盘活增值;退出的兑现权益、给予补偿。土地是新建乡村基础设施、活动场地、度假场所和高级民宿的重要供给要素,发展乡村旅居、乡村生活类的度假产品对用地需求的增加不可避免。

2. 城市第二住宅与乡村居住旅游

城乡融合发展、城乡社会交换中最具发展前景和能够激活市场互动的就是城市居民购置农村宅基地作为其第二住宅,用于居住旅游。由于上述城乡融合发展方面中央政府已经做出一系列部署,地方政府已经积极响应稳步探索成功试点经验,可以预期未来五到十年中国乡村居住旅游,特别是环城市和环景区周边的乡村居住旅游,将会进入一个全新的发展时期。

中国总量在数亿人口并且还在逐步增长的城市中产阶层,对照旅游消费的可支配收入和可支配闲暇时间标准,已经到了乡村休闲度假阶段。其中一部分家庭已经产生购置第二住宅用于享受悠闲生活的愿望。城乡居民文化观、生活观的变迁使居住旅游和第二住宅的发展具有一定的现实性(冯健、刘之浩,2000)。城市社会文化环境中的行为规范体系和城市物质文化的变迁导致包括生活方式、住宅观念等在内的城市人生活观发生改变。新的生活方式和住宅观念使城市人不再拘泥于传统的认识偏见,并以新的生活标准去衡量其生活条件和处境。乡村的田园生活成为城市居民在劳碌之余放松身心、回归自然、追求质朴生活方式的最佳选择。

随着乡村观光向乡村旅居、乡村生活转型,市场对乡村服务环境、接待品质、旅游产品提出了更高要求。乡村第二住宅兴起,以及席卷全国的民宿如火如荼地发展,大批精英阶层人士和新乡绅带着资本来到农村,改善了农村环境,也改变了农民的生活方式。同时,伴随乡村基础设施建设的不断完善,城乡在地域性质上的差距越来越小,为乡村第二住宅发展提供了基础,也使城市第二住宅购置者不必再为郊区和乡村生活条件及文化氛围担忧,他们可以无后顾之忧地尽情享受第二住宅所在地的生活环境。虽然城市中产阶级对乡村旅游居住的向往和需求不断增加,但目前因为城乡融合发展仍处于探索阶段,一系列与之配套的制度安排尚待进一步完善。

9.1.4 乡村旅游促进精准扶贫

中国多年的脱贫攻坚实践证明,旅游扶贫是贫困地区扶贫攻坚的有效方式,是贫困群众脱贫致富的重要渠道。在2021年2月25日举行的全国脱贫攻坚总结表彰大会上,习近平总书记亲自给10位全国脱贫攻坚楷模荣誉称号获得者颁奖。10名楷模事迹中,就有两人提及乡村旅游(山地旅游),可见旅游发展在脱贫攻坚行动中占有非常重要的地位。其中获奖者毛相林的事迹描述为"他以'愚公移山'的决心和毅力,带领乡亲们在绝壁上凿出一条8 km长的'绝壁天路',后又带头引路,培育水果、发展乡村旅游,改变村民贫困落后的面貌。他43年不改初心使命,铸就了'下庄精神'。"另一位获奖者姜仕坤的事迹描述中则提及了贵州晴隆县的山地旅游。

1. 乡村旅游(山地旅游)在脱贫攻坚战中的突出作用

贫困地区精准脱贫是乡村振兴的重点难点和优先任务,旅游扶贫已经成为我国贫困地区乡村振兴的重要方式。推动旅游精准扶贫与乡村振兴的有机衔接,是实现贫困地区乡村振兴的有效途径(何琼峰、宁志中,2019)。2014年1月,中央发布《关于创新机制扎实推进农村扶贫开发工作的意见》,明确提出脱贫攻坚的时间表,以及需要旅游部门承担的任务:到2020年,扶持约6000个贫困村开展乡村旅游,带动农村劳动力就业。全国贫困人口需要在2020年前全部脱贫的任务已经胜利完成,2021年2月中国政府对全世界宣布,我们已经按时实现脱贫目标。20世纪90年代中期,贵州省在实践中因地制宜地探索出了一条以"民族村寨"为基本单元的乡村旅游扶贫发展之路,从区域层面来看,已经取得了明显的扶贫成效(朱宝莉,2019)。

中科院和中国旅游研究院的研究表明,旅游精准扶贫促进贫困地区乡村振兴已成为各方共识,但同时也面临利益分配机制不合理、内生增长乏力、生态环境制约等诸多挑战。乡村旅游扶贫需要精准识别发展乡村旅游所具备的资源、区位、市场等条件和可行性,将乡村振兴战略的思想和原则融入具体的旅游精准扶贫计划与行动之中。何琼峰、宁志中(2019)认为,需要准确把握适宜区域、实施主体、主导产业、资金来源和保障机制,创新乡村旅游扶贫的商业模式,聚合乡村旅游扶贫的智力资源,夯实乡村旅游扶贫的文化底蕴,坚守乡村旅游扶贫的绿色发展底线,优化乡村旅游扶贫管理和组织机制,进而从产业振兴、人才振兴、文化振兴、生态振兴和组织振兴5个方面全方位精准有效地助推乡村振兴。

但是如何保证那些已经通过政府强力主导的乡村地区不会再次返回贫困状态?要解决这个问题,就必须让村庄有自我造血功能,让农村真正通过产业形成发展的动力。从人类发展趋势来讲,在城市化的大潮下留下的那一部分乡村可以产生消费产品,这个消费产品就是田园的经历,因此有一些贫困地区适合于用乡村旅游来进行扶贫。2015年8月在安徽黄山召开的全国乡村旅游提升与旅游扶贫推进会议提到:贫困地区将成为中国旅游发展格局中的主战场。每年通过乡村旅游可带动200万农村贫困人口脱贫致富。

2016年国家旅游局、国家发展改革委、农业部、国务院扶贫办、国家开发银行等11个部委联合下发的《关于印发乡村旅游扶贫工程行动方案的通知》也给出时间表,通过5年时间解决100万左右贫困人口的脱贫。力争通过发展乡村旅游带动全国25个省(自治区、直辖市)2.26万个建档立卡贫困村、230万贫困户、747万贫困人口实现脱贫。陕西省的数据表明:2020年全省乡村旅游惠及农户6.31万户,其中贫困户2.02万户;带动农村就业20.12万人,其中贫困人口5.73万人。因本地发展旅游而受益的贫困户占72%。截至2020年9月底,受益的贫困人口人均可支配收入约1万元,其中与旅游相关的收入占59%(陕西文化和旅游厅,2020)。笪玲(2020)在其博士论文中,研究了贵州民族村寨的旅游扶贫问题。她的研究发现,村寨旅游扶贫是民族贫困地区脱贫攻坚的重要创造,这一扶贫模式在民族地区具有可行性,也存在一定的局限性;村寨旅游扶贫是贵州的重要选择,是民族地区减贫的重要经验;将基层政府的公共性扎根于乡村社会是推动民族村寨旅游扶贫的重要基础;土地是重要的减贫资本,产权制度改革是实现产业融合的重要力量;文化资本是内生的减贫资本,旅游是促进文化资本增值并减缓贫困的重要动力。

长期以来,政府主导是我国民族地区旅游扶贫开发工作的典型特征,也是旅游扶贫工作取得巨大成绩的重要保障。然而单纯依靠政府的旅游扶贫模式在实践中日渐暴露出不足,并不足以从根本上为消除贫困提供持久性的保障和支持(朱宝莉,2019)。从科学角度来看,经济运作的成功才能构成旅游扶贫成功的先决条件。正如朱宝莉指出的那样,民族村寨旅游扶贫最重要的是在确保贫困人口主体地位的基础上,实现各利益相关者共同参与、平等协商、有效合作。因此,亟需构建一套能切实保障村寨贫困人口获益的多元合作旅游扶贫机制。

2. 旅游扶贫规划案例:螺溪镇欧田村硋仔里

该项目位于广东省汕尾市陆河县螺溪镇欧田村硋仔里。基于上述学术研究发现,螺溪镇打造精准扶贫示范区,应摆脱传统的"救济式"扶贫单一路径,创新扶贫方式,整合政府、华侨城、大地乡居、创客、乡贤等多方力量,通过华侨城带头示范,吸引乡贤和创客群体进入,构建多元主体参与的旅游乡建模式,并最终带动本地村民参与,实现乡村旅游精准扶贫,以旅游驱动乡村发展与社区营造(图9-3)。

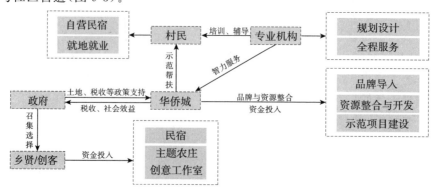

图9-3 螺溪镇乡村旅游核心规划思路

资料来源:北京大地乡居旅游发展有限公司,2018年。

螺溪镇发展定位是:"粤东最美的客家原乡,客家文化主题的特色旅游小镇"。以螺溪镇典型的粤东客家民俗、民居等文化资源及生态、农林等乡土资源为本底,以坪山新区和华侨城的资金、品牌、人才的导入为发展契机,以客家文化风情为特色体验,以精准扶贫为首要目标,以乡村旅游为核心驱动力,以创意和创新为根本理念,通过高品质开发,塑造乡村旅游吸引力,复兴乡土文化与乡村产业,改善乡村设施与环境,实现村民就地就业和快速脱贫。

规划螺溪"1·1·5·10"乡村旅游项目体系包括:1条乡村花溪风景道——螺溪乡村花溪风景道;1个旅游乡创中心——螺溪旅游乡创中心(乡村旅游服务中心);5个客家乡居旅游服务基地——欧田度假乡居、螺溪风物街区、新溪温泉公社、南和乡村酒店、正大客家民宿;10个特色主题农庄——花田农庄、萌小蕉农庄、彩蔬农庄、青梅农庄、竹林农庄、禅茶庄园、萌宠农庄、爱豆农庄、客家酒庄、稻米农庄。

华侨城·螺溪谷总占地面积380 000 m²,总投资1亿元。一期建筑面积3400 m²,包含:2个乡村公共建筑,4个乡村商业空间,1个风景餐厅,2个民宿院落,13栋度假山居,6个集装箱度假屋,并打造火龙广场、梦想田园、生态农场3个田园景观空间。二期建筑面积约1500 m²,将重点建设温泉度假设施(图9-4)。

项目挖掘和梳理了螺溪客家文化资源,主要利用砼仔里闲置荒废的农宅与农田空间,通过创新设计与创意打造,在一个开放的乡村社区空间中,形成了13个各具特色的业态空间与景观空间。分别是:火龙广场、欧田书舍、农礼铺子、青梅酒吧、擂茶会馆、手作工坊、微风食课、文化民宿、度假山居、梦想田园、客家会馆、生态农场和梅园小筑(图9-4)。

图9-4　华侨城·螺溪谷规划总图
资料来源:北京大地乡居旅游发展有限公司,2018年。

这个项目做完以后取得了很好的效果，又创新了很多活动和业态的空间，吸引了广东东部地区市场的城市居民到这里度假，很多村子也会到项目所在的县学习参观。该地区通过相关的观光来获得经济的收益收入，形成了"就地城市化"。旅游业创造的就地城市化模式，通过乡村旅游来拯救传统村落，帮助农村找到自己的发展路径，就是旅游和游憩规划提供给社会的一种很好的服务。

9.1.5 乡村旅游的社会影响

1. 乡村发展面临社会危机

农村大量人口进城务工，使得农村劳动力外流，耕地大量荒废。乡村"过疏化"和"空心化"不仅是城市化趋势不断加强背景下都市"过密化"的必然产物，也与全球化背景下劳务输出使乡村地区"空心化"存在密切关系，并将给我们带来一系列的社会风险(刘杰，2014)。2019年全国农民工总量为2.9亿人，农村留守人群中，妇女、儿童、老人占有相当大的比例。专家预计，到2030年，中国老龄人口将接近3亿，空巢老人家庭比例或将达到90%，这也意味着届时将有超过2亿空巢老人，并且相当比例都分布在农村。目前我国的乡村现状是：人口结构严重失衡、劳动力大量流失、乡村贫困情况日趋严重，这无疑是乡村振兴战略落实的一个极其严峻的挑战。

2020年中国社会科学院农村发展研究所、中国社会科学出版社联合发布的《中国农村发展报告2020》预计，到2025年，中国城市化率将达到65.5%，保守估计新增农村转移进城人口在8000万以上。也就是说，这5年内中国会有0.8亿人口进入城镇；而农村就业人员比重将下降到20%左右，农业人口会继续减少；乡村60岁以上的人口比例将达到25.3%，约为1.24亿人，中国农村将进入老龄化社会。

根据贺雪峰(2015)的观察，目前中国农村家庭结构组成一般有如下4种代表性结构：全进城家庭、半工半耕家庭、就地发展的中坚农民(中农)，以及缺乏竞争力的老弱病残组成的弱势群体。其中半工半耕家庭属于主体，中国70%左右的农民家庭属于这种情况，它有两层意义：一是家庭成员中只有部分成员进了城，还有部分成员没有进城；二是进城的农民也可能返乡。

所谓中农，是指一部分年富力强的青壮年农民没有进城务工经商，而是留村务农并照看其家庭。除了耕种分到自家名下的一点耕地，为了提高规模效应，还通常愿意耕种村里其他外出务工农户流转过来的土地，又通过农村副业获得一定收入。这样以适度农业规模经营为主体的，主要收入在村庄、社会关系在村庄、且收入水平不低于外出务工又可以保持家庭生活完整的农户，就是我们所说的"中农"。因此，留在村庄中就主要有两种人群：一是中农，二是老弱病残及留守儿童。在当前农村人财物流出的背景下，"中农＋老弱病残"形成了极其不稳定的社会结构和巨大的社会问题(贺雪峰，2015)。

2. 乡村旅游促进城乡社会交换

虽然中国人口的社会结构已经出现了新的变化，但是计划生育政策、耕地制度、宅基地制度等改变起来非常缓慢,出现了与社会发展不适应的情况。过去中国的经济结构是以一产二产为主,现在是以三产为主,2020年第三产业占全国GDP比例已达54.5%,未来还要继续增长。根据专家预测,中国住在城市里的人要超过70%,第三产业的GDP也要到60%～70%。与此同时,我国人口空间结构朝着沿海迁移的趋势也不断增强,大量的人口和劳动力向沿海经济发达地区迁移。人口结构三产化、空间结构沿海化与旧土地制度产生了极大冲突,也长期制约我国经济发展。再加上城市中产阶级对乡村旅居住宅需求增加,农村居民迫切希望摆脱农村生活,到城市寻求更好的发展机会。在此背景下,我们提出了城乡社会交换理论(吴必虎,2017a)。创造城市居民的乡村消费和城乡互动条件,是解决城乡物质水平差距、文化差异的有效途径。关于城乡互动,最直接的方法就是在空间上把城市人和乡村人"搅合"在一起,在行为上让他们互相交织。我们理解的"人的城市化",不是进了城就是城市人了,也不是解决了身份待遇就是城市人了,文化得以弥合,才是人的城市化。那么,最有效的途径就是城乡互动。

关于中国社会的分析,在前文述及旅游市场的时候已经提到过,中国社会城市与乡村居民存在人口、土地多种交换需要,导致社会交换、城乡人口变化、社会结构变化很大。根据2015年全国人口抽样调查,全国进城人口达到7.68亿。尤其是环城市郊区的乡村,乡村的社会结构已经发生变化,由一直住在村里的老农民、到城里打工又经常回家的新农民,以及到村子里住的城市市民,这3种人在一起形成城市郊区乡村的新的社会结构,我们把这种结构叫作社会交换。而目前中国的户籍制度、乡村宅基地禁止出售作为城市居民第二住宅的政策,使得乡村-城市社会交换双向通道存在制度障碍。

随着乡村旅游的发展,乡村的社区社会也在发生着变化。薛岚等(Xue、Kerstetter、Hunt,2017)对河南洛阳重渡沟的研究显示,乡村正在经历着从艰苦到舒适的农村生活,从羞愧到骄傲的农村人身份、逐渐显著的地方身份认同、农村身份的"城市化"等变化。

城乡社会交换指的是在城市居民和乡村居民之间形成的一种生活空间、生活方式、生产方式、身份角色的互换,具体来说就是农民的农村宅基地和耕地可以和城里互相交换,通过交换形成人口、资源、资本在城乡之间的流动。全世界的工业化及城市化过程、科学发展历史都证明用市场调节农民的土地是最有效的办法,而且也是保护农民利益的办法。

城市居民在实现基本的物质生活需要之后,开始有购买第二住宅(用于休闲度假)的需求。第二住宅的功能主要是满足节假日度假需求,所以一般会选在城市之外的郊区,基础设施完善、环境优美的乡村就成了首选。这种基于自然和/或文化便利设施的人口流动可以被认为是城乡交换的动力和影响,将导致农村土地的所有权、使用和治理以及农村社区的组成和社会经济动态方面的重大变化(Gosnell and Abrams,2011)。如果这时候,农民的土地可以进入市场交易,既可以满足城市居民在农村购置第二住宅的需求,也可以解开土地对农民的束缚,使农民通过出售宅基地获得进入城市生活和工作的第一桶金,以此形成城市和乡村之间的资金、土地、住宅和生活方式的流通和互换。

中国社会的一个主要问题是城乡二元问题,解决差距的主要办法是发展经济,乡村振兴战略的实现离不开产业带动。在一定的范畴里,快速工业化时代的乡镇工业模式之后,乡村可以发展的产业选择不多,较有普遍性的只有现代农业和旅游业两种主要选择(虽然少数地方具备有特色的其他产业条件,如科技、加工业、贸易等)。农业发展带来的增加值是有限的,不足以覆盖乡村现代化所需要的成本。而旅游业的消费主体是城市人,增加值大,因此,旅游业可作为驱动性的产业选择,带动乡村社会经济的发展,一定程度地弥合城乡之间的差距。

我们经常把中国称为"乡土中国",可见中国是一个以乡村为社会基础的国家。同乡村的历史相比,中国城市化的历史是很短暂的,然而中国的城市发展却对乡村造成了巨大的影响。现在出现的农村发展落后、乡村"空心化"的现象正说明了农村宅基地禁止入市是不符合农民和农村利益的。在讨论城乡社会交换的时候,就是把城市和乡村看作一个不可分割、密切联系和相互作用的整体。城市与乡村居民在发展过程中存在人口、土地多种交换需要,但是现阶段乡村与城市社会交换双向通道存在着制度障碍,这种障碍从长远看制约了城市与乡村的相互作用和融合发展。

3. 乡居旅游导向型乡村绅士化

在城乡交换之后,村子里的人(社会结构)不再是当地农民单一的组成,而是城市居民和原来的乡民共处,于是就形成了新的社会结构,这种结构叫作"后乡土的社会结构",于是乡村产生了新的社会变化。

乡绅最早是指居住在作为家乡的乡村中的缙绅,也就是旧乡绅。从明清开始,乡绅作为官吏和乡民的过渡阶层,一直扮演着国家和乡村社会之间的"调节器"。从19世纪后半期开始,随着皇权式微、西方思潮的涌入,尤其是1905年科举废除,传统乡绅阶层开始分化。大量思想先进的乡绅离开乡村进入城市,从事实业或文化教育事业,造成乡村精英流失。

城市化后的乡村社会治理冲突亟需培育新乡绅。"归隐乡村"是中国人的一种传统希望,很多城市精英在功成名就或者退休之后,会产生重新回归乡村的希冀,过上那种与世无争的安逸生活。加之现代人对休闲、度假的需求日益增加,乡村独特的自然环境和生活方式都带来了很大的创业商机,很多从农村迁出到城市打工的农民工在积累了一定财富之后,又回到农村创业,开民宿或农家乐。还有一些城市精英发现了农村的商机,在农村开设了很多有特色的创意型民宿或农家乐,也影响了当地居民的生活方式。正是由于这两大驱动力,大量的城市精英带着资金、眼界、资源来到乡村,这些城市精英就是新时代的新乡绅。

这里所说的中国乡村绅士化(countryside gentrification)同欧美国家的绅士化有所不同。英国社会学家Glass(1964)提出绅士化(gentrification)用来解释20世纪60年代西方国家出现的中产阶级进入工人阶级社区的现象。在这一过程中,社区的空间环境得以改善,同时中产阶级人群逐渐替代低收入人群,使得社区社会结构发生改变。欧美在工业化以后,城市内部的中心城区是富人区,后来富人离开城市中心,逐渐搬迁到郊区,城市中心则变成了黑人集聚区或者是贫民窟。一段时间以后富人又来到城市中心,改造提高品质,使得城市地价上升、生活费用上升,穷人难以负担,离开城市中心。所以富人或者绅士阶层人群重新占领市中心的绅士化是有争议的,社会学家会批评说这样的绅士化使无产阶级或者贫困人口被城市化排挤。

而中国的乡村绅士化是原本的乡村阶层比如退休的城市居民,回到自己老家居住,重新用自己的社会资本带动当地的乡村的发展,称为"乡村的绅士化"。针对目前中国面临的乡村社会崩溃危机,乡村人口不断减少且老龄化,乡村景观不停地消失并同时出现空心村现象,这个时候新乡绅的形成会创造新的乡村物质景观和意识形态,很大程度上提升和重振了乡村的经济和社会。

值得说明的是,乡村绅士化作为传统村落的一种发展趋势,对我国传统村落的保护和利用具有3个方面的有利影响,包括带动传统村落经济发展、实现传统村落潜在文化价值和促进传统村落空间环境的保护与更新(郑皓文、朱霞,2015)。此外,旅游作为城乡社会交换的基本途径能让村民参与其中,获得工作与收益;能让乡村的文化、生态与物产重新产生市场商业价值,最终盘活乡村各类资源;能建立新的文化认同,并构建可持续的乡村内生经济系统,实现乡村全面复兴。根据传统村落不同的保护动力和发展方向,郑皓文、朱霞将传统村落的乡村绅士化现象分为居住产品型、休闲旅游开发型及文化创意产业型3种类型。

9.2 乡村旅游发展促进传统村落保护

中国传统村落(traditional villages of China)作为中国乡村聚落的一类代表,是指村落形成较早,具有鲜明的区域地理特征,拥有较丰富的文化与自然资源,具有一定历史、文化、科学、艺术、经济、社会、生态价值,应予以保护的村落。传统村落对于怀旧(乡愁)消费是一种不可替代的载体,是乡村旅游产品体系中非常重要的一种类型,它们的存在使得农民和当地社区认识到其可观的经济价值,这比精英阶层和文物保护部门高调宣扬其文化价值,更有说服力和影响力。因此可以说,乡村旅游促进了传统村落的保护,而不是有些媒体及遗产专家诟病的旅游破坏了传统村落。

以乡村旅游为核心的度假、休闲、观光农业具有环保、社会、休憩、经济的功能,这与乡村振兴战略中所提出的坚持人与自然和谐共生、走绿色发展道路的理念不谋而合,因此具有广阔的发展前景。发展乡村旅游不仅对加快现代农业发展速率,提高乡村土地利用效率,实现乡村一二三产业融合,推进农业农村现代化起关键作用,同时也对传统村落宝贵的物质和非物质文化遗产保护和活化起到了有力的支撑和积极的影响作用。

9.2.1 传统村落快速消失的原因

中国从传统农业社会进入了工业化社会,城市化速度不断加快,大批农村人口特别是青壮年放弃耕种,搬离农村到城市务工,使得农村劳动力大量流失,农村人口数量骤减,大量田地荒废,很多农村"空心化"。此外,在一些新政策,如"美丽乡村建设、一宅一户拆旧建新"的引导下,农村大量传统民居被拆除,取而代之的是经规划后的同质化新建筑,破坏了原有的村落建筑肌理。再加上各地方政府追求高"城市化率"、招商引资和工业开发,在把农村土地置换为其他类型用地进行招拍挂的土地政策影响下,传统村落正迅速消亡,对传统村落的保护刻不容缓。

1. 城市化与工业化对传统村落带来巨大冲击

乡村是具有自然、社会、经济特征的地域综合体,兼具生产、生活、生态、文化等多重功能,与城镇互促互进、共生共存,共同构成人类活动的主要空间。但是在强势的工业化和高速城市化过程中,乡村被城市所虹吸,结果导致城市增长与乡村衰弱并存的现象。

城镇创造的大量就业岗位吸引了乡村人口外出务工,大规模乡村人口迁出向城镇聚集,伴随而来的是城镇数量剧增,城镇常住人口不断增加,城镇数量和单体规模不断增长。城市化过程中最主要的动力机制是工业发展。在建造工厂的过程中占用了大量农村土地。在农村人口大规模迁出和农村土地大量被占用这两股力量同时作用之下,中国的农村正在快速衰亡。城市化及工业化达到现代化中期水平以后,就必须适时对发展政策进行调整,以避免工农、城乡之间的差距越拉越大。

中国工业化及城市化的汹涌发展是一个历史潮流,无法阻挡,因为城市化这种世界潮流是带动整个社会发展的基础。这种巨大的社会变化趋势叫作"现代性"(modernity),它是伴随西方工业崛起,在20世纪登峰造极的一种新的文明。现代性的社会特征表现为:工业社会、同质化、机械化、商品化、世俗化。具有现代性特征的乡村建设表现为像建设城市一样进行整齐、统一的乡村规划。工业化完成以后,即使是乡村,也出现了"后现代性"(post-modernity),其社会表现的一个基本特点就是过上城市化的生活。乡村人口流动频繁,人们的文化身份也更加多重化,既是乡下人又深受城市文化的浸染,文化的冲突、认同、歧视、忠诚等问题在乡村个体和群体中愈加凸显(肖莉、王仕民,2020)。

2. 土地财政驱动下的合村并居

总体来说,政府倾向于积极推动城市化迅速发展,这有两个原因。第一个原因是"城市化率"为地方政府衡量其政绩表现的一个重要指标。认识到城市化是世界潮流,顺应世界潮流大势朝前走,把提高城市化率作为其政绩呈现,是很多地方官员的一种态度选择和工作方式。第二个更重要的原因,是土地财政的驱动。土地财政也是中国城市化发展的重要催化剂,是指依靠增量土地创造财政,实现土地增量的方式,主要包括用地指标购买和集体土地征收。大量的集体土地通过征收方式转化为建设用地,从而实现城市化增速与产业发展。最近20年间,国家征用农民集体所有土地1亿亩(1亩=2000/3 m²)。在新近城市化土地中,约70%是地方政府从农民手里获取的。

学者们把不尊重农民意愿强行推进撤村并镇视为合村并居政策的异化。城乡建设用地增减挂钩政策推动的合村并居忽视农民主体性,侵犯农民利益,冲击耕地红线;农业税费减免推动的合村并居缺乏实质性内容,形式主义严重,导致合村并居政策异化(王文龙,2020)。如何坚持乡村发展本位,尊重农民主体性,积极引进工商资本,因地制宜地实施合村并居政策,成为不可忽视、不可回避的问题。

3. 一户一宅制度影响

《中华人民共和国土地管理法》第六十二条规定:"农村村民一户只能拥有一处宅基地,其宅基地的面积不得超过省、自治区、直辖市规定的标准。"根据一户一宅的政策法规,农村每一户家庭的名下只能拥有一块农村宅基地,而每一块农村宅基地上只能建造一套住宅,并且该农村宅基地的实际占地面积一般不可以超过当地政府部门所规定的实际占地面积。其中"一户"一般都是根据户口本来进行区分的,不管户口本上登记了多少人,都只能算作一户。假如户主的子女已经长大成人,并且符合分户条件的话,那么就可以另外单独开一个新户。户主的子女开了新户以后,才可以另外重新申请一个新的农村宅基地。而"一宅"一般是指每一户农村宅基地上只能建造一套住宅。当户主拥有了宅基地证以后,就代表是"一宅"了。假如一户家庭的名下有多块农村宅基地,那么一般是不被允许确权的,也无法获得该农村宅基地的宅基地证。

一户一宅政策法规具体实施过程中,要求农村建房必须拆旧房才能建新房,并且按照先规划后建设的原则,控制建房规模,并引导村民集中居住,注重农房风貌管控。农村宅基地若是没有对应的宅基地证,就无法受到法律的保护。若户主已经在宅基地上建造了住宅,那么该住宅就属于违章建筑,一旦遇上土地征收,户主就只能获得一点点的赔偿,而宅基地则会被回收。假如户主的违建情况非常严重,那么就有可能会被直接收回农村宅基地,不给予任何赔偿。

这一政策在通常情况下没有问题,但是在遇到旧房子是传统村落的组成部分时,硬要按规定拆掉,就会造成对传统村落的破坏。一户一宅规定下大量传统民居被拆除,取而代之的是规划后具有工业化特点的、统一的、同质化的建筑,破坏了传统村落原有的建筑肌理,形成了千村一面的景象。针对这一立法、释法和执法结果,有必要讨论提出新的释法,即属于传统村落的旧房,可以不拆,交还给集体,由村集体作为公共财产加以保护和利用,其主要用途则可指向租赁或转让给城市居民休闲居住。

4. 农民规划话语权削弱与增权

中国二元制的土地政策导致城乡发展长期处于不平衡的状态,农村发展长期滞后,城乡差距不断扩大。各种政策和法律法规存在冲突和矛盾,使农村问题长期得不到妥善解决。

根据《中华人民共和国宪法》第十条第二款:"农村和城市郊区的土地,除由法律规定属于国家所有的以外,属于集体所有;宅基地和自留地、自留山,也属于集体所有。"《中华人民共和国民法通则》第七十四条:"劳动群众集体组织的财产属于劳动群众所有。……集体所有的财产受法律保护。"《中华人民共和国民法通则》第七十一条:"财产所有权是指所有人依法对自己的财产享有占有、使用、收益和处分的权利。"

《中华人民共和国物权法》第六十条:"对于村民集体所有的土地由村集体经济组织或者村民委员会代表集体行使所有权。"第六十四条:"私人对其房屋等不动产享有所有权。"第五十八条:"集体所有的不动产和动产包括:(一)法律规定属于集体所有的土地和森林、山岭、草原、荒地、滩涂;(二)集体所有的建筑物、生产设施、农田水利设施……"第五十九条:"农民集体所有的不动产和动产,属于本集体成员集体所有。"所有权是物权的一种,物权是指"权利人依法对持有的物(在这里是乡村的土地)享有直接支配和排他性的权利,包括所有权、用益物权和担保物权。"

国家、集体和农民都是土地财产关系中的主体,在民事法律关系中,其地位是平等的,都有各自的权利义务范围。可是,把法律中平等的两种土地所有制拿到中国社会的现实中,我们却发现了严重的悖论。农民在其集体土地所有权、物权、规划权等方面,都存在被削弱的情况,需要呼吁为农民增权(empowerment)。

9.2.2 传统村落价值保护

关于乡村景观及传统村落的价值,许多学者已经进行了多方面的研究。乡村性是乡村旅游与其他形式旅游不同的本质核心,游客导向的乡村性是乡村旅游的本质和最主要特征(张歆梅,2020:258)。在乡村性价值之下,还可以识别出多种乡村价值。屠李(2019)在梳理"价值导向的遗产保护"相关理论的基础上,构建了"传统村落遗产价值评价"和"遗产价值导向的传统村落保护"的理论框架,为传统村落保护提供了理论基础,并在此基础上实证研究皖南传统村落的遗产价值和保护机制,提出优化建议,以促进皖南传统村落保护。

基于对陕西省的传统村落的案例研究,魏唯一(2019)认为传统村落的分布受到自然环境,农业、手工业、商业发展水平,人口分布格局和历史文化4方面因素影响;并根据历史上村落发展的不同机制,将其分为历史文化、区域政治中心、交通枢纽、军事寨堡、手工业和商业集聚、山水格局生态6个类型。魏唯一提出,对传统村落的保护应该遵循真实性、整体性、活态性以及可持续发展原则;保护内容应从村落选址与山水格局的保护、村落保护与现代文明的发展、村落保护与空间环境的协调发展、村落保护与现代经济的协调发展4个方面展开。

传统村落具有多重价值。朱启臻(2017)将其归纳为5个方面的价值,即传统村落的生产价值、生态价值、生活价值、文化价值和教化价值。窦银娣等(2020)提出,传统村落多维价值可以从传统产业经营价值、人居环境风貌价值、资源开发潜力价值和历史遗产纪念价值4个维度进行评价。王楠等(2021)将环境活力、经济活力、社会活力、文化活力作为新时期传统村落的价值认定维度。龚向胜等(2021)则将传统村落价值划分为生态景观价值、经济发展价值和文化科教价值。综合来看,文化价值、生态价值和经济价值是传统村落的三大核心价值。

1. 文化价值保护

传统村落根植于其生长的自然和人文环境,自然地理条件、社会经济发展水平、历史影响等因素的不同,导致传统村落文化价值迥异(李江苏、王晓蕊、李小建,2020)。传统村落是不可再生的文化资源,更是优秀传统文化的重要载体和中华民族的精神家园。传统村落具有独特的价值,包括物质文化遗产、非物质文化遗产以及综合性的文化景观价值,既有整体价值也有单体价值,既有历史价值也有现世价值。传统村落是一种生产中的遗产,它饱含着传统的生产和生活方式,兼有物质与非物质文化遗产特性。在村落里,这两类遗产互相融合、互相依存,同属一种文化与审美,是一个独特的整体。

传统村落的非物质文化遗产从某种程度上来讲,比物质遗产的价值更为重要。利用生物学概念来解释的话,传统村落就相当于人类文明的种子库,是人类文明的基因所在。乡村地区对于传统的礼仪、节令、风俗、方言等非物质文化的保存比都会地区更稳定、更持久。汉朝历史学家班固在《汉书·艺文志》中引用孔子的话说"礼失而求诸野"。这句话的意思就是说,一个社会的传统文明在城市已经消失殆尽的时候,在边远乡村还保留着。这些长期保存于乡村地区的"礼"构成了中国文化最有韧性的文化基因。西周时期最初制定的很多礼仪,因为社会演变很快,在东周大城市中已经见不到了,但是这些礼仪在乡村却得到了很好的保留和传承。同样在今天,城市居民过端午节的时候已经基本没有人在家中挂艾草,但是许多农村地区的老人家里仍保留着挂艾草这个习俗。而现在农村保留下来的这些传统习俗需要传统村落这个载体来存续。研究中国文化景观史就会发现,大多数中国传统文化景观都在乡村保留着,所以乡村具有很重要的文化价值。

我国的传统村落是传统文化、礼仪、习俗和思想的最早发源地,至今一直延续着"以农为本的产业结构、食为政首的重农思想、礼乐规范的约束机制、休戚与共的群体观念、家国同构的宗法范式、天人合一的和谐观念、不偏不倚的中庸之道、有机农业的优良传统、精耕细作的技术体系、独具特色的丝茶文化等"(樊志民,2019),具有宝贵的历史、文化研究价值。

为了揭示传统村落文化价值差异的影响因素,何艳冰等(2020)分别从地形地貌、社会经济发展水平、历史影响等几个方面进行评价。地形地貌在综合自然地理条件中具有基础性地位,故以其作为自然地理条件的表征要素;社会经济发展水平通过传统村落产业活动、经济发展水平、城乡空间联系3个指标来衡量;而历史影响主要体现在传统功能和形成年代2个方面。

2. 生态价值保护

谈到乡村的生态价值,就需要把乡村和城市放在一起来看。城市是高速运转、人口密度很高、对大自然造成很大冲击的一个空间。如果用传统哲学来讲,可把城市归为"阳"面。反之人口比较稀疏、对自然改变比较小的乡村就划分为"阴"面。中国古代道家哲学讲求"阴阳平衡",也就是城市和乡村无论是在地理空间的分布上还是数量规模上都需要达到一种平衡。如果任由城市过度蔓延,吞噬乡村,打破平衡,会造成一系列的生态、环境甚至是社会问题。

乡村的生态价值还在于它对国土安全格局具有重要影响。俞孔坚等(2009)对中国国土尺度的生态安全格局进行研究后指出,生态安全格局的最终成果应该通过立法和相关政策实现永久性的保护,使之成为保障国土、区域和城市生态安全的永久性格局,并引导和限制无序的城市扩张和人类活动。由此可见,限制城市无序扩张、保护乡村生态,是确保我国国土生态安全的重要保障。

传统村落具有十分典型的尊重自然、顺应自然和巧妙利用自然的特征。有学者就指出,在城市化进程中,正是因为人类将大多数野生生物限制在越来越狭小的范围内,同时也将自己圈在钢筋水泥和各种污染构成的人工环境中,远离了祖先所拥有的野趣盎然的生活环境,才产生了种种文明病。城市生态环境问题的愈演愈烈,更突显出传统村落生态价值的重要性。田园风光、诗意山水、与自然生命和谐相处的乡村生活,越来越成为一种难得的稀缺资源。在"大城市病"凸显的当今中国,农民享有的生态环境则显得更加珍贵。传统村落生态系统的特殊性在于村落既是自然生态的一部分,也是人工生态的结果。在人与自然互动过程中形成的独特生态文化和生态理念,渗透在村落生产和生活的方方面面,这是其他形态的社区所不具备的。

村落的生态系统是一个完整的复合生态系统,它以村落地域为空间载体,将村落的自然环境、经济环境和社会环境通过物质循环、能量流动和信息传递等机制,综合作用于农民的生产和生活。因此,传统村落的生态系统结构相应地包含 3 个子系统:自然生态系统、经济生态系统和社会生态系统。这 3 个子系统在各自层面上又是一个完整的生态系统,有着自己的结构,但它们并不是相互独立的,而是彼此交织、相辅相成,共同维持着村落生态系统的稳定运行。

陈书芳(2018)在其博士学位论文中就地域性乡村景观生态规划的理论体系进行了分析。她分析了湖南梅山地区(安化县、新化县)的景观空间格局及其变化的驱动因素,并从景观环境特征、人地作用关系、景观潜在利用方式等方面,对景观适宜性进行了评价,探讨在该地区发展生态旅游的策略和模式,并将这些研究成果利用到可持续发展的、整体优化的景观利用方案之中。

传统村落的生态价值还体现在郑瑾(2019)所称的"健康传统村落"的概念和价值之上。基于生态文化健康理论,郑瑾提出了"健康传统村落"的概念,并对健康传统村落的定义、内涵和特征进行了分析和阐述。她从生态文化健康视角,建立了健康传统村落空间格局的分析研究框架;从组织结构、活力、弹性的角度对传统村落的生态环境空间、文化传统空间、社会经济空间的格局现状做了深入的剖析,探索了传统村落空间格局演化的动力机制,确定了影响传统村落空间格局健康的主要因素。

3. 经济价值发挥

城市化以后在新消费主义思想和文化商品化的影响下,传统村落逐渐成了一种消费产品,通过乡村旅游实现其经济价值。过去传统的农村主要肩负生产粮食的功能。随着生产力的不断进步,新型生产工具和机械化生产被推广开以后,农村分散的粮食生产功能已经逐步转变为大型的农业生产公司或者种粮大户的经营模式。

现代农村除了具备粮食生产功能之外,还具备现代服务功能。农村宅基地大多具备良好的景观价值,比如门前有河、远处有田野、屋后有小山等,形成一种独特的田园风光。这种田园风光则是城市的市民需要、喜爱消费的一种乡村生活方式,或者田园生活方式的重要构成要素。在城市工作忙碌的人们更倾向于在旅游过程中,特别是乡村旅游过程中寻求精神上的慰藉,而乡村旅游的愉快氛围、特色风土人情正在此基础上得以发展和体现。这些面向城市居民提供的乡村旅游产品,为城市居民带来了游憩需求的满足,市民下乡成为密集、高频的出行活动。

在此基础上,城市周边也出现了一大批以城市居民为主,并拉动相当数量外来旅游者参与的游憩活动和支持这种活动的游憩设施以及游憩土地利用,具有观光、休闲、度假、娱乐、康体、运动、教育等不同功能,形成了环城游憩带(吴必虎,2001a),关于这一点本书将在后文(第 10 章)进一步详述。乡村逐渐变成了城市居民休闲游憩乃至居住旅游的目的地,这既是城市居民对乡村度假休闲的一种需求,也是提高国民生活质量的一种方式,乡村的经济价值也更加显著。

9.2.3 传统村落保护途径

1. 政府主导与部门协调

传统村落保护的官方力量一度以住房和城乡建设部为主,但 2018 年农业农村部成立之后,住房和城乡建设部、农业农村部、文化和旅游部(国家文物局),以及自然资源部(国土空间规划局)分别从各自的责任范围对其保护与利用、规划与管理、利益与责任,提出各自的管理框架和价值诉求。

2012年9月,住房和城乡建设部、文化部、国家文物局、财政部联合成立了传统村落保护和发展专家委员会及工作组。采用名录制,即"名录保护",就是将传统形态完整、遗存丰富、具有较高历史文化价值的村落,一个个甄选和认定下来,列入名录,加以保护。

2013年,中央一号文件针对传统村落的保护与发展提出了要求:"制定专门规划,启动专项工程,加大力度保护有历史文化价值和民族、地域元素的传统村落和民居。"2014年的中央一号文件仍然把传统村落的保护与发展列为一项重要的工作内容,提出:"制定传统村落保护发展规划,抓紧把有历史文化等价值的传统村落和民居列入保护名录,切实加大投入和保护力度。"

2014年4月,住房和城乡建设部、文化部、国家文物局、财政部四部局印发了《关于切实加强中国传统村落保护的指导意见》,提出用3年时间,通过中央和地方努力,使得传统村落的文化遗产得到基本保护,具备基本的生产生活条件、基本的防灾安全保障、基本的保护管理机制。中央财政统筹5个现有专项资金,支持中国传统村落保护发展,平均每村补助300万元。此外,文物和非遗保护资金另计。

截止到2020年,住房和城乡建设部、文化和旅游部、财政部、自然资源部等联合公布的中国传统村落数量已达到6819个。从表9-1可见,列入国家保护名录的传统村落,大多分布在贵州(724处)、云南(708处)、湖南(658处)、浙江(636处)、山西(550处)、福建(494处)、安徽(400处)、江西(343处)、四川(333处)。可以看到长江以南分布或者说保留了绝大多数的传统村落,长江以北只有山西省一个省份超过300处。

表9-1 中国传统村落保护名录 单位:个

省 份	第一批	第二批	第三批	第四批	第五批	合 计
北京	9	4	3	5	1	22
天津	1	0	0	2	1	4
河北	32	7	18	88	61	206
山西	48	22	59	150	271	550
内蒙古	3	5	16	20	2	46
黑龙江	2	1	2	1	8	14
吉林	0	2	4	3	2	11
辽宁	0	0	8	9	13	30
上海	5	0	0	0	0	5
江苏	3	13	10	2	5	33
浙江	43	47	86	225	235	636
安徽	25	40	46	52	237	400

续表

省 份	第一批	第二批	第三批	第四批	第五批	合 计
福建	48	25	52	104	265	494
江西	33	56	36	50	168	343
山东	10	6	21	38	50	125
河南	16	46	97	25	81	265
湖北	28	15	46	29	88	206
湖南	30	42	19	166	401	658
广东	40	51	35	34	103	263
广西	39	30	20	72	119	280
海南	7	0	12	28	17	64
重庆	14	2	47	11	36	110
四川	20	42	22	141	108	333
贵州	90	202	134	119	179	724
云南	62	232	208	113	93	708
西藏	5	1	5	8	16	35
陕西	5	8	17	41	42	113
甘肃	7	6	2	21	18	54
青海	13	7	21	38	44	123
宁夏	4	0	0	1	1	6
新疆	4	3	8	2	1	18
合计	646	915	994	1598	2666	6819

在传统村落的保护过程中，如果只是依靠制定一些政策法规来限制对传统村落的破坏，属于一种被动保护的行为，难以调动当地居民的积极性，也容易出现工作推进效率低，不利于传统村落的长期可持续发展等问题。而发展乡村旅游，让当地社区从传统村落的保护利用中获得实实在在的好处，调动农民对传统村落保护的积极性，可以起到更为持久、健康的作用。

首先，传统村落中古色古香的建筑，作为独特的历史文化遗产，是乡村旅游的重要旅游吸引物之一，传统村落旅游规划自然而然会重视对传统建筑的保护。

其次，传统村落居民的饮食、服饰、生活习惯，作为传统村落非物质文化遗产吸引大量游客慕名而来，有效推动了传统村落文化的传承和保护。

再次，传统村落优美的自然环境也是乡村旅游开发过程中需要重点利用和保护的资源。在传统村落旅游的过程中，可以使游客和当地居民意识到自然资源的宝贵和重要性，建立保护意识。

所以，通过旅游活化的方式对传统村落进行保护，一方面可以增加社会对传统村落的了解和重视，另一方面旅游带来的经济价值可以推动传统村落的可持续发展。

2. 非政府组织参与和舆论监督

除了政府组织以外,非政府组织(NGO)也就是民间组织作为与政府组织互补的力量,对传统村落保护实行监督和宣传作用,也越来越广泛地受到社会的关注。

以中国的"古村之友"为例,它作为同政府组织互补的非政府组织分布于中国各地,通过深入到县的志愿者网络,发挥当地志愿者团队的本地优势,关注所在地区古村的状况。在古村活化的模式上,古村之友开启了一个以社会组织牵头,广泛调集社会力量,通过"互联网公益＋激活新乡贤＋复兴乡土文化场所"重塑古村凝聚力的活化模式,有别于重点依托资本或政府扶持的小范围活化模式,依托社会力量和新乡贤创客,开拓出广泛适用于各类古村的全覆盖活化模式。这种模式对古村的社会结构建设、社会贫富差距缩小、古村社会自治,以及贫富信任重构等有着非常明显的优势。这也是以第三方社会组织作为乡村社会建设牵头者的必要措施。

传播和观念输出与倡导是古村保护最好的策略,通过社会舆论引导改善盲目拆除古村观念,让认识不到古村价值的村民和人们在价值观引导下重新珍爱古村。互联网公益 PNPP (public-NGO-private partnership) 模式是指:借助互联网筹款平台,通过企业领捐、政府引捐、社会认捐、基金会配捐,并由专业枢纽型社会组织完成社群搭建和资源搭接,以确保公益项目有效落地执行。

对于那些不知名的偏远空心古村,人气营造是一项重大工程,社会组织活动在人气集聚与规模优势方面能起到很大作用。例如,可以利用古村的老宅开展志愿者活动,既满足了志愿者开展活动的物质空间需求,同时凝聚人气,带动了古村老宅的活化。

古村地区的整体发展单靠政府投资,难以形成运营;由单一企业主导,以景区开发或旅游地产的思路发展,业态相对单一;以大量分散民宿,民间活力带动,业态仍相对单一,并缺乏区域格局,难以形成综合效应。古村之友通过发起大型平台交流活动,如古村镇大会、古村与新乡村主题展、中国新乡贤大会、中国县长大会等,完成政府、企业、高校、社会的跨界资源整合,以助力古村的发展(汤敏、邓惠玲,2018)。

3. 让城市居民入住传统村落:乡村新生产理论

从传统的乡村生产生活功能来看,乡村地区长期以来只做一件事,就是为自己或城市生产粮食和食品,而村庄则是生产者(农民)的居住之地。进入后城市化和城乡社会交换时代之后,乡村地区不仅生产粮食,还要生产乡村居住生活方式。田园就是庄园,农宅成为乡墅。如果用空间生产理论来分析,就是乡村这一特定空间,在空间生产的权力和社会配置上,出现了新的结构:乡村新生产理论。

空间生产是近年来西方马克思主义社会现象形态批判的一个新视野。20 世纪 70 年代以来,在全球化、工业化和信息化的推动下,西方发达工业社会由传统的空间中的生产转向空间的生产,集中表现为城市化运动的加速进行。与此同时,也引发了很多经济、政治及生态的问题(孙全胜,2017:1)。许多中外学者对空间生产理论,特别是资本主义空间生产进行了批判性研究,其中大卫·哈维的历史-地理唯物主义的空间理论和列斐伏尔的"空间生产"理论尤为著名(李春敏,2018;孙全胜,2017)。资本主义在不断追求利润最大化时造成了不平衡地理发展以及后现代的文化、城市和生态转变。面对当代资本主义经济危机的空间生产机制,哈维以马克思政治经济学中的资本积累理论为基础,结合他提出的时间-空间修复理论,深入剖析资本主义的空间生产机制,将历史唯物主义更新和发展成为历史-地理唯物主义,并以此为工具,站在历史-地理唯物主义的视角上,用自己的空间理论对当代资本主义社会展开分析和批判(徐力冲,2017)。但是与哈维批判的过度依赖资本的积累主导空间生产不同,中国的农村却存在着完全排除任何资本进入的另一个极端弊病。乡村新生产理论就是一种尝试,试图用城市居民的进入,来激活乡村地区的空间生产。

列斐伏尔的"空间生产"理论在对空间生产进行批判时,着重考察日常生活空间的各类关系,厘清空间生产与资本增殖、政治统治、生态危机等的关联,探究社会空间发展演化现象,其宗旨就是要规范空间生产中的无限逐利行为而寻求空间的和谐秩序和公正使用,以图实现空间正义(孙全胜,2017:2)。就传统村落的生产功能来说,对农民的土地物权进行金融及用益物权等方面的限制,其实就是另一种形式的"空间不正义"。

由于传统村落具有更高的文化价值、生态价值和经济价值,因此会在城乡一体化的市场内具有更多的需求、交易机会,和更高的租赁或转让增益,进而在保护活化领域具有更大的可能性和可持续性。国内已有一些学者尝试把目光转向了休闲体验型乡村的社会-空间关系的研究。沈昊(2019)在其博士学位论文中,借鉴社会-空间关系相关原理,阐述了休闲体验型乡村转型发展过程中空间演变的各方作用因素与内在机制,建构了一种休闲体验型乡村社会-空间关系视角下的框架。基于此分析框架,从外力作用与内力同化两方面分析资本介入下休闲体验型乡村空间演变机理,归纳此局面下乡村社会空间的"商品化"发展趋势,进而论述了乡村空间"商品化"现象的表征、内在原因与潜在风险等问题。

9.3 乡村旅游产品开发与空间模式

9.3.1 乡村旅游产品供给与业态创新

在中国进入城市化存量发展阶段,加上新冠肺炎疫情的影响,面对国际形势变化提出的内循环为主、内外双循环并举的政策框架,乡村旅游的需求越显得旺盛起来。文化和旅游部在全国乡村旅游(民宿)工作现场会上发布的《全国乡村旅游发展监测报告(2019年上半年)》显示,6个月内全国乡村旅游总人次达15.1亿次。截至2019年6月底,全国乡村旅游就业总人数886万人。

虽然乡村旅游的市场需求旺盛且仍处于增长阶段,但乡村旅游产品的供给结构却仍有发展空间。图9-5显示,低端产品不仅所占份额高企不下,而且同质化严重、供应过剩,这一类产品以消费层次在100～200元的初级农家乐、采摘园为主;中高端产品缺口最大,面向中高端消费群体的品质型民宿、营地、乡村酒店等存在短缺;奢侈产品需求有限,供求相对均衡;极高端产品需求有限,供求相对均衡。

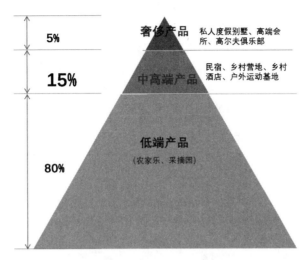

图 9-5　乡村旅游产品结构

乡村旅游产品系列也处于不断探索和创新之中,类似乡村博物馆、艺术村等的新产品体验不断丰富。乡村博物馆开发一方面从物质上对古民居、古村落、古街巷进行维护、修缮,建成综合性、活化态的博物馆;另一方面对乡村的非物质文化遗产,如茶酒文化、婚庆寿庆文化、节庆文化等进行保护和发扬,给游客创造互动、参与和体验的机会。

艺术村主要是为艺术创造者提供空间,让艺术家在一个身心放松、愉悦的环境里寻找灵感。

近几年兴起的乡村营地、运动公园这样与国际接轨的野营地旅游,主要服务于自驾游客群。例如:中法合作在成都都江堰建成的因地哥自驾游营地、河南汝阳大虎岭户外运动基地等。除此之外,还有家庭农场、家庭牧场、乡村电商、乡村 mall(购物中心)和乡村度假综合体等新型业态。

9.3.2　乡村旅游发展的四种空间模式

本节根据北京大地乡居旅游发展有限公司 2015 年以来对中国乡村旅游的咨询研究案例的总结,提炼出了 4 种主要的发展模式,即规范化的景区服务模式、休闲化的郊野游憩模式、度假化的文化乡居模式和产业化的农业公园模式。

1. 规范化的景区服务模式

利用知名旅游景区的品牌效应,在其范围内或周边地区开发休闲农业和乡村旅游,是国内外许多目的地采取的布局模式之一。发展规范化景区服务模式的基础条件包括:首先村落要靠近成熟旅游景区(点)或其他大型旅游项目;其次村落本身要有良好的资源基础,具备开展乡村旅游接待的条件。胡绿俊(2013)曾经以广西典型景区南宁八桂田园和桂林龙胜龙脊梯田为案例,分析了农业资源的开发经营问题。

规范化景区服务模式的核心理念是与成熟景区相配套,形成组织化、规范化的旅游食宿接待区。规范化景区服务模式的典型业态是经过统一改造、装修的,规范化的旅游接待户,具备适宜团队接待的餐厅、会议室、文体活动设施等(图9-6)。具体来讲有3点需要注意:主要面向景区到访游客,提供与景区服务差异,且价格适中、规范化的旅游食宿接待服务;与个体经营的散乱农家乐不同,实行乡村旅游接待户的统一管理,统一服务标准、统一分配客源、统一价格、统一结算;注重与周边景区(点)的捆绑营销。规范化景区服务模式的典型案例为密云司马台新村——北京"一个民俗村就是一个乡村酒店"理念的践行典范。

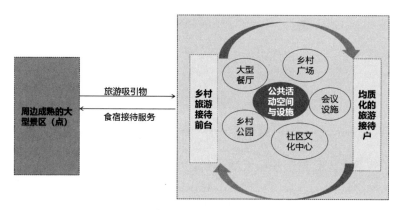

图9-6　规范化的景区服务模式发展模型

密云司马台新村依托司马台长城-古北水镇旅游区,为到访旅游区的游客提供价格实惠的食宿接待服务。新村设计建设之初,即考虑旅游接待功能,对民居户型进行统一规划、统一设计、统一建设。村里成立旅游合作社,实行统一管理、统一培训、统一定价、统一门头牌匾、统一配送洗涤床上用品。合作社下设民俗旅游接待中心,负责村落内的客源分配和统一结算。目前,司马台新村共有215个民俗户通过县镇村联合验收,可提供房间645间、床位933张。

2. 休闲化的郊野游憩模式

陈宇峰(2013)曾经对城市郊区休闲农业项目的集聚度进行了研究,发现目前我国休闲农业产业集聚的现象无论是从全国情况来看还是江苏省内的情况来看都很明显。其中四川省、北京市和上海市是全国层面上休闲农业相对集聚度最高的地区。城郊休闲农业的产业集聚是由市场需求和相对回报率双重因素所驱动,在休闲农业的多功能特点和循环累积的作用下最终形成的。

休闲化的郊野游憩模式需要具备3个基础条件:乡村要地处城市近郊,交通便利,有一定规模的城郊休闲市场支撑;乡村生态环境良好,拥有丰富的郊野休闲资源,如河流、湿地、果林、山地等;乡村要具备一定的场地条件,便于引入休闲游乐设施或项目。休闲化的郊野游憩模式核心理念是:依托乡野环境,打造轻松有趣的郊野游憩活动集聚区。

张颖(2016)在其博士学位论文中指出,休闲农业园区作为休闲农业的地域载体,是研究休闲农业的切入点之一。休闲农业园区的布局受资源禀赋的制约和影响,当然也受城市客源市场和投资管理水平的影响。张颖对北京休闲农业发展的研究发现,北京休闲农业园区的分布随距离衰减的规律是先增加后减少,交通通达度分布基本上按圈层结构呈现。为了对休闲农业园区的适宜性进行评价,她构建了一个由区位条件、农业基础条件、社会经济条件、自然条件和旅游业基础共5方面10项评价因子的指标体系,并发现极适宜区域主要分布在北京的环城游憩带,高度适宜区域分布在城市南、北两条轴线上。具体来说有以下3点需要关注:主要面向周边城市群体,通过创意开发,在一个区域内形成多种休闲游憩空间,构筑丰富多彩的郊野休闲游憩产品;注重持续性乡村活动和节庆策划,创造乡村持续旅游吸引力;开放性公共活动空间与经营性盈利项目相结合。这种模式的典型业态有:乡村露营地、垂钓区、湿地公园、户外运动区、小型休闲农园、乡村骑行绿道等(图9-7)。典型案例为安吉尚书圩村——创意休闲引领美丽乡村建设。

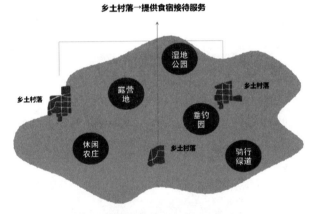

图 9-7　休闲化的郊野游憩模式发展模型

尚书圩村成功发展休闲化的郊野游憩模式首先得益于村庄从"建设乡村"到"经营乡村"的思路转变。尚书圩村首创林地股份制流转机制,并通过吸引投资和自筹资金两种方式,先后建设了尚书文化园、尚书开心农场、向尚花田等休闲体验项目。村庄还策划举办金榜节、葵花节、欢乐农家过大年、乡村南瓜创意PK赛等一系列乡村趣味节庆活动,形成了乡村的持续吸引力。目前,尚书圩村被评为国家3A级景区,每年的游客量在10万人次左右。

3. 度假化的文化乡居模式

各地政府对积极发展乡村旅游,调整村镇产业结构,建立专业化、规范化的乡村旅游度假地,实现农村产业转型,越来越多持积极态度。度假方向的空间载体往往会以特色旅游小镇的形式加以表现。特色村镇的规划方案主要结合村镇特点和自然、生态、产业以及人文资源来制定。同时,不断强化村镇基础设施,突出特色建筑,打造特色民俗风情村镇,加强村镇环境整治等;传承和保护民俗文化、传统礼仪,修建民俗文化节事活动场,开展非物质文化传承、传统技能培训,挖掘、保护和开发村镇特色传统文化节日及当地饮食、传统服饰、传统建筑等。

发展度假化的文化乡居模式的村落一般需要具备2个基础条件:首先,以历史厚重、文化独特的传统村落,特别是古村落最为典型;其次,村内保留一定数量的闲置传统民居群落,可进行度假化改造。

度假化的文化乡居模式的核心理念是活态的乡土文化博物馆,传统与时尚结合的精致文化度假聚落。具体来说有以下4点:第一,将遗产保护、文化传承与乡村旅游相结合;第二,主要面向文化层次较高的艺术家、小资文艺青年、文化学者等,提供有品质的乡村文化度假产品;第三,重点对村落内保留较好的传统民居院落进行设计改造,形成独具特色的乡村度假空间;第四,以创意文化休闲业态为主,如文化集市、博物馆、民俗餐厅等,强调时尚与传统碰撞、结合。典型业态有:文化民宿、精品度假酒店、乡村博物馆、非遗工坊、艺术家工作室以及小资范儿的乡村酒吧、咖啡馆等(图9-8)。

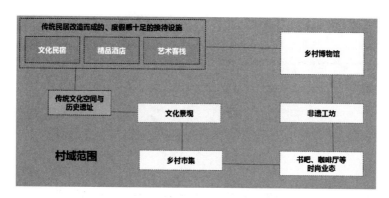

图9-8 度假化的文化乡居模式发展模型

一个乡村旅游发展到相当大规模的时候,就会形成特色村镇、田园综合体或者乡村旅游度假综合体,主要服务于附近城市的居民。特色村镇主要通过挖掘乡村传统文化、民俗和生活方式,打造"具有当地特色的创意型乡村度假产品的农业+新型产业"的发展模式。

田园综合体是集现代农业、休闲旅游、田园社区为一体的乡村综合发展模式,目的是通过旅游助力农业发展、促进三产融合,打造一种可持续的模式,鼓励建设一批农业文化旅游"三位一体"、生产生活生态同步改善、一产二产三产深度融合的特色村镇。建设集循环农业、创意农业、农事体验于一体的田园综合体,建设一批农村产业融合发展示范园,丰富乡村旅游业态和产品,打造各类主题乡村旅游目的地和精品线路,发展富有乡村特色的民宿和养生养老基地。田园综合体规划的侧重点为更加综合强调主导农业产业发展、生态环境建设、乡村田园社区建设以及农村集体经济、村民的共同参与和就业增收的一体化规划。

田园综合体是最近几年乡村旅游发展起来的新模式,既符合生态文明建设的要求,又是乡村产业振兴的重要力量,同时还满足新时期游客对乡村度假旅游的创意化、多元化需求。其典型案例为安徽黟县南屏村——体验徽州古村民宿生活。

南屏村始建于元明年间,较好地保存着 8 幢古祠堂,36 眼水井,72 条古巷,300 多幢明清古民居院落。村落通过民居院落出租,吸引外来经营者入住,建设了众多各具特色的古村民宿,如南薰绣楼、冰凌阁、鹏介园、诒燕堂喜舍等,相比于西递、宏村景区化的发展模式,更偏重摄影艺术、文化度假方向的发展。

4. 产业化的农业公园模式

农业公园是利用农村广阔的田野,以绿色村庄为基础,融入低碳环保循环可持续的发展理念,将农作物种植与农耕文化相结合的一种生态休闲和乡土文化旅游模式。2008 年,由中国村社发展促进会制定了《中国农业公园创建指标体系》。唐桂梅(2017)在其博士学位论文中指出,农业公园是农村产业发展的新型平台,是休闲农业和乡村旅游发展的高端形式,是生物多样性的产业单元,是艺术审美的对象,也是乡村文化传承的载体,对于促进农村生态环境建设和社会经济可持续发展会有重要的作用。根据资源特点、农业生产内容和功能特点 3 个方面的不同情况,可以将农业公园分为不同的建设类型。在具体规划过程中,可以选择生物多样性农业生产单元模式或功能融合型农村产业单元模式中的一种进行蓝图设计。李晓颖(2011)认为,生态农业观光园的规划,要分别从景观规划、产业规划和游憩规划 3 个方面进行研究,它们是生态农业观光园的核心规划。

在所谓"1+3"产业结构支撑下,将原本仅生产粮食的农业农村附加生产另 3 种产品,即观光产品、休闲度假产品和提供乡村田园生活方式。国家农业公园就属于乡村休闲农业观光的高端形态。这种农业公园主要是把一个或多个大型农业园区打造成多个展示区,包括传统农耕文化展示区、现代农业生产区、民风民俗体验区等,再配备特色化的养生度假区和商贸服务区,形成集度假养生、观光游憩、购物体验为一体的综合服务园区。目前建成的国家农业公园有:山东省临沂兰陵国家农业公园、河南省中牟国家农业公园、江苏省七彩阜宁农业公园等。

发展产业化的农业公园模式的村落需要具备以下 3 个基础条件:村落农业基础条件较好,适宜发展规模化、科技化现代农业;村落拥有一定的农业技术人才、农业产业资本支撑;村落的农业资源与农业文化在区域内有一定代表性。

产业化的农业公园的核心理念是田园即公园,农旅合一的现代农业发展与田园休闲综合体。具体来讲有以下 4 点:第一,既保护和展示传统农耕文化,又推动现代农业产业发展;第二,强调农业与旅游的深度融合,构建农旅共兴的产业链;第三,建立设计产业-旅游双重维度的收益模式;第四,带动规划区域范围内乡村旅游的发展。典型业态有:农业科技博览园、现代设施农业示范区、农产品加工物流区、田园游乐场、农产品市集、田园度假区、农耕民俗聚落等(图 9-9)。典型案例为山东省临沂兰陵国家农业公园。

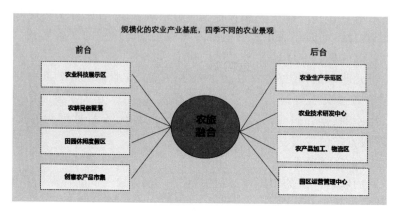

图 9-9　产业化的农业公园模式发展模型

兰陵国家农业公园总面积 62 万亩,其中核心区 2 万亩,示范区 10 万亩,辐射区 50 万亩,是国家 4A 级旅游景区,全国五星级休闲农业与乡村旅游企业(园区)。整个项目规划了 10 个功能区:农耕文化和科技成果展示区、现代农业示范区、花卉苗木展示区、现代种苗培育推广区、农耕采摘体验区、水产养殖示范区、微滴灌溉示范区、民风民俗体验区、休闲养生度假区、商贸服务区。

【本章小结】

与前述各章意义大不一样,本章所述的乡村旅游与其说是为旅游者提供的一种旅游产品,不如说是落实国家战略意义上的乡村振兴、美好生活等宏大叙事和执政目标的重要途径。乡村旅游和休闲农业推动了城乡融合发展,实现了城乡社会交换,改变了新时代乡村地区的产业结构和社会结构。

城市化高度发展的另一面就是传统村落的大面积消亡。城市化和全球化都对传统村落的存续带来了巨大冲击,要实现对传统村落的多重价值进行有效、积极、开放性保护,需要政府、NGO 和空间生产多角度的协同。

乡村旅游的市场需求越来越大,而乡村旅游产品开发却还存在结构性不平衡、不充分等问题和挑战。乡村旅游发展的空间模式主要包括规范化的景区服务模式、休闲化的郊野游憩模式、度假化的文化乡居模式以及产业化的农业公园模式。

【关键术语】

乡村振兴(rural revitalization)

乡村旅游(rural tourism)

休闲农业(leisure agriculture, agrotourism)

农村一二三产业融合发展(integrated rural development with first, second, and tertiary industry)

旅游驱动型乡村建设（tourism-driven rural construction）
旅游扶贫（poverty alleviation by tourism development）
旅游对乡村社会影响（tourism impact on rural community）
城乡社会交换（urban and rural social exchange）
乡村绅士化（countryside gentrification）
传统村落保护（traditional village protection）
传统村落多重价值（multiple values of traditional villages）
空间生产理论（spatial production）
乡村新生产理论（new rural production theory）
乡村旅游产品（rural tourism product）
乡村旅游发展空间模式（spatial patterns of rural tourism）

【复习题】

1. 乡村旅游和休闲农业发展对实现乡村振兴战略目标有何重要意义？
2. 什么是旅游驱动型乡村建设？
3. 举例说明旅游发展对脱贫攻坚战的胜利完成有哪些贡献。
4. 列举说明造成中国传统村落快速消亡的主要原因。
5. 简要说明传统村落有哪些价值，为什么需要保护。
6. 试评价近期乡村旅游产品开发和业态创新状况。
7. 乡村旅游发展有哪些主要空间模式？

（本章录音稿整理：吴必虎、马菲亚）

第 10 章 环城市旅游与游憩规划

【学习目标】
- 了解环城市旅游发展的时代背景
- 掌握环城游憩带的概念与形成机制
- 了解城郊旅游综合体类型与特征
- 理解居住旅游与度假旅游的异同
- 了解城乡社会交换与第二住宅发展的关系

乡村旅游的主要需求者就是城市居民。当乡村旅游发展到相当大规模的时候,就会形成特色村镇、田园综合体或乡村休闲度假综合体。城市居民对城市周边的旅游和游憩产品需求旺盛,促进城市周边旅游与游憩活动蓬勃发展。可以预见的是,随着国家农转用政策的不断松绑,环城市旅游和游憩发展将迎来新一波增长。本章以环城游憩带理论为理论指引,分析城郊旅游综合体、第二住宅带和居住旅游发展规划的主要内容。

10.1 环城市旅游与游憩发展

10.1.1 休闲时代到来,游憩正在改变人类社会

美国《未来学家》杂志曾载文指出,2015 年左右,世界发达国家将进入"休闲时代",发展中国家将紧随其后,休闲将成为人类社会的重要组成部分(王琪延、王俊,2009)。参考这一说法,我们判断 2020 年的中国已经基本进入休闲社会。一方面,过剩经济时代悄然而至:制造业过剩,大批工厂开始去产能;农业过剩,国民食物结构不断变化。根据《中国统计年鉴》和《中国住户调查年鉴》资料,城镇居民的粮食消费从 1981 年的每人 145.4 kg 降低到 2018 年的每人 110.0 kg;农村居民粮食消费也从 2000 年的每人 250.2 kg 下降到 2018 年的每人 148.5 kg。但实际上我国的人均粮食产量约为每人 470 kg,连续 12 年粮食增产,粮食呈现出"高产量、高仓储、高价格、高进口"的"四高"状态。许多形成于短缺经济时期的资源与经济政策已经不再适应新的发展要求。可以预见,随着人工智能(AI)技术的发展,人类可能会获得更多的闲暇时间。

另一方面,生育率开始出现连年下滑,懒恋懒婚懒育人口不断增加,老龄化人口不断增长。中国很多地区逐渐步入高度城市化阶段,社会分工越来越细、经济复杂性越来越大、信息获取量不断增加、处理和决策也越来越复杂,生活质量的提高也引起人均生活成本大幅提

高。这些社会压力导致恋爱需求降低、生育率随之下降、劳动力人口减少、现存劳动力人口抚养负担增大的现象,从而使劳动密集型产业成本飙升,增大了转型期经济调整风险。中国的人口出生率自20世纪80年代以来呈现出断崖式下滑的态势,人口性别比例也逐渐失衡:2017年,我国24岁以下人口男性明显多于女性,各年龄组男女比均在1.1以上,而其他年龄段比例均为1.01~1.05,平均为1.04。截至2019年5月,全国单身人群已达2.4亿人,占到总人口15%左右,主要大城市单身率甚至超过50%,这些单身"懒人"开始逐渐成为健身、外卖、旅游行业的主力。

可以预想,在休闲社会的成熟阶段,一半左右的人口将无需就业,就业者近半时间无需工作,退休之后寿命年限延长,创造就业成本高于提供休闲度假成本,无形中又为旅游休闲行业的发展增加了新的动力。

随着休闲时代到来,游憩时间的增加改变着人类生活方式。人们的生活方式是促使当今城市变革的重要力量之一,游憩空间的质量则标志着社会与城市的发展水平。生活方式的改变也促使着城市游憩空间和城市旅游产品的改变。

10.1.2 城市周边旅游与游憩活动的蓬勃发展

墨子云:"食必常饱,然后求美;衣必常暖,然后求丽;居必常安,然后求乐。"现代社会闲暇时间的增加,为旅游游憩的发展带来了潜力。1999年的《全国年节及纪念日放假办法》提出"7天长假"制度;2007年公民每年享受的法定休息日在115天左右,达到全年天数的1/3;2008年《职工带薪年休假条例》中"两长五小"模式的实施增强了旅游流的时间分布均衡性和平稳性,为短途旅游产品消费需求的实现创造了条件。而趁着2020年新冠肺炎疫情防控、复工复产和刺激旅游消费的需要,江西、浙江等省份开始尝试推出一周四天半弹性工作制,期望民众可以在周末休闲度假。四天半工作制长期化和普遍推广的可能性,势必推动城市周边游憩活动的新一轮增长。

在经济发展方面,我国的经济发展目标逐步由求基本生存、解决温饱转变到实现整体小康。2019年我国人均GDP达到70 892元,消费结构升级,恩格尔系数下降,文化娱乐消费支出比例增高。而在旅游市场分布和流向层面,城市居民是最主要的客源市场,其主要目的地是城市周边地区。中国城市周边的旅游与游憩活动正在蓬勃发展。

居民私家车保有量逐年增长增大了自驾游的普及率和目的地可达性。2019年中国大陆私家车增长到1.37亿辆,汽车驾驶人数也达到3.97亿人,户均私家车保有量超一辆。驾车出行已经成为中产家庭的生活方式,这也极大地促进了城市周边旅游游憩活动的发展。基于双休日制度的周末旅游,使城市周边地区成为首选目的地。驾车游客的停留天数多集中于2~4天,双休日游程距离一般为150~300 km,三日游程一般在600 km范围内。而在小长假(3~4天)、黄金周(5~7天)或是带薪假日的中长距离旅游中,旅游目的地选择也出现了由传统观光旅游城市转移到乡村休闲度假的倾向。

李江敏(2011)在其博士学位论文中探讨了环城游憩体验价值问题,其理论意义在于拓展了体验价值的测量体系研究,推进了体验价值、游客满意度及行为意向关系的理论研究,并从管理学视角丰富了环城游憩理论。她以环城游憩为研究对象,兼取体验价值"二分法"和"多维分法"两者之长,既全面把握体验价值内容,又使体验价值属性特征明晰,不论在研究领域还是研究体系上都扩展了现有的体验价值理论。李江敏提出并验证了体验价值内部固有的层次作用关系,情绪类体验价值不仅自身强烈影响着游客满意度和行为意向,而且传递着功利类体验价值对游客满意度及行为意向的影响。她的研究构建并验证了"旅游体验价值-满意度-行为意向"模型(TEVSB),深入揭示了环城游憩体验价值与游客满意度及行为意向之间的作用机制。

10.1.3 城市周边地区游憩空间竞争优势

与周边地区相比,城市建成区通常是人口密度最大,土地利用程度最高,地价最昂贵,商贸服务、高科技产业、工业最发达和集中的区域,游憩用地比较稀缺,因此城市周边的乡村地区更具有游憩空间竞争优势,成为人们进行游憩活动的主要空间与场所。

城市周边地区主要具有以下优势:珍贵的自然资源与环境,不管主城区发展何种产业,其生态环境质量和休闲程度都无法与郊区相媲美,城市郊区拥有更优质的山水景观和田园风光,如北京西山、十三陵水库,武汉东湖、木兰山等;丰富的历史遗迹,许多大城市郊区历史上就是人类活动的中心,留下许多历史遗迹,如周口店猿人遗址、西安秦始皇陵等,同时宗教文化名胜古迹甚多;客源市场优势,大城市郊区是中心城市与经济腹地联系的通道,区位条件优越、交通便捷,客源市场多而稳定、地价相对便宜、建设用地广阔。

10.2 环城游憩带(ReBAC)理论

10.2.1 城市周边旅游理论发展

对于城市周边旅游地类型及空间结构的研究,已经引起很多研究者的注意。20世纪80年代,苏联地理学家认为城市周围游憩带的发展是对城市化发展的一种弥补。在北美地区,学者们在国家尺度上将旅游资源划分为城市旅游、户外游憩、度假、城市边缘旅游(Smith,1987)。Weaver(1993)发现旅游活动随距离衰减,形成城市居民出游的同心圈结构。McKenzie(1996)讨论了澳大利亚主要城市郊区的旅游发展问题。沙润、吴江(1997)和符全胜(1998)分别探讨了城乡交错带的旅游景观生态设计和旅游开发问题。Scott(1997)研究了城市居民对大都市区域公园绿地利用在时间上的特征。山村顺次(1995:135)引用不知名学者的文献,而那位学者观察到在大伦敦外围形成了环形的游憩地带。王云才、郭焕成(2000)从大都市郊区的游憩地配置角度,叶岱夫(2000)从城郊旅游功能问题角度,分别进行了结合案例地的观察与分析。

许多研究者对城市及其周边地区的旅游空间结构进行了观察和分析。其中鲍德-博拉和劳森(2004：2)对城市周边的旅游规划开发进行了研究,按照使用人数、距城市中心距离、进入时间与设施类型划分出了4种城市周边游憩区类型(图10-1)。鲍德-博拉和劳森把游憩区按照离开城市的距离近远,对应于不同密度的使用者人数,分为高密度、中密度、低密度和荒野4种情况。在这些区域适合开展的游憩活动,也从高密度的主题公园、滑雪或海滩设施、近郊运动设施,到中密度的周末度假地、郊野公园,再到低密度的自然公园,以及更加严格控制的自然保护区。实际上鲍德-博拉的空间模式就是自然保护地语境下的游憩机会谱的一种表达。

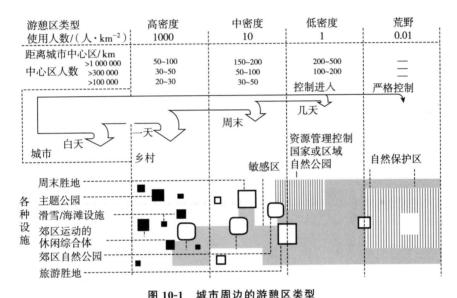

图 10-1　城市周边的游憩区类型
资料来源：鲍德-博拉、劳森,2004：2。

　　Gunn 和 Var(2002：136)构建了旅游目的地地带-旅游吸引物综合体(tourism destination zone-tourism attraction complex)构成的空间结构(图10-2)。在 Gunn 和 Var 看来,旅游者或游憩者通过某些通道进入由若干吸引物综合体串联成的目的地地带,某个吸引物综合体由若干服务、设施、游赏和参与的事物构成,沿着行经的流通廊道分布着多个这样的吸引物综合体,它们共同构成了目的地地带,其周边则由非吸引物腹地所包围。

　　Mieczkowski(1995：410)则以度假区群落为支点,构建了一个区域的内部空间结构。在 Mieczkowski 的空间模型中,以某几个度假区为支点,它们周围分布着若干个为度假者所访问的吸引物或吸引物群,而度假区附近的自然保护区或国家公园则为度假者提供了自然游憩的机会(图10-3)。

　　对已有文献进行适当的归纳,可以得到用来描述或分析城市周边旅游空间结构的基本模型,其中包括圈层模型、距离衰减模型、数学或物理模型,以及核心-边缘模型。

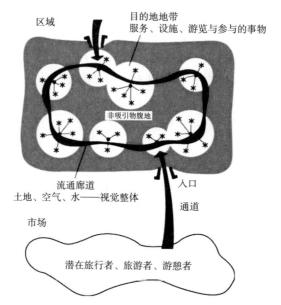

图 10-2　Gunn 和 Var(2002：136)提出的旅游地空间模型

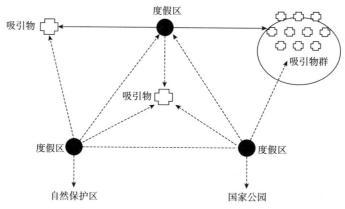

图 10-3　旅游区内部空间结构

资料来源：Mieczkowski，1995：410。

10.2.2　环城游憩带理论的产生

20 世纪末,中国城郊旅游的快速发展引起了学者们的注意,出现了对城市居民近程游憩活动的研究。1999 年,吴必虎首次在由中国地理学会旅游地理专业委员会组织召开的城市旅游国际研讨会(珠海会议)上,提出了 recreation belt around metropolis(环城游憩带)概念(转引自吴必虎、俞曦,2010：266)。

所谓环城游憩带,实际上是一种特殊的城市郊区游憩活动空间;这种游憩活动空间与中心城市交通联系便捷,主要为城市居民提供服务,局部情况下也为一定数量的外来旅游者服务;主要产生于城市郊区,局部情况下也少量见诸城市建成区;既包括各种形态的游憩型土地利用,也包括这些土地之上建设的各种游憩设施和所组织的多种游憩活动,具有观光、休闲、度假、娱乐、康体、运动、教育等不同功能;空间上呈现出于乡镇景观之中,环城市外围较密集分布的结构(吴必虎,2001a)。

环城游憩带理论的提出,使城市周边旅游与游憩现象受到了研究者和城市规划以及旅游管理部门的普遍重视。2001年6月,由国家旅游局、中国旅游协会主办的首届"中国环城市旅游度假带发展研讨会"在四川省乐山市召开。2005年7月,由中国地理学会主办的"全球华人地理学家大会"在北京大学召开,其中旅游地理分会场即以"环城市旅游与休闲度假的地理学透视"为主题。2006年,吴必虎等在英文期刊《旅游研究纪事》上发表文章,将中国特色的环城游憩带模型正式介绍给国外学者(Wu and Cai,2006)。

环城游憩带现象最早在特大城市周边地区被观察发现,因而最初的环城游憩带一词英文缩写为ReBAM,其中M代表metropolis,即大都市区。随着中国城市化水平的提高,国内旅游需求不断增长,城市居民近距离休闲度假需求迅速上升,占全国城市总量80%以上的各大、中、小城市的居民在城市周边的游憩与旅游活动得到了广泛开展。为了进一步探讨环城游憩带理论,使其能够涵盖所有规模城市的城市周边旅游与游憩,北京大学城市与环境学院旅游研究与规划中心组织力量对此进行了更广泛的探讨,成立研究小组申请了国家自然科学基金进行了数年的工作,其部分成果反映在由吴必虎教授指导的博士生党宁的学位论文中(党宁,2007)。

在此过程中,将环城游憩带的英译ReBAM修正为ReBAC(recreational belt around cities),强调了city(城市)的普遍意义,不再仅仅强调特大城市。与ReBAM相比,ReBAC覆盖所有规模的城市,并着眼于城市居民的休闲游憩功能,不再单纯考虑观光旅游一种出游方式,是真正意义上的"游憩带"(表10-1)。以其博士论文为基础,党宁(2011)以《休闲时代的城郊游憩空间:环城游憩带(ReBAC)研究》为书名出版了讨论环城游憩带的专著,这是目前为止最为全面阐述环城游憩带理论体系的著作:涉及从ReBAM到ReBAC、环城游憩带空间结构、环城游憩带空间结构的环境响应、相邻城市间环城游憩带空间关系与等级体系和环城游憩带理论在实际中的应用等多项议题。

表 10-1 ReBAC 与 ReBAM 的比较

特 征	ReBAC	ReBAM
研究对象	所有城市(非农人口20万以上)	非农人口100万以上的超大、特大城市
客源市场	城市本地居民为主,亦可吸引游客	城市本地居民、部分外地游客
产品类型	基本上一切的旅游或者游憩活动;以休闲、度假为主	"一日游"或者"一夜游";以观光为主
目的地	建成区外的城市周边地区,市域内外均可,有可能是临近的其他城市	主要是指城市内部以及城市郊区
空间分布形态	形态多样,如环状、带状、扇状、散点状、发散状等,不一定连续,有分层现象	环带状,圈层分布

资料来源:党宁,2007。

10.2.3 环城游憩带的形成机制与实际应用

Greer和Wall(1979)曾提出游憩性土地利用随客源地间距离变化而变化的一般模式。他们从游憩需求和游憩供给的角度来观察用地的变化,并且发现用地分布与游憩活动的类型紧密相关。在不同类型的游憩活动供需关系中,随着距离(或旅行时间)的增加,各自的需求下降而供给相应增加,形成到访圆锥体(cone of visitation),在圆锥体的顶端出现用地密集区域(图10-4)。杨新军(1999)指出,环城游憩带的形成,正是因为供给与需求之间的空间相互作用形成的到访圆锥体的推动。

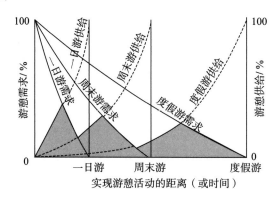

图 10-4　游憩性土地利用的分布模型
资料来源:Greer and Wall,1979。

游憩带的形成区位,往往是在土地租金和旅行成本的双向力量作用下,投资者和旅游者达成的一种妥协。因为离开城市距离越远,级差地租越低,投资商的资金压力越小;但是离开城市越远,旅游者的旅行成本越大,其出行意愿和实际出游率越低,最终在某个适当的位置形成游憩区域(图10-5)。

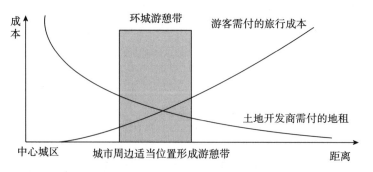

图 10-5　环城游憩带形成的机制
资料来源:转引自吴必虎、俞曦,2010:270。

环城游憩带模型在20世纪末(1999)的中国被关注,有其特殊的时代背景,因为它的形成是在居民出游力处于市场发育的初级阶段表现得更为清楚。2000年那个时期,比较中国和欧美的城市客源出游能力,可以发现西方的城市居民具有更高的出游能力,城市的出游腹地远远大于中国这样的发展中国家的城市,在平均水平以上。西方居民的度假旅游目的地的出游半径大于中国城市居民。而中国城市居民的出游半径主要集中在距离城市较近的游憩带之内。比较图10-6中不同的游憩活动空间(recreational activity space,RAS)的位置,就会发现西方发达国家的城市居民的游憩活动空间距离城市中心的距离远于中国这样的发展中国家城市居民,发展中国家在相对较近的游憩活动空间构成了环城游憩带。

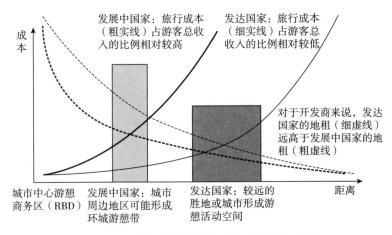

图10-6 不同国家的游憩活动空间的区位差别

资料来源:转引自吴必虎、俞曦,2010:270。

吴必虎对环城游憩带的研究始于对上海案例地的观察。研究表明,上海市民对周末游憩消费的需求、投资者的投资意愿、政府的区域产业政策调整,是3个影响上海环城游憩带形成的最主要因素(吴必虎,2001a)。巨大的市民周末游憩市场在近距离出行规律的作用下,频繁地指向郊县(区),是影响游憩带形成的直接动因。投资者的投资意向和开发项目对游憩带中土地利用、产品类型和空间布局的结构有一定影响。此外,地方政府的参与意识、对旅游业加强政府宏观调控、为当地旅游业提供政策保障的意识增强,直接推动了游憩带的形成(图10-7)。

北大团队对环城游憩带的研究之后又扩展到其他城市,如苏平等(2004)对北京环城游憩带旅游地类型与空间结构特征的研究;吴必虎等(2007)以杭州为例研究了旅游城市本地居民的环城游憩偏好;赵明和吴必虎(2009)分析了北京环城游憩带空间结构演变;吴必虎和聂淼(2012)研究了环城市乡村休闲,表明其是适合乡村现代化的途径。

北大团队对北京环城游憩带的研究结果发现,城市居民本身的游憩需求带来密集、高频的出行机会和空间活动;伴随城市化进程发展,在城市外围会形成休闲公园环带。这些研究发现为北京城市绿色空间的布局规划提供了理论支持和学理解释(图10-8)。

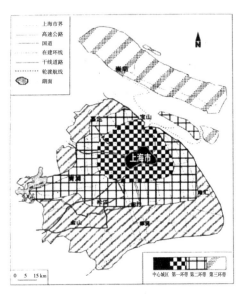 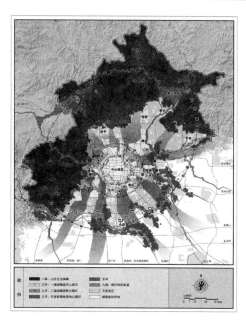

图 10-7　上海市 ReBAM 的圈层结构　　　　图 10-8　北京市域绿色空间结构规划图
资料来源：吴必虎，2001a。　　　　　　　　　资料来源：北京城市总体规划（2016—2035 年）。

北大之外，全国也有一系列的博士或硕士学位论文展开了对环城游憩带现象的研究。张立明（2007）在其博士学位论文中，构建了环城游憩开发系统（ReDSAM），对 ReDSAM 系统运行规律和游憩地发展进行了系统动力学分析；建立了 ReDSAM 的系统评价的定量模型，从景区、游憩目的地两个层面各提出了 4 种空间结构模型以及演变规律，提出了环城游憩地开发的空间决策模型，指出了"环城游憩地单一景点→初期的游憩目的地→单一市场的旅游目的地→综合性游憩目的地"的发展规律。

胡勇（2018）系统研究了南京郊区游憩空间格局演变。他的研究发现，1995—2015 年间南京郊区游憩节点数量增长显著，人工娱乐类游憩资源的大力开发使得南京主城周边的江宁区游憩空间增幅明显。南京郊区游憩节点的空间分布受城市中心引力约束力趋于增强，空间上总体表现为近城分散型分布特征，其中自然景观类为资源主导的近城分散型，历史古迹、人工娱乐和休闲度假类节点分别表现为远城分散型、近城分散型和远城集中型空间分布特征。南京郊区游憩节点数量随着距离的增加呈波浪式递减，其间有明显回升，游憩节点分布密度在 20 km 范围内最高，各类游憩节点分布密度随距离变化差异较大。郊区游憩空间演化过程表现为"点→轴→面"扩张，"大聚集、大分散"的空间演化规律。

10.2.4　案例分析：上海环城游憩带的产生与发展

上海市地处中国东南沿海长江三角洲区域，总面积 6340 km²，2016 年上海市共辖 16 区。

近年来随着居民收入的增加与消费水平的提高,上海市民在本地参与旅游与游憩活动的数量越来越多。对1999—2015年上海市旅游业统计公报的数据进行分析发现,1999年以来,上海接待的本地游客数与国内旅游人数持续上升,本地游客占国内游客数的比重也不断提高,从1998年的18%最高上升到2013年的56%。可见,上海居民在本地的旅游与游憩活动对上海旅游业具有举足轻重的影响。

1. 发展分期

党宁等(2017)基于吴必虎(2001a)对上海环城游憩带的研究结果,以上海外环高速公路以外的9个行政区(宝山区、闵行区、嘉定区、浦东新区、松江区、金山区、青浦区、奉贤区、崇明区)作为上海环城游憩带的研究范围,根据2003年以来历年的《上海旅游年鉴》、上海市旅游局及各郊区(县)的旅游局网站、上海市地方志办公室网站采集上海行政区域内位于外环线以外9个郊区(县)旅游景点的名称,得到上海市的401处环城游憩地作为研究样本进行分析。根据游憩地的开业时间分析上海环城游憩带的时间演化阶段;使用平均城市中心距离、回转半径法与空间分布曲线、最近邻点指数、点密度、分布重心与标准差椭圆等方法研究上海环城游憩带在不同阶段的空间演变特征。

以旅游地生命周期理论为基础,根据年度新增游憩地数量与当年游憩地总量的发展变化,结合上海城市经济与社会发展历程,可将上海环城游憩带的时间演化总结为4个阶段:

探索期(exploration,1970—1983)。20世纪70年代,根据国家关于在上海市发展石油化工、钢铁工业的指示,上海市在南北两翼分别规划建设了金山卫卫星城、宝钢及宝山卫星城,城市居民在城市郊区的游憩活动并不频繁。从1970年到1983年,上海城郊游憩地共28处,从总体数量上看不成规模;游憩地数量增长非常缓慢,14年间只增加了6个。游憩地主要以城市郊区的自然景观和文化景观为主,城郊旅游发展基本处于停滞状态。

介入期(invovlement,1984—1997)。随着1984年国家对上海等14个港口城市的对外开放与1990年浦东开发开放,上海进入城市跨越发展的新时期,从以工业为单一功能的内向型生产中心城市逐步向多功能的外向型经济中心城市发展。根据1986年版的上海市城市总体规划,上海的城市空间被划分为中心城、近郊工业小城镇和卫星城、郊县小城镇、农村小集镇4个层次,城市发展出现从中心城区向外围扩散的趋势。受市民周末游憩需求激增、旅游开发投资偏好、政府政策鼓励等介入因素的影响,旅游与游憩用地数量增加。这一阶段上海环城游憩地数量平稳增长,1997年上海城郊游憩地共116处,14年间共增加88处,平均每年新增6.3个,上海城郊旅游发展进入初步发展阶段。

发展期(development,1998—2009)。在浦东开发开放和中心城"退二进三"战略的推动下,上海城市格局呈现中心城圈层式扩张与郊区城市化并行的特征。为满足外资落户上海的用地需求,土地批租政策得到广泛推行。在1999年上海市城市总体规划的指导下,上海市城市交通枢纽和市政基础设施建设实现较大突破,地铁线路超出了中心城区的范围,广泛连接了青浦、宝山、嘉定、南汇、松江等远近郊区,形成了连接东西南北各方的密集的地下快速交通网络;一系列城市快速路与高速公路、大桥、隧道等相继通车,极大改善了城市交通基础设施;城市环境与空间得到不断优化,郊区得到快速发展。1998年开始,上海城郊游憩地出现快速增长,青浦东方绿洲、南汇滴水湖、嘉定F1国际赛车场、松江上海欢乐谷等重要游憩区陆续建成开放,到2009年共有环城游憩地326处。12年间共增加200处,平均每年新增16.7个,在游憩地增加速度和数量上都开创了历史新高。

巩固期(consolidation,2010—2015)。随着2010年上海世博会的成功举办,上海的城市交通设施与城市环境得到迅速改善,城市形象也获得较大提升。在新型城市化的发展背景下,建设重心向郊区转移,郊区新城镇、社会主义新农村、美丽乡村建设等一系列工程,进一步推动了上海城乡一体化的发展。游憩地产品升级换代,庄园、民宿、自驾车营地等一批新型游憩地应运而生,上海迪士尼国际旅游度假区的开工建设也带动了浦东川沙地区的发展。到2015年,上海市环城游憩地共401处,6年间增加75处,平均每年增加12.5个,增速较上一阶段放缓。整体上,上海环城游憩带的发展已经较为成熟,进入平稳增长和巩固阶段。

由上海案例可以发现,环城游憩带的时间发展具有阶段性规律。伴随着宏观经济的增长与城市化进程的加快,上海环城游憩带游憩地的开发经历了波动式前进过程,从数量上看具有明显的阶段分异特征。先后经过了游憩地自发增长的探索期(1970—1983)、平稳增长的介入期(1984—1997)、爆发式增长的发展期(1998—2009)、相对稳定的巩固期(2010—2015),新增游憩地数量逐渐趋于缓和,整体上进入相对成熟阶段。这与城市居民的游憩需求、城市周边可供游憩的土地与资源供给、游憩休闲业经营者的介入等密切相关。

2. 游憩带外推

随着时间的推移,上海ReBAM游憩地的平均城市中心距离有所增加,从探索期的33.48 km增长到巩固期的35.56 km,体现出一定的外推趋势。图10-9展示了上海ReBAM空间分布曲线图,可发现其具有明显的圈层分布结构,而且随着时间的演化和空间外推,圈层数量从少到多再到少,圈层集中范围出现从窄到宽的演化特点。

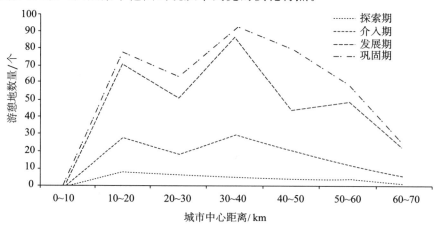

图10-9 不同阶段上海ReBAM空间分布曲线

资料来源:党宁、吴必虎、俞泌慧,2017。

在探索期(1970—1983)呈单环离散型,28个游憩地的平均城市中心距离为33.48 km。游憩地在10~70 km均有分布,但数量差异不太明显,数量最多的区域在距离城市中心10~20 km处,共有8个,占该阶段所有游憩地数的28.57%。总体上看,探索期由于游憩地数量较少,分布较为分散。

在介入期(1984—1997)为双环集聚型,游憩地的分布出现了较为集中的两个圈层,分别在距离城市中心30~40 km(占25.86%)和10~20 km(占24.14%)处。116个游憩地与城市中心的平均距离为34.21 km,较前一阶段出现明显外扩。

在发展期(1998—2009)为三环集聚型结构,326个游憩地的平均城市中心距离为35.30 km,在介入期的双环基础上继续外推形成三环结构。除了在介入期已经呈现密集分布的30~40 km(占26.69%)和10~20 km(占21.78%)处,在距离城市中心50~60 km处(占15.03%)出现了第三个密集分布圈。

在巩固期(2010—2015)为双环广域型结构,环城游憩地的两个分布高峰区出现在距离城市中心30~50 km(占43.14%)和10~20 km(占19.45%)处。401个游憩地的平均城市中心距离为35.06 km,较上一阶段略有减少。

受空间边界的限制,上海ReBAM的外推作用逐渐减弱,而呈现内推的过程,各个半径上的游憩地数量的差异逐渐减小,各个圈层逐步趋于融合,显示出环城游憩带在上海城郊的发展也趋于成熟。

从1970年到2015年,上海ReBAM空间结构的演化表现出一定的规律,如游憩地的平均城市距离由近到远,分布模式由分散到凝聚,集中分布的圈层数量由少到多,布局形态具有散点状-多核心-轴线状-团块状的演变特征等,反映出上海环城游憩带的发展越来越成熟。

10.3 城郊旅游综合体发展规划

10.3.1 旅游综合体

在城市周边呈带状发展的旅游游憩结构,内部并不均匀。在一些地段或局部区域有可能形成多种游憩及旅游业态特别综合集中建设的状况,形成被称为城郊旅游综合体(tourism complex around cities,TCAC)的集中成片开发格局。与城郊呼应的另一类旅游综合体,即远离城市中心城区,依托国家公园或顶级文化遗产地,则可形成所谓独立旅游综合体(胜地旅游综合体)。

近年来,随着旅游市场从观光需求走向休闲、娱乐和度假需求,传统的资源型景区已不能满足当代游客的多样化需要,旅游发展出现从单一观光模式向综合型模式转化的现象。顺应这一趋势,世界各地出现了一批集旅游、休闲、度假、娱乐、运动、购物等业态为一体的多功能旅游吸引物,如马来西亚的云顶、新加坡的圣淘沙、美国的奥兰多。它们常常分布在郊区,占有一定的面积,复合多种业态功能,在快速带动城市化的同时,协调城乡关系,拉动乡村居民就业。

城郊旅游综合体已经成为一种独特的地理景观、特殊的土地利用现象,从地理学角度开展对城郊旅游综合体的考察研究,具有显著的理论意义和应用价值。理论层面上,为旅游地理学开辟了新的研究领域,同时丰富了经济地理学、城市地理学、城乡规划学等相关学科的研究内容。同时,对于研究城乡二元结构、城乡融合具有参考意义。此外,对于规范旅游综合体相关术语的使用,建立学术讨论语境具有重要意义。实践层面上,一方面能够为旅游综合体的建设和可持续发展提供理论指导,避免实践与理论的脱节;另一方面对地方政府保护城市郊区景观,促进城乡可持续发展提供指导,对具体城市规划、文化产业、旅游地产健康发展提供科学指导。

旅游综合体的内涵包括两个方面:一是旅游综合体是一种物质景观;二是旅游综合体可以实现,也必须建立在产业集群的基础之上。物质景观的研究中,美国城市土地学会提出的混合使用(mixed use)概念,成为各种综合体共同接受的表述。混合使用是建筑综合体、城市综合体、旅游综合体三者的共同之处。混合使用常存在于土地利用和建筑实体方面。

许多研究者对城市综合体概念进行了阐述:规模较大、多种功能、高可达性、集约利用等。这些特征对旅游综合体的概念界定存在一定的指引作用。

在产业研究方面,从产业集群引申到旅游集群(tourism cluster)的研究。Porter(1998)较早提出产业集群概念:即在某一特定领域内,大量产业联系密切的企业以及相关支撑机构在空间上集聚,并形成强劲的持续竞争优势的现象。由于旅游集群理论与开发实践密切相关,一些大学或政府咨询机构运用旅游集群理论指导地方旅游发展,例如美国亚利桑那州立大学为弗拉格斯塔夫(Flagstaff)旅游局提供的旅游集群咨询报告,南非经济与劳动委员会集群研究团队专门为地方旅游开发编制的建设地方旅游集群的手册(王珺、高明捷,2015)。

基于上述物质与产业两个视角,旅游综合体可以被赋予物质景观(土地混合使用)和产业空间集聚(旅游集群)两种属性。提出这样的双重属性的旅游综合体概念,并非偶然。旅游集群的研究在考虑旅游经济空间内在联系的同时,已经开始越来越多地考虑空间实体的范围及联系,强调多种旅游及非旅游要素的空间整合以及在空间扩散中产生的社会影响。

综上所述,我们可以给旅游综合体下一个定义:它是指以某些资源为依托,将观光、休闲、娱乐、度假、购物、运动、商务、会展、居住等不同功能进行组合,面向公众开放,从而形成一个以旅游为主导的多功能、多业态、集约化混合使用,复杂而统一的地理空间。根据离城市远近可将旅游综合体分为:城市旅游综合体、城郊旅游综合体以及独立旅游综合体。旅游综合体的概念内涵演化如图10-10所示。

图 10-10　旅游综合体概念演化

资料来源:王珺、高明捷,2015。

10.3.2 城郊旅游综合体

在城市旅游综合体、城郊旅游综合体以及独立旅游综合体 3 种类型中,城市旅游综合体由于地租压力,在城市中心常常不可能形成大规模的以旅游为主体的多产业地块;独立旅游综合体由于离城市(客源市场)太远,游客数量较少,边际效益低,同时对风景资源的依赖性较强,开发程度受到严格限制。在这种情况下,由于级差地租和旅游成本的刚性约束,大多数旅游综合体常选址于大城市郊区,形成城郊旅游综合体。

城郊旅游综合体,是指位于城市郊区,有一个或多个核心旅游吸引物,围绕核心吸引物形成以旅游业为主体的多业态复合的生产空间和混合土地利用模式。城郊旅游综合体相对于传统景区而言,主要有以下 6 个方面的基本特征:

第一,旅游性。综合体最初的建设都以直接吸引访客(visitor,包括外来游客和本地居民)为主要目的。

第二,综合性。强调多种功能组合,除了本身的旅游功能,还可带动周边许多非旅游功能的多业态开发。

第三,高可达性。由于综合体位于城郊,且客源市场依托附近城市,所以需要发达的内外交通网络。

第四,集约性。综合体的内部用地呈集约模式。

第五,规模性。城郊旅游综合体需要长期占用一定面积的土地资源,强调综合体的规模。

第六,公共性。城郊旅游综合体各部分是一种准公共产品,排他性不强,在支付一定价格后允许公众进入。

城郊旅游综合体根据核心吸引物属性的不同,可分为文化型城郊旅游综合体、娱乐型城郊旅游综合体、度假型城郊旅游综合体 3 类(乔莹,2012)。

1. 文化型城郊旅游综合体

文化型城郊旅游综合体是指核心吸引物基于当地历史文化遗产的活化,与文脉存在密切联系,如西安大唐芙蓉园;或者基于对某种文化要素的高度提炼和深度创意,与当地文化及环境具有某种联系或呼应,如无锡灵山胜境旅游区等。

文化型城郊旅游综合体基于对当地历史资源与民俗文化的深度开发、发掘,试图围绕特定的文化主题,恢复、再生历史场景,塑造具有鲜明个性的形象和品牌,并辅以酒店、地产、体育、购物等多种功能的综合开发地域。该模式对文化生态的修复、延续和保护具有积极作用;营销宣传上占有优势,故事性强,形象品牌鲜明;各类旅游活动和项目开发都围绕主题展开,通过场景化的演绎,创造独特的文化体验;产品专属性较强,因而可能对后续拓展构成潜在制约。同时,由于该模式目标市场比较明确,常常会使客源市场狭义化。而且需要较大程度地借助舞台化展演方式,较易削弱文化的原真性。

2. 娱乐型城郊旅游综合体

娱乐型城郊旅游综合体是指基于传统的主题公园娱乐产品拓展、延伸成为综合吸引物,如深圳东部华侨城、马来西亚云顶娱乐旅游区等。

娱乐型城郊旅游综合体基于市场规模和高强度投资开发,以旅游开发商为最重要的经营主体,通过不断开发大型游乐项目,创造持续的愉悦吸引力。该模式对传统旅游资源的依赖程度较低,因而通常不受特定资源条件和文化主题的约束,不同风格的旅游项目能够兼容并存。综合体内的娱乐设施大致包括剧院、开放性文化空间、运动场地、大型互动式游乐设施等,它们可协助旅游综合体创造出轻松愉悦的场所感,塑造个性鲜明的主题,吸引多种人群的消费。

娱乐功能成为旅游综合体的重要组成主要是因为,首先,多元化的娱乐产品,在延长游客滞留时间的同时为其他功能产品的销售带来潜在的可能;其次,娱乐功能可以调动游客的各种感官,为游客带来更加美好的体验,是现代非观光旅游的重要内容;再次,项目所在区域经济发达,以高活力群体为主要客源市场,核心吸引物参与性强、娱乐氛围场景化。但此类综合体容易造成产品体验的雷同性。

3. 度假型城郊旅游综合体

度假型城郊旅游综合体是指利用滨海、滨湖、温泉等休闲度假资源而进行整体规划、开发建设的多功能旅游区,如三亚亚龙湾旅游度假区、新加坡圣淘沙等。

度假型城郊旅游综合体基于休闲度假资源开发,相较于文化型及娱乐型更依赖于当地滨海、滨湖、温泉等自然资源,选址也更具有特殊性。以多种旅游休闲产品为综合驱动力,为游客提供各种旅游休闲度假服务的设施要素组合体。一般包括度假酒店群、别墅群及依据区域条件开发的游艇、马术、温泉、高尔夫球场、游乐园、健身房、会所等休闲度假设施,均衡满足了游客在精神以及生活层面的追求。由于注重对市场的适应,该模式较易获得市场认同,游客规模和旅游收益较高;多元化开发也有助于完善产业链,拉动多种产业发展。但该模式在当地生态与文化保护、外来开发商与当地社区利益分配等方面存在一定的矛盾隐患。

10.3.3 城郊旅游综合体开发模式

随着城郊旅游需求的不断增长与国家政策的持续推动,目前在我国,大大小小的城郊旅游综合体数目正在不断增长。从城郊旅游综合体的开发主体来看,主要有以万达、恒大为代表的房地产开发商,以及以华侨城、中旅集团为代表的旅游国企两大类。这两类开发主体由于其自身定位与开发经验的区别,开发城郊旅游综合体的模式也存在明显差异。

民营企业如恒大旅游城市场反应力强,资金链敏感,长期投资忍耐力较弱,地产项目运作经验丰富,往往将旅游综合体建设与地产开发结合起来,对房地产依赖性较强,旅游为表、地产为实的情况较多。

恒大旅游城为以旅游地产为开发模式的城郊旅游综合体代表项目。作为标准化运营的大型房地产企业,目前恒大集团已经在北京、广州、武汉、海口、西安、长春、青岛、长沙等全国主要大城市周边布局了恒大旅游城项目。恒大旅游城以旅游地产开发为主要导向,配合度假酒店、会议中心、娱乐中心、商业中心等业态打造旅游综合体,以完善的设施配套吸引置业投资者与旅游度假者(图10-11)。

图 10-11　恒大清远世纪旅游城(据凤凰网房产网)

恒大清远世纪旅游城位于中国温泉之乡——清远,处于珠三角一小时度假圈内,背靠笔架山森林瀑布,周边汇聚了银盏温泉、古龙峡漂流等各类景区景点 80 个,其中包括 6 个国家 4A 级景区。旅游城交通区位便利,周边多条高速环绕,距广州白云机场 60 min,可在 2 h 车程内到达周边广州、东莞、深圳等主要城市。

恒大清远世纪旅游城以白金七星标准酒店为主体,配备有运动中心、娱乐中心、会议中心、饮食中心、健康中心、商业中心 6 大配套中心,是恒大在中国首个"6+1"开发模式的世纪旅游城。其中,恒大酒店总面积约为 52 805 m^2,内设 300 多间客房。6 大配套中心:会议中心面积 16 652 m^2,可满足国家级乃至国际级的会议标准;饮食中心面积 13 227 m^2,汇聚各国美食,可以满足从家庭式的一般餐饮消费到 1000 人大型宴会举行;娱乐中心 11 800 m^2,首创社区大型电影院、儿童活动中心等设施;健康中心 4257 m^2,包含桑拿、足浴、理疗、健康保健等;运动中心 24 660 m^2,配备 20 余个国际标准运动场馆,并首创社区室内溜冰场;大型商业中心 4653 m^2,汇聚时尚潮流。

恒大清远世纪旅游城以高档会议酒店为卖点,将地产项目与周边丰富的旅游自然资源整合在一起,定位为集居住、旅游、度假、会展、商务等多功能于一体的大型旅游综合体。但是其房地产开发导向严重,旅游城范围内有花海别墅、湖山洋房等多期房地产项目,地产面积约占 390 万 m^2,而相关旅游、商业设施配套仅占 26 万 m^2。

国企旅游开发商有政府撑腰,资金压力不敏感,长期投资忍耐力较强,能够沉下心来营造旅游品质,往往更多地以休闲度假为导向对城郊旅游资源进行开发,依托旅游产业链打造综合体,其中也会涉及部分地产项目,但往往地产业只是作为重要的关联产业,以一种配套设施的主体部分而存在。例如,深圳东部华侨城由华侨城集团开发建设,具有明显的休闲度假开发导向(图 10-12)。

深圳东部华侨城是国内首个集休闲度假、观光旅游、户外运动、科普教育、生态探险等主题于一体的大型综合性国家生态旅游示范区(2007 年由国家旅游局和环境保护总局联合授予),体现了人与自然的和谐共处。

图 10-12　深圳东部华侨城(据东部华侨城官方网站)

深圳东部华侨城坐落于中国深圳大梅沙,占地近 9 km²,总规划面积 6.5 km²,是以"让都市人回归自然"为宗旨、以文化旅游为特色的国家生态旅游示范区。东部华侨城在山海间巧妙规划了大侠谷、茶溪谷、云海谷 3 大主题区域,集生态动感、休闲度假、户外运动等多项文化旅游功能于一体,体现了人与自然的和谐共处。东部华侨城的客源市场常常是深圳本地,满足本地居民的游憩需求。华侨城按照休闲度假产品类型主要划分为旅游度假区、体育运动区、高档居住区、商业区和佛教文化区。

从规划初期,东部华侨城便紧密结合旅游实际,选址在深圳大梅沙,位于粤港澳大湾区核心地带,周边地区旅游客源丰富;同时策划了包括主题公园、主题小镇、主题酒店、主题演艺、主题地产等在内的一系列休闲度假产品,集成了生态观光游、科普教育游、佛教文化游、康体健身游、休闲度假游等多种旅游方式,带给游客全方位的旅游体验,满足了游客多元化的消费需求。

在国家号召"房住不炒"、城郊旅游需求不断增长、旅游者需求越来越多样化的现实背景下,以地产开发为主要导向的城郊旅游综合体开发模式前景受到挑战。未来的城郊旅游综合体开发需要逐渐去房地产化,将关注重点转移到打造目的地内容与营造目的地生活方式上,并结合优质自然生态和人文资源,开发多样化的休闲度假产品,从而真正满足游客需求,成为环城游憩带中的重要一环。

10.4　第二住宅与居住旅游发展规划

10.4.1　城乡社会交换与制度创新

进入 21 世纪 20 年代的中国,总体上已经迈进城市化存量发展阶段,发展质量而非速度成为中央政府和较多省级政府的关注点。但由于中国国土广袤,地区之间差异明显,不同地区城市化阶段不同,一部分人想要进城,另一部分人却想要逃离城市,存在两种势力并存的情况。乡村"城市化"和城市"后城市化"之间形成了一种角力,这股力量又催生出城乡交换的需求。Gosnell 和 Abrams(2011)提出,居游迁移(amenity migration)驱动着城乡交换。居游迁移指的是基于自然或文化偏好的人类迁移,可以视为城乡交换的驱动力或是结果,并会导致乡村土地在产权、用途与管制方面的显著变化,同时也会影响乡村社区的结构与社会经济动力。

目前,我国城市与乡村居民存在人口、土地、机会等多种社会交换需要。中国建设用地占国土宜居面积比例(3.2%)远低于发达国家(日本10.4%、德国8.6%、法国6.0%)。北京市辖面积1.6万 km^2,建成区仅2000 km^2,开发率12.5%(香港25%),建成区面积仅相当于东京、洛杉矶的1/8,居住用地严重不足。城市居民(2030年时将达总人口的70%左右)与乡村人口在土地(主要是宅基地)之间存在社会交换需求。城市居民有利用农村宅基地形成第二住宅的需求。

但是目前乡村-城市社会交换双向通道存在制度障碍。这就需要从制度层面进行改革,盘活土地资源,满足城乡居民的美好生活需求,从而释放居民的休闲经济活力,促进产业结构调整。而制度改革的重要方面在于推动实现农村宅基地的完整物权:既要落实所有权,强化村集体宅基地分配权、处置权和收益权;又要保障用益物权,提高农民和市民的乡村规划权力;更要放活宅基地金融权利(质押权)。

2020年3月1日国发〔2020〕4号文件《关于授权和委托用地审批权的决定》中提到,"将国务院可以授权的永久基本农田以外的农用地转为建设用地审批事项授权各省、自治区、直辖市人民政府批准""试点将永久基本农田转为建设用地和国务院批准土地征收审批事项委托部分省、自治区、直辖市人民政府批准",这一新政将赋予省级人民政府更大用地自主权,也为乡村居住旅游和乡村振兴事业发展提供了更多的可能性。但对农村集体经营性建设用地的定义、入市细则仍在期待之中。

10.4.2 居住旅游

第二次世界大战以后,随着国际局势的相对稳定以及经济的恢复、发展,度假旅游成为社会休闲需求热点之一。北欧以及北美发达国家中拥有较高养老金的退休老人为躲避严寒的冬天而向南迁移度假。其中,欧洲地中海沿岸、墨西哥北部地区因冬季温暖的气候、优美的景色等成为北欧、北美地区退休老人的避寒圣地。随着迁移度假人数的逐渐增多以及游客滞留时间的逐渐延长,目的地酒店、宾馆等短暂性住宿设施呈现供不应求、供不配求的状况。为了发展当地经济以及满足旅游市场的需求,土地交易以及度假房地产建设开始发展起来。这使得更多前来长时间度假的旅游者开始拥有了自主产权的异地住宅。他们在旅游目的地过着与母国(母城)一样的居家生活,但日常并不会从事生产性工作,而主要开展休闲、游憩活动。由此,以休闲为目的的季节性的迁移居住/居住旅游便产生了,即旅游者在目的地购买或租赁土地建造住宅后,在某个季节(通常是冬季)前往目的地居住、度假,而在其他季节回到母国(母城)居住生活。

居住旅游(residential tourism)一词起源于西班牙。目前仍然没有权威的、公认的居住旅游定义,欧美现有研究中一般从游客群体特征来辨别居住旅游。O'Reilly(2007)认为居住旅游的游客是这样一群人:富裕促使他们将旅游视为生活方式;并在客源地和目的地之间建立一种流动的、悠闲的生活方式;他们尝试在目的地定居,但这只是表面上的,在某些方面,他们仍然未能完全融入目的地社区。西班牙学者Gaviria(1976)最早研究了两个群体的居住旅游行为,一个群体是在冬季多次重复造访西班牙地中海海滨地区同一旅游目的地的游客,另一个群体主要是来自北欧国家,在退休以后长期居住在西班牙地中海海滨地区同一旅游目的地的人员。根据这些居住旅游的游客或居民的流动性,可以将他们进一步划分为4个群体:完全居民,他们完全融入了目的地生活;定期返回的居民,在目的地和客源地都保留了住宅;季节性移民,他们居住在客源地,但季节性地移居目的地;在不同目的地间来回流动的游客,他们在多个目的地拥有住宅(O'Reilly,2000:39-68)。

综合相关学者的研究,居住旅游指的是以休闲、游憩为目的的生活方式迁居。其特点包括:① 居住旅游者旅游度假的动机是相似的;② 居住旅游者的收入来自非居住旅游目的地;③ 尽管部分度假旅游者也拥有自己的私人住宅,但居住旅游者滞留时间一般长于度假旅游者;④ 居住旅游者在旅游目的地一般居住于自有产权的住宅或租赁住宅中。

居住旅游强调以居住为主要形式的旅游活动与产品。因此,相对静态的"居住"与时空移动的"旅游"被用以描述旅游者长时间异地居住式旅游。这种在旅游目的地长时间以休闲为目的的停留往往被描述成度假旅游。虽然度假旅游与居住旅游在旅游动机方面存在较强的一致性,但也有着较大区别,表现为以下几点(冯祉烨,2019):

(1) 以季节性迁居为特点的居住旅游具有比度假旅游更长时间的目的地停留。

(2) 居住旅游者比度假旅游者在时间与金钱方面具有更高的异地支付能力。

(3) 度假旅游目的地核心旅游吸引物范围广、数量多;而居住旅游目的地核心旅游吸引物往往依赖于优异的自然环境或气候条件。

(4) 度假旅游目的地季节性强度一般弱于居住旅游目的地。

(5) 居住旅游者的旅游行为具备"居住"属性,表现为食宿上的自供性,而度假旅游者的食宿往往具备他供性。

(6) 居住旅游目的地人口流动性与社区感强于度假旅游目的地。

(7) 居住旅游者会相对定期地往返于旅游目的地,其目的地重游率高于度假旅游者。

因此,整体上,居住旅游是度假旅游的一种形式。

10.4.3 第二住宅

在居住旅游者中,有一部分游客在目的地购置或长期租赁了私有住宅,这就是第二住宅(second home)。第二住宅是居住旅游的一种载体,它不是第二套房。相对于常住住宅(第一住宅)而言,第二住宅是位于环城游憩带或旅游度假区,用于游憩休闲目的的非常住宅第。第二住宅并非现代独有的住宅形态,古今中外社会高度繁荣时均出现"别业""别墅",如唐代王维在宋之问辋川山庄的基础上营建的辋川别业(今陕西省蓝田县西南10 km多处)、16世纪意大利文艺复兴时期著名的贵族府邸——圆厅别墅(Villa Rotonda)。

第二住宅是一个比居住旅游使用更广泛的概念。古代中国有两类第二住宅:一类是"外邸",强调居住功能;另一类是"别墅",多建于郊外山林之间或风景优美之处,强调的是游憩、修养和景观美学上的功能,是古代富豪和文人逸士追求逍遥生活的反映(冯健,刘之浩,2000)。西方的第二住宅起源于斯堪的纳维亚半岛季节移牧制产生的夏季住宅和冬季住宅。第二次世界大战后,瑞典立法延长了年假,并且家用电器的普及促使食物存储期延长成为可能,政府将高产和肥沃的土地整理并释放,提供第二住宅建设的用地。优美的自然环境,森林、湖泊、岛屿、草地,适合第二住宅建设,大量第二住宅在海滨、湖滨和大城市周围兴起(Aldskogius,1967)。居住旅游与第二住宅的概念联系及差异如表10-2所示。

表10-2 居住旅游与第二住宅的联系与差异

	比较项目	居住旅游	第二住宅
联系	第二住宅是居住旅游的载体	一种行为	一种物业
	现象	同一种现象,可视为同义词	
差异	研究起源	20世纪70年代西班牙地中海海滨	第二次世界大战后斯堪的纳维亚半岛山区
	主要区域	西班牙地中海海滨,临近的葡萄牙和地中海沿岸的法国、意大利等国家,使用西班牙语的厄瓜多尔、哥斯达黎加以及使用葡萄牙语的巴西等拉丁美洲国家	斯堪的纳维亚半岛,欧美其他国家,中国、俄罗斯和南非等经济基础较好的发展中国家
	主要领域	旅游社会学、旅游经济学、旅游心理学、旅游地理学	人文地理学、人类学、社会学、经济学、生态学、乡村地理学、城市地理学、旅游地理学、区域经济学、房地产研究

资料来源:李庆,2020。

第二住宅的空间分布按照其与常住住宅的距离可以划分为与居住旅游对应的3个尺度。最大的尺度是跨国第二住宅,例如马来西亚对外国退休老人实施的一项较长时间居住计划,即"马来西亚第二住宅计划(MM2H)",鼓励外国的退休老人带着自己的退休金到马来西亚旅游、居住、生活。这一计划吸引了大批英国人和日本人前往马来西亚购置第二住宅。跨国尺度的第二住宅主要用于养老,其次是度假。

中等的尺度是跨区域第二住宅,在一国境内选择自然环境优美、气候适宜的地区购置第二住宅,例如瑞典居民在山区购置第二住宅用于冬季开展滑雪活动,在海滨购置第二住宅用于夏季享受阳光与沙滩;中国东北居民到海南三亚购置第二住宅退休前度假,退休后养老。跨区域尺度的第二住宅主要用于度假,其次是养老。

最小的尺度是环城市乡村第二住宅,这一类第二住宅分布于环城游憩带内,例如芬兰后生产主义乡村中形成的第二住宅景观。第二住宅的生活模仿了传统农村生活的景象,环城市乡村第二住宅主要用于周末居住旅游。后生产主义乡村的主要特征就是重视乡村环境、农产品质量和农业可持续发展,强调农业生产方式多样性和非农就业的增加(Evans、Morris、Winter,2002)。随着空间距离尺度的缩小,第二住宅使用频率增加,单次使用时长缩短。

10.4.4 第二住宅发展模式

根据第二住宅/居住旅游产品的资源环境、产品类型和开发方式,第二住宅发展模式可大致分为资本导向型、设施导向型、土地导向型、自然资源导向型和居住环境导向型这几种类型(李庆,2020)。

1. 资本导向型

资本导向型的第二住宅开发主要依托于密集的资金投入,因需要面向酒店客户而选址于城市建成区,土地成本较高,购买者也具有明显的投资目的,是旅游、商业和地产的结合。资本导向型的居住旅游产品主要是产权酒店。开发商将酒店客房的独立产权出售给业主,每间客房都拥有独立的产权。业主拥有客房所有权,在若干时间段内自己使用,其他时间委托酒店运营方或是分时度假网络管理和运营,而业主也享受一定的利润分红。

2. 设施导向型

设施导向型的第二住宅距离城市较近,一般位于城市近郊,其产品主要是开发较早的低密度别墅小区。小区在城市公共服务设施的覆盖范围内,城市的水、电、排水、道路等基础设施也可以便捷地延伸到这类小区中。这一类产品主要是开发较早,当时还未受到城乡规划管理和政策约束控制,获取土地的选择范围较大,因此其主要特点是低密度且离城市较近。购买了设施导向型居住旅游产品的市民出行的路程较短、花费时间较少。

3. 土地导向型

土地导向型的第二住宅是一种新兴的居住旅游产品,是由村集体主导开发的第二住宅小区。村集体将农村的建设用地与农业用地进行整理,一是通过建设用地指标置换,与企业合作建设居住旅游产品;二是集体建设用地用于建设居住旅游相关配套的基础设施、服务设施与游憩设施;三是社区周边的非建设用地维持原有的自然风貌和生产、生态功能。

在开发主体上,其特点是村集体主导开发,村集体具有农村土地所有权。农村土地确权后,村集体有权进行土地指标增减挂钩以有效整合村庄建设用地与非建设用地,通过将村民集中安置以节省出宅基地。一方面可以将节省出来的宅基地进行指标置换,通过市场交易方式流转获得国有出让建设用地,用于建设第二住宅;另一方面这些宅基地属于集体建设用地,虽然不能直接用于开发第二住宅,但可以用于建设居住旅游相关配套服务设施。

在资源环境上,土地导向型第二住宅的优势是能够亲近自然、体验乡村田园生活,但也存在建设分散、获取配套服务不便等问题。还有一些在农村土地上建设的第二住宅由于相关法规限制,往往是不能进行产权转移的小产权房,为村集体开发和市民购买带来了障碍。

4. 自然资源导向型

自然资源导向型的第二住宅一般具有良好的生态环境和气候条件,例如以自然景观资源为核心吸引力开发的旅游小镇、康养小镇和度假区等。开发自然资源导向型的居住旅游产品的前提条件是优越的自然资源,开发重点是将适宜的气候、负离子含量高的空气、未受污染的水体、繁茂的森林植被等优质资源整合以满足居住旅游者自我实现的需求。但该类第二住宅往往会与其他旅游项目相互干扰。围绕优质自然景观资源除了建设第二住宅外,还发展了其他各类旅游产业和旅游项目,如主题乐园、商务会议等。本章上一节案例中的恒大清远世纪旅游城便属于这一类第二住宅。

5. 居住环境导向型

居住环境导向型的第二住宅往往是由实力较强的大型地产商开发的住宅小区,注重居住环境的设计和营造,其产品特点是高密度与低密度住宅混合。为了保证整块用地的容积率满足控制性详细规划的要求,居住环境导向型的第二住宅不仅有低密度别墅物业,也有高密度的高层单元住宅物业形态。这一类第二住宅数量最多,分布最广,除了分布于大城市城郊外,还分布于都市圈中心城市周边的各城市中。其劣势主要是社区规模大,一般是较大型的居住小区。购置该类产品的居民大都出于补偿动机,改善常住住宅的不足。

6. 政策创新与影响评估

随着农村土地政策的不断松绑和制度改革的推进,未来第二住宅的供给中,村集体将更加普遍,农村居民个体也有可能以供给主体的身份出现。若能在相关文件支持下试点放开农村宅基地和住宅在村集体以外的交易,将可能打通城乡社会交换的渠道,呈现多方共赢的局面。有居住旅游需求的城市居民可以不通过开发商,直接从村集体或村民手中购置/租赁住宅或宅基地,实现个性化需求;农村居民有了土地收入作为第一桶金以后就能进城创业,具备了更强的竞争力;农村闲置的住宅和宅基地产生了经济效益,也有利于乡村振兴战略的推进。

但在开发第二住宅和居住旅游产品的同时,也应该关注其发展对目的地社会、经济和环境带来的一系列影响,例如对当地文化和习俗产生冲击,引发社会矛盾;第二住宅公用设施使用频率低,造成浪费;相关产业挤占目的地生态空间,破坏生态等。因此,政府也应该积极介入,在居住旅游和第二住宅发展的起步阶段进行风险管控,鼓励居住旅游健康发展和可持续发展,建设和保有一片和谐美丽的城乡国土空间。

【本章小结】

随着中国城市化水平的提高和休闲社会的到来,中国城市周边旅游与游憩需求不断提升,环城市旅游与游憩发展也成为官产学共同关注的话题。在此过程中,环城游憩带理论应运而生,并在旅游(游憩)规划工作中发挥了理论指引作用。

环城游憩带的形成和发展虽然始于特大城市,但随后涉及各种规模的城市。它的形成受土地级差地租和旅行成本的双向力量作用。在城市进入休闲度假时代之后,城郊旅游综合体成为旅游、休闲、商业、娱乐、社交等多功能集群发展的空间载体和业态模式。但是与这种土地、资本和运营都被高强度开发的模式几乎平行发展的是另一种截然相反的模式,即在城市周边或者远离城市的度假胜地,形成体现分离式、田园牧歌式乡居生活的居住旅游模式。第二住宅发展因此启程。

在居住旅游迎合城市居民需要、乡村人口试图迁移进入城镇谋求现代生活方式的互动过程中,城乡社会交换悄然发生。但在此过程中,仍然存在土地、产业、金融等政策和制度方面的障碍。

【关键术语】

环城市旅游发展(tourism development around cities)
游憩活动空间(recreational activity space,RAS)
旅游目的地地带(tourism destination zone)
环城游憩带(recreational belt around cities,ReBAC)
游憩带外推(expansion of recreational belt)
城郊旅游综合体(tourism complex around cities,TCAC)
旅游集群(tourism cluster)
居游迁移(amenity migration)
城乡社会交换(social exchange between urban-rural community)
休闲度假旅游(leisure and resort tourism)
居住旅游(residential tourism)
第二住宅发展模式(second home development patterns)

【复习题】

1. 为什么说中国已经进入了休闲社会?
2. 为什么大多数旅游休闲活动发生在城市周边地区?
3. 什么是环城游憩带?它的形成机制是什么?
4. 城郊旅游综合体的类型有哪些?它们和独立旅游综合体有哪些不同?
5. 居住旅游与一般度假旅游有什么不同?
6. 第二住宅在我国发展的前景如何?存在哪些需要考虑的制度与政策问题?

(本章录音稿整理:黄嘉成、吴必虎)

第 11 章 城市游憩空间与节事会展规划

【学习目标】
- 了解城市游憩空间的概念、功能与类型
- 了解城市游憩空间的发展趋势与供需矛盾
- 理解城市游憩空间规划的主要类型
- 掌握游憩商务区(RBD)规划导则
- 了解城市节事与会展发展规划内容

城市既是客源地,也是目的地。作为客源地,本地市民对城市内部及周边地区的公共游憩空间存在现实需求;作为目的地,城市的游憩空间和会展节事功能很大程度上影响并决定了城市的吸引力和竞争力。城市高质量发展一方面要求城市由单一的生产地转向生态、生产、生活综合功能,游憩可达性与节事会展功能将成为转型的主要动力;另一方面要求城市能够为人民对美好生活的需要提供优质的居游共享的服务能力和服务水平。随着中共中央"十四五"规划建议强调"打造一批文化特色鲜明的国家级旅游休闲城市和街区",未来的城市游憩和会展节事将迎来新的发展契机。

城市游憩空间与节事会展的共同特点是发生在城市建成区内部及周边,这是本章与前述各章关注重点的不同之处。城市游憩空间主要是指居游共享的游憩与旅游空间。本章内容安排直面城市游憩空间供给不足的矛盾,分述城市公园与滨水区、城市居住与步行区、游憩商务区(recreational business district,RBD)等规划导则,并就城市如何应对会展和节事发展需求提出规划响应。

11.1 城市游憩空间及供给压力

11.1.1 概念与分类

城市游憩活动是指游憩者在城市或城市近郊的休闲活动,参与者既包括城市居民,也包括外来游客,意即城市休闲与城市旅游的统一。城市游憩空间是处于市区或城市近郊,游憩者可进入的,具有休息、交往、锻炼、娱乐、购物、观光、旅游等游憩功能的开放空间、建筑物及设施(吴必虎、董莉娜、唐子颖,2003)。城市游憩空间通常情况下是公共空间。城市游憩功能与游憩空间是城乡规划学科经久不衰的研究对象,1933年国际现代建筑学会(CIAM)第四次大会在雅典举行,会上形成了一份关于城市规划的《雅典宪章》,这份历史性文件影响深远,至今仍被引用。《雅典宪章》中,游憩功能就已被列为城市的四大功能之一(国际现代建筑学会,2007汉译本)。在当代社会,城市游憩空间规划不只关注物质空间,还注重人的行为与空间的交互。目前研究与实践中的主要问题包括：如何将城镇自身设计为有吸引力的游憩功能场所从而推动城镇发展，如何将生态环境与城市游憩空间结合，以及如何通过游憩空间促进城乡社会交换。

城市游憩空间与城市开放空间（urban open space）是一组联系紧密的概念。城市游憩空间是能够提供游憩功能服务的城市开放空间，除了具有基本的游憩功能外，还具有社会文化功能、生悦功能和生态功能，这与城市开放空间的功能是基本重合的，因此上述两个概念的空间通常情况下保持基本一致。

城市绿道是城市绿地系统规划的重要组成部分，也是近年来新兴的一类线性游憩空间。绿道是位于河流、沟渠、山脊线、废弃铁路、景区道路等自然或人造景观沿线的一类线性绿色开放空间，具备生态、游憩、社会文化等多重功能。现代意义的绿道起源于美国，自20世纪90年代起，已经迅速成为一个全球性工程。国内绿道大多为游憩型，始建于2008年的广州。迄今，广州绿道已经累计建成超过3000 km，是国内线路最长、串联景点最多、综合配套设施最齐、在中心城区分布最广的游憩型绿道网络之一。绿道使用者可以分为社区居民、休闲旅游者和过路者3个典型类型。休闲旅游者往往以游憩或人际交往为目的，从事远距离的一日游活动（以自驾车的家庭出游为主），在绿道周边游玩（赵飞，2016）。

城市游憩空间的社会文化功能主要指其作为产生集会等社会交流活动或与自然互动的社会休闲空间，创造社会进步价值并承担着文化传承传播功能；生悦功能是指其作为城市景观设计的物质载体，能够满足公民审美情趣和休闲放松的需要；生态功能是指其作为城市生态系统的一部分，可以提供普罗大众以生态教育和优质环境。城市绿地具有重要的社会教育功能。现代教育正在逐步由满足公众个体发展和社会发展要求，向终身教育、终身学习和学习化社会方向转变，城市绿地的教育功能是城市绿地社会服务功能的重要组成（张媛，2010）。由此可见，城市游憩功能与城市的其他功能紧密联系，共同构成一个复杂功能系统，其规划不能单独剥离出来而需要整合到城市发展规划中进行考虑。

吴必虎和黄潇婷（2010：23-28）对主客共享的城市游憩空间进行了较系统的阐述。在不同类型游憩空间的使用者中，本地居民和外来游客所占的比例有所不同。按照这一分类标准，常常将城市公共游憩空间按服务属性分为主要面向本地居民、同时面向本地居民及外来游客2个服务组（吴必虎、董莉娜、唐子颖，2003）。在这一分类原则上，根据公共游憩空间自身空间属性、与周围环境的关联程度、所有权属性与可进入性、使用者的使用诉求等，将其识别为2个服务组、11个主类、37个干类的基本框架（表11-1）；其中包括面向本地居民和面向本地居民及外来游客的2个服务组；11个主类包括城市公园、道路及沿街绿地与环境设施、大型城市绿地、文娱体育设施、半公共游憩空间、城市步行空间、城市滨水游憩空间、文博教育空间、商业游憩空间与商业设施、城市特色建筑与构筑物、旅游景区（点）及设施。随着社会发展，这一分类的具体内容将会不断变化，但其结构框架仍将长期有效。

Thompson（2002）的研究基于西方社会的发展历史，提出21世纪西方城市开放空间发展趋势，由于中西方发展阶段的差距，这对中国城市游憩空间的未来发展依然有启发意义。随着中国社会进入休闲时代，城市游憩空间需求早已成为人们日常生活的价值增长部分，"better city better life"意指一种全新的生活模式和面向自然的、可持续发展的价值观与生活态度。

未来居民选择定居城市,除了就业需求外,还将考虑城市是否能够满足高品质生活需求,其中就包括游憩空间的高质量与可得性。因此未来城市的宜居性将与城市游憩空间类型多样性、个性化空间丰富程度、公共空间的民主化与无障碍程度等因素紧密相关。

表 11-1 城市公共游憩空间分类系统

服务组	主 类	干 类	支 类
面向本地居民	城市公园	市、区级综合性公园 居住区公园 动物园 植物园 儿童公园 其他专类公园	市级公园、区级公园; 体育公园、交通公园、雕塑公园、盆景公园、专类植物园
	道路及沿街绿地与环境设施	沿街小游园 道路红线内绿地 街旁绿地及设施	
	大型城市绿地	环城绿带(游憩带) 郊野公园 市内大型绿地 公墓陵园	
	文娱体育设施	文化娱乐场所 艺术剧场 体育场馆	工人文化宫、劳动人民文化宫、工人俱乐部、民族文化宫、青少年宫、地区文化馆、社会公益活动机构; 多功能剧场、歌舞剧场、话剧院、音乐厅、杂技厅、电影院
	半公共游憩空间	小区游憩空间 单位内部游憩空间	宅旁绿地、邻里游憩园、儿童游戏场、小区体育运动设施
面向本地居民及外来游客	城市步行空间	城市广场 步行街	交通集散广场、市政广场、市民广场、纪念广场; 商业步行街、步行林荫道、绿道
	城市滨水游憩空间	滨海游憩区 滨湖游憩区 滨江、河游憩区	
	文博教育空间	博物馆 展览馆 美术、艺术馆	
	商业游憩空间与商业设施	城市商务中心区 城市特色商业街区 食宿娱乐场所	
	城市特色建筑与构筑物	建筑综合体(群) 独立建筑	
	旅游景区(点)及设施	城市旅游公园 城市史迹旅游地 城市风景名胜区 旅游度假(休疗养)区 宗教寺观 高尔夫球场	主题公园、名胜公园、野生动物园、水族馆(海洋公园)、观光农业园、游乐园; 历史地段(街区)、纪念地、遗址

资料来源:吴必虎、董莉娜、唐子颖,2003。

党的十九大宣告我国社会的主要矛盾发生转移,人民对美好生活日益高涨的需求将使得城市游憩空间更加关注大众游憩保障,公共空间对不同年龄、性别、社会地位的群体的可进入性、可达性、可得性等将成为城市游憩空间重要评价指标。这意味着游憩空间民主化将成为衡量城市文明程度的标志,其主要的发展趋势就是成为政府的施政目标乃至现代化空间治理体系的一个部分。

2013年国务院办公厅下发的《国民旅游休闲纲要(2013—2020年)》指出,城乡规划要统筹考虑旅游休闲游憩场地和设施用地,优化布局;推进城市游憩空间和设施建设,拓展游憩机会提供,提高游憩体验的满意度。该纲要一定程度上回应了我国在此方面的供需矛盾,但从已经到期的纲要执行情况来看,形势并不乐观。未来城市游憩空间规划还需要进一步努力,提出更加具体的可操作方案。

11.1.2　游憩空间供给压力及其解决

随着城市化进程的继续深化,大中城市和大都市圈游憩空间供给普遍面临供给不足的压力,户外游憩空间的人均面积和质量不断下降的同时,城市居民在高密度人居环境下对户外游憩空间的需求却在不断上升,最终造成当前城市游憩空间供需矛盾。

从国际经验来看,美国等发达国家因社会发展阶段先于中国,更早地面临这一城市游憩空间压力矛盾,20世纪90年代后在美国兴起的"新城市主义"设计思潮,就是应对矛盾的路径探索之一。"新城市主义"重新反思第二次世界大战以来基于严格功能分区的城市规划对城市生活的破坏,倡导居住、就业和游憩的多功能混合,呼吁规划设计过程的公共参与及重塑地方文化等(邹兵,2000),最终成为美国20世纪末以来重要的城市建设运动。其规划设计思想中关于城市游憩空间供需失衡的应对,最值得我国政府和相关行业人员思考的是如何推进多尺度混合功能空间,即在单体建筑-街区-城市等多个空间尺度上的功能混合。

目前国内对城市游憩空间规划的理论研究依然处于摸索阶段,吴承照(1995)曾对西欧城市游憩规划中的指标法、系统层次法、空间均衡法和需求导向法4种规划设计方法进行了介绍。近来大量的研究都聚焦在实践案例的过程分析与经验总结上,积累了丰富的实践经验,但基于中国国情的理论成果仍然有待发展。温全平(2008)从实质性规划理论、程序性规划理论、规划方法3个方面对城市森林规划理论与方法进行了系统分析。温全平提出,城市森林规划要从4个维度进行考察分析,即环境生态维度、视觉景观维度、游憩活动维度和经济维度。要探索各维度作用下城市森林用地与空间利用的不同表现形式,强调各维度在规划过程中的综合平衡,为城市森林规划的认识和实践活动建立统一的规则和逻辑准则。

针对当前城市游憩空间供需矛盾较为突出的现状,有以下思路可以低成本快速拓展城市游憩空间:一是对城市内自然资源充分挖潜满足新的社会需求,主要方法包括重塑传统公园,利用大型展览和大型节事会场建成永久性公园或博物馆,修复改造废弃地或棕地(垃圾填埋场、废旧工厂矿场、旧铁路)等;二是鼓励公私合作和特许经营,出台配套政策支持多元主体参与,主要方法包括鼓励机关单位向公众开放半公共或私人花园,更新改造社区公共空间和公共设施(学校、市场等)并向市民有条件开放,鼓励社会团体和社区改造城市空地建造小型游戏场、袖珍公园、社区农场,要求在城市开发中的承包方提供游憩机会并将其作为批准开发的条件之一,例如超高建筑需设置底层架空公园等。

11.2 城市游憩空间规划导则

虽然城市游憩空间类型多样、影响因素复杂、面临压力较大,但在进行城市游憩空间规划编制时,如果抓好其中最主要的解决途径,就可以在一定程度上满足居民和访客的基本要求。我们建议的3个重点游憩规划内容是:城市公园与滨水区、城市步行区与居住区和城市游憩商务区。针对每一类游憩空间,除了给出基本定义和重要理论进展外,同时也会介绍一些游憩使用评估、规划设计原则及相关案例。

11.2.1 城市公园与滨水区

1. 服务标准

各类城市游憩空间中,规模不一的城市公园和生态价值突出的城市滨水区,具有非常突出的作用。尽管不是所有的滨水区都是城市公园,但二者合一的情况较多,它们的共同特点是均有较大占地面积,游憩功能相对集中并可能混合有其他城市功能。对于城市公园的分类标准,中外差距较大。西方国家的核心参照是服务水平标准和对应面积,各国根据各自的实际情况制定了相应的标准。中国现行的唯一标准是住建部在2018年实施的《城市绿地分类标准》,该标准仍然将城市公园定位为城市绿地下的一种,并采用两级分类法对具体的分类对象(第一级为综合公园、社区公园、专类公园和游园;第二级仅将专类公园细分为9个小类)进行描述性定义。从实施效果来看,因为种种原因该标准指导性不强。

西方国家很早就开始重视城市公园与滨水区的游憩空间设计。19世纪末期,面对英国工业革命带来的城市扩张与环境恶化问题及其所导致的城乡分离,霍华德(1987中译本)提出了"田园城市"这一概念,在城市模型中专门设置了林荫大道和中央公园等城市游憩空间。1907年美国城市美化运动巅峰之作——芝加哥城市规划,5个重要部分中的3个涉及城市公园及滨水区,分别是发展与市中心相连的滨湖文化中心、建设湖滨及沿河风景区、建立公园道路并与周围林地形成完整系统(Hall,2014:207-210)。针对城市公园布局与选址研究,业界已积累了丰富的成果,常用的方法包括基于遥感和GIS的适宜性分析、网络分析等。

城市公园游憩使用评价最重要的指标是服务半径。服务半径由其在城市公园中的层级定位所决定,同时需要考虑区位因素和预期的服务压力。在法国,这一经验数据大致为:大于10 hm^{2}的小公园(单一功能社区级公园),服务半径250 m;10~30 hm^{2}的中等公园(区级),服务半径500 m;30~100 hm^{2}的大型公园(混合功能城市级公园),服务半径1000 m(IAURIF,1995:39)。中国的研究和实践表明,不同地区和城市的实际数据需要具体分析。除了服务半径外,城市公园使用评价还涉及对城市公园系统的整体评价。俞孔坚等(2005:71)根据景观安全格局与生态基础设施等提出游憩安全格局构成和规划导则,认为游憩安全格局是对人在景观中的游憩体验过程的质量具有关键性意义的景观元素和空间联系,其分析综合了区域内适宜游憩的各种景观元素的分布格局(表11-2)。

表11-2 三种安全水平的游憩安全格局

等 级	特 征	范 围	规划导则
核心游憩景观	以富有特色的自然山体、湿地、水系和历史文化景点作为核心游憩景观	包括资源本身的点、线、面等多种类型	以保持自然原貌为基本原则,对自然要素避免侵占,进行生态恢复、景观保护与整治;对遗产元素遵照原真性原理进行保护
游憩高适宜区	从适合人游憩活动的景观来说,自然景观更为优越,因此临近核心游憩景观的自然景观就作为游憩高适宜区	随周边的自然景观要素而定,如农田、湿地、林地,基本保持在200 m以内	对自然要素避免侵占,进行景观保护与整治;不做大的建设,如有建设必要,应深入研究确定其体量、形式、色彩等
游憩中适宜区	对于核心游憩景观周边一般的村镇、农田和林地,具有烘托气氛、作为背景的作用	随周边的景观要素而定	尽可能保持自然要素;对遗产要素可以进行有机更新,基于原有风格进行设计
游憩低适宜区	建筑密度较高,自然和文化遗产要素较少,空间要素不突出,历史文化价值低	随周边的景观要素而定	尽可能增加自然要素,如林木、水体;设计当地的现代风格建筑及环境

资料来源:俞孔坚、李迪华、刘海龙,2005:71。

2. 设计指南

从游憩与旅游的角度看,城市公园规划设计为了避免财政浪费和建设效果不佳,应该遵守以下一些基本原则:

(1) 提高可达性和公共性

要仔细调查拟开发地段的可达性和土地利用现状,根据环境特点与社区需求,确定公园特征、角色与个性,对影响可达性的因素,如公园大小、形状、区位还要做具体研判。同时要注意把思考层面放大到城市尺度,尽量通过增加小微社区公园、提高路网密度、减少交通障碍等方式提高公园体系可达性,有条件的地方还可以综合设计城市绿道、绿廊系统连接城市公园。

国内如福州等城市已率先在城市范围内开展此类规划设计,通过步道、自行车道等多种廊道串联城市景点、公园,其道路本身也成为重要的线性城市游憩空间。目前中国城市景观设计,尤其是城市公园设计还存在过多的隔离设施,造成城市公园进入性不强,例如入口处栏杆、路缘石(路障)等,在未来实践中应注意规避。公园建成后,因涉及多部门管理的问题,还需要有相应的多主体联动管理机制以保障空间使用效率或氛围营造。

(2) 以美好生活为导向

要重视接近生活,避免过度设计,推动城乡融合,提高安全性能。部分地方政府热衷通过大手笔或过度设计兴建公园、滨水区来打造城市名片,提高土地价格,往往造成财政浪费且难以取得理想的设计效果。设计时需要反思价值倾向,不要"为公园而公园",把城市公园和滨水区从城市有机体中分割出去成为单一追求绿化和美化的"盆景"。如果以人工取代天然,大量采用奇花异木,过度种植与过度装备,不仅影响生态平衡,不利于保持生态多样性,同时也使得后期维护成本极高,成为地方财政负担(俞孔坚、李迪华,2003:96,99)。

在有条件的城市,城市公园还应该考虑促进城乡一体化,增加田园综合体功能和城市农业项目,例如 2009 年巴黎边缘结合带项目制定了都市农业法规,围绕 800 km 巴黎环城边界形成宽度不等的环城游憩带,将消失已久的农业景观改造为新型生产性开放空间,同时也恢复了树篱、壕沟、灌木丛、乡间小路,并将温室、私家花园、回收利用、能源生产、堆肥、运动场共同组成新的生态基础设施,吸引大量社会团体和市民参与该项目(莫斯塔法维、多尔蒂,2014:266)。

除了避免过度设计,城市公园和滨水区还需注意提升安全性,通过提高公园道路及铺装场地、植物、水体、景观及功能设施的质量减少游人的行为事故。在新建项目和更新项目中积极研究并创造老人、儿童及残障人士友好环境,例如儿童友好公园为儿童和青少年提供安全的游乐和学习环境,以激发其创造性思维和冒险精神,满足其复杂的游乐需求,避免过小的、单一的、商业化的游乐活动设施(谭玛丽、周方诚,2008)。国内深圳、珠海等城市都已开展相关试点公园建设,以"从一米高度看城市"等理念取得了良好效果。

(3) 推进多方参与,鼓励混合功能

提倡公共参与的城市公园建设和管理,倡导混合功能设计和运营中的活动策划,通过社会文化、生态、商业等多种功能混合的精致空间设计,创造丰富的都市休闲交往活动可能性和地方场所感,促进城市游憩功能发展。

1977 年《马丘比丘宪章》宣告,"今天我不应该把城市当作一系列的组成部分拼在一起来考虑,而必须努力地创造一个综合的、多功能的环境",规划师和设计师开始将城市公园视为一个有机体进行综合考虑。1982 年巴黎拉·维莱特公园规划通过各种凉棚和独特的公园法则,允许在草坪上进行散步、踢球、放风筝、野餐甚至是骑马等各种活动;英国汉普斯特德西斯公园则举办各种季节性的狂欢节游行、体育盛会、俱乐部活动、盖伊·福克斯节(Guy Fawkes Day,焰火表演),以及健康徒步、自行车游览、日光浴和特殊人群聚会,这些活动都发生在高密度城市的中心地区(Thoren,2007:70-71)。

此外,在城市公园的建设及后期维护中,可以借鉴西方经验引入社会组织参与。美国很多公园的管理都是通过社会团体或公私合作的方式进行的,例如 1980 年为了应对中央公园持续衰败,成立了中央公园管理委员会(Central Park Conservancy),并与纽约市政府开展长期合作,每 5 年根据纽约城市人口和公共生活期望进行一次动态调整规划,每年提供一项"教育计划",专注于环境科学、公园历史、各种娱乐活动、志愿者计划以及公园的服务信息,激发公众热情,使其积极参与到志愿者和经济资助者的行列中来(左辅强,2005)。

可以预见,随着我国社会经济不断发展,国民美好生活需求不断增加,城市公园管理将趋向复杂化和系统性,一次性建设、静态规划的建设方式和单一主体管理模式都将面临挑战。未来,规划师和设计师的工作也将从一次性介入转向与城市公园多主体治理团队的长期合作。

3. 案例经验

(1) 区域级城市公园:杭州西溪国家湿地公园[图 11-1(a)]

随着中国城市发展进入城市群时代,位于郊区的城市公园可能发展成为区域级城市公园,其占地面积大，辐射范围甚至涵盖整个城市群，不仅是城市居民游憩空间，更成为重要的旅游目的地。

区域级城市公园规划，以杭州西溪国家湿地公园持续性开发规划为经典。西溪国家湿地公园距离杭州市中心仅 9 km，是极为难得的城市次生湿地。随着杭州城市化速度加快，由于各种原因导致湿地功能退化，生态环境和文脉存续都受到很大影响。2005 年，西溪国家湿地公园成为国内首个国家湿地公园建设试点项目，由此开始长达十余年的持续性开发进程。最初的规划策略是"兼城市湿地、农耕湿地和文化湿地于一体"。

西溪国家湿地公园游憩规划主要考虑 3 个方面的因素（陈江妹 等，2011）：

一是基于湿地自然生态，充分体现湿地特点。项目有陆地和水上湿地自然观光，利用湿地进行自然知识和生态知识的教育，建造了中国湿地博物馆，此外还成立湿地观鸟协会、动植物保护协会等群众组织。

二是选择性保留原有民居，新建建筑充分延续地方文脉，通过湿地文化主题酒店及各类文化活动丰富休闲度假产品体系。

三是放在杭州市城市公园体系中来策划、设计游憩产品，此举深受杭州市民和外地旅游者的喜爱。

西溪国家湿地公园通过差异化来实现与城市其他旅游区的一体化发展，已经成为长三角地区知名的综合性城市湿地公园。在休闲旅游时代，西溪国家湿地公园将迎来更大发展空间。

（2）城市级城市公园：纽约高线公园［图 11-1(b)］

城市级城市公园并不意味着占地面积巨大甚至跨越数个城区，这里主要是指一些具有较大规模的、因为成功的规划设计及管理运营模式而成为城市品牌项目乃至文化名片的城市公园。这一级别的城市公园往往拥有持续性规划方案和较高水平的管理运营团队。

2009 年对外开放的纽约高线公园是其中一个非常典型的代表（杨春侠，2011）。高线公园的前身是用于城市运输的高架铁路，1980 年停止运行后，高架铁路一直处于"拆与不拆"的争论之中，这是了解该案例的重要前提。事实上在改造项目之前，围绕着这个争论，市民团体"高线之友"发动了广泛的社会参与，同纽约市政府、地产商进行了复杂而漫长的博弈过程。这个过程也动员了大量的规划师、设计师团队和个人以及旅游研究者参与，最终于 2004 年启动了该项目。

在具体的规划设计中，高线公园通过对高架铁路综合性更新，创造出了有别于普通公园的独特公共游憩空间，例如将铁路与建筑的穿插空间保留更新，将其改造为提供展览、健身和休憩功能的休闲区域；利用和改造铁路结构，营造层次丰富的立体空间，创造餐饮、城市观光、公共舞台等诸多游憩空间；公园与周边街区的协同更新形成联动发展，整个地区成为纽约著名的工业历史文化区，沿线聚集大量艺术展览和文化休闲建筑。

（3）城区公园：上海静安雕塑公园［图 11-1(c)］

城区公园的服务半径通常辐射城市某个或某几个区的使用者，因为其自身的规模和特色，也能吸引特定偏好的游客参观，在我国高密度建成环境的特大城市游憩空间中具有重要地位，也可能成为该区域的对外旅游场所。

上海静安雕塑公园位于上海市中心城区——静安区,该区人口密度较高,设计宗旨是为广大市民打造兼有生态功能、艺术功能和文化功能的城市公共产品,目前为上海唯一的开放式专类雕塑公园。整个公园以流动展示长廊为主线,将各景观空间串联起来,并有机布置各具创意的主题雕塑展览,通过中西结合的造园方法丰富公园景观构成,增强游园探索的兴趣。

此外,雕塑公园中心还分布有上海自然博物馆,通过博物馆与公园的结合,进一步提高了雕塑公园作为游憩空间的多样性和吸引力,使其日渐成为上海重要的市民文化空间。雕塑公园的价值外溢使得周边的居住质量和地产价值也大大提升。

(4) 社区(街区)公园:美国口袋公园[图11-1(d)]

随着我国城市化水平进一步提高,城市中已不具备再修建规模较大城市公园的可能,呈斑块状散布、就近为居民提供游憩功能的社区(街区)公园就成为城市公园可达性的重要补充,其在商业和办公区等人口密集区域更具可行性。

美国最早提出类似构思并称之为口袋公园(pocket park),占地多在 $800 \sim 8000 \text{ m}^2$ 之间,其特点是将设计、建设、维护变为一个公众参与事件,设计者必须要比设计其他任何开放空间都更加理解社区的社会、政治复杂性;功能上主要提供简单而短暂的休憩活动,根据本片区使用者的需求进行针对性设计;使用人群则紧贴本片区人口,并确保使用者可通过步行快速到达(张文英,2007)。

目前口袋公园在国际范围内已积累了丰富案例,世界上第一个真正意义上的口袋公园——佩雷公园,占地仅 390 m^2,有供休憩的可移动、舒适的独立座椅,设计的跌水景观作为视线焦点,由攀缘植物覆盖临近建筑墙面形成不需要养护管理的绿色垂直界面,还有可以提供简单食物的售卖亭,可谓"麻雀虽小,五脏俱全"。

(5) 城市滨水区游憩规划案例

城市滨水区以线性滨水空间为主,包括海滨、江河岸与溪岸,其规划设计强调生态意义上的生态修复、水体治理;美学意义上的自然"粗糙之美";水利意义上的蓄洪涵养,以生态防护取代工程防护(俞孔坚、李迪华,2003:149);社会意义上的人际交互;历史文化意义上的更新利用。

2002年竣工的瑞典马尔默市达尼亚滨海公园可以引为城市海滨区优秀案例。其用地来自对垃圾填埋场的改造,设计则在很大程度上致力于服务社会活动,拥有各种尺度和特质的空间,例如从供10~15人活动的露台到供上千人活动的多功能草坪,临海一面做了生态防风带抵御海风,同时设计瞭望台和跳水台丰富亲水活动。

2011年陆续对外开放的深圳湾公园,沿海岸线长约11 km,串联了22个生态、文化、运动等主题公园,打通深圳湾欢乐海岸项目、深圳湾超级总部地区、南山后海中心区等滨海地区与海岸的联系,使得湿地、河流、绿地连接城与海,形成了陆海生态系统的有机连接,创造了巨大的社会效益和经济效益。

上海黄浦江滨江岸线改造案例也值得一提。该案例超出过去单一滨江公园思路,转变为着力打通滨江岸线,串联各类滨水公园和文化区域,在西岸,以"西岸集团"为主体进行滨水旧区更新和滨水工业遗产开发利用;在东岸,成立"东岸公司"对杨浦、徐浦两桥之间滨江岸线的南北贯通展开一系列工作。

(a) 西溪国家湿地公园

(b) 高线公园

(c) 静安雕塑公园

(d) 佩雷公园

图 11-1　城市公园的典型案例

(a) 图片引自西溪国家湿地公园官网。西溪国家湿地公园局部鸟瞰,通过治理与保护性开发,西溪国家湿地公园已成为长三角地区知名的度假目的地。(b) 图片引自高线公园官网。与街区相映成趣的高线公园,串联起沿线各类业态,提供了公共活动空间。(c) 图片引自上海自然博物馆官网。坐落在静安雕塑公园中的上海自然博物馆,混合功能提高了公园溢出价值。(d) 图片引自佩雷公园官网。创造了丰富社区价值的佩雷公园,春秋季成为户外聚餐场所,以叠泉景观作为公园边界。

作为城市溪岸案例,韩国首尔清溪川改造极为成功。2003 年起,改造历时两年拆除了 5.8 km 的清溪川路和架设其上年久失修的高架桥,修建了滨水生态景观及休闲游憩空间。其分段设计游憩场景的思路值得借鉴,上游段因位于城市中央商务区(CBD)中心区,多处景观设计简洁、现代,包括现代雕塑的设置、步道旁小型水道的设计以及墙壁的浮雕等,与周边业态与建筑相得益彰,凸显城市年轻现代的活力;中下游段为传统集市和居住区,设计以消遣休闲为主,是广大市民慢跑、散步最为集中的部分,也提供了更多休憩的空间和步道设计,同时也强调生态设计,恢复了许多沿河自然植被(陈可石、杨天翼,2013)。

11.2.2 城市步行区与居住区

本书所谓城市步行区,包括大型或小型步行广场、步行街区、步行网络和步行购物中心,力图推进城市中心区的步行化。城市步行区作为城市社区生活的心脏,是人们会面、聚集、购物、社交、休闲、夜生活的中心地,应该提供更多步行化空间。

城市步行区概念在国外已经发展很久,但在中国是最近 20 年才逐渐流行的概念,一个直接原因是新中国成立以后很长一段时期内城市主要任务是以生产为中心,商业活动不发达,对休闲消费需求也不够重视。步行优先是可持续发展的必需环节,能够体现社会公平,改善健康水平,提升空间品质,促进城市发展。城市应该增强大型公共开放空间步行可进入性,同时依赖创造性设计增加步行机会,布设相应设施鼓励多种用途,如步行、运动、露天野餐(Giles-Corti et al.,2005)。步行化乃至无障碍化是未来城市公共开放空间的一个发展趋向。

城市历史中心、商业中心区、居住区集中的地方,应该逐步完全或部分步行化,其方法可以灵活动态控制,调整不同时段的步行进入,也可实现部分步行化并整合自行车路线和步行网络,连接住宅、学校、公园和工作地,有时还可连接城市与郊区。这就需要我们不断提高现代化城市治理水平,将改造计划纳入未来智慧城市系统建设之中。

目前城市空间步行化发展形式和规模仍在不断演化,主要有表 11-3 所示几类模式。

表 11-3 城市空间步行化发展模式

发展模式	特 点	典型案例
商业步行街、步行区	由单一的街道发展为形式多种多样的步行区,包括商业、娱乐设施、广场和公园等,各种步行设施组合成一个步行循环系统,并与其他交通方式形成良好的整合关系	德国慕尼黑步行区是典型的案例,其步行区与快速环路、地铁及公共交通紧密结合,采用地面街道、广场和连续的地下商场、地下交通相结合的立体空间体系
步行系统立体化、室内化	从空间上分离人车行系统,包括空中步行系统和地下步行空间,与城市商业、休闲设施以及轨道交通系统相结合,并与当地气候相适应,形成全天候的步行公共系统	加拿大和日本的地下空间非常发达,多伦多地下步道几乎覆盖市中心区所有地块,将多个地铁站换乘点连接起来,并通过中心区的重要公共建筑、广场、综合体与城市地面系统相连接;香港的空中步行系统也独具特色,结合商业、商务活动及游览休闲行为,与建筑紧密配合,有意弱化公私领地界限
社区步行化	关注居住区街道安全和人性化需求是城市步行化模式的重要组成部分	荷兰著名的"生活庭院"主要是通过一些设计手法迫使汽车减速,如将道路设计成尽端式、道路两端缩口、车道折线形或蛇形等,可避免人行道与车行道的分离,人车共存,享受平等的出行权利
步行城市概念构想	美国学者克劳福德提出"步行城市"的构想:将城市分为若干管区,每个都以一个交通站为中心,管区间采取轨道交通,内部以步行为主要交通方式,步行者享有优先权,尊重公众领域,鼓励社会交往,构建高质量的城市生活	在英国城市中心区的细部设计上,步行优先的指导思想体现得十分明显。第一,在道路细节设计中优先考虑步行;第二,在建筑设计中优先考虑中心区整体步行体系;第三,建设丰富详细的步行信息基础设施

资料来源:孙靓,2005;葛天阳、后文君、阳建强,2019。

特别地,对于历史文化街区的步行化,强调街区建筑风貌和物质空间的保护价值、文化软性环境以及旅游开发价值,还有城市中具有历史文化保护价值的线性街道。李霞和朱丹丹(2013:18)所著的《谁的街区被旅游照亮:中国历史文化街区旅游开发八大模式》,以近十多年大地风景设计团队对城市旅游开发规划建议的主要成果为基础,试图界定出历史文化街区建设开发是否合理的鉴别标准,并将旅游开发过程系统地归纳为八种模式(表11-4)。

表11-4 历史文化街区旅游开发八大模式

街区特点	适用模式
遗产密集型街区 街区肌理完整,遗存丰富,整体保护价值较高	传承遗产-文化遗产利用主导的街区开发模式 保护与开发并重
载体缺失型街区 历史厚重,但肌理与重要载体不复存在	还原记忆-街区记忆复原主导的街区开发模式 选择性复建或复原历史记忆载体
传统商业型街区 商业主导,拥有丰富的商业遗存	延续繁华-商业业态升级主导的街区开发模式 传统商业文化与旅游商业功能的有效融合
传统居住型街区 保存特色民居群落,以生活方式为核心	诗意客居-度假空间营造主导的街区开发模式 街区内度假空间拓展;生活度假产品开发
景区依托型街区 距离成熟的景区(点)较近,配套旅游服务	共享风景-景区服务延展主导的街区开发模式 与景区(点)的核心功能互补;景街一体化
产业集聚型街区 文化、艺术、创意产业集聚街区,时尚人群	汇聚产业-特色产业集聚主导的街区开发模式 产业品牌与旅游品牌的共兴
文化主题型街区 非物质文化资源,主题化街区意象	讲述故事-文化主题演绎主导的街区开发模式 主题街区的文化内涵扩展业态
城市文化符号型街区 城市典型文化符号代表,文化性格	彰显个性-城市文化性格主导的街区开发模式 街区与城市品牌对接;城市传统精神传承

资料来源:李霞、朱丹丹,2013:18。

居住区公共空间在进行规划设计时不宜模仿城市公园,更不是公园的"微缩景观"。国内对城市居住区公共空间的认识还有待进一步提高,不仅是中西部城市,包括北上广深等在内的特大城市,很多居住区规划设计都仍然将其视作公共绿地,系统研究还不多。总的来说,地产开发商已经逐步认识到居住区开放空间对住宅价值和物业价值的影响,但大多还停留在将其视为一种景观展示品的认识阶段,忽略其对居民日常生活和居住的意义。

国内居住区园林设计从豪华的古典"欧陆风"到简约的"新中式",其作为公共空间的美学意义进步较大,但游憩功能往往未受重视。对儿童游乐教育设施、老人休闲场所和青年人运动休闲区的研究,近几年才陆续有所涉及。因此,必须尽快改进这种将居住区公共空间视作某种工具的认知,不仅要从规范标准上满足各种配置基本要求,更要本着为人民群众创造美好人居环境的宗旨,加大对居住区公共空间规划设计的研究。

对各类人群的游憩功能供需探索及其相应的规划设计响应是重中之重。例如低龄儿童需要晴朗但是有遮阴的地点，没有交通干扰或宠物威胁，有草坪、传统的运动场；5～10岁儿童则需要靠近住宅的安全地区，无车行空间，适合年龄的游玩设施以培养探索精神和冒险精神。

此外，目前流行的社会公平和社区营造等社会议题也借由各类NGO、高校和街道基层组织进入居住区。都市农业、市民农园等概念项目的建设正方兴未艾，其兼具生态、教育、游憩、景观和社群认同等诸多功能，也是未来居住区公共空间规划的重要方向。

11.2.3 城市游憩商务区(RBD)规划导则

本书第6章从旅游区体系和类型的角度，介绍过购物中心、步行街、历史街区和新城街区4类不同的游憩商务区及其旅游产品特征。这里再次述及游憩商务区，不过是从规划设计的角度提炼一些各类游憩商务区规划的共同特点和基本原则。

1. 形成与发展

通常情况下城市游憩商务区有4个发展阶段，即初级阶段、聚集阶段、成熟阶段、优化阶段。大部分城市游憩商务区已经进入成熟阶段，在这一阶段，城市游憩商务区功能趋于完整，多样性强，对居民和游客均有较大吸引力，内部空间结构突显，分区明晰，外部边界模糊，与城市存在过渡区域。目前有一些较早的项目案例已经进入优化阶段，存在商业规模化后特色商业被挤压、部分分区利用率较低等问题，亟待更新改造，个别案例显示城市游憩商务区还存在有衰落阶段。

城市游憩商务区的内涵特征可以总结为：消费主体是外来旅游者。但近年来越来越表现为本地居民和外来旅游者共同消费，其原因在于城市游憩商务区的开发规划思路逐渐向日常生活化、精品化、混合业态发展，吸引大量本地中上消费阶层人群。旅游吸引物是城市游憩商务区的组成部分，尤其是旅游景区(点)，在其中的作用非常重要，目前出现了将城市游憩商务区整体打造为旅游吸引物的趋势，这需要区域内业态规划与管理、建筑设计要求进一步加强。

城市游憩商务区的旅游企业构成有十分鲜明的特色，旅游企业是其业态构成的主体。城市游憩商务区是一个由旅游企业在空间上高度集中构成的商业区，过去一般认为是零售商业区，但目前也有中产阶层化的发展趋势。关于城市游憩空间还有很多形式的定义，例如中央商务区、旅游商务区(TBD)等。这里将游憩商务区与中央商务区做比较，详见表11-5。

城市游憩商务区对城市发展的影响可以归纳为以下几点(古诗韵、保继刚，2002；曲凌雁、顾安琪，2006)：

一是具有明显的经济发展带动作用，包括城市经济效益的带动和重塑城市商业格局。事实证明商业与游憩有机地结合能够超过传统意义上的纯商业区，并将其自身发展为城市公共空间中的核心节点。游憩商务区的旅游、休闲、商业功能决定了其对地区经济乃至整个城市宏观经济都会产生重要影响和作用。

二是丰富和完善了城市空间结构并对城市空间结构产生影响，促进旧城区的改造更新，形成新的城市功能区。上海新天地游憩商务区建成运行后，整个地区规划发生相应变化，众多交通枢纽站点接入,并与传统商业游憩区,如南京路、人民广场、豫园地区等产生空间功能互动,将会影响上海未来城市空间结构的整体变迁,同时影响城市发展对场所和空间本身进行规划和组织的方式方法。

表 11-5　游憩商务区和中央商务区的比较

比较类别	中央商务区(CBD)	游憩商务区(RBD)
区位选择	通常由商业的重要性、土地价格、可进入性和经济地租的相互作用决定,一般位于城市的中心地段	通常位于风景区域或历史地段,不可能像中央商务区一样位于城市中心区,大多数或因自然条件或人为因素选址于城市近中心区和边缘区
功能	主要适用于提升城市金融服务业的集聚	主要适用于城市历史资源的挖掘与复兴、城市新兴区域的培育、城市人居品质的提升
业态	以行政机构、金融机构为主,并辅以零售业、餐饮业等服务型业态	以餐饮、住宿、公共文化、文创等休闲旅游产业为主导,行政、金融、居住均占一定比例,但比例不高或有着较为严格的控制
空间形态	是城市零售设施高度集中的区域,往往处于城市中心地段	大部分呈长条形,以步行街形式设计
服务对象	以本地人和通勤者为主	外地人和本地人共同享有
小结	讲求经济效益,是经济发展的产物	更尊重人的需要,注重人性的发展

资料来源:古诗韵、保继刚,2002;保继刚、古诗韵,1998;有修改。

三是充实市区游憩的内容,引导人们新的游憩需求。城市游憩商务区开发应注重各游憩地的空间关系,要具备广场、公园、步行系统、购物中心、游乐园、娱乐场所和文化设施等空间功能,若能与一般相关的博物馆、历史地段、主题园、体育场馆和自然游憩地等空间相互配合则更好。

四是促进环境品质的提升和生活设施的完善,并对城市景观产生影响。城市游憩商务区的游憩商业性质使地区景观空间规划设计首先突出休闲人文内涵,再利用历史元素成为创造城市景观的重要手法,这与现阶段人们在城市生活中的体会、经验和对环境的生成与演化的主观方式直接相关。城市游憩商务区的游憩性质使其关注历史文化价值的挖掘与利用,这一重要因素对城市景观和城市空间形态发展的全过程都存在重大影响,并且左右和影响着演化和发展的方向。

五是改变了交通流量与流向。为提高城市游憩商务区可达性,将围绕其发展公共交通系统,可能形成新的交通枢纽。

六是促进文化品位的提升和生活方式的进化。城市游憩商务区的建设对区域功能中的文化功能特别重视,要求在规划和建设中实现以人为本和满足居民对文化设施的需要,并塑造城市文化宣传品牌。城市游憩商务区功能空间的出现表明城市的生活更多转向精神领域的追求,原先商业空间的纯物质载体性质转变为对交流空间和空间享受的重视,其实质是城市文化的改变。

当然,城市游憩商务区的开发建设,也存在一些负面的社会影响。游憩商务区会形成品牌效应,带动周边房地产地价的提升。周边地带将逐期开发高档物业,其售价常远远高出普通百姓购买能力。大多拆迁居民无力回迁,新入住的业主形成新的社会阶层,并与原有居民完全割裂社会结构关系,造成新的社会不公平。社会结构单一化将会产生整体的社会不和谐问题。

2. 设计要点

根据国内外游憩商务区的发展经验和设计总结,游憩商务区的规划和改造应该注意以下准则:

(1) 居游共享的休闲游憩环境

随着人民对休闲游憩需求增强,游憩商务区开发应该破除以物质空间建设为主的思路,主动培育和完善休闲游憩功能,同时兼顾城市居民和游客的多种休闲需求。

在交通组织方面,一方面倡导城市 TOD 模式(transit-oriented development,交通枢纽导向型开发)与游憩商务区建设结合打造城市交通枢纽,集约土地利用,增大游憩商务区可达性;另一方面避免简单地将步行和车行割裂,步行区域要精准设计,避免过长导致疲劳,同时要与各类交通方式实现无缝换乘,有条件的还可以安排公交和自行车专道。

在场所营造方面,需要加大公共设施供给,丰富空间设计手法,创新合作管理办法:增强标识系统、建筑小品、开放式休息区域、卫生间的供给和设计;通过各种空间设计手法创造使人充满好奇感的空间体验和场所体验;倡导公私合作的政策创新,例如室外区域可以露天经营以增加场所情调,外立面设计和绿化方案纳入设计导则,但给予一定自主性等。

(2) 混合功能和多元业态

游憩商务区的经久不衰需要混合功能和多元业态支撑。混合功能需要多种产业合理互嵌,兼顾城市发展和休闲游憩需求。例如成都太古里所在的大慈寺片区以游憩商务区为核心串联起春熙路传统中央商务区和成都商业金融区,构建了复合型城市服务业产业聚集区。多元业态布局需要考虑各种功能业态的丰富性和完整性,宏观上要有明确的功能分区,微观上要进行精细的业态布控和面积划分。

(3) 品牌经营和营销策划

体验经济时代的游憩商务区开发还需要结合时代背景,重视品牌营销,同时重视日常运营以吸引流量。重庆洪崖洞片区建成后十余年间都主要服务城市居民,直到进入互联网短视频时代后,才最终以丰富的空间体验和梦幻的视觉景观成为全国著名网红地点。从专门的交通政策到详细的宣传策划,地方政府和经营主体投入了大量资源进行品牌建设。

(4) 历史文化资源的合理利用

各地涌现的游憩商务区将使开发规划的核心聚焦于如何反映地方文脉,以增强自身的竞争力。一方面要充分利用开发范围内的历史遗存,改造或恢复一批建筑群以作为游憩商务区的文化体验场所;或在规划设计中充分挖掘地方各种文化传承,运用地方人文要素、文化符号进行文化表征。另一方面要重视非物质文化遗产和节庆活动策划,向居民和游客提供新的文化体验方式。

11.3 城市节事与会展发展规划

11.3.1 城市节事发展规划

节事(festival and special event,FSE)是一个外来的组合概念,是节日(festival)和特殊事件(special event)的统称(戴光全、保继刚,2003)。节事一般是指非日常性的活动或事件,它能为人们提供非正常选择范围内的或非日常经历的娱乐、社交或文化经历的机会,主要包括非日常性的节日庆典、文化演艺、体育赛事、会展活动等各类事件活动。今天,节事已发展成为枝繁叶茂的庞大体系,从社区娱乐活动到国际级的大型艺术交流,表现形式多种多样(吴必虎、黄潇婷 等,2019:104)。

在实践中,不同主题、内容、规模、运作方式的节事活动名目繁多、种类丰富。为了从不同角度进行分析,可以采用规模大小、影响范围、活动内容、节事形式、组织者、活动性质等不同的分类标准对节事加以分类(图11-2)。节事活动的主办者主要有3类,一是政府及其部门;二是企事业单位;三是行业协会或地方社团。由不同主办者主办的节事活动的目的各不相同,对节事活动举办效果的评价标准也各不相同。根据节事的形式,可以将其分为综合性节事和专题性节事,前者如旅游节、艺术节、文化节等,后者如物产特产类节事(陶瓷节、啤酒节、桃花节等)(吴必虎、黄潇婷 等,2019:106)。根据节事内容,可将城市节事活动分为自然景观型、历史文化型、民俗风情型、物产餐饮型、博览会展型、运动休闲型、娱乐游憩型、综合型等8大类(余青 等,2004)。

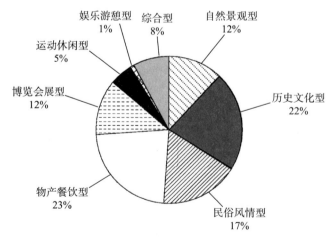

图 11-2 中国各类城市节事活动的数量分布

资料来源:余青 等,2004。

当节事与旅游联系起来时,就出现了旅游节事和节事旅游的概念。旅游节事(tourist festival and event)也称为旅游节庆,通常是指含有多种旅游项目,具有旅游吸引功能,并对旅游业造成广泛影响的一切节日或特殊事件的总称。大型节事可以促进城市旅游空间要素合理流动,推进城市旅游空间结构优化,实现节事活动与城市旅游的互动发展。

具体来讲,节庆和演艺活动,除了常见的新创设的各种旅游类现代节庆活动,或是对传统节庆活动的旅游再开发(如傣族泼水节的旅游开发利用),还有各种户外实景演艺(如张艺谋的"印象系列")和室内旅游演艺活动(如上海马戏城的"时空之旅");会议和博览会主要包括休闲性博览会(如世博会、园博会等)、会议类节事活动(如博鳌亚洲论坛)等;赛事和文娱活动主要包括赛事(尤其是体育赛事)、文化娱乐等方面的节事活动,如奥运会、乌镇戏剧节等;展览活动主要包括艺术、教育性展览,如深圳-香港双城设计展、北京"伟大的变革——庆祝改革开放40周年大型展览"等。因此,节事规划的顶层是政府决策,而节事资源的开发规划必须注重节事产品层次构成,参与经历是最核心的产品,目的地收益是供给方,参与者收益是参与经历。

节事活动规划对城市的影响很大。以2008年北京奥运会为例,2001年前的筹备申报期对城市空间影响是很小的,但与此同时城市品牌效应在世界范围内急剧增大。申奥成功后,尤其是2008年前的两到三年时间内,北京空间格局、城市风貌都发生了明显的变化并一直影响到今天。这个过程伴随多中心结构与新功能中心再造、公共服务设施的优化和公平化、多元文化交融与空间意象再造、区域振兴与旧城更新、产业升级与空间功能置换等。严格意义上讲,上述这些项目与节事规划关系不大,但规划官员、规划师必须考虑"集中力量办大事"这一中国政府治理优势和制度特色,不能就节事论节事,而要以更高的站位思考如何利用节事发展城市,当然这还需要规划策划方与政府各部门、社会团体、专家团队保持高度合作交流。

同北京类似,上海也是通过举办世界博览会才一举解决黄浦江两岸土地权属分归多个行政机构和大型国企、央企的历史遗留问题,并争取到相应财政转移支付,最终实现提升黄浦江旅游发展轴功能、重构城市游憩空间核心轮廓这一多年进展缓慢的计划。政府官员、规划策划团队如果能够注意到这个问题,提高节事活动规划的全局观并运用到具体规划中去,将使单一节事活动产生更大的外部效益。

11.3.2 城市会展发展规划

商业和商务活动与经济发展如影相随。中国的商务旅游一直在持续增长,在全球的地位也在不断提升。珠三角是商务旅游目的地最为集中的地区,长三角、京津冀地区商务旅游集中性也很明显。这一格局与观光旅游有很大不同。

会展,即会议和展览,一般被视作一种产业而被称为会展业(convention and exhibition industry),是商务旅游的一种并日益成为支柱产业的组成部分。作为会展业的不同业态,协会活动、交易会、会议场所、会议计划与会议管理、酒店会议设施、会议与旅游局、参展商与展览设计、博览服务提供商、目的地管理公司、餐饮服务等行业或部门,都共同发挥着不可或缺的作用,因此会展不仅是一个综合部门(Rutherford,1990:44),还将整合城市甚至城市群资源,形成跨产业合作的产业链。

会展的特征可以从多个角度来观察。一般而言，会展具有3个明显的特征，即概念化运作、品牌依赖，以及具有公共性和市场化的两重属性。概念化运作，指的是会展活动的运作更多来源于人们对概念的操作。比如，展览项目更多的是行业概念的新组合；会议活动的主题需要策划者智力的激荡；上述各项节事活动更是概念的产物。品牌依赖，指的是会展活动以品牌作为根基，靠卓著的信誉来赢得竞争的胜利。公共性和市场化的两重属性，是指会展活动不仅可能具有公共性，即会展活动不是以营利作为其开展活动的唯一依据，还要考虑社会性、公共性利益，如成果展、公益活动等；同时，它也可能具有市场化特征，即通过会展活动的市场化运作，以获取利润为主要目标，如各种贸易展、商业活动等（吴必虎、黄潇婷 等，2019：101）。

在市场经济条件下，会展产品的经济性是第一位的。从市场供求角度来看，任何会展活动都是通过为客户提供会议展览的各种服务来获得利益的。在会展服务过程中，既要使用各种设施、设备等实物用品，又要与会场、展馆等空间和场地密不可分，还需要交通、食宿、娱乐、旅游、金融、信贷等相关机构的有力配合。由此可见，会展服务是一种典型的综合型产品。优质的会展管理就是全面、高效地为参与者提供相关的服务，从而使会展参与者得到最佳的会展体验。因此，以现代整体产品概念（total product concept，TPC）作为理论指导，会展产品的本质属性体现为3个层次和4个要素（戴光全、张骁鸣，2006）。

任何产品都包括核心产品（core product）、实体产品（tangible product）和增广产品（augmented product）3个层次。会展产品的核心产品就是会展机构为参与者提供的交易、展示的机会和会展经历；实体产品就是为参与者提供的场地、展位、座位、装饰、餐饮、纪念品等实物形式的产品；而增广产品则是为参与者提供的娱乐、表演、休闲、旅游、住宿、交通、停车场等服务。

会展服务的4个要素就是支持性设备（supporting facility）、辅助物品（facilitating goods）、显性服务（explicit services）和隐性服务（implicit services）。对会展业接待服务体系的任何机构，如会展组织者、目的地接待者来说，如果能抓住这3个层次和4个要素，就抓住了会展管理的基本依据。在会展策划、营销、赞助以及财务管理、现场实施管理、风险控制管理、配套管理和评估等各项管理工作中，都应完整地贯彻和落实这3个层次和4个要素（戴光全、张骁鸣，2006）。

中国目前全球化程度已经很高，几乎每个城市都有商务活动和节事会展发展需求。可以预见的是节事和会展会越来越普遍，现在的普遍情况是城市硬件没有任何问题，交通都很便利，大部分地级市包括一些县都有自己的会展中心并且都有一定规模，几乎每个城市每年都会举办大大小小各类节事，应该说已经解决了有没有的问题。但现在的问题不是硬件而是软件，多数城市会展中心的空置率很高，节事活动的回报率很低。要解决这些普遍存在的问题，一方面取决于整个城市经济活力的增长和公共服务体系的提高；另一方面，对于很多中小城市来讲，还应该立足自身地方特色，识别目标客群，有针对性地开展节事活动规划策划，力图在产品内容上为所在城市的会展发展赢得一席之地。

刘民坤（2009）在其博士学位论文中构建了一个评价会展活动的社会影响尺度——会展社

会影响尺度(social impacts scale of convention，SISC)。SISC由个人收益感知、社区收益感知和成本感知3个公共因子，以及9个项目构成。基于会展社会影响感知的聚类分析表明，样本中的广州居民分为：关注自我的谨慎支持者(29%)、积极支持者(28%)和关注社区的谨慎支持者(43%)。

【本章小结】

对于旅游和游憩活动的开展来说，城市市区及其近郊扮演着极为重要的角色。为了实现城市让生活更美好、旅游让生活更美好的共同目标，在城市建成区和近郊区为本地市民和外来访客提供便捷、安全、舒适和有品质的公共游憩空间，缓解普遍存在的游憩空间供给不足的压力，成为同时摆在当地政府和专业机构面前的重要任务。

城市游憩空间规划的3个重点内容就是城市公园与滨水区、城市步行区与居住区和城市游憩商务区。尽管这3类游憩空间的规划任务、所需资源和管理目标有各自的特点和不同的要求，但它们又都遵循共同的设计原则：更高的可达性和公共开放、以美好生活环境为目标导向、提倡公共参与和功能混合。

依托城市主城区的文化资源、街区空间、公共设施而组织和开展的大型节事和会展产业，则是另一引领城市商务发展的竞技场，城市的活力、魅力和竞争力，需要在此显露身手。

【关键术语】

城市建成区(built area of a city)
城市游憩空间(urban recreational space)
城市开放空间(urban open space)
城市公园(urban park)
城市滨水区(urban waterfront district)
城市步行区(urban pedestrian district)
游憩商务区(recreational business district，RBD)
中央商务区(central business district，CBD)
交通枢纽导向型开发(transit-oriented development，TOD)
节事(festival and special event，FSE)
旅游节事(tourist festival and event)
会展业(convention and exhibition industry)

【复习题】

1. 城市游憩空间主要包括哪些类型？为什么很多城市存在游憩空间供给不足的问题？
2. 城市滨水区、城市步行区在游憩规划方面有哪些指导原则？
3. 城市游憩商务区和城市中央商务区的区别有哪些？

4. 城市游憩商务区的规划建设有哪些需要注意的问题？它们对所在城市会产生哪些方面的影响？

5. 什么是节事活动和会展产业？试着列出它们的分类标准。

6. 举例分析大型节事对城市空间结构和产业发展的影响。

（本章录音稿整理：文彦博、吴必虎）

第 12 章 休闲度假地(体系)规划

【学习目标】
- 了解休闲度假资源与度假旅游目的地的概念、功能与类型
- 掌握海滨旅游资源调查与海滨度假区发展规划主要内容
- 掌握山地旅游发展与山地度假区发展规划主要内容
- 了解健康旅游与养生旅游度假区发展规划的内容
- 了解娱乐主题公园与旅游演艺策划主要特征
- 了解邮轮旅游体系规划与世界邮轮旅游产业基本状况

随着国民收入增加至某个经验性临界值(如人均 GDP 超过 1 万美元),休闲度假旅游就会进入结构性大规模增长阶段。长期以来关于旅游资源和旅游景区的分类大多基于观光旅游的体系,而本章尝试从休闲度假的视角对旅游景区进行系统性梳理。度假旅游与观光旅游和城市游憩所依托的资源有很大不同,游客在度假目的地独特的移动规律、消费模式和产品需求,都是对目的地产品供给能力的考验。2020 年 10 月中共中央提出"十四五"期间要建设一批旅游休闲城市和旅游休闲街区,这一顶层设计和国家战略层面的发展指向,为高质量旅游度假目的地的规划研究,提出了明确的要求。

因此,本章将从水体资源、气候资源、山地资源、海滨资源、温泉资源、养生度假等基础资源出发,对休闲度假资源进行全面的梳理,并对涉及的度假产品类型,包括具有度假属性的娱乐主题公园、旅游演艺产品和邮轮移动度假体系进行叙述,结合相关案例向读者提供启发式的介绍,以帮助读者进一步了解旅游度假地及其体系的规划知识。

12.1 休闲度假资源与度假旅游目的地

在了解度假旅游规划时,要关注一个核心概念:游憩(recreation)。从词根构成上来讲,re 是指人在身心疲倦以后重新得到体力,恢复身心健康。recreation 从字面上就可以理解为,通过某种方式让人类得到舒缓、调整、心理压力的释放和体力的重新恢复。

度假区又称旅游度假区、旅游度假地,其中小型的被称为度假村(陈南江,2005)。在观光旅游时代,人们把游客从客源地到目的地从事单一的观赏活动称为观光旅游。然而,随着度假旅游时代的来临,度假旅游已经成为人们从事旅游活动的主流形式。度假旅游(vacation tourism),是指旅游者基于度假目的而在目的地停留至少一晚,但更多时候会停留更长时间,如长达一个星期或者数月时间的愉悦及品质生活。度假旅游是旅游者在经济发展到较高水平

时,继观光旅游后出现的一种特殊活动。从国际经验来看,一般在人均GDP达到1万美元之后就会有成体系的度假旅游需求。旅游度假区是旅游地的一种类型,属于纯粹的商品开发项目(Weigh和Gibbings,转引自金、怀特劳,1994)。

2005年以后,中国部分地区的人均GDP已先后迈过1万美元大关,率先进入了度假旅游的时代。从图12-1中可以看出,2019年中国全国人均GDP已突破1.03万美元,即中国全面进入度假旅游需求大爆发的新时代。度假旅游在未来20年,将变成主导中国旅游发展的主流形式。

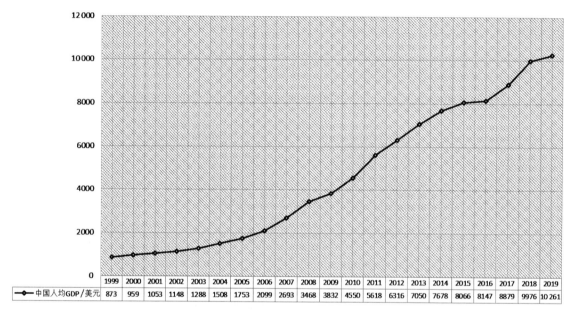

图12-1 中国1999—2019年人均GDP(美元计)走势图

数据来源:中国历年统计年鉴。

12.1.1 资源条件对度假旅游产品的基础性支撑

过去的一段时间以来,观光旅游和文化旅游目的地的发展依赖于视觉景观的规划与设计;相比之下,度假旅游目的地对资源要求更高,尤其强调气候条件、冰(水)雪等资源的多重利用与组合,以及度假产品的多元化开发与组合。

资源条件对于任何一个度假旅游目的地的长远发展都具有十分重要的支撑作用(表12-1)。例如,著名的神农架自然保护区,因为拥有庞大的森林资源作为基础,才可以开发森林养身健体活动,发展休闲度假产业;再如,我国东北地区在冬季开展的滑雪度假活动,不仅积雪条件优越,而且雪期的长度也达到了一定标准,才保证了冬季滑雪度假产业的健康发展。

表 12-1　资源条件对度假产品的基础支撑作用

度假旅游产品形式	产品核心功能	代表性项目
森林休闲度假	森林养生健体、休闲度假	神农架自然保护区
气候度假	季节性宜人的自然气候（如阳光、温度等）条件为康养资源	贵州兴义市
海洋海滨休闲度假	海水和沙滩理疗、海上运动、海底科普旅游、海边度假、海洋美食等产业	秦皇岛北戴河区、三亚市
温泉休闲度假	温泉本身具有保健和疗养功能	南京汤山金乌温泉公园
中医药康养度假	中医养生馆、针灸推拿体验馆、中医药调理产品，以及结合太极文化和道家文化形成的修学、养生、体验旅游	珠海中药谷

当我们讨论度假旅游资源时，尤其会强调气候资源，特别是对一个度假目的地进行旅游资源评价时，必须加强对气候条件的综合评价。在观光旅游时代，中国早期旅游资源调查和评估标准是由地理学家、地貌学家主持起草的，较为重视地形的视觉景观条件，对气候资源的重视程度不足。

多年发展表明，资源条件对旅游度假产品的基础性支撑十分重要。从森林休闲度假、气候度假、海洋海滨度假、温泉度假、中医药康养度假等旅游产业的发展可以看出，气候、水体、温泉等资源的有效组合，对人类开展有益身心的休闲度假活动具有基础支撑作用。

12.1.2　水体资源与滨水度假

水体旅游资源，包括以湖泊、水库、河流、运河为代表的内陆水域，以及以地中海、加勒比海、南海、东海等为代表的海域资源。湖泊旅游，称为 lake tourism/lacustrine tourism。Jennings(2007)将基于水体资源的旅游活动，称之为 water-based tourism/ recreation system，即基于水体的旅游/游憩系统，并就此撰写了专著进行系统讨论。也有学者基于水体的旅游/游憩系统，先后对旅游者的水体旅游/游憩活动参与行为、水体资源的承载力和经济效益评估做了系列研究，并且以该词为核心延伸出了基于水体的旅游、运动、休闲和游憩等多个概念，丰富了公众对内陆水域旅游/游憩活动的认识(Gillespie、Brewer,1968)。

水体导向(water-oriented)的游憩活动，在水面和水下都可以开展，因此水体导向只是强调水体的主导作用，并不局限于水体本身，当然水体本身也是一个重要的资源。水上航线作为依托河流、运河和海洋等水体资源开展的旅游体验产品，是重要的水上旅游活动。南京河湖众多，河网密布，水体资源类型多样，孙祖慧(2013)调查了南京市域 67 个重点水体旅游资源，其中自然水域景观约占 43.3%，水利工程景观约占 56.7%；细分项中水库观光游憩区段数量最多，约占 48%，观光游憩河段次之，约占 25.37%。对这些水体景观使用者的调查发现，旅游者中以"休闲度假"为旅游目的的所占比例最大。

陈南江(2005)在其博士学位论文中讨论了滨水游憩价值和滨水度假区的基本特点。水体景观吸引力同人们对它的审美感受进而产生的审美需要相关,水体自身的声响、形态、光感等都是水体能拥有景观吸引力的物质前提。陈南江指出,与一般度假区相比,滨水度假区具有以下特点:① 水体景观是滨水度假区景观营造的主体;② 水质保护是规划设计和经营管理中重要的考虑工作;③ 水体高度的变化对于旅游安全和景观营造影响巨大;④ 水体温度的变化对于旅游活动影响较大,对于海滨度假区而言,下海游泳几乎是每个旅游者的主要旅游目的之一,因此淡旺季十分明显;⑤ 水体的气候影响明显,尤以海滨的影响最明显,由于海洋与陆地的热容量不同,白天吹海风、晚上吹陆风,海滨度假区的气温变化相对缓和,游客因此感觉更加舒适。

在所有基于水体资源展开的旅游活动中,滨水度假活动最为突出,也极为重要。从规划层面和资源评价层面来讲,对滨水/滨海等度假资源的评价,需要借助于有效的指标以评价度假区的发展水平。一般来讲,人均滩面、人均海滩长度,是衡量滨海资源丰富程度的指标。通常来讲,人均滩长只有 0.15 m 的滨水海滩为过密型的滨水海滩;0.25 m 则可以归为公共海滩;人均滩长达到 1~1.5 m 的属于特别舒适和奢侈的度假区(表 12-2)。

表 12-2 海滨度假旅游资源条件(人均滩长)

典型海滩容量分析标准(不包括设施)			
海滩类型	每人占用海滩长度/m		
	海滩纵深 20 m	海滩纵深 33 m	海滩纵深 50 m
过密型海滩	0.15	0.10	0.05
近城公共海滩	0.25	0.15	0.10
公共海滩(平均)	0.40	0.25	0.15
度假区(低标准)	0.50	0.30	0.20
度假区(中标准)	0.65	0.50	0.30
公共海滩(高标准)	1.00	0.65	0.40
度假区(舒适型)	1.00	0.65	0.40
度假区(奢侈型)	1.50	1.00	0.65

资料来源:鲍德-博拉、劳森,2004:72。

在不同区位、不同质量要求的度假地,海滩的密度或人均沙滩占有面积的要求是不一样的。每人拥有的海滩面积,按照国际标准,近城公共海滩约 5 m^2,度假区(舒适型/奢侈型)每人占用海滩面积为 20~30 m^2(表 12-3)。但从中国的国情来看,舒适型和奢侈型海滩度假区的标准很难达到,比如青岛、大连这些城市的海滩可能人均不足 0.5 m^2,这是一种明显的拥挤过度现象。

表 12-3　海滨度假旅游资源条件(人均滩面)

典型海滩容量分析标准(不包括设施)				
海滩类型	每人占用海滩面积 /m²	每米海滩容纳游客/人		
		海滩纵深 20 m	海滩纵深 33 m	海滩纵深 50 m
过密型海滩	3	6.50	11.00	16.50
近城公共海滩	5	4.00	6.50	10.00
公共海滩(平均)	8	2.50	4.00	6.00
度假区(低标准)	10	2.00	3.50	5.00
度假区(中标准)	15	1.50	2.00	3.50
公共海滩(高标准)	20	1.00	1.50	2.50
度假区(舒适型)	20	1.00	1.50	2.50
度假区(奢侈型)	30	1.70	1.00	1.50

资料来源：鲍德-博拉、劳森，2004：72。

12.1.3　度假气候与气候度假地

本书第 4 章在讨论旅游和游憩资源时,曾经辟有专门一节阐述气候资源及其舒适度对于旅游,特别是度假旅游的影响。本章再次讨论这个话题,但角度已经转换到度假气候与气候度假地。在旅游度假地中,气候、水文、植被、土壤等,都对人类的休闲养生起到重要的影响作用。但在所有涉及度假条件的自然资源中,气候条件最为关键。所谓水热条件、植被多样性及物质生产量,甚至土壤的性质,都是取决于气候条件的。气候条件对旅游目的地而言,是决定其能不能成为度假胜地的先决条件,比如中国三亚、西双版纳是度假胜地,都是因为冬天温暖的气候;再如在同样的中纬度、中高纬度或者亚热带地区,庐山、重庆周边的山地,夏季避暑具有独特的资源优势。因此,可以看出气候变化对旅游发展条件、客源市场的分布具有重要的影响。

1. 气候度假资源分类与调查

关于气候和健康、气候和度假旅游的研究,不管法国、德国抑或是欧洲其他国家的研究成果,都主要从两个方面进行,一个是从旅游地理的视角,另一个是从气候气象学的视角。气候度假的规划是对度假的气候资源进行分析。把气候资源作为旅游开发的影响因素及条件、旅游资源组成部分和旅游产品的构成要素,将促进气候旅游目的地的发展。

根据国家标准《旅游资源分类、调查与评价》(GB/T 18972—2017)和中国气象服务协会团体标准《气象旅游资源分类与编码》(T/CMSA 0001—2016)两个基础文件,天象与气候景观的分类主要强调对资源潜力地的判断,尤其是针对不同气候现象的划分和地理多发区域的定义,有助于挖掘旅游气候资源的景观观赏价值(表 12-4 和表 12-5)。

表 12-4　国家标准 GB/T 18972—2017 对天象与气候景观的分类

主类	亚类	基本类型	简要说明
D 天象与气候景观	DA 天象景观	DAA 太空景象观赏地	观察各种日、月、星辰、极光等太空现象的地方
		DAB 地表光现象	发生在地面上的天然或人工光现象
	DB 天气与气候现象	DBA 云雾多发区	云雾及雾凇、雨凇出现频率较高的地方
		DBB 极端与特殊气候显示地	易出现极端与特殊气候的地方或地点，如风区、雨区、热区、寒区、旱区等典型地点
		DBC 物候景象	各种植物的发芽、展叶、开花、结实、叶变色、落叶等季变现象

资料来源：《旅游资源分类、调查与评价》(GB/T 18972—2017)。

表 12-5　团体标准 T/CMSA 0001—2016 对天象与气候景观的分类

大类	亚类	子类
天气景观资源(MSR)	云雾(CF)	云海、云瀑、波涛、云幔、云絮、云蔽山、旗云、彩云、雨幡、雪幡、朝霞、晚霞、雾霞、流霞
	雨露(RD)	夜雨、烟雨、雨霁、露、太阳雨
	冰雪(IS)	雪霁、飘雪、霰、太阳雪、雨凇、雾凇、雪凇、霜、冰凌
	风(WD)	松涛、山谷风、清风
	光(SM)	日出、日落、日晕、月晕、日华、月华、虹、霓、宝光、幻日、蜃景、日柱、极光
	极端天气(EW)	雷电、龙卷、台风、沙尘暴、冰雹
	奇特天象(PW)	声雨、时钟雨、佛灯

资料来源：《气象旅游资源分类与编码》(T/CMSA 0001—2016)。

2. 中国旅游气候舒适度评价与国家气象公园

中国古代已有利用气候度假的传统，实际上承德避暑山庄就是典型的案例，山庄建设的目的就是"避暑"，一种由来已久的度假功能定位。欧洲以健康为目的的度假在工业化之后呈现出讲究科学的特性。1840 年德国人提出高山漫步的气候疗法，1865 年德国科学家提出在不同坡度步行的森林地形疗法。

气候资源、经济条件以及其他社会发展因素都会影响目的地的旅游开发定位。但是，在这些因素中，有两个是先决性的条件：空间和气候资源(Butler and Smith, 1986)。气候资源是地理学的一个要素，是旅游开发的资源和基础条件，它会给环境带来综合的影响，决定着旅游开发的可能性。气候资源作为旅游资源的组成部分，是一种独立的旅游资源，与其他自然旅游资源有着很多不同的特点，而且是一种不可运输和转移的资源，在不同的时空有着多样的变化。气候资源作为影响旅游者出游动机的因素之一，深刻作用于旅游者的决策排序过程。当旅游者决定是否购买某个旅游产品时，要综合考虑一个旅游地的内外部情况，气候因素就成了吸引旅游者的一个因素,而且在旅游者做决定时,气候是一个权重较高的因素。

在李山博士指导下,史正燕(2016)对中国大陆旅游气候舒适度、空间格局及其演变进行了系统研究,尤其对中国旅游气候年平均、夏季和冬季的舒适度分布情况进行了分析。这一研究基于1971—2010年的气象统计数据,结果表明,中国大陆年均旅游气候舒适度大于50,海南、广东及东南沿海舒适度高,向西北内陆逐渐递减,西北的新疆地区舒适度较高,西藏和青海地区的舒适度较低。春、夏、秋三季旅游气候都比较舒适,而冬季舒适度较低。空间分布上,海南、云贵高原及南方其他区域的年均舒适和春、秋、冬三季舒适度都较高,但在夏季,海南舒适度低于全国平均值。

中国大陆舒适月数的范围为3～10个月,全国平均有7个月的旅游气候是舒适的。舒适月数最多的为海南和云南,一年中能有10个月是舒适的,这也解释了为何云南和海南两省是中国旅游发展最受重视的省份;最少的是青海和西藏,只有1～2个月。近40年来,全国大部分地区的年均旅游气候舒适度和春季、秋季、冬季的旅游气候舒适度都是增加的,且冬季增加明显,只有夏季的舒适度是不变的。

夏季是中国多数地区的旅游旺季,大部分区域相对是温暖的,且北方的舒适度比南方略高。由于南方夏季独有的湿热高温天气,分布在长江流域的一些城市会出现"热岛效应",需要周边区域提供大量避暑胜地,进而涌现出了南京附近的庐山、重庆附近的利川等夏季避暑胜地。这也反映了以气候为主的休闲度假资源不同于视觉上的观光资源的主要特性。

当然,这个研究也有自身的局限,主要是由于中国气象站点和人口密度是直接相关的,比如新疆人口比较稀少,所以气象站点也比较少,气象站点的布置主要围绕新疆绿洲的农业生产区分布。

2019年,中国正式启动国家气象公园试点建设。根据《国家气象公园试点建设管理办法》(试行)的表述,国家气象公园是指以气象旅游资源为主体,包括天气景观资源、气候环境资源、人文气象资源,具有较高的美学观赏价值和科学、文化价值,具有观赏游览、休闲养生、保健疗养、文化研究、科普教育等功能,并且具有一定规模和质量的风景资源和环境条件的特定空间地域。以此为基准,我国先后在安徽、重庆和浙江进行了试点公园的建设与评定,将黄山国家气象公园、三峡国家气象公园、丽水国家气象公园(第二批)设定为国家气象公园,这一举动大大推动了我国气象旅游的发展。

12.1.4　度假旅游地:异地生活方式提供者

1. 度假目的地与长滞留度假旅游

度假目的地,是一个向来访者提供多种异地生活体验的地理空间单元,一个服务于本地居民和外来访客的城镇地理单元;也是区域内最具本土风情、气质独特的场所;更是强调多种生活方式并存,充满生活情趣体验的地方;是符合旅游者体验想象的目的地。与其他类型的目的地相比,度假目的地的一个显著特征就是旅游者能够在某个单一目的地滞留较长的时间。

度假目的地有5大维度的内涵：一要有物质形态的度假基础设施，如居住房产可作为一个维度，但不是唯一的内容；二是有度假的体验，这是一个核心的供给要素；三是情感认同，要对地方文化形成强烈的认同感；四是社会组织形态，当地居民和外来的旅游居住者有较深的交流机会；五要提供一种异地的生活方式。这里需要强调的是，度假目的地不是房地产开发，但房地产是最基础的支持条件之一，即要有好的、人造的景区/服务设施，以及居住单元供度假者停留。

度假目的地，作为异地生活方式的提供者，需要一系列前端的支持，比如公共政策、自然资源、文化遗产、会议、住宿酒店、节日、影视等。度假旅游目的地内部要有一系列丰富的度假旅游产品，比如滑雪、汤疗、养身、露营、低空飞行、休闲制造设备、邮轮、游艇等（图12-2）。

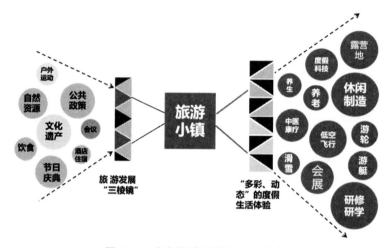

图12-2 度假旅游目的地产品内容

作为一种生活方式的空间舞台，度假目的地非常强调居住，甚至出现了一种特殊的旅游产品形式：居住旅游。本书已在第9章讨论过乡村居住旅游，也在第10章讨论过城市周边地区的第二住宅及其支撑的居住旅游。这里老调重弹的目的，是想强调居住旅游在度假目的地体系中占有的重要地位。旅游者通过居住方式和当地居民共建新的社会空间，实现了度假目的地的社会组织重构。

居游共造是指居民、游客共同形成的一种社会空间，构成异地生活。居住旅游集中的地方可以称为旅游小镇。未来随着城市化水平和老龄化程度越来越高，旅游目的地的房产可能会成为更受市场青睐的产品。从社会发展的角度来看，未来的旅游小镇提供的是旅居式生活、菜单式娱乐、多元化产品。旅居式生活，是指规划丰富的旅游体验，提供给访客在一个星期或一个月内各类时间段的所有生活内容；菜单式娱乐，是指提供菜单式的娱乐活动，为游客提供多样化的活动菜单和娱乐方式；多元化产品，是指引导多元化的产品体系，规划供给要确保公共、半公共和私人产品共存的产品体系（图12-3）。

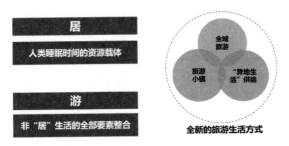

图 12-3 居游共造的旅游生活方式

2. 度假目的地规划建设

度假区的建设要鼓励资源共享,增大公共使用强度。尤其在规划度假区时,应该强调至少有 50% 的接待设施是由现有或规划中的私人别墅拥有者出租提供的,建议采取激励政策(例如财政调节)等方式,鼓励房产的出租。要避免度假目的地的建设误区,尤其要防止度假目的地的房地产化。

当前中国的部分度假旅游区私人产品很丰富,但公共产品不足。把房产建造成为私人产品,使之缺乏具有社区意义的活动组织。与此同时,丧失公共生活体验,没有将当地社区、艺术、农业生活方式变为体验性较强的旅游活动,缺乏多种娱乐方式充分供给。

从规划实践的角度来看,商业性度假村分区规划指向不同的功能。公共功能分区基本上分为入口区(停车、接待、行李、保安)、中心区(咨询、餐饮、购物、快餐、酒吧)、户外区(运动、游泳池、户外游戏、露天剧场)、儿童区(成人监护的儿童活动场,与其他活动接近但有隔离)、娱乐区(迪斯科、夜总会、酒吧)、住宿区(安静区域、平和、私密性)、服务区(储藏、厨房、工程部、员工宿舍)等。当然不同类型的度假区对各个分区的要求是不同的,但其作为旅游目的地,在居游共建、居游共享等方面,都应强调公共性部分的健全和完善。

典型案例为途家分时模式。旅游地度假公寓在线预定平台——途家网,开发宾馆型产权酒店。每年的几个星期里,出售工作室和小公寓的使用权给私人占用,其他时间按宾馆房间租赁;提供诸如青年旅舍、度假村、帐篷营地、拖车营地等社会性接待设施;将传统型宾馆与现代公寓或度假别墅(公寓式宾馆)相结合;鼓励私人在宾馆上的投资,增加社会接待能力。

3. 度假区安全控制

在进行度假旅游地体系规划时,安全性是非常重要的考虑因素。本书在进行第 6 章旅游地体系规划的阐述时,已经安排专门节段加以强调,这里再次提请规划师关注。具体而言,为了减小旅游者人身受伤风险,可以采取以下 3 种措施:

第一,将度假地按照危险系数、难度系数等进行分区,对应不同人群的旅游需求,例如根据不同身体状况、不同年龄、是否存在某些基础疾病等情况,划分不同的旅游区域,提供不同的旅游设施,并给予相应强度的保障措施。

第二,旅游活动本身是某种较为专业的活动时,例如滑雪、潜水等,应当注重构建统一的教学、训练和证书发放体系,从而明确旅游者的技能水平,方便管理和保障安全。

第三,注重一般性、补充性的风险管理,例如提前明确地制定规则、签订合同,或是在旅游区域内安装必要数量及密度的摄像头,配备足够的安保人员,通过事前的保障来降低风险,保障度假者的安全。

12.2 山地旅游与山地度假区发展规划

本节及其后几节内容将围绕山地、海滨、养生、娱乐、邮轮等几种度假地及其承载的度假产品进行介绍,以期对各种度假产品进行分类表述,帮助读者(旅游规划师)理解每种产品的属性和特征。

在学习山地度假地、海滨度假地规划之前,要了解这类旅游/度假产品发展的基本特点。山地旅游、海滨旅游等在世界各地的发展都经历了短期到长期、廉价到奢侈、本地到国内外参与的过程,这是由普通旅游和度假旅游、旅游活动和游憩活动交互发展造成的。

12.2.1 山地旅游与登山探险旅游

山地不仅是重要的旅游资源,也是现代都市人恢复身心健康的重要生态资源。登山旅游,作为当代人崇尚回归自然、追求健康幸福的旅游/游憩活动,得到了越来越多游客的推崇和认可。国际山地旅游联盟副主席邵琪伟在"2018国际山地旅游联盟"北京论坛上介绍,随着全球旅游业的不断发展,山地旅游业正在快速崛起,成为推动全球旅游业发展的重要力量。据联合国世界旅游组织(UNWTO)统计,目前山地旅游已占全球旅游总量的20%,并呈现出逐年增长态势,其潜力和前景十分可观。随着山地旅游、山地度假产品的发展,学术界也衍生出了一系列的学术概念和表述方式,以山地旅游度假区发展规划为例,在西方文献中,mountaineering 表示登山,mountain-based adventure 表示山地探险,mountaineering adventure tourists 是指山地探险旅游者。

根据 Johnston 和 Edwards(1994)的研究,欧洲最早的登山活动起源于阿尔卑斯山,最初人们是为了野生动物驯化、划定国界、科学实验等目的而进行登山活动的。当人们为了娱乐而进行户外登山运动时,登山运动就逐渐进入了大众的视野,登山运动也被赋予了新的意义和内涵,如勇攀高峰、挑战极限、寻找生命的意义和经历冒险。

随着交通技术的不断进步,登山爱好者可以自由进入更多高山大川时,越来越多的城市居民开始远离城市,在户外享受登山的乐趣。因此,季节性的山地旅游产业也就诞生了,尤其在山地旅游火热的地区,不仅带动了整个山地周边的村庄,也让越来越多的人认识到山地旅游、登山冒险旅游的社会经济带动能力。

山地作为一种独特的冒险旅游目的地,提供了一系列的活动选择,并作为一种冒险精神的象征,可以让人们体验到严肃的休闲(serious leisure)(Hamilton-Smith,1993)。登山的休闲活动本身带有客观的危险属性,尤其是极端的户外天气和裸露的岩石,给登山旅游者带来了一定的人身安全风险。当然,也正是这种不确定性风险,让人们在充满挑战和冒险的环境中产生了兴奋的体验。

登山运动经过相当长时期的发展后,已经拥有了十分专业的体系,登山者掌握了各种技能(比如绳索作业和导航),并获得了登山和徒步旅行的经验,从而使独立的探险成为可能。山地探险便成了登山爱好者和普通户外运动爱好者的一项时尚运动,也成了山地旅游中的一个细分市场。然而,由于大众市场的兴起,越来越多的营销组织和目的地开始兜售"探险"概念,这让登山探险旅游也变得十分矛盾。一方面,越详细、计划越好、逻辑越流畅的旅程越远离冒险的概念(Beedie and Hudson,2003);另一方面,真正的、独立意义上的冒险旅游又变得越来越困难,尤其是当日常生活与探险生活界限模糊,风险管理方面的措施日益完善时,探险家和旅游者的概念边界也就越来越模糊。

Ewert(1985)通过对初级登山爱好者的出游动机进行观察,识别了6个参与登山的动机维度:挑战和冒险、精神宣泄(catharsis)、自我认可、自然环境、心理控制(locus of control)和创造力,如图12-4所示。尽管后来的学者对于登山旅游者的动机维度做了进一步探索,但是,仍然没有脱离这6个基本的维度。登山爱好者往往喜欢冒险的运动,参与登山旅游本身就带有一定的探险和冒险精神。

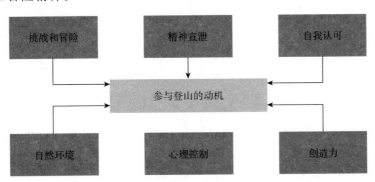

图 12-4　参与登山活动的动机

资料来源:Ewert,1985;有修改。

Musa 等(2015)主编了一本关于登山旅游的论文集,基本上汇集了近十多年来全球山地旅游的学者们不同视角和领域的研究进展。在关于登山探险旅游的研究中,Mike 和 Chris(2012)梳理了登山活动的世界地理分布、登山旅游的历史、早期阿尔卑斯山地区、早期的俱乐部文化以及现代登山旅游的活动体系,提出了"人-活动-场所"的概念框架(图12-5)。在对登山旅游的参与者——人的梳理中,阐述了登山者是如何通过登山活动的实践来完成自我身份建构,以及旅游者性别和满意度的差异与参与登山动机的前因变量,并对登山者的个人特性和风险态度进行了研究。在场所体系方面,研究了登山对环境的影响,以及登山活动和商品化对尼泊尔珠穆朗玛峰地区的影响与游客的风险感知,并阐述了当地登山向导的现状,最后通过登山旅游中的健康与安全问题,提供了新的登山旅游管理建议。

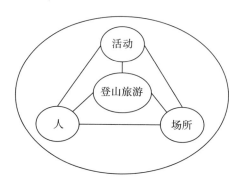

图 12-5　登山旅游概念框架

资料来源：Mike and Chris, 2012；有修改。

12.2.2　山地度假区（滑雪旅游度假胜地）发展规划

　　山地旅游在中国由来已久，中国山地形态多样、景观丰富、民俗多样化。基于这些天然的优势，进入 21 世纪后，中国山地旅游、山地度假市场开始进入规模发展阶段。资料显示，经过近几年的发展，中国山地旅游正在由以名山观光为主的传统模式，向综合发展模式转变，包括山地康体旅游、山地运动旅游、山地冰雪旅游、山地避暑旅游、山地度假旅游等。中国正在从早期的观光型旅游向度假及各种专项旅游，如体育旅游转化。冰雪旅游作为体育旅游的一个重要组成部分，是其中发展最为迅速的项目之一（张春艳，2008）。在众多的山地度假区中，以滑雪旅游度假胜地的发展最具特点，下面具体介绍滑雪旅游市场研究、资源调查、开发规划和基本运动设施等内容。

　　滑雪旅游需求市场近年来得到长足发展，特别是 2022 年冬季奥运会在北京和张家口举办，进一步激活了滑雪运动和滑雪旅游的发展势头。吴必虎和党宁（2004）在针对滑雪旅游需求市场的研究中，设定影响滑雪旅游需求的 3 个最主要因素为年龄、教育、收入。分别依 3 个因素对中国大陆 31 个省、自治区、直辖市进行市场潜力分级，得出每个地区的潜力指数，再将 3 个不同指数以一定权重计算得出滑雪旅游市场需求综合潜力指数，并针对东北地区引入滑雪旅游阻力指数，修正后得到了中国滑雪旅游总体需求与需求最具潜力地区的情况。

　　整体而言，当前全球的气候条件使得夏季趋于干燥，对于气候旅游的开发产生了更多的需求。全球变暖后，冬季降雪量减少，也导致了原本的滑雪胜地的滑雪旅游运营成本不断攀升（Harrison、Winterbottom、sheppard，1999）。张春艳（2008）认为，影响冰雪旅游资源价值形成的主要要素有：冰雪资源所在地社会形象、生态环境、安全程度、城镇依托条件、价格水平、社会经济发展条件、旅游形象、社会开放程度、服务设施条件、交通成本、交通便捷程度、可自由支配收入、余暇时间、游客对于冰雪的好奇与向往、冰雪资源所在地居民素质、文化差异性、语言障碍、政府对冰雪旅游形象的塑造、政府对冰雪旅游负效应的解决、政府对冰雪旅游业的政策支持等 20 个指标。

滑雪旅游规划首先需要对规划对象区域进行资源调查。调查的内容包括但不限于：场地所在位置的海拔、坡度、朝向、风向风速、林地等条件；选择雪被覆盖和地貌特征适合滑雪的地段；评估潜在滑雪道，分等滑道互相分离；尽可能结合度假区可滑雪的区域及周边地带；住宿设施选址在平缓坡地或高原上环境宜人的地段，避风、阳光充足、无雪崩之忧，且位置与各滑雪道的交汇点联系方便。

典型案例为阿尔卑斯山度假区，其滑道场地资源特征为：① 雪被与积雪期，冰雪至少覆盖 4 个月，海拔变化于 1000~1200 m 或 1500~1800 m；② 平均坡度通常为 20%~35%；③ 坡向最好朝北或朝东，但初学者往往更喜欢有阳光的地方；④ 数条滑雪道交汇的地方十分重要，这里可以建造滑雪者使用的缆车站；⑤ 垂直落差应足够大。阿尔卑斯山度假区对垂直落差的划分标准为：1000~1500 m，国际性度假区；500~800 m，区域性度假区；200~500 m，本地度假区(鲍德-博拉、劳森，2004：81-82)。

在前期建设条件充分调查分析的基础上，再进行滑雪基地及相关服务设施的规划设计，涉及的主要内容包括但不限于：通达的道路、停车场系统(对当地居民和一日游的游客都很重要)；主要的滑雪道和最经济的索道输送系统；与环境保护、农业、牧业、林业发展规划协调；对于离主城区较近的滑雪场，应尽量减少接待设施用地，直接使用城市内酒店，减少环境破坏。

通常情况下，滑雪度假区基本运动设施包括：户外溜冰场，最小尺度为 20×40 m^2 或 30×60 m^2；冰球场，至少有 2 个(每个 6×45 m^2)；条件许可情况下可以建设北欧式滑雪道，长度为 3~15 km，净宽为 2.5 m，坡度平缓；障碍滑雪道，垂直落差为 150~200 m，坡度为 45%~50%，有照明设施；长撬或平底雪橇滑道，此为独具特色的项目；雪地摩托车道，循环车道长 25~50 km，宽 2~3 m(鲍德-博拉、劳森，2004：84)。

12.3　海滨旅游与海滨度假区发展规划

自党的十九大召开以来，在顶层设计提出"一带一路"倡议，并在国内体制内加强了与"一带一路"倡议关系紧密的项目的支持力度，提出坚持陆海统筹，加快建设海洋强国，并强调要形成陆海内外联动、东西双向互济的开放格局，倡导以丝路精神促进"一带一路"国际合作。"一带一路"建设以沿边地区为前沿，以内陆重点经济区为腹地，以东部沿海发达地区为引领，同京津冀协同发展、长江经济带发展等国家战略对接，为东中西部协同开放、落实区域协调发展战略提供了历史性机遇。

21 世纪海上丝绸之路，是"一带一路"倡议中的重要组成部分。其中，西线是由中国东南沿海经南海，穿越马六甲海峡，向西进入印度洋，再到西亚、东非，也是 21 世纪海上丝绸之路的建设重点；东线是由中国东南沿海经南海，穿越印尼海域，进大洋洲的澳大利亚、新西兰及南太平洋诸岛国；新线是由中国西南经南亚，穿越印度洋，到西亚、东非。横跨亚欧大陆的海上丝绸之路建设是沿线国家相互合作、形成联盟关系的重要契机,并且将对沿线的海上航线、港口城市以及遗产线路的旅游活化起到巨大的带动作用。

陈南江(2005)在十几年前就指出度假区开发建设是今后相当长时间内的主流,而滨水度假区又在度假区中占据很大比重;滨水度假区的开发实践将在今后 20 年左右的时间里持续看好。滨水度假区是当前旅游产品发展阶段的核心产品,其旅游规划是既有重要意义,又有很大特殊性的专业性工作。陈南江认为,地理环境对滨水度假区的旅游规划具有很大影响。除了传统的区位、经济等因素外,水体的美学特征、季节变化、生态系统对于滨水度假区的发展都具有十分重要的意义,必须在旅游规划中引起足够重视。

12.3.1 海滨大众旅游与海滨度假村

海滨旅游(seaside tourism)自 19 世纪开始兴起,最初仅限于旅游地所在的国家或区域范围内。伴随着航空业的发展、游客跨国移动便利性的提升,国际海滨旅游也获得了极大的发展。海滨旅游的发展促进了当地社会经济建设水平的提升,但也对目的地的可持续发展带来了一定的挑战。Bramwell(2004)从产品多样化和现有度假胜地的复兴两大趋势出发,通过研究使大众旅游获得可持续发展的政策和技术,为可持续发展的学术话语创造了一种平衡,基于可持续发展的角度评估了这些海滨大众旅游发展的战略,并且基于西班牙、塞浦路斯、土耳其、马耳他、希腊、克罗地亚、斯洛文尼亚和黑山的案例研究,为决策者、国家、地区和城市规划者提供了全面的海滨大众旅游发展指导。

Miller 和 Auyong(1991)通过对比多个国家的海岸带旅游(coastal zone tourism)资源以及其面临的发展机遇和现状的研究后,对海岸带生态和社会影响、旅游模式以及旅游管理和规划的现有框架进行了完整的概述,呼吁在海洋研究中加大对海岸带旅游的研究。

随着人类活动空间由大陆向海洋转移,海岛旅游(island tourism)异军突起,成为最受欢迎的旅游形式之一,海岛成为备受关注的旅游目的地。海岛旅游是游客在海中岛屿及其周围水域进行观光、休闲、娱乐和度假的重要形式,在全球范围内获得了极大的发展。世界著名的海岛旅游目的地包括岛国马尔代夫、印度尼西亚巴厘岛、泰国普吉岛、韩国济州岛、马来西亚沙巴岛、澳大利亚林德曼岛等,都是在海滨大众旅游时代背景下崛起的重要海岛旅游目的地。高维全(2018)指出,我国是世界上海岛最多的国家之一,海岛旅游资源丰富,气候宜人,毗邻经济发达区域,市场前景广阔,具有发展旅游业得天独厚的优势条件。Lim 和 Cooper(2010)指出,由于岛屿的脆弱性、孤立性和外围性的独特特点,岛屿旅游业的可持续性与承载能力、社区参与、当地政治环境和特殊利益活动密切相关。尤其是近年来,游客对海岛自然旅游和文化旅游等特殊兴趣活动的追捧,对小岛屿的可持续性提出了特别的挑战(Sasidharan and Thapa, 2002)。因此,海滨旅游和海岛旅游规划必须在规划之初就把可持续发展战略植入产品设计中。

正如 Garrod 和 Wilson(2003)所描述的那样,海洋生态旅游(marine ecotourism)作为近年来生态旅游的一个主要增长点,其本身也是整个旅游业的一个主要增长点。海洋生态旅游增长的一个例子就是观鲸(whale watching)体验,当前的观鲸体验比商业捕鲸活动更具有经济价值,而且不会破坏海洋生态平衡。在针对海洋生态旅游进行产品规划与设计时,应当重点考察潜泳(scuba diving)、研学体验项目的条件,并根据海洋生态旅游的产品特性,布置合理的服务设施。由于海洋生态旅游活动的开展往往濒临湿地区域,因此在进行规划时,应合理评估湿地的游憩承载能力,谨防人为活动对生态环境造成不可逆的破坏。

在围绕海滨旅游所布置的服务设施中,海滨度假村是极其重要的旅游吸引物之一。海滨度假村、海滨旅游潜力和海洋污染一直是研究者关心的核心问题。Agarwal(2002)通过对英国3个海滨度假村的衰退和重组过程的跟踪研究后发现,度假村的衰落并不一定与生命周期的进程或特定的资本主义阶段有关,而是内部和外部力量相互作用的结果,重组过程必须提高对地方特殊性的重视。Kocasoy(1989)在土耳其2个最重要的海滨旅游胜地——博德鲁姆和埃斯梅进行了一项健康调查,重点针对游客的健康问题、饮食习惯、游泳习惯等进行了分析,并根据大肠菌群的浓度确定了海洋污染水平,发现在此地参与海滨旅游的外国成年人和儿童比本地人更容易遭受海洋污染的威胁。

12.3.2 海滨度假区规划要点

本书第4章曾对海滨资源调查和评价辟有专节予以讨论。在经过详尽的前期调查后,需要对海滨度假旅游资源条件进行深度分析,并对海滨旅游度假区提出合理的规划方案,其中规划要点(参照鲍德-博拉、劳森,2004:73)如下:

(1) 综合旅游度假区的规划,在海滩近旁成组地配置多种运动设施、游憩设施。

(2) 开放式露天游泳池(形状自由、有儿童泳区、饰以园景),通常选址在滩后地带,游泳池可扩展至陆上旅游接待设施,与周围风景相得益彰。

(3) 游泳池和海滩周边设有露天餐馆或自助餐,食客可尽享池边景色。

(4) 设置海边运动项目,如快艇、滑水、潜泳;开展活动的相应建筑(设备、储藏室、设施等)建议建设在原始海岸的一侧。

(5) 功能区和分区设计,建议集中分组布局兼容性活动,同时分散布局一些能满足不同兴趣游客需要的设施与活动,营造适当的"气氛"。

在规划海滨度假地住宿接待区时,应尽可能达到如下要求:① 为客人提供宁静、放松,布局在远离公共活动场所的、经过景观设计的花园区;② 建筑物形式与自然环境或海滩景观相协调;③ 配备遮阴和座椅区。

在规划海滨度假地海水浴和保健中心时,应尽可能布置海水浴疗的水疗设施。可以学习欧洲国家或地中海沿岸国家的做法,以医疗导向为主,布置温泉设施,强调海水、海泥、海藻和沙滩的利用。注重美容护理设施的布置,设置如健美室、健身房、桑拿浴室等设施,提供缓解疲劳和压力的治疗、节食咨询服务,将单纯的医疗转向提高健康和美容护理。

值得一提的是,许多海滩在条件并不优越时可以进行改造扩容,如海滩拓宽,规划卵石滩或将滨岸区域改造为沙质海滩,并可通过倾倒沙砾或泥沙的方式修建防浪堤(与海滩平行或垂直)。其景观建设方法有建造草坪和花园、在稳定的基质之上沉积泥沙、在基岩或潟湖基础上建造海水池湾等。

在进行海滨旅游设施规划时,尤其要注重公共海滩设施的设置(参照鲍德-博拉、劳森,2004:72)。需要设置:① 救生设施,如漂浮平台、浮链、救生岗和急救中心等;② 存衣处,包括独自锁钥柜和有管理人员照管的衣帽间等;③ 运动和游乐设施,包括排球、乒乓球、羽毛球及轻型游乐场地等;④ 儿童游乐区,应为在成人照看下、有保护措施的儿童游泳池和游戏区;⑤ 卫生设施,每500人共用5个抽水马桶和5个盥洗脸盆及4个淋浴装置,每10~20个游泳者共用一个更衣室;⑥ 游泳池,应在海滩附近修建,并与周边景色配合;⑦ 停车场,与水边的距离为150~200 m(近城市的大型公共海滩除外);⑧ 餐饮服务设施,修建可移式凉亭,提供快餐服务,并开辟野餐场所;⑨ 花园、绿地和树林,应在临近海滩的地方规划,营造吸引力并与海滩相联系;⑩ 其他设施,如有顶篷的船坞,为租借游船、风帆滑板、脚踏船、冲浪板和其他设备提供服务的设施空间。

在进行规划设计时,应遵循以下原则:① 海滨大道和防护林可与海堤工程相结合;② 海滩上不建任何建筑物,只能安放一些轻便可移的临时设施,如遮阳伞、遮阳棚等;③ 卫生间、更衣室、咖啡屋及其他设施应修建于海滩后部,并控制在明确的功能分区中。与此同时,尽可能照顾残疾人和老年人等特殊人群的需求,提供相应服务。

12.3.3 旅游码头与游港规划

水体旅游,特别是海洋水体的利用,离不开码头、停靠和补给体系、航道建设与维护、导航与气象服务等基础设施的支持。应根据旅游市场的分析,对旅游港口规划需求进行评估:综合考虑各种可能停泊的船只对港口的需要;对港口建设的自然条件进行评价;根据港口和海岸的类型,以及港口规划建设的吞吐量要求,对滨岸的坡度、地价、防浪堤、护坡、疏浚、立法等条件进行调查评估。

根据目的地港所处位置的自然地理条件,如地形、水深、风浪等情况,港口可以修建成岸外港、岸内港或半岸内港(图12-6)。

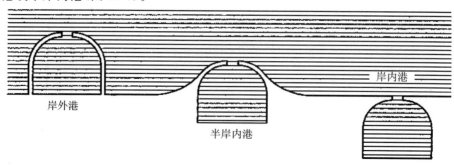

图 12-6 港口类型图示

资料来源:鲍德-博拉、劳森,2004:73。

根据港口功能的不同，可以将海港分为紧急避风港、一般系泊港、休闲娱乐港、港口度假区和游艇中心等不同的类型（表 12-6）。停靠港口资源条件评估包括：水深条件；风浪潮汐；港口建设设施；轻型游艇码头，是否有防巨浪天然港湾、适度风力；游轮基地，符合大型游轮航行岸线条件，具有 60～100 km 海岸，每隔一定距离具备停泊游轮的条件。

表 12-6　港口类型划分与设施条件

类　型	设施条件
紧急避风港	躲避风暴、航行援助、最基本的系泊设施
一般系泊港	为外来船员提供船只系泊服务：自然条件合适（防风条件好、便于驶入），建设投资少，即具备建港条件
休闲娱乐港（或旅港）	作为度假区或游憩性入住区的主要致趣点
港口度假区	这里所有私家别墅都修建有独立的游艇码头，如格里莫港（Grimaud）
游艇中心（或"干港"）	供帆航游船、游艇等使用，并可寄存在岸边的旅游码头

资料来源：鲍德-博拉、劳森，2004：73。

游港（marina）是基于港口设施、配套娱乐休闲服务，具有除水面活动外更多的岸上活动内容的旅游综合体。

一般情况下，游港的基本设施规划内容（鲍德-博拉、劳森，2004：74）包括：

（1）水位控制池：控制潮汐水位变化，在平均潮差超过 3 m 或游船泊位超过 500 个的地区。

（2）航海指示：浮标、航道标志、灯塔等。

（3）系泊桩：在固定码头或浮动码头（有时被水覆盖）。

（4）硬面区域：在码头、游船装备店、船用拖车停车场、船只维护修理设备点、船只停放海湾之间修建的硬质地面。

（5）岸上泊船场：供停放轻型龙骨帆船、摩托艇、船用拖车、拖车架、支船架之用。

（6）入水坡道：坡度不超过 12%，修建在轻帆船港入口附近（以免在码头内无动力航行），或在更靠近码头内部，供从船用拖车上卸下的备有舷外发动机的船只（可长达 10 m）使用。

（7）铁架塔或起重机。

（8）海上服务处和燃料站。

（9）船只存放与维修区、船只冲洗区，及有顶篷的船只存放区。

（10）管理区：包括港务管理部门和海关（一般为 200～400 m²）。

（11）汽车停车场和船用拖车停车场。

（12）俱乐部：有酒廊、餐厅、厕所与淋浴设施、岸上与水上比赛的看台。

（13）航海商店、小超市，包括食品、杂货、运动装备和渔具等，通常布局在入口附近。

另外，在进行游港规划时，应特别注重防护安全，要利用天然防护条件或人工修建的防浪堤、防波堤、海防大堤等减少波浪和风的影响;同时,通过人工管道引进潮水或洋流进行冲刷,在封闭的港池中,可能需要通过机械方式实现流通,保持平衡。

根据鲍德-博拉和劳森(2004:74)基于欧美国家的经验提出的游港规划标准,下述各项参数对于中国海滨度假旅游港的规划具有参考价值:

(1) 游港最小规模为150~250条游船。

(2) 密度为每公顷水域附加一个相等面积的汽车和轻型船只的停放场所,港口可容纳75~100条船。

(3) 两个泊堤(泊桥)的轴间距应是船身长度的4~4.5倍。

(4) 每艘沿着泊堤(泊桥)停靠的游船所占的位置应为2.5~5 m,平均为3.5 m,如果是指状泊桥,则需更大的长度。

(5) 泊堤(泊桥)的方向应与盛行风成直角(船只与风向平行)。

(6) 主航道的深度至少应为4.6 m,泊船处则为2.3~3.7 m。

(7) 系船桩应与供水、电力甚至排水设施相联系。

(8) 应该为不同类型的船只提供相对分隔的停泊区域,外来访客的游船应靠近港口入口处。

(9) 每一船泊位对应0.5~2个车位。

(10) 在入水坡道附近提供船用拖车停车场。

(11) 港口度假区规划须考虑其作为活动中心和视觉吸引中心的功能。

(12) 公共码头、咖啡馆、餐馆、住宿设施等应选址在水域周围的重要地段,而工程服务设施则选在较隐蔽位置。

12.4 健康旅游与养生旅游度假区发展规划

养生旅游是体现天人合一,融合养生文化、养生产业和生态旅游方式的体验式旅游形式,是养生文化、科学与自然的一体化旅游(张跃西,2015:i)。养生旅游对所有年龄段的人类都有帮助,但是对老龄人口更有裨益。根据公开资料显示,中国将是世界上老年人口占比最高、老龄人口数量最多的国家。这将对中国的养老金储备与养老保险制度改革提出极大的挑战。在这种情况下,巨大的老年消费市场成了健康疗养旅游市场最大的客源市场,这对旅游产业发展而言是一个重要的机遇。

12.4.1 老龄化社会、亚健康人群与健康旅游发展

随着经济发展和人均寿命的不断提高,我国在老龄化发展速度上也是最快的国家之一。人口老龄化对我国经济和社会发展带来的冲击和挑战表现在经济增长速度、福利和质量等多方面,不仅通过影响劳动力、资本、技术进步和收入不平等间接影响经济增长数量,也通过产出直接影响经济增长数量,还通过全要素生产率与经济增长质量综合指数直接影响经济增长质

量(闫海春,2019)。

从 2000 年开始,我国进入老龄化社会,自此以后我国老龄化迅速发展。第七次人口普查数据显示,我国 60 岁及以上老年人口为 26 402 万人,占比为 18.70%,65 岁及以上老年人口为 19 063 万人,占比为 13.5%。与 2010 年第六次人口普查数据相比,60 岁及以上人口的比重上升 5.44 个百分点,65 岁及以上人口的比重上升 4.63 个百分点。预计到 2050 年,我国老龄人口总数将达到 4.8 亿人。从 2022 年国家统计局发布的一组数据来看,2021 年的新生儿人口数量为 1062 万人,相较 2020 年减少了 138 万人,人口出生率降为 7.52‰,出现了五年连续降低的情况,也是过去六十年中新生儿数量的新低。另据一项调查结果显示,我国每年新增 200 万高龄(80 岁以上)人口。一系列的数字说明,我国的人口老龄化形势越来越严峻,并且我国的人口老龄化与少子化、高龄化并存,由此带来的经济社会问题也将更为严重(闫海春,2019:1-2)。

此外,中青年的健康状况也不容乐观。在高速城市化和剧烈的社会竞争冲击下,城市居民中出现大量的亚健康人口。休闲度假和出外旅游可以改善人们的健康水平和幸福感知。亚健康的概念自苏联学者布赫曼提出后,美、日等国也相继开展了这方面的研究(周辉,2009)。周辉指出,随着工作、生活节奏的加快,我们的躯体和心理也承受了越来越大的压力,在这种压力下,并不是所有的人都能很好地调节自己的身心,而使自己处于一种身心不适但又查不出任何疾病的状态,即亚健康状态。

亚健康状态是近 20 年来中医药研究的焦点领域之一,当代人类疾病谱系由原来的致命流行性疾病向慢性病、精神疾病等非致死性疾病转变,困扰人类最多的由原来的病态逐步向非病非健态,即亚健康状态转变(崔龙涛,2019)。根据崔龙涛对不同健康状态的问卷阳性项频次统计结果,亚健康状态人群阳性项频次排序依次为如下症状:眼睛酸胀、干涩、疼痛等眼睛不适;头颈部疼痛、酸胀,或头晕等不适;紧张、焦虑,或急躁、易怒等某些异常情绪;咽喉干燥、痒痛,或有异物感等咽喉不适;口腔溃疡、牙龈肿痛出血、牙根松动等口腔问题;难以入睡或多梦、易醒等睡眠问题;感觉疲劳、乏力,或疲劳以后休息仍不能缓解;口中异味,或食欲减退、胃部不适等消化问题;缺乏精力,注意力不集中,很难担负日常生活工作等。

近年来,中国逐渐重视中医药健康旅游产业的发展。其发展理念契合了习近平总书记强调的中医振兴战略,也符合国务院对产业发展的要求,即大力促进旅游、文化、体育、健康、养老"五大幸福产业"快速发展,不仅可以拉动消费增长,也可以加快消费升级的进程。

根据公开资料显示,预测到 2025 年,中医药健康旅游人数将达到旅游总人数的 5%,中医药健康旅游收入将达 5000 亿元。未来,全国将建成 10 个国家中医药健康旅游示范区,100 个国家中医药健康旅游示范基地,1000 个国家中医药健康旅游示范项目。

健康旅游(health tourism)是基于健康生活价值观(生活方式),以维持及促进健康为目标,以提高身心健康为目的,以优良生态环境为基础,以健康休闲活动为形式,以养生物质、设施与服务为手段而实施的一种旅游活动。不同于传统医疗产业单一救治模式,健康产业和健康旅游强调"防、治、养"一体化,健康旅游更加强调养生体验和生命质量。Sibila Lebe 和 Milfelner(2006)认为健康旅游是室内室外的健身运动,健康食物,放松项目,如 SPA、按摩、药物治疗,健康休闲文化活动等使自己或家人更安康的游览方式。Goodrich(1994)则认为健康旅游是以促进身心健康发展为目的的旅游形式,也可涉及养生的内涵。从当前的发展趋势来看,未来会出现健康旅游、保健旅游、养生旅游等产品,每个产品所指向的服务内容、服务对象和价值取向都十分不同。对于健康旅游概念的理解,大致可以分为过程说和目的说。过程说认为,只要在旅游过程中能够提高和改善旅游者身体健康状况的活动均为健康旅游,强调提高和改善旅游者身体健康状况只是旅游活动的结果。目的说则认为,只有以提高和改善身体健康状况为目的进行的旅游活动才是健康旅游。

根据健康旅游产品的概念和特性,从医疗健康咨询的角度出发,人类的理想健康状态为纯白状态,死亡状态为纯黑状态,而第三状态,即从有患病倾向的状态至患病状态,为灰度逐渐增加的状态,其灰度处于$[0,0.5]$区间。健康的不同灰阶与不同类型的医学相对应:第一医学(临床医学):深灰状态;第二医学(预防医学):白色状态;第三医学(康复医学):从深灰状态恢复到中灰状态后,如何尽可能达到白色状态;第四医学(第三状态医学):对应于由白转灰时的调理与恢复,以求恢复到白色状态。因而,第四医学是走向健康的医学(陈传康、冯若梅、李蕾蕾,1997)。从养生旅游角度来看,第四医学设施与服务,就相当于疗养度假,比如都市人群为调节工作压力,在度假区开展的康养休闲活动,或者愈后患者在特定疗养区域开展的度假活动。世界旅游组织所定义的医疗保健旅游:以医疗护理、疾病与健康、康复与休养为主题的旅游服务,就是属于第三医学与第四医学服务范畴。

从健康旅游产品的主要形态来看,跨越了第一医学设施与服务,部分涉及第二医学设施与服务,主要是在第三医学设施与服务和第四医学设施与服务的情景下运营。由于第一医学和大部分第二医学的服务设施需要专业的医院进行操作,因此健康旅游和医疗旅游(medicine tourism)是有差距的。健康旅游属于第三医学和第四医学的层次,而医疗旅游可能涉及第一医学、第二医学和第三医学设施与服务,并且涉及十分专业的问诊服务、医药配置和医疗器械等。

在度假旅游地规划的过程中,健康旅游作为一个选项,首先要考察健康旅游的资源。比如,在贵州黔西南旅游规划中,因该地气候一年四季怡人,具有打造为气候度假目的地的潜在资源条件。黔西南海拔不高,户外紫外线较弱,空气中负氧离子含量较高,一系列健康指标均高于全国大部分地级市。再比如广西巴马土壤中硒的含量较高,而硒是人体长寿或者防癌的一种元素,也可以成为吸引健康旅游者的重要因素。健康旅游资源可以分为自然健康旅游资源、人文健康旅游资源两大资源类别,围绕主类、亚类旅游资源可以开展非常多的健康活动。因此,健康旅游的发展需要依托的条件就是区域优势和资源禀赋。一类是双优型,二类是双良型。三类则是资源较好,区位不佳;或者区域较好,资源不足(表12-7)。

表 12-7　基于区域资源与市场结构对应的健康旅游开发模式

模　式	行为结构
区位资源双优型（健康旅游资源丰富且区位条件优良）	发展一定的为专项健康旅游服务的措施，提高服务级别，分别安排以交通、住宿、饮食、门票为主的有限消费，使以购物和娱乐旅游为主的旅游弹性消费比例提高，注意推出健康旅游的品牌
区位资源双良型（区位条件较优且健康旅游资源丰富）	增建相应的人工景点，丰富健康旅游活动项目，增加旅游吸引力
资源占优型（健康旅游资源突出但区位条件不佳）	改善旅游地接待服务设施，提高娱乐旅游内容，力创鲜明特色，加强旅游宣传，树立形象，努力改善交通条件
区位占优型（区位条件较优良但健康旅游资源不优）	改善风景资源，增多娱乐内容，改善交通条件，争取周边市场

12.4.2 中国特色的养生旅游

虽然世界各国、各地区使用健康旅游、医疗旅游和养生旅游等不同的概念，但是，需要强调的是养生旅游是具有中国特色的概念，不能翻译成"wellness tourism"，而应翻译成"Yangsheng tourism"。因为中国的中医医学健康理念和西方哲学、科学和生活方式的表征存在明显不同。

在健康旅游范畴下，我们将重点讨论养生旅游，特别强调养生旅游中国化，或者中国特色语境下的养生旅游，其所独有的生活方式、哲学、医学等学术体系都与西医有很大区别。中国特色的养生旅游能够以哲学、医学、游历理论为基础进行旅游产品开发。在这样的理念支持下，可以进一步扩大医疗旅游、养生保健旅游、中医药旅游、文化体验、健康旅游等产品供给。

中国特色养生旅游有 3 大理论基础。第一个理论基础就是中国哲学，特别是道家哲学天人合一、易经阴阳平衡、周易命理等学说。养生旅游是根据中国传统哲学、中国的生活哲学、草药、医药、医术、气功等，将中国人自古总结的一系列和身体保健、医学实践有关的一套理论和哲学重新设计成的一种养生旅游产品和旅游体验方式。

第二个基础是中医药的理论和实践，整体理念与辨证论治，涉及相似观（分形观）的循证观、分形阴阳五行学说、藏象五系统学说、五运六气学说等。中医有一整套体系，把这套体系融入度假区里，另外开发一套治未病的中医诊断方法，比如理疗、按摩、穴位、针灸、太极等。

第三个基础是中国游历理论，重点强调山水文化、风水理论、生态体验。比如建筑设计或者景观设计可以参考借鉴五行生克理论，不同类型的旅客住不同类型的房子和园林。例如，按照五行论，在居住的房间和庭院种植需要的林木，用以象征"木"的生长舒展；设计有温泉、水体设施等，用以象征"水"的浸润滋养。未来具有中国传统文化的开发概念将会有很大的消费市场。

养生旅游内含诸多养生方式，比如自然资源养生、文化资源养生。它的服务体系有内部服务健康保健体系、休闲娱乐体系、休闲娱乐保障体系等整套体系。但我们所强调的不是技术内容本身，而是中国养生旅游和欧美养生旅游或健康旅游的差别。中国养生的概念体系，会涉及人体的穴位和经络的调理，人和环境的呼应，以及自然疗法等内容。

西方人对于健康旅游的理解偏重于养生旅游（wellness tourism）、水疗旅游（SPA tourism）、海滩旅游（beach tourism）、温泉旅游（hot spring tourism）和森林游憩（forest recreation）等概念。虽然人们习惯于将"wellness tourism"翻译成养生旅游，但是它与中国语境下的养生旅游还是有显著不同的。中文里的养生旅游为什么不能直译为"wellness tourism"？因为"wellness tourism"是基于西医的理解。Yangsheng tourism，是要把中国理念传输给全世界，就像 tsunami（海啸）来自日语，tofu（豆腐）来自中文，piano（钢琴）来自意大利语，chef（厨师）来自法语一样，不同的国家都拥有一套属于自己的文化专长。Yangsheng 具有中国文化的深厚基础，通过我们的努力应该可以输出到世界各地，成为西方语言中的新外来语。这就需要一系列理念及产品品牌的传承创新与全球推广。

本书第 4 章旅游资源曾经辟有一节专门讨论过温泉资源的评价。那么温泉资源在度假旅游地发展过程中起到哪些作用？温泉在中国养生旅游体系中具有独特地位且历史悠久。中国开发利用温泉的历史可追溯至距今 2500～3100 年的《诗经》时代。古代温泉旅游萌生于秦汉时期，魏晋南北朝时期有较大发展，这一时期温泉旅游者主要为帝王和皇室贵族。唐代是古代帝王温泉旅游的巅峰，唐明皇和杨贵妃的温泉浴场至今仍可在西安华清池一带寻到踪迹。宋代主要温泉旅游群体实现了由帝王、皇室贵族向文人士大夫的转变，温泉旅游已成为一种观光审美与康体疗养相结合的旅游活动。

明清时期是温泉旅游的繁盛期，温泉旅游者以文人士大夫为主，并开始下移至平民百姓，温泉旅游逐渐走向大众化（何小芊，2012）。温泉是提供休闲度假产品的重要基础资源之一，温泉旅游也是休闲度假旅游的重要形式之一。据初步统计，2020 年我国温泉企业数量增长到 3550 家，全国温泉旅游度假村接待人次从 2015 年的 2.9 亿人次增长到 2019 年的 8.02 亿人次。我国自然出露的温泉数量达 2200 余处，文化和旅游部公布的 17 个国家级旅游度假区中，以温泉为主题的旅游度假区占 3 个（刘晓农，2019）。

席宇斌在其博士学位论文中构建了温泉旅游地可持续发展评价指标体系，并赋予指标不同的权重和评分标准。由于温泉资源的非遍在性，自涌型温泉和浅层地下热水最先被用于旅游开发，并逐渐形成旅游产业集聚。当规模效应达到最大且温泉开采量仍处在环境承载力范围内时，温泉旅游飞地逐渐形成，但会导致地下热水水位的进一步下降甚至枯竭。在这种情况下，行政管理部门会严格保护温泉资源，温泉旅游地的规模和地下热水水位都会发展到一个相对平衡的状态。

12.4.3　健康旅游度假区规划

健康旅游发展的物质载体就是各类健康旅游度假区，它们以健康旅游景区、健康旅游特色小镇、健康旅游目的地等不同形式存在和出现。

健康旅游者具有不同的出游动机和消费偏好，一个健康旅游度假区需要提供不同的产品组合，在规划的综合性和完整性方面打好发展基础。根据所依据的养生资源的不同，养生旅游度假区可以分为自然资源导向型和文化资源导向型的养生旅游度假区(表12-8)。养生旅游度假区的服务体系可以分为健康保障服务体系、休闲娱乐服务体系和生活保障服务体系,3个体系由内而外,向养生旅游的游客提供全面的综合服务(图12-7)。

表12-8 基于资源的养生旅游度假区分类

养生旅游度假区的类型		主要养生资源条件
以自然养生资源为主的旅游度假区	山岳养生度假区	空气负氧离子、阳光、气候
	森林养生度假区	空气负氧离子、植物精气
	海滨养生度假区	阳光、海洋、气候
	矿泉养生度假区	特效矿物质
以文化养生资源为主的旅游度假区	民俗养生度假区	人文环境、生活方式、饮食
	宗教养生度假区	宗教养生思想及方法
	中医药养生度假区	中药、中医保健方法

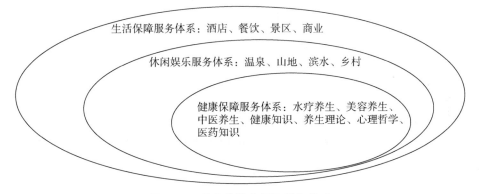

图12-7 养生旅游度假区服务体系

健康小镇(康养小镇)是具有中国建设特色的旅游度假区形式之一。康养小镇是以良好生态环境为基础,以健康服务和文化为主题,以健康产业为支柱,融健康、养生、养老、休闲、度假等功能为一体的健康旅游综合体。医疗旅游、养生旅游和中医药旅游等产业的发展,为养生旅游度假区、康养小镇的规划设计和建设提供了新的舞台。康养特色小镇功能落实在空间上面,其基础可以是一个历史古镇/古村,也可以是由商业资本从头开始新建。在康养小镇的建设过程中,可以把健康和养老旅游、互联网、健身休闲、食疗健康等新兴产业相结合,倡导一种健康生活方式,把国家中医药健康旅游示范区和示范基地结合起来,最后打造成为健康旅游目的地。目前康养小镇在国内成功的案例还不太多,相当多的企业在做这方面的努力,以期未来形成新的健康旅游产品体系。

高尔夫旅游是国际上盛行多年的健康旅游产品,具有良好的健康和社交功能。但是由于种种原因,人口远比日本众多、国土远比日本广袤的中国,高尔夫球场的数量却不及日本的

1/6。2017 年 1 月,国家发改委、国土资源部、环境保护部等 11 家部委联合宣布,高尔夫球场清理整治及全面核查工作已完成。此次清理整治后,全国原有高尔夫球场 683 个,其中有 496 个球场整改到位予以保留。但在 2017 年度,496 家球场中有 118 家球场因各种原因未能正常营业(朝向集团,2018)。也就是说,全国仅有 370 多家高尔夫球场正常运营。日本不仅有着悠久的高尔夫历史,同时也以 2400 多个高尔夫球场在亚洲傲视群雄。纪春(2011)对海口市高尔夫发展的研究表明,经过近 20 年的高尔夫球场建设,海口市耕地面积并没有太大的波动;高尔夫的发展对景观格局造成了一些影响;不同利益群体对于高尔夫球场建设整体认同程度为:地方政府部门代表＞旅游服务供应商＞社区居民＞特殊利益群体。

12.5 主题公园与旅游演艺策划

主题公园和旅游演艺都具有较强的度假产品属性。一般而言,一个综合性的旅游度假目的地会有丰富的主题公园、娱乐演出、休闲运动等产品。本书在第 6 章旅游地体系规划中,曾经将娱乐公园作为度假和游憩设施的一种,纳入资本驱动型的旅游地体系。而主题公园作为整个休闲娱乐公园系统的组成部分之一,近年来其作为度假目的地的发展,取得了长足进步。无论是来自美国的迪士尼乐园,还是中国本土出产的东部华侨城和长隆野生动物园,都在其入口区醒目位置标注自己是一个"resort"(度假区)。香港迪士尼大门口的英文名称是"Hong Kong Disneyland Resort",深圳东部华侨城入口区大门上方悬挂着的醒目招牌则是"世界级度假旅游目的地",珠海长隆主打的吸引物尽管是海洋野生动物,但是主打的品牌却是非常鲜明的"珠海横琴长隆国际海洋度假区"。

12.5.1 作为度假产品的主题公园

主题公园(theme park)是为了满足旅游者多样化休闲娱乐需求和选择而建造的一种具有特定主题和策划性活动方式的现代旅游吸引物形态,有时可能发展成为旅游目的地。具体可以从以下角度理解:主题公园是旅游业发展到一定阶段的产物,依托大量投入而建立起来的旅游活动场所;主题公园是相对于原赋旅游景区而言的新型旅游景区,具有"人造"的含义;"主题"是指人工创造出来的一种具有震撼力效果的游园线索,让旅游者参与其中并获得特殊感受,"公园"指旅游景区的空间形态和形象定位;主题公园是一种具有特殊旅游活动规律的旅游景区;主题公园是注重一个或多个主题的创意、策划与塑造的旅游度假区。

主题公园包括游乐园的许多要素,但表现出多种主题形象,如:儿童神话故事——迪斯尼乐园;微缩城镇——锦绣中华;未来与科技——Futuroscope(法国);原始西部——Fort Fun(美国),OK Corral(法国);乡村世界、花卉、甜蜜——Flevohof(荷兰),Mellipark(比利时)等。主题公园的主题选材在中国境内同样十分丰富,如杭州宋城是依托传统文化,北京中华民族园是依托中国传统民族文化,上海大观园是依托《红楼梦》小说,无锡水浒城是依托《水浒传》小说,浙江横店影视城是依托影视文化。

在阐述山地度假、海滨度假时，本书强调了"规划"一词，但是主题公园度假旅游研究不仅有规划，还要强调"策划"。其所具有的策划创新性和活动多元性，以及本土文化的挖掘活化是最重要的，尤其在未来的主题公园策划中更是重要。主题公园的目标市场具有层次性，投资回报也有高风险性，一般采用以企业为核心的经营管理模式。同时，还兼具发展的时代性和周期性、主题策划的创新性、主题活动的多元性、主题文化的大众性和景观环境的虚拟性。

人们习惯把主题公园产品归为"吃、住、行、游、购、娱"的旅游六要素中的"娱乐"大类。但是，在进入度假时代后，娱乐本身会作为一个度假产品而单独存在，并衍生出娱乐产品、演艺产品等作为度假旅游的主要支撑。主题公园可以作为独立的一个度假产品（如上海迪士尼），也可以作为大型度假区的一个组成部分（如马来西亚的云顶高原娱乐城）。云顶度假区的特色是博彩业，但山顶室内、室外结合的主题公园同样缤彩纷呈，使云顶成为马来西亚旅游的第一大品牌。

12.5.2　旅游演艺策划

旅游演艺产品是指将舞蹈、歌曲、杂技、武术等艺术形式作为题材，结合声、光、电等高科技手段，运用多种艺术表现手法，满足观众愉悦体验的新型文旅产品。不同学者对旅游演艺的理解有所差异，但也具有一定共同点：① 旅游演艺在旅游地空间范围内推出，这个空间范围既可以是旅游城市，也可以是旅游景区、大型旅游主题公园及其周围；② 旅游演艺以旅游地地域文化为主要表征内容，体现出较强的文化性；③ 旅游演艺主要面向旅游者，其目的是通过旅游演艺，拉长旅游者滞留时间，延长旅游产业链；④ 旅游演艺融合舞台表演艺术以及各种造型艺术、流行文化、民俗事项、节庆活动和地方文化等要素，是旅游产业与演出产业共同融合的产物（方世敏、杨静，2011）。与一般旅游活动相比，旅游演艺活动在主题性、专业性、产品质量、接待量等方面，都有显著不同。

随着旅游演艺的不断发展，当前实景演出、剧场表演、主题演艺已经成为3大核心产品，并主导着旅游演艺市场。实景演出，是以旅游地山水实景为依托打造实景演出产品。演出形式主要以室外大型演出为主，一般创作阵容强大，剧目创新频繁，创作周期长。演出团队主要以专业演员与当地居民演员为主，代表作品有《印象·刘三姐》《印象·大红袍》等。

剧场表演旅游演出，是以著名旅游中心区为依托打造旅游特色演出。演出形式以驻场演出与巡演相结合，剧目创作以专业团队创作为主，剧目创新较快，创作周期较短。演出团队主要以专业演出团队为主，代表作品有《云南映象》等。

主题演艺旅游演出，是演出与游园优势互补、共同打造的复合型旅游演出项目。演出形式以大型主题演艺、小型常规表演，定点演出与巡演相结合的形式为主。剧目创作兼顾艺术性与商业性，原创剧目与引进剧目相结合，剧目更新较快。演出团队主要是自建表演团体或引进专业团队，主要代表作品有《宋城千古情》《金面王朝》等。值得一提的是，旅游演艺市场在日渐火热的同时，逐渐表现出依托景区发展的趋势。这对传统观光景区的升级、完善地方旅游产品结构，有着极为重要的意义，且可通过大量投资和高科技手段展示地方非物质文化要素。

旅游演艺产品的成功，依赖于出色的策划。作为旅游演艺产业中的一个环节，策划不但为旅游演艺创业提供了创新空间,也为演艺项目的技术升级带来了新的动能。

旅游演艺产品的主题定位,主要依靠挖掘地域文化内涵、把握市场需求、提高项目美学价值、分析区域项目异质性。旅游演艺策划的目标、原则与程序,主要讲求游赏功能相互结合、塑造主题景区形象、丰富旅游产品设计、协调空间用地发展。旅游演艺策划的原则,主要包括主题化原则、等级化原则、艺术化原则、市场化原则、多元化原则和品牌化原则。旅游演艺策划程序(图12-8),主要包括挖掘传统文化,经过前期市场调研、考察论证、与当地政府沟通协调、确定投资预算后,在后期进行场地选择、服装道具制作、节目编排、音乐制作,同时进行演员招募、演员培训与排练,并进行舞台、音响、灯光、舞美、执行和包装设计,通过广告宣传和预演公演的方式,最终把旅游演艺产品推向市场(张瑞霞,2011)。

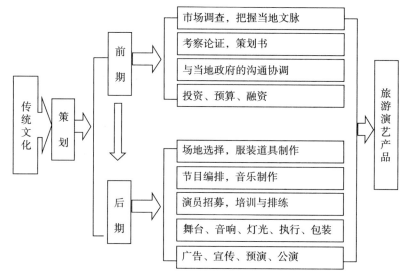

图 12-8　旅游演艺策划的程序

资料来源:张瑞霞,2011。

12.6　邮轮旅游体系规划

12.6.1　漂浮度假酒店:邮轮旅游

邮轮旅游(cruise tourism)是依靠巨大排水量的大型载客远洋轮船,停靠深水港码头和丰富沿岸吸引物,并在多个中途目的地停靠消费的一种度假形式。除了在母港(码头)和中途停靠港的活动支持外,船体内自带的餐饮、休闲、娱乐、购物等度假设施同样十分丰富。Wood (2000)认为邮轮旅游的扩张是全球化进程加速的缩影,邮轮旅游目的地的发展面临着全球竞争的产业结构调整、资本流动和劳动力迁移的挑战。"海上全球化"的发展也催生了全球跨文化、跨种族合作的新模式,面向游客的新产品也会出现文化体验主题化、模拟化的趋势。过去,邮轮作为一种交通工具承载了大量的出行功能。然而,在进入度假时代后,邮轮已经逐渐成为移动度假目的地的主要载体,并且成为移动度假地的核心。

邮轮大型化和巨型化趋势较为明显,新造邮轮排水量基本在 10 万吨以上。皇家加勒比游轮旗下拥有 4 艘 22 万吨级绿洲级巨型邮轮,分别是海洋绿洲号、海洋魅力号、海洋和悦号和海洋交响号,标准载客量在 5400 人以上,最大载客量在 6200 人以上,堪称"移动的海上城市",对于丰富邮轮设施空间、提升邮轮旅游体验具有重要的硬件支撑作用。

邮轮旅游是国际旅游中最具全球化特征的一个分支行业。邮轮产业的相关要素总是以邮轮母港为中心进行集聚,以便及时快捷地为邮轮及邮轮乘客提供优质服务,进而形成邮轮补给、维护、修理等相关产业链,并带动当地餐饮、住宿、旅游、购物等各方经济的发展,成为当地新的经济增长点。邮轮是资金和技术密集型产业,如皇家加勒比游轮"海洋和悦号"造价为 14 亿美元,"海洋量子号"造价为 10 亿美元,"诺唯真喜悦号"造价为 11 亿美元。在全球邮轮运力中,2018 年全球提供 508 艘邮轮,其中 290 艘为海洋邮轮,218 艘为内河邮轮。2018 年全球邮轮可提供床位天数将达到 1.67 亿。

从目前邮轮业的运营情况看,邮轮制造主要集中在挪威、芬兰、意大利、德国等国家。邮轮企业(特别是邮轮集团总部)主要分布于美国、英国、希腊、马来西亚、挪威,邮轮业资金主要来自美国、德国、英国和日本,海运注册多选择在巴拿马、利比里亚、百慕大、塞浦路斯和巴哈马,邮轮运营管理人才主要来自意大利、希腊、挪威、英国,船员主要来自南欧和东南亚。

邮轮本质上是一种"漂浮的酒店",是漂浮在海面上的"超五星级宾馆",被称为"无目的地的目的地"和"海上流动度假村"。根据邮轮运力床位天数分布,2017 年热门邮轮旅游目的地分别为加勒比地区占比 35.4%、地中海地区占比 15.8%、除地中海以外的欧洲其他地区占比 14.6%、亚洲地区占比 10.4%、澳大利亚/新西兰/太平洋地区占比 6.0%、阿拉斯加地区占比 4.3%以及南美地区占比 2.1%(图 12-9)。

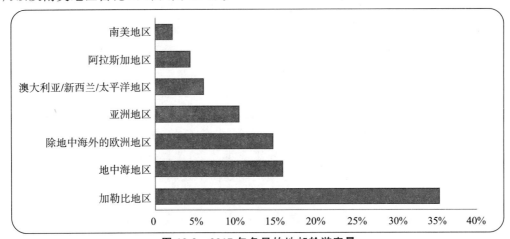

图 12-9 2017 年各目的地邮轮游客量
资料来源:据国际邮轮协会报告整理。

2018年北美地区邮轮游客数量增长了9%,达到1420万人次;亚洲地区邮轮游客数量达到420万人次,同比增长了5%;地中海地区邮轮游客数量超过400万人次;加勒比海地区邮轮游客数量达到1130万人次,同比增长6%,继续保持邮轮目的地世界第一;阿拉斯加邮轮游客数量超过100万人次,同比增长13%。加勒比地区是世界邮轮旅游最为发达的地区,也是最为重要的邮轮旅游目的地。另外,墨西哥、加拿大等国家和欧洲、夏威夷、阿拉斯加、百慕大等地区,也是邮轮游客比较集中的地区。

邮轮产业具有产业链长、经济带动性强的特点。2017年欧洲邮轮产业经济贡献达到479亿欧元,新提供的就业岗位达到4.3万个,使得邮轮从业人员总数达到40.3万人,由邮轮游客和船员所产生的经济贡献达到197亿欧元。

邮轮航线,作为邮轮旅游在空间移动上的重要支撑,是构成邮轮经济空间结构的重要组织形式,具有轴线的特征,主要表现为作为旅游目的地的邮轮港口以节点的形式联系起来。邮轮航线是指为游客提供邮轮旅游的旅游线路,主要包括邮轮始发港、海上航程、邮轮停泊点和邮轮目的地等要素。邮轮公司所开发的邮轮航线是随着季节、旅游淡旺季的变化而变化的。由于气候、洋流等原因,部分区域仅在特定季节适合开展邮轮旅游。邮轮船队为获得较高的出租率,都会采取季节性调配策略,定期改变始发母港和邮轮航线,以保证邮轮舱位出租率。

从现有航线统计来看,阿拉斯加航线占全球8.5%;澳洲新西兰航线占3.3%;巴拿马运河占1.2%;美国西海岸占1.5%;北欧北极航线占16.3%,其中欧洲航线和地中海航线是两个占比最大的。欧洲是一个航海文明占主导的地区,航海运动历史悠久,市场发展十分繁荣。其中,希腊拥有浪漫的海岸地带,航线开发比较成熟。地中海、北欧以及北美是主要的市场。另外,东南亚、加勒比海、南极、日韩也占据了相当大的邮轮航线市场比例。

亚洲是快速发展的新兴邮轮市场。2018年,亚洲占全球邮轮市场收入的11%,位居第4。特别是随着中国和印度收入水平的提高及人口总数的增加,亚洲具有良好的邮轮市场发展前景,吸引着越来越多的国际邮轮公司在亚洲开发新航线。东南亚地区邮轮最常造访的地点是马来西亚、新加坡、泰国等;东北亚地区主要由中、日、韩3国构成,是亚洲邮轮市场最为繁荣的区域。

以中国为中心的邮轮航线基本上分成4个区域:东北亚地区,主要是中、日、韩3国;东南亚地区,主要是马来西亚、泰国、新加坡等地;印度以及阿拉伯地区,包括马尔代夫等岛屿以及中东地区;南太平洋地区,包括与大洋洲的跨洲航线以及全球航线。

中国的邮轮度假市场正在起步,我们需要进一步分析,选择邮轮航线,规划邮轮码头的选址。邮轮航线的设计以及配什么样的船、航线配船如何实现利润、企业和航线网络怎么协调,都是摆在我们面前的任务(表12-9)。邮轮旅游牵一发而动全身,组织运营十分复杂,举个简单的例子,邮轮在码头靠岸后,首先要处理的是船上的垃圾收集及运出,然后还需要补给淡水和新鲜的食材。

表 12-9　邮轮航线规划指导原则

项　目	原　则
航线配船	航线所选择的船舶需在航线上有竞争力； 邮轮在船型以及吃水等技术方面要适合所要设计的航线
利润最大化	最终目标值必须是使企业现有资源获得最大的利润
企业与航线网络协调优化	将企业整体利益作为考虑问题的前提，兼顾单线与企业规划的全局，协调处理二者关系
挂靠港安全性	挂靠港口的政局稳定是邮轮挂靠港口选择的前提
挂靠港依托城市及其周边的旅游资源	基于海洋发展的城市都具有一定的相似性，因此挂靠港的周边一定要分布有特色的旅游资源，以吸引客源

12.6.2　中国邮轮产业与港口群建设规划

邮轮港口，按其重要性划分为邮轮母港、邮轮挂靠港和邮轮小码头 3 种类型。挂靠港依托城市和周边城市的旅游资源，其安全性和可靠性都是做线路设计的时候要考虑的，特别是跨国家的大港口。除了航线选择以外，最重要的就是母港的选择。一般而言，母港的建设要有足够的深水位条件，同时，也要考虑客源的市场容量（表 12-10）。

母港建设最重要的条件之一是客源的容量，比如上海客源市场容量够大，但是港口建设条件不佳，因为长江口岸泥沙冲积导致长江口航道很浅。另外，规划一个港口时，邮轮在母港靠停后，一定要保证游客能上岸，因为有 50%～60% 的人会在每个停靠港上岸，因此附近的旅游资源非常重要。当然母港的服务能力、外汇兑换能力、港口自然条件、对外交通、基础设施和港口本身的管理运行效率都很重要。

中国有 3 大邮轮港口群，即华北港口群、华东港口群和华南港口群，也是目前国家发展邮轮产业的主要布局点（表 12-11）。华北港口群包括辽东半岛，主要港口城市是大连和山东半岛的青岛以及京津唐经济区的天津；华东港口群的主要港口城市是上海；华南港口群的主要港口城市是香港、厦门和海口。

表 12-10　邮轮母港选择的区位影响因素

区位因素分类	区位因素
港口腹地经济	与邮轮直接相关的产业的经济 间接收益 辐射范围
地理形式	港区水深条件 港岸线长度 航道的条件 码头、停泊设施 潜存的扩展条件
旅游资源	旅游资源的质量和数量
港口软环境	交通便利条件 制度法规政策

表 12-11　中国邮轮港口群

港口群	经济腹地	中心港口城市	地域港口城市
华北港口群	辽东半岛经济区	大连	营口、盘锦
	山东半岛经济区	青岛	烟台、威海、日照
	京津唐经济区	天津	秦皇岛、唐山
华东港口群	长三角经济区	上海	宁波、温州、舟山、连云港
华南港口群	珠三角经济区	香港	广州、深圳、珠海、惠州、汕头
	闽东南经济区	厦门	福州、泉州
	环北部湾经济区	海口	三亚、湛江、防城港、北海

我们国家邮轮母港建设或者邮轮旅游发展刚刚起步,市场还没有完全启动。2018年中国邮轮港口接待邮轮976艘次,邮轮接待量达到100艘次以上的仅有上海、天津、广州、深圳4大邮轮母港。2006年中国母港邮轮市场开始以来,我国母港邮轮接待量保持增长趋势,从2006年的18艘次增长到2017年的1098艘次,增长60倍。

中国邮轮市场客源呈现高度集聚特征,2018年前5大邮轮港口共接待770艘次,占全国比重78.8%,接待出入境游客量达到456.92万人次,占全国比重93.5%。其中上海吴淞口国际邮轮港占据全国邮轮产业重要地位,游客接待量占全国比重55.57%,以绝对优势保持全国第一大邮轮母港地位。

邮轮这个产业链的形成需要统筹制定港口资源规划,完善沿海城市和内陆城市之间的合作,如客源和港口的关系、基础设施等。此外,邮轮管理人才仍是中国邮轮产业发展的短板(表12-12)。2015年《全国沿海邮轮港口布局规划方案》提出,2030年前,要在全国沿海形成以2~3个邮轮母港为引领、始发港为主体、访问港为补充的港口布局。在始发港布局中,提出辽宁沿海重点发展大连港;津冀沿海以天津港为始发港;山东沿海以青岛港和烟台港为始发港;长江三角洲以上海港为始发港,相应发展宁波-舟山港;东南沿海以厦门港为始发港;珠江三角洲近期重点发展深圳港,相应发展广州港;西南沿海以三亚港为始发港,相应发展海口港和北海港。

表 12-12　我国邮轮母港建设对策

对　策	具体内容
制定区域发展战略,统筹规划港口资源	采取分区域、有重点的建设原则,尽可能地避免重复建设,成为邮轮母港
加强沿海和内陆城市之间的合作	内陆城市的自然山水风光、历史人文、民俗风情等都是发展邮轮业的卖点。在港口群中找准区域中心重点打造
加大资金投入,加快港口基础设施建设	应拓宽融资渠道,加强港口与航运巨头的合作,鼓励国内公司投资邮轮相关行业

续表

对　　策	具体内容
相关行业和部门通力合作	邮轮旅游业涉及旅游、交通、港口、海关、口岸等多个职能部门,建立有效的协调机制和合作规范
形成邮轮经济产业链	邮轮公司要与邮轮停靠地的旅游景点合作,旅游、观光、购物、餐饮等一系列服务要配合默契
培养邮轮管理人才	高校和培训机构培训邮轮从业人员

【本章小结】

面对中国正在跨入休闲度假目的地大国的历史机遇以及建设一批世界级和国家级旅游度假区、旅游休闲城市的历史使命,本章系统阐述了度假旅游发展所依赖的资源条件和接待地体系,其中重点推介了气候度假地、山地度假区、海滨度假区、养生旅游度假区、娱乐度假区和移动型邮轮旅游体系的基本特征和规划导则。在面对不同的度假游客需求、市场竞争时,要牢牢把握度假地作为异地生活方式的提供者这一基本原则,才能为游客提供多元化、菜单式的丰富产品和深度体验。

【关键术语】

旅游度假地(vacation tourism area)

水体旅游(water-based tourism)

滨水度假(waterfront vacation)

湖泊旅游(lake tourism/lacustrine tourism)

气候度假地(climate resort)

气候舒适度(climatic comfort index)

异地生活方式(destination lifestyle)

山地旅游(mountaineering tourism)

滑雪旅游(skiing tourism)

海滨旅游(seaside tourism)

海洋旅游(marine tourism)

海洋生态旅游(marine ecotourism)

游港度假村(marina resort)

健康旅游(health tourism)

医疗旅游(medicine tourism)

养生旅游(Yangsheng tourism)

主题公园(theme park)

旅游演艺(open space show/indoor tourist show)
邮轮旅游(cruise tourism)

【复习题】

1. 如何理解旅游度假地是异地生活方式的提供者？
2. 气候条件在度假旅游发展中起到什么样的作用？简述中国旅游气候舒适度的分布特点和季节特点。
3. 什么是水体旅游？包括哪些类型？
4. 山地旅游度假区的特点是什么？请结合案例进行分析。
5. 结合本章内容，简述海滨旅游规划及前期调查内容。
6. 请比较中西方文化背景下的健康旅游与养生旅游的异同点。
7. 简述主题公园与旅游演艺作为度假产品的特点。
8. 简述邮轮旅游产业在"一带一路"倡议背景下的发展机遇。

(本章录音稿整理：薛涛、方琰、吴必虎)

第 13 章　目的地旅游与游憩设施规划

【学习目标】
- 理解设施建设对于异地生活方式的支撑作用
- 掌握旅游发展基础设施的分类及规划要点
- 掌握旅游接待设施的分类及规划要点
- 了解度假区运动、文化与社交设施规划的内容
- 了解智慧旅游发展态势和规划要点
- 了解旅游大数据的利用场景

旅游产品从广义的范围来说，是由"吸引物、设施和旅游服务"形成的一套完整体系。其中旅游(游憩)设施是产品的一个重要组成部分。但是旅游设施只是目的地的硬件部分，一个好的体验还需要旅游活动的组织与安排。设施规划与活动组织是旅游与游憩规划的重要组成部分。从大范围的国家级、省级区域，到大中旅游城市，再到某一具体的旅游景区或休闲度假区，都会涉及基础设施、旅游设施的发展政策和规划布局问题。本章侧重阐述其中的旅游设施规划内容，主要涉及旅游交通、接待设施、度假区游憩运动设施、目的地文化与社交设施，以及智慧旅游信息化设施与服务等话题。

13.1　旅游(游憩)设施支撑异地生活方式

13.1.1　旅游(游憩)移动性

移动性(mobility)，又称流动性，贯穿整个人类游历发展历史。工业革命发展至今，交通方式有了质的飞跃，探索性游历转型进入体验性游历，高移动性更成为现代社会的重要特征。20世纪早期，移动性进入地理学家的研究视野，并可以大致划分为两个阶段：一是 20 世纪六七十年代以计量化研究范式为主导的对移动性空间法则和规律的探讨，主要集中在交通地理学、行为地理学；二是 20 世纪 90 年代起，赋予移动性多元体验和价值的研究，日常地理学、旅游和移民研究成为新趋势(杨茜好、朱竑，2015)。

人们为了实现旅游目的地的体验目的，就必须借助于移动性，这就是产品的可达性。移动性决定了我们能够看到什么，以什么样的速度到达多远的距离。交通基础设施建设实际上也改变了景观本身，建立了新的共生关系(symbiotic relationship)：对自然的感知常常影响某些基础设施的开发，而一旦基础设施建设完成，则就决定了人们访问及使用这些风景的模式，产

生真正的"路径依赖"(Bradley、Young、Coates,2016:312-313)。

从旅游学角度解释移动性,则为旅游者离开自己的惯常居住地,移动到旅游目的地进行旅游活动,通过实体移动、物品移动和虚拟移动,构筑了与异地的多元化关系及网络,引致空间和资源的冲突与联系(朱璇、解佳、江泓源,2017)。移动性既包括旅游者在旅游客源地与目的地之间的空间移动,也包括游客在目的地内部的空间移动和旅游景区中的移动(吴必虎、黄潇婷等,2019:129-130)。移动性是旅游活动的核心,使旅游各个环节不再割裂,旅游活动与日常生活、旅游活动与旅游交通等各个环节之间从而建立起一体性联系。移动性是旅游最根本、最重要的特性,也是旅游基础设施在规划中必须要思考的问题。

移动性有3层基本含义,一是物理移动,包括移动的主体、行为和形成机制;二是关于物理移动的空间意义;三是物理移动带来的体验和具身实践(Cresswell,2010)。旅游者在移动的过程中源源不断地产生旅游的意义,一方面形成个人的归属体验和意义;另一方面投射在社会结构之上,可以形成社会流动,建构社会文化身份(孙九霞 等,2016)。

旅游移动受许多因素的影响,主要包括经济因素、距离因素、时间因素、个人属性和个人偏好因素等。比如旅游者自身的经济水平制约着其在旅游移动中对于交通工具的选择。在同样的经济因素影响下,旅游者在选择出游交通工具时还要受到距离的影响,不仅包括空间的远近,还包括时间距离。移动方式选择的敏感性,也同样因旅游者性别、年龄、爱好、职业、文化程度、社会地位、家庭结构等方面的个人属性差异而变化(吴必虎、黄潇婷 等,2019:131-132)。

13.1.2 旅游(游憩)设施建设与活动组织

1. 旅游地的旅游与游憩设施

本书在第1章述及旅游活动,第3章述及旅游需求时,几次提及世界旅游组织对旅游活动的定义,多次强调旅游是指人们为了休闲、商务或其他目的而旅行到其惯常环境之外的地方并在那里停留持续时间不超过1年的活动。在中国,通常将旅游活动理解为以游览为目的的旅行。要满足游览、休闲、商务等目的,旅游地设施建设显得十分重要。一个旅游地经过适当的规划建设,向旅游者提供一系列的旅游产品,才能壮大形成或联合构成旅游者出行的终点地区的旅游目的地。

旅游与游憩设施是各种类型旅游地的重要物质支持体系,主要包括:交通设施,水电暖厕等基础设施,接待设施,运动、文化和社交设施,智慧旅游设施等一整套体系。即使是那些严格限制建设活动的保护地旅游区,如生态旅游区、遗产旅游区等,也都离不开保护和利用设施。

交通基础设施是提高旅游目的地可达性的基础;环境基础设施是影响城市或景区生态安全和健康安全的重要因素;公共服务基础设施是旅游活动顺利进行的前提;信息基础设施是旅游信息的载体和媒介,是影响游客创新体验的重要因素;社会性基础设施对旅游产品多元化发展具有重要意义。因此,旅游与游憩设施建设水平会影响旅游地竞争力水平以及旅游产业各个部门的结构比例、协调程度及资源的有效运用程度,从而影响旅游产业结构的合理化和高级化水平(张雪婷,2019)。

值得注意的是,虽然旅游地的功能运行很大程度上需要依赖各种设施的硬件条件,但同样重要的,旅游区也要高度重视游客抵达后和滞留期间的旅游活动的组织。旅游地或度假区活动组织,是指管理运营者根据游客的年龄、性别、收入、教育、民族、宗教、兴趣爱好等不同属性,为游客组织有针对性、多样化的活动节目,一方面满足游客不同的体验需求;另一方面延长游客滞留时间,扩大人均消费以提高旅游经营效益。

2. 目的地旅游与游憩设施的特征

顾名思义,旅游设施主要面向外来访客规划建设。但实际上几乎所有旅游设施同样也会为当地居民所使用。反过来,本来主要面向本地居民的能源、环卫、医疗、安全等公共服务,也会为外来旅游者提供支持。一般来说,旅游设施具有以下共同特征:

(1) 居游共享。目的地旅游设施应该做到"居游共享"。许多旅游目的地内部,不只有旅游者,还有当地居民,旅游设施不仅能供旅游者使用,还能让当地居民在日常生活中使用,这就是"居游共享"。比如,旅游目的地修建一条道路、装设一个 Wi-Fi 网络的信号塔,都会供当地居民和外来游客共同使用。

(2) 公共性。2011 年颁布的《中国旅游公共服务"十二五"专项规划》中明确提出,旅游公共服务是指政府和其他社会组织、经济组织为满足海内外游客的公共需求所提供的基础性、公益性的旅游产品与服务,强调了旅游设施等服务的基础性和公益性的特征。其后的《"十三五"全国旅游公共服务规划》进一步强调,要建立"结构完善、高效普惠、集约共享、便利可及、全域覆盖、标准规范"的旅游公共服务体系,再一次强调普惠性、覆盖性和公共性。在旅游目的地旅游设施规划过程中,政府及公共部门要运用公共权力和资源来建设公共性的设施,同时考虑旅游者需求和目的地居民的要求,公共服务需要覆盖各个年龄层、收入水平和教育水平人群的共同需求。

(3) 外部性。外部性是指某一主体的决策和活动对他人和社会造成的非市场化的影响。旅游设施建设在城市化高度发展、社区居民比较多的旅游目的地,不仅能满足游客的需求,还会一定程度满足旅游目的地居民的日常生活需求,从而产生正外部性影响。

3. 设施是异地生活方式建设的基础

休闲度假时代来临后,旅游设施建设已经不再仅仅为了满足观光者急匆匆的跑马观花式接待需求,需要越来越多考虑较长滞留时间的度假者,甚至是居住旅游者的消费需求,这个时候旅游设施就成了度假旅游者建立异地生活方式的基础条件和保障体系了。

城市化水平的提高,首先使本地居民的生活方式得到现代化的提高。设施服务是市民日常生活的一个组成部分。但是在节假日旅行、休闲、度假期间,人们会走向另外一种生活方式,在惯常居住地之外的地区享受目的地多样化服务带来的深度体验,即异地的生活方式,体现为食、住、行、游、购、娱等多种形式内容。异地生活方式是所有旅游规划,特别是度假旅游规划的一个重要出发点,是度假旅游时代社会发展的一个基本要求。目的地旅游与游憩设施和活动规划应当满足旅游者在旅游地的各种需求,包括基本的生活需求,休憩、康体、运动、益智、娱乐等休闲需求,以及更为深度的文化体验需求等。

源于日本的茑屋书店较早涉入从生活方式角度创新文化设施的运营模式。20 世纪 80 年代,日本人增田宗昭在其书店输入"生活方式"的概念:利用书店来构筑生活方式。在"卖书不是卖书籍本身,而是卖书籍里面的内容,书籍里面所表述的这种生活方式"思想的指导下,他成立了茑屋书店。茑屋书店日本东京代官山店,占地 13 200 m², 集书店、美容、医疗、下午茶、宠物、自行车商店、相机店、玩具店、餐厅等服务于一体。走进这间书店,所有你能看到的生活方式,马上就可以体验,书与生活无缝衔接。增田宗昭认为,不论工具如何发展,最重要的还是生活本身。茑屋书店不仅是卖书、看书的场所,还是社交场所,也是一个提供多种生活场景的体验场所。目前茑屋书店在全日本已拥有 1400 多家分店,2020 年中国大陆的首家茑屋书店也在杭州天目里开幕(图 13-1)。

(a) 茑屋书店杭州天目里店　　(b) 咖啡吧　　(c) 主题书架　　(d) 建筑装饰区　　(e) 展览区

图 13-1　茑屋书店杭州天目里店(据小红书博主大写的壹)

茑屋书店杭州天目里店延续了以生活为核心的品牌理念,以书籍为连接,融书籍和咖啡、杂货、文创、影音等线下体验,打造了一个多功能、多元化的复合式生活方式体验空间。

茑屋书店杭州天目里店约 2000 m²,由天目里三幢楼的一层和打通的地下一层组成。入口为咖啡吧,经通道可进入书店的主题编辑区,一层为美术、时尚和摄影类;地下一层为建筑、装饰、旅游、设计、工作人生、人文、文学主题编辑区。其陈列以生活方式为指引,将相关联的书和商品串联放置,方便读者体验。

4. 可移动旅居环境建设

在自然保护地或文物保护区,出于各种法律和监管要求,某些风景绝佳、怀旧绪涌的场地却不被允许建设任何永久性建筑,为游客提供迫切需要的观赏、休憩、享受美好时光的服务。在此场景下,可移动旅居设施和环境营造,就显得非常必要。

可移动旅居科技为旅游目的地满足旅游者度假生活和旅游活动的高质量体验提供机会,是在严格限建条件下仍然能够通过环保和文保评价、保障旅游者体验质量的崭新研究领域。基于可移动旅游基础设施的研发,进行科学、合理、有意思的旅游活动组织,就能满足旅游者高品质、休闲化的度假需求。这一努力既可应对旅游资源与环境脆弱的保护需要,也能解决基础设施建设运营成本高、使用周期短的挑战。可移动旅居空间的创新设计和建设运营,正可谓应运而生、适逢其时(图13-2)。

(a) 移动住宿方舱

(b) 移动厨房

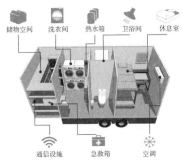
(c) 公用功能方舱

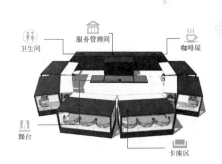
(d) 移动风景剧场

图13-2 可移动旅居设施(据北京大地溪客露营建筑科技有限公司)

13.2 旅游发展基础设施规划

旅游基础设施分为两类:第一类是连接性基础设施,指在旅游区或度假区边界以外的道路、通信网络和其他设施,其中交通基础设施是对旅游目的地发展最为重要的一种基础设施;第二类是配置性基础设施,指为了支持旅游区的需求而进行配套建设的基础设施,包括排水、污水处理、垃圾处理、无线网络系统等,需要在整个旅游地开发初期就进行规划。

13.2.1 连接性基础设施

连接性基础设施主要是指各种方式的交通设施。闻虹(2019)在其博士论文中指出,近代旅游的变革,很大程度上依赖于交通工具的进步,即由人力、畜力等自然力转变为利用机械力,使人们获得了超越自然限制的交通能力,从而使大规模异地性的人口流动成为可能,并由此改变了人们的生活方式。因而交通的机械化,即交通近代化是旅游事业变革的一个必要条件。中国旅游研究院发布的《中国旅游景区发展报告(2019)》显示,未来旅游业将呈现出观光游与度假游融合发展的趋势,游客消费对价格的敏感度降低,休闲化、生活化、品质化、高质量度假的需求进一步增加。度假需求的增加,异地生活方式的进一步发展,以人类出游行为为基本观察点,关注交通等设施的规划设计和运营管理,同时更重视移动所产生的社会、生态和经济影响,以及这些要素间的相互联系的移动性,都对旅游规划提出了更高的要求。

根据尺度的不同,可以将连接性基础设施分为国家级、地区级、景区级的连接性基础设施,以及景区内部的基础设施等。连接性基础设施的建设具有很强的外部性,因此依赖于区域整体发展战略与发展结构,通常从区域或国家尺度加以规划和运营,其建设可以刺激对旅游开发的二次投资。

在所有的连接性基础设施当中,交通用地是一个非常关键的要素。旅游交通用地指独立设置用于游客集散的旅游区内外部交通道路、机场、港口码头等交通运输用地和交通附属设施用地。一个旅游区的道路、步道、停车场所使用的面积,在入口及道路有限的旅游区,一般占比是5%~10%;在城市化高强度发展且当地社区使用频率也很高的旅游区内,占比是20%~25%,这是旅游区本身交通用地的配置要求。

连接性基础设施包括机场、火车站、高速公路及休息区、城市观光巴士、旅游区交通入口、景区停车场、景区内部次级交通、自行车道、游步道等。

1. 旅游机场

对交通便利的城市来讲,可以直接利用民航基础设施,但对九寨沟、喀纳斯湖等原先十分偏僻的旅游区来讲,解决可达性不足的最直接途径就是修建专用旅游机场。机场所在城市的交通规划要考虑机场和城市公共交通、城市地铁、铁路车站的连接,与其他机场的连接,与旅游酒店的连接以及机场游客信息中心的建设。

为了满足转机和下机后进入目的地的需求,机场和其他交通方式之间的连接应该做到便利快捷,一般是用城市轻轨和地铁专线把它们连在一起。如北京地铁机场线是北京市第一条快轨线路,连接北京市区与北京首都国际机场,全长28.1 km,由二环东直门站向东北方向延伸,直至北京首都国际机场的T2航站楼,大部分路段与机场高速并行,共设4座车站和1座车厂。

机场与旅游酒店和景区间多配有接驳车和专线巴士,力求实现无缝对接的服务。在手机端信息服务普及之前,机场游客信息中心是为旅游者(特别是散客)提供各种旅游信息咨询服务的重要机构,可为旅游者提供旅游产品、休闲设施和当地天气等各类信息,也是目的地旅游企业展示品牌形象、招徕客源的渠道,更是旅游城市形象的集中体现地点之一。但这一传统机场旅游信息中心的功能正在随着5G信息技术和在线预约服务的普及而日渐式微。但机场仍然不失为目的地城市向初次来访的游客提供城市文化气息和独特符号的地标,如北京首都国际机场T3航站楼内,设有一个显著的盘龙浑天仪雕塑,强调中国文化要素传播和地方感塑造,向世界各国旅客展示中国文化特色。

2. 火车站(高铁站)

火车站(高铁站)同样也要考虑和城市公共交通、城市地铁、机场的连接,与其他车站的连接,与旅游酒店的连接以及车站游客信息中心的建设。如北京南站,一个集高铁、机场快线、地铁、公交和其他城市公共交通的集散地,配有游客中心、火车运行服务台、行李寄存处、超市和购物场所、便利店、药店、轮椅预约等便民设施,不仅能满足旅客快速换乘的需求,还能满足游客对旅游信息的需求和餐饮、娱乐需求。

3. 高速公路及休息区

随着自驾游成为城市中产家庭假日出游的首选方式,高速公路与休息区在公共交通体系中越来越受重视。

高速公路的休息区有时候被译为"rest area",但在美国"rest area"并非公路休息区,而更多是指公共厕所。建议中国公路休息区翻译为"service area"(服务区)。服务区主要提供公共厕所、汽车加油、餐饮服务等设施及服务。

在旅游业较为发达的旅游地公共服务体系中,高速公路的休息区包含更多旅游设施,如汽车服务、游憩设施、购物设施、住宿、餐饮、主题游乐、道路旁的观景台(overlook)等。常州天宁区沪蓉高速公路上的芳茂山恐龙主题服务区,甚至将服务区建设成了与常州恐龙园遥相呼应的主题公园。2018年12月30日上午,作为"交通+旅游"的经典案例,全新改造的芳茂山恐龙主题服务区投入试营业。芳茂山服务区距离中华恐龙园9 km,是距离中华恐龙园最近的服务区。为了体验这一已成网红的服务区,很多自驾游者不惜成本特地驱车赶来一睹"芳"容,使其成了沪蓉高速公路上的一道靓丽风景线。

4. 城市观光巴士

在全球许多旅游城市,都设有固定线路、定时运营的城市观光巴士(city tour bus),它不仅是一种城市公共交通,更是一种旅游产品,或者可以视为目的地文化线性体验空间,是一个城市流动的名片。如英国伦敦的红色双层巴士曾开进北京鸟巢为伦敦奥运会做形象代言。

城市观光巴士具有空间宽敞、主题鲜明、性价比高、便捷舒适的特点。旅游资源丰富、旅游业发达的目的地,往往组织不同主题线路的观光巴士,例如现代线路、遗产线路、滨水线路等。重庆公交集团致力打造"都市观光·漫游重庆"观光巴士品牌,涵盖20余处热门景点,覆盖重庆主城渝中、江北、沙坪坝、南岸等区域,衔接机场、高铁站等对外门户,形成"快进""漫游"线网闭环。游客可以根据需要购买一日游、二日游、三日游套票,在有效时间内不限次乘坐观光巴士、机场快车、高铁快车,满足"随时来""随意游"的个性化旅游需求。

5. 旅游区(度假区)交通入口

大多数旅游(度假)区和游憩区的基本策略是控制车辆的出入,以减少噪声污染、交通拥挤以及环境质量下降。旅游(度假)区交通入口区一般建立集散中心,在关键位置设立大型停车场和车库,通常配有交通换乘站、旅游咨询服务区、宣传展示区、商务票务区、接待区、餐饮区、购物区等,提供全方位的旅游服务。交通入口区可以配建进出卡口设备,考虑早晚进出度假区的方向不同,结合信号指示灯和可变车道设计,引导车辆提前变速变道,避免拥堵,有效控制车辆出入,提高进出效率。

6. 景区停车场

停车场应该布局在距离旅游设施或中转站 200~300 m、不超过 500 m 的范围内,总容量通常不超过 400 个车位。同时停车场应该加以美化,绿化带集中布置成边界,以保障安全,易于养护及区分不同标准的车位。

停车场面积需要根据车辆数量、所能提供的空间大小、停车场入口位置和使用周转率而定。一般露天停车场面积平均每泊位 25~30 m^2,封闭式车库面积每泊位 30~35 m^2。国际上流行的停车场车位需求预测指标是:1 个车位对应 0.8 间汽车旅馆的客房,包括员工车位;对应 3~5 个公共餐馆的餐位、2~4 间度假区的宾馆客房、10 个酒店餐馆的餐位。此外,1 个车位对应 1 幢公寓或者别墅,条件许可时可以预留第二车位(鲍德-博拉、劳森,2004:40)。

7. 景区内部次级交通

在旅游区内部需另外提供次级交通工具,将游客及其行李送到旅游区核心位置,交通工具主要包括索道与缆车(图 13-3)、有轨电车与轻轨、电瓶车与人力车。国内外经验表明,在地形复杂的景区内,次级交通应首先考虑索道与缆车,减少公路和车道的修建对环境和生态的破坏。为保证经济效益,索道投资和回报周期要求景区的年游客乘坐量要达到 10 万人次以上(许韶立、席建超、肖建勇,2006)。索道系统多采用特许经营的方式。有轨电车与轻轨、电瓶车与人力车属于景区内观光车,是为景区内游客提供服务的交通工具,必须按规定线路行驶,在规定地点停靠。

图 13-3 崂山风景区仰口线缆车(范志佳 摄)

8. 自行车道

自行车道是主要供自行车通行的道路,在城市中可自成系统。自行车道根据所处的区位、服务的对象、运动量的大小,分为市区自行车道、城镇自行车道、乡村自行车道、山地自行车道4种类型(表13-1)。

表13-1 自行车道的种类与描述

种类	描述
市区自行车道	将市中心与郊区公园和位于乡村的游憩区连接起来
城镇自行车道	沿公路系统的自行车道,应尽量远离主要车流,或是使用特殊的自行车道
乡村自行车道	穿过乡村的自行车环道,路面是未经铺砌的自然状态,长度通常为1~3 km
山地自行车道	在山地度假区附近的自行车道,通常穿过牧区或是在行人使用的土路上

资料来源:鲍德-博拉、劳森,2004:55。

一般地,自行车道一日游的长度为15~80 km,可以根据运动形式和景区本身特点而定。最大坡度为10%~30%,最大持续坡度为5%~15%,空地宽度为90~120 cm,车迹宽度为30~60 cm(鲍德-博拉、劳森,2004:55)。自行车道的路表设计应丰富有变化,时而相对平坦,时而起伏不平,必要时设计一些涉水区域,增加骑行乐趣。2009年中国台湾地区制定的《自行车道系统规划设计参考手册》,详细规定了自行车路网规划、车道形式设置与几何设计、车道设施设计、自行车休憩点与补给站设置等多项原则,为中国台湾地区自行车道的规划与设计提供了详尽的参考和规范。

9. 游步道(游径)

为徒步旅行者(hiker)和背包客(backpacker)提供的道路系统称为游步道或游径(trail)。根据距离长短,游步道可分为短距游步道、中距游步道和长距游步道3种类型。游步道常见于地形复杂陡峭的自然保护地内或者具有特定线性文化遗产的区域。

短距游步道是旅游区或度假区中最常见的游径。一般根据地形情况,设置为步行时间在0.5~2 h的路程(1~8 km)。这种小径成环状围绕在停车场、餐厅或是野餐区周围,一直延伸至致趣点或观景台。短距游步道上的游客密度取决于地貌和植被状况。

中距游步道,是从一个地方出发步行到另外一个景点的游步道,与繁忙的交通要道区分开,可沿早期运河纤道、城市堤岸、废旧铁路或步行街等展开,常见于两个乡村之间,或者是居住的度假村酒店到自然景区内部之间。在城镇地区,中距游步道沿途会设置指路牌,在不同的目的地之间提供通道,连接相关的游憩区和旅游景点。中距游步道一般是4~6 h的路程。如游客步行登华山,或者到达索道站后,步行登至另一座山峰,一般需要半天以上的时间,这种情况属于中距游步道。

长距游步道,距离可长达几百千米,沿着古代朝圣者、旅行家和移民足迹伸展;也可穿过景色宜人的区域,通常是遥远的自然区域。根据游步道的密度、区位和无障碍通行的便利水平的不同,路面可选用柏油、石基卵石或者自然路面等不同方式。在游步道的设计上,应避免对步行方式的干扰,减少对野生动物生境的影响。此外,也要考虑水土流失的防治,避免对脆弱的土壤造成影响,尽量采用影响较小的铺路方式(如架设木板路),防止自然和地质灾害的发生。

长距游步道徒步行走通常需要花费几天时间,需要自带行李和帐篷。这种具有挑战性的长距离徒步旅行,西方人称作 tracking(长距徒步)。如圣地亚哥朝圣之路(Camino de Santiago),起点位于法国南部,在法国和西班牙边境的比利牛斯山脉地区逐渐融合,分别经由松波尔特峰和伊巴涅塔峰进入西班牙境内。这是基督教世界中一条非常著名的游径,路面是自然路面,道路两边基本没有现代化设施,许多信徒在此长途跋涉进行朝圣之旅(图 13-4)。

图 13-4　圣地亚哥朝圣之路,扇贝壳(为黄色)标志着去德孔波斯特拉(de Compostela)的路
(图片来源:图虫创意网)

自然旅游区内的游径,要对游径危险程度、沿途自然生态进行解说,路标、解说牌和警告标识需要进行严谨设计,以对游客的安全和解说科学性负责。泛加拿大游径(Trans Canada Trail)由加拿大户外游憩管理部门组织,并由该部门负责这些公共设施的管理,包含植物管理、动植物解说系统设计规划等。加拿大国家公园管理局会周期性拨款来保持道路的维护。泛加拿大游径跨越多个省,每一段都由当地的协会来维护,包括筹划捐款、建立解说系统等工作。

13.2.2　配置性基础设施

1. 给排水系统

旅游区或度假区的配置性基础设施包含水、电、暖、照、通信、厕所等,其中以供水最为重要。旅游区的用水需求,由日常生活、紧急消防、注入和补充游泳池用水,以及其他循环系统等构成,用水量远高于一般的城镇或者生活区供水。从人均耗水量的标准来看,营地游客与日间员工每天人均耗水量是 50 L,当地居民每天人均耗水量是 100~150 L,宾馆与度假区游客每天人均耗水量是 150~170 L。

度假区供水系统一般包括水压设施、蓄水池、水塔、水泵系统等,分为主供水系统和辅供水系统。度假区内应存放储备用水,通常是 48 h 的用水标准:每个旅游床位储备 1000 L(鲍德-博拉、劳森,2004:41)。除日常的用水以外,旅游度假区的供水还要考虑消防、绿化景观维护以及游泳池等用水需求。沙漠之都——迪拜的绿化景观非常漂亮,但其用水负荷和购买石油一样需要非常大的成本。

度假区或文化遗产区的输水、蓄水设备的外观设计要求与景观设计相结合,水塔的外形可以设计成度假区内别具特色的建筑物。如北京大学的博雅塔,这座水塔的塔形外观设计丰富了校园景观,成为标志性建筑物。

度假地的排水系统要做到"雨污分流",即地表水(雨水)和污水分流的双重排水系统。度假地排水设施、排污设施应该是一个独立单元(independent sewage system),其规模和埋深需要根据度假区的发展来规划。地表水的排水系统规模根据最大降水量决定,可根据当地降水历史记录及项目所在地区地面的不可渗透性大小来决定最大降水量标准。排污管通常呈一定坡降埋设,以保证 $1.75 \text{ m} \cdot \text{s}^{-1}$ 的自净速度,还可以安装泵站提速。污水处理设施则通常布置于度假区边缘,但也可通过一个区域性管网输送到某个中心污水厂。在分阶段进行规划的地区,污水处理应该选择在能承受最后阶段污水容量的地方。

2. 旅游厕所

厕所是文明的重要窗口,是旅游过程中必不可少的基本要素,是一个国家和地区文明程度的重要体现,也是影响游客满意度的关键因素之一。2015 年国家旅游局出台了《关于实施全国旅游厕所革命的意见》,制定发布了《旅游厕所质量等级的划分与评定》国家标准,对各 A 级景区的厕所建设工作做出了详细规定。

根据国家标准《旅游厕所质量等级的划分与评定》(GB/T 18973—2016)规定,旅游厕所(tourism toilet)是旅游景区、旅游线路沿线、交通集散点、乡村旅游点、旅游餐馆、旅游娱乐场所、旅游街区等旅游活动场所主要为旅游者服务的公共厕所。旅游厕所分为 3 个等级(A 级),由低到高分别是 A 级、AA 级、AAA 级。

旅游厕所的建设应在对文物古迹、自然环境和景观景点保护的基础上,按照上述国家标准进行设计和维护(图 13-5)。各级厕所的设计总体原则是:明确每个厕所的服务区域,分布合理,避免服务盲区的出现;建筑面积、厕位数量及布局根据人流量设定,男女厕位比例应符合规定,如厕排队等待宜不超过 5 min,而在旅游区出入口、停车场等人流易聚集的地方,建筑面积、厕位数量及布局应考虑瞬时人流量承受负荷,厕所出入口宜设多个;外观与周边环境相协调;注意隐私保护,并根据当地气候特点设计;建筑主体材料及装饰材料应选用对人体无害的;宜免费使用。

图 13-5　长白山慢行绿道南出口风景旅游厕所(据北京大地风景建筑设计有限公司)

旅游厕所不仅是设施建筑,还可以作为风景构筑物。长白山的慢行绿道系统中,厕所建设以保护自然生态环境为前提,以易识别、易进入为目标,秉承"步移景异"的原则,把公厕融入自然环境,与公共服务设施结合,使水、林、山、城自然衔接,打造一体化的景观。在满足游客如厕的需要外,这些厕所还有景观审美的功能,能够供游客拍照欣赏和游憩,提供了更全面的服务。其中"南出口风景旅游厕所"是一个 3 层的建筑,位于交通出入口的路边,附近配有停车位,并结合地势设计了以立体景观为主题的风景旅游厕所,升高的平台为等候和休憩的游人提供了离开景区时最后一次远眺长白山美景的机会。蓝色玻璃装饰板的使用与南出口处的蓝丝带桥在颜色体系上保持一致,营造出一种现代简洁明快的气氛。

3. 电力供应

除了绝对保护的自然保护地核心区,一般情况下各类对外营业的旅游区和度假区都应具备电力供应。度假区的规划设计要保证供电稳定性。用电总负荷取决于供应的人数、气候、复杂性和替代能源,还要区分主干电力线路电压(大宾馆和主要用户)和次要电力线路的电压(民用照明)两种不同变电系统。

高品质的度假区还需配备自用的柴油发电机系统,在意外停电情况下应急使用。电线安排是规划设计中的一大难题,电线外露会对度假区或传统历史地段景观造成视觉污染,而采用电线下埋,成本会提高很多。此外,电线杆的材质、外观设计,也需要根据当地气候、景观风貌特色进行统一设计。

4. 照明设施

照明设施不仅是行走及安全的必要基础设施,也是增强景区吸引力和度假氛围、增加度假区设施在夜晚利用率的重要手段。好的照明体系有助于公众安全和交通控制,同时为标识照明,帮助辨识方向。为取得最佳效果,照明的设计应避免刺眼和昏暗,所有种类的外部照明设施计划应具有持续性。

在自然景区内,考虑到景观保护和游客活动时间规律,对照明设施要求较低,满足必要的照明需求即可。旅游度假区,如马尔代夫、巴厘岛等海滨度假区,以及乌镇西栅等古镇度假区,照明设备不仅要满足辨识的基本需求,还要承担景观、装饰功能,表现为灯座的排列和光线的美观等细节要求。而在重要的文物保护建筑内,因建设材质的特殊性,照明系统更有特殊要求:照明设备必须是冷光源,既能够达到照明效果,也不会因发热而引起火灾事故。照明系统已经成为文旅工程的一部分。

5. 通信系统

传统的通信系统主要包括公共电话网和电视广播系统,但在今天宽带网络、无线网络的地位已经远超前者,它们承担着信息搜索、在线预约、在线支付、使用评价等用户需求的硬件和应用程序运转功能,同时也在景区的公共广播系统、紧急逃生、保安和控制系统方面承担着服务使命。

度假区在规划通信系统时必须充分考虑宽带网络、无线网络与在线支付体系,以满足游客的使用习惯和需求。此外,公共广播系统能够及时播报各种信息,多用于特殊天气和突发情况下通知游客,也是度假区规划的重点。如山岳型景区有突发的强降雨预报,就需要使用公共广播系统告知游客尽快下山,并注意人身安全。通常主题公园的公共广播系统比较完整,而对自然保护地来说,由于范围广、铺设成本高,架设完整的公共广播系统比较困难,但在条件允许的情况下,必须建设公共广播系统。目前已有分离式的发电机、太阳能发电机技术可以使公共广播系统的建立不完全依赖电缆设备供电,这对公共广播系统的建设具有很大的帮助。

6. 供暖和空调系统

供暖和空调属于内部环境服务,分为中央系统和单体系统。根据我国的建筑设计规范,秦岭-淮河以北的建筑必须考虑供暖设施的配置,秦岭-淮河以南的建筑没有供暖的配置要求。但秦岭-淮河以南部分地区,如上海、南京、宁波等地,冬季气温低,室内较低的温度不利于游客体验。纬度较低的度假区,夏季炎热难耐,空调系统对于维持室内宜人温度,便于游客开展各种活动十分重要。度假区不受国家供暖标准的影响,必须自行考虑装设空调与暖气系统,以给游客提供良好的入住体验。

前面提到给排水系统、电力系统、照明系统、通信系统等,其地下管线需要做一次性的规划铺设,为向游客提供舒适旅游体验打好基础。管线铺设现场施工会对当地带来广泛的影响(建设、用地方式及其强度的改变、景观建设),因此规划之前需要进行必要的环境调查,对竖向作业、铺设结构、技术和道路提出工程要求。作为度假区的总设计师,无论地上开发是几期,地下管线工程应该一次性做好。

7. 垃圾收集处理系统

旅游区的垃圾处理涉及 3 类区域：收集区域、存放区域、处理区域。垃圾收集需要对垃圾的盛放装置进行设计，根据游客数量在游客集中区域（景区出入口、停车场、住宿点、餐馆、商店等）合理摆放垃圾桶。垃圾桶要安放牢固，上面加盖。盛放装置材料目前主要由金属、塑料、木质等制成，其要求是不漏水、有盖，且与度假区环境相协调。度假区内不可长时间存放垃圾，要及时、定时清理，并对存放区域进行清洗消毒。目前一些度假区采取将垃圾处理工作外包的方式，将垃圾自行运输到区外的垃圾燃烧发电厂，支付一定费用请垃圾场代为处理。这有助于整个城市形成正循环的垃圾处理体系。

13.3 旅游接待设施规划

旅游地的接待设施（accommodation facilities）是一个旅游目的地的规划师必须要考虑的重要方面。接待设施是指任何为旅游者长期或短期提供投宿接待的设施及服务。其起源可以一直追溯到中国商代。在 3000 多年的历史朝代更迭中，中国古代旅馆在称谓上出现了"馆""驿""舍""店"4 大类几十种的名称或字号（郑向敏，2000）。

金（King，1995）总结了许多专家对接待服务（hospitality）的各种定义，指出接待服务旨在接待方透过一系列有形与无形的服务，为客人或消费者带来快乐，提高舒适度和幸福感，包括服务接待方和客人或消费者之间的互动，通过餐饮与住宿服务为客人提供安全、心理或生理上的舒适体验，既可营利也可非营利。其中，有形是指床铺等硬件设施；而无形则指各种社会身份认同。住宿只是接待服务中的一部分，接待服务更多的是提供社会交流、舒适的环境以及社会身份认同。现在对于接待设施的理解多指住宿设施和餐饮设施的结合，因为大多数的住宿接待设施都提供餐饮服务，所以接待设施很大程度上是提供住宿主体功能和餐饮、休闲、社交等功能的酒店。

中国近代旅馆业经历了初创、发展和繁盛 3 个阶段，其中 1912—1918 年是以西式饭店的仿效经营为主的初创时期，民族资本开始投资旅馆业，经营者着力于改进建筑设计、设施设备及服务项目；1919—1927 年间为发展时期，公寓、寄宿舍等长住型接待设施应运而生，新式旅馆在数量、规模上都有较大的发展，旧式旅馆也不断提高服务质量，整个行业的发展水平得到了提升；1928—1937 年间，国内涌现了一批规模宏大、设施一流、管理先进的由民族资本投资和管理的旅馆企业，各地景区旅馆服务更加完善，公寓及交通旅馆发展迅速，整个行业实现了由传统旅馆业向近代旅馆业的转变（龚敏，2011）。新中国成立以后，特别是 1978 年改革开放事业开启之后，中国接待设施行业进入了当代发展阶段。

13.3.1 旅游接待设施的分类

接待设施包括宾馆、小型私营旅馆、自助宾馆、汽车旅馆、青年旅馆、产权酒店、旅游度假村、营地等类型。出于旅游统计的需要,世界旅游组织(World Tourism Organization,1995)将旅游接待设施主要分为两大类:一是集体接待设施;二是私人接待设施,其详细分类如表13-2。根据所提供的接待服务范围、类型和等级,接待设施分为无限服务型酒店和有限服务型酒店。

表 13-2 世界旅游组织接待设施分类

主要类型	次级类型	单位组织	设施列举
集体接待设施	酒店及类似设施	酒店	宾馆、汽车旅馆、路边客栈、海滩宾馆与公寓酒店等
		类似酒店设施	与酒店类似的接待设施,如提供房间和餐饮服务的住宅、游客住所等
	专门接待设施	保健接待设施	水疗度假村、地热度假村、山地修养地、康复屋、健康农场等
		假期训练营地	农业、考古、生态工作营地、儿童夏令营、童子军营地、骑术与航海术学校、运动中心等
		旅客运输工具	邮轮客舱、火车卧铺、长途汽车卧铺等
		会议中心	只为会议参加者提供食宿服务
	其他集体接待设施	度假住宿	为游客提供娱乐中心、小超市、信息服务的公寓、单体住宅、联排住宅型建筑物
		游客营地	为帐篷、拖车、房车提供集体设施,如娱乐中心、餐馆和咨询中心
		其他集体住宿	社会旅游接待设施、青年旅社、旅游者宿舍、团体接待设施、老年人度假屋、工人度假村、游港航海者寄宿设施
私人接待设施	私人租赁接待设施	家庭内租赁房间	家庭自用房屋内腾出空房提供给旅游者
		私人或专业机构外租的住宅	产权属于个人或组织,但可单独出租的公寓、度假屋、独栋住宅、山地农舍
	私人非租赁接待设施	自有住宅	游客拥有的第二住宅、公寓、联排住宅、独栋住宅、别墅
		亲友提供的免费接待设施	游客被允许免费使用其亲友拥有的住宅或其他类型的接待设施
		其他私人旅游接待设施	非官方的住宿单元,如未对外开放或出租的拖车、营地等

资料来源:World Tourism Organization,1995。

无限服务型酒店是指布局于人口密集地区的城市商务酒店,或是建设在风景优美、远离城市的休闲度假区内的胜地酒店,以及面向某一特定细分市场的酒店,即专题性酒店。无限服务型酒店(商务酒店)多建立在城市核心地区,例如北京建国门西侧的国际饭店、王府井的北京饭店以及上海外滩的和平饭店。这些酒店价格昂贵,基本能满足住客的各种需求。

有限服务型酒店指投资不高、规模不大、功能简单、租金低廉但又具备一定服务水平的经济型酒店。这种类型的酒店是随着大众旅游发展而兴起的,在 20 世纪 90 年代趋于成熟,开始在新兴国家市场进行扩张。1997 年,中国第一家有限服务型酒店——锦江之星开业,随后中国有限服务型酒店进入快速发展时期,形成了百花齐放的局面。2019 年中国有限服务型酒店规模前十的品牌有:如家快捷、汉庭快捷、7 天连锁、格林豪泰、锦江之星、尚客优、都市 118、城市便捷、莫泰、99 旅馆。

随着网络经济与共享经济在全球的盛行,共享接待设施,例如 Airbnb(爱彼迎)、小猪短租等,将家庭自用房屋租赁给旅游者的新型的、网络化的住宿服务也开始受到中国市场的认可和顾客的追捧。

13.3.2 接待设施等级

旅游区要采取哪种类型的接待方式?什么样的顾客适合哪种等级的接待方式?这是旅游规划师需要解决的重要问题。一个旅游目的地的接待设施规模与等级需要根据市场预测、客源结构、投资能力、管理能力等因素来计算选择。接待业的服务质量等级,全球比较流行的是"星级制",从一颗星到五颗星等级,按照酒店的建筑设备、规模、服务质量、管理水平等评定,具体如表 13-3。

表 13-3 各国酒店等级评价表

比较项目	法国 米其林指南	美国 汽车协会	英国 官方	西班牙 官方	中国 半官方
星级类型	米其林严谨标准	美国汽车协会严谨标准	自愿性	强制性	半强制性
基本标准	结构与运营要求、质量	设施、维护、服务	结构与运营要求、质量	根据各地官方要求	建筑、附属设施设备、服务项目和运行管理
标牌符号	5 屋 4 屋 3 屋 2 屋 1 屋	5 钻 4 钻 3 钻 2 钻 1 钻	5 冠 4 冠 3 冠 2 冠 1 冠 入册	5 星 4 星 3 星 2 星 1 星	5 星(含白金五星) 4 星 3 星 2 星 1 星
授牌机构	米其林公司	美国汽车协会	国家旅委委托地方旅委	当地政府	旅游饭店业协会
监督类型	匿名查访	年度评估,高星级酒店入住检查	问卷调查,查访	未加管理并根据各地政策而不同	开业 1 年后申请评估,3 年有效期满复核
资助来源	米其林公司,指南销售	美国汽车协会,会员费	酒店及政府补贴	政府	政府
覆盖对象	部分酒店	部分酒店及汽车旅馆	全部接待设施	全部专业化服务接待设施	开业后满 1 年的部分酒店

资料来源:各国酒店登记评价标准。

但实际上每个国家的等级标准都不一样。由表 13-3 可见,美国汽车协会以"钻"(diamond)、法国米其林指南以"屋"、英国官方以"冠"(crown)、中国与西班牙等部分欧洲国家官方以"星"(star)为标牌单位。越依赖于旅游业的国家,政府对接待设施星级的质量评定就会越严格。例如西班牙的星级标准是强制性的,所有的酒店必须要符合标准才能得以经营。中国则属于半官方的评定体系,由具独立法人资格但又同时参加中国旅游协会的中国旅游饭店业协会下设的星评办承担星级酒店的评审工作。

针对我国接待设施星级(star-rated hotel/accommodation)的划分与评定,不同星级客房客用品质量与配备要求有严格的行业标准,如《旅游饭店星级的划分与评定》(GB/T 14308—2010)、《星级饭店客房客用品质量与配备要求》(LB/T 003—1996),对毛巾、软垫、床上用品、卫生用品、文具用品、服务提示用品、饮品和饮具等的规格、数量、材质均做出详细规定,从一星级到五星级各有不同标准。

近年来,中国本土的酒店业也逐步形成自己的酒店集团(公司)品牌参与国际酒店业市场的竞争,比如北京的首旅建国酒店、江苏的金陵饭店、上海的锦江饭店、杭州民营的开元酒店等集团。中国本土酒店品牌发展如表13-4所示。

表13-4 2019年中国连锁酒店豪华品牌规模10强

品牌排名	品牌名称	所属集团	客房数	门店数	市占率
1	锦江酒店	锦江国际酒店集团	29 000	94	5.27%
2	碧桂园酒店	碧桂园酒店集团	24 329	73	4.42%
3	首旅建国	首旅如家酒店集团	18 429	66	3.35%
4	金陵连锁酒店	南京金陵集团酒店管理公司	16 972	65	3.08%
5	开元名都	开元酒店集团	16 263	46	2.95%
6	万达嘉华	万达集团	14 453	51	2.62%
7	世纪金源	世纪金源酒店集团	9823	25	1.78%
8	粤海酒店	粤海(国际)酒店管理集团	9126	34	1.66%
9	维景国际	中国中旅酒店集团	6975	19	1.27%
10	万达文华	万达集团	5833	20	1.06%

资料来源:中国饭店协会联合上海盈蝶企业管理咨询有限公司发布的《2019中国酒店连锁发展与投资报告》。

13.3.3 集体接待设施

集体接待设施包括酒店及类似设施、专门接待设施和其他集体接待设施。

1. 酒店设施规划

一座酒店的规划设计涉及客房设计,流通规划,餐饮、会议、儿童区、运动健康、卫生保健、安全保卫、后台储藏等公共区域的规划设计。我国相关详细建设标准可参照《旅游饭店星级的划分与评定》(GB/T 14308—2010)。

不同类型的酒店对于客房设计的标准和类型要求不同。无论是哪种类型的酒店,其客房设计都要考虑以下因素:床位数量和样式(永久的或可更换的)、行李的搬运与装载、客房大小及延展空间、各种客房设备(电视、电话、Wi-Fi等)、干燥设施(湿衣服、毛巾等)、家庭需要(加床服务、可调整的房间)、自助厨房(位置、厨具、通风)、装潢设计(灯光照明、室内装潢、家具等)等。

在酒店规划当中需要特别重视酒店流通和公共区域的规划。酒店流通规划如果考虑不当,会对酒店内部的运营造成麻烦。通常酒店流通规划会考虑各类因素,各级酒店有不同的详细要求(表13-5)。

表13-5 酒店流通规划因素

要　　求	考虑要点
顾客和游客的出入	交通方式;停车;保安;形象
货物、服务和员工的出入	路线;服务区的位置;面积;隔离;遮掩
顾客在宾馆内的流通	公共区域;客房;设施;服务的位置
服务流通和位置	食品和饮料;客房部;工程部;管理
休闲区域与优先权	客房和公共区域利益最大化

资料来源:鲍德-博拉、劳森,2004:25。

在酒店的公共区域规划方面,首先要进行市场调研和预测,刻画游客对宾馆服务和设施标准的需求,同时考虑在度假区或其附近替代性设施的可得性,对公共区域的餐饮设施,会议设施,儿童专用空间,运动设施,卫生、保健、紧急救援等公共设施和酒店后台区进行设计(鲍德-博拉、劳森,2004:25-26)。

(1) 餐饮设施的目的是为客人提供餐饮选择和体验。餐厅和咖啡店可按每一间客房设置1.5~2个座位的比例安排,此外,还需根据酒店等级和规模考虑露台、泳吧和烧烤架的配置。酒吧和休息厅可按每一间客房设置0.8个座位的比例安排,通常靠近大堂或餐厅、晚间娱乐区域和舞厅等。在设计酒店的大型餐厅时,一般用多个较小的用餐区来组合。另外,为度假地内每一组(5~20张)旅游床位提供1个额外的餐位和1个额外的咖啡店位或酒吧座。

(2) 会议设施。高级宾馆要提供大型会议室,综合度假地要提供专用会议中心,按每一间客房设置1~2个座位的比例安排。还可将多功能厅灵活地装配为大型会议室,或是分成多人的宴会场所等。

(3) 儿童专用空间在度假区里面非常重要,每100个客房要有30~50 m^2 净面积的游戏室,要求安静,同时又安全,且距离大人的活动场所不能太远。

(4) 运动设施,一般包括游泳池和池岸、健身房、滑雪准备室和寄存处等。游泳池在度假酒店里是非常重要的公共设施,不仅具备提供游泳活动的功能,还具备景观和场所作用。游泳池常常作为开发项目活动的焦点,综合度假地里往往有一组大型游泳池,一般每100个客房有80~120 m² 净面积的游泳池和池岸。室内游泳池还可以与康体美容中心结合使用。健身房,一般每100个客房配有30~80 m² 净面积;滑雪准备室和寄存处等,一般每100个客房配有50~80 m² 净面积,常建在酒吧和休息厅。

(5) 卫生、保健、紧急救援等公共区域,是酒店规划设计的重中之重。每100个客房应设有20~30 m² 净面积的急救中心;每100个客房有30~50 m² 净面积的更衣间。温泉疗养宾馆内部可以发展医疗、按摩房、水疗区、专业治疗设施等内容。

(6) 酒店后台区也极为重要,主要用于储藏、工程设备、洗衣房、房务、餐饮准备、员工宿舍和其他辅助设施。综合度假地需要集中性的服务中心来完成综合服务。中心食品加工区包括食品饮料的储藏区、食品粗加工区和冷藏区。在综合度假地,食品加工都是集中化处理。

2. 营地规划

汽车旅游是以自用车或租赁车进行旅游的方式。随着汽车旅游的发展,汽车露营逐步成为一种新型的运动休闲方式,营地成为新的临时性的接待设施。汽车旅游营地是为汽车旅游者提供停宿配套旅游设施和旅游休闲服务设施的场所。营地内一般有帐篷、机动化之家或露营者面包车、旅行活动房或拖车、可移动车房等类型的住宿设施。我国自驾车旅居车营地划分为3个质量等级,CCC级(3C)、CCCC级(4C)、CCCCC级(5C),C的数量越多表示等级越高。中国休闲露营地类型可见表13-6。欧美国家常见的营地类型可见表13-7。

表13-6 中国国家标准休闲露营地分类

种 类	描 述
自驾车营地	以自驾车露营、房车宿营为主要休闲活动的休闲露营地
帐篷营地	面向大众休闲需求,以帐篷为主要住宿设施,又分为步入式露营地、徒步式露营地、骑行营地、船入式露营地、飞入式露营地
青少年营地	以青少年为主要服务对象的休闲露营地,促进德、智、体、美、劳全面发展,具有相应服务设施的场所

资料来源:《休闲露营地建设与服务规范》(GB/T 31710—2015)。

中国的营地起步晚,发展快,2016年有一定规模、能正常运营的露营地不足500个,分别是美国的3%、欧洲的2%。2017年7月6日国家体育总局等八部委印发《汽车自驾运动营地发展规划》,计划到2020年建成1000家专业性强、基础设施完善的汽车自驾运动营地(但这一目标因受新冠肺炎疫情影响而未能如期实现)。

营地规划要充分考虑满足以下条件:选址符合资源和环境保护的要求,不易发生自然灾害;具有便捷的入口、平缓的坡度、很好的朝向、良好的排水系统、持续的电力供应、覆盖的移动通信信号、公共卫生间、污水和废弃物处理系统等基础设施;应配备服务中心、信息咨询中心、休闲空间与设施以及后勤保障设施。营地规划应该把安全保障、资源和环境保护、交通和基础设施作为必要内容,且应该利用内外关联空间,科学划分功能空间。

表 13-7 欧美国家常见营地类型

种 类	描 述
临时营地	设施最少,滞留时间一般不超过 48 h
日间营地	在某些游憩公园,营地仅限于白天使用,或有时仅可滞留一夜
周末营地	分布于乡村地区,允许进行户外游憩活动,提供运动设施。通常还为儿童提供游戏场地以及其他一些设施和环境。常常以年度为租赁基础(在法国,80%的旅行活动房拥有者将其房车作为周末廊房来使用)
居住营地	比周末营地更为长久。主要为旅行活动房、可移动车房或临时廊房建筑所用。露营点(廊房点最小面积 200 m^2)以年度为基础租赁,或以完全产权销售抑或产权租赁方式转让使用权
假日营地	靠近资源质量较高(海滨、湖滨、森林)、交通方便的地区。在滑雪度假区也可开发拖车营地(以整个冬季为基础),营地的选址要符合下列条件:有便于除雪的停车场,配有烘干房、儿童游戏房和其他室内服务设施
森林营地	在美国,森林营地配合以森林游憩是典型的家庭度假地。中低密度开发,每一处营地多至 25 个单元,两单元之间最少留有 35 m 的间隔,配有全套服务设施
旅游营地	高标准的假日营地,靠近或就在旅游度假区内

资料来源:鲍德-博拉、劳森,2004:33。

13.3.4 私人接待设施

1. 民宿

民宿(homestay)是指利用当地民居等相关闲置资源,经营用客房不超过 4 层、建筑面积不超过 800 m^2,主人参与接待,为游客提供体验当地自然、文化与生产生活方式的小型住宿设施。民宿分为 3 级,由低到高是三星级、四星级和五星级;根据所处地域的不同分为城镇民宿和乡村民宿。

民宿的周边环境应当整洁干净,建筑和环境风格搭配协调,周边设施配套;客房应当考虑旅游者休息需求,配备必要的家具、窗帘、舒适的床品、水壶、茶杯、开关、电源、方便使用的卫生间;有热情好客、业务熟练的服务人员和值班人员等。

民宿具体标准因接待设施等级的不同,对客房设计、流通规划、公共区域、内部设施服务的具体要求不同,中国民宿设施建设可参考行业标准《旅游民宿基本要求与评价》(LB/T 065—2019)。为了促进中国民宿行业健康发展,2016 年 10 月中国旅游协会成立了民宿客栈与精品酒店分会。

民宿业的发展也引起了研究者的关注。在戴斌教授指导下,皮常玲(2019)对民宿经营者的职业价值观、情感劳动与获得感进行了研究。基于其研究结论,皮常玲对民宿经营管理提出了如下建议:反思并合理调整职业价值观;真诚付出,提倡以自然表达和深层表达行为提供情感劳动;在不同阶段,采取正确、有效的情感劳动方式;摆正期望,全面提升多重获得感;女性经营者要平衡"业务"与"家务"的关系。民宿共享平台近年来逐渐成为一个流行趋势,且对传统的酒店行业造成了不小的冲击。与传统酒店在线平台相比,用户在民宿共享平台上可以以更低的价格预订到多种形式的住所,为其旅行出游提供额外选择(梁赛,2018)。梁赛的研究发现,爱彼迎提出的游戏化界面设计(徽章系统)可以通过内部激励和外部激励两个方面提升房东在平台的活跃度;房客自身历史评价的效价和方差可以有效促进其发布更积极的评论。另一项研究表明,房间不确定性和房东不确定性对消费者预订意愿有着显著的负向影响;自我一致性过程和功能一致性过程对消费者预订民宿产品意愿有显著的影响(闫瑞贺,2019)。

2. 旅游度假租赁公寓

根据国家标准《旅游度假租赁公寓基本要求》(GB/T 38547—2020)定义,旅游度假租赁公寓(tourism and vacation rental apartment)是以居家式的住宿环境和设施为特色,以自助或半自助服务为主要服务方式,主要出租给旅游度假客人居住的租赁公寓。随着我国旅游业向观光和度假休闲并重转变,旅游度假租赁公寓已经成为住宿业的重要构成业态。快速增长的市场需求、闲置的房产资源、网络技术的发展支持以及国家利好政策,使旅游度假租赁公寓和旅游宾馆饭店、民宿快速发展成三足鼎立的格局。

旅游度假租赁公寓相比旅游宾馆饭店、民宿具有闲置房源为主、房型多样、运营成本低、设施家居化、品质酒店化、服务有限化、经营方式和规模多样化的突出特点。为了保障旅游度假租赁行业的健康发展,《旅游度假租赁公寓基本要求》(GB/T 38547—2020)出台,对经营条件、环境条件、设施条件、服务人员、社区关系 5 方面做出详细要求;规范了设施配置要求,接待服务要求,预订、支付与信息服务要求和安全方面的要求。朱慧(2014)基于价值链理论,对中国度假租赁商业模式进行了研究,结果表明中国度假租赁特有商业模式形成的内部原因包括企业所拥有的资源、内部人力资源管理架构以及对于消费市场的理解;外部原因包括社会结构、经济环境以及宏观政策。

朱慧(2014)还对途家的商业模式进行了案例分析,与其他从事相同类型度假租赁企业比较,途家最大的优势在于房源的收集,其企业基础设施中的独特资源具有很大优势;在技术开发和市场营销方面,途家联合携程等合作伙伴,搭建了市场营销平台,也为途家带来了较大优势。

13.4　度假区运动设施规划

与观光旅游时代相比,度假旅游时代的游客从走马观花式的观光转为在异地度假区或者度假村、度假酒店短期居住,从事休闲、健身、疗养的旅游活动。游客在旅游度假区或度假村的滞留时间较长,对各种娱乐康体设施和综合配套服务要求较高。在日程安排上也较宽松,选择的自由度和随意性较大。运动设施作为度假旅游产品的组成部分,越来越受到业界、当地政府或者消费者本身的重视。本节相关内容安排参照鲍德-博拉和劳森(2004:48-54;58-59)的框架,结合中国国情适当修改,对陆上和水上运动设施的规划设计进行了概述。

13.4.1 陆基游憩运动设施

1. 露天运动场地

开放的运动场地包含团体运动绿茵场,可供足球、篮球、排球、跑步、单双杠等运动项目使用。根据中国国情,甚至还可以包括广场舞活动。根据欧美发展的经验,其使用强度通常根据城乡人口密度划分。乡村地区,一个场地通常仅供50人使用;城镇地区,一个场地通常供150人使用。城市人工草坪,通常需供250人使用。团体运动绿茵场一般具有居游共享功能,可供游客和当地居民共同使用。

开放的运动场地还包含操场或运动场,可供羽毛球、沙滩排球、手球等运动项目使用。场地材质多样,包括草坪、特殊塑胶、水泥地、沙地等。不同类型的度假区需要根据需求及属性来设计规划运动场地,海滨度假区内的运动场通常会规划在海滩附近,而滑雪度假区则将运动设施布置在滑雪道的开端。

2. 室内运动场馆

室内运动场馆也是应用广泛的运动设施,尤其在一些气候条件恶劣,特别是比较寒冷的地区,是必不可少的。而易受天气因素影响的轻型运动项目,如羽毛球、乒乓球也需要在室内运动场馆进行。室内运动场馆一般分为社区运动游憩中心、小型运动中心、大中型运动中心。这里简要阐述这3种场馆的建设要点。

(1) 社区运动游憩中心可为5000~10 000人的旅游社区人口提供服务,场地面积一般相当于1~2个羽毛球场地。社区运动游憩中心不区分运动专业类型,可以开展多种项目,如体操、舞蹈、羽毛球、乒乓球等运动;功能丰富,还可以作为麻将室、棋牌室等休闲活动的游憩空间。此外,社区运动游憩中心还有舞台、更衣室、储藏室、咖啡吧和1~2个小型会议室,为不同目的提供不同场地需求。社区运动游憩中心一般会出现在乡村地区或者小型度假区内。

(2) 小型运动中心(sport center)的服务人口在25 000人左右,场地面积相当于4个羽毛球场,包含一些小型运动项目的专用空间,还具有多种可供娱乐和社交的小空间。小型运动中心通常是"干"运动场所,有时也内设"湿"空间,例如室内泳池、桑拿、仿浪泳池、蒸汽浴及其他设施。小型运动中心一般会出现在人口密度较大的乡村地区、省级旅游度假区内。

(3) 大中型运动中心是面向更大的腹地人口,为休闲和竞技体育运动提供多种设施并包括观众看台的运动场地。在运动设施的规划上,可分为"湿"区和"干"区,为不同赛事提供专业化设计的空间,例如提供休闲用泳池和比赛用标准水池。大型运动中心通常还将室外运动场、游乐场作为其必要组成部分,甚至将大型停车场和公共交通服务作为其配套设施。例如庐山西海风景名胜区、杭州之江国家旅游度假区、北京奥林匹克公园,这些地方对运动设施的要求更高、更丰富。北京奥林匹克公园还可以承接举办各种国际性奥运会、世博会、园艺博览会等大型活动。

3. 骑乘场所

欧洲具有悠久的马术运动传统,欧美国家将骑乘活动纳入度假地也是常见的情形。随着中国休闲运动和度假旅游的发展,骑乘活动也受到国内游客欢迎。有些度假区还需要考虑规划一些传统的骑乘场所,如骑术中心、马车与马道设施等。但这些设施对用地条件的要求较高。我国马术运动相对欧洲发展不够成熟,骑乘场所建设尚未形成国家标准。

(1) 骑术中心(图13-6)。要求具备足够的空间用于训练马匹(12~15匹马至少需要用地 $1\ hm^2$),马舍的面积大小需要容纳10~100匹马或更多,例如一个马舍有100匹马,则大约需要 $10\ hm^2$ 的用地面积。每匹马平均一周可供15~20个新手使用(40~50 m^2/骑手),或是可供4名较熟练的骑手驱使(150~200 m^2/骑手),抑或仅供一位马的主人使用(600~700 m^2/人),这是由骑乘时间的长短造成的不同。马术中心的等级、价位,一般依据马匹的数量与品质来决定。马术中心必须具备熟练骑手以及相应的骑乘设施及服务。

图13-6 北京顺义某国际马场俱乐部(王梦婷 摄)

(2) 马车与马道设施。马车通常作为景区内的骑乘设备,而马道有不同形式的设计。在气候宜人的地方使用粗放喂养的小马提供马车或骑马活动,相对便宜。在欧洲,长途马道沿途每隔30 km左右会提供过夜设施及相关服务。在西方一些骑马活动盛行的地方,用于数天至两周活动的骑马小道正在逐渐发展成为一种旅游产品,其住宿设施通常为农舍、集体宿舍或骑士旅馆(horstels),那里提供马厩和马匹照顾服务。加拿大很多国家公园,如布雷顿角高地国家公园(Cape Breton Highlands National Park),都有马道设施并提供服务,游客可以租一匹马,在骑手陪同下进行训练或在园区里面骑乘,作为一种独特的游憩体验。

13.4.2 水基游憩运动设施

以上都属于陆基运动(land-based)设施,此外还有水基(water-based)运动设施,主要包括露天游泳池、舟载运动和水上运动。这里简要阐述水基游憩运动及其必备设施规划问题。

1. 度假地露天游泳池

露天游泳池是度假地、高级别墅的标准配备产品,其设计规范一般为每个城市居民提供 $0.5\sim2\ m^2$ 游泳池面积。露天游泳池的使用具有季节性,池水温度应保持相对稳定的舒适水平,一般铺设硬质地面和草坪,周围有乔灌木做成的树篱进行遮挡。水池面积 2000 m^2(适合游泳者、游泳生手、跳水者、儿童使用),供休息和游戏的草坪面积 16 000 m^2 左右,建筑面积 2000 m^2,配备有存衣柜、小吃店、咖啡吧、厕所、更衣室等。每个浴客使用的土地面积大约为 5 m^2(假设每个浴客在开放季节内平均使用 35 次)。

露天游泳池的规划有时需要因地制宜。在用地很紧张的香港,会将游泳池建在房顶上,因为建筑物的承重量变大,建筑的结构就需要特殊密度的钢筋来建设。海滨度假酒店的露天游泳池一般紧邻沙滩、海水,并经景观设计,能满足游客欣赏美景的需求。印度尼西亚巴厘岛的 Grand Hyatt(君悦)酒店露天游泳池,造型如自然河流一般,周边还有石头、水泥、草皮、树木等做成的景观岸线。

2. 舟载运动

舟载运动包括游艇、摩托艇、手划船和脚踏船等。很多城市有游艇码头类的运动设备,具有功能和设计的船只。这些不仅是运动设施,同时也构成旅游景观。由于驾驶的难度高,导航设备、天气预报、海底地形观察,以及如何防止触礁等技巧性要求高,因此舟载运动的规划设计和运营安全十分重要。

游艇运动是以轻型船体进行的竞赛型或游憩型航行活动,其所需的最小水面为 6 hm^2。场地设置方面,水滨岸线应较为笔直,或者有较平缓的曲线。两岸或岸线与任何岛屿/浅滩之间的净宽要达到 45 m。若是用于航行,则最小水深至少需要 1.8 m。

摩托艇活动至少需要 6 hm^2 水面,大于 10 hm^2 更加合适,让高速的摩托艇有一定的缓冲空间。行驶区域内应避免有杂草和碎石块,同时应和其他用途区域之间有明显的界线。比赛用的大型摩托艇开放赛场,最小水面为 $2000\times200\ m^2$。为了避免突发事件、防止撞击堤岸和减少波浪危险,在面积小于 25 hm^2 的水库、河流和运河内,禁止进行摩托艇和滑水运动。

手划船和脚踏船活动在运动设施规划方面,要保证供小型船只使用的水道浅,并且避免受到干扰。线路通常是不规则形状的,大约长 700 m,沿着岸线延伸或环绕着岛屿,抑或设计成蜿蜒曲折型以增加乐趣。而竞技型手划船和脚踏船活动,要求每一赛道宽 12.5 m,赛道数至少有 4 条;如果用于举办国际比赛,则要有 6 条赛道(75 m),且赛道区两侧还应各有一条净宽 5 m 的隔离水域。水的深度最浅为 2 m,国际比赛需要的深度为 3.3 m。皮艇的下水区通常由小道、登船台等组成。岸上与水滨之间可呈坡面或台阶处理。登船台通常长度为 18 m。

13.5 目的地文化、社交设施规划与活动组织

旅游者在目的地或某一具体旅游区内滞留期间,与其日常生活环境相比,具有更多的机会和需要去参与更多的文娱、社交和聚会活动,因此要求目的地或景区需要提供类型丰富、多样的文化与社会活动设施及空间。并且,同样一个礼堂、剧场或多功能厅,开展什么样的活动,则需要运营者精心策划、细心制作、热心参与,才能最终为旅游者提供满意的体验。

13.5.1 游客信息中心

游客信息中心是旅游区十分重要的文化社交设施,由当地或更高级别的公共机构提供并指导运营,主要为游客提供免费、准确的各种旅游信息,以及咨询投诉、邮政、失物招领、行李寄存、影视厅、导览资料及其他便民服务,是展示目的地品牌形象,便于游客了解目的地、景区的文化窗口,也是接触他人的社交空间。一般分为城市旅游信息咨询中心、景区信息中心、交通枢纽信息中心等。

1. 城市旅游信息咨询中心

城市旅游信息咨询中心作为专门为海内外旅游者(特别是散客)提供各种旅游信息咨询服务的机构,可为旅游者提供旅游产品、服务保障系统、娱乐休闲设施、天气预报等各类信息,满足旅游者的信息需求,促成旅游决策的形成。同时,城市旅游信息咨询中心也是旅游企业展示品牌形象、招徕客源的渠道,更是旅游城市形象的集中表现体之一。

根据国家标准《旅游信息咨询中心设置与服务规范》(GB/T 26354—2010),城市旅游信息咨询中心的数量根据城市的规模大小、游客流量而定,一般大中城市设置 3~5 个,小城市设置 1~2 个;首都城市的旅游信息咨询中心建筑面积不少于 80 m^2,城市的旅游信息咨询中心建筑面积不少于 50 m^2,旅游信息咨询中心下设的旅游信息点或亭,建筑面积不少于 8 m^2。

城市旅游信息咨询中心选址要根据城市用地特点合理布局,一般设于游客流动频度较大的地段,通常分布在机场、车站等重要交通节点和市中心、主要商务区、主要旅游区。城市旅游信息咨询中心的建筑装饰设计、员工着装、展台布置及事务用品等都应有统一而又独特的风格,形成鲜明的标识,以突出的视觉效果加深旅游者对旅游城市的感知印象。要以高标准的现代化手段来装备各项硬件设施,设置与各旅游企业(景区)联网的计算机网络,保障旅游咨询中心有充足、准确的旅游信息来源。此外,可配备多媒体电脑问询、电子触摸屏等自我服务设施,以及手机充电桩、旅游宣传展台、旅游商品和导游书籍销售部等多种服务设施(陈伟、马少春,1998)。

2. 景区信息中心

景区信息中心即游客中心，是游客对景区的第一印象区，也是景区的门户，在 A 级景区规划建设中占据重要地位。游客中心主要功能是提供和推广景区信息，为游客提供便捷的服务，满足游客游览的需求，规划时应考虑功能复合需求，处理好游客使用空间与行政管理空间、售票厅、门禁、医务室、展览厅、博物馆、餐饮会、购物商铺、酒店的关系。

景区信息中心选址一般为镇区、城区、景区的入口附近，同时需处理好外围与停车场和景区入口的交通衔接、入口停车场对主入口景观的影响、道路对主入口的影响等问题。其占地面积、建筑面积与层数和建筑风格，根据不同景区、度假区的面积要求、实际需求和景区旅游旺季的游客量来确定。例如九寨沟国家级自然保护区大门口处设有游客中心大楼，其建筑风格以藏文化元素来设计，一层提供现场咨询服务，向游客提供各种旅游信息；二层有会议室、培训中心；三层则是景区管理部门（图 13-7）。

图 13-7　九寨沟国家级自然保护区游客中心大楼（吴必虎 摄）

13.5.2　室内文化与社交设施

目的地室内文化与社交设施有多种类型，包括访客中心、景区专属博物馆（数字博物馆）；多功能厅，可用于多种活动，是音乐表演、民俗演出、社交等活动以及会议场所；咖啡馆与茶馆，越来越转向社交功能；歌舞厅、博彩厅（体彩等合法销售）；图书馆与阅览室，一般配备会议设施、音乐表演设施；电影院和剧场，可以用于会议和演出等多种目的；室内主题公园、商业设施内的主题博物馆；手工艺品制作展销中心。这些室内文化与社交设施并不要求所有景区都必须配备，可以因地制宜，根据景区、度假区的等级规模和特色进行规划设计（图 13-8）。

图 13-8　内蒙古鄂尔多斯万家惠欢乐世界楼层设置分布图（范志佳 摄）

13.5.3　室外文化与社交设施

在气候条件许可的情况下，尽可能将文化与社交设施布置在室外，符合景区资源边际效益最大化原则。在南方许多城市和景区，室外设施甚至可以做到全季候开放，其经济效益自然也就容易提高。在东北、西北等北方地区，受较强的季节性影响，室外设施的投资及运营成本偏高，这一点，需要在规划设计时加以注意。

近年来，在中国各地涌现出一类新型室外文化设施，也可以被视为一种吸引物，这就是旅游实景演出。旅游实景演出是指在旅游景区或度假区内以自然景观和人文景观为演出背景，结合声、光、电等技术手段，举行的露天或半露天主题文艺演出。为保证演出效果和游客体验，演出应符合相关管理条例，并取得营业性演出许可证、消防许可证、安全许可证等许可文件。演出的内容和主题最好能与旅游景区的地方依恋及主题风格、文化内涵和艺术特色相契合，创新形式，健康文明，同时需要考虑宗教信仰和风俗习惯。

实景演出场所的设置不仅应满足表演需求，还要考虑不破坏人文景观和自然景观。旅游实景演出还应当配备相应的服务设施，包括停车场、售检票处、观众席、卫生设施、安全设施、消防设施和其他设施，同时为老幼病残孕提供无障碍设施。演出人员应进行必要的培训。演出设备的使用管理、维护保养及检修应有详细规范。

13.5.4　旅游度假区活动组织

旅游度假区活动组织，是指度假区管理方根据客源市场特征，组织多样化活动节目（图13-9）。活动按空间场所一般分为室内活动和室外活动；按活动的难易程度和危险系数分类，一般包括主动活动、技术型活动、需要资质的活动、被动活动、受照顾的活动、享受型活动等。

通过组织活动，一方面度假区可以多方位展示旅游资源和形象魅力；另一方面游客可以深度体验异地生活方式，并有广交朋友、开阔视野的社交机会。

旅游度假活动倾向于在同一个地方滞留更长的时间，不再像观光旅游那样不停地转换场景和进入新的吸引物。度假活动通常需要多次使用同一个场地，这样就对活动的方式和参与的形式提出了更高的要求。除了丰富的体育、文化和娱乐活动的开发、设计和运转外，就其载体的空间设计，也提出了相应的技术要求，譬如可以灵活调整建筑空间的大小、功能、开合等的工程要求，就比普通的商务酒店来得更为复杂。

在旅游场地中影响游客体验的因素具有类型多样且复杂的特点，而旅游活动的组织就是其中一个重要影响因素。根据游客在旅游体验中的深度结构，并与旅游场地中的物质性和非物质性的要素相结合，柴铭（2020）从构成旅游场地的旅游组织要素类型分析出发，将旅游场地划分为表层体验、中层体验和深层体验3个层级，构建旅游场地的要素体系框架。其中表层体验以旅游场地的物质空间构建为主，从功能分区、交通组织和旅游服务设施配置3方面打造；中层体验以旅游公共活动的策划为主，研究活动内容的设置、公共空间布局以及游览路线设计；深层体验以休闲度假活动的配置为主，注重休闲度假活动多样化、特色化，以满足不同年龄类型游客的休闲需求。在各类旅游景区中，主题公园对于活动的策划和组织更为依赖，因为主题公园作为投资驱动的吸引物，其在自然风景和文化沉积方面并不具有优势，必须依靠创新的活动来获得旅游者的参与及响应。

（a）山地缆车

（b）滑雪

（c）水乐园SPA

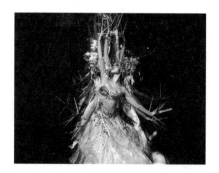

（d）《天地长白》情景秀

图13-9　长白山国际度假区活动组织（据长白山国际度假区官网）

为了提高旅游区休闲度假活动的策划组织水平和运营管理水平,以及景区企业在活动组织方面的经济效益,一些高校旅游和休闲专业已经开始设置"节事活动策划与管理""节事策划与组织管理""公司活动策划与管理""旅游活动策划""户外游憩活动组织与管理"等课程,主动为旅游景区和目的地提供适应性专门人才。

13.6 智慧旅游规划与大数据利用

随着旅游信息化的升级和智慧城市(smart city)建设的兴起,智慧旅游(smart tourism)应运而生,成为解决并满足旅游者海量个性化旅游需求的必然选择,为广大民众提供旅游公共产品和服务的主要渠道,是旅游产业转型升级的重要举措(金卫东,2012)。智慧旅游主要业务有智慧服务、智慧商务、智慧管理和智慧政务4种表现形式(姚国章,2012)。

13.6.1 目的地发展高度依赖智慧旅游

1. 智慧旅游的政策支持

智慧旅游是信息时代对智慧地球、智慧城市的内涵式延伸。从城市角度看,智慧旅游是智慧城市信息网络和产业发展应用的一个重要子系统,实现智慧旅游的某些功能可借助或共享智慧城市的已有成果。学者们对智慧旅游的定义尚未达成一致看法,从其本质来看,智慧旅游是指包括信息通信技术在内的智能技术在旅游业中的应用,充分、准确、及时感知和使用各类旅游信息,是以为旅游者提升旅游服务、改善旅游体验、创新旅游管理、优化旅游资源利用为目标,增强旅游企业竞争力、提高旅游行业管理水平、扩大行业规模的现代化工程(张凌云、黎巎、刘敏,2012)。

2009 年国务院《关于加快发展旅游业的意见》文件就已提出要发展智慧旅游。国家旅游局将 2014 年定为"智慧旅游年"并于次年(2015)发布《关于促进智慧旅游发展的指导意见》。2017 年,又在发布的《"十三五"全国旅游公共服务规划》中明文要求 A 级景区,特别是 4A 级以上的景区都应该实现免费 Wi-Fi、智能导游、电子讲解、在线预订、旅游信息推送等功能覆盖。2020 年文化和旅游部出台《关于深化"互联网+旅游"推动旅游业高质量发展的意见》,明确提出需要实现的目标:到 2022 年建成一批智慧旅游景区、度假区、村镇和城市;到 2025 年国家 4A 级及以上旅游景区、省级及以上旅游度假区基本实现智慧化转型升级。

2. 四大支撑技术

智慧旅游设施建设本质是对旅游大数据的收集、分析和应用,比如收集游客量、游客性别和年龄、游览路线等数据,分析、加工并应用于旅游管理、旅游服务、旅游营销、项目开发等方面。通过旅游大数据分析,提升协同管理和公共服务能力,推动旅游服务、旅游营销、旅游管理、旅游产品创新等一系列转型变革。

基于旅游大数据中心,整合互联网公司数据、运营商数据、政府自有信息化数据、景区数据等,实现旅游智慧化管理。比如预约旅游、景区热力图实时监控、景区踩踏风险预警、后疫情时代景区客流量预测助力疫情常态防控等。

大数据时代,一方面,用户消费行为足迹留下的内容(user generated content,UGC)、机器学习和人工智能的针对性内容推送,使大数据资源拥有方(平台互联网公司)具有数据霸权。赢家通吃,强者愈强。政府和公众若要有效管控数据霸权、保护公众权益,需要对大数据的剥离和公益使用进行伦理、法理和学理研究并提出改进。

另一方面,大数据引起商业服务模式和服务质量社会监督的加强。游客使用移动中的社交媒体,随时随地对度假区的旅游产品进行评价。对潜在游客来说,这种大众点评、现场评估信息是他们选择目的地的重要根据之一。如果一个景区在社交媒体中得到差评较多,就会影响其品牌竞争与市场销售。弱势品牌在社交媒体中,应该以产品来传播品牌,而不是以品牌来传播产品。

张凌云等(2012)认为,智慧旅游设施的支撑技术包括以下4大核心技术:

(1) 云计算(cloud computing),是对共享的、可配置的计算资源(如网络、服务器、存储、应用和服务)提供无所不在的、方便的、随需的网络访问。云计算包含2个方面的含义:一方面指用来构造应用程序的系统平台,称为云计算平台;另一方面描述了建立在这种平台之上的云计算应用。智慧旅游的云计算建设须同时包含云计算平台与云计算应用,侧重研究如何将大量甚至海量的旅游信息进行整合并存放于数据中心;如何构建可供旅游者、旅游组织(企业、公共管理与服务等)获取、存储、处理、交换、查询、分析、利用的各种旅游应用(信息查询、网上预订、支付等)。这体现的是旅游资源与社会资源的共享与充分利用以及一种资源优化的集约性智慧。

(2) 物联网(internet of things,IoT),概念于1999年由美国麻省理工学院提出。目前,业界和学界普遍认可的物联网是指利用射频识别(RFID)、全球定位系统(GPS),以及传感器、执行器等装置对物理世界进行感知识别,依托通信网络进行传输和互联,利用计算设施和软件系统进行信息处理和知识挖掘,实现信息交互和无缝连接。智慧旅游中的物联网可以理解为互联网旅游应用的扩展以及泛在网的旅游应用形式,实现人与人、人与物、物与物之间无所不在的、按需进行的信息获取、传递、存储、认知、决策及使用等的综合服务网络体系,这适应了旅游者动态与移动的特征。

(3) 移动通信(mobile communication),主要是指移动设备之间以及移动设备与固定设备之间的无线通信,以实现设备的实时数据在系统之间、远程设备之间的无线连接,是支撑智慧旅游物联网的核心基础设施。智慧旅游中的移动通信技术为旅游者提供丰富的高质量服务,如全程(游前、在途、游后)信息服务、无所不在(任何时刻、任何地点)的移动接入服务、多样化的用户终端(个性化以及语音、触觉、视觉等多方式人机交互)以及智能服务和智能移动代理(intelligent agent)等,极大改善旅游者的旅游体验与游憩质量,提升旅游目的地管理水平与服务质量。

(4) 人工智能(artificial intelligence,AI),是研究如何应用计算机的软硬件来模拟人类某些智能行为的基本理论、方法和技术,也是智慧旅游用来有效处理与使用数据、信息和知识,利用计算机推理技术进行决策支持并解决问题的关键技术。人工智能多应用于旅游需求预测、国际旅游瞬时语言翻译、游憩质量评价、旅游服务质量评价、旅游突发事件预警、旅游影响感知研究等诸多领域。

13.6.2 智慧旅游规划中的主体

智慧旅游规划涉及出行前的信息搜索、行程规划、住宿及交通的预订、地图的搜索使用、消费体验、售后的体验点评和投诉处理等众多消费环节，涉及政府、企业和个人（游客与居民）3个主体。

1. G端：政府主导

智慧旅游的构建是一个系统工程，涉及的主体众多，范围广泛，因此需要一个强有力的领导者来主导这个系统工程。政府应担任主导作用来推动智慧旅游的发展。智慧旅游的建设需要政府在基础设施建设方面的巨大投入，并在众多利益相关者当中协调各方关系。

政府在智慧旅游发展规划建设中主要涉及两项内容：一是编制出台相关智慧景区建设的意见、技术要求规范和建设标准及服务准则；二是通过旅游宣传、旅游信息公共服务以及信息监控平台的建设，保障智慧景区的服务。

省级主导的智慧旅游平台一般包括旅游大数据中心、旅游公共服务平台、旅游监测指挥平台、旅游营销推广平台和旅游舆情监测平台。

大平台内部还会有细分架构。例如旅游公共服务平台面向所有潜在市场，就会包含个人电脑、触摸屏、手机、平板电脑等终端服务，面对的用户有政府单位、旅游企业与游客，所以在其下又分类有旅游资讯平台，包含旅游互动、旅游体验、在线预订、景点介绍、线路推荐、住宿餐饮；旅游政务平台，包含考试报名系统、成绩查询系统、网商培训、政务信息报送、旅游电子合同、企业诚信平台等。

浙江省从2011年起开始建立智慧旅游云计算中心、智慧旅游公众信息服务平台、智慧旅游数字互动营销平台、旅游数据监测分析系统、智慧旅游服务卡、景区电子商务系统以及目的地官方手机应用等一系列智慧旅游设施。其中公共信息平台包含两种类型：一是协作导航式官方旅游信息网站；二是协同答复式旅游咨询服务热线。

2. B端：在线旅游服务商与智慧型旅游吸引物

在线旅行社一般分为旅游产品预订型平台，如携程、同程、途牛、驴妈妈等；旅游垂直搜索型平台，以去哪儿网为代表；旅游攻略型平台，以马蜂窝、穷游网为代表。各种在线旅游服务商向游客和目的地居民提供丰富的旅游产品，从交通、餐饮、住宿到社交、娱乐活动。

中国在线旅游服务做得远比欧美国家成功，其中一个原因是中国人口基数大，一个小的、创新手机应用就会满足部分人的需求，并能够得到相当大的市场支持，让平台生存下去。这是中国建设智慧旅游、开发智慧旅游产品的一个大优势。

景区作为一种特殊的企业，普遍高度重视"数字景区"工程建设，并随之进入"智慧景区"阶段。2020年出台的《关于深化"互联网+旅游"推动旅游业高质量发展的意见》明确要求智慧旅游景区要具备在线预约预订、分时段预约游览、流量监测监控、科学引导分流、非接触式服务、智能导游导览等服务能力。

国家标准《旅游景区数字化应用规范》(GB/T 30225—2013)则为各地景区的智慧化进程

提供了技术指导。大多数高 A 级景区完成了摄像头实时监控、GPS 定位系统全程跟踪观光车、环境质量监测系统和游客流量实时监测体系建设,如青岛崂山风景区就已经完成这些建设项目并应用于智慧景区管理中(图 13-10)。

(a) 崂山风景区公众号

(b) 崂山预约管理平台

图 13-10 C 端游客与居民预约崂山风景区公众号入口(据崂山风景区公众号)

崂山风景区实行门票预约管理,进行旅游服务资源动态优化配置,实现了游客分流智能化管理。在景区内各个重要节点安装摄像头实时监控景区内情况,通过 GPS 定位系统全程跟踪景区内所有观光车,并就整个行车路线列出了 27 处警示点,随时了解游客动向。

3. C 端:外来游客与本地居民

无所不在的移动端设备将千万个外来游客和本地居民吸纳到智慧旅游系统之中。C 端人群以在线信息共享参与和应用物联网为主,是智慧旅游中的终端体验者。

信息搜索、行程规划与预订和地图 APP(应用程序)的使用都体现了游客对信息的先验性需求。为了满足这种需求,同时辅助政府和企业主体作用的实施,终端的智慧旅游建设要实现对游客和居民的一站式服务:

(1) 能随时随地获取所需信息。

(2) 能根据所获信息在移动端预订旅游产品和服务。

(3) 能随时随地向有关部门反馈意见和问题。

消费过程的支付环节,则对电子商务系统提出了高要求。供应商可以和第三方支付平台合作，为游客提供可靠方便的预订支付服务，并让游客可以通过电子商务系统进行便捷的搜索、查询需要的各项服务。消费后的点评和投诉功能设置，可以方便游客的信息获取和决策，同时也便于景区对旅游产品的监控和调整，以及政府对于旅游市场和舆情的监测和处理。

13.6.3 大数据技术在旅游规划中的应用

在信息社会，大数据已经成为支持各个行业发展的重要工具。未来的旅游和游憩规划制定，会越来越借助大数据的力量。大数据首先可以弥补旅游领域中游客需求侧的数据不足，其次是监测行业运行、提供精准反馈的重要工具，有助于规划制定前期的多种数据源的整合、规划中的目的地管理、规划后的监控与反馈等，提高旅游与游憩规划研究的准确性和直观性（黎兴强，2016），进而增加规划的科学性和实用性。

随着互联网在旅游行业中的逐步下沉，一方面越来越多的旅游产业链条接入互联网平台，从用户侧收集了海量的消费者网络足迹和平台交易信息；另一方面智慧旅游的兴起，也通过集成在景区的硬件设施和城市基础设施，沉淀了大量用户信息。在快速增长的文旅行业，大数据支持体系正在逐渐形成。互联网时代，无论是旅游需求的创意、旅游产品的设计、旅游服务的提供，还是旅游产业链的重构及运营模式的创新，都需要旅游大数据支撑。大数据成为旅游供给侧改革的刚需。

大数据产生于多个部门和公私机构。政府管理部门、商业性网络平台、行业协会组织、各种应用程序使用记录、用户自行产生的网络文本、手机电信运营商，这些广泛的数据来源共同支撑起多数据源的基础数据资源（图13-11）。

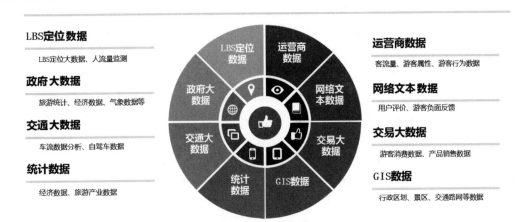

图 13-11 旅游大数据多维数据源（王珺 绘）

根据大地云游科技有限公司近年来在智慧旅游领域的咨询研究积累，可以归纳出大数据技术能从 5 个方面支持服务于文旅行业。

第一，大数据可支持精准决策。大数据是推动文旅行业从感性到理性转型的重要手段。旅游规划一直以来主要依靠统计年鉴、地方志、实地座谈以及规划师的经验来展开。与传统文献和调查资料相比,大数据提供了数量更多、质量更好、调整灵活的数据。通过实时大数据监测,可以快速实现多种数据的整合与预测,帮助政府主管部门和旅游景区迅速做出投资、设计、管理和营销等方面的精准决策。在旅游与游憩规划设计方面,大数据可以基于往年的数据,并考虑特定变量,为某旅游地做出旺季接纳游客数量和安排旅游专列数量等决策。大数据可以大大提升旅游供给侧决策效率。

第二,大数据可支持精准投资。大数据可以帮助政府和投资商全面准确了解目的地潜在客群、产品偏好、消费能力等一系列投资前置条件,提供不同于以往凭借经验进行投资的渠道。政府主管部门和旅游开发商等主体可以基于旅游大数据精准定位目标客群,分析市场潜力,选择最佳投资区位,并预测投资收益,避免经济损失。

第三,大数据可支持精准设计。传统旅游规划设计依靠问卷调查、随机采样、小样本数据,而大数据可获取全样本、多维度、动态性、实时性、精准性的海量数据,支撑旅游与游憩规划定位更精准、设计更贴近市场。大数据可提供目的地的历史文化、地方性、市场腹地、竞合能力、交通通达度和游客情况等多方面内容与指标的专门数据,包括从目的地宏观画像到游客微观画像的内容,以帮助规划师更好地了解旅游目的地。其中,目的地宏观画像包括但不限于宏观经济情况(如居民收入)、旅游产业发展概况(如旅游人次和从业人员数)、交通区位、旅游资源、餐饮住宿、娱乐购物、景区竞合等数据;游客微观画像包括但不限于基本属性、客源市场、职业兴趣、交通方式、旅游动机、旅游消费水平、游客反馈、线路选择等数据。

第四,大数据可支持精准管理。旅游大数据提升协同管理和公共服务能力,推动旅游服务、旅游营销、旅游管理、旅游产品创新等管理方面转型变革。大数据可以实现旅游目的地对客流、车流、人员、资源等快速化、实时化、精准化管理。如在某旅游小镇规划实施之前,大数据可以模拟和预测整个小镇按照规划运行后的消费情境和业态组合,饮食、旅店、景点等设施的数量、规模、分布和性质等指标都有精确预测和控制,方便旅游者的空间流动,实现旅游目的地的精准管理。目前,我国各个旅游目的地已经成立了多个旅游大数据中心,如贵州省黔西南州旅游大数据中心、武夷山景区大数据画像、洛阳市智慧旅游云服务平台、黑龙江省"旅游+互联网"及旅游大数据中心设计和千岛湖智慧旅游平台等。此外,目的地文旅舆情的管理,也是确保旅游规划科学制定和全面落实的重要条件。大数据可以获取互联网平台游客对于目的地及旅游产品的评论口碑,并可通过舆情平台实时监测游客满意度,进而与旅游规划的动态更新构成实时反馈机制,大大缩短了传统旅游规划修订更新的时间周期。

第五,大数据可支持精准营销。基于旅游大数据,实现旅游项目开发的大数据推演,精准定位潜在客源市场,增强项目的落地性、实操性。大数据可以帮助旅游目的地精准定位游客群体,做到多渠道互通,提高旅游者对地方的了解与兴趣,深度挖掘市场潜力,降低营销成本,促进市场竞争和地方营销的良性循环。

【本章小结】

旅游和游憩设施是旅游产品的一个重要组成部分,在旅游业发展转型进入休闲度假时代之后,旅游设施更起到了为度假者提供异地生活方式的载体的重要作用。

旅游目的地的发展依赖于旅游基础设施建设。无论是连接性的基础设施还是配置性的基础设施,都属于重资产投资性质,需要在产品规划分期实施的第一阶段,就富于远见地编制好整体的基础设施方案,甚至需要一次性完成区域内的基础设施工程。

对旅游和度假功能的实现起到关键意义的接待设施规划涉及旅游者的切身体验水平和满意程度。集体性接待设施如大型度假酒店、汽车露营地等的开发,以及分散型、深体验的私人接待设施如小型民宿、租赁公寓等的发展,都为休闲度假市场提供了住和吃的两大核心消费需求。与吃住两大功能服务能力相呼应,文化娱乐和康体运动也是度假期间能够延长滞留时间、提振消费水平的重要条件。从这个角度看,旅游区或度假区的运动、文化、社交设施规划的重要性,也就不言而喻了。

以C端广大人群需求的满足为核心的智慧旅游体系建设规划,虽然作为基础设施之一的信息化投资数额巨大,依赖国有企业和政府支持,并技术性地依赖各类平台互联网供应商的服务,但智慧旅游的发展质量归根到底仍然取决于C端的游客和居民的认可。

智慧旅游建设的另一个成果就是与旅游发展相关的大数据的积累与挖掘利用。无论是对客源市场的预测,还是规划项目的评价,抑或目的地建设完成之后的精准营销,大数据都发挥了显著的帮助作用。

【关键术语】

移动性(mobility)

旅游设施建设(tourism facilities construction)

旅游发展基础设施(infrastructure for tourism development)

连接性基础设施(connective infrastructure)

配置性基础设施(supporting infrastructure)

游步道(trail)

旅游接待设施(accommodation facilities)

接待设施星级(star-rated hotel/accommodation)

集体接待设施(collective accommodation)

私人接待设施(private accommodation)

运动设施(sport facilities)

陆基游憩活动(land-based recreation activities)

水基游憩活动(water-based recreation activities)

文化设施(cultural facilities)

社交设施(social facilities)

游客信息中心(visitor center)

活动规划(activity programming)

智慧旅游(smart tourism)
云计算(cloud computing)
物联网(internet of things,IoT)
移动通信(mobile communication)
人工智能(artificial intelligence,AI)
智慧旅游与大数据(smart tourism and big data)

【复习题】

1. 请解释旅游设施居游共享的含义。

2. 旅游基础设施分为哪几类？结合实例说明其特征。

3. 游步道可从哪些角度进行分类？结合实例加以讨论。

4. 旅游接待设施有哪几种分类？就私人接待设施中的民宿发展态势和设计走向进行讨论。

5. 请解释信息时代的移动性。

6. 鉴于当前智慧旅游发展在技术上的不断改变，评价城市旅游信息中心发展遇到的挑战，并提出你自己的改进建议。

7. 如何理解平台互联网公司对大数据的垄断和霸权，你有什么政策或法律建议以避免这种数据霸权，同时又可以为公众带来大数据开发利用的利益？

8. 你认为大数据在旅游与游憩规划中可以发挥怎样的作用？可举例说明。

（本章录音稿整理：范志佳、陈映臻、王珺）

第 14 章　旅游(游憩)规划：哲学思考与理论方法

【学习目标】
- 了解以儒释道哲学为基础的中国旅游思想发展史
- 理解地方理论的基本内容
- 了解景观原真性的主要理论
- 掌握基于恋地主义原真性的原址价值与历史事件景观的理论解释
- 理解旅游系统、旅游涉入、吸引物权理论

　　旅游与游憩是综合性的文化、社会和经济现象，涉及多方面研究，需要多学科支持。做好旅游与游憩规划不仅需要特定的方法与技术，还必须加强哲学理论思考，提高对旅游与游憩活动的认识深度，懂得旅游与游憩发展背后的过程与机制，更好地理解和解决规划制定中需要回答的理论和方法问题。

　　旅游(游憩)规划过程中，中国旅游思想史，地方性、地方感和恋地情结，原真性和恋地主义原真性等理论都有其指导意义。作为一种产业链条绵长、社会参与面广泛、与多种物质规划和宏观政策相关和衔接的规划类型，旅游(游憩)规划离不开系统综合方法、涉入理论、旅游吸引物权等分析工具的支持。

14.1　旅游思想史及其对旅游(游憩)发展的影响

14.1.1　中国历代旅游思想史述略

　　中国拥有悠久的旅游历史和深邃的旅游思想。本章所述及的旅游思想史，与第 1 章中阐述的游历发展史不同。游历发展史将人类在旅行途中及目的地的探索和体验视为一个完整的过程，揭示探索性游历在人类知识溢出中的重要贡献，解释了现代旅游学产生的原因。而中国旅游思想史则从游历行为背后的深层机制进行阐述，阐发那些根植于中华大地、由中国古人在不断的游历过程中形成的整套思想体系，它持续影响着中国人的旅游价值观和出游动机。不仅如此，直到今天旅游思想史依然影响着我们对资源的分析、景观和产品的设计、目的地营销与推广和政府决策等行为。在讨论中国旅游思想史的时候，需要注意中西方旅游思想理论的不同：西方受制于宗教文化背景，古代旅游有着形而上的神学指向；而中国受制于宗法文化背景，古代旅游有着追求人格完善与人生完善的伦理要求(曹国新，2006)。

1. 秦汉时期：旅思初启

秦代推行的"车同轨"，是旅行活动全面开展的重要物质基础。正如古罗马人每征服一个地区后都会修建罗马大道，从而形成"条条大道通罗马"的格局，秦汉时期的中国大地，统一的马车和道路标准在国家范围内实施，道路作为基础设施也一段段地修建连接起来。如"秦直道"作为军事要道，经过今陕西省、甘肃省和内蒙古自治区，连接着秦代都城和阴山地区的河套平原；又如"五尺道"经过今四川省和云南省，连通了秦代的中原地区、巴蜀地区与西南夷，逐渐成为商贸要道。这些道路组成了国家范围内的道路体系，客观上有利于旅行活动的开展。此外，秦代大兴水利交通，疏浚鸿沟水系，沟通济水、黄河和淮河流域。在国家道路网的形成过程中，中国的长安与西方的罗马之间，也形成了不在国家控制范围内的道路体系。整个道路体系由多个路段组成，逐渐建立了跨越亚欧大陆的交通联系（后来被称为丝绸之路）。

秦汉时期大一统的社会背景为商贸旅行和探险考察创造了社会条件。强大的国家力量帮助张骞完成了出使西域的壮举，与整个团队一同打通了被割裂为很多段落的丝绸之路。其中，西域南道和西域北道成了西汉时期最早开通的官方道路（韩茂莉，2015：413-414）。张骞的西域之行除探访各国外，还考察并记录了沿途各国的山川形胜、资源禀赋和政治军事情况，其探险考察主要为"生拓"服务。但早在张骞之前，丝绸之路就早已存在，与布料、丝绸或香料，抑或是汗血宝马等相关的商业贸易在这条道路上进行着。只是在古代社会，许多商旅不会走完整的丝绸之路，货物到了一个方国之后会被转交给下一方国，商业贸易往往在一个方国与另一个方国之间进行，丝绸之路上发生的旅行主要为"生易"服务。此外，汉代司马迁曾游历中原、江淮、齐鲁、西北和西南夷等地区，记录各地的山川形胜和风土人情，为撰写《史记》积累了丰富素材。"读万卷书，行万里路"的旅游思想自此而生（喻学才，2010c：33）。综上所述，秦汉大一统的社会背景和大规模的道路建设方便了各地车辆和行人往来，推动着旅行活动的开展，旅行主要为"生拓"和"生易"服务。

2. 魏晋南北朝：山水文学与意象审美

魏晋南北朝时期社会动荡，隐逸之风盛行，自然审美意识觉醒，对中国旅游思想有较大影响的山水文学逐渐兴起（吴必虎，1996b）。这一时期的旅行多以短途为主（喻学才，2010c：33-34），"生思"游历大行其道，对山水的记录与评价多以诗、文或画的形式展现。各类文学作品中出现了大量山水景观，展现自身与真实的自然世界的情感互动，重视对自然山水意象的表达。如南朝吴均作《山中杂诗》："山际见来烟，竹中窥落日。鸟向檐上飞，云从窗里出。"通过对山间景物的描写来突出远离尘世喧嚣的山居生活，抒发诗人归于自然、超然于世的心境。

私家园林在这一时期也有较大发展，园林设计通过"聚石引水"和借景艺术等手法，展现自然山水意象，满足人们的审美需求。如《世说新语》记载晋代简文帝进入华林园后，顾谓左右曰："会心处不必在远，翳然林水，便自濠、濮间想也，觉鸟兽禽鱼自来亲人。"又如《洛阳伽蓝记》中这样描述北魏官员张伦的宅院："伦造景阳山，有若自然。其中重岩复岭，嵚崟相属。深溪洞壑，逦迤连接。高林巨树，足使日月蔽亏；悬葛垂萝，能令风烟出入。崎岖石路，似壅而通；峥嵘涧道，盘纡复直。是以山情野兴之士，游以忘归。"

这一时期也有不少远游著作，如前文提及的杨衒之的《洛阳伽蓝记》，以及郦道元《水经注》、东晋法显《佛国记》等，都从不同方面和尺度对当时各地景观进行了观察与记录。《水经注》以河流水道为线索，详细记述了各地山川河流、地形地貌、动物植物和自然灾害等具体情况，还记录了沿途聚落的交通、物产资源和民间传说等，是我国古代经典山水游记之一；《洛阳伽蓝记》以佛教在洛阳的发展兴衰为切入点，介绍了当地园林建筑、人物经历和历史故事等内容；《佛国记》记录了当时西北地区、中亚、南亚三十余国的地理、风俗、民情、政治和宗教等环境情况，为后世唐代高僧玄奘、义净等西游天竺求经留下了珍贵的资料（于慧，2011），开辟了我国宗教徒域外远游之先河（喻学才，2010c：33-34）。

3. 隋唐宋时期：修学漫游与商旅贩运

隋代大运河的开凿将南北各运河段完整连接，方便旅行活动借水运开展。大运河的历史可以追溯到春秋战国时期，之后的历朝历代均未停止对运河的开凿与疏浚。隋代将已有的运河段和自然河流连接起来，建立了连接中国南北的交通干道，是古代舟游兴起的新起点（喻学才，2010c：34）。

唐代经济的发达、文化的繁荣和思想观念的自由开放，使中国古代旅游发展达到了巅峰。经过对唐代游记文学作品文献现状的全面清理，丁庆勇（2014）确定唐代保存至今的游记文学作品仍有381篇（部）。从旅游主体看，旅游这一社会行为逐渐普及，使唐代旅游者的构成更加多元化，普通知识分子、宗教人士以及都市平民都成了当时客源群体的重要组成部分。客源结构也发生了明显的变化：一是客源主要构成让位给了文人学士；二是随着唐代妇女地位的提高，妇女旅游蓬勃发展（王玉成，2009）。唐代两京地区和吴越地区是全国最重要的两个旅游目的地；长江中游地区以及成都平原地区构成了唐代第二级旅游目的地；夔州、忠州、桂州和永州构成了唐代第三级旅游目的地；郴州、韶州、道州、广州和端州构成了唐代第四级旅游目的地（刘勋，2011）。唐代也是旅游思想比较活跃的时期，以柳宗元为代表，形成了寄情山水、重视生民的"统合儒释"的旅游思想。柳宗元还从济世利民的政治主张出发，提出"观游为为政之具"的旅游开发思想和"逸其人，因其地，全其天"的旅游开发原则（贾鸿雁，2005）。

唐宋时期，作为山水文化载体的古诗词发展到鼎盛（吴必虎，1996b），涌现了大量旅游文学作品。唐代初年，旅行活动以近游为主，随着"科举取士"制度的发展，远游风气逐渐形成。"科举取士"需要学子先到县、州应试，通过后再前往京师参加考试，考取功名后又前往各地任职（喻学才，2010c：36-37）。旅途成为士子们生活不可或缺的一部分。在这一过程中，士子们修学漫游，遍访名山大川，开阔眼界见识，提升技能，出现了描述所见所闻所感、寄情于山水之间的名篇佳作。如杜甫《望岳》："岱宗夫如何？齐鲁青未了。造化钟神秀，阴阳割昏晓。荡胸生层云，决眦入归鸟。会当凌绝顶，一览众山小。"唐宋八大家之一柳宗元所作《永州八记》标志着古代游记文学的成熟（喻学才，2010c：35）。赵丽霞（2014）曾对初盛唐的旅游诗歌进行了深入研究，根据《全唐诗》及补编筛选得到旅游诗歌，统计分析初盛唐旅游诗歌的类别、情感、表现对象、地域分布特点，并分析地域分布规律的深层缘由。她首先从山水诗美的演进和较典型的山水景观分析了初盛唐旅游诗歌中自然景观的对象特征；其次从园林宅邸、寺庙道观、曲江景区3方面总结初盛唐旅游诗歌人文景观对象特征;最后从节日民俗、游乐民俗和佛教仪俗3方面展现了初盛唐旅游诗歌的民俗风情。

到了宋代,旅行已蔚然成风,文人士大夫又常因仕宦而远游,畅游于山水之间。在宋代,士大夫是旅游队伍中的主力军。士大夫之所以是旅游者中的主力军,是因为他们有强烈的旅游欲望、较强的旅游支付能力和较多的可自由支配时间(王福鑫,2006)。这期间,孕育出范仲淹的《岳阳楼记》、苏轼的《赤壁赋》、陆游的《入蜀记》和范成大的《吴船录》等文学作品(喻学才,2010c:36-37)。这些文人墨客借山水感怀人世,提升修养,体现人生价值,展现身份认同。旅行活动主要为"生思"服务,并形成了旅游"乐不因乎境而应乎心"的理论。这一理论早在先秦的时候已经形成,到宋代更加突出。

唐宋时期繁荣的商贸活动与旅行活动相互促进。首先,宋代的饮食、文化娱乐等服务市场十分兴盛。由《清明上河图》可见当时汴京繁荣盛景,城市及周边地区的近游活动十分普遍。汴京城西郊的金鱼池和琼林苑,南郊和东郊的诸多园、池、亭、榭、观和庙等场所,均是游玩、娱乐的胜地(宁欣,2002)。

其次,唐宋时期商品经济繁荣,商旅活动频繁,是旅行活动的重要组成。宋代从事工商业的人口比例较唐代更多,人口流动频繁(宁欣,2002)。据宋代王栐《燕翼诒谋录》(1981年版)中记载:"东京相国寺乃瓦市也。僧房散处,而中庭两庑可容万人,凡商旅交易皆萃其中。四方趋京师,以货物求售,转售他物者,必由此。"商旅贸易、往来货物从四面八方涌入都城,侧面反映了当时商旅活动的频繁。

最后,唐宋时期,全国各地的旅馆繁荣发展,为旅行活动开展提供了接待基础。唐代的旅馆已经沿着以都城为中心的主要干道分布开来,覆盖到县城之中,为商人旅行提供方便(周藤吉之、向旭,1997)。杜佑《通典》中记载:"东至宋、汴,西至岐州,夹路列店肆待客,酒馔丰溢。每店肆有驴赁客乘,倏忽数十里,谓之驿驴。南诣荆、襄,北至太原、范阳,西至蜀川、凉府,皆有店肆,以供商旅,远适数千里,不持寸刃。"杜甫所作《唐兴县客馆记》也记载了蜀地唐兴县令重建客馆的德政。到了宋代,地方旅馆更加兴盛,华北、华西、华中等广大区域内的村店大量发展(周藤吉之、向旭,1997),甚至在宋与西夏的边界也有具有贸易场所或驿站功能的城寨分布,是边境商旅进入内地的重要节点(杨蕤,2003)。

4. 元明清时期:民间私游与城市景观体系形成

元明清时期,尽管民间商贸活动受到官方不同程度的限制,但民间商旅和百姓游玩未曾停止,山水景观鉴赏与旅行科学记录有了较大发展。

一方面,京杭大运河成为沟通中原大地南北的交通干道,水陆交通的发展促进了商贸繁荣,流动人口增加,以江南一带最多(章海荣,2004:96-98)。清康熙《钱塘县志》中记载:"杭郡为东南一大都会,当四达之冲……往来不绝也。间商海贾,燕齐楚秦晋百货之交集,则杂处市墨者,半行旅也。"可见当时商贸旅行活动在吴地十分常见。

另一方面,明代郑和远航西洋(今印度洋),全面空前提振海上丝绸之路的发展,建立了与南洋(今中国南海)和西洋周边各国的联系,包括今菲律宾、马来西亚、印度尼西亚、新加坡等地。郑和的随员费信所撰的《星槎胜览》作为航海日志,记录了沿途各地的物候风习。

明代中后期,商品经济不断发展。在商品经济的冲击下,出现了向近代社会转型的迹象。在文人士大夫的带动下,旅游作为一种新兴的社会生活方式,得到世人的一致推崇,以至于明代中后期社会上形成了一股规模空前的大众化旅游热潮,这也使得中国古代旅游达到了另一个巅峰(敖红艳,2019)。在这种时代背景下,明代出现徐霞客的《徐霞客游记》和王思任的《历游记》等游记著作,就不足为奇了。明代旅游图书应该说是进入了中国古代旅游图书发展的兴盛时期。这一时期的旅游图书无论在数量、种类还是地域分布上均有了很大的拓展(吴志宏,2012)。

晚明是中国旅游史上的炽盛时期,尤其嘉靖、万历以后的社会环境,各种主、客观条件皆渐趋形成。晚明人不仅热衷山水旅游,对旅游的思想、游道、游伴、游观理论等,都展现出与众不同的追求,旅游风气特别兴盛(张明琛,2016)。张明琛(2016)归纳出晚明文人的游观理论包括:心明神静的逍遥游、追求山水奇趣的审美、以躯命游的探险精神。邱才桢(2005)的研究表明17世纪下半叶,江南地区的画家通过对绘画作品中黄山形象的塑造,反映了他们对于黄山这一区域的认识。黄山形象不仅为画家所塑造,同时也进入当时人们的接受系统。

清代末期,随着国门打开,许多文人学子周游列国,《康有为列国游记》《癸卯旅行记》等旅行文学作品随之面世。

元明清时期,城市景观发展成熟,私家园林兴盛,以休闲娱乐为特点的近游在民间十分普遍。这一时期一个引人注意的现象是"八景"景观体系的发展繁荣,并衍生出"十景""十二景"等景观体系。"八景",即为分布于一座城市的四周的八处特色景观,属于"集称文化",产生于隋代,在元明清时期普及各地。清《洞庭湖志》记载:"十室之邑,三里之城,五亩之园以及琳宫梵宇,靡不有八景诗矣。"(转引自邓颖贤、刘业,2012)古代远游不便,城镇附近的自然山水景色优美又远离喧嚣,是民间百姓最为理想的游览之处,且常与节日庆典、庙会集市相结合。

明清时期造园活动兴盛,文人士大夫修建起玲珑精致的私家园林,以灵活多变的造园手法将自然之美融入方寸之间,满足休闲游憩的需求。各地私家园林中以江南地区的私家园林最为著名,如苏州拙政园和网师园、扬州影园等。明代张居正改革后,经济迅速发展,造园活动也随之繁荣,出现了许多造园论述,如明代计成所著《园冶》是我国第一本造园专著。

这一时期,对外"海禁"政策时有反复,但跨文化交流未曾中断。元代的欧亚大陆较为统一,丝绸之路比汉唐时期更加通畅,跨文化交流频繁。成吉思汗及其后人建立了四大汗国,覆盖了元大都汗八里(今北京)、中亚和东欧等区域。庞大的四大汗国建立了完整的驿站制度,在元朝的统治下,一个人拿到元朝政府的通行证后,便可以在整个元朝的统治范围内进行旅行,一定程度上方便了丝绸之路上的跨文化交流。元代地理学家周达观还曾前往今柬埔寨考察,撰写了《真腊风土记》一书,记录沿途所见所闻。

明清时期,中西方跨文化交流有所发展。西方传教士相继来华,深入了解我国各地风土人情,学习当地方言并编撰对照字典,对中国了解颇深。同时,这些传教士写下了许多游记,记录了传教过程,也将西方科技和文化等带入中国。如利玛窦在中国游历期间与明代官员共同绘制的世界地图《坤舆万国全图》，改变了当时人们对世界的认知，促进了东西方交流，"西学东渐"逐渐形成。

周军（2011）基于对《清人文集地理类汇编》及《小方壶斋舆地丛钞》的游记文献的分析，考察清代前期的旅游地理空间特征，发现其总体空间分布特征为：全国旅游资源（景点）主要分布在内地十八省区域，其中又以东部沿海地区和江南地区最为密集，这些地区具有交通发达、人口稠密、经济富庶、文化繁荣等特点。

到了近代，两次鸦片战争强行打开了中国国门，西方探险家纷纷来到中国，在新疆、西藏、甘肃等地展开了历史地理考察，其间掠夺式地把许多珍贵文物运回本国，如敦煌莫高窟藏经洞里宝贵的写本书籍、绘画和壁画等，至今仍流失海外。洋务运动后，晚清政府主动派出了大批政府官员（有些直接派遣为"游历使"）前往西方各国出使或考察，还派出了大量留学生出国学习（吴必虎，2016）。中国逐渐出现了现代意义上的旅行代理商（旅行社），旅游产业初见雏形，中国的"生业"时代正式来临。中国第一家旅行社之所以能够在上海诞生，与20世纪初上海城市近代化和外商在华旅游代理机构所提供的借鉴是分不开的（易伟新，2003）。

这一时期，民国学人也开始积极探索中国发展旅行事业之价值和意义，先后经历了对他国发展旅行事业的现象描述和经验总结、对发展旅行事业的多重价值和具体路径的探讨、以佘贵棠为代表的旅行理论总结等3个阶段，最终初步完成了中国化的旅行理论体系构建（周博，2019）。1935年9月，江绍原出版了《中国古代旅行之研究》一书，该书既是中国第一部现代旅游学的专著，也是中国旅游史研究的嚆矢（邱扶东，2007）。另一本民国时期的旅游学专著就是佘贵棠所著《游览事业之理论与实际》一书。该书第一次系统论述了旅游业诸问题，全面涉及旅游业的理论、方法与历史，在将西方旅游理论与实践同中国旅游业发展及传统旅游文化结合方面进行了积极尝试（贾鸿雁，2016）。黄芳（2005）也观察了于1927年至1949年发行于《旅行杂志》中的旅行理论部分文章，提出现代朴素的旅行理论是在中国现代旅行实践中总结和发展起来的。现代旅行理论将中国旅游理论研究的历史向前推进了30～40年。

14.1.2 儒家的旅游思想

1. "不远游，游必有方"的旅游思想

儒家重农，推崇定居的生活，形成了"不远游，游必有方"的旅行思想。《论语·里仁》中"父母在，不远游，游必有方"，认为一个人理应孝敬父母，承欢膝下，但也支持个人外出奋斗，出行时需制订详细的计划以保证自身安全，并将父母安排妥当，不辜负父母的养育之恩（李渌，2006）。在"不远游"观念的指导下，受古代社会以传统农业为基础的自然经济体系影响，人们往往安土重迁，不喜远游。为了满足日常休闲游憩的需要，近游更加符合实际，近游行为也促进了城镇附近园林和风景名胜的出现。许多古城都形成了城市游憩空间，进一步发展成了城市的"八景"景观体系，如洛阳八景、燕京八景等。

许宗元（1995）对孔子的旅游观进行了提炼，归纳为旅游德育观、旅游智育观、旅游美育观、旅游社会观、旅游致思观、近游观6个观点。儒家"君子比德说"奠定了儒学旅游观和自然审美观的传统,体现了儒家思想经世致用的特点。《论语·雍也篇》中"知者(智者)乐水,仁者乐山;知者动,仁者静;知者乐,仁者寿"被后人称作"君子比德说"。它将自然山水分别与仁人君子美好品格相对应,如水的深不可测象征智者的学识渊博,大山的养育万物象征仁者的秉德无私。因此,游山观水的过程也是仁人君子反省自身、锻炼情操的过程。儒家肯定了纵情于山水之间对仁人君子品格塑造的影响。"君子比德说"精神实质是强调自然美依存于社会美和人格美;强调旅游观览的过程是仁人君子"克己复礼"、修身养性和经世致用的途径(李渌,2006)。

在"君子比德说"之上,孟子提出了"观水有术"。孟子曰:"孔子登东山而小鲁,登泰山而小天下。故观于海者难为水,游于圣人之门者难为言。观水有术,必观其澜。日月有明,容光必照焉。流水之为物也,不盈科不行;君子之志于道也,不成章不达。"孟子认为自然山水要与人的精神世界相互感应(徐日辉,2007)。儒家旅行思想把人的旅游和观光行为演绎成为充满社会色彩的、具有实践精神的情感升华行为,同时从治世价值出发,强调人对社会所具有的责任和使命,这反映了儒家面对人生的积极态度。

2. 广泛流行的游学动机

游学是通过异地旅行、拜师求学、文化体验等途径获得知识、进行交流的过程,是我国古代传统的学习和教育方式之一,也是中国教育思想史中的重要理念。"读万卷书,行万里路"是游学思想的主要内容。

春秋战国时期,百家争鸣,文化繁荣,私学兴起,各国纷纷招贤纳士,增强自身实力,带有功利性的游学之风盛行。诸多文人士大夫周游列国,游历悟道,通过游说观点主张而实现理想抱负。《列子》中记载了郑国乐师师文从师游学的故事"郑师文闻之,弃家从师襄游"。

汉代司马迁的旅游思想是儒家思想的典型表现,既要饱览群书,金榜题名,也要亲身历练,获取知识,学有所用。司马迁始终强调认识和习行的结合,要求在广泛的实地考察、收集资料的基础上,再进行深入思索和鉴别。他非常重视对各地的实地考察,广泛游历四方。《史记》中这样记载:"二十而南游江、淮,上会稽,探禹穴,窥九疑,浮于沅、湘,北涉汶、泗,讲业齐、鲁之都,观孔子之遗风,乡射邹、峄,厄困鄱、薛、彭城,过梁楚以归。"《史记》所获得的成就便建立在司马迁求真、求实的基础之上,他广泛采录诸子百家文化典籍,整合各家思想,即"厥协六经异传,整齐百家杂语"。班固在《汉书·司马迁传》中这样评价司马迁:"其文直,其事核,不虚美,不隐恶。"

在此之后,大一统的社会环境、交通工具改善和科举取士制度等因素进一步促进了游学发展。学子们通过旅行求学、求仕,也追求精神层面的提升。《后汉书·郑玄传》这样记录东汉儒学家郑玄的经历:"游学周秦之都,往来幽、并、兖、豫之域,获觐乎在位通人,处逸大儒,得意者咸从捧手,有所受焉。"《北史·樊深传》载,樊深曾"游学于汾晋间,习天文及算历之术"。

司马迁在进行广泛的资料搜集和实地考察后形成了重视人文、崇尚个性的人本主义思想。《史记》以记人为主,根据不同人不同的社会地位,选择撰写不同的题材,所谓"载明圣盛德,述功臣世家贤大夫之业,录先人之言",体现了司马迁的人文关怀。同时,他注重考察社会风俗,关注民情民生,认为"神者生之本也,形者生之具也"。游学有助于各地文化的交流。宋代苏轼曾就任于不同地方,了解各地风土人情,记录地方农业知识,并在宦游过程中将种稻、养马等农学知识和工具向外推广(曾雄生,2015)。

14.1.3 道家、佛家的旅游思想

1. "外游内观"的道家旅游思想

与儒家不同,道家思想认为旅游与游憩活动是出世的、务虚的(李渌,2006)。道家的旅游与游憩思想更追求个人的修身养性,强调逍遥物外、崇尚自然、寻求自我的身心训练,追求直觉审美,逐渐形成了道家倡导的出世脱俗的旅游思想。

壶丘子,春秋战国时期郑国人,是当时黄老学说的代表人物。壶丘子是诸子百家中列子的师傅。列子喜好旅行,壶丘子曾与列子有过这样的对话:

壶丘子曰:"御寇好游,游何所好?"

列子曰:"游之乐,所玩无故。人之游也,观其所见;我之游也,观之所变。游乎游乎!未有能辩其游者。"

壶丘子曰:"御寇之游固与人同欤,而曰固与人异欤?凡所见,亦恒见其变。玩彼物之无故,不知我亦无故。务外游,不知吾内观,外游者,求备于物;内观者,取足于身。取足于身,游之至也;求备于物,游之不至也。"于是列子终身不出,自以为不知游。

壶丘子曰:"游其至乎!至游者,不知所适;至观者,不知所眂。物物皆游矣,物物皆观矣,是我之所谓游,是我之所谓观也。故曰:游其至矣乎!游其至矣乎!"

在这段对话中,列子认为,一般人旅游只观赏到当时景观的呈现,自己却可以"观之所变",从旅游中感悟到景观的运动变化,旅游的乐趣就在于可以带给游人常新常变的感觉(章海荣,2002)。而壶丘子认为旅游的重点,不在于人看到了什么,而在于看到事物后,人的内心有哪些醒悟,在于景观触发人进行审美思考的过程。"我亦无故"即指旅游主体也在变化之中,体现了针对旅游主体动态审美的思想(章海荣,2002)。用现代话语来说,"外游"只是要求旅游景观的完备,追求景观的变化,但旅游已经不再是简单的观光旅游,我们进入了另外的境界,应当不断思考,通过不断发展的自我去感受旅游中变化着的外部事物,即"外游内观",这是中国旅游思想精髓的重要呈现(徐日辉,2007)。

庄子提倡远游,曾说:"天地与我并生,而万物与我为一""逍遥于天地之间而心意自得",并提出"乘物以游心"的思想。他认为在旅行中可以获得天地间无限的信息和感受,旅行活动中应当游览的是万事万物的规律,是人生意义与自然的真谛,旅行的目的便是人获得精神上的极大满足与自由(李渌,2006)。人应当通过具体的旅游实践,推进自己与自然界的融合过程。

道家思想从人和自然的关系出发,强调"逍遥于天地之间而心意自得""天人合一,游身于世外""山性即我性,山情即我情"(明代画家唐志契《绘画微言·山水性情》)的旅游价值取向。受其影响,中国人在旅行中始终追求自然山水之美,且每个时代都不乏隐逸之人。

2. 求法利性：佛家的旅游思想

佛家的旅游与游憩思想强调回归自然和心灵的修行。佛家持有求法利性的旅游哲学（邵骥顺，1998：37），重视对世界的理解和修行行为，强调心灵的修行，因此佛家寺庙也多藏于深山，回归自然。佛家要求僧侣修行的时候离社会远一些，修行成功后再服务社会。后世不乏以学习、传教等为目的的宗教旅行。佛家旅游与游憩思想促进了"生思"的发展，这是中国古代旅行中重要的旅行类别和旅行形式之一。"生思"活动通过旅行反思人和自然、人和人之间的关系。在佛家的旅行中出现了许多苦行僧，僧人本身不会有太多物质想法，通过化斋饱腹，更多地进行人的本质等哲学方面的思考，参悟后再帮助他人理解世界。僧人离尘脱俗的旅行行为与求法布道和自身修行实现了有机结合。佛家旅游思想始终影响着中国人追求藏于深山的旅游行为和回归自然的旅游思想。

14.1.4　中国旅游思想的中庸之道：三教并行、居游兼容

儒、道、佛三教融合的传统旅游与游憩思想影响着中国大地上的芸芸众生，基于此，中庸兼容的旅游与游憩思想逐渐形成（邵骥顺，1998：34）。中国古代社会整体哲学思想基本上可以分为3种，即儒家的思想、佛家的思想和道家的思想。但是对于普通民众来说，3种思想共同影响着每一个人，可称为"三教并行"。在三教并行影响下，中国古代旅游与游憩思想逐渐形成，其中尤以"不远游"和"行万里路"两种并行不悖的中庸思想为代表，出现了"居游兼容、定移中庸"的旅行模式。"定"意为定居；"移"意为移动，或者指游历行为。因"不远游"，城镇内部和周边出现了许多园林和风景名胜，以满足人们短距离的旅游与游憩需求；因"行万里路"，人们前往远距离的名山大川，留下诗歌、绘画等诸多作品。唐代的自由开放为儒、道、佛的发展创造了良好的社会环境，也促进了旅游思想的多元化发展：既有以济世安邦为目的的宦游，又有以化羽登仙为目的的仙游，更有以结得善缘为目的的释游，并且三教合流、互补发展，形成了唐代丰富多彩的旅游文化（王玉成，2009）。

明代徐霞客的个体游历经历深受三教并行影响，体现着"居游兼容、定移中庸"的旅游思想。徐霞客的旅游思想既受儒家思想影响，也受佛家和道家思想影响。受儒家旅游与游憩思想的影响，徐霞客很早就立下"丈夫当朝碧海而暮苍梧"之志，但受儒家"不远游"思想影响，后又认为出游则应"稽远近，计岁月，往返如期""定方而往，如期而还"（朱钧侃、潘凤英、顾永芝，2006：330）。道家"天人合一"和"崇尚自然"的思想，也影响着徐霞客"问奇于名山大川"的一生。徐霞客晚年自云南返归故里，病危之际对其子徐屺表示自己已然在多年远游经历中领悟人生意义，生死看淡。明代官员陈函辉在《霞客徐先生墓志铭》中这样叙述这段历史："但语其伯子屺曰：'吾游遍灵境，颇有所遇，已知生寄死归，亦思乘化而游，当更无所墨碍耳。'"此外，徐霞客出行途中多次与佛家深度交流思想。因古代社会尚未形成完整的旅游服务体系，徐霞客常常投宿佛寺，与佛家僧侣多有深交。

14.1.5 旅游思想对旅游(游憩)发展的影响

中国旅游思想历史悠久、内容丰富，深刻影响着个人的旅游价值观、景区规划理念和政府治理服务理念，进而影响旅游(游憩)事业的发展。

在个人层面，三教并行的文化影响着个人旅游价值观的形成。儒家形成于以农业文明为核心的传统中国文化之中，要求个人承担忠君爱国、孝敬父母、兄弟和睦的社会责任，由此形成"安土重迁""不远游""游必有方"的旅游思想，持续影响着人们的旅行行为。即便在交通方式快速发展，呈现时空压缩的现代社会中，周边游、省内游仍然是人们旅游与游憩的重要选择。而游学的旅游思想也传承至今，人们认可旅行是教育的重要组成部分，更加重视"行万里路"的重要性，强调参观、游览和体验等在知识学习、文化交流中的作用。许多大中小学也已开设不同类型的研学旅行课程。

在景区和政府层面，历代旅游思想可以为景区规划理念和政府公共游憩服务产品的供给提供借鉴。在景观层面，游客对自然山水的向往是始终不变的追求，景区规划应当以保护自然山水、呈现自然和田园原貌、实现"天人合一"等为理念，打造贴近自然、促进身心健康的旅游产品，如森林氧吧、温泉度假和田园度假等。在政府治理层面，应当重视城市游憩功能，建设好城市游憩系统，提供现代化的城市服务设施，通过对城市旅游功能和业态的均衡分布，打造同时满足本地居民和游客物质与精神需求的城市周边景观体系，延续"八景"文化，突破景区门票窠臼，多在公共旅游与游憩产品建设方面下功夫。

高山名川的自然风光、小桥流水人家的田园生活，既是当代中国旅游资源的重要组成部分，也是中国古代旅游思想重要的实体组成，寄托了古人的信仰与情怀，展现了人地和谐的中华文化价值取向。俞明(2003)对我国4768处历史人文景点进行了研究，发现有54%的景点与古汉语文学作品有关。文学作品的出现与繁荣，为这些名胜景点的形成、发展、扩大影响做出了很大贡献。每每提及"采菊东篱下，悠然见南山""日照香炉生紫烟，遥看瀑布挂前川。飞流直下三千尺，疑是银河落九天"等经典诗句，人们心中总能浮现出被古诗词抽象化的自然景观图像。提及苏式园林，人们又会想到"咫尺山林""壶中天地"等中国园林文化特征，联想到在魏晋南北朝时期盛行的隐逸文化，以及古人对自然山水意境的不断追求。

上述景观图像和它们的文化内涵一样，烙印在每一个深受中华文化影响的人的心中。因此，当代规划师在制定旅游规划时，必须时刻将中国旅游思想铭记于心，继承和发扬中华传统文化的价值取向，塑造空间和精神归属感，才能规划出扎根中国的、符合中国人民实际需求的、得到人民认同的旅游地，真正将所学知识落实在中国大地上。陈邑华(2016)将现代游记的艺术境界分为3种类型：物境、情境、意境。物境，即注重自然客体的审美发现；情境，即注重主体移情的审美再造；意境，即注重哲理领悟的审美探究。上述3种艺术境界实际上也可以在旅游景区的设计中进行借鉴。

许春晓(2004)在其博士学位论文中讨论了中国旅游规划思想的发展过程，并将旅游规划思想分为古代旅游思想的朦胧孕育和近代科学旅游规划思想初步萌芽两个阶段进行研究。他认为古代旅游规划思想在旅游活动中孕育，从园林规划、区域开发和城市规划等活动中产生。近代科学旅游规划思想则随着近代旅游业的起步而产生，具体表现为对旅游资源概念的初步认识、对旅游风景区规划的理论思考、注重吃住行游购娱六要素配套开发、开始对旅游业发展步骤和组织形式进行研究、对中国旅游发展战略进行初步系统思考等几个方面。

14.2 地方性、地方感与恋地情结及其应用

随着人本主义地理学的兴起，地方（place）成了人本主义地理学的重要研究对象。人本主义地理学家认为，地方是地理学的现象学基础，是人类经验中不可还原的组成部分，没有地方，人类经验本身无法形成并被解释（Gregory et al.，2009：539-540）。地方、地方性、地方感（包括地方认同、地方依恋和地方依赖）等核心概念共同组成了地方理论，并已在旅游研究领域广泛使用，以满足人们通过多重感官体验真实地方的需求，激发人类的想象力和真实情感。地方理论对于旅游与游憩规划制定具有指导价值，规划师不能忽视地方相关理论对旅游目的地独特地方本性挖掘和整体空间营造的重要性。

14.2.1 地方性、地方感与恋地情结

1. 地方与空间

地理学家段义孚认为，空间和地方是相对而言的概念，在人类与无差异的空间逐渐熟识的过程中，人类赋予空间以意义，从而形成了地方。因此与未被破坏的自然相比，封闭的人性化的空间便是地方。地方是一个有序的、有意义的世界，是使已经确定的价值观发生沉淀的中心（Tuan，1977：54-56）。空间只有赋予了人的行为，体现人的价值和社会文化的时候才可以成为地方，因此城市不仅是包括建筑、道路、河流和绿地等物质实体的空间，更与形成于人们认知中的意象密切相连（张中华、张沛，2011）。

在任何时候，地方都是物质、意义和实践的特殊组合，三者互动促进了特定关系结构的形成，而组成"此时此刻的地方"的要素大多来自过去的某一时刻，不应忽视地方历史对于正在形成的地方的重要性（Lee et al.，2014：3-20）。地方理论的出现促进人们对空间产生新的认知，地方逐渐成了以人的视角揭示人与地之间物质、文化和情感记忆等方面联系的基本单元（张中华、张沛，2011），有助于人类更好地认识不断进行中的地方的形成过程（Lee et al.，2014：20）。地方承载了历史，是人类发展创新的基础。正如段义孚所说，如果允许动摇过去，现有的知识会抹去过去存在的痕迹（Tuan，1977：198），这正是人类需要尊重地方的原因所在。

尽管经验和建构的知识可以帮助人们塑造地方和理解地方，但二者也在一定程度上限制了人们的思维，导致人们对地方的理解具有局限性和主体性，深深受到个人的成长背景和官方表征建构等要素的影响。如果只"读万卷书"却未曾"行万里路"，那就无法通过感官体验真实的地方，激发人类的想象力和真实的情感。而旅游与游憩行为恰好是人类"行万里路"的一条有效途径，可以帮助人们更好地认识和了解地方。

2. 地方性与地方感

地方性(placeness)即地方独特性,结构主义地理学认为它是一个地方与外界建立功能联系时形成的、其他地方所不具备的内在条件(周尚意、唐顺英,2018:507)。地方性可以加强地方感,段义孚认为即便房屋和街道自身无法形成地方感,但如果它们具有独一无二的特征,给予人深刻的感官知觉,也会有利于居民形成更强的地方意识(Tuan,1977:171)。地方性与地方性缺失(placelessness)对应,地方原真性的削弱会导致地方逐渐变得地方性缺失,进而导致人对地方的认同感和归属感的削弱。

在地方全球化的今天,地方独特性对于地方发展十分重要。地方的独特性源于地方的本性。本性是其他地方无法复制的区域特点,这使得每个区域都是独特的、唯一的,每个唯一的区域就可成为一个"地方"(周尚意 等,2016:15)。一个地方需要具备3个本性:地方的第一本性是长期稳定的、与其他地方不同的自然地理特征;第二本性是人类在地方长期生活中积累的人类建造物;第三本性是发生于该地方的重大历史事件(周尚意,2015;周尚意 等,2016:15,36,48)。3个地方本性是其他地方无法复制的,是地方发展的充分条件,决定了地方发展的基底。因此,地方性在一定程度上决定着地方的旅游吸引力以及旅游开发的方向、规模和潜力。旅游与游憩规划的根本目标在于通过挖掘和建构地方性来满足旅游者的体验需求,实现人文主义转变(唐文跃,2013a)。吴卫(2011)从游客视角讨论了他们关于目的地城市地方性的认知问题,从城市精神、城市性格和市井民情3个层面深入阐释游客对大连案例地的地方性的认知。

地方感(sense of place)指个人或群体对其居住或访问的地理区域持有的态度和感受,通常用以形容人与地方形成的亲密的、私人的和情感的联系(Gregory et al.,2009:676),属于一种特殊的人地关系。地方感具有主体性,不同经历的人所认知的地方感有所差别(王泓砚、谢彦君、王俊亮,2019)。

早期的人文地理学研究在很大程度上将地方感视作地方依恋的积极情感品质,即情感、依恋和归属感,甚至是"地方之爱"(Gregory et al.,2009:676)。而面对全球化的、时空压缩的趋势,梅西(Massey,1994:154-156)提出了全球的地方感(a global sense of place),认为全球化并未创造一个同质化的世界,地方反而通过一系列复杂交织的社会关系形成了独特性,地方是与外界联系的、激进的和动态的,是没有边界的、没有单一符号的、充满矛盾的,我们需要形成一种进步的地方感来认识多样的、动态的和联系的地方。

段义孚认为,有3种主要方式可以建构地方感:第一,停留与依赖可以建构地方感。人或动物会停留在一个能满足其基本需求的、彼此依赖的地方,使得某个地方成为其获得感受价值的中心。第二,人际关系可以建构地方感。在人与人之间相互关注和交流的过程中,人际关系的亲切感自然流出。这种亲切交流即便无人刻意记录或将其符号化,也真实地存在于人记忆深处。地方便基于特定人际关系的亲切感形成了价值。第三,微不足道的事情可以建构地方感。许多普通物品因太融合于日常生活,人们往往会忽视它们,但生活中的点滴最能触动人们的心灵。如与房屋本身相比,内部家具可能大多不具有美感,但真实存在,与人有多重感官的互动,给人带来了慰藉和温暖的同时深深根植于人类记忆之中,影响着人对"家"地方感的形成(Tuan,1977:143-145)。

学术界对地方感具体构成维度的观点不一,大致可包括地方认同、地方依赖和地方依恋等不同维度。也有学者把地方感层次划分为认知、行为和情感3个维度。其中最基本的维度为地方认同,包括雷尔夫(Relph,2008:49-55)所说的存在的外在、偶然的外在和代理的外在;中间维度为地方依赖,包括行为的内在;最高维度为地方依恋,包括移情的内在和存在的内在(吴莉萍、周尚意,2009)。

地方认同(place identity),指个人或群体接受一地文化、价值和意义,并将之作为自己身份的标志之一(周尚意、唐顺英,2018:507)。有学者认为地方认同是个人自我认同的一部分,是人们在与地方互动的过程中,有意识和无意识中存在的想法、信念、偏好、情感、价值观、目标、行为趋势和技能的复杂模式(Proshansky,1978)。雷尔夫(Relph,2008:49-55)将地方认同划分为7个层次,存在的外在、客观的外在、偶然的外在、代理的外在、行为的内在、移情的内在和存在的内在。

地方依赖(place dependence),多指个人在功能上依赖于地方,人为满足自身特定的需求而与地方建立了功能性的联系。

地方依恋(place attachment),指个人与特定地方所产生的认知和积极情感联系,这种联系来源于个人的价值观、认知和经验等,并受到地方特质和属性的影响(朱竑、李鹏,2018:510)。有学者认为地方依恋的形成源于自然、社会关系和意义通过个体和群体有意识或无意识的行为、经验和感知而集合在一起,并建立了分析地方依恋形成机制的理论模型(Diener and Hagen,2020)。

恋地情结(topophilia)也是地方理论的重要组成部分。恋地情结一词原为希腊语,意为对地点的爱。人文地理学家段义孚在其著作中指出,恋地情结一词可以广泛且有效地定义人类对物质环境的所有情感纽带,而这些纽带在强度、精细度和表现方式上存在巨大差异(Tuan,1974:93,136)。段义孚对人类环境感知层次进行了区分,并提出环境(地方)对人类意义生产的作用。他认为,环境为我们的视觉、听觉、触觉、嗅觉等感官提供刺激,这种刺激的潜力是无限的:它可能影响我们的个性、目标或者文化,然后在某个特定时期作用到价值观或情感上;而人类可通过对环境的体验获得短暂的快乐,也可能获得存在更为持久的、难以表达的情感,这时的地方或环境便已经成了情感事件的载体(Tuan,1974:136)。

14.2.2 地方感与恋地情结在规划中的应用

地方理论是不同概念的集合,形成了一套丰富的理论体系,可以应用于旅游与游憩规划设计的诸多方面,综合地指导地方营造,避免对地方文化片面的、非此即彼的思考与选择,对旅游产品的开发与设计、塑造旅游地意象和促进旅游地营销等诸多方面有积极作用。

地方的营造现已成为旅游与游憩规划的文化追求。在全球化背景下,不论是城市还是乡村,若想吸引投资和游客,必须挖掘独特的地方本性,发现人与地方的物质和情感联系,进行地方独特性塑造,为地方建构一种新的、独一无二的文化符号。因此,在旅游开发过程中应用地方性、地方感与恋地情结等地方理论十分重要(吴必虎、俞曦,2010:42)。旅游与游憩规划的根本任务就是营造旅游目的地独特的地方性。旅游与游憩规划师有责任立足于地方进行地方营造,维持和保护地方的重要特征和品质,加强旅游与游憩规划对人的需求、态度和价值观多样性的重视(唐文跃,2008),在保留地方本性的同时,适当添加某些新的物质形态或文化内涵,形成地方文化符号,促进文化与旅游产业协同发展,实现地方资源的综合利用,促进地方的可持续发展。

1. 地方性、地方感与文化景观设计

开发对旅游者具有吸引力的、独特的旅游项目,很大程度上取决于对地方旅游资源的挖掘。而这些地方资源很大程度上体现在地方三大本性之中,旅游开发的深度与地方本性的展示程度直接相关(唐文跃,2013b:15-16)。如前文所述,地方三大本性是一个地方不可移动的本性,基本概括了帮助旅游与游憩规划体现地方独特性的重要因素,是其他地方不可复制的。加纳姆(Garnham,1985)在其著作《呵护地方精神》一书中归纳了规划中能够体现地方独特性的要素:建筑形态和风格;气候,尤其是光照、降雨和温差;自然环境;纪念性和旅游者印象特征;当地材料的使用;手工艺品;重要建筑物和桥梁选址氛围;文化多样性和历史;当地居民的价值观;高品质的公共环境;城镇范围内的日常和季节性活动。

受"文化转向"影响,新文化地理学越来越将景观解读为跨越时空的社会关系网络化过程中的一个瞬间。"文化转向"促使人文地理学开始聚焦于性别和种族等方面的差异,研究现象的偶然性和结构性,关注多元化的世界。"文化转向"鼓励学者更广泛地使用阐释和质性研究方法。不难发现,文化景观作为地方的外在表现,是地方第一、二本性的主要组成,更是第三本性的主要载体,提供了旅游与游憩的主要资源。虽然景观与有形的、可见的场景密切相关,但关注附着于物质景观的记忆与故事,是人与地方物质情感联系的体现,这既是对表征的脱离,也是对历史的重申(Gregory et al.,2009:134),体现了地方的第三本性,可以更多地通过开发地方民俗体验旅游来呈现。

规划师通过景观可以探究地方本性,通过对景观的开发与设计再现地方的文化与意义,加强地方文化的动态展示,"自下而上"地塑造地方文化特征,承认原有居住者和使用者对于地方性塑造的重要意义,重建地方意义与价值对本地居民的互动关系,在保护地方本性的同时营造积极的地方性,指导旅游与游憩规划更好地进行空间实践。此外,地方依恋和恋地情结等概念也启发规划师在文旅空间的营造中转变设计观念,充分利用物质景观、环境氛围和地方精神等营造文化空间,增强人与物质空间的体验互动和感官感受,满足人们的情感需求。

需要注意的是,地方旅游化程度的加深会逐渐影响地方的社会环境和景观形象等内容,带来地方归属感与认同感的改变,引起本地居民的行为、观念和态度等方面的变化,促进地方的再建构与再生产以满足地方旅游开展的需求。如何协调旅游开发与地方本性保护的矛盾,确定适宜的地方管理和体验模式,是旅游与游憩规划必须考虑和应对的问题。

2. 地方意象与旅游地意象表征

地方理论可以从多角度打造旅游地意象和多元文化符号,为旅游景区和企业决策服务,为当地保护规划和旅游与游憩规划提供依据,帮助游客更好地感知和体验旅游目的地。

地方意象是在社会关系与过程的动态变化中形成的,与地方意义紧密相连,对地方意象与意义塑造为不同社会关系与过程的竞争提供了场域(王志弘,2005)。旅游目的地意象的产生,不仅来自设施、服务、安全和景观等物质实体,更源于不同文化背景的游客对旅游目的地文化的认知、感知与体验,二者直接或间接地影响着旅游者对目的地的地方依恋和地方认同(范钧、邱宏亮、吴雪飞,2014),影响人与地方情感联系的形成。人与特定地方形成的地方依恋也影响个体对旅游资源管理的态度与行为(孙九霞,2012:56),又进一步影响旅游目的地意象的改变。游客在游览与体验过程中的感受与出游前已形成的地方意象之间的相互响应、印证,是影响地方感形成的重要机制(唐文跃,2013b:16)。这凸显了塑造良好的旅游目的地地方意象的重要性。

需要注意的是,旅游地居民和外来旅游者的地方感截然不同,这种差异源于两个群体的文化差异,也源于二者对特定地方功能和意义的认识不同,前者将旅游地视作家园,后者将旅游地视作临时游览之地。王宁(Wang,1999)指出,旅游地居民和外来旅游者对地方认知的差异是永恒的,但对于旅游者来说,当他们内心预设的或想象的旅游目的地的地方性,与其在旅游目的地所看到的一致,那么旅游者的目的和旅游的原真性就实现了。

在旅游与游憩活动中,旅游者不仅需要对作为物质的旅游产品进行选择,也要对产品蕴含的文化符号和意象进行选择。旅游者为寻求自我一致性或差异性而进行旅游活动,期待通过旅游目的功能性服务的体验而满足情感需求,因而,旅游地的意象是能够被表征、组织和赋予的(张中华、文静、李瑾,2008;曲颖、曹李梅、杨琦,2020)。因此在旅游与游憩规划中,既不能无视居住者和旅游者地方意象和地方感的差异性,也无需追求二者形成相同的地方意象和地方感。

3. 地方感与目的地营销

地方营销(place marketing)由科特勒(Kotler、Haider、Rein,1993)提出,指通过对地方的设计以使其满足目标市场的需求。科学有效的旅游地营销是吸引旅游者的主要途径。段义孚指出,旅游者的地方感可以通过旅游者的实际体验或其他表征方式获得,旅游者可以通过直接经验和间接经验获得对其他地方的地方感(Tuan,1977:18)。因此,旅游与游憩规划不可忽视地方营销对旅游者地方感和恋地情结形成的重要作用。

目的地营销组织需要将营销的内容与地方性密切联系在一起,应关注旅游者的实地体验,通过良好的解说系统、独特的景观设计、现场氛围营造等手段强化旅游地应被旅游者感知到的地方本性。实际上,目的地营销的过程也是地方性挖掘和文化符号生产的过程。媒体营销是目的地营销的重要手段之一。这需要规划师根植于地方三大本性来提取旅游地文化符号,打造地方独特文化产品和品牌,塑造良好的地方形象,引起地方与旅游者的情感互动,实现宣传地方独特性的目的。

需要注意的是,旅游目的地营销若要迎合旅游者的地方意象,不可避免地在某种程度上突出部分景观和地方文化,甚至出现过度营销或虚假营销的情况,可能引起地方居民的强烈不满。因此,旅游与游憩规划应坚持科学真实、整体协调、多元共存等原则,避免地方文化的冲突与矛盾。

14.3 恋地主义原真性与原址价值呈现

14.3.1 原真性与景观原真性

从词源学看,原真性(authenticity)一词来自希腊语和拉丁语中的 authoritative(权威的)和 original(起源的)。原真性最早出现于国际古迹遗址理事会(ICOMOS)颁布的《威尼斯宪章》中(张朝枝,2008)。MacCannell(1973)较早将原真性的概念引入关于游客动机和体验的社会学研究中,此后原真性逐渐成为现代遗产科学的基本原则。1994 年,在日本古都奈良举行的"关于原真性的奈良会议"通过了《奈良原真性文件》,拓展了原真性的范畴,指出"要多方位地评价文化遗产的原真性"。2004 年,第 28 届世界遗产大会颁布了《实施世界遗产公约操作指南》,在吸收《奈良原真性文件》精神的基础上,大会提出了完整性(integrity)/真实性(authenticity)的概念,使用真实可信的具体特征定义文化遗产的真实性,具体特征包括"外形和设计;材料和实质;用途和功能;传统、技术和管理体系;位置和环境;语言和其他形式的非物质遗产;精神和感觉;其他内外因素"。2007 年,《北京文件——关于东亚地区文物建筑保护与修复》中再次提及文物古建原真性的相关概念。《北京文件——关于东亚地区文物建筑保护与修复》认为真实性可以理解为信息来源的可靠性和原真性,"文物建筑与遗址本身作为信息的来源具有根本的重要性,体现在诸如形式与设计、原料与材料、用途与功能、位置与环境,以及传统知识体系、口头传统与技艺、精神与情感等因素中"(郭旭东,2009)。

东亚文化对于不可移动的物质文化遗产的讨论集中于"重建""再建"和"创建",分别体现着客观主义、建构主义和恋地主义原真性。

1. 客观主义原真性

客观主义原真性(objectivism authenticity)认为原真性是文化客体的固有属性,有一个绝对衡量标准。古建筑学家、考古学家始终坚持客观主义原真性,以静态的博物馆形式展现遗址遗迹的最原始面貌。

客观主义原真性意为尊重文物遗迹的原始面貌或保留其出土时的面貌。当客观主义原真性应用于古建筑恢复方面时,"重建"就发生了。所谓"重建",即在原有地址上使用原有建筑材料和原有工艺进行再建造,保留建筑物原有功能。

但由于普通公众不具备专业性的理解能力,没有呈现能力的遗产等于失去了真正价值。因此,对历史遗址的原址重建允许并体现了重建工作者的创造性,从而实现某种视觉形式的呈现,提高文化遗产传播的效率和广度。

2. 建构主义原真性

"再建"对应着建构主义原真性(constructivism authenticity)。现在许多古建筑和古城墙等文物在再建的时候,已经不再具有原有的功能,也不使用古代工艺,其内部常常是砖混结构,外面再包装成为"古代文物"。当文化遗产已经不再具有原来的使用价值时,它的存在就只是原本悠久的、真实的历史象征,即属于建构主义原真性。

在不同语境和文化背景中的人,对于原真性的理解不同,且在一定程度上人们会受到大众媒体和旅游营销方式的影响。游客想看到或愿意接受的"真实"其实是某种不寻常的、超越日常生活体验的、可以让他们结束旅程回家后回忆起来的东西,他们并不关注旅游吸引物本真的意义和作用(Culler,1981)。纪实文学如游记是不是"真实"的景观或事件,其实也存在主观的建构。通过与历史事实的比照,张显凤发现民国旅苏游记所描写的苏联社会现实只是"局部的"或"主观的"真实,很多因素都会对游记作者形成各种遮蔽(张显凤,2014)。因此,建构主义的原真性是相对而言的,与大众游客主观的定义、体验和解读相关(Cohen,1988),具有多元的、可塑的特征(Wang,1999)。

建构主义原真性认为游客在旅游中获得的真实体验和文化客体的原真性是相互建构的,物体的原真性不在于它本身是否真实,而在于它因一种观念、信仰、设想或权力,而被建构成为真实的东西(Wang,1999)。建构主义原真性是访客信念、偏好、固有印象以及对客体的认知的一种投射,是期望的反映(Bruner,1994)。Bruner(1989)认为在人类精神活动和符号化的语言面前不存在绝对唯一的真实世界,建构主义原真性是一个相对的、可协商的、意识论上的概念,是符号化的原真性,与客体的客观原真性几乎无关。受建构主义原真性指导而形成的旅游吸引物,是对旅游资源的舞台化、符号化的呈现,打造的是过去时代、事件以及生活的象征,无法体现旅游目的地作为舞台背后的真实生活(MacCannell,1973)。

因此,游客体验的往往是"由主办方提供的舞台化的真实性",旅游吸引物是对旅游地的舞台化、符号化的建构与呈现,是对传统的保留,不同于目的地本身的后台景物与生活,游客得到的是一种舞台原真性(staged authenticity)(MacCannell,1973)。舞台原真性不是一个连贯一致、明晰的学说,是基于一定语境的。它的认识论和方法论也是相对的,在遗产活化、文物保护、社会认知等诸多语境下的应用也相对广泛。

3. 恋地主义原真性

即使在历史潮水数千年冲刷下,原来的建筑或遗址已经荡然无存的地方,恋地主义原真性(topophilianism authenticity)仍然可以为某种地理位置或历史事件发生地的原址价值提供理论支持。如果有需要,只要在原址,就可以"创建"某种原真性。"创建"对应着恋地主义原真性,它强调文化遗产乃所属地方(空间位置)的重要性,是否为原始建筑材料、是否为原始风格都是次要的,因为每个时代都可以留下时代痕迹,唯有原址永远不会改变,黄鹤楼、鹳雀楼、滕王阁等文物古迹,就是恋地主义原真性的代表。

恋地主义原真性强调地理学意义上的区位、位置或地址的不可移动性,其特征是忠于原址,响应功能,允许创建。社会和人类文化是动态发展的,地方独特性也会随之变化或再地方化。因此,恋地主义原真性就是在保持原址的前提下,依据当前人类修养、科技、信仰和投资能力等要素的特征对建筑物做出一定改变,认为保留原址地方感就能传承最核心的地理基因。恋地主义原真性的意义在于,在其指导下进行的旅游与游憩规划关注原址重建,提供了一种视觉体验和信仰空间,可满足人类视觉和精神消费需求。

不同学科对"有意义的地方"有不同的定义。建筑学研究使用场所精神(genius loci)来强调人通过主动参与场所空间获得有意义的空间感,认为人在空间中的体验超越了空间的物质属性,从而产生对空间的依附感(诺伯舒茨,2010中译本:18-22)。中国古代建筑学则使用风水描述地方环境要素对空间选择的影响。人文地理学则使用地方感和恋地情结等概念描述地方对人的意义和人与地方的情感联系,正如前文所述段义孚等学者的观点。地理学认为地方感是实现地方记忆和文化传承的重要途径。地方是记忆的纽带,具有传递历史事件的重要功能。因此,原址性地方感对唤起特定的历史场景或事件片段起着重要作用。若想实现地方记忆和文化的传承与利用,需要保留物质文化遗产的原址地方感,尊重其传递的历史空间信息,体现地方独特性的重要作用。

14.3.2 原址价值与历史事件景观呈现

1. 原址重建:地理环境与建筑技术制约

《中华人民共和国文物保护法》第二十二条规定:"不可移动文物已经全部毁坏的,应当实施遗址保护,不得在原址重建。但是,因特殊情况需要在原址重建的,由省、自治区、直辖市人民政府文物行政部门报省、自治区、直辖市人民政府批准;全国重点文物保护单位需要在原址重建的,由省、自治区、直辖市人民政府报国务院批准。"

从学术研讨角度看,不可移动文物毁损后"不得原地重建"既不符合中国文化传统,也不符合东亚诸国传统建筑基于土木结构的技术要求。土木结构建筑极易损坏,每过数十年就需要进行修建、重建或再建。历史上,我国许多公共建筑或文化建筑都经过多次原址重修或重建,如岳阳楼自建造以来经历过数十次重修和小规模修葺。《岳阳楼记》中记载:"庆历四年春,滕子京谪守巴陵郡。越明年,政通人和,百废具兴。乃重修岳阳楼,增其旧制,刻唐贤今人诗赋于其上。"位于曲阜的孔庙自春秋末期到唐代复修15次;自宋到元复修17次;至中华人民共和国成立,经历37次修复(都是基于原址)。另外,我国传统文化重视地理信息的原真性以及场所的精神继承、意境传递而非建筑本身。欧洲国家公共建筑多以石砌,使用年限长,如雅典帕特农神庙建成于公元前447至公元前432年,历经2000多年框架未变。正是在这种情况下,欧洲文保界和遗产界才会形成强调保持原状的价值观念,文化遗产要保存其原真性,主张区别新旧(张成渝,2013)。因此,"不得原地重建"不符合中国、韩国和日本等东亚国家土木建筑维护传承的科学传统,不符合中国数千年历史文物发展客观规律,不利于地方文脉和场所精神的代代传承和延续。

实际上,原址重建和修复是东亚文化景观的历史特征,是保留物质文化遗产地方性的重要途径之一。所谓文物,大多数就是由短期内就会"完全毁坏"的建筑物构成的。中国传统古建大多是由黏土、砖瓦、木料、草料和少量石料搭建而成的土木结构建筑,使用年限短,容易在日晒雨淋的理化作用下逐步腐蚀、腐烂、霉变;或因蚁鼠、地震、雷电、台风等自然力而毁坏;或因战争、动乱、犯罪带来的人为灾难而毁坏。因此,翻开历史,中国文化景观便在不断原址重建的基础上形成。以洛阳白马寺和大同善化寺为例,它们历史上历经多次毁坏与重建,而且这些重建均在原址上完成(表14-1)。东亚地区其他国家也不乏原址重建的习惯,如日本伊势神宫每隔20年进行一次"式年迁宫",即每隔20年把建筑焚毁再重建,保持既新且古的传统奈良风格。这既受传统宗教习俗影响,也出于防范木构建筑腐坏的客观考虑。

表 14-1　洛阳白马寺和大同善化寺原址重建经历(1949 年前)

洛阳白马寺	大同善化寺
始建于东汉永平十一年(公元 68)	始建于唐开元年间(公元 713—741)
东汉初平元年(公元 190)被烧荡殆尽	辽保大二年(公元 1122)大部毁于兵火
东汉建安二十五年(公元 220)原址重建	金天会六年(公元 1128)原址重建
西晋永安元年(公元 304)损毁	元代原址扩建
公元 426 年再次损毁	明代原址修缮
公元 493 年重建	
唐武周垂拱元年(公元 685)武则天敕修白马寺,扩大规模	
唐末陷入战乱再次遭受破坏	
宋淳化三年(公元 992)宋太宗敕修白马寺	
明洪武二十三年(公元 1390)太祖朱元璋敕修白马寺	
明嘉靖三十四年(公元 1555)大规模整修白马寺	

资料来源:赵一丽,2008;李宏刚,2013。

我国原址重建的文化传统形成的根本原因在于地理环境对人类选址活动的制约。人地关系论是地理学基本理论,包括环境决定论、可能论、适应论和协调论等思想。不同人地关系思想认为地理环境对于人类行为的影响程度是不同的,但均承认了地理环境对人类行为的重要影响。人类的一切行为包括建筑选址和建造活动均与地理环境相关,都城、村落和建筑选址均无法摆脱地理条件的制约,这是恋地主义形成的重要原因。部分都城、村落和建筑被毁损后进行原址重建、原址再建或原址创建的主要原因和意义也在于其所在地方的重要性。

从中国古都的选址原则与地理环境影响来看,我国古代都城选址都会遵循3条主要原则:第一,区域中心原则,"古之王者,择天下之中而立国";第二,故地人和原则,选址于故里、根据地或发祥地,位于同质文化区,体现着人地纽带,可获得"地利"和"人和";第三,因地制宜原则,遵循地形,近水择址,交通便利,以方便饮食、灌溉和航行(侯甬坚,1986)。另外,古代都城选址还受内制外拓原则和统治者心理问题等因素影响。

从传统村落选址与地理环境关系来看,我国传统村落选址主要有4点追求:第一,环境追求,人类有追求自然的情怀,因此村落的选址需与周围环境相协调、相适应;第二,景观追求,古人重视村落的整体和局部景观,追求"山川秀发""绿林阴蓊"的山水胜地;第三,趋吉避凶,古人常赋予周围环境布局以人文含义,寻找有利于人类生存与发展的极佳环境,体现了风水吉凶思想;第四,生态追求,古人追求"内气萌生,外气成形"的最佳人居环境,形成"人-村落-环境"有机整体(刘沛林,1995)。

从单体建筑选址与古代风水关系来看,中国古代建筑选址深受风水观念影响。风水作为地理要素的环境内涵有其科学的一面,遵循着天人合一、人与自然和谐的指导原则,形成了乘气说、藏风得水说、寻龙点穴说、四灵说、山环水抱说、形势说和三元运气说等学说,用以指导建筑选址。古代遗留下来的建筑中,塔是较为特殊的一种,可分为佛塔和风水塔。风水塔兴盛于明朝初期,当时风水学说盛行各地,但在现实情况中往往难以找到完全符合风水观念的地点,一批风水塔便应运而生以补充形胜不足,常承载着人们"兴文运""镇煞祈福"的美好愿望(王其亨,1992:132-133)。

2. 历史事件景观:地方记忆比建筑实体更重要

如前文地方理论所述,特定时期、特定历史事件组成了地方的精神价值,赋予了物质实体以精神意义和文化识别性,可以说,物质景观背后的历史事件、场景和地方精神承载了地方记忆与文化,比物质景观本身更需要呈现。历史事件景观(historical eventscape)是指历史上发生于特定地点的重要事件以及因此而形成或建设的地理景观,可以是一座建筑,也可以是一个建筑遗址,还可能是只有文字记录但现场没有任何痕迹的地理位置。如果是后两种情况,原址重建便成为历史事件景观再现的最佳途径。只有原址才能展现特定的地方感、地方记忆和地方文化,实现历史文化价值的代际传承。

历史事件景观承载着地方记忆与文化,塑造了地方的独特性。历史事件景观往往发生在特定的时空,有着深刻的自然、经济、制度和社会文化背景,是地方无法磨灭的第三本性,也是地方记忆和独特性的主要来源。人们往往通过事件信息和地方产生联系,事件因此可以将人们对于地方的认知与记忆凝聚在一起,并建立人与地方物质空间的联系。当人们进入地方、重温事件的时候,地方的记忆与文化的传递便开始了。

遵循恋地主义原真性,借助历史事件景观营造出历史文化空间和记忆空间,能使游客身临其境,满足人们的怀旧情结和精神消费需求。如垓下之战发生在今安徽省灵璧县,项羽垓下战败后自刎于乌江边。垓下战场和霸王别姬的故事深深根植于这一方土地,无关其上建筑物究竟为何。当人置身于这里,就会回忆起垓下之战的惨烈、其重要的历史意义以及项羽"不肯过江东"的情感,其他任何地方都无法替代独一无二的垓下。

历史事件景观是时间、场景和精神的综合,是重塑地方记忆和文化的手段。实际上,原址恢复历史事件景观,在欧洲同样受到人们的重视。围绕柏林城市宫(Berliner Stadtschloss)曾展开了一场关于德国历史记忆的"争夺"(Boym,2001:151)。德国柏林城市宫最初是勃兰登堡选帝侯腓特烈二世修建的城堡,经历无数次扩建后,逐渐成为一座宫殿,第二次世界大战期间部分被毁灭。第二次世界大战结束后,东德政府在原址修建了共和国宫,其拥有的现代化外形,成为政府建构新记忆的手段。而后,受苏联解体影响,人们围绕共和国宫的去留问题产生了争论,分为保留派和重建派。保留派认为,共和国宫的重要性体现在其见证的历史事件,应当保留这样一个可以引发思考的空间,而不是清除它;重建派则认为,对于曾经经历分裂的国家来说,更需要塑造一段共同的历史记忆,而"城市宫"的历史可以追溯到辉煌的帝国时期,其象征意义更为重要。最终,德国人对共和国宫进行大改造,力图还原它作为"城市宫"的最初面目。可见,历史事件景观是保护和重构地方历史记忆的重要手段之一。

3. 恋地主义原真性在旅游规划中的应用

原址重建或创建并表征历史事件景观是恋地主义原真性利用于遗产活化时的核心内容。首先,恋地主义原真性重视物质景观的不可移动性,强调忠于原址。原址地方感是一个城市、一个地方或一个物质文物的重要价值所在。其次,恋地主义原真性认为特定时期、特定事件组成了地方的精神价值,赋予了物质实体以精神意义,比物质景观本身更具有意义。地方物质文化遗产本身与周围自然环境、历史事件相融合,共同组成了意义整体和地方文化的核心,是中国人重要的精神消费产品(吴必虎、王梦婷,2018)。

总的来说,原址重建与历史事件景观相辅相成。原址重建不仅仅是在古代遗留的物质基础上坚持不变,更在于地方历史事件、历史场景与场所精神赋予建筑以地方独特性,共同影响并决定了物质实体选址于此,这远比物质景观本身更需呈现。这也体现了地理学对不可移动文物原址重建重要性的认定:特定地方感、场景呈现与精神文脉传承需依赖于特定地方,即"恋地主义"。只有保留原址地方感和地方事件景观,才能更好地传承核心地方文化。

我国许多文物古迹的修复与重建均受到恋地主义原真性影响。如位于今浙江杭州钱塘江畔的六和塔,体态厚重,庄严雄伟。六和塔始建于北宋(970),为迎面钱塘江大潮"镇水"需求而修建。宋元明清时期经历多次毁坏与大规模重建,1949年以来也始终以加固、维护为主,未将其异地重建。原因在于,六和塔历史悠久,位于钱塘江畔,体现了"镇压江潮""守一方安宁"的重要文化价值,这是异地重建无法体现的。又如位于今湖北武汉长江岸边蛇山之上的黄鹤楼,始建于三国时期,最初作为军事设施使用,而后逐渐成为重要的观景楼。黄鹤楼选址于此,在于龟蛇二山之间的江段十分狭窄,流速湍急,行船危险,需要一座瞭望塔观察和一座风水塔镇守,其选址意义十分重要。因而,黄鹤楼在唐宋元明清经历了多次原址重建,其建筑形态也发生多次改变,但其选址布局、风水格局始终未改。从古至今,有无数文人墨客在这里留下了诗作,更为黄鹤楼增添了文化色彩。

在旅游与游憩规划中,理应尊重物质文化遗产的恋地主义原真性。一方面,地理环境始终影响着人类的行为活动,是进行旅游规划的基底,因此在规划时必须尊重地理环境的作用。无论是古都还是村落,规划师在进行旅游与游憩规划设计时,都需要特别注意选址相关的问题。许多古建筑的选址,都讲究风水格局和人与自然和谐,在使用一套体系仔细考虑、完整推论后选择特定的地理位置。即便使用现代思想和技术进行再选址,我们也会发现承载了历史事件的原始位置可能是最合适的。且我国素有原址重建的传统,人们普遍拥有原址地方感,认为必须亲临现场才能体会到真实的地方依恋。这始终影响着旅游的消费心理和价值取向,从而影响游客的旅游决策行为。

另一方面，事件景观根植于特定地点的特性，使得原址重建才能实现历史文化价值的传承，最大限度保留和展现真实的地方记忆和文化内涵。事件景观可提供根植于地方的精神文化活动，打造记忆空间和历史文化空间，满足人类视觉体验和精神消费需求。如华清池的文化意义不在于温泉浴池本身，而在于该地承载了李隆基和杨贵妃的情感经历。物质景观可以触发人们对历史和爱情的感悟。因此，陕西旅游集团在华清池打造了《长恨歌》实景舞剧演出，以现代舞台舞美设计展现大唐盛世和爱情故事，充分利用景区资源为游客带来全新视觉体验，得到广泛好评。

又如三国时期的古战场赤壁，是当地特有的文化景观，承载着三国时期的历史文化记忆，人们来到这里感受赤壁鏖兵的惊心动魄与战场的风云变幻，这是当地最与众不同的旅游资源。与赤壁相关的文学作品，如《赤壁赋》《念奴娇·赤壁怀古》《赤壁》等，又为赤壁市的旅游形象添加了文化色彩。因此，虚拟旅游无法从真正意义上满足人们感受和体验真实地方的需求。中国古代物质文化遗产是在"有意义的地方"思想下建造出来的。保护和继承中国的物质文化遗产，不能分离文化遗产的"思想"与"地方"理念。我们需要重新思考物质文化遗产的内涵指的是文物本身，还是存活于场地空间的信仰与精神。恋地主义原真性可以明确物质文化遗产的内涵，通过做好旅游规划和遗产活化设计，帮助我们更好地保护和利用历史文化遗产。

14.4　旅游（游憩）规划支持理论

本书前述十多个章节比较全面地阐述了区域旅游（游憩）规划以及各种类型的旅游地规划的主要内容和基本导则，涉及自然保护地、文化遗产地、传统村落和乡村旅游地、环城游憩带、城市游憩空间等不同区域及场地。无论区域大小、类型各异，在旅游（游憩）规划编制过程中，都会碰到一些具有共通性的理论和技术问题，这里所要展开的正是这样的一些内容，主要包括旅游系统理论、旅游涉入理论和旅游吸引物权理论。

14.4.1　旅游系统理论

旅游系统（tourism system），指组成现代大众旅游活动的各个要素（旅游者、旅游吸引物、旅游信息、旅游相关企业等）相互依托、相互制约形成的具有特定功能和目标的有机整体（周广鹏，2012）。旅游系统可包括客源市场系统（需求系统）、出行系统、目的地系统（供给系统）和支持系统4个部分（吴必虎、俞曦，2010：20）（图14-1）。也有学者认为旅游系统的所有构成要素均可分为供给方和需求方，供给方可包括吸引物、促销、信息、交通与服务要素，各要素之间是紧密联系又相互独立的（冈恩、瓦尔，2005：24-25）（图14-2）。

旅游系统涉及多个部门和子系统，是一个复杂的巨系统。各个系统和系统内部要素相互影响作用，旅游系统具有整体性、层次性、复杂性和动态性的特点。又因旅游系统是开放的，不断与其他自然和人文系统进行信息物质交流，且旅游资源的分布地域不均，故而旅游系统具有开放性和地域性特点。

14.4 旅游(游憩)规划支持理论

在不同空间尺度中,旅游系统的区域背景、性质、内容以及涉及主体也有所不同,增加了旅游系统的复杂性。旅游系统的复杂性要求旅游与游憩规划使用系统综合的方法进行研究,将自然、经济、社会制度和文化等多因素考虑在内,对旅游资源进行方方面面的保护开发,对所涉及的各个利益主体关系进行高度综合。从整体出发,同时也尊重系统内部各子系统和要素相互独立又相互联系的关系(吴必虎、俞曦,2010:21),确保旅游系统的全面整体发展,应对未来发展变化,如此才能保证旅游系统整体的正常运行。冈恩和瓦尔(2005:24-25)也指出,只有将旅游作为系统进行综合规划,各种旅游与游憩规划发挥效用,才能实现相关部门利益的最大化。

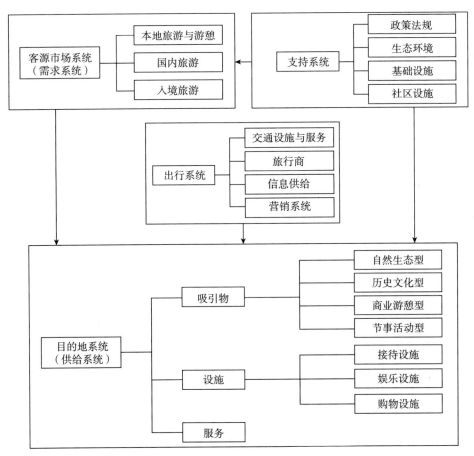

图 14-1 旅游系统的结构

资料来源:吴必虎、俞曦,2010:20。

实现旅游与游憩规划的系统综合,需要规划者从目标制定、规划中多系统协调、战略考量和反馈系统等方面出发。刘锋(2000)提出旅游系统规划框架,将旅游系统规划分为目标层、规划层、战略层和控制层,并指出旅游系统规划的基本思想是以客源市场系统为导向,以旅游目的地系统规划为主体,以出游系统为媒介,以支持系统为保障,利用反馈系统来监控,从而达到旅游业可持续发展的目标(图14-3)。

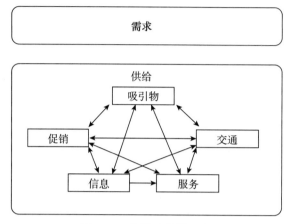

图14-2 旅游系统的组成

资料来源:冈恩、瓦尔,2005:25。

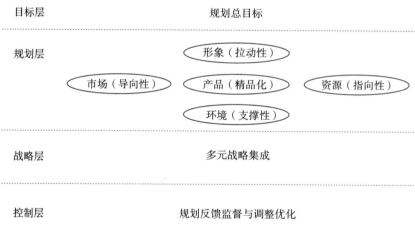

图14-3 旅游系统规划框架

资料来源:刘锋,2000。

系统综合方法要求规划克服单一目标,不从单一因子考虑问题,而从发展和立体的视角来考虑和处理问题。实现系统综合不仅要考虑旅游与游憩规划范围内部系统的整体性,还需要考虑不同空间尺度的战略,从更高层面着眼,综合考虑所在国家或区域,以及与周边区域的整体发展政策、规划和模式,以避免各地区之间由于旅游发展造成的潜在冲突,实现共通发展。

旅游开发和规划工作是一项涉及地理、建筑、园林、历史、心理、管理等多学科的综合研究工作。在分析和规划时要注意旅游资源、旅游产品、旅游市场、旅游形象、旅游设施和旅游营销等多个子系统的关联性和协调性,同时注意不同空间尺度系统之间的协调关联。对旅游系统任何一个具体方面进行规划,都必须同时考虑其他方面,如此才能达到旅游系统的动态平衡,进而达到经济效益、社会效益和生态效益的最优组合状态(吴必虎、俞曦,2010:19)。

在旅游与游憩规划制定过程中,还需利用GIS技术、大数据分析和人工智能技术等科学技术手段,做到系统设计、系统调研、系统分析、系统诊断、系统预测、系统仿真、系统决策及系统审计,提高旅游与游憩规划的科学性和精确度(张述林、邹再进,2001)。

建立完善的反馈系统是进行系统综合的充分必要条件。规划的目的在于付诸实施。为了保证规划能够按照预期目标实施,有必要在规划中建立反馈机制。一方面,可以通过不断的反馈信息发现新问题,对原来的规划目标和策略进行修正;另一方面,旅游与游憩规划一般具有稳定和清晰的规划阶段,需要规划师对旅游系统中的经济、社会和环境等各项指标进行监控,反馈规划实施情况,对规划做出必要的修改或调整。

14.4.2 旅游涉入理论

涉入理论最早由心理学家谢里夫(Munzafer Sherif)和坎特里尔(Hadley Cantril)提出,主要用以衡量个人态度。20世纪60年代后逐渐被应用于其他研究领域,如消费学者将涉入理论的核心概念"涉入度"定义为"个人认知对某产品的认知与个人内在需要、兴趣和价值观的相关程度"(Zaichkowsky,1986),认为涉入度影响消费者行为,并受到涉入程度和类型的限制,普遍而言,涉入度越高,消费者对产品的关注度、购买意愿和品牌偏好越高(鲍润华、高淑娟,2012)。

20世纪80年代后,涉入理论逐渐应用于旅游研究领域,主要关注影响游客涉入的前因和游客涉入行为的后果(Selin and Howard,1988)。面对旅游与游憩活动或产品时,人们所具有的不可描述的动机、态度或兴趣状态,即为旅游涉入,它是由特定的刺激或情形所激发的,具有驱动特性(Havitz and Dimanche,1997)。研究者普遍认为,影响旅游涉入的因素有三,分别是个人因素、产品因素和情境因素。个人对旅游产品感知到的实用性、重要性和兴趣越高,则涉入程度越高。不同程度的涉入会影响游客旅行的决策、对旅游目的地的态度和了解程度以及对相关旅游广告的接纳程度等。

Selin和Howard(1988)认为游客涉入包括5个核心:中心性、重要性、愉悦、兴趣和自我表达,分别指游客将生活中心分配给旅游休闲行为;期待通过旅游与游憩行为实现特定目标;在旅游与游憩活动中游客可获得的享受和愉悦的感觉;参加旅游与游憩活动常伴随着对活动持久的兴趣;最终高度涉入的游客通过旅游与游憩情境或物体展示个性。

旅游与游憩规划涉及多个文化群体和利益主体,因此制定规划时,规划师需要从本地居民和旅游者的不同角度考虑目的地涉入情况。首先,旅游与游憩规划应当鼓励社区参与。社区参与有利于规划更好地为人民利用,获得公众的支持,促进旅游活动可持续发展(吴必虎、俞曦,2010:39-42)。其次,考虑当地居民和旅游者的生活和旅行需求,从旅游目的地独特的地方本性出发,围绕本地居民日常文化活动打造地方独特的文旅产品,调动本地居民参与文旅活动的涉入程度。

旅游与游憩规划应考虑旅游者的涉入情况与涉入需求,塑造并传播良好的旅游地意象,并打造与旅游地意象相符的旅游产品、活动和服务,实现旅游者调整生活节奏的目标,满足旅游者情感交流和参与兴趣活动的需求,为旅游者提供展现自我个性的空间。已有研究证实,旅游者在旅游目的地的涉入程度与其环境友好行为正相关。游客参与观鸟旅游活动程度越深,则具有越高的主动保护鸟类及其栖居环境的意愿(王华、李兰,2018)。

涉入目的地是规划师必须具备的基本素养。如果一个规划师仅仅为了完成任务而制作规划,就会忽视目的地的地方独特性,规划设计出千篇一律的旅游产品并且直接导致千城一面、千村一面的悲剧。因此,目的地涉入理应成为规划项目的指导思想,成为所有规划师必须具备的价值观。规划师应在规划制定前深入了解目的地的实际情况,在规划方案实施后,也应继续跟踪研究,深度地涉入目的地,不断获得各类反馈信息,并对目的地规划进行反思,以指导更好的空间实践。

14.4.3 旅游吸引物权理论

旅游吸引物指对旅游者具有吸引力的自然和人文事物的总和,大多拥有明确的空间边界,具有"产品"属性(徐菊凤、任心慧,2014)。旅游吸引物权,即在物权法框架下,承认土地及其附属物的旅游吸引价值,并对由旅游吸引价值带来的土地级差收益及权利进行合理分配(保继刚、左冰,2012),其本质属性是财产权(左冰、保继刚,2016)。潘顺安(2007)使用了旅游资源产权的概念,呼吁在乡村旅游发展过程中应赋予社区居民旅游资源产权,村民以旅游资源入股的方式参与社区的旅游开发决策和利益分配。

随着乡村旅游的进一步发展,农村土地以及其上的田园风光和乡土民居等物质实体,即便在不改变原有功能的情况下,也拥有了旅游商品价值和巨大的增值空间。但土地作为稀缺实体资源,其上附属物作为旅游资源的吸引价值、收益价值是无形的,长久以来被忽视,而这种价值是超越土地及其所属物的物质形态而存在的(左冰、保继刚,2016)。旅游吸引物权便在这种基础上产生,是对农用地旅游化的进一步思考。

旅游吸引物权的提出,源于长久以来在农村土地上因旅游开发而引起的政府、开发商和农民的利益博弈,涉及农村村民的权利意识、旅游收益分配制度等多个话题。如在广西桂林的龙脊梯田景区中,旅游吸引物是当地的梯田、村寨、民居等生产生活空间,而这些又是旅游开发的主要对象。在龙脊梯田景区多年的旅游开发过程中,开发商和当地村民有多次冲突,主要矛盾集中在旅游收益的分配和环境保护责任的承担两方面。一方面,作为旅游吸引物的龙脊梯田是当地村民世代劳动的智慧结晶,但开发商却在旅游收益分配中占主导地位;另一方面,旅游开发不可避免地影响梯田的生态环境,如宾馆、餐馆等旅游设施加大了用水需求,导致梯田灌溉水不足,加剧用水矛盾,但村寨整体生态环境破坏的代价和环境维护的责任却落在了村民身上。两种矛盾引发了当地村民对开发商,甚至对政府的抵触情绪,部分村民甚至选择破坏梯田(保继刚、左冰,2012)。

旅游发展中的多个事实案例已经证明或肯定了土地及其附属物的旅游吸引价值，由此引发的利益矛盾问题急需解决，旅游吸引物的正当性需要明确。首先，理应从法律上认可土地及其附属物的旅游吸引价值，承认"吸引物权"的存在，制定详细的规章制度，为本地村民参加地方旅游发展奠定法律和制度基础，进一步协调各方冲突与利益，实现各方利益的平衡分配，明确各方主体在旅游吸引物开发中的权利与义务。其次，旅游吸引物权的市场价值评估是其进行实践应用的重要问题。左冰和保继刚（2016）指出，已有的游憩资源评估方法存在缺陷，可以基于门票收益评估旅游吸引物的吸引价值，并使用市场法矫正，以此准确反映市场偏好，区分旅游吸引物的本身价值和运营旅游吸引物所获价值。最后，在进行旅游规划时，更应尊重农村、社区居民的权益保护，关注旅游增值收益的分配问题，从而保障村民参与旅游开发的权利，激发村民保护和维护旅游吸引物的主动性。

旅游吸引物权理论尚未发展成熟，也有部分学者认为旅游吸引物及其所有权本身具有复杂性与模糊性的特征，因此质疑旅游吸引物权合理性和实际使用效果，并建议通过现有法律明确旅游吸引物的法律属性，改善旅游行业环境（张琼、张德淼，2013；2016）。这些观点的碰撞，值得学术界进一步讨论关注。

【本章小结】

本章重点阐述了影响旅游（游憩）发展和规划的若干哲学、理论和技术问题。从旅游思想史来看，以儒、道、佛三家的哲学思想为基础构成的居游兼容的中庸旅游思想不仅形成于历史，而且指引着当今与未来。

由地方性、地方感、地方依恋等核心概念构成的地方理论对各种类型的旅游（游憩）规划都具有高度的理论价值。地方理论可以应用于旅游产品、旅游地意象和目的地营销等多种规划场景。基于地方理论中的恋地情结发展而来的恋地主义原真性理论及其地理学解释，为原址重建和历史事件景观营造提供了新的学理支持，为遗产活化和地方感打造提供了新的武器。

旅游系统理论、旅游涉入理论和旅游吸引物权理论，在各类旅游地和区域旅游（游憩）规划中具有专业理论指导作用。

【关键术语】

旅游思想史（tourism thought history）
儒道佛旅游思想（Confucius，Taoist and Buddhist tourism thoughts）
居游兼容中庸思想（golden mean for settlement and travel relationship）
地方性（placeness）
地方感（sense of place）
地方认同（place identity）
地方依赖（place dependence）
地方依恋（place attachment）

恋地情结(topophilia)
原真性(authenticity)
客观主义原真性(objectivism authenticity)
建构主义原真性(constructivism authenticity)
恋地主义原真性(topophilianism authenticity)
原址地方感(sense of original site)
历史事件景观(historical eventscape)
旅游系统(tourism system)
旅游涉入理论(tourism involvement theory)
旅游吸引物权(tourist attraction right)

【复习题】

1. 中国旅游思想发展过程中,儒家、道家和佛家分别有哪些经典言论,反映了何种旅游思想?
2. 什么是地方性和地方感?请从规划师的角度出发,说明地理论对于旅游与游憩规划的重要性。
3. 为什么恋地主义在东亚国家更为流行?从地理学角度阐述恋地主义原真性的学理。
4. 恋地主义原真性如何在旅游与游憩规划中应用?请举例说明。
5. 作为一名规划师,你如何看待规划师与目的地的涉入关系?

(本章录音稿整理:纪凤仪、张胜男、吴必虎)

附录1 旅游资源分类表

据中华人民共和国国家标准《旅游资源分类、调查与评价》(GB/T 18972—2017)。

主类	亚类	基本类型	简要说明
A 地文景观	AA 自然景观综合体	AAA 山丘型景观	山地丘陵内可供观光游览的整体景观或个别景观
		AAB 台地型景观	山地边缘或山间台状可供观光游览的整体景观或个别景观
		AAC 沟谷型景观	沟谷内可供观光游览的整体景观或个别景观
		AAD 滩地型景观	缓平滩地内可供观光游览的整体景观或个别景观
	AB 地质与构造形迹	ABA 断裂景观	地层断裂在地表面形成的景观
		ABB 褶曲景观	地层在各种内力作用下形成的扭曲变形
		ABC 地层剖面	地层中具有科学意义的典型剖面
		ABD 生物化石点	保存在地层中的地质时期的生物遗体、遗骸及活动遗迹的发掘地点
	AC 地表形态	ACA 台丘状地景	台地和丘陵形状的地貌景观
		ACB 峰柱状地景	在山地、丘陵或平地上突起的峰状石体
		ACC 垄岗状地景	构造形迹的控制下长期受溶蚀作用形成的岩溶地貌
		ACD 沟壑与洞穴	由内营力塑造或外营力侵蚀形成的沟谷、劣地,以及位于基岩内和岩石表面的天然洞穴
		ACE 奇特与象形山石	形状奇异、拟人状物的山体或石体
		ACF 岩石圈灭变遗迹	岩石圈自然灾害变动所留下的表面痕迹
	AD 自然标记与自然现象	ADA 奇异自然现象	发生在地表一般还没有合理解释的自然界奇特现象
		ADB 自然标志地	标志特殊地理、自然区域的地点
		ADC 垂直自然带	山地自然景观及其自然要素(主要是地貌、气候、植被、土壤)随海拔呈递变规律的现象

续表

主 类	亚 类	基本类型	简要说明
B 水域景观	BA 河系	BAA 游憩河段	可供观光游览的河流段落
		BAB 瀑布	河水在流经断层、凹陷等地区时垂直从高空跌落的跌水
		BAC 古河道段落	已经消失的历史河道现存段落
	BB 湖沼	BBA 游憩湖区	湖泊水体的观光游览区与段落
		BBB 潭池	四周有岸的小片水域
		BBC 湿地	天然或人工形成的沼泽地等带有静止或流动水体的成片浅水区
	BC 地下水	BCA 泉	地下水的天然露头
		BCB 埋藏水体	埋藏于地下的温度适宜、具有矿物元素的地下热水、热汽
	BD 冰雪地	BDA 积雪地	长时间不融化的降雪堆积面
		BDB 现代冰川	现代冰川存留区域
	BE 海面	BEA 游憩海域	可供观光游憩的海上区域
		BEB 涌潮与击浪现象	海水大潮时潮水涌进景象,以及海浪推进时的击岸现象
		BEC 小型岛礁	出现在江海中的小型明礁或暗礁
C 生物景观	CA 植被景观	CAA 林地	生长在一起的大片树木组成的植物群体
		CAB 独树与丛树	单株或生长作一起的小片树林组成的植物群体
		CAC 草地	以多年生草本植物或小半灌木组成的植物群落构成的地区
		CAD 花卉地	一种或多种花卉组成的群体
	CB 野生动物栖息地	CBA 水生动物栖息地	一种或多种水生动物常年或季节性栖息的地方
		CBB 陆地动物栖息地	一种或多种陆地野生哺乳动物、两栖动物、爬行动物等常年或季节性栖息的地方
		CBC 鸟类栖息地	一种或多种鸟类常年或季节性栖息的地方
		CBD 蝶类栖息地	一种或多种蝶类常年或季节性栖息的地方
D 天象与气候景观	DA 天象景观	DAA 太空景象观赏地	观察各种日、月、星辰、极光等太空现象的地方
		DAB 地表光现象	发生在地面上的天然或人工光现象
	DB 天气与气候现象	DBA 云雾多发区	云雾及雾淞、雨淞出现频率较高的地方
		DBB 极端与特殊气候显示地	易出现极端与特殊气候的地区或地点,如风区、雨区、热区、寒区、旱区等典型地点
		DBC 物候景象	各种植物的发芽、展叶、开花、结实、叶变色、落叶等季变现象

续表

主类	亚类	基本类型	简要说明
E 建筑与设施	EA 人文景观综合体	EAA 社会与商贸活动场所	进行社会交往活动、商业贸易活动的场所
		EAB 军事遗址与古战场	古时用于战事的场所、建筑物和设施遗存
		EAC 教学科研实验场所	各类学校和教育单位、开展科学研究的机构和从事工程技术试验场所的观光、研究、实习的地方
		EAD 建设工程与生产地	经济开发工程和实体单位,如工厂、矿区、农田、牧场、林场、茶园、养殖场、加工企业以及各类生产部门的生产区域和生产线
		EAE 文化活动场所	进行文化活动、展览、科学技术普及的场所
		EAF 康体游乐休闲度假地	具有康乐、健身、休闲、疗养、度假条件的地方
		EAG 宗教与祭祀活动场所	进行宗教、祭祀、礼仪活动场所的地方
		EAH 交通运输场站	用于运输通行的地面场站等
		EAI 纪念地与纪念活动场所	为纪念故人或开展各种宗教祭祀、礼仪活动的馆室或场地
	EB 实用建筑与核心设施	EBA 特色街区	反映某一时代建筑风貌,或经营专门特色商品和商业服务的街道
		EBB 特性屋舍	具有观赏游览功能的房屋
		EBC 独立厅、室、馆	具有观赏游览功能的景观建筑
		EBD 独立场、所	具有观赏游览功能的文化、体育场馆等空间场所
		EBE 桥梁	跨越河流、山谷、障碍物或其他交通线而修建的架空通道
		EBF 渠道、运河段落	正在运行的人工开凿的水道段落
		EBG 堤坝段落	防水、挡水的建筑物段落
		EBH 港口、渡口与码头	位于江、河、湖、海沿岸进行航运、过渡、商贸、渔业活动的地方
		EBI 洞窟	由水的溶蚀、侵蚀和风蚀作用形成的可进入的地下空洞
		EBJ 陵墓	帝王、诸侯陵寝及领袖先烈的坟墓
		EBK 景观农田	具有一定观赏游览功能的农田
		EBL 景观牧场	具有一定观赏游览功能的牧场
		EBM 景观林场	具有一定观赏游览功能的林场
		EBN 景观养殖场	具有一定观赏游览功能的养殖场
		EBO 特色店铺	具有一定观赏游览功能的店铺
		EBP 特色市场	具有一定观赏游览功能的市场
	EC 景观与小品建筑	ECA 形象标志物	能反映某处旅游形象的标志物
		ECB 景观点	用于景观观赏的场所
		ECC 亭、台、楼、阁	供游客休息、乘凉或观景用的建筑
		ECD 书画作	具有一定知名度的书画作品
		ECE 雕塑	用于美化或纪念而雕刻塑造、具有一定寓意、象征或象形的观赏物和纪念物
		ECF 碑碣、碑林、经幢	雕刻记录文字、经文的群体刻石或多角形石柱
		ECG 牌坊牌楼、影壁	为表彰功勋、科第、德政以及忠孝节义所立的建筑物,以及中国传统建筑中用于遮挡视线的墙壁

续表

主类	亚类	基本类型	简要说明
E 建筑与设施	EC 景观与小品建筑	ECH 门廊、廊道	门头廊形装饰物,不同于两侧基质的狭长地带
		ECI 塔形建筑	具有纪念、镇物、标明风水和某些实用目的的直立建筑物
		ECJ 景观步道、甬路	用于观光游览行走而砌成的小路
		ECK 花草坪	天然或人造的种满花草的地面
		ECL 水井	用于生活、灌溉用的取水设施
		ECM 喷泉	人造的由地下喷射水至地面的喷水设备
		ECN 堆石	由石头堆砌或填筑形成的景观
F 历史遗迹	FA 物质类文化遗存	FAA 建筑遗迹	具有地方风格和历史色彩的历史建筑遗存
		FAB 可移动文物	历史上各时代重要实物、艺术品、文献、手稿、图书资料、代表性实物等,分为珍贵文物和一般文物
	FB 非物质类文化遗存	FBA 民间文学艺术	民间对社会生活进行形象的概括而创作的文学艺术作品
		FBB 地方习俗	社会文化中长期形成的风尚、礼节、习惯及禁忌等
		FBC 传统服饰装饰	具有地方和民族特色的衣饰
		FBD 传统演艺	民间各种传统表演方式
		FBE 传统医药	当地传统留存的医药制品和治疗方式
		FBF 传统体育赛事	当地定期举行的体育比赛活动
G 旅游购品	GA 农业产品	GAA 种植业产品及制品	具有跨地区声望的当地生产的种植业产品及制品
		GAB 林业产品与制品	具有跨地区声望的当地生产的林业产品及制品
		GAC 畜牧业产品与制品	具有跨地区声望的当地生产的畜牧产品及制品
		GAD 水产品及制品	具有跨地区声望的当地生产的水产品及制品
		GAE 养殖业产品与制品	具有跨地区声望的养殖业产品及制品
	GB 工业产品	GBA 日用工业品	具有跨地区声望的当地生产的日用工业品
		GBB 旅游装备产品	具有跨地区声望的当地生产的户外旅游装备和物品
	GC 手工工艺品	GCA 文房用品	文房书斋的主要文具
		GCB 织品、染织	纺织及用染色印花织物
		GCC 家具	生活、工作或社会实践中供人们坐、卧或支撑与贮存物品的器具
		GCD 陶瓷	由瓷石、高岭土、石英石、莫来石等烧制而成,外表施有玻璃质釉或彩绘的物器
		GCE 金石雕刻、雕塑制品	用金属、石料或木头等材料雕刻的工艺品
		GCF 金石器	用金属、石料制成的具有观赏价值的器物
		GCG 纸艺与灯艺	以纸材质和灯饰材料为主要材料制成的平面或立体的艺术品
		GCH 画作	具有一定观赏价值的手工画成作品

续表

主 类	亚 类	基本类型	简要说明
H 人文活动	HA 人事活动记录	HAA 地方人物	当地历史和现代名人
		HAB 地方事件	当地发生过的历史和现代事件
	HB 岁时节令	HBA 宗教活动与庙会	宗教信徒举办的礼仪活动,以及节日或规定日子里在寺庙附近或既定地点举行的聚会
		HBB 农时节日	当地与农业生产息息相关的传统节日
		HBC 现代节庆	当地定期或不定期的文化、商贸、体育活动等
8	23	110	

注:如果发现本分类没有包括的基本类型时,使用者可自行增加。增加的基本类型可归入相应亚类置于最后,最多可增加 2 个。编号方式为:增加第 1 个基本类型时,该亚类 2 位汉语拼音字母+Z;增加第 2 个基本类型时,该亚类 2 位汉语拼音字母+Y。

附录2 旅游资源评价体系及评价赋分标准

据中华人民共和国国家标准《旅游资源分类、调查与评价》(GB/T 18972—2017)。

评价项目	评价因子	评价依据	赋值
资源要素价值（85分）	观赏游憩使用价值（30分）	全部或其中一项具有极高的观赏价值、游憩价值、使用价值	32～22
		全部或其中一项具有很高的观赏价值、游憩价值、使用价值	21～13
		全部或其中一项具有较高的观赏价值、游憩价值、使用价值	12～6
		全部或其中一项具有一般观赏价值、游憩价值、使用价值	5～1
	历史文化科学艺术价值（25分）	同时或其中一项具有世界意义的历史价值、文化价值、科学价值、艺术价值	25～20
		同时或其中一项具有全国意义的历史价值、文化价值、科学价值、艺术价值	19～13
		同时或其中一项具有省级意义的历史价值、文化价值、科学价值、艺术价值	12～6
		历史价值、或文化价值、或科学价值、艺术价值具有地区意义	5～1
	珍稀奇特程度（15分）	有大量珍稀物种，或景观异常奇特，或此类现象在其他地区罕见	15～13
		有较多珍稀物种，或景观奇特，或此类现象在其他地区很少见	12～9
		有少量珍稀物种，或景观突出，或此类现象在其他地区少见	8～4
		有个别珍稀物种，或景观比较突出，或此类现象在其他地区较多见	3～1
	规模、丰度与几率（10分）	独立型旅游资源单体规模、体量巨大；集合型旅游资源单体结构完美、疏密度优良；自然景象和人文活动周期性发生或频率极高	10～8
		独立型旅游资源单体规模、体量较大；集合型旅游资源单体结构很和谐、疏密度良好；自然景象和人文活动周期性发生或频率很高	7～5
		独立型旅游资源单体规模、体量中等；集合型旅游资源单体结构和谐、疏密度较好；自然景象和人文活动周期性发生或频率较高	4～3
		独立型旅游资源单体规模、体量较小；集合型旅游资源单体结构较和谐、疏密度一般；自然景象和人文活动周期性发生或频率较小	2～1
	完整性（5分）	形态与结构保持完整	5～4
		形态与结构有少量变化，但不明显	3
		形态与结构有明显变化	2
		形态与结构有重大变化	1

附录2 旅游资源评价体系及评价赋分标准

续表

评价项目	评价因子	评价依据	赋 值
资源影响力（15分）	知名度和影响力（10分）	在世界范围内知名，或构成世界承认的名牌	10～8
		在全国范围内知名，或构成全国性的名牌	7～5
		在本省范围内知名，或构成省内的名牌	4～3
		在本地区范围内知名，或构成本地区名牌	2～1
	适游期或使用范围（5分）	适宜游览的日期每年超过300天，或适宜于所有游客使用和参与	5～4
		适宜游览的日期每年超过250天，或适宜于80%左右游客使用和参与	3
		适宜游览的日期每年超过150天，或适宜于60%左右游客使用和参与	2
		适宜游览的日期每年超过100天，或适宜于40%左右游客使用和参与	1
附加值	环境保护与环境安全	已受到严重污染，或存在严重安全隐患	－5
		已受到中度污染，或存在明显安全隐患	－4
		已受到轻度污染，或存在一定安全隐患	－3
		已有工程保护措施，环境安全得到保证	3

附录3　风景旅游道路技术参数

种　类	分　类	规划要点
解说系统	门户	选址醒目,与周边环境和旅游主题契合; 与游憩设施和服务设施等结合设置
	旅游信息咨询中心	地质稳定地段; 配备专门的信息咨询网站; 提供当地特色体验机会
	区域环境与资源管理解说	提供自然、文化、社会、经济、环境资源等信息; 普及相关法规及管理制度; 内容通俗易懂
	旅游吸引物解说系统	一般位于入口处; 设计风格需与环境一直协调
	旅游设施解说系统	提供安全和使用方法信息; 图文并茂,语言温馨; 老幼病残特殊提醒
游憩设施	告示栏	与解说系统、其他游憩设施、服务设施搭配设置; 建设亭、阁,保护旅游者和张贴内容; 设计与风景道路风格统一,体现地方性
	观景台	选择具有突出审美和科学价值的路段和观测点; 足够面积,但体量不宜过大; 设置护栏、座椅、解说等基本设施; 清晰的提示标识; 提供停车场
	休息区	临近风景旅游道路,游客视线内; 清晰的指引标识; 设置停车场、饮水机等设施; 可与野餐区结合设置; 适当提供遮蔽构筑物、商店和餐厅等
	路侧游步道	风景道路两旁或一侧,可以设置在优质旅游资源地段; 鼓励对原有小径改造,提升游憩与解说功能; 设计与环境协调,体现地域特色; 路面设计与功能与游客量相适应; 提供休息设施,尽量少设计台阶,台阶要与无障碍设施搭配设计
	路侧自行车道	风景道路一侧的宽敞路肩,与机动车道隔开; 良好的铺装或平整的砂石路面,避免台阶路段; 设计、铺装、颜色与风景旅游道路有所区分,但风格保持一致; 与风景旅游道路和游步道有良好衔接,过渡自然、安全; 按实际需要设置休息设施、防护设施和无障碍设施

续表

种类	分类	规划要点
游憩设施	野餐区和露营区	设置在游客中心、观景台、休息区、历史古迹、登山步道等地附近； 选址应在风景优美、地质条件稳定、远离自然灾害和野生动物袭击等安全区域； 配有停车场、厕所、营盘、水龙头、垃圾桶、桌椅烧烤架等设施，按实际需求设置解说、休息和娱乐设施； 设计与环境协调； 鼓励使用乡土建材，环保材料； 配有垃圾回收设施和相关提示，保护环境
服务设施	厕所	按照服务区域、游客密度设置，可与游憩设施搭配设置； 位置醒目，但不成为视觉焦点； 设计与环境协调； 建设和管理应符合 GB/T 18973—2016 最低要求； 鼓励使用生态厕所
	沿途停车场	选址要易识别、易进入，不影响道路景观； 足够大容纳预期的车流和人流，提供各种车位； 为行人提供安全通行空间； 使用转弯车道、绿色安全岛等方法提高安全性，丰富环境
	旅游景区停车场	位于旅游者密集处或设施入口处，与登山、骑行、划船、垂钓、漂流等各种游憩活动需求结合； 提供足够的空间和游憩、休息设施； 根据游客量等实际需求配备专门管理人员和电子管理系统
交通信息及安全	交通信息	利用网络和无限电台发布实时交通信息，重要路段和门户处设置电子屏幕； 旅游高峰期发布实时交通和停车位信息； 利用电子地图和GPS等提示沿途交通和设施情况以及重要景点的游客量和活动情况； 联合交通部门，网络上实时发布以上信息； 联合附近景点、居民等共同维护交通信息
	安全等级及处置预案	根据路段本身等级、地质灾害情况、野生动物情况、天气情况和视野的开阔度将路段划分为不同安全等级； 不同等级路段对应设置不同安全措施； 事先制定紧急事故的处置方案和应急预案
	信息警示	有安全隐患的路段设置安全警示标识，且位置要醒目； 游客中心、休息区、观景台、游步道等游客集中地段应设置安全标识； 对可能出现的地质灾害、气象水文灾害、野生动物袭击及其他可能安全威胁进行说明，并提供报警、处置等联络方式
	安全设施	沿线设置视频监控系统，重点路段全线监控； 在悬崖、急弯、急流等安全隐患和风险较高的地点设置警示标识和护栏等安全防护措施； 生态敏感和高风险区设置隔离措施，禁止入内

注：本表参考《风景旅游道路及其游憩服务设施要求》(LB/T 025—2013)整理，更多详细内容见标准文件。

附录4 旅游厕所技术参数

等级	设计建设要点	标准
A级	数量与分布	厕所服务区域最大距离应不超过1000 m,从厕所服务区域最不利点沿路线到达该区域厕所的时间应不超过10 min
A级	整体设计	外观与周边环境协调,不影响周围环境与建筑; 宜设置无障碍厕位、无障碍洗手台、无障碍小便池,坡道、扶手、轮椅回转直径应符合GB 50763—2012的规定
A级	厕位(间)	大便位净使用尺寸不低于长1.2 m,宽0.9 m; 小便位间距不小于0.7 m; 厕位宜设搁物板; 坐便位宜配坐垫纸盒
A级	便器	大小便器宜采用非手动触发式
A级	配套设施	洗手盆宜配节水龙头
A级	室内设计	固定式厕所室内净高度不低于2.8 m(设天窗时可适当降低),活动厕所净高度不低于1.9 m; 厕所内单排厕位外开门走道宽度应不小于1.0 m,双排厕位外开门走道宽度应不小于1.5 m
A级	家庭卫生间	除男女厕所外,宜增设家庭卫生间
AA级	数量与分布	厕所服务区域最大距离应不超过800 m,从厕所服务区域最不利点沿路线到达该区域厕所的时间应不超过8 min
AA级	整体设计	外观与周边环境相协调,宜体现地域文化或旅游区特色; 厕所应设置无障碍厕位、无障碍洗手盆、无障碍小便位,坡道、扶手、轮椅回转直径等功能应符合GB 50763—2012的规定
AA级	厕位(间)	蹲坐厕位净使用尺寸应不低于长1.3 m,宽1.0 m; 小便位间距应不小于0.75 m; 厕位隔断板(墙)宜选用坚固、防潮、防腐、防烫、易洁、边缘安全无毛刺的品质工艺优良的材料,材质颜色宜与厕内环境协调; 厕位(间)应设搁物板(台); 坐便位应配置坐垫纸盒
AA级	便器	大小便器宜采用节水式、非手动触发式
AA级	配套设施	洗手盆宜配节水龙头,宜至少配备一个儿童洗手盆或洁手设备,男女分区的洗手区宜至少各配备一个儿童洗手盆或洁手设备; 洗手液容器与洗手盆的比例不小于1:2; 干手设备与洗手盆比例不小于1:4; 厕所的手纸盒、纸巾盒、废弃物收集箱宜选用入墙式
AA级	室内设计	固定式厕所室内净高度不低于3.2 m(设天窗时可适当降低),活动厕所厕位内净高度不低于2.0 m; 厕所内单排厕位外开门走道宽度应不小于1.2 m,双排厕位外开门走道宽度应不小于1.7 m; 室内所有水、电、暖通等管线应暗装; 宜设应急灯
AA级	家庭卫生间	除男女厕所外,宜增设家庭卫生间

附录4 旅游厕所技术参数

续表

等级	设计建设要点	标准
AAA级	数量与分布	厕所服务区域最大距离应不超过 500 m,从厕所服务区域最不利点沿路线到达该区域厕所的时间应不超过 5 min
	整体设计	外观与周边环境相协调,应体现地域文化或旅游区特色,设计具有创新性; 厕所应设置无障碍厕位、无障碍洗手盆、无障碍小便位,坡道、扶手、轮椅回转直径等应符合 GB 50763—2012 的规定,厕所配备的无障碍扶手应为抗菌产品
	厕位(间)	蹲坐厕位净使用尺寸应不低于长 1.5 m,宽 1.1 m; 小便位间距应不小于 0.8 m; 每个厕位内设两个手纸盒; 厕位隔断板(墙)应选用坚固、防潮、防腐、防烫、易洁、边缘安全无毛刺的品质工艺优良的材料,材质颜色应与厕内环境协调; 扶手应选用抗菌扶手,每厕位应不少于一个,安装牢固、位置合理; 挂衣钩,每个厕位不少于两个; 厕位(间)应设搁物板(台); 坐便位应配置坐垫纸盒
	便器	大小便器宜采用节水式、非手动触发式
	配套设施	洗手盆应配节水龙头,洗手区应至少配备一个儿童洗手盆或洁手设备,男女分区的洗手区应至少各配备一个儿童洗手盆或洁手设备; 洗手液容器与洗手盆的比例不小于 1∶2; 干手设备与洗手盆比例不小于 1∶4; 厕所的手纸盒、纸巾盒、废弃物收集箱宜选用入墙式; 面镜应配备镜前照明设备; 应布置绿植、倡导文明如厕的宣传品和体现旅游区特点或与室内装饰相协调的装饰品; 宜配置地面干燥设备; 宜设置播放背景音乐的设备
	室内设计	固定式厕所室内净高度不低于 3.5 m(设天窗时可适当降低),活动厕所厕位内净高度不低于 2.2 m; 厕所内单排厕位外开门走道宽度应不小于 1.5 m,双排厕位外开门走道宽度应不小于 2.0 m; 室内所有水、电、暖通等管线应暗装; 应设应急灯; 内部装饰应体现与旅游区相适应的文化氛围
	家庭卫生间	除男女厕所外,宜增设家庭卫生间

注:本表参考《旅游厕所质量等级的划分与评定》(GB/T 18973—2016)整理,更多详细内容见标准文件。

附录5 旅游设施相关标准目录

		国家标准	
1	GB/T 17775—2003	旅游区(点)质量等级的划分与评定	
2	GB/T 18971—2003	旅游规划通则	
3	GB/T 15731—2008	内河旅游船星级的划分与评定	
4	GB/T 14308—2010	旅游饭店星级的划分与评定	
5	GB/T 16767—2010	游乐园(场)服务质量	
6	GB/T 26353—2010	旅游娱乐场所基础设施管理及服务规范	
7	GB/T 26354—2010	旅游信息咨询中心设置与服务规范	
8	GB/T 26355—2010	旅游景区服务指南	
9	GB/T 26356—2010	旅游购物场所服务质量要求	
10	GB/T 26357—2010	旅游饭店管理信息系统建设规范	
11	GB/T 26358—2010	旅游度假区等级划分	
12	GB/T 26359—2010	旅游客车设施与服务规范	
13	GB/T 26360—2010	旅游电子商务网站建设技术规范	
14	GB/T 26361—2010	旅游餐馆设施与服务等级划分	
15	GB/T 26362—2010	国家生态旅游示范区建设与运营规范	
16	GB/T 26363—2010	民族民俗文化旅游示范区认定	
17	GB/T 26365—2010	游览船服务质量要求	
18	GB/T 30225—2013	旅游景区数字化应用规范	
19	GB/T 31381—2015	城市旅游集散中心等级划分与评定	
20	GB/T 31382—2015	城市旅游公共信息导向系统设置原则与要求	
21	GB/T 31383—2015	旅游景区游客中心设置与服务规范	
22	GB/T 31384—2015	旅游景区公共信息导向系统设置规范	
23	GB/T 18973—2016	旅游厕所质量等级的划分与评定	
24	GB/T 16766—2017	旅游业基础术语	
25	GB/T 18972—2017	旅游资源分类、调查与评价	
26	GB/T 38547—2020	旅游度假租赁公寓 基本要求	
		行业标准	
1	LB/T 001—1995	旅游饭店用公共信息图形符号	

续表

2	LB/T 002—1995	旅游汽车服务质量
3	LB/T 003—1996	星级饭店客房客用品质量与配备要求
4	LB/T 006—2006	星级饭店访查规范
5	LB/T 010—2011	城市旅游集散中心设施与服务
6	LB/T 015—2011	绿色旅游景区
7	LB/T 016—2011	温泉企业服务质量等级划分与评定
8	LB/T 017—2011	国际邮轮口岸旅游服务规范
9	LB/T 018—2011	旅游饭店节能减排指引
10	LB/T 019—2013	旅游目的地信息分类与描述
11	LB/T 020—2013	饭店智能化建设与服务指南
12	LB/T 022—2013	城市旅游公共服务基本要求
13	LB/T 024—2013	旅游特色街区服务质量要求
14	LB/T 025—2013	风景旅游道路及其游憩服务设施要求
15	LB/T 030—2014	旅行社产品第三方网络交易平台经营与服务要求
16	LB/T 033—2014	旅游类专业学生景区实习规范
17	LB/T 034—2014	景区最大承载量核定导则
18	LB/T 035—2014	绿道旅游设施与服务规范
19	LB/T 036—2014	自行车骑行游服务规范
20	LB/T 037—2014	旅游滑雪场质量等级划分
21	LB/T 038—2014	国家商务旅游示范区建设与管理规范
22	LB/T 007—2015	绿色旅游饭店
23	LB/T 041—2015	旅游发展规划实施评估导则
24	LB/T 042—2015	国家温泉旅游名镇
25	LB/T 043—2015	高尔夫管理服务规范
26	LB/T 044—2015	自驾游管理服务规范
27	LB/T 045—2015	旅游演艺服务与管理规范
28	LB/T 046—2015	温泉旅游服务规范
29	LB/T 047—2015	旅游休闲示范城市
30	LB/T 048—2016	国家绿色旅游示范基地
31	LB/T 049—2016	国家蓝色旅游示范基地
32	LB/T 050—2016	国家人文旅游示范基地
33	LB/T 051—2016	国家康养旅游示范基地

续表

34	LB/T 055—2016	红色旅游经典景区服务规范
35	LB/T 056—2016	旅游电子商务企业基本信息规范
36	LB/T 057—2016	旅游电子商务旅游电子产品和服务基本规范
37	LB/T 058—2016	旅游电子商务电子合同基本信息规范
38	LB/T 059—2016	会议服务机构经营与服务规范
39	LB/T 060—2017	城市旅游服务中心规范
40	LB/T 061—2017	自驾游目的地基础设施与公共服务指南
41	LB/T 062—2017	旅游产品在线交易基本信息描述和要求
42	LB/T 064—2017	文化主题旅游饭店基本要求与评价
43	LB/T 066—2017	精品旅游饭店
44	LB/T 067—2017	国家工业旅游示范基地规范与评价
45	LB/T 068—2017	景区游客高峰时段应对规范
46	LB/T 070—2017	温泉旅游泉质等级划分
47	LB/T 065—2019	旅游民宿基本要求与评价
48	LB/T 071—2019	可持续无下水道旅游厕所基本要求
49	LB/T 074—2019	文明旅游示范区要求与评价
50	LB/T 075—2019	文明旅游示范单位要求与评价
51	LB/T 077—2019	自驾游目的地等级划分
52	LB/T 078—2019	自驾车旅居车营地质量等级划分
53	LB/T 079—2020	旅游基础信息资源规范
54	LB/T 080—2020	旅游信息资源交换系统设计规范
55	LB/T 081—2020	温泉旅游水质卫生要求及管理规范

注：推荐的标准首先按国家标准和旅游行业标准选列，各类标准之下则按颁布时间顺序排列。

全书参考文献

1. 敖红艳.(2019).明代中后期(1506—1644)江南地区旅游活动研究.内蒙古大学博士学位论文(导师张久河).
2. 包乌兰托亚.(2013).我国休闲农业资源开发与产业化发展研究.中国海洋大学博士学位论文(导师张广海).
3. 保继刚.(1998).旅游地生命周期理论与旅游规划.建筑师,98:41-50.
4. 保继刚,楚义芳.(2012).旅游地理学.3版.北京:高等教育出版社.
5. 保继刚,古诗韵.(1998).城市RBD初步研究.规划师,14(4):59-64+126.
6. 保继刚,左冰.(2012).为旅游吸引物权立法.旅游学刊,27(7):11-18.
7. 鲍德-博拉,劳森.(2004).旅游与游憩规划设计手册.唐子颖,吴必虎,译.北京:中国建筑工业出版社.
8. 鲍润华,高淑娟.(2012).国内消费者涉入理论研究综述.商周刊,4:63-64+55.
9. 鲍小莉.(2011).自然景观旅游建筑设计与旅游、环境的共生.华南理工大学博士学位论文(导师叶荣贵、汤朝晖).
10. 北京大学"多途径城市化"研究小组.(2013).多途径城市化.北京:中国建筑工业出版社.
11. 蔡明哲.(2009).救治或加害?古迹活化的社会美学议题.美学艺术学,(3):37-54.
12. 蔡镇疆.(2006).中国农村土地集体所有制问题分析.新疆大学学报(哲学社会科学版),(6):50-55.
13. 曹国新.(2006).中国与西方旅游的古代、现代和后现代特征.旅游学刊,21(6):11-15.
14. 曹诗图.(2007).旅游开发与规划.武汉:武汉大学出版社.
15. 柴铭.(2020).基于游客体验的城郊型山地旅游度假区规划设计初探.北京建筑大学硕士学位论文(导师刘剑锋、盛况).
16. 朝向集团.(2018).朝向白皮书:中国高尔夫行业报告(2016—2017).[2021-04-17].http://www.forward-group.cn/upfile/pro/20180330102515896.pdf
17. 车亮亮.(2012).近代城市历史文化街区文化景观保护与旅游开发研究.辽宁师范大学博士学位论文(导师李悦铮).
18. 陈崇贤.(2014).河口城市海岸灾害适应性风景园林设计研究.北京林业大学博士学位论文(导师王向荣).
19. 陈传康.(1996).城市旅游开发规划研究进展评述.地球科学进展,(5):508-512.
20. 陈传康,保继刚.(1989).北京旅游地理.北京:中国旅游出版社.
21. 陈传康,冯若梅,李蕾蕾.(1997).第四医学与康体休闲、康复养生的旅游开发.地理学与国土研究,13(2):58-60.
22. 陈晖莉.(2009).晚明文人佛寺旅游研究.福建师范大学博士学位论文(导师汪征鲁).
23. 陈江妹,陈仇英,肖胜和,等.(2011).国内外城市湿地公园游憩价值开发典型案例分析.中国园艺文摘,27(4):90-93.
24. 陈可石,杨天翼.(2013).城市河流改造及景观设计探析:以首尔清溪川改造为例.生态经济,(8):

196-199.

25. 陈丽丽.(2018).生态旅游景区旅游者低碳旅游行为影响机制及引导策略研究.华南农业大学博士学位论文(导师章家恩).
26. 陈明曼.(2018).复杂适应系统视角下的特色小镇演化研究.重庆大学博士学位论文(导师任宏).
27. 陈南江.(2005).滨水度假区旅游规划创新研究.华东师范大学博士学位论文(导师杜德斌).
28. 陈书芳.(2018).基于生态旅游的梅山地区景观格局与规划设计研究.湖南大学博士学位论文(导师陈飞虎).
29. 陈伟,马少春.(1998).略论城市旅游信息咨询中心的构建.桂林旅游高等专科学校学报,(4):38-39.
30. 陈文盛.(2016).休闲农业与美丽乡村建设协同发展研究.福建农林大学博士学位论文(导师郑金贵、范水生).
31. 陈曦,黄远水,程婷,等.(2009).温泉地旅游资源评价研究:以厦门翠丰温泉与腾冲热海温泉为例.资源开发与市场,25(6):571-573+505.
32. 陈雪婷.(2015).旅游地域系统的复杂性研究.东北师范大学博士学位论文(导师陈才).
33. 陈耀辉.(2013).旅游美学与旅游产业开发.东北师范大学博士学位论文(导师王确).
34. 陈邑华.(2016).中国现代游记审美研究.福建师范大学博士学位论文(导师汪文顶).
35. 陈渝.(2012).城市游憩规划的理论建构与策略研究.华南理工大学博士学位论文(导师肖大威).
36. 陈愉秉.(2000).从西方经济史看旅游起源若干问题.旅游学刊,15(1):68-71.
37. 陈宇峰.(2013).城市郊区休闲农业项目集聚度研究.南京农业大学博士学位论文(导师王树进).
38. 成海燕.(2018).产业集聚视角的特色小镇形成机制及绩效研究.南京农业大学博士学位论文(导师宋洪远、王凯).
39. 储小丽.(2015).道教文化遗产活化研究:以武当山为例.东南大学硕士学位论文(导师喻学才).
40. 丛丽,吴必虎,李炯华.(2012).国外野生动物旅游研究综述.旅游学刊,27(5):57-65.
41. 崔凤军,罗春培.(2006).旅游与非物质文化遗产的保护.法制与社会,(19):195-196.
42. 崔龙涛.(2019).基于复杂网络的亚健康状态分析评估与临床指标分类研究.上海中医药大学博士学位论文(导师许家佗).
43. 笪玲.(2020).贵州民族村寨旅游扶贫研究.西南民族大学博士学位论文(导师刘晓鹰).
44. 戴光全,保继刚.(2003).西方事件及事件旅游研究的概念、内容、方法与启发(上).旅游学刊,18(5):26-34.
45. 戴光全,张骁鸣.(2006).从 TPC 谈会展产品和管理的属性.中国会展,(21):54-55.
46. 党宁.(2007).环城游憩带空间结构研究.北京大学博士学位论文(导师吴必虎).
47. 党宁.(2011).休闲时代的城郊游憩空间:环城游憩带(REBAC)研究.上海:上海人民出版社.
48. 党宁,吴必虎,俞沁慧.(2017).1970—2015 年上海环城游憩带时空演变与动力机制研究.旅游学刊,32(11):81-94.
49. 邓颖贤,刘业.(2012)."八景"文化起源与发展研究.广东园林,(2):11-19.
50. 丁庆勇.(2014).唐代游记文学研究.武汉大学博士学位论文(导师陈顺智).
51. 董定一.(2013).明清游历小说研究.南开大学博士学位论文(导师陈洪).
52. 窦银娣,谢双喜,李伯华.(2020).传统村落多维价值评价及实证研究.中南林业科技大学学报:社会科学版,14(1):77-83.

53. 杜金鹏.(2017).文化遗产科学研究.北京:科学出版社.
54. 凡勃伦.(1964).有闲阶级论.蔡受百,译.北京:商务印书馆.
55. 范钧,邱宏亮,吴雪飞.(2014).旅游地意象、地方依恋与旅游者环境责任行为:以浙江省旅游度假区为例.旅游学刊,29(1):55-66.
56. 方百寿.(2000).中国旅游史研究之我见.旅游学刊,15(2):70-73.
57. 方芳.(2020).现象学视野下的旅游研究.浙江大学博士学位论文(导师庞学铨).
58. 方世敏,杨静.(2011).国内旅游演艺研究综述.旅游论坛,4(4):152-157.
59. 冯健,刘之浩.(2000).中国第二住宅发展的研究:动力机制、特征、效应与规划展望.地理学与国土研究,16(1):30-35.
60. 冯立新,任劲劲.(2017).2000年以来中国旅游规划创新热点研究.云南地理环境研究,29(1):16-21.
61. 冯学钢,黄和平,邱建辉.(2015).我国入境旅游流季节性特征及其时空演变研究:基于22个热点旅游城市面板数据的实证分析.华东经济管理,29(6):1-9.
62. 冯祉烨.(2019).重庆市黄水镇居住旅游特征与影响研究.北京大学硕士学位论文(导师吴必虎).
63. 弗罗斯特,霍尔.(2014).旅游与国家公园:发展、历史与演进的国际视野.王连勇,译.北京:商务印书馆.
64. 符全胜.(1998).城乡交错带旅游开发研究:以江苏锡山市沿太湖地区为例.地理学与国土研究,14(3):57-59.
65. 付蕾,祁红,程亮,等.(2011).安徽旅游风景区大型体育赛事环保研究.体育文化导刊,(10):13-15.
66. 冈恩、瓦尔.(2005).旅游规划:理论与案例.吴必虎,吴冬青,党宁,译.大连:东北财经大学出版社.
67. 高林安.(2014).基于旅游地生命周期理论的陕西省乡村旅游适应性管理研究.东北师范大学博士学位论文(导师刘继生).
68. 高舜礼.(2006).中国旅游产业政策研究.北京:中国旅游出版社.
69. 高维全.(2018).海岛旅游绩效时空特征与驱动机制研究.辽宁师范大学博士学位论文(导师李悦铮).
70. 高玉玲.(2006).滨海型城市旅游业之演进.厦门大学博士学位论文(导师戴一峰).
71. 葛天阳,后文君,阳建强.(2019).步行优先指导下的英国城市中心区发展.国际城市规划,34(1):108-118.
72. 龚敏.(2011).近代旅馆业发展研究(1912—1937).湖南师范大学博士学位论文(导师郑焱).
73. 龚向胜,魏芙叶,李煦,等.(2021).湖南省传统村落的特点,价值及保护——基于五宝田传统村落实证研究.作物研究,35(5):415-419.
74. 古诗韵,保继刚.(2002).广州城市游憩商业区(RBD)对城市发展的影响.地理科学,22(4):489-494.
75. 关健.(2014).吴门画派纪游图研究.中央美术学院博士学位论文(导师薛永年、陈平).
76. 郭来喜,吴必虎,刘锋,等.(2000).中国旅游资源分类系统与类型评价.地理学报,55(3):294-301.
77. 郭旭东.(2009)."重建"反映的中西文物保护理念与方法差异的原因探讨:由"东亚地区文物建筑保护理念与实践国际研讨会"《北京文件》引发的思考//《城市发展研究》编辑部.城市发展研究:2009城市发展与规划国际论坛论文集.
78. 国际现代建筑学会.(2007).雅典宪章.清华大学营建系,译.城市发展研究,14(5):123-126.
79. 国家旅游局等课题组.(2005).长江三峡区域旅游发展规划.北京:中国旅游出版社.
80. 国家旅游局资源开发司,中国科学院地理研究所.(1993).中国旅游资源普查规范(试行稿).北京:中国旅游出版社.

81. 韩会然,焦华富,戴柳燕.(2013).旅游城市居民购物满意度及影响因子分析:以芜湖市中山路步行街为例.旅游学刊,28(3):87-95.
82. 韩钧雅.(2005).我国地方综合性旅游法规立法体例比较研究.旅游学刊,20(3):58-62.
83. 韩茂莉.(2015).中国历史地理十五讲.北京:北京大学出版社.
84. 何方.(2001).论山区产业化建设.中国林业,(15):33-34.
85. 何琼峰,宁志中.(2019).旅游精准扶贫助推贫困地区乡村振兴的思考.农业现代化研究,40(5):721-727.
86. 何小芊.(2012).中国温泉旅游的历史地理研究.华中师范大学博士学位论文(导师龚胜生).
87. 何效祖.(2007).基于地域系统结构研究的旅游资源评价与旅游地实证分析.兰州大学博士学位论文(导师李吉均、牛叔文).
88. 何艳冰,张彤,熊冬梅.(2020).传统村落文化价值评价及差异化振兴路径:以河南省焦作市为例.经济地理,40(10):230-239.
89. 何雨,刘顺伶.(2006).城郊游憩带形成及其系统结构研究进展.旅游科学,20(2):25-29.
90. 贺雪峰.(2015).论中坚农民.南京农业大学学报(社会科学版),15(4):1-6+131.
91. 黑格尔.(1966).逻辑学:上卷.杨之一,译.北京:商务印书馆.
92. 黑格尔.(1976).逻辑学:下卷.杨之一,译.北京:商务印书馆.
93. 宏观经济研究院经济和社会发展研究所课题组.(2004).中等收入者的概念和划分标准.宏观经济研究,(5):53-55.
94. 侯甬坚.(1989).中国古都选址的基本原则//中国古都学会.中国古都研究:第四辑.杭州:浙江人民出版社.
95. 胡绿俊.(2013).农业生态旅游资源分类及其开发经营评价体系研究.中南林业科技大学博士学位论文(导师胡希军、李丰生).
96. 胡天舒.(2013).19世纪末20世纪初日本知识人的中国体验.东北师范大学博士学位论文(导师韩宾娜).
97. 胡婷.(2019).区域旅游地共生系统测量与结构研究.湖南师范大学博士学位论文(导师许春晓).
98. 胡晓鹏.(2008).产业共生:理论界定及其内在机理.中国工业经济,(9):118-128.
99. 胡勇.(2018).大城市郊区游憩空间格局演变及其机制研究.南京师范大学博士学位论文(导师赵媛).
100. 黄芳.(2005).中国第一本旅行类刊物《旅行杂志》研究.湖南师范大学博士学位论文(导师郑焱).
101. 黄和平.(2016).我国旅游季节性的区域差异与开发策略研究.华东师范大学博士学位论文(导师冯学钢).
102. 黄惠颖.(2013).福建土堡的动态保护与活化利用.华侨大学硕士学位论文(导师关瑞明、陈志宏).
103. 黄明玉.(2009).文化遗产的价值评估及记录建档.复旦大学博士学位论文(导师蔡达峰).
104. 黄珊蕙,吴必虎.(2021).游历记录之于文化线路的研究价值.旅游学刊,(8):8-10.
105. 黄远水.(2005).风景名胜区旅游竞争力研究.天津大学博士学位论文(导师赵黎明).
106. 霍丹.(2019).辽东古驿道文化遗产整体性保护研究.大连理工大学博士学位论文(导师齐康、孙晖).
107. 霍华德.(1987).明日的田园城市.金经元,译.北京:中国城市规划设计研究院情报所.
108. 纪春.(2011).高尔夫球场建设对旅游地的影响研究.中南林业科技大学博士学位论文(导师吴楚才).
109. 贾鸿雁.(2005).论柳宗元的旅游思想与实践.东南大学学报(哲学社会科学版),(1):85-87+96.
110. 贾鸿雁.(2016).民国时期中国近代旅游理论的建构.扬州大学学报(人文社会科学版),20(4):57-61.
111. 樊志民.(2019).激活中华农业文明蕴含的文化基因.人民日报,2019-05-15(13).

112. 金,怀特劳.(1994).澳洲旅游度假村面面观.毕小宁,译.旅游学刊,9(5):26-30.
113. 金川.(2019).上海乡村旅游业市场结构及优化配置研究.华东师范大学博士学位论文(导师冯学钢).
114. 金卫东.(2012).智慧旅游与旅游公共服务体系建设.旅游学刊,27(2):5-6.
115. 孔岑蔚.(2020).博物馆城市:基于文化遗产展示的城市研究新视角.中央美术学院博士学位论文(导师潘公凯).
116. 库珀,弗莱彻,吉尔伯特,等.(2004).旅游学:原理与实践.张俐俐,蔡利平,译.北京:高等教育出版社.
117. 匡林.(2001).集权还是分权:政府发展旅游业的两难境地.旅游学刊,16(2):23-26.
118. 雷彬.(2016).价值链视角下地质公园核心竞争力研究.中国地质大学博士学位论文(导师李江风).
119. 黎兴强.(2016).多学科介入研究的旅游及旅游规划之思维方法.现代城市研究,(8):118-126.
120. 李春敏.(2018).大卫·哈维的空间批判理论研究.北京:中国社会科学出版社.
121. 李宏刚.(2013).品味思考山西大同善化寺辽金建筑装饰风格.山西大学硕士学位论文(导师陈俊).
122. 李欢欢.(2013).人居环境视野下的户外游憩供需研究.辽宁师范大学博士学位论文(导师李雪铭).
123. 李江敏.(2011).环城游憩体验价值与游客满意度及行为意向的关系研究.中国地质大学博士学位论文(导师严良).
124. 李江苏,王晓蕊,李小建.(2020).中国传统村落空间分布特征与影响因素分析.经济地理,40(2):143-153.
125. 李杰玲.(2012).山与中国诗学:以六朝诗歌为中心.上海师范大学博士学位论文(导师曹旭).
126. 李经龙.(2007).中国品牌旅游资源评价及其开发战略研究.南京师范大学博士学位论文(导师张小林).
127. 李岚.(2007).行旅体验与文化想象:论中国现代文学发生的游记视角.华中师范大学博士学位论文(导师许祖华).
128. 李蕾蕾,张晗,卢嘉杰,等.(2005).旅游表演的文化产业生产模式:深圳华侨城主题公园个案研究.旅游科学,(6):44-51.
129. 李丽娜.(2008).神农架自然保护区旅游解说系统构建研究.北京林业大学硕士学位论文(导师乌恩).
130. 李连璞.(2008).遗产型社区属性剥离与整合模式研究.西北大学博士学位论文(导师惠泱河、曹明明).
131. 李渌.(2006).中国古代旅游伦理思想述略.贵州大学学报(社会科学版),(5):92-95.
132. 李鹏,杨鹏,兰红梅,等.(2020).基于资源特性的水利风景区分类体系.水利经济,38(6):60-65.
133. 李庆.(2020).基于环城游憩带理论的长沙居住旅游研究.北京大学硕士学位论文(导师吴必虎).
134. 李如生.(2011).风景名胜区保护性开发的机制与评价模型研究.东北师范大学博士学位论文(导师李诚固).
135. 李山.(2006).旅游圈形成的基本理论及其地理计算研究.华东师范大学博士学位论文(导师王铮).
136. 李铁匠.(2014).前言:斯特拉博的生平和著述//斯特拉博.地理学.李铁匠,译.上海:上海三联书店.
137. 李霞.(2013).街区记忆与旅游认同:拉萨市八廓街历史文化街区保护性旅游利用研究.中央民族大学博士学位论文(导师徐永志).
138. 李霞,朱丹丹.(2013).谁的街区被旅游照亮:中国历史文化街区旅游开发八大模式.北京:化学工业出版社.
139. 李晓颖.(2011).生态农业观光园规划的理论与实践.南京林业大学博士学位论文(导师王浩).
140. 李欣,刘绮文,陈惠民,等.(2014).乡村社区活化与历史街区复兴:以台湾西螺镇延平老街为例.高等建筑教育,23(1):5-9.

141. 李雪峰.(2010).中国国家旅游度假区发展战略研究.复旦大学博士学位论文(导师顾晓鸣).
142. 李艳.(2019).符号互动论下文化遗产旅游体验价值生成研究.西北大学博士学位论文(导师郝索).
143. 李杨.(2012).长白山自然保护区旅游产业可持续发展研究.吉林大学博士学位论文(导师吴昊).
144. 厉新建,张凌云,崔莉.(2013).全域旅游：建设世界一流旅游目的地的理念创新——以北京为例.人文地理,28(3)：130-134.
145. 梁赛.(2018).民宿共享平台市场策略设计对用户在线行为的影响研究.哈尔滨工业大学博士学位论文(导师孙文俊).
146. 梁修存,丁登山.(2002).国外旅游资源评价研究进展.自然资源学报,17(2)：126-133.
147. 梁雪松.(2007).遗产廊道区域旅游合作开发战略研究.陕西师范大学博士学位论文(导师李天顺、马耀峰).
148. 林炜铃.(2015).岛屿旅游地安全氛围对游客安全行为的影响机制研究.华侨大学博士学位论文(导师骆克任).
149. 林振春.(1998).社区总体营造的教育策略：台湾地区终身学习环境的现状与构建.教育发展研究,(11)：15-19.
150. 刘滨谊.(1990).风景景观工程体系化.北京：中国建筑工业出版社.
151. 刘滨谊.(2001).旅游规划三元论：中国现代旅游规划的定向·定性·定位·定型.旅游学刊,16(5)：55-58.
152. 刘传喜.(2017).乡村旅游地流动空间研究.浙江工商大学博士学位论文(导师唐代剑).
153. 刘德谦.(1997).中国旅游文学新论.北京：中国旅游出版社.
154. 刘德谦.(2003).旅游规划需要新理念：旅游规划三议.旅游学刊,18(5)：41-46.
155. 刘锋.(2000).旅游系统规划的实施途径与案例研究：以宁夏回族自治区为例.地理科学进展,(3)：237-243.
156. 刘海洋.(2013).中国沙漠旅游地发展模式与潜力评价研究.兰州大学博士学位论文(导师王乃昂).
157. 刘霁雯.(2011).我国居民收入与国内旅游消费关系研究.华东师范大学博士学位论文(导师冯学钢).
158. 刘杰.(2014).乡村社会"空心化"：成因、特质及社会风险——以J省延边朝鲜族自治州为例.人口学刊,36(3)：85-94.
159. 刘民坤.(2009).会展活动对主办城市的社会影响研究.暨南大学博士学位论文(导师刘人怀).
160. 刘敏,刘爱利.(2015).基于业态视角的城市建筑遗产再利用：以北京南锣鼓巷历史街区为例.旅游学刊,30(4)：115-126.
161. 刘沛林.(1995).传统村落选址的意象研究.中国历史地理论丛,(1)：119-128.
162. 刘清春,王铮,许世远.(2007).中国城市旅游气候舒适性分析.资源科学,29(1)：134-142.
163. 刘伟,周月梅,周克.(2007).中国中等收入家庭界定方法探讨.经济评论,(1)：51-56.
164. 刘晓农.(2019).我国温泉旅游的发展路径.湖南科技大学学报(社会科学版),22(6)：179-184.
165. 刘勋.(2011).唐代旅游地理研究.华中师范大学博士学位论文(导师龚胜生).
166. 龙茂兴,龙珍付.(2013).旅游开发中历史文化遗产活化问题研究：以大唐芙蓉园为例.旅游纵览(下半月),(3)：14-16.
167. 卢云亭.(1988).现代旅游地理学.南京：江苏人民出版社.
168. 陆成,高翅.(2018).通过国家森林步道建设标准探究古蜀道的保护模式//孟兆祯,陈重.中国风景园林学会2018年会论文集.北京：中国建筑工业出版社.
169. 陆林,宣国富,章锦河,等.(2002).海滨型与山岳型旅游地客流季节性比较：以三亚、北海、普陀山、黄山、九华山为例.地理学报,57(6)：731-740.
170. 栾辰颖.(2017).非物质文化遗产的活化研究：以南京老地名为例.市场周刊(理论研究),(8)：57-59.
171. 罗芬,王怀採,钟永德.(2014).旅游者交通碳足迹空间分布研究.中国人口·资源与环境,24(2)：38-46.
172. 罗哲文.(2002).雄关存旧迹·形胜壮山河：论文化古迹保护与旅游事业发展的关系.中外文化交流,(11)：4-7.
173. 吕宛青,汪熠杰,倪向丽.(2020).从历史文化名城到浪漫邂逅之都的变迁：基于网络文本分析的丽江大研古城旅游迷思演变研究.旅游研究,12(6)：14-28.
174. 马梅.(2003).公共产品悖论：国家公园旅游产品生产分析.旅游学刊,18(4)：43-46.
175. 莫斯塔法维,多尔蒂.(2014).生态都市主义.俞孔坚,译.南京：江苏科学技术出版社.
176. 莫晟.(2012).文化线路视域下的清江流域商路研究.华中师范大学博士学位论文(导师王玉德).
177. 聂涛.(2019).四川民族地区体育旅游现状及发展模式探析.广州体育学院学报,39(5)：80-83.
178. 聂玮.(2015).风景旅游建筑及其规划设计研究.西南交通大学博士学位论文(导师董靓).
179. 宁欣.(2002).由唐入宋都城立体空间的扩展：由周景起楼引起的话题并兼论都市流动人口.中国史研究,(3)：75-84.
180. 诺伯舒茨.(2010).场所精神：迈向建筑现象学.施植明,译.武汉：华中科技大学出版社.
181. 潘佳.(2020).国家公园法是否应当确认游憩功能.政治与法律,(1)：128-138.
182. 潘顺安.(2007).中国乡村旅游驱动机制与开发模式研究.东北师范大学博士学位论文(导师刘继生).
183. 佩赛特,马德尔.(2015).古迹维护原则与实务.孙全文,张采欣,译.武汉：华中科技大学出版社.
184. 彭福伟,钟林生,袁淏.(2017).中国生态旅游发展规划研究.北京：中国旅游出版社.
185. 彭继增.(2008).商业集群：集聚动因及发展机理研究.西南财经大学博士学位论文(导师周殿昆).
186. 彭顺生.(2017).世界旅游发展史.2版.北京：中国旅游出版社.
187. 皮常玲.(2019).民宿经营者职业价值观、情感劳动与获得感研究.华侨大学博士学位论文(导师戴斌).
188. 乔莹.(2012).城郊旅游综合体理论框架建构与蟹岛案例研究.北京大学硕士学位论文(导师吴必虎).
189. 邱才桢.(2005).十七世纪下半叶山水画中的黄山形象.中央美术学院博士学位论文(导师薛永年).
190. 邱扶东.(2007).反思中国旅游史研究的几个问题.历史教学问题,(6)：71-73.
191. 曲凌雁,顾安琪.(2006).城市游憩商业区(RBD)对城市发展的影响.世界地理研究,(4)：74-79.
192. 曲颖,曹李梅,杨琦.(2020).旅游目的地依恋维度的建构与解构.人文地理,35(4)：154-160.
193. 冉群超.(2014).旅行、旅游、旅游业：英国旅游史研究.天津师范大学博士学位论文(导师刘景华).
194. 任朝旺,谭笑.(2006).旅游产品定义辨析.河北大学学报(哲学社会科学版),(6)：97-100.
195. 任唤麟.(2014).中国古代旅游研究综述.旅游学刊,29(10)：116-128.
196. 阮晓东.(2016).VR+旅游引爆旅游新模式.新经济导刊,(12)：10-16.
197. 沙润,吴江.(1997).城乡交错带旅游景观生态设计初步研究.地理学与国土研究,13(3)：53-56.
198. 山村顺次.(1995).新观光地理学.东京：大明堂.
199. 陕西文化和旅游厅.(2020).发挥资源优势,聚焦文化和旅游精准扶贫：陕西文化和旅游扶贫工作总览.中外文化交流,(12)：20-27.
200. 单霁翔.(2008)."活态遗产"：大运河保护创新论.中国名城,(2)：4-6.

201. 单霁翔.(2011).实现保护性再利用的旧址博物馆.东方博物,(1):5-21.
202. 单霁翔.(2019).从"文物保护"走向"文化遗产保护".天津:天津大学出版社.
203. 邵骥顺.(1998).中国旅游历史文化概论.上海:三联书店.
204. 申葆嘉.(1999).论旅游现象的基础研究.旅游学刊,14(3):58-60+79.
205. 沈昊.(2019).基于社会-空间关系视角下的休闲体验型乡村营建研究.浙江大学博士学位论文(导师王竹).
206. 史正燕.(2016).中国大陆旅游气候舒适度的空间格局及其演变.华东师范大学硕士学位论文(导师李山).
207. 舒小林.(2015).旅游业对我国西部地区新型城镇化的影响研究.中央财经大学博士学位论文(导师邹东涛).
208. 苏平,党宁,吴必虎.(2004).北京环城游憩带旅游地类型与空间结构特征.地理研究,23(3):403-410.
209. 孙经耀.(1982).桂林的旅游气象.广西气象,(3):39-41.
210. 孙景荣.(2015).旅游地旅游业环境效率研究:测度模型及其影响因素.南京大学博士学位论文(导师张捷).
211. 孙九霞.(2012).地方依恋//邵琪伟.中国旅游大辞典.上海:上海辞书出版社.
212. 孙靓.(2005).城市空间步行化研究初探.华中科技大学学报(城市科学版),(3):76-79+93.
213. 孙九霞,周尚意,王宁,等.(2016).跨学科聚焦的新领域:流动的时间、空间与社会.地理研究,35(10):1801-1818.
214. 孙全胜.(2017).列斐伏尔"空间生产"的理论形态研究.北京:中国社会科学出版社.
215. 孙小龙.(2018).旅游体验要素研究:从瞬间愉悦到永恒美好.厦门大学博士学位论文(导师林璧属).
216. 孙滢悦.(2019).长白山景区旅游安全风险评价与预警研究.东北师范大学博士学位论文(导师杨青山).
217. 孙永生.(2010).以旅游发展为动力的旧城改造.华南理工大学博士学位论文(导师孙一民).
218. 孙祖慧.(2013).南京市水体旅游资源及其开发利用研究.南京大学硕士学位论文(导师吴小根).
219. 谭玛丽,周方诚.(2008).适合儿童的公园与花园:儿童友好型公园的设计与研究.中国园林,(9):43-48.
220. 汤敏,邓惠玲.(2018).社会组织策动下的全覆盖保护活化古村落的模式探索:以古村之友为例//中国文物保护基金会.文物保护社会组织创新与发展:第二届社会力量参与文物保护利用论坛文集.北京:文物出版社.
221. 唐芳林.(2018).国家公园与自然保护区:各司其职的"孪生兄弟".光明日报,2018-12-29(9).
222. 唐芳林.(2019).建立以国家公园为主体的自然保护地体系.中国党政干部论坛,(8):40-44.
223. 唐桂梅.(2017).基于生物多样性的农业公园规划研究.湖南农业大学博士学位论文(导师龙岳林).
224. 唐文跃.(2008).地方感:旅游规划的新视角.旅游学刊,23(8):11-12.
225. 唐文跃.(2013a).地方性与旅游开发的相互影响及其意义.旅游学刊,28(4):9-11.
226. 唐文跃.(2013b).旅游地地方感研究.北京:社会科学文献出版社.
227. 唐小平.(2016).中国自然保护区从历史走向未来.森林与人类,(11):24-35.
228. 陶伟,杜小芳,洪艳.(2009).解说:一种重要的遗产保护策略.旅游学刊,24(8):47-52.
229. 田小波,胡静,徐欣,等.(2021).历史时期全国重点文物保护单位时空分布特征及影响机理.经济地理,41(1):191-201.

230. 屠李.(2019).皖南传统村落的遗产价值及其保护机制.南京：东南大学出版社.
231. 屠如骥.(1986).旅游心理学.天津：南开大学出版社.
232. 汪辉.(2007).基于生态旅游的湿地公园规划.南京林业大学博士学位论文(导师王浩).
233. 汪晓春.(2017).海南省旅游时空格局演变及协同发展研究.中国地质大学博士学位论文(导师李江风).
234. 王大悟,魏小安.(2000).新编旅游经济学.上海：上海人民出版社.
235. 王德刚.(2015).聚会与宴飨：人类旅游活动起源新探.旅游科学,29(1)：88-94.
236. 王德平.(2007).消费者对大型购物中心环境与业种组合的认知及相关研究.暨南大学博士学位论文(导师凌文辁).
237. 王芳.(2019).传统技艺文化遗产旅游活化的路径研究.华侨大学博士学位论文(导师吴必虎).
238. 王福鑫.(2006).宋代旅游研究.河北大学博士学位论文(导师刘秋根).
239. 王洪涛.(2008).德国自然公园的建设与管理.城乡建设,(10)：73-75.
240. 王泓砚,谢彦君,王俊亮.(2019).游客地方感认知图式的表征与结构.旅游学刊,34(10)：32-46.
241. 王华.(2017).交通互连互通对区域旅游合作度的影响研究.陕西师范大学博士学位论文(导师孙根年、邹统钎).
242. 王华,李兰.(2018).生态旅游涉入、群体规范对旅游者环境友好行为意愿的影响：以观鸟旅游者为例.旅游科学,32(1)：86-95.
243. 王会战.(2015).文化遗产地社区旅游增权研究.西北大学博士学位论文(导师李树民).
244. 王镜.(2008).基于遗产生态和旅游体验的西安遗产旅游开发模式研究.陕西师范大学博士学位论文(导师马耀峰).
245. 王珺,高明捷.(2015).旅游综合体：概念内涵与理论基础.旅游规划与设计,(15)：16-23.
246. 王连勇.(2013).中国风景名胜区边界.北京：商务印书馆.
247. 王楠,余正勇,陈兴,等.(2021).生态文明建设背景下传统村落的价值认定与保护策略.乐山师范学院学报,36(5)：54-60.
248. 王其亨.(1992).风水理论研究.天津：天津人民出版社.
249. 王琪延,王俊.(2009).休闲经济发展还需科技添动力.中国科技财富,(15)：106-107.
250. 王淑良.(1998).中国旅游史.北京：旅游教育出版社.
251. 王薇.(2014).文化线路视野中梅关古道的历史演变及其保护研究.复旦大学博士学位论文(导师杨志刚).
252. 王文龙.(2020).中国合村并居政策的异化及其矫正.经济体制改革,(3)：66-72.
253. 王晓云.(2001).关于中国旅游起源问题的研究.旅游科学,(2)：5-7+28.
254. 王心怡.(2016).法国区域自然公园研究及对我国乡村保护的经验借鉴.北京林业大学硕士学位论文(导师张晋石).
255. 王兴斌.(1996).休闲与都市旅游.新东方,(1)：39-44.
256. 王衍用.(2007).对旅游资源应该进行深度研究.旅游学刊,22(2)：11-12.
257. 王栐.(1981).燕翼诒谋录.北京：中华书局.
258. 王玉,周俭,林森.(2013).社区参与村落文化景观保护实践框架与方法的初步探讨：以贵州省贞丰县岩鱼村为例.上海城市规划,(2)：83-87.
259. 王玉成.(2009).唐代旅游研究.河北大学博士学位论文(导师李金铮).

260. 王云才,郭焕成.(2000).略论大都市郊区游憩地的配置:以北京市为例.旅游学刊,15(2):54-58.
261. 王志弘.(2005).地方意象、地域意义与再现体制:1990年代以降的文山地区.台湾社会研究季刊,(58):135-188.
262. 土专.(2009).陈光甫与中国近代旅游业.苏州大学博士学位论文(导师池子华).
263. 魏峰群.(2006).对历史文化名城旅游开发的探索和思考.旅游科学,20(2):30-34.
264. 魏唯一.(2019).陕西传统村落保护研究.西北大学博士学位论文(导师刘军民).
265. 魏小安.(2002).旅游纵横:产业发展新论.北京:中国旅游出版社.
266. 魏小安.(2020).旅游生涯四十年:1980—2020.北京:中国旅游出版社.
267. 温全平.(2008).城市森林规划理论与方法.同济大学博士学位论文(导师刘滨谊).
268. 文彤.(2007).旅游目的地标志景区发展研究.暨南大学博士学位论文(导师刘人怀).
269. 闻虹.(2019).新式交通与环渤海地区旅游事业的变革(1861—1937).东北师范大学博士学位论文(导师曲晓范).
270. 乌恩,程静琦.(2019).环境解说在景观规划设计中的作用与意义.风景园林,26(10):54-59.
271. 吴必虎.(1994).上海城市游憩者流动行为研究.地理学报,49(2):117-127.
272. 吴必虎.(1996a).旅游生态学与旅游目的地的可持续发展.生态学杂志,15(2):37-43+54.
273. 吴必虎.(1996b).中国山地景区文化沉积研究.华东师范大学博士学位论文(导师许世远).
274. 吴必虎.(2001a).大城市环城游憩带(ReBAM)研究:以上海市为例.地理科学,21(4):354-359.
275. 吴必虎.(2001b).区域旅游开发的RMP分析:以河南省洛阳市为例.地理研究,20(1):103-110.
276. 吴必虎.(2012).历史遗址活化规划:洛阳案例.大地风景内刊,(9):26-43.
277. 吴必虎.(2014).新型城镇化建设:旅游驱动且行且珍惜.中国国情国力,(5):1.
278. 吴必虎.(2016).世界著名游记丛书(第二辑)导读:近代中国看世界//梁启超.新大陆游记.北京:商务印书馆,1-19.
279. 吴必虎.(2017a).基于城乡社会交换的第二住宅制度与乡村旅游发展.旅游学刊,32(7):6-9.
280. 吴必虎.(2017b).语言是最有价值的地域人文景观.语言战略研究,(2):5-6.
281. 吴必虎.(2018).中国旅游发展笔谈:文化遗产旅游活化与传统文化复兴.旅游学刊,33(9):1.
282. 吴必虎.(2019).游历研究体系中的体验.旅游学刊,34(9):5-7.
283. 吴必虎,党宁.(2004).中国滑雪旅游市场需求研究.地域研究与开发,23(6):78-82.
284. 吴必虎,董莉娜,唐子颖.(2003).公共游憩空间分类与属性研究.中国园林,19(5):48-50.
285. 吴必虎,董双兵.(2014a).旅游规划设计法规标准手册(标准卷).北京:中国质检出版社.
286. 吴必虎,董双兵.(2014b).旅游规划设计法规标准手册(法规卷).北京:中国质检出版社.
287. 吴必虎,黄珊蕙,钟栎娜,等.(2022).游历发展分期、型式与影响:一个研究框架的建构.旅游学刊,(3):50-67.
288. 吴必虎,黄潇婷.(2010).休闲度假城市旅游规划.北京:中国旅游出版社.
289. 吴必虎,黄潇婷,等.(2019).旅游学概论.3版.北京:中国人民大学出版社.
290. 吴必虎,刘小玲,赵荣.(1996).国内旅游者人口学特征研究.中国人口科学,(4):40-45.
291. 吴必虎,刘筱娟.(2004).中国景观史.上海:上海人民出版社.
292. 吴必虎,聂淼.(2012).环城市乡村休闲:适合乡村的现代化途径//刘德谦,唐兵,宋瑞.2012年中国休闲发展报告.北京:社会科学文献出版社,161-172.

293. 吴必虎,唐俊雅,黄安民.(1997).中国城市居民旅游目的地选择行为研究.地理学报,52(2):97-103.
294. 吴必虎,王梦婷.(2018).遗产活化、原址价值与呈现方式.旅游学刊,33(9):3-5.
295. 吴必虎,伍佳,党宁.(2007).旅游城市本地居民环城游憩偏好:杭州案例研究.人文地理,22(2):27-31.
296. 吴必虎,邢珏珏.(2005).旅游学学科树构建及旅游学研究的时空特征分析——《旅游研究纪事》30年.旅游学刊,20(4):73-79.
297. 吴必虎,俞曦.(2010).旅游规划原理.北京:中国旅游出版社.
298. 吴必虎,俞曦,严琳.(2010).城市旅游规划研究与实施评估.北京:中国旅游出版社.
299. 吴必虎,张栋平.(2016).以五大发展理念引领全域旅游发展.中国旅游报,2016-02-03(4).
300. 吴承照.(1995).西欧城市游憩规划的历史、理论和方法.城市规划汇刊,(4):22-27+33.
301. 吴承照.(2009).中国旅游规划30年回顾与展望.旅游学刊,24(1):13-18.
302. 吴承照,曹霞.(2005).景观资源量化评价的主要方法(模型):综述及比较.旅游科学,19(1):32-39.
303. 吴莉萍,周尚意.(2009).城市化对乡村社区地方感的影响分析:以北京三个乡村社区为例.北京社会科学,(2):30-35.
304. 吴卫.(2011).游客视角的文化景观与地方性认知研究.东北财经大学博士学位论文(导师汪榕培).
305. 吴俣.(2017).旅游产业与新型城镇化发展质量耦合协调关系研究.东北财经大学博士学位论文(导师张军涛).
306. 吴志宏.(2012).明代旅游图书研究.南开大学博士学位论文(导师李小林).
307. 席宇斌.(2013).温泉旅游地时空演变特征与可持续发展研究.辽宁师范大学博士学位论文(导师李悦铮).
308. 夏赞才.(2004).张家界现代旅游发展史研究.湖南师范大学博士学位论文(导师郑焱).
309. 肖笃宁,钟林生.(1998).景观分类与评价的生态原则.应用生态学报,9(2):217-221.
310. 肖莉,王仕民.(2020).现代性与后现代性双重视角下的乡村文化振兴.湖南行政学院学报,(2):57-64.
311. 肖练练,钟林生,虞虎,等.(2019).功能约束条件下的钱江源国家公园体制试点区游憩利用适宜性评价研究.生态学报,39(4):1375-1384.
312. 肖随丽.(2011).北京城郊山地森林景区游憩承载力研究.北京林业大学博士学位论文(导师贾黎明、马履一).
313. 肖星,杜坤.(2010).中国现存西洋近代建筑的旅游开发模式探讨:以广州为例.广州大学学报(社会科学版),9(6):49-53.
314. 肖星,严江平.(2000).旅游资源与开发.北京:中国旅游出版社.
315. 肖拥军.(2009).旅游地开发项目风险管理研究.武汉理工大学博士学位论文(导师李必强).
316. 谢春江.(2014).现代旅游伦理建构的传统伦理资源研究.湖南师范大学博士学位论文(导师李培超).
317. 谢彦君.(2003).旅游与接待业研究:中国与国外的比较——兼论中国旅游学科的成熟度.旅游学刊,18(5):20-25.
318. 谢彦君.(2005).旅游体验——旅游世界的硬核.桂林旅游高等专科学校学报,16(6):5-9.
319. 谢治凤,吴必虎,张玉钧,等.(2021).中国自然保护地旅游产品的类型及其特征.地域研究与开发,40(3):69-74.
320. 谢正发.(2019).文化旅游与经济增长——基于国家历史文化名城视角.北京:经济科学出版社.
321. 徐滇庆,贾帅帅.(2014).问粮:详解18亿亩耕地红线.北京:北京大学出版社.

322. 徐菊凤,任心慧.(2014).旅游资源与旅游吸引物:含义、关系及适用性分析.旅游学刊,29(7):115-125.
323. 徐力冲.(2017).大卫·哈维空间理论研究.吉林大学博士学位论文(导师韩志伟).
324. 徐日辉.(2007).儒家旅游理论与现代社会.旅游学刊,22(11):84-88.
325. 许春晓.(1997)."旅游产品生命周期论"的理论思考.旅游学刊,(5):43-46+62.
326. 许春晓.(2004).当代中国旅游规划思想演变研究.湖南师范大学博士学位论文(导师郑焱).
327. 许韶立,席建超,肖建勇.(2006).论旅游景区索道建设的五大前提.地域研究与开发,25(6):80-82+103.
328. 许学工,Eagels P F,张茵.(2000).加拿大的自然保护区管理.北京:北京大学出版社.
329. 许宗元.(1995).孔子思想与旅游文化.山东大学学报(哲学社会科学版),(4):59-61+71.
330. 鄢慧丽.(2012).基于投入产出视角的中国旅游业经济效应研究.华中师范大学博士学位论文(导师刘嗣明).
331. 闫海春.(2019).人口老龄化对中国经济增长的影响及对策研究.吉林大学博士学位论文(导师齐红倩).
332. 闫瑞贺.(2019).共享民宿消费者使用行为的前因和机制研究.中国科学技术大学博士学位论文(导师余玉刚、张子坤).
333. 杨宝林,杨俊峰,何俊乔,等.(2012).打造首都文化旅游超级航母——北京通州文化旅游区规划设计.北京规划建设,(2):130-134.
334. 杨春侠.(2011).历时性保护中的更新:纽约高线公园再开发项目评析.规划师,27(2):115-120.
335. 杨富斌,韩阳.(2006).旅游法的若干法理问题思考:兼论法的自然秩序与社会建构.法学杂志,27(5):71-73.
336. 杨明刚,李雪梅.(2018).南京路步行街购物环境的用户感知与服务新触点设计.设计,(15):44-45.
337. 杨其元.(2008).旅游城市发展研究.天津大学博士学位论文(导师赵黎明).
338. 杨茜好,朱竑.(2015).西方人文地理学的"流动性"研究进展与启示.华南师范大学学报(自然科学版),47(2):1-11.
339. 杨蕤.(2003).关于西夏丝路研究中几个问题的再探讨.中国历史地理论丛,18(4):118-124.
340. 杨锐.(2001).美国国家公园体系的发展历程及其经验教训.中国园林,17(1):62-64.
341. 杨效忠,陆林.(2004).旅游地生命周期研究的回顾和展望.人文地理,19(5):5-10.
342. 杨小露,张红,张春晖.(2019).历史遗址类旅游地的生命周期研究——以美国14家历史遗址公园为例.地理科学进展,38(6):918-929.
343. 杨新军.(1999).区域旅游的空间结构研究.北京大学博士学位论文(导师陈传康、王恩涌、吴必虎).
344. 杨延风.(2019).生态文明视角下的城市旅游发展研究.西北大学博士学位论文(导师马俊杰).
345. 杨仲元.(2018).基于复杂适应系统理论的皖南文化旅游地演化特征和机制.南京大学博士学位论文(导师徐建刚).
346. 姚丹丹.(2016).面向旅游安全的地质灾害数据协同服务技术架构研究.成都理工大学博士学位论文(导师苗放).
347. 姚国章.(2012)."智慧旅游"的建设框架探析.南京邮电大学学报(社会科学版),14(2):13-16+73.
348. 姚幸福.(2013).河北地域八景诗研究.河北大学博士学位论文(导师田建民).
349. 姚治国,陈田,尹寿兵,等.(2016).区域旅游生态效率实证分析——以海南省为例.地理科学,36(3):417-423.

350. 叶岱夫.(2000).对我国城郊旅游功能及相关问题的探讨.城市问题,(6):22-24.
351. 叶欣梁.(2011).旅游地自然灾害风险评价研究——以九寨沟为例.上海师范大学博士学位论文(导师温家洪).
352. 易伟新.(2003).近代中国第一家旅行社——中国旅行社述论.湖南师范大学博士学位论文(导师郑焱).
353. 殷杰.(2018).高聚集游客群系统安全分析及其动态评估研究.华侨大学博士学位论文(导师郑向敏).
354. 尹泽生.(2003).旅游资源国家标准起草过程及其技术要点.上海标准化,(9):35-38.
355. 尹占娥,殷杰,许世远.(2007).上海乡村旅游资源定量评价研究.旅游学刊,22(8):59-63.
356. 于慧.(2011).魏晋南北朝时期旅游文化探析.山东师范大学硕士学位论文(导师秦永洲).
357. 于茜虹.(2011).商业街的传统文化属性与魅力度关系研究.吉林大学博士学位论文(导师吴小丁).
358. 余琪.(1998).现代城市开放空间系统的建构.城市规划汇刊,(6):49-56+65.
359. 余青,吴必虎,殷平,等.(2004).中国城市节事活动的开发与管理.地理研究,23(6):845-855.
360. 俞晟.(2003).城市旅游与城市游憩学.上海:华东师范大学出版社.
361. 俞孔坚,李迪华.(2003).城市景观之路——与市长们交流.北京:中国建筑工业出版社.
362. 俞孔坚,李迪华,刘海龙.(2005)."反规划"途径.北京:中国建筑工业出版社.
363. 俞孔坚,李海龙,李迪华,等.(2009).国土尺度生态安全格局.生态学报,29(10):5163-5175.
364. 俞孔坚,奚雪松,李迪华,等.(2009).中国国家线性文化遗产网络构建.人文地理,24(3):11-16+116.
365. 俞明.(2003).历史名胜与中国古代文学.南京师范大学博士学位论文(导师钟振振).
366. 喻学才.(2010a).遗产活化论.旅游学刊,25(4):6-7.
367. 喻学才.(2010b).遗产活化:保护与利用的双赢之路.建筑与文化,(5):14-20.
368. 喻学才.(2010c).旅游文化学.北京:化学工业出版社.
369. 喻学才,王健民.(2008).世界文化遗产定义的新界定.华中建筑,26(1):20-21.
370. 袁维.(2016).森林型自然保护区露营旅游地环境适宜度与空间布局研究.东北林业大学博士学位论文(导师张杰).
371. 曾雄生.(2015).宋代士人对农学知识的获取和传播:以苏轼为中心.自然科学史研究,34(1):1-18.
372. 翟辅东.(1993).我国旅游资源的复式评价.地理研究,12(3):72-78.
373. 翟辅东.(1997).论编制区域旅游业发展规划的方法.湖南师范大学社会科学学报,26(1):82-85.
374. 张朝枝.(2008).原真性理解:旅游与遗产保护视角的演变与差异.旅游科学,22(1):1-8.
375. 张朝枝,曹静茵,罗意林.(2019).旅游还是游憩?我国国家公园的公众利用表述方式反思.自然资源学报,34(9):1797-1806.
376. 张成渝.(2013).中西遗产差异的文化背景思考:基于德尔德的《遗产及其文化边界》.同济大学学报(社会科学版),(3):34-40.
377. 张春艳.(2008).冰雪旅游资源价值形成与实现机制研究.哈尔滨工业大学博士学位论文(导师胡运权).
378. 张国强,贾建中,邓武功.(2012).中国风景名胜区的发展特征.中国园林,28(8):78-82.
379. 张海霞.(2012).国家公园的旅游规制研究.北京:中国旅游出版社.
380. 张宏琳.(2012).国内外气候度假旅游理论述评.攀枝花学院学报(综合版),29(1):6-8.
381. 张辉,岳燕祥.(2016).全域旅游的理性思考.旅游学刊,31(9):15-17.
382. 张建荣.(2019).五台山景区主客冲突结构与形成机制.陕西师范大学博士学位论文(导师赵振斌).
383. 张建忠.(2013).中国帝陵文化价值挖掘及旅游利用模式——以关中3陵为例.陕西师范大学博士学位

论文(导师孙根年).

384. 张建忠,孙根年.(2012a).遗址公园:文化遗产体验旅游开发的新业态——以西安三大遗址公园为例.人文地理,27(1):142-146.
385. 张建忠,孙根年.(2012b).山西大院型民居旅游地生命周期演变及其系统提升——以乔家大院为例.地理研究,31(11):2104-2114.
386. 张婧雅,张玉钧.(2017).论国家公园建设的公众参与.生物多样性,25(1):80-87.
387. 张立明.(2007).环城市游憩开发系统研究.天津大学博士学位论文(导师赵黎明).
388. 张凌云,黎巎,刘敏.(2012).智慧旅游的基本概念与理论体系.旅游学刊,27(5):66-73.
389. 张明琛.(2016).晚明闽籍作家旅游与游记研究.福建师范大学博士学位论文(导师陈庆元).
390. 张琼,张德淼.(2013).旅游吸引物权不可统一立法之辨析.旅游学刊,28(12):90-96.
391. 张琼,张德淼.(2016).再论旅游吸引物的法律属性.旅游学刊,31(7):24-31.
392. 张瑞霞.(2011).旅游演艺产品策划及评估方法研究.辽宁师范大学博士学位论文(导师俞金国).
393. 张述林,邹再进.(2001).面向复杂系统的旅游规划综合集成方法.人文地理,16(1):11-15.
394. 张松.(2008).历史城市保护学导论——文化遗产和历史环境保护的一种整体性方法.上海:同济大学出版社.
395. 张铁生.(2015).热点景区客流量峰林结构、时间分形与分流调控研究.陕西师范大学博士学位论文(导师孙根年).
396. 张文祥.(2003).旅游文化.北京:中国财经经济出版社.
397. 张文英.(2007).口袋公园:躲避城市喧嚣的绿洲.中国园林,23(4):47-53.
398. 张显凤.(2014).生态视野中的民国旅苏游记研究.山东师范大学博士学位论文(导师王景科).
399. 张歆梅.(2020).乡村旅游中游客导向的乡村性研究.上海:复旦大学出版社.
400. 张雪婷.(2019).基础设施建设对旅游产业结构的影响研究.华侨大学硕士学位论文(导师李勇泉).
401. 张毅.(2018).考古遗址景观价值分析及规划设计研究.西南交通大学博士学位论文(导师邱建).
402. 张引,庄优波,杨锐.(2020).世界自然保护地社区共管典型模式研究.风景园林,27(3):18-23.
403. 张颖.(2016).北京市休闲农业布局评价及优化研究.中国农业科学院博士学位论文(导师王道龙).
404. 张媛.(2010).城市绿地的教育功能及其实现.北京林业大学博士学位论文(导师王向荣).
405. 张跃西.(2015).养生旅游产品设计.北京:中国环境出版社.
406. 张振威.(2013).风景公共利益及保护.清华大学博士学位论文(导师杨锐).
407. 张中华,文静,李瑾.(2008).国外旅游地感知意象研究的地方观解构.旅游学刊,23(3):43-49.
408. 张中华,张沛.(2011).地方理论活化与城市空间再生.发展研究,(11):95-99.
409. 章必功.(1987).东周旅游.深圳大学学报(人文社会科学版),(3):58-70.
410. 章海荣.(2002).旅游美学研究对象辨析.东南大学学报(哲学社会科学版),4(5):64-68.
411. 章海荣.(2004).旅游文化学.上海:复旦大学出版社.
412. 章杰宽.(2017).民国时期青藏旅游地理研究(1912—1949).陕西师范大学博士学位论文(导师张萍).
413. 章杰宽,张萍.(2015).历史与旅游:一个研究述评.旅游学刊,30(11):122-130.
414. 章志攀,俞益武,孟明浩,等.(2006).旅游环境中空气负离子的研究进展.浙江林学院学报,23(1):103-108.
415. 赵飞.(2016).绿道的使用者行为与体验特征及其生态旅游服务功能提升研究.华南农业大学博士学位

论文(导师章家恩).

416. 赵建彤.(2014).当代北京旅游空间研究.清华大学博士学位论文(导师朱文一).
417. 赵丽霞.(2014).初盛唐旅游诗歌研究.武汉大学博士学位论文(导师陈顺智).
418. 赵林林,程梦旎,应佩璇,等.(2019).我国海洋保护地现状、问题及发展对策.海洋开发与管理.36(5):3-7.
419. 赵明,吴必虎.(2009).北京环城游憩带框架结构演变分析.世界地理研究,18(4):134-140.
420. 赵一丽.(2008).洛阳白马寺屋顶雕饰艺术研究.苏州大学硕士学位论文(导师徐百佳).
421. 郑皓文,朱霞.(2015).传统村落保护利用的乡村绅士化发展路径研究//中国城市规划学会,贵阳市人民政府.新常态:传承与变革——2015中国城市规划年会论文集(14乡村规划).北京:中国建筑工业出版社,936-944.
422. 郑瑾.(2019).基于生态文化健康理论的传统村落空间格局评价方法研究.湖南大学博士学位论文(导师柳肃).
423. 郑久良.(2019).非遗旅游街区文化空间的生产机理研究.中国科学技术大学博士学位论文(导师汤书昆).
424. 郑世卿.(2009).中国旅游产业组织演化研究(1978—2008).上海社会科学院博士学位论文(导师陈家海).
425. 郑向敏.(2000).中国古代旅馆流变.厦门大学博士学位论文(导师陈支平).
426. 钟林生,吴楚材,肖笃宁.(1998).森林旅游资源评价中的空气负离子研究.生态学杂志,17(6):56-60.
427. 钟平.(2012).休闲农业体系构建与实证研究.沈阳农业大学博士学位论文(导师侯立白).
428. 周博.(2019).民国新知识群体的国内旅行研究.东北师范大学博士学位论文(导师韩宾娜).
429. 周广鹏.(2012).旅游系统//邵琪伟.中国旅游大辞典.上海:上海辞书出版社:419.
430. 周辉.(2009).快节奏人群亚健康状态中医证候流行病学调查.南京中医药大学博士学位论文(导师项平).
431. 周军.(2011).清代旅游地理研究.华中师范大学博士学位论文(导师龚胜生).
432. 周玲强,张文敏.(2010).2000年以来我国旅游规划研究领域热点问题综述.浙江大学学报(人文社会科学版),40(2):134-143.
433. 周敏.(2018).旅游建筑满意度与地域经济关系研究.湖南大学博士学位论文(导师唐国安).
434. 周尚意.(2015).区域三大本性与主体性.地理教育,(6):1.
435. 周尚意,孔翔,朱竑.(2004).文化地理学.北京:高等教育出版社.
436. 周尚意,孔翔,朱华晟,等.(2016).地方特性发掘方法——对苏州东山的地理调查.北京:科学出版社.
437. 周尚意,唐顺英.(2018).地方认同·地方性//孙鸿烈.地学大辞典.北京:科学出版社.
438. 周藤吉之,向旭.(1997).宋代乡村店的分布与发展.中国历史地理论丛,(1):229-255.
439. 周英.(2014).文化遗产旅游资源经济价值评价研究.大连理工大学博士学位论文(导师王尔大).
440. 朱宝莉.(2019).民族村寨旅游扶贫研究——以贵州黔东南苗族侗族村寨为例.西南民族大学博士学位论文(导师刘晓鹰).
441. 朱竑,李鹏.(2018).地方依恋//孙鸿烈.地学大辞典.北京:科学出版社:510.
442. 朱慧.(2014).基于价值链理论的中国度假租赁商业模式研究.华东师范大学硕士学位论文(导师符全胜).

443. 朱钧侃,潘凤英,顾永芝.(2006).徐霞客评传.南京：南京大学出版社.
444. 朱隆斌,Goethert R,郑路.(2007).社区行动规划方法在扬州老城保护中的应用.国际城市规划,(6)：62-66.
445. 朱启臻.(2017).生态文明与文明生态：以传统村落价值为例//中国文物保护基金会秘书处."望山·看水·记乡愁"：生态文明视域下传统村落保护与发展论坛文集.北京：文物出版社,98-105.
446. 朱璇,解佳,江泓源.(2017).移动性抑或流动性？翻译、沿革和解析.旅游学刊,32(10)：104-114.
447. 朱熠,庄建琦.(2006).古都西安城市游憩商业区(RBD)形成机制.现代城市研究,(4)：53-58.
448. 邹本涛,曲玉镜.(2015).旅游文化史：内涵与分期的再探讨.旅游学刊,30(12)：109-120.
449. 邹兵.(2000)."新城市主义"与美国社区设计的新动向.国外城市规划,(2)：36-38＋43.
450. 邹兵.(2013).增量规划、存量规划与政策规划.城市规划,37(2)：35-37＋55.
451. 邹永广.(2015).目的地旅游安全评价研究.华侨大学博士学位论文(导师戴斌).
452. 左冰,保继刚.(2016).旅游吸引物权再考察.旅游学刊,31(7)：13-23.
453. 左辅强.(2005).纽约中央公园适时更新与复兴的启示.中国园林,(7)：68-71.
454. Agarwal S. (2002). Restructuring seaside tourism：The resort lifecycle. Annals of Tourism Research, 29(1)：25-55.
455. Alcamo J, Ash N J, Butler C D,et al. (2003). Ecosystems and Human Well-being：A Framework for Assessment. Washington：Island Press.
456. Aldskogius H. (1967). Vacation house settlement in the Siljan region. Geografiska Annaler, Series B, Human Geography, 49(2)：69-95.
457. Armstrong G,Kolter P. (2005). Principles of Marketing. 7th ed. Upper Saddle River：Prentice Hall.
458. Aşan K, Emeksiz M. (2018). Outdoor recreation participants' motivations, experiences and vacation activity preferences. Journal of Vacation Marketing, 24(1)：3-15.
459. Aukerman R, Haas G S. (2004). Water Recreation Opportunity Spectrum (WROS) Users' Guidebook. US Department of the Interior, Bureau of Reclamation, Office of Program and Policy Services.
460. Barton S,Brodie A. (2014). Travel and Tourism in Britain, 1700—1914. London：Routledge.
461. Baud-Bovy M, Lawson F. (1998). Tourism and Recreation：Handbook of Planning and Design. Oxford：Architectural Press.
462. Beedie P, Hudson S. (2003). Emergence of mountain-based adventure tourism. Annals of Tourism Research, 30(3)：625-643.
463. Bodio L. (1899). Sul movimento dei forestieri in Italia e sul denaro che vi spendono. Giornale degli Economist, 15：54-61.
464. Boniface B G, Cooper C P. (2005). Worldwide Destinations：The Geography of Travel and Tourism. Oxford：Elsevier/Butterworth-Heinemann.
465. Boorstin D J. (1964). The Image：A Guide to Pseudo-Events in America. New York：Atheneum.
466. Boym S. (2001). The Future of Nostalgia. New York：Basic Books.
467. Bradley B, Young J, Coates C M,et al. (2016). Moving Natures：Mobility and the Environment in Canadian History. Calgary：University of Calgary Press.
468. Bramwell B. (2004). The policy context for tourism and sustainability in Southern Europe's coastal re-

gions//Bramwell B. Coastal Mass Tourism: Diversification and Sustainable Development in Southern Europe. Clevedon Buffalo: Channel View Publications.

469. Brännäs K, Nordström J. (2006). Tourist accommodation effects of festivals. Tourism Economics, 12(2): 291-302.

470. Brown P J, Driver B L, McConnell C. (1978). The opportunity spectrum—Concept and behavioral information in outdoor recreation resource supply inventories: Background and application//Lund H G, LaBau V J, Ffolliot P F. et al. Integrated Inventories of Renewable Natural Resources: Proceedings of a Workshop. Fort Collins: Rocky Mountain Forest and Range Experiment Station.

471. Bruner E M. (1989). Tourism, creativity, and authenticity. Studies in Symbolic Interaction, 10: 109-140.

472. Bruner E M. (1994). Abraham Lincoln as authentic reproduction: A critique of postmodernism. American Anthropologist, 96(2): 397-415.

473. Buckley R, Brough P, Hague L, et al. (2019). Economic value of protected areas via visitor mental health. Nature Communications, 10(1): 5005.

474. Buckley R, Cater C, Zhong L, et al. (2008). Shengtai Lvyou: Cross-cultural comparison in ecotourism. Annals of Tourism Research, 35(4): 945-968.

475. Bureau of Land Management. (1984). Visual Resource Management BLM Manual Handbook H-8400. US Department of the Interior.

476. Burkart A J, Medlik S. (1974). Tourism: Past, Present and Future. London: Heinemann.

477. Butler R W, Smith D C. (1986). Recreational behavior of onshore and offshore oil industry employees in Newfoundland, Canada. Leisure Sciences, 8(3): 297-318.

478. Butler R W, Waldbrook L A. (1991). A new planning tool: The tourism opportunity spectrum. Journal of Tourism Studies, 2(1): 2-14.

479. Butler R W. (1980). The concept of a tourist area cycle of evolution: Implications for management of resources. Canadian Geographer, 24(1): 5-12.

480. Ceballos-Lascurain H. (1991). Tourism, ecotourism and protected areas. Parks, 2(3): 31-35.

481. Cerchiello G, Vera-Rebollo J F. (2019). From elitist to popular tourism: Leisure cruises to Spain during the first third of the twentieth century (1900—1936). Journal of Tourism History, 11(2): 144-166.

482. Cervantes O, Espejel I. (2008). Design of an integrated evaluation index for recreational beaches. Ocean & Coastal Management, 51(5): 410-419.

483. Chang T C. (1997). Heritage as a tourism commodity: Traversing the tourist-local divide. Singapore Journal of Tropical Geography, 18(1): 46-68.

484. Chaverri R. (1989). Coastal management, the Costa Rica experience// Magoon Jr O T. Proceedings Coastal Zone'89: 5th Symposium on Coastal and Ocean Management. American Society of Civil Engineers.

485. Christaller W. (1964). Some considerations of tourism location in Europe: The peripheral regions-underdeveloped countries-recreation areas. Papers of the Regional Science Association, 12: 95-105.

486. Clark R N, Stankey G H. (1979). The recreation opportunity spectrum: A framework for planning,

management, and research//General Technical Report, volume 98. Portland: US Department of Agriculture, Forest Service, Pacific Northwest Forest and Range Experiment Station.

487. Clausse R, Guérout A. (1955). La durée des précipitations, indice climatique ou élément de climatologie touristique. La Météorologie, 37: 1-9.
488. Clawson M, Knetsch J L. (1966). Economics of Outdoor Recreation. Baltimore: The Johns Hopkins University Press.
489. Cohen E. (1988). Authenticity and commoditization in tourism. Annals of Tourism Research, 15(3): 371-386.
490. Cresswell T. (2010). Towards a politics of mobility. Environment and Planning D: Society and Space, 1(28): 17-31.
491. Cuccia T, Rizzo I. (2011). Tourism seasonality in cultural destinations: Empirical evidence from Sicily. Tourism Management, 32(3): 589-595.
492. Culler J. (1981). Semiotics of tourism. The American Journal of Semiotics, 1(1/2): 127-140.
493. Daniel T, Wither C. (2001). Scenic beauty: Visual landscape quality assessment in the 21st century. Landscape and Urban Planning, 54(1): 267-281.
494. Deng J, King B, Bauer T. (2002). Evaluating natural attractions for tourism. Annals of Tourism Research, 29(2): 422-438.
495. Diener A C, Hagen J. (2022). Geographies of place attachment: A place-based model of materiality, performance, and narration. Geographical Review, 112(1): 171-186.
496. Dredge D. (2006). Policy networks and the local organization of tourism. Tourism Management, 27(2): 269-280.
497. Dudley N. (2008). Guidelines for Applying Protected Area Management Categories. Gland: IUCN.
498. Elliott J. (1997). Tourism: Politics and Public Sector Management. London, New York: Routledge.
499. Evans N, Morris C, & Winter M. (2002). Conceptualizing agriculture: A critique of post-productivism as the new orthodoxy. Progress in Human Geography, 26(3): 313-332.
500. Ewert A. (1985). Why people climb: The relationship of participant motives and experience level to mountaineering. Journal of Leisure Research, 17(3): 241-250.
501. Ferrari S, Gilli M. (2017). Protected natural areas as innovative health tourism destinations//Smith M K, Puczkó L. The Routledge Handbook of Health Tourism. New York: Routledge.
502. Figini P, Vici L. (2012). Off-season tourists and the cultural offer of a mass-tourism destination: The case of Rimini. Tourism Management, 33(4): 825-839.
503. Flognfeldt Jr T. (1999). Traveler geographic origin and market segmentation: The multi trips destination case. Journal of Travel & Tourism Marketing, 8(1): 111-124.
504. Foubert L. (2018). Men and women tourists' desire to see the world: "curiosity" and "a longing to learn" as (self-) fashioning motifs (first-fifth centuries C. E.). Journal of Tourism History, 10(1): 5-20.
505. France L. (1997). The Earthscan Reader in Sustainable Tourism. London: Earthscan Publications.
506. Fried B N, Milman A, Pizam A. (1998). Academic characteristics and faculty compensation in US hos-

pitality management programs. Journal of Hospitality & Tourism Education, 10(3): 6-13.
507. Garnham H L. (1985). Maintaining the Spirit of Place: A Process for the Preservation of Town Character. Mesa: PDA Publishers Corporation.
508. Garrod B, Wilson J C. (2003). Marine Ecotourism: Issues and Experiences. Clevedon: Channel View Publications.
509. Gaviria M. (1976). El turismo de invierno y el asenta-miento de extranjeros en la provincia de Alicante. Diputación Provincial: Alicante. 转引自: Mantecón A. (2010). Tourist modernisation and social legitimation in Spain. The International Journal of Tourism Research, 12(5): 617-626.
510. Getz D. (1987). Tourism planning and research: Traditions, models and futures. Australian Travel Research Workshop, Bunbury, Western Australia, November 5-6. 转引自: Hall C M, Page S J. (2002). The Geography of Tourism and Recreation: Environment, Place and Space. New York: Routledge.
511. Giles-Corti B, Broomhall M H, Knuiman M, et al. (2005). Increasing walking: How important is distance to, attractiveness, and size of public open space?. American Journal of Preventive Medicine, 28(2): 169-176.
512. Gillespie G A, Brewer D. (1968). Effects of nonprice variables upon participation in water-oriented outdoor recreation. American Journal of Agricultural Economics, 50(1): 82-90.
513. Glass R L. (1964). London: Aspects of Change. London: MacGibbon & Kee.
514. Glücksmann R. (1935). Allgemeine Fremdenverkehrskunde (General Teaching of Tourism). Berna: Verlag von Stampfli & Cie.
515. Goeldner C R, Ritchie J R B. (2011). Tourism: Principles, Practices, Philosophies. 12th ed. Chichester: John Wiley.
516. Goodrich J N. (1994). Health tourism: A new positioning strategy for tourist destinations. Journal of International Consumer Marketing, 6(3/4): 227-238.
517. Gordon A. (2016). Time Travel: Tourism and the Rise of the Living History Museum in Mid-Twentieth-Century Canada. Vancouver, Toronto: UBC Press.
518. Gosnell H, Abrams J. (2011). Amenity migration: Divers conceptualization of drivers, socioeconomic dimensions, and emerging challenges. Geo Journal, 76(4): 303-322.
519. Greer T, Wall G. (1979). Recreational hinterlands: A theoretical and empirical analysis. Publication Series, Department of Geography, University of Waterloo, (14): 227-246.
520. Gregory D, Johnston R, Pratt G, et al. (2009). The Dictionary of Human Geography. London: John Wiley & Sons.
521. Gunn C A, Var T. (2002). Tourism Planning: Basics, Concepts, Cases. 4th ed. New York: Routledge.
522. Guttentag, D. A. (2010). Virtual reality: Applications and implications for tourism. Tourism Management, 31(5): 637-651.
523. Hall C M. (1992). Adventure, sport and health// Hall C M, Weiler B. Special Interest Tourism. London: Belhaven Press.
524. Hall C M, Jenkins J M. (1995). Tourism and Public Policy. London: Routledge.
525. Hall C M, Higham J. (2005). Tourism, Recreation, and Climate Change. Clevedon: Channel View

Publications.

526. Hall P. (2014). Cities of Tomorrow. 4th ed. Malden: Blackwell Publisher.
527. Hamilton-Smith E. (1993). In the Australian bush: Some reflections on serious leisure. World Leisure & Recreation, 35(1): 10-13.
528. Harari Y N. (2014). Sapiens: A Brief History of Humankind. London: Harvill Secker.
529. Hargett J M. (2018). Jade Mountains and Cinnabar Pools: The History of Travel Literature in Imperial China. Seattle: University of Washington Press.
530. Harris D C. (2011). Condominium and the city: The rise of property in Vancouver. Law & Social Inquiry, 36(3): 694-726.
531. Harrison S J, Winterbottom S J, Sheppard C. (1999). The potential effects of climate change on the Scottish tourist industry. Tourism Management, 20(2): 203-211.
532. Harvey M G. (1984). Application of technology life cycles to technology transfers. Journal of Business Strategy, 5(2): 51-58.
533. Havitz M E, Dimanche F. (1997). Leisure involvement revisited: Conceptual conundrums and measurement advances. Journal of Leisure Research, 29(3): 245-278.
534. Higham J, Hinch T. (2002). Tourism, sport and seasons: The challenges and potential of overcoming seasonality in the sport and tourism sectors. Tourism Management, 23(2):175-185.
535. Hunziker W, Krapf K. (1942). Grundriss der Allgemeine Fremdenverkehrslehre. Zürich: Polygraphischer Verlag.
536. IAURIF. (1995). Plan Vert Régional d'Ile-de-France. Paris: Institut d'Aménagement et d'Urbanisme de la Region Ile-de-France.
537. Inskeep E. (1991). Tourism Planning: An Integrated and Sustainable Development Approach. New York: Van Nostrand Reinhold.
538. Jang S. (2004). Mitigating tourism seasonality: A quantitative approach. Annals of Tourism Research, 31(4): 819-836.
539. Jay-Rayon J-C, Coquereau J. (1985). Outdoor recreation and proxemy or the reappropriation of natural time-space. Loisir et Société (Society and Leisure), 8(1):217-250.
540. Jennings G. (2007). Water-Based Tourism, Sport, Leisure, and Recreation Experiences. Oxford, New York: Elsevier.
541. Johnston B R, Edwards T. (1994). The commodification of mountaineering. Annals of Tourism Research, 21(3): 459-478.
542. Kay P. (2003). Consumer motivation in a tourism context: Continuing the work of Maslow, Rokeach, Vroom, Deci, Haley and others. Adelaide: FANZMAC 2003 Conference Proceedings.
543. Kaynak E, Yavas U. (1981). Segmenting the tourism market by purpose of trip: A profile of visitors to Halifax, Canada. International Journal of Tourism Management, 2(2): 105-112.
544. Keisler J, Sundell R. (1997). Combining multi-attribute utility and geographic information for boundary decisions: An application to park planning. Journal of Geographic Information and Decision Analysis, 1(2): 100-119.

545. Kerr W R. (2003). Tourism Public Policy, and the Strategic Management of Failure. Oxford: Pergamon.
546. Keyserling C H. (1925). The Travel Diary of a Philosopher. New York: Harcourt, Brace and Company.
547. Kiker G A, Bridges T S, Varghese A, et al. (2005). Application of multicriteria decision analysis in environmental decision making. Integrated Environmental Assessment and Management, 1(2): 95-108.
548. Kim K. (2002). Consumer value: An application to mall and internet shopping. International Journal of Retail & Distribution Management, 30(11/12): 595-602.
549. King C A. (1995). What is hospitality?. International Journal of Hospitality Management, 14(3/4): 219-234.
550. Kocasoy G. (1989). The relationship between coastal tourism, sea pollution and public health: A case study from turkey. Environmentalist, 9(4): 245-251.
551. Kotler P. (2003). Marketing Management. 11th ed. Upper Sadclle River: Prentice Hall.
552. Kotler P, Haider D, Rein I. (1993). Marketing Places: Attracting Investment, Industry, and Tourism to Cities, States, and Nations. New York: Free Press.
553. Lee R, Castree N, Kitchin R, et al. (2014). The SAGE Handbook of Human Geography: Volume 1. Los Angeles: SAGE.
554. Lee W, Chhabra D. (2015). Heritage hotels and historic lodging: Perspectives on experiential marketing and sustainable culture. Journal of Heritage Tourism, 10(2): 1-8.
555. Leung Y F, Spenceley A, Hvenegaard G T, et al. (2018). Tourism and Visitor Management in Protected Areas: Guidelines for Sustainability. Gland, Switzerland: IUCN.
556. Lew A A, McKercher B. (2002). Trip destinations, gateways and itineraries: The example of Hong Kong. Tourism Management, 23(6): 609-621.
557. Lew A A, Hall C M, Williams A M. (2014). Tourist Flows and Spatial Behavior. Chichester: John Wiley & Sons.
558. Li L M, Bao J G. (2005). The man-land relationship between destination and tourist-an interaction perspective: case study of Yangshuo, China. China Tourism Research, 73(5), 263-271.
559. Lim C C, Cooper C. (2010). Beyond sustainability: Optimizing island tourism development. International Journal of Tourism Research, 11(1): 89-103.
560. Loomis J B, Crespi J. (1999). Estimated effects of climate change on selected outdoor recreation activities in the United States//Mendelsohn R, Neumann J E. The Impact of Climate Change on the United States Economy. Cambridge: Cambridge University Press, 289-314.
561. Lue C C, Crompton J L, Fesenmaier D R. (1993). Conceptualization of multi-destination pleasure trips. Annals of Tourism Research, 20(2): 289-301.
562. Lundberg D E. (1990). The Tourist Business. New York: Van Nostrand Reinhold.
563. MacCannell D. (1973). Staged authenticity: Arrangements of social space in tourist settings. American Journal of Sociology, 79(3): 589-603.
564. Mager B, Evenson S. (2008). Art of service: Drawing the arts to inform service design and specification //Hefley B, Murphy W. Service Science, Management and Engineering Education for the 21st Century.

Boston: Springer Science & Business Media, 75-76.

565. Malinowski B. (1922). Argonauts of the Western Pacific. Reading, England: Routledge & Kegan Paul Ltd.
566. Mankiw N G. (2015). Principles of Economics. Stamford: Cengage Learning.
567. Manning R E. (2011). Studies in Outdoor Recreation: Search and Research for Satisfaction. 3rd ed. Oregon: Oregon State University Press.
568. Mariotti A. (1928). Lezioni di Economia Turistica. Rome: Tiber.
569. Maslow A H. (1943). A dynamic theory of human motivation. Psychological Review, 50: 370-396.
570. Massey D. (1994). Space, Place, and Gender. Minneapolis: University of Minnesota Press.
571. McKenzie F. (1997). Growth management or encouragement? A critical review of land use policies affecting Australia's major exurban regions. Urban Policy and Research, 15(2): 83-99.
572. Mckercher B. (1996). Differences between Tourism and Recreation in Parks. Annals of Tourism Research, 23(3): 563-575.
573. Meinung A. (1989). Determinants of the attractiveness of a tourism region//Witt S F. Moutinho L. Tourism Marketing and Management Handbook. Upper Soddle River: Prentice Hall, 99-101.
574. Mieczkowski Z. (1995). Environmental Issues of Tourism and Recreation. Millburn: University Press of America.
575. Mike W, Chris B. (2012). Sports Tourism: Participants, Policy and Providers. London: Taylor and Francis.
576. Mill R C. Morrison A M. (1985). The Tourism System: An Introductory Text. 2nd ed. Englewood Cliffs: Prentice Hall.
577. Miller M L, Auyong J. (1991). Coastal zone tourism: A potent force affecting environment and society. Marine Policy, 15(2): 75-99.
578. Mings R C, Mchugh K E. (1992). The spatial configuration of travel to Yellowstone National Park. Journal of travel research, 30(4): 38-46.
579. Musa G, Higham J, Thompson-Carr A. (2015). Mountaineering Tourism. London: Routledge.
580. Naum M. (2019). Enchantment of the underground: Touring mines in early modern Sweden. Journal of Tourism History, 11(1): 1-21.
581. Nelson C, Murgan R, Williams A T, et al. (2000). Beach awards and management. Ocean & Coastal Management, 43(1): 87-98.
582. Nepal S K, Chipeniuk R. (2005). Mountain tourism: Toward a conceptual framework. Tourism Geographies, 7(3): 313-333.
583. O'Reilly K. (2007). Emerging tourism futures: Residential tourism and its implications//Georoy C, Sibley R. Going Abroad: Travel, Tourism, and Migration. Cross-Cultural Perspectives on Mobility. Newcastle: Cambridge Scholars Publishing, 144-157.
584. Oliver J E. (1973). Climate and Man's Environment: An Introduction to Applied Climatology. Chichester: John Wiley & Sons.
585. Oppermann M. (1995). A model of travel itineraries. Journal of Travel Research, 33(4): 57-61.

586. O'Reilly K. (2000). The British on The Costa Del Sol. London: Routledge.
587. Page S J, Bentley T A, Walker L. (2005). Scoping the nature and extent of adventure tourism operations in Scotland: How safe are they? Tourism Management, 26(3): 381-397.
588. Pigram J J, Jenkins J M. (2006). Outdoor Recreation Management. London: Taylor & Francis.
589. Plog S C. (1973). Why destination areas rise and fall in popularity. The Cornell Hotel and Restaurant Administration Quarterly, 14(3): 13-16.
590. Porter M E. (1998). Clusters and the new economics of competition. Harvard Business Review, 76(6): 77-90.
591. Prentice R. (2004). Tourist motivation and typologies//Lew A A, Hall C M, Williams A M. A Companion to Tourism. Oxford: Blackwell Publishing Ltd, 261-279.
592. Proshansky H M. (1978). The city and self-identity. Environment and Behavior, 10(2): 147-169.
593. Reilly B J. (2019). Northern European patterns of visiting Rome, 1400—1850. Journal of Tourism History, 11(2): 101-123.
594. Relph E. (2008). Place and Placelessness. Toronto: SAGE Publishing Ltd.
595. Reynolds F D, Darden W R. (2011). Construing Life Style and Psychographics. Decatur: Marketing Classics Press.
596. Reynolds F D, Darden W R. (1974). Construing life style and psychographics//Wells W D. Life Style and Psychographics. Chicago: American Marketing Association, 74-76.
597. Rutherford D G. (1990). Introduction to the Conventions, Expositions, and Meetings Industry. New York: Van Nostrand Reinhold.
598. Sánchez J, Callarisa L, Rodríguez R M, et al. (2006). Perceived value of the purchase of a tourism product. Tourism Management, 27(3): 394-409.
599. Sasidharan V, Thapa B. (2002). Sustainable coastal and marine tourism development: A Hobson's choice//Apostolopoulos Y, Gayle D J. Island Tourism and Sustainable Development: Caribbean, Pacific, and Mediterranean Examples. Westport: Praeger, 93-112.
600. Schmidhauser H. (1989). Tourist needs and motivations//Witt S F, Moutinho L. Tourism Marketing and Management Handbook. Upper Soddle River: Prentice Hall, 569-572.
601. Scott D. (1997). Exploring time patterns in people's use of a metropolitan park district. Leisure Sciences, 19(3): 159-174.
602. Sekhar N U. (2003). Local people's attitudes towards conservation and wildlife tourism around Sariska Tiger Reserve, India. Journal of Environmental Management, 69(4): 339-347.
603. Selin S W, Howard D R. (1988). Ego involvement and leisure behavior: A conceptual specification. Journal of Leisure Research, 20(3): 237-244.
604. Sibila Lebe S, Milfelner B. (2006). Innovative organisation approach to sustainable tourism development in rural areas. Kybernetes, 35(7/8): 1136-1146.
605. Smith M, Kelly C. (2006). Wellness tourism. Tourism Recreation Research, (1): 1-4.
606. Smith S L. (1987). Regional analysis of tourism resources. Annals of Tourism Research, 14(2): 254-273.

607. Smith S L. (1994). The tourism product. Annals of Tourism Research, 21(3): 582-595.
608. Spenceley A. (2015). Tourism and the IUCN World Parks Congress 2014. Journal of Sustainable Tourism, 23(7): 1114-1116.
609. Stansfield Jr C A, Rickert J E. (1970). The recreational business district. Journal of Leisure Research, 2(4): 213-225.
610. Swarbrooke J, Horner S. (1999). Consumer Behaviour in Tourism. Oxford: Butterworth-Heinemann.
611. Teberler M. (2000). The Interrelationships Between Tourist Origin and Receiving Countries Through A Marketing Framework: The Case of Turkey and Britain in the Early 1990s. Exeter: University of Exeter.
612. Thompson C W. (2002). Urban open space in the 21st century. Landscape and Urban Planning, 60(2): 59-72.
613. Waldheim C. (2006). The Landscape Urbanism Reader. Princeton: Princeton Architectural Press.
614. Thorsell J W. (1984). Managing Protected Areas in Eastern Africa: A Training Manual. Mweka Tanzania: College of African Wildlife Management.
615. Towner J. (1985). The grand tour: A key phase in the history of tourism. Annals of Tourism Research, 12(3): 297-333.
616. Tuan Y. (1974). Topophilia: A Study of Environmental Perceptions, Attitudes, and Values. Englewood Cliffs: Prentice Hall.
617. Tuan Y. (1977). Space and Place: The Perspective of Experience. Minneapolis: University of Minnesota Press.
618. U. S. Heritage Conservation and Recreation Service. (1981). The Third Nationwide Outdoor Recreation Plan: The Executive Report. Washington: U. S. Department of the Interior, Heritage Conservation and Recreation Service.
619. Uysal M. (1998). The determinants of tourism demand: A theoretical perspective//Ioannides D, Debbage K G. The Economic Geography of the Tourist Industry: A Supply-Side Analysis. London: Routledge, 79-98.
620. Veal A J. (2002). Leisure and Tourism Policy and Planning. Cambridge: CABI Publishing.
621. Von Humboldt A. (1848). Kosmos: A General Survey of Physical Phenomena of the Universe. Volume 2. H Baillière.
622. Walsh R G. (1986). Recreation Economic Decisions: Comparing Benefits and Costs. State College, PA: Venture Publishing.
623. Wang N. (1999). Rethinking authenticity in tourism experience. Annals of Tourism Research, 26(2): 349-370.
624. Weaver D B. (1993). Model of urban tourism for small Caribbean islands. Geographi-cal Review, 83(2): 134-140.
625. Western D, Henry W. (1979). Economics and conversation in third world national parks. Bioscience, 29(7): 414-418.
626. Wilkes J A, Packard R T. (1988). Encyclopedia of Architecture: Design, Engineering & Construction.

New York: John Wiley & Sons.

627. Witt S F, Martin C A. (1987). International tourism demand models: Inclusion of marketing variables. Tourism Management, 8(1): 33-40.
628. Wood J. (2017). The Amusement Park: History, Culture and the Heritage of Pleasure. London: Routledge.
629. Wood R E. (2000). Caribbean cruise tourism: Globalization at sea. Annals of Tourism Research, 27(2): 345-370.
630. World Tourism Organization. (1995). Concepts, Definitions, Classifications for Tourism Statistics. Technical Manual No. 1. [2021-12-22]. https://www.e-unwto.org/doi/epdf/10.18111/9789284401031
631. Wu B, Xiao H, Dong X, et al. (2012). Tourism knowledge domains: A keyword analysis. Asia Pacific Journal of Tourism Research, 17(4): 355-380.
632. Wu B, Cai L A. (2006). Spatial modeling: Suburban leisure in Shanghai. Annals of Tourism Research, 33(1): 179-198.
633. Xu H, Cui Q, Ballantyne R, et al. (2013). Effective environmental interpretation at Chinese natural attractions: The need for an aesthetic approach. Journal of Sustainable Tourism, 21(1): 117-133.
634. Xue L, Kerstetter D, Hunt C. (2017). Tourism development and changing rural identity in China. Annals of Tourism Research, 66: 170-182.
635. Yan H L. (2017). Heritage Tourism in China: Modernity, Identity and Sustainability. Bristol: Channel View Publications.
636. Yoshida K. (2004). The museum and the intangible cultural heritage. Museum International, 56(1-2): 108-112.
637. Young T. (2017). Heading Out: A History of American Camping Hardcover. Ithaca, NY: Cornell University Press.
638. Yung E H K, Chan E H W. (2012). Implementation challenges to the adaptive reuse of heritage buildings: Towards the goals of sustainable, low carbon cities. Habitat International, 36(3): 352-361.
639. Zaichkowsky J L. (1986). Conceptualizing involvement. Journal of Advertising, 15(2): 4-14 & 34.
640. Zhong L, Buckley R C, Wardle C, et al. (2015). Environmental and visitor management in a thousand protected areas in China. Biological Conservation, 181(1): 219-225.